普通高等教育案例版系列教材

供药学、药物制剂、临床药学、中药学、制药工程、医药营销等专业使用

案例版™

物理化学

主　　编　王秀芳　王慧云
副 主 编　沈雪松　王登奎　田青平
编　　者（按姓氏笔画排序）

马丽英　滨州医学院　　马献力　桂林医学院
王秀芳　广东药科大学　　王登奎　包头医学院
王慧云　济宁医学院　　韦　卉　广东药科大学
邓　萍　重庆医科大学　　石茂健　济宁医学院
田青平　山西医科大学　　白迎春　包头医学院
宁军霞　长治医学院　　朱再盛　广东药科大学
刘　景　济宁医学院　　沈雪松　桂林医学院
罗三来　广东药科大学　　黄燕军　广西医科大学
彭　茵　大连医科大学　　程　艳　牡丹江医学院
蒲家志　遵义医学院

科 学 出 版 社
北　京

郑重声明

为顺应教育部教学改革潮流和改进现有的教学模式，适应目前高等医学院校的教育现状，提高医学教育质量，培养具有创新精神和创新能力的医学人才，科学出版社在充分调研的基础上，引进国外先进的教学模式，独创案例与教学内容相结合的编写形式，组织编写了国内首套引领医学教·育发展趋势的案例版教材。案例教学在医学教育中，是培养高素质、创新型和实用型医学人才的有效途径。

案例版教材版权所有，其内容和引用案例的编写模式受法律保护，一切抄袭、模仿和盗版等侵权行为及不正当竞争行为，将被追究法律责任。

图书在版编目(CIP)数据

物理化学 / 王秀芳，王慧云主编．—北京：科学出版社，2016.8
ISBN 978-7-03-048593-9

Ⅰ.①物… Ⅱ.①王… ②王… Ⅲ.①物理化学–高等学校–教材 Ⅳ.①O64

中国版本图书馆 CIP 数据核字(2016)第 125322 号

责任编辑：王　超　胡治国 / 责任校对：郭瑞芝
责任印制：李　彤 / 封面设计：陈　敬

科学出版社 出版
北京东黄城根北街 16 号
邮政编码：100717
http://www.sciencep.com
北京凌奇印刷有限责任公司印刷
科学出版社发行 各地新华书店经销
*
2016 年 8 月第 一 版　开本：787×1092 1/16
2025 年 1 月第十次印刷　印张：23
字数：663 000
定价：79.80 元
(如有印装质量问题，我社负责调换)

前　言

物理化学一直是药学学科的理论基础与大厦支柱，它以物理学的思想方法、实验手段并借助数学推理，研究化学体系行为最一般的宏观、微观、宇观的规律和理论。物理化学作为药学专业的基础课，它在教学与训练中培养出来的药学及相关学科人才具有较深的理论根基、较宽的学术视野、较佳的实验技能、较高的思维技巧和鲜明的哲学思辨。正是物理化学在药学学科中的重要地位，决定了物理化学在当今培养复合型、创新型人才中发挥着轴心科学的作用。

本教材采用创新编写模式，在内容和格式上独具匠心，增加了可操作性的真实案例，增设知识拓展、要点提示等。案例来源于工作实践，是理论知识的载体和引领者，案例描述后根据案例情况，提出相关的问题，启发学生思维；利于师生交互，可全面激发教师和学生的创造性思维，提高学生学习的主动性和积极性，这是本教材的亮点和特色。同时作为教材，保留本学科教学大纲规定的全部理论知识内容，并结合理论知识对案例进行相应的分析和总结。

《物理化学》(案例版)，主要供4、5年制药学类本科专业学生使用。教材主要包括化学热力学、电化学、化学动力学、胶体化学、表面现象、大分子溶液等相关知识。内容有绪论、热力学第一定律、热力学第二定律、相平衡和化学平衡、电化学、化学动力学、表面现象及胶体分散系统、大分子溶液十个章节。每章都安排了富有特色的案例、知识视窗以及丰富的例题和习题，并附有答案。

教材内容满足3个层次的需求：①教育部制定的教学大纲。②学生毕业后执业药师资格考试的需求。③硕士研究生入学考试的需求。本套教材内容紧跟研究生入学考试和国家执业药师资格考试案例分析的命题方向。

本书由国内多家医药院校骨干教师参与编写，集中了骨干教师多年的教学经验，是集体智慧的结晶。由于编者水平有限，书中难免存在不当之处，热切希望读者批评指正并提出建设性意见。

编　者

2016年6月

目　录

绪论

一、物理化学是化学中心科学的重要分支科学

化学是自然科学领域的一门中心科学，物理化学不仅是化学中心科学的重要分支科学，而且是化学的理论基础，因此物理化学又称理论化学。人们在长期的实践过程中，注意到化学变化与物理变化的相互联系，在发生化学反应时，通常伴有体积、压力变化，热量的吸收或放出，光效应及电效应等；同时，温度、压力、光的照射、电磁场等物理因素的作用也都能引起化学变化。化学与物理学是紧密相连的，任何一化学变化总是伴随着物理变化。在长期的实践过程中加以总结，逐步形成一门独立的科学分支称为物理化学。物理化学是从研究物理变化和化学变化的联系入手，探求化学变化的基本规律的一门科学。基于化学和生物学共同创建的分子生物学破译了人类基因组，为人类利用基因疗法战胜癌症、艾滋病等重大疾病展现了光辉的前景。因此在培养高素质的医药学人才的过程中，一定要强调打好扎实的化学和物理化学基础。

通常，物理化学包含三方面内容：

其一，以化学热力学理论和方法探索变化的可能性。化学热力学是以大量质点构成的体系为研究对象，采用宏观的方法，不考虑体系内部质点的结构，只关注变化的始态和终态，通过宏观量的变化（如 P、V、T 等）来推知体系内部变化，具有普遍适用性。在化学热力学范畴，研究化学反应能量转化和化学变化的方向及限度。研究并解决在指定条件下，某一化学反应能否朝预定方向进行？进行到什么限度？外界条件如温度、压力、浓度等因素对化学反应方向和限度的影响如何？与化学变化密切相关的相变化、表面现象、电化学等变化过程的方向和限度问题，是化学热力学的重要应用。

其二，以化学动力学理论和方法探索变化的现实性。研究化学反应的速率和反应机理。一方面，化学动力学从宏观上研究化学反应速率的唯象规律，即研究外界因素（如浓度、温度、催化剂等）对反应速率的影响，进而研究反应机理，即复杂反应的基元步骤。另一方面，从分子间相互作用的微观角度研究化学反应的机理，从而使分子反应动力学得以发展。

其三，物质结构研究原子在空间结合成分子的规律及结构与性能间的联系。

上述三部分共同构成物理化学的三大支柱，结构化学因单独设课，本教材不再包括。

二、物理化学在化学与药学中的地位与作用

1. 在化学中的地位与作用 物理化学作为化学的理论基础，诞生于工业发展的 19 世纪，1887 年全球第一份物理化学杂志的创刊，可以作为物理化学诞生的标志。1897 年至 20 世纪 20 年代是其发展的第一阶段，以化学热力学和反应速率唯象规律的建立为主要特征。到 20 世纪 60 年代为发展的第二阶段，物理化学开始进入分子水平的研究，结构化学得以蓬勃发展。60 年代至今为发展的第三阶段，科技的进步推动物理化学整体在分子水平上的发展。由此可以看出，物理化学是既古老又极富生命力的基础学科。随着物理化学学科的发展，化学学科得以从纯经验状态中摆脱出来，面貌为之一新。据统计，20 世纪初到 80 年代末，诺贝尔化学奖获得者共 110 位，其中近 70 位是物理化学家或从事物理化学领域研究的科学家，说明近九十年来化学中最引人瞩目的成就

中 60%集中于物理化学领域。

2. 在药学中的地位与作用 药学科学是研究药物与人体及致病体相互作用的科学。随着社会的进步，人们生活水平提高，对药物的需求也日益增大，除治病外，要求增进健康、益寿延年，因此对药物的品种、数量要求多，药品更新换代周期短。新药设计、药物合成中路线选择、工艺条件确定、反应速率及机理确定需要化学热力学及化学动力学基础；药物剂型的设计与研制，药物在储藏中的稳定性及体内的吸收、分布、代谢都与物理化学内容密切相关。近二十年，纳米技术在药学中受到广泛关注，在宏观（＞1μm）和微观（＜100nm）之间的介观领域，微粒分散系统在实现定时、定量、定位给药中发挥独特的作用，表面化学、胶化学是其重要基础。综上所述，物理化学已渗透到药学的各个领域，为药学后续课及专业需要建立必要的理论与实验基础。

三、物理化学案例版教材特色

《物理化学》案例版教材以培养有创新能力、高素质的医药学人才这一目标为依据，内容精选医药专业学生必须掌握的基础理论、基本知识和基本技能，注重物理化学与医药学紧密结合，反映物理化学在医药学上的广泛应用；案例版教材在一些医药院校使用，其灵活生动、卓有成效的教学成果得到了很多医药院校教师和学生的好评。以案例为教材，让受教育者通过阅读、分析和思考以及相互间进行讨论和争辩，以提高思维推理和处理问题能力。案例来源于工作实际，具有知识性、典型性、针对性、启发性、趣味性、实践性等特点，它可以弥补传统教材冷酷、森严和乏味的局限性，充分调动学生学习的积极性、主动性和创造性。案例教学是加强学生理论联系实际的有效教学方法，是将书本理论知识转化为现实工作能力的有效途径，从而可增强学生分析问题、解决问题和适应实际工作的能力。

创新精神和能力培养是医学教育的灵魂和目标。案例教学在医学教育中，是培养高素质、创新型和实用型医学人才的有效途径。全套教材编写不改变现有教学体制，在保留本学科教学大纲规定全部理论知识的基础上，教材中增加真实案例或标准化案例，是本套教材有别于其他教材的最大特色。采用创新性编写模式，在内容和格式上独具匠心，如增设知识拓展、要点提示等。加强理论知识向岗位实践过渡的内容，为学生实习、走上岗位打下基础。

课程内容满足 3 个层次的需求：

（1）教育部制定的教学大纲。

（2）毕业后执业药师资格考试的需求。

（3）硕士研究生入学考试的需求。

使用本教材组织教学时，既可以按传统模式讲授，案例作为补充，供学生阅读使用；也可以以案例为先导引导教学，丰富教学内容，提高学习效率。

编写时，突出“三基”（基础理论、基本知识和基本技能）和体现“五性”（思想性、科学性、先进性、启发性和适用性），知识点明确，学生好学，教师好教；注重创新能力和实践能力的培养，为学生知识、素质、能力协调发展创造条件；将教学改革和教学经验融入教材，使学生在尽可能短的时间内掌握所学课程的知识点。

教材反映学科最新信息、最新成果和最新技术，与之相关的科学热点问题列入医学专业学生必须掌握的基础化学知识，有助增强医学生的社会责任感。

该书博采众长，章节编排先易后难、循序渐进；叙事述理条理清楚、语言简洁。

四、物理化学的学习方法

学习物理化学的方法并无一定之规，可因人而异，但由于学科本身的特点，若能掌握学习要领，可以达到事半功倍之效。

（一）抓住三基

物理化学概念多、公式多、计算多，初次接触者常感到内容庞杂，学习不得要领。为此，学习物理化学，首先要抓住每一章中的基本概念、基本理论、基本计算，这样就抓住每章的主要内容，不至舍本求末、主次不分。

（二）学习定性概念定量化的研究方法

物理化学既是理论化学，就必须对体系的理化性质进行定量研究。因此，学习物理化学就必须抓住物理化学的这一特点，注重定性概念定量化的方法和技巧。

1. 准确掌握公式的物理意义　物理化学中重视运用数学方法，数学的严密推导可简捷得出物理量间定量关系，学生往往被其繁杂的推证过程所困扰，而忽视了所得公式的条件及其物理意义，就会造成盲目地套用公式，引出错误的结论。要了解数学推导只是获得结果的必要手段，而不是目的，除重要公式外，一般公式推导过程，只要求理解而不要求强记，重要的是掌握数学公式的物理意义、使用条件及如何运用解决实际问题。

2. 学习物理化学思维方法和逻辑推理过程　物理化学是化学之理，要从纷杂的客观事实，高度抽象出基本的规律，如热力学中熵、吉布斯能等函数的导出；研究气体、溶液的性质，引入理想气体、理想溶液的概念，因理想化是对事物本质的高度概括，将所得规律经修正，就可应用于非理想的实际体系。物理化学的抽象化、理想化的处理问题的方法，使初学者不适应，这也是感到物理化学难学的重要原因之一。而这种处理问题的方法是符合认识规律的，通过物理化学学习，应了解并学会这种认识事物的科学方法。

3. 重视习题练习　习题的作用是复习与巩固已学的知识，掌握对重要定律及公式的应用，教材中给出一定数量的例题进行示范，学生通过解题，不但可以检查学习效果、加深对理论的理解、提高运算技巧，还有助于独立思考和解决问题能力的培养。正确完成习题要强调：一是在复习、理解课堂内容基础上完成习题；二是随课程进行，及时完成习题，那种平时积压、考前突击是不能有好效果的。

第一章　热力学第一定律

学习目标

1. 掌握　系统与环境、状态与状态函数、热与功、热力学能、焓、热容、反应进度、热效应等热力学基本概念；明确系统的始态、终态和变化过程；利用热力学第一定律能熟练计算系统变化过程中的 W、Q、ΔU、ΔH。

2. 熟悉　准静态过程与可逆过程的意义和特点，能区分可逆过程和不可逆过程；熟悉等压热效应与等容热效应的关系，能够利用赫斯（Hess）定律及各种热力学数据计算化学反应的热效应，熟悉温度对化学反应热的影响。

3. 了解　热力学研究的特点；了解节流膨胀的概念和意义；了解实际气体的热力学能和焓的影响因素；了解化学反应热的测定方法。

案例 1-1

化学反应系统常伴随光、电、功、热等物理现象，反过来，光、电、功、热等物理作用又可以影响反应系统状态的变化。例如，碳在空气中燃烧可以发光、放热，电解食盐水可获取氢氧化钠、氢气和氯气，也就是说，光、电、功、热等物理能与化学能之间可以相互转化。能量是人类赖以生存的物质基础，目前，石油、煤等矿物的燃烧仍然是人类获取能量的主要反应，为了节约能源，人们常需要将这些化学能最大限度地转化为电、热、功等另一种能量；在药物生产过程中，为了获得纯净物，则需要将系统由一种状态转化为另一种状态。

问题：

（1）什么是系统？系统的状态怎样描述？

（2）系统变化过程中最多能做多少功，放多少热？

（3）系统与环境之间有功热交换时，系统的状态如何变化？

这些问题的解决需要化学热力学的知识。热力学（themodynamics）是研究宏观系统在能量转换过程中所遵循规律的科学，将热力学的基本原理和方法应用于化学变化及其伴随的物理变化则称为化学热力学（chemical themodynamics）。化学热力学对于生产实践和科学研究具有重大的理论指导作用。药物合成及生产过程中能量的衡算与合理利用、路线的选择与条件控制、药物稳定性与体内代谢的研究等都需要化学热力学的理论与方法；萃取、蒸馏、结晶等药物分离及纯化方法的建立，也需要用化学热力学作为知识基础。学好热力学第一定律是掌握化学热力学和物理化学的前提。需要说明的是，热力学只讨论大量微观粒子所组成系统的宏观性质，而不管其微观结构，也不涉及时间因素，它只预测过程发生的可能性，而不管其过程实际上能否真正发生、如何发生及过程进行的快慢等问题。

第一节　热力学基本概念

一、系统与环境

热力学将进行研究的对象称为系统（system），又称为体系或物系。系统可以是一部分物质，也可以是一部分空间。与系统有关的其他部分称为环境（surroundings）。例如，烧杯中的葡萄糖溶液，若以葡萄糖的水溶液为系统，则烧杯及烧杯以外的其他部分为环境；而当选择葡萄糖为系统时，则水、烧杯及烧杯以外的其他部分都是环境，此时系统与环境的界面就不那么明显了。

根据系统与环境之间的关系，可将系统分为三类：与环境之间既有物质交换又有能量交换的系统称为敞开系统或开放系统（open system）；与环境之间只有能量交换而无物质交换的系统称为封闭系统（closed system）；与环境之间既无物质交换也无能量交换的系统称为孤立系统（isolated system），孤立系统又称为隔离系统或隔绝系统等。当然，事物总是互相联系的，不可能存在绝对的孤立系统，为了方便地研究问题，可进行适当的近似。例如，以保温瓶内的热水作为系统，若保温瓶加盖密封且其保温性能足够好，则形成孤立系统；若保温性能不好，则形成封闭系统；打开瓶塞，则为敞开系统。

在热力学中，如无特别说明，通常所说的系统一般是指封闭系统。有时则将系统与环境合并在一起作为孤立系统。

二、状态与状态函数

（一）状态函数

系统通常是由大量微观粒子组成的聚集体，用于描述系统宏观性质的物理量如温度、压强（物理化学中常称为压力）、体积、密度等称为状态函数（state function）。当系统的所有状态函数均不随时间而变化时，就说系统处于一定的状态（state）。条件变化时，只要状态函数中有一个发生变化，则系统的状态便随之发生变化，变化前的状态称为始态（primary state），变化后的状态称为终态（final state）。状态函数的特征为：

（1）状态函数是系统状态的单值函数。状态确定，则系统的状态函数均具有唯一确定的数值。

（2）状态函数的改变量只与系统的始态和终态有关，而与实现这一变化所经历的具体过程无关。若系统经历某一循环过程后又回到原来的状态，则状态函数的变化量等于零。

在数学上，状态函数的微小变化是其全微分，它等于该函数所有自变量的偏微分的加和。例如，一定量理想气体的体积 V 是温度 T 和压强 p 的函数，表示为

$$V=f(T,\ p)$$

体积的全微分为

$$\mathrm{d}V=\left(\frac{\partial V}{\partial T}\right)_p\mathrm{d}T+\left(\frac{\partial V}{\partial p}\right)_T\mathrm{d}p$$

系统由始态体积 V_1 变化到终态体积 V_2，体积的变化量ΔV 为

$$\Delta V=\int_{V_1}^{V_2}\mathrm{d}V$$

若经过一循环过程，体积的变化量ΔV 为其全微分的环路积分，则

$$\Delta V=\oint\mathrm{d}V=0$$

状态函数全微分的环路积分等于零；反之，全微分的任意环路积分为零的函数必为状态函数。

（3）不同状态函数的初等组合仍然是状态函数。

（二）状态函数的分类

根据状态函数与系统中所含物质的量的关系，可将状态函数分为两类。

1. 广度性质 数值大小与系统所含物质的量成正比的状态函数称为广度性质（extensive property）。广度性质具有加和性，即系统的某种广度性质的数值等于系统中各部分该性质数值的

加和。例如，系统总体积等于各部分体积的加和。

2. 强度性质 数值大小与系统所含物质的量无关的状态函数称为强度性质（intensive property）。强度性质不具有加和性。例如，系统的温度不等于各部分温度的加和。

一般来说，系统的某种强度性质等于两种广度性质的比值。例如，密度等于质量除以体积，摩尔质量等于质量除以物质的量。

（三）状态方程

同一系统的状态函数之间往往存在一定的关系。描述系统不同状态函数之间关系的式子称为状态方程（equation of state）。理想气体的状态方程为

$$pV = nRT$$

式中，R 为气体常量（$8.314\ \mathrm{J \cdot mol^{-1} \cdot K^{-1}}$）。温度不变的情况下，以 p 为纵坐标，V 为横坐标作图，所得曲线称为理想气体的等温线（isothermal curve），如图 1-1 所示。

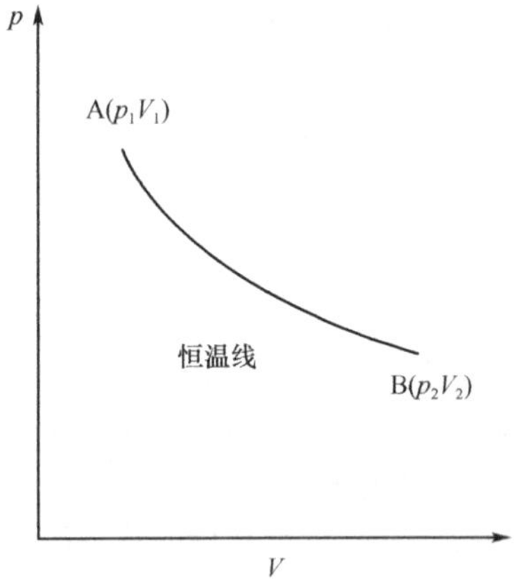

图 1-1 理想气体的等温线

根据状态方程，理想气体的体积 V 可由温度 T 和压强 p 确定。因此，描述系统所处的状态，只要选择易于测定的几个相互独立的状态函数即可，并不需要将所有的状态函数全部列出。

三、热力学平衡态

如果系统中所有状态函数均不随时间而变化，则称系统处于热力学平衡态（thermodynamic equilibrium state）。热力学平衡态需要同时满足以下四种平衡。

1. 热平衡 系统中各部分的温度相同，系统内不存在热的传递。

2. 力平衡 系统中各部分的压强相同，系统内没有不平衡的力，不存在物质的宏观流动。

3. 相平衡 相变达到平衡，系统中各相的组成和数量保持不变，即相与相之间不存在净的物质转移。

4. 化学平衡 化学反应达到平衡，系统中各物质的组成和数量不随时间而变化。

满足上述四种平衡是系统处于热力学平衡态的必要条件，一旦某一个平衡被打破，则系统的状态必定发生变化。

四、过程与途径

系统从始态变化到终态称为经历了一个过程（process）。根据过程发生时的条件不同，通常将过程分为以下几种类型：

1. 等温过程 系统与环境的温度相同且恒定不变的过程称为等温过程（isothermal process）。

$$T_1 = T_2 = T_{环} = 常数$$

式中，T_1、T_2 和 $T_{环}$分别代表系统初态温度、终态温度和环境温度。若系统先升温，后降温，即使始终态温度相同，也不属于等温过程。

状态发生变化时，系统与环境间常有热量交换，只有当环境无限大时，才能维持系统的始态、终态及环境的温度相等且保持不变，因此，等温过程意味着系统与一个无限大的热源相接触。

2. 等压过程 系统与环境的压强相同且恒定不变的过程称为等压过程（isobar process）。

$$p_1 = p_2 = p_{环} = 常数$$

式中，p_1、p_2 和 $p_{环}$分别代表系统初态压强、终态压强和环境压强。注意，等压过程不同于等外压过程，等外压过程仅仅是指外界压强不变的过程。

3. 等容过程　系统的体积不发生变化的过程称为等容过程（isovolumic process）。

$$V_1 = V_2 = \text{常数}$$

其中，V_1和V_2分别代表系统的初态体积和终态体积。

4. 绝热过程　系统与环境之间没有热交换的过程称为绝热过程（adiabatic process）。绝对的绝热过程是不存在的。如果传递的热量很少，例如，系统外面包一层绝热性能较好的材料，即可近似地作为绝热过程处理。

5. 循环过程　从一种状态经过一系列变化后又回到初始状态的过程称为循环过程（cyclic process）。系统经过任一循环过程，所有状态函数的变化量均等于零。

系统由始态到终态变化的具体步骤称为途径（way）。例如，一定量的理想气体由始态（298 K，100 kPa）变化到终态（303 K，200 kPa），可采用先等温加压再等压升温，也可以先等压升温再等温加压的两种途径完成。

案例 1-2

在一定温度下，一定量理想气体从同一始态（298 K，100 kPa）出发，①对抗 10 kPa 的等外压膨胀；②向真空中膨胀。

问题：

（1）能否达到相同的终态？为什么？

（2）系统在变化过程中做了多少功？放出多少热？

第二节　热力学第一定律

一、能量守恒与热力学第一定律

状态变化时，系统与环境之间可能发生能量的传递或交换。18 世纪中叶，英国物理学家 J. P. Joule 经过四十多年的实验证实，能量在转化过程中保持总量不变，这就是能量守恒和转化规律。将该定律应用于热力学便逐步形成了热力学第一定律（the first law of thermodynamics）。热力学第一定律可表述为：自然界的一切物质都具有能量，能量有各种不同形式，它可以从一种形式转化为另一种形式，在转化过程中，能量的总值不变。或者说，不靠外界供给能量，本身能量也不减少，却能连续不断地对外做功的永动机是不存在的。热力学第一定律是人类大量实践经验的总结，尽管该定律不能从理论上加以推导，但其正确性和可靠性却被无数实验事实所证明。

二、热　和　功

热和功是能量传递或交换的两种形式。

1. 热　热力学中，系统和环境之间因温度不同而交换的能量称为热（heat）。用符号 Q 表示。热力学规定，系统向环境放热，Q 为负值；系统从环境吸热，Q 为正值。从定义可知，热是系统与环境之间所交换的一种能量形式，其大小和正负与系统发生状态变化的过程相关，没有过程就没有热，因此，热不是系统的状态函数。热的微小量用δQ 表示。

2. 功　除了热以外，系统和环境之间所交换的其他一切形式的能量均称为功（work）。功用符号 W 表示。热力学规定，系统对环境做功，W 为负值；系统从环境中得功，W 为正值。同理，功是过程量，也不属于系统的状态函数，其微小量用δW 表示。

从微观上看，热是大量质点以无序运动方式传递的能量；而功则是大量质点以有序运动方式传递的能量。

三、热力学能

在与环境交换能量的过程中，系统自身的能量也将发生变化。系统的总能量包括系统整体运动的动能、系统在外力场中的势能以及系统的热力学能（thermodynamics energy）。热力学能又称内能（internal energy），是指系统内部一切能量的总和，用符号 U 表示。它包括系统内部所有分子的平动能、转动能、振动能、分子间势能、电子运动能、原子核能等。由于物理化学中讨论的系统一般都是静止的，也不存在外场（如离心力场、电磁场等）的作用，虽然重力场一直存在，但在化学反应前后，势能一般是不改变的，因此，物理化学中一般不考虑系统整体的动能和势能，通常所说系统的能量一般是指系统的热力学能。

热力学能是系统广度性质的状态函数。均相封闭系统的热力学能可看作是温度和体积的函数，即 $U=f(T,\ V)$，其微小变化量为

$$\mathrm{d}U=\left(\frac{\partial U}{\partial T}\right)_V\mathrm{d}T+\left(\frac{\partial U}{\partial V}\right)_T\mathrm{d}V$$

若将热力学能看作温度和压强的函数，$U=f(T,\ p)$，则

$$\mathrm{d}U=\left(\frac{\partial U}{\partial T}\right)_p\mathrm{d}T+\left(\frac{\partial U}{\partial p}\right)_T\mathrm{d}p$$

对于理想气体来说，分子间不存在相互作用力，分子间势能为零，其热力学能只与温度有关，温度越高，热力学能越大。

热力学能是系统内所有质点能量的加和，随着人们对微观世界认识的不断深入，还会出现新的微观粒子和新的运动形式，因此，热力学能的绝对值是无法确定的，但热力学能的改变值 ΔU 可由实验测定。在实际应用中，用得多的不是系统的热力学能而是热力学能变。

四、热力学第一定律的数学表达式

对于封闭系统，若在变化过程中从环境吸收了 Q 的热，得到了 W 的功，根据热力学第一定律，系统热力学能的增量（$\Delta U=U_2-U_1$）为

$$\Delta U=Q+W \tag{1-1}$$

若系统发生一微小变化，则

$$\mathrm{d}U=\delta Q+\delta W \tag{1-2}$$

式（1-1）和式（1-2）是热力学第一定律的数学表达式，适用于封闭系统的任一过程。显然，绝热过程中，$Q=0$，$\Delta U=W$，系统从环境中得到的功，全部用来增加系统的热力学能；而在孤立系统中，$Q=0$，$W=0$，则 $\Delta U=0$，即孤立系统中发生的一切过程，热力学能保持不变。

案例 1-3

（1）系统放出 2.5 kJ 的热量，并且对环境做功 500 J。（2）系统放出 650 J 的热量，环境对系统做功 350 J。

问题：

计算系统热力学能的变化。

解：

（1）$\Delta U=Q+W=-2.5\times1000\ \text{J}-500\ \text{J}=-3000\ \text{J}$

（2）$\Delta U=Q+W=-650\ \text{J}+350\ \text{J}=-300\text{J}$

第三节　体积功的计算与可逆过程

一、体　积　功

功有多种存在形式。在热力学中，由于系统体积的变化而与环境之间交换的功称为体积功或膨胀功（expansion work），用 W_e 表示（为简便，常忽略其下标）。电功、表面功等其他形式的功称为非体积功，用 W_f 表示。各种形式的功均为力及其在力的方向上运行距离的乘积。

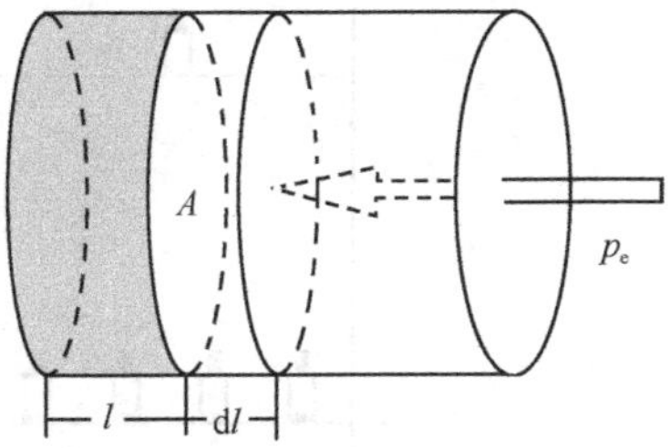

图 1-2　体积功示意图

图 1-2 是系统做体积功的示意图。圆筒内盛有理想气体，圆筒上装有一截面积为 A 且无质量和摩擦力的理想活塞。作用在活塞上的外界压强为 p_e。若筒内气体反抗外压 p_e 膨胀，使活塞向右移动了 dl 的距离，则系统对环境所做的体积功为

$$\delta W_e = -F\cdot dl = -p_e\cdot A\cdot dl = -p_e dV$$

$$\delta W_e = -p_e dV \tag{1-3}$$

式（1-3）是体积功的计算通式。其中，dV 为系统体积的增量；p_e 为系统所受的外界压强。由于活塞的受力与运行方向相反，因此式（1-3）右边需加负号。当系统由始态变化到终态时，只要将式（1-3）积分便可求得整个过程的体积功。

注意：无论是膨胀还是压缩，体积功均可用式（1-3）计算。系统膨胀时，$dV>0$，$\delta W<0$，说明系统对环境做功；系统被压缩时，$dV<0$，$\delta W>0$，说明环境对系统做功。

案例 1-4

一定温度下，理想气体从始态（$p_1 = 500$ kPa，$V_1 = 1$ L）对抗外压 100 kPa 膨胀到平衡态，计算系统所做的体积功。

解:

平衡时，内外压强相同，因此终态的压强 $p_2 = 100$ kPa。根据理想气体状态方程，求得终态的体积 V_2

$$V_2 = \frac{p_1V_1}{p_2} = \frac{500\text{kPa}\times 1\text{L}}{100\text{kPa}} = 5\text{L}$$

用流程图表示系统的变化过程为

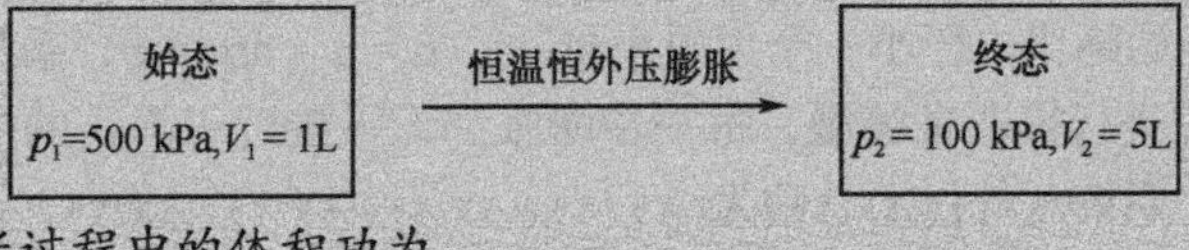

等温等外压膨胀过程中的体积功为

$$W_e = -\int_{V_1}^{V_2} p_e dV = -p_e\Delta V = -p_e(V_2 - V_1) = -100\text{kPa}\times(5-1)\text{L} = 400.0\text{J}$$

二、不同过程的体积功

功属于非状态函数，系统所经历的过程不同，则所做的功也不相同。下面分别介绍几种过程中体积功的计算。

（一）等温膨胀

将一个带有无质量、无摩擦活塞的气缸置于温度为 T 的等温热源中（图 1-3）。气缸内充有一定量理想气体，$p_1 = 400$ kPa，$V_1 = 1$ L。在活塞上施加外压 $p_e = 400$ kPa（用 4 个砝码表示），由于系统内外压强相同，活塞静止不动，系统处于平衡状态。下面由同一始态出发，分别用不同方式使气体等温膨胀到相同终态（$p_2 = 100$ kPa，用 1 个砝码表示，$V_2 = 4$ L）。计算各过程中的体积功。

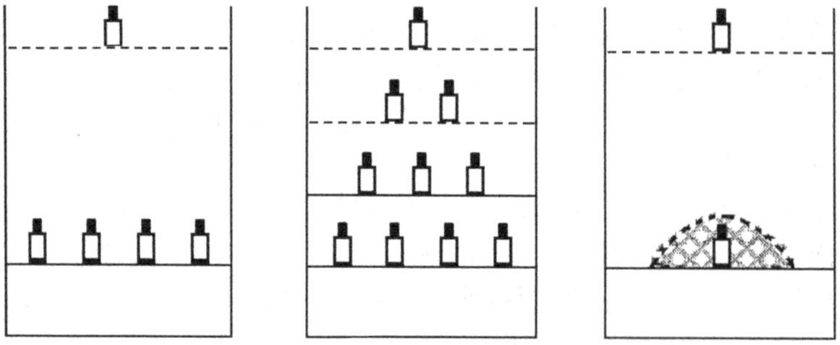

图 1-3　理想气体恒温膨胀示意图

1. 一次等外压膨胀　将活塞上的砝码一次取走 3 个，使外压突然从 400 kPa 下降到 100 kPa，气体的体积从 $V_1 = 1$ L 膨胀到 $V_2 = 4$ L[图 1-3（a）]。整个过程中外压恒定，$p_e = p_2 = 100$ kPa，系统反抗外压对环境所做的功为

$$W_1 = -\int_{V_1}^{V_2} p_e \mathrm{d}V = -p_e \Delta V = -p_2(V_2 - V_1)$$

$$= -100\times10^3 \mathrm{Pa}\times(4-1)\times10^{-3}\mathrm{m}^3 = -300\mathrm{J}$$

W_1 的绝对值相当于图 1-4（a）中阴影部分的面积。

2. 多次等外压膨胀　每次取走 1 个砝码，使外压依次降低至 300 kPa、200 kPa 和 100 kPa，相应地，气体的体积从 1 L 等温等外压膨胀到 4/3 L、2 L 和 4 L[图 1-3（c）]。系统反抗外压对环境所做的总功为

$$W_2 = -\int_{V_1}^{V_2} p_e \mathrm{d}V = -300\times10^3 \mathrm{Pa}\times\left(\frac{4}{3}-1\right)\times10^{-3}\mathrm{m}^3 - 200\times10^3\mathrm{Pa}\times\left(2-\frac{4}{3}\right)\times10^{-3}\mathrm{m}^3$$

$$-100\times10^3\mathrm{Pa}\times(4-2)\times10^{-3}\mathrm{m}^3 = -433\mathrm{J}$$

W_2 的绝对值相当于图 1-4（b）中阴影部分的面积。

3. 准静态膨胀　在气缸活塞上用一堆相同质量的极细砂粒代替三个砝码[图 1-3（c）]，每次取走一粒细砂，使外压始终比内压小一个无限小量 dp，$p_e = p - \mathrm{d}p \approx p$，系统经过无限多次膨胀逐渐达到终态。由于过程进行得非常缓慢，每一步膨胀都无限接近于静止的平衡状态，因此称之为准静态膨胀。该过程中系统对外做的总功为

$$W_3 = -\int_{V_1}^{V_2} p_e \mathrm{d}V = -\int_{V_1}^{V_2} (p-\mathrm{d}p)\mathrm{d}V = -\int_{V_1}^{V_2} p\mathrm{d}V = -\int_{V_1}^{V_2} \frac{nRT}{V}\mathrm{d}V = -nRT\ln\frac{V_2}{V_1}$$

由于等温过程中

$$p_1V_1 = p_2V_2 = nRT$$

所以

$$W_3 = -p_1V_1\ln\frac{V_2}{V_1} = -400\mathrm{kPa}\times1\mathrm{L}\times\ln\frac{4}{1} = -554\mathrm{J}$$

W_3 的绝对值相当于图 1-4（c）中阴影部分的面积，即 p-V 图中理想气体从始态到终态的等温线与横轴所夹的面积。

在以上三种不同的膨胀过程中，比较系统对环境所做功的绝对值可知

$$|W_1| < |W_2| < |W_3|$$

（二）等温压缩

按照与上述膨胀过程相反的步骤，将膨胀后的气体重新压缩到初始状态。压缩经历的过程不同，环境对系统所做的功亦不相同。

1. 一次等外压压缩　在活塞上增加 3 个砝码，使外压一次增加到 400 kPa，在恒定外压 p_1 下，将气体从 V_2 压缩到 V_1。环境所做的功为

$$W_1' = -\int_{V_2}^{V_1} p_e \mathrm{d}V = -p_1(V_1 - V_2) = -400\times10^3\,\mathrm{Pa}\times(1-4)\times10^{-3}\,\mathrm{m}^3 = 1200\mathrm{J}$$

W_1' 为正值，表示环境对系统做功，其数值相当于图 1-4（a′）中的阴影面积。

2. 多次等外压压缩　每次增加一个砝码，即每次将外压增加 100 kPa，将系统分三次压缩到初始状态。环境对系统做功为

$$W_2' = -\int_{V_2}^{V_1} p_e \mathrm{d}V = -200\times10^3\,\mathrm{Pa}\times(2-4)\times10^{-3}\,\mathrm{m}^3 - 300\times10^3\,\mathrm{Pa}\times\left(\frac{4}{3}-2\right)\times10^{-3}\,\mathrm{m}^3$$

$$-400\times10^3\,\mathrm{Pa}\times\left(1-\frac{4}{3}\right)\times10^{-3}\,\mathrm{m}^3 = 733\mathrm{J}$$

W_2' 的数值相当于图 1-4（b′）中阴影部分的面积。

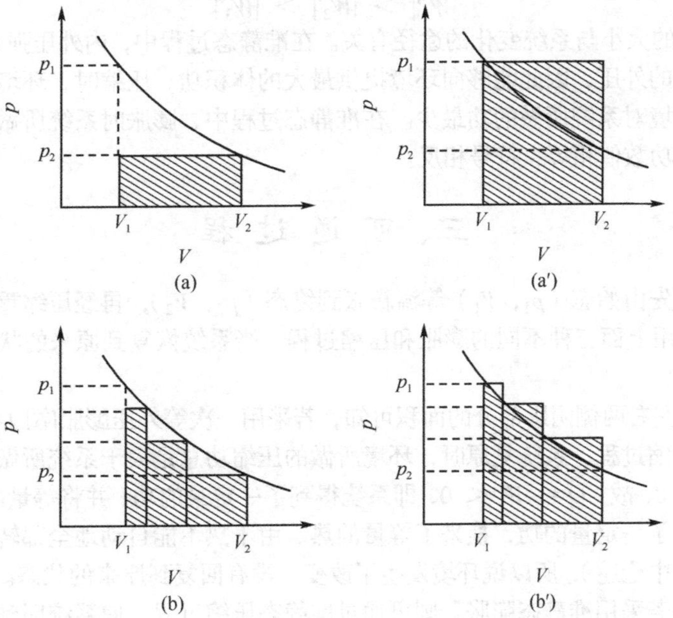

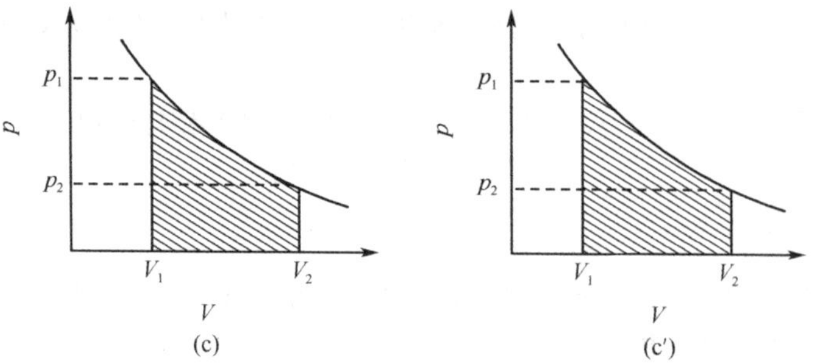

图 1–4　理想气体等温过程的体积功

（三）准静态压缩

将取下的细砂再一粒粒重新添加到活塞上面，使外压始终比气缸内压强稍大一个无限小量，即在外压 $p_e = p + dp \approx p$ 下，使系统逐渐压缩到初始状态。此过程中环境对系统做的功为

$$W_3' = -\int_{V_2}^{V_1} p_e dV = -\int_{V_2}^{V_1} (p + dp)dV = -\int_{V_2}^{V_1} pdV = -p_1V_1 \ln\frac{V_1}{V_2}$$

$$= -400\times10^3 \text{Pa}\times1\times10^3 \text{m}^3\times\ln\frac{1}{4} = 554\text{J}$$

W_3' 的绝对值相当于图 1-4（c′）中阴影部分的面积。准静态压缩过程所需时间非常长，且系统始终接近于平衡状态。

在以上三种不同的压缩过程中，比较环境对系统所做功的绝对值可知

$$|W_1'| > |W_2'| > |W_3'|$$

由此可见，功的大小与系统变化的途径有关。在准静态过程中，内外压强几乎相同，膨胀时，系统始终对抗最大的外压，因此能够向环境提供最大的体积功；压缩时，环境对系统始终施加最小的压强，因此环境对系统所做的功最少。在准静态过程中，膨胀时系统所做的最大功与压缩时环境对所做的最小功数值相等，符号相反。

三、可逆过程

若使理想气体先由始态（p_1，V_1）等温膨胀到终态（p_2，V_2），再经压缩重新回到原来的状态（p_1，V_1）。假设采用上面三种不同的膨胀和压缩过程，当系统恢复到原来的状态时，环境是否也能回到原来的状态？

对比图 1-4 中左右两侧阴影部分的面积可知，若采用一次等外压膨胀[图 1-4（a）]，则无论通过哪一种形式的压缩过程，系统复原时，环境所做的压缩功总是大于系统所做的膨胀功。在整个循环过程中，$\Delta U = 0$，故，$Q = -W < 0$，即系统得到了一定量的功，并将等量的热释放到环境中。这相当于环境失去了一定量的功，换来了等量的热。由于热不能自动地全部转化为功（这一点将在热力学第二定律中论述），所以说环境发生了改变，没有回复到原来的状态。类似地，多次膨胀情况与此相似。但若采用准静态膨胀，则可通过准静态压缩过程，使系统回到原来状态的同时，环境也回到原来的状态。因为准静态膨胀与准静态压缩过程中的功，大小相等，符号相反。经过循环，当系统复原时，环境中既无功的得失，也无热的得失，即环境也回复到原来的状态。

类似准静态过程，当系统经过某一过程由状态 1 变化到状态 2，如果能找到一种相反的过程，使系统和环境同时恢复到原来状态，则这一过程称为热力学可逆过程（reversible press）。可逆过程常用“r”标记。反之，如果用任何方法都不能使系统和环境完全复原，则该过程称为不可逆过程（irreversible press）。不可逆过程常用“i”标记。准静态膨胀或准静态压缩属于可逆过程，而等外

压膨胀和等外压压缩过程为不可逆过程。

综上所述，热力学可逆过程具有下述特点：

（1）可逆过程进行时，系统始终无限接近于平衡状态。可以说，可逆过程是由一系列连续的、渐变的平衡状态所构成。

（2）可逆过程进行时，过程的推动力和阻力只相差无限小。

（3）按照与原来途径相反的方向进行，可使系统和环境完全复原。

（4）系统在可逆过程中做最大功，环境在可逆过程中做最小功。

可逆过程是一种理想过程。由于实际过程都是在有限的时间内以一定速率进行的，严格地说，自然界没有真正的可逆过程。但也有一些实际过程无限接近于可逆过程。例如，液体在其沸点时的蒸发、固体在其熔点时的熔化、可逆电池在电位差无限小时的充电和放电等，都可以近似地作为可逆过程进行处理。研究可逆过程的意义，一是可以简化运算，二是可将实际过程与可逆过程进行比较，从而确定提高实际过程效率的可能性。

从前面的讨论中可知，理想气体等温可逆过程的体积功为

$$W_{\rm r}=-\int_{V_1}^{V_2}p_{\rm e}{\rm d}V=-nRT\ln\frac{V_2}{V_1}$$

案例 1-5

2 mol 理想气体在 298 K 时，分别按下列三种方式从 15.00 L 膨胀到 40.00 L，（1）自由膨胀；（2）等温对抗 100 kPa 外压下膨胀；（3）等温可逆膨胀。

问题：

求三种过程的体积功。

解：

（1）自由膨胀过程

$$W=-p_{\rm e}（V_2-V_1）=-0\times（V_2-V_1）=0$$

（2）等温等外压膨胀

$$W=-p_{\rm e}(V_2-V_1)=-100\times10^3\,{\rm Pa}\times（40.00-15.00）\times10^{-3}\,{\rm m}^3=-2500\,{\rm J}$$

（3）等温可逆膨胀

$$W=-nRT\ln\frac{V_2}{V_1}=-2{\rm mol}\times8.314{\rm J\cdot K^{-1}\cdot mol^{-1}}\times298{\rm K}\times\ln\frac{40.00}{15.00}=-4860{\rm J}$$

案例 1-6

系统变化时，并不局限于等温过程，若经等压过程或等容过程系统发生了某种变化。

问题：

（1）等压过程或等容过程的功如何计算？

（2）总结不同过程中体积功的计算方法。

（3）根据热力学第一定律，如何计算过程中的热？

第四节　焓与热容

一、焓

与功类似，热也不属于状态函数，但特定条件下的热却相当于某种状态函数的改变量，仅取决于系统的始态和终态。借助于状态函数的变化量计算系统变化过程中的热，可以使问题大

为简化。

（一）等容过程的热效应与热力学能变

对于封闭系统，在不做非体积功（$\delta W_f = 0$）的情况下，

$$dU = \delta Q + \delta W = \delta Q - p_e dV$$

等容过程中，$dV = 0$，所以

$$\delta Q_V = dU \quad 或 \quad Q_V = \Delta U \tag{1-4}$$

式中，Q_V为等容过程中的热效应。由式（1-4）可知，在不做非体积功的情况下，等容过程中的热效应等于系统的热力学能变。需要说明的是，尽管存在关系式（1-4），但等容热效应与过程有关，并不属于状态函数，只是在上述特定条件下，Q_V的数值相当于系统热力学能的增量ΔU。

（二）等压过程的热效应与焓变

在等压且不做非体积功（$\delta W_f = 0$）的情况下，

$$dU = \delta Q + \delta W = \delta Q_p - d(pV)$$

$$\delta Q_p = d(U + pV)$$

令

$$H \overset{\text{def}}{=\!=} U + pV \tag{1-5}$$

则

$$\delta Q_p = dH \qquad 或 \qquad Q_p = \Delta H \tag{1-6}$$

式中，Q_p为等压过程中的热效应；H称为焓（enthalpy），ΔH为焓变。由于U、p和V都是状态函数，所以它们的组合H也是状态函数，并具有能量量纲。式（1-6）说明，在不做非体积功的情况下，等压过程中的热效应Q_p等于系统的焓变ΔH。当然，等压热效应是一个过程量，并不属于状态函数。

由于大多数相变和化学反应是发生在等容或者等压且不做非体积功的过程中，利用式（1-4）和式（1-6）可以方便地计算等容或等压过程中的热效应。反过来，测量等容或等压过程中的热效应也可以得到系统的热力学能变或者焓变。

案例 1-7

20 mol O_2，在$p = 750$ mmHg（1mmHg=1.333 22×10^2Pa）的等压下加热，使其体积自100 L膨胀至200 L，系统吸热52 kJ。求过程中的Q、W、ΔU、ΔH。

解：

等压过程中$Q = Q_p = \Delta H = 52$ kJ

$$W = -p_e(V_2 - V_1) = 750\text{mmHg} \times \frac{100}{760}\text{kPa} \cdot \text{mmHg}^{-1} \times (200-100)\text{L} = 9999\text{J} = 10\text{kJ}$$

$$\Delta U = Q_p + W = 52\ \text{kJ} - 10\ \text{kJ} = 42\ \text{kJ}$$

案例 1-8

已知在298 K和100 kPa下，2 mol $CaCO_3$（s）分解为CaO（s）和CO_2（g）时吸热1143.66 kJ。求过程中的Q、W、ΔU、ΔH。

解：

此过程为等温等压下的化学反应，且非体积功为零

$$CaCO_3(s) =\!=\!= CaO(s) + CO_2(g)$$

$$Q=Q_p=\Delta H=1143.66\ \text{kJ}$$

设 CO_2（g）为理想气体，2 mol $CaCO_3$（s）完全分解为 2 mol CO_2（g），系统体积的增量近似等于生成的 CO_2（g）所占据的体积。在此等温等压过程中

$$W=-p_e(V_2-V_1)=-pV_{CO_2}=-nRT$$

$$W=-2\text{mol}\times 8.314\text{J}\cdot\text{K}^{-1}\cdot\text{mol}^{-1}\times 298\text{K}=-4955.14\text{J}$$

$$\Delta U=Q+W=1143.66\ \text{kJ}-4955.14\times 10^{-3}\ \text{kJ}=1138.70\ \text{kJ}$$

二、热　容

组成不变的均相封闭系统，系统吸收热的多少与温度升高的幅度成正比。热力学规定：在不做非体积功的情况下，一个不发生化学变化和相变化的封闭系统，温度每升高 1℃所需要的热称为热容（heat capacity）。用符号 C 表示，单位：$\text{J}\cdot\text{K}^{-1}$。

$$C=\frac{\delta Q}{\text{d}T} \tag{1-7}$$

在一定温度区间ΔT内，系统吸收的热 Q 与温度变化幅度的比值称为平均热容。热容不仅与系统的性质有关，还与系统中所含物质的数量有关。单位质量的物质温度每升高 1℃所需要的热称为比热容，简称比热，单位：$\text{J}\cdot\text{K}^{-1}\cdot\text{g}^{-1}$或$\text{J}\cdot\text{K}^{-1}\cdot\text{kg}^{-1}$。1 mol 物质温度每升高 1℃所需要的热称为摩尔热容，用符号 C_m 表示，单位：$\text{J}\cdot\text{K}^{-1}\cdot\text{mol}^{-1}$或者$\text{J}\cdot\text{mol}^{-1}\cdot\text{K}^{-1}$。

因为热与过程有关，所以系统的热容还与过程有关。封闭系统等容过程的热容称为等容热容，用 C_V 表示，摩尔等容热容用符号 $C_{V,\text{m}}$ 表示

$$C_V=nC_{V,\text{m}}=\frac{\delta Q_V}{\text{d}T} \tag{1-8}$$

在不做非体积功的情况下，封闭体系的等容过程，$\delta Q_V=\text{d}U$，因此

$$C_V=nC_{V,\text{m}}=\left(\frac{\partial U}{\partial T}\right)_V$$

由此可见，在无相变和化学变化且不做非体积功的过程中，等容热容等于封闭系统的热力学能随温度的变化率。从上式可得

$$\text{d}U=C_V\text{d}T=nC_{V,\text{m}}\text{d}T \tag{1-9}$$

根据式（1-9），利用等容热容可以计算系统的热力学能变。若等容热容与温度无关，则

$$\Delta U=C_V(T_2-T_1)=nC_{V,\text{m}}(T_2-T_1) \tag{1-10}$$

同样的，封闭系统的等压热容用符号 C_p 表示为，摩尔等压热容用符号 $C_{p,\text{m}}$ 表示

$$C_p=nC_{p,\text{m}}=\frac{\delta Q_p}{\text{d}T} \tag{1-11}$$

在不做非体积功的情况下，封闭体系的等压过程中，$\delta Q_p=\text{d}H$，故

$$C_p=nC_{p,\text{m}}=\left(\frac{\partial H}{\partial T}\right)_p$$

因此，在无化学变化和相变且不做非体积功的过程中，等压热容又等于封闭系统的焓值随温度的变化率。从上式可得

$$\text{d}H=C_p\text{d}T=nC_{p,\text{m}}\text{d}T \tag{1-12}$$

利用式（1-12）可以计算封闭系统的焓变。若等压热容与温度无关，则

$$\Delta H=C_p(T_2-T_1)=nC_{p,\text{m}}(T_2-T_1) \tag{1-13}$$

如果热容随温度变化，利用热容进行计算时，还应考虑热容与温度的关系。实验表明，物质的摩尔等压热容 $C_{p,\text{m}}$ 与温度的关系可用下述经验方程式表示

$$C_{p,\text{m}} = a + bT + cT^2$$

$$C_{p,\text{m}} = a + bT + c'T^{-2}$$

其中，a、b、c、c' 等为经验常数，需要时，可从相关热力学数据表中查询。

案例 1-9

压缩机气缸内吸入 1 atm（1atm=1.013 25×10^{5}Pa）、25℃的空气，绝热压缩到 1.9 atm，温度自动升高到 79℃。试求每压缩 1 mol 空气所做的功。$C_{V,\text{m}} = 25.3\ \text{J}\cdot\text{K}^{-1}\cdot\text{mol}^{-1}$

解：

绝热过程中 $Q=0$

$$\Delta U = W = n\int_{T_1}^{T_2} C_{V,\text{m}}\text{d}T = nC_{V,\text{m}}(T_2 - T_1)$$

$$= 1\text{mol}\times 25.3\text{J}\cdot\text{mol}^{-1}\cdot\text{K}^{-1}\times[(79+273.15)-(25+273.15)]\text{K} = 1.4\times10^3\ \text{J}$$

案例 1-10

在一定温度范围内 CO_2 的 $C_{p,\text{m}} = a + bT + cT^2$，其中 $a = 26.75\ \text{J}\cdot\text{K}^{-1}\cdot\text{mol}^{-1}$，$b = 42.258\times10^{-3}\ \text{J}\cdot\text{K}^{-1}\cdot\text{mol}^{-1}$，$c = -14.25\times10^{-6}\ \text{J}\cdot\text{K}^{-1}\cdot\text{mol}^{-1}$。试求 100 kPa 下，100g CO_2 由 25℃等压升温至 127℃的 ΔH。

解：

CO_2 的摩尔质量 $M = 44.01\ \text{g}\cdot\text{mol}^{-1}$，100 kg CO_2 的物质的量为

$$n = \frac{m}{M} = \frac{100\text{g}}{44.01\text{g}\cdot\text{mol}^{-1}} = 2.27\text{mol}$$

$$\Delta H = n\int_{T_1}^{T_2} C_{p,\text{m}}\text{d}T = n\int_{T_1}^{T_2}(a+bT+cT^2)\text{d}T = n\int_{T_1}^{T_2} a\text{d}T + n\int_{T_1}^{T_2} bT\text{d}T + n\int_{T_1}^{T_2} cT^2\text{d}T$$

$$= n[a(T_2 - T_1) + \frac{1}{2}b(T_2^2 - T_1^2) + \frac{1}{3}c(T_2^3 - T_1^3)]$$

$T_2 = 273.15 + 127 = 400.15$ K，$T_1 = 273.15 + 25 = 298.15$ K。

将 a、b、c、n 和 T 值代入上述积分式，得

$$\Delta H = 2.27\times[26.75\times(400.15-298.15) + \frac{1}{2}\times42.258\times10^{-3}(400.15^2 - 298.15^2)$$

$$-\frac{1}{3}\times14.25\times10^{-6}(400.15^3 - 298.15^3)]\text{J} = 4054.95\text{J}$$

案例 1-11

在 100 kPa 下，2 mol 298.15 K 的液态水蒸发为 498.15 K 的水蒸气，已知水和水蒸气的平均摩尔等压热容分别为 $75.31\ \text{J}\cdot\text{K}^{-1}\cdot\text{mol}^{-1}$ 和 $33.47\ \text{J}\cdot\text{K}^{-1}\cdot\text{mol}^{-1}$，水在 373.15 K、100 kPa 压力下，由液态水变成水蒸气的汽化热为 $40.67\ \text{J}\cdot\text{mol}^{-1}$。计算过程所吸收的热。

解：

等压 100kPa 下，水的状态变化可设计为

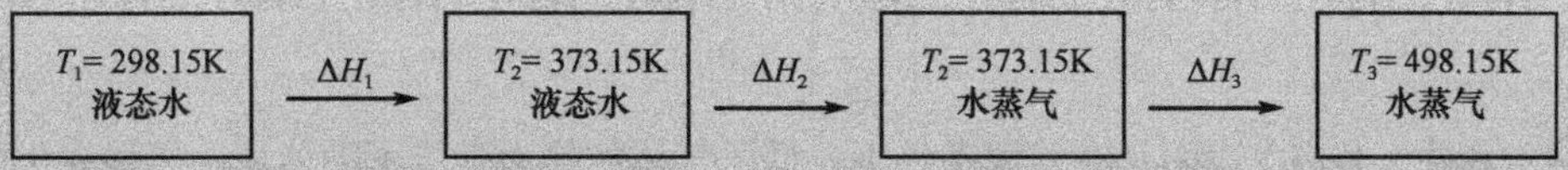

（1）由 298.15 K 液态水变为 373.15 K 液态水为单纯状态函数变化过程

$$\Delta H_1 = nC_{p,\mathrm{m,l}}(T_2 - T_1)$$

$$\Delta H_1 = 2\mathrm{mol} \times 75.31\mathrm{J \cdot K^{-1} \cdot mol^{-1}} \times (373.15 - 298.15)\mathrm{K} = 11296.5\mathrm{J} = 11.30\mathrm{kJ}$$

（2）由 373.15K 液态水变为 373.15 K 气态水为可逆相变过程

$$\Delta H_2 = n\Delta H_{\mathrm{m,vap}} = 2\mathrm{mol} \times 40.67\mathrm{kJ \cdot mol^{-1}} = 81.34\mathrm{kJ}$$

（3）由 373.15 K 水蒸气变为 498.15 K 水蒸气为单纯状态函数变化过程

$$\Delta H_3 = nC_{p,\mathrm{m,g}}(T_3 - T_2)$$

$$\Delta H_3 = 2\mathrm{mol} \times 33.471\mathrm{J \cdot K^{-1} \cdot mol^{-1}} \times (498.15 - 373.15)\mathrm{K} = 8367.5\mathrm{J} = 8.37\mathrm{kJ}$$

$$\Delta H = \Delta H_1 + \Delta H_2 + \Delta H_3 = 11.30\mathrm{kJ} + 81.34\mathrm{kJ} + 8.37\mathrm{kJ} = 101.01\mathrm{kJ}$$

第五节　热力学第一定律的应用

一、热力学第一定律对理想气体的应用

（一）理想气体的热力学能和焓

为研究气体的热力学能与体积及压强的关系，J. L. Gay-Lussac 和 J. P. Joule 分别于 1807 年和 1843 年做了如下实验：将两个容积相同的容器，用活塞连接，一侧装入低压气体，另一侧抽成真空，将容器置于水浴中，如图 1-5 所示。

热平衡后，打开活塞，使气体向真空中自由膨胀，观察水的温度变化。实验测得此过程中水的温度并没有发生变化。以气体为系统，水为环境，由于 $\Delta T = 0$，说明该过程中系统与环境之间没有热的交换，即 $Q = 0$。向真空膨胀过程中，$W = 0$。根据热力学第一定律，$\Delta U = 0$。在膨胀过程中，系统体积增加，压强减小，而热力学能不变，这说明低压气体的热力学能与体积或压强无关。其数学表达式可作如下推导：

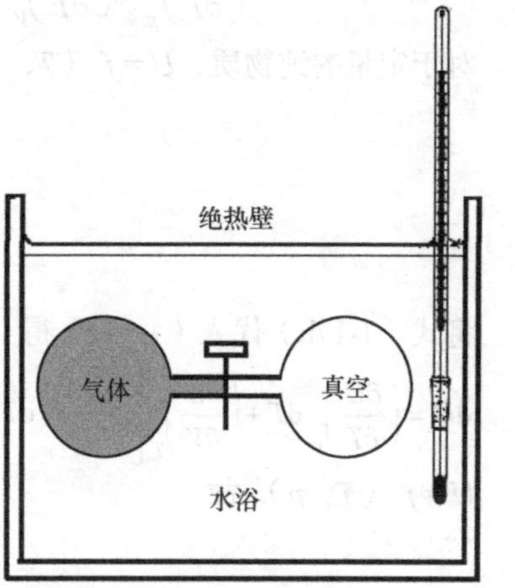

图 1-5　自由膨胀实验示意图

对一定量的纯物质，若热力学能表示为温度和体积的函数，$U = f(T, V)$，则

$$\mathrm{d}U = \left(\frac{\partial U}{\partial T}\right)_V \mathrm{d}T + \left(\frac{\partial U}{\partial V}\right)_T \mathrm{d}V$$

根据自由膨胀实验：$\Delta T = 0$，$\Delta U = 0$，故

$$\left(\frac{\partial U}{\partial V}\right)_T \mathrm{d}V = 0$$

气体膨胀，体积增加，$\Delta V > 0$，所以

$$\left(\frac{\partial U}{\partial V}\right)_T = 0 \qquad (1\text{-}14)$$

若将热力学能看作温度和压强的函数，$U=f(T, p)$，可以证明

$$\left(\frac{\partial U}{\partial p}\right)_T=0 \tag{1-15}$$

式（1-14）和式（1-15）表明：在等温条件下，低压气体的热力学能不随体积、压强变化而变化。也就是说，低压气体的热力学能仅是温度的函数，与体积或压强无关，即 $U=f(T)$。

应该指出，Joule 实验是不够精确的。因为水的热容及体积很大，即使吸收了一些热量，水温的微小变化也未必能够检测出来。尽管如此，进一步的实验证明，气体的初始压强越小，上述结论越正确。可以推定，对于压强等于零的理想气体，式（1-14）和式（1-15）将会完全正确。

根据焓的定义式和理想气体状态方程式，很容易证明

$$\left(\frac{\partial H}{\partial V}\right)_T=0 \quad \text{及} \quad \left(\frac{\partial H}{\partial p}\right)_T=0$$

即理想气体的焓也仅是温度的函数，与体积、压强无关，$H=f(T)$。同理，理想气体的等容热容和等压热容也仅是温度的函数。

（二）理想气体的等压热容与等容热容的关系

对于气体组成的系统，在不做非体积功的等容过程中，升高温度时，系统从环境所吸收的热全部用于增加其热力学能。但在等压过程中，升高相同的温度，系统除了增加热力学能外，还要多吸收一部分热用于膨胀对外做功。因此，气体的等压热容必定大于其等容热容。任一系统的 C_p 和 C_V 的关系可作如下推导：

$$C_p-C_V=\left(\frac{\partial H}{\partial T}\right)_p-\left(\frac{\partial U}{\partial T}\right)_V=\left(\frac{\partial (U+pV)}{\partial T}\right)_p-\left(\frac{\partial U}{\partial T}\right)_V=\left(\frac{\partial U}{\partial T}\right)_p+p\left(\frac{\partial V}{\partial T}\right)_p-\left(\frac{\partial U}{\partial T}\right)_V \tag{1-16}$$

对于定量的纯物质，$U=f(T, V)$，$V=f(T, p)$，因此

$$\mathrm{d}U=\left(\frac{\partial U}{\partial T}\right)_V\mathrm{d}T+\left(\frac{\partial U}{\partial V}\right)_T\mathrm{d}V \tag{1-17a}$$

$$\mathrm{d}V=\left(\frac{\partial V}{\partial T}\right)_p\mathrm{d}T+\left(\frac{\partial V}{\partial p}\right)_T\mathrm{d}p \tag{1-17b}$$

将式（1-17b）代入（1-17a）得

$$\mathrm{d}U=\left(\frac{\partial U}{\partial T}\right)_V\mathrm{d}T+\left(\frac{\partial U}{\partial V}\right)_T\left[\left(\frac{\partial V}{\partial T}\right)_p\mathrm{d}T+\left(\frac{\partial V}{\partial p}\right)_T\mathrm{d}p\right]=\left[\left(\frac{\partial U}{\partial T}\right)_V+\left(\frac{\partial U}{\partial V}\right)_T\left(\frac{\partial V}{\partial T}\right)_p\right]\mathrm{d}T+\left(\frac{\partial U}{\partial V}\right)_T\left(\frac{\partial V}{\partial p}\right)_T\mathrm{d}p$$ 又因，

$U=f(T, p)$，故

$$\mathrm{d}U=\left(\frac{\partial U}{\partial T}\right)_p\mathrm{d}T+\left(\frac{\partial U}{\partial p}\right)_T\mathrm{d}p$$

将比较两个 $\mathrm{d}U$ 表达式，得

$$\left(\frac{\partial U}{\partial T}\right)_V+\left(\frac{\partial U}{\partial V}\right)_T\left(\frac{\partial V}{\partial T}\right)_p=\left(\frac{\partial U}{\partial T}\right)_p \tag{1-18}$$

将式（1-18）代入（1-16），得

$$C_p-C_V=\left[\left(\frac{\partial U}{\partial V}\right)_T+p\right]\left(\frac{\partial V}{\partial T}\right)_p \tag{1-19}$$

在以上推导过程中，并没有引入任何条件，因此式（1-19）使用于任何均相封闭系统。对于理想气体，因为

$$\left(\frac{\partial U}{\partial V}\right)_T=0 \quad 及 \quad \left(\frac{\partial V}{\partial T}\right)_p=\frac{nR}{p}$$

代入式（1-19），得

$$C_p-C_V=nR \quad 或 \quad C_{p,\mathrm{m}}-C_{V,\mathrm{m}}=R \tag{1-20}$$

根据统计热力学可以推导出理想气体的 $C_{p,\mathrm{m}}$ 和 $C_{V,\mathrm{m}}$ 的数值，见表 1-1。

表 1-1　理想气体的 $C_{p,\mathrm{m}}$ 和 $C_{V,\mathrm{m}}$

分子类型	$C_{V,\mathrm{m}}$	$C_{p,\mathrm{m}}$	热容比（$\gamma=C_{p,\mathrm{m}}/C_{V,\mathrm{m}}$）
单原子分子	$\frac{3}{2}R$	$\frac{5}{2}R$	1.67
双原子分子	$\frac{5}{2}R$	$\frac{7}{2}R$	1.40
非线性多原子分子	$3R$	$4R$	1.33

对于液态及固态物质，因其体积随温度的变化可忽略

$$\left(\frac{\partial V}{\partial T}\right)_p=0$$

故

$$C_p\approx C_V \quad 或 \quad C_{p,\mathrm{m}}\approx C_{V,\mathrm{m}} \tag{1-21}$$

（三）理想气体的绝热过程

1. 绝热可逆过程方程式　在绝热过程中，$\delta Q=0$，当非体积功为零且无相变和化学变化时，根据热力学第一定律

$$\delta W=\mathrm{d}U=nC_{V,\mathrm{m}}\mathrm{d}T \tag{1-22}$$

当 $W>0$ 时，$\mathrm{d}U>0$，$\mathrm{d}T>0$；当 $W<0$ 时，$\mathrm{d}U<0$，$\mathrm{d}T<0$。因此，在绝热压缩过程中，系统得功，其热力学能及温度必然上升；在绝热膨胀过程中，系统失功，其热力学能及温度必然下降。故可利用气体的绝热压缩获得高温，用气体的绝热膨胀获得低温。

对于理想气体的绝热可逆过程，若不做非体积功，则

$$\delta W=-p_{\mathrm{e}}\mathrm{d}V=-p\mathrm{d}V=-\frac{nRT}{V}\mathrm{d}V$$

将其代入式（1-22）得

$$-\frac{nRT}{V}\mathrm{d}V=nC_{V,\mathrm{m}}\mathrm{d}T$$

整理得

$$-\frac{R}{V}\mathrm{d}V=C_{V,\mathrm{m}}\frac{1}{T}\mathrm{d}T \quad 或 \quad -\frac{R}{C_{V,\mathrm{m}}}\int_{V_1}^{V_2}\frac{1}{V}\mathrm{d}V=\int_{T_1}^{T_2}\frac{1}{T}\mathrm{d}T$$

积分得

$$\frac{R}{C_{V,\mathrm{m}}}\ln\frac{V_1}{V_2}=\ln\frac{T_2}{T_1} \tag{1-23}$$

令热容比 $\gamma=C_{p,\mathrm{m}}/C_{V,\mathrm{m}}$，根据 $C_{p,\mathrm{m}}-C_{V,\mathrm{m}}=R$，则

$$\frac{R}{C_{V,\mathrm{m}}}=\gamma-1$$

式（1-23）改写为

$$T_1V_1^{\gamma-1}=T_2V_2^{\gamma-1}=K \tag{1-24}$$

式中，K 为常数。将理想气体状态方程代入式（1-24）可得

$$T_1^{\gamma}p_1^{\gamma-1}=T_1^{\gamma}p_2^{\gamma-1}=K' \tag{1-25}$$

$$p_1V_1^{\gamma}=p_2V_2^{\gamma}=K'' \tag{1-26}$$

其中，K'、K''均为常数。式（1-24）、式（1-25）和式（1-26）称为理想气体的绝热可逆过程式，它反映了理想气体在非体积功为零的可逆绝热过程中，状态函数的变化规律。

案例 1-12

一理想气体经过一绝热可逆过程自 100℃、5atm、10L 的始态膨胀到 1atm，计算终态的体积和温度。$C_{p,\ \mathrm{m}}$=20.79J · K^{-1} · mol^{-1}。

解：

$$\gamma=C_{p,\ \mathrm{m}}/C_{V,\ \mathrm{m}}=20.79/(20.79-8.31)=1.66$$

$$n=\frac{p_1V_1}{RT_1}=\frac{5\times10^5\,\mathrm{Pa}\times10\times10^{-3}\,\mathrm{m}^3}{8.314\mathrm{J\cdot K^{-1}\cdot mol^{-1}}\times(100+273.15)\mathrm{K}}=1.6\mathrm{mol}$$

根据理想气体的绝热可逆过程方程式

$$p_1V_1^{\gamma}=p_2V_2^{\gamma}$$

$5\mathrm{atm}\times(10\mathrm{L})^{1.66}=1\mathrm{atm}\times V_2^{1.66}$，得 $V_2=26$ L

将其代入理想气体状态方程，得

$$T_2=\frac{p_2V_2}{nR}=\frac{1\times10^5\,\mathrm{Pa}\times26\times10^{-3}\,\mathrm{m}^3}{1.6\mathrm{mol}\times8.314\mathrm{J\cdot K^{-1}\cdot mol^{-1}}}=195.54\mathrm{K}=-78℃$$

2. 理想气体绝热过程体积功的计算 在绝热过程中，$\delta W=\mathrm{d}U=nC_{V,\ \mathrm{m}}\mathrm{d}T$，因此

$$W=\Delta U=n\int_{T_1}^{T_2}C_{V,\ \mathrm{m}}\mathrm{d}T$$

若温度变化不大，$C_{V,\ \mathrm{m}}$ 可视为常数，则

$$W=\Delta U=C_V(T_2-T_1)=nC_{V,\ \mathrm{m}}(T_2-T_1)$$

因为 $C_{p,\ \mathrm{m}}-C_{V,\ \mathrm{m}}=R$，$\gamma=C_{p,\ \mathrm{m}}/C_{V,\ \mathrm{m}}$，所以

$$C_{V,\ \mathrm{m}}=\frac{R}{\gamma-1}$$

将其代入上式得

$$W=\Delta U=nC_{V,\ \mathrm{m}}(T_2-T_1)=\frac{p_2V_2-p_1V_1}{\gamma-1} \tag{1-27}$$

式（1-27）为理想气体绝热过程中功及热力学能变的计算公式，该公式既适用于可逆过程，也适用于不可逆过程。

案例 1-13

某理想气体 $C_{V,\mathrm{m}}$= 12.47 J · K^{-1} · mol^{-1}，自 300 K、1 atm、2 L 的始态经过两种过程膨胀到相同的终态体积 4 L，（1）绝热可逆膨胀；（2）绝热等外压过程膨胀至平衡态。试求终态的温度和压强，并计算 Q、W、ΔU 及ΔH。

解：

该气体的物质的量为　$n=\dfrac{p_1V_1}{RT_1}=\dfrac{1\times10^5\,\text{Pa}\times2\times10^{-3}\,\text{m}^3}{8.314\text{J}\cdot\text{K}^{-1}\cdot\text{mol}^{-1}\times300\text{K}}=0.08\text{mol}$

（1）绝热可逆膨胀 $\gamma=\dfrac{C_{p,\text{ m}}}{C_{V,\text{ m}}}=\dfrac{12.47+8.314}{12.47}=1.66$

根据理想气体的绝热可逆过程方程式

$$p_1V_1^{\gamma}=p_2V_2^{\gamma}$$

数据代入上式得

$$p_2=\frac{p_1V_1^{\gamma}}{V_2^{\gamma}}=\text{latm}\times\left(\frac{2\text{L}}{4\text{L}}\right)^{1.66}=0.32$$

根据理想气体的状态方程得

$$T_2=\frac{p_2V_2}{n}=\frac{0.32\times10^5\,\text{Pa}\times4\times10^{-3}\,\text{L}}{0.08\text{mol}}=192\text{K}$$

$$W=\Delta U=nC_{V,\text{ m}}(T_2-T_1)=0.08\text{mol}\quad12.47\text{J}\cdot\text{K}^{-1}\cdot\text{mol}^{-1}\quad(300-192)\text{K}=108\text{J}$$

$$\Delta H=nC_{p,\text{ m}}(T_2-T_1)=0.08\text{mol}\quad(12.47+8.31)\text{J}\cdot\text{K}^{-1}\cdot\text{mol}^{-1}\quad(300-192)\text{K}=180\text{J}$$

（2）绝热等外压膨胀

在等外压绝热过程中，$\delta W=\text{d}U$，因此

$$nC_{V,\text{ m}}(T_2-T_1)=-p_2(V_2-V_1)$$

根据理想气体的状态方程得

$$nC_{V,\text{ m}}(T_2-T_1)=-\frac{nRT_2}{V_2}(V_2-V_1)$$

代入数据得

$$T_2=T_1\frac{1}{1+\dfrac{R}{C_{V,\text{ m}}}\dfrac{(V_2-V_1)}{V_2}}=300\text{K}\times\frac{1}{1+\dfrac{8.314\text{J}\cdot\text{K}^{-1}\cdot\text{mol}}{12.47\text{J}\cdot\text{K}^{-1}\cdot\text{mol}^{-1}}\dfrac{(4-2)\text{L}}{4\text{L}}}=225\text{K}$$

$$p_2=\frac{nRT_2}{V_2}=p_1\frac{T_2V_1}{T_1V_2}=\text{latm}\times\frac{225\text{K}\times2\text{L}}{300\text{K}\times4\text{L}}=0.38\text{atm}$$

$$W=\Delta U=nC_{V,\text{ m}}(T_2-T_1)=0.08\text{mol}\times12.47\text{J}\cdot\text{K}^{-1}\cdot\text{mol}^{-1}\times(300-225)\text{K}=75\text{J}$$

$$\Delta H=nC_{p,\text{ m}}(T_2-T_1)=0.08\text{mol}\times(12.47+8.314)\text{J}\cdot\text{K}^{-1}\cdot\text{mol}^{-1}\times(300-225)\text{K}=125\text{J}$$

3. 绝热可逆过程与等温可逆过程的比较　理想气体在绝热膨胀中，随着体积的增加，温度会逐渐降低。在绝热可逆和等温可逆过程中，理想气体 p- V 之间的关系如图 1-6 所示。

图中，AB 线称为等温线，AC 线称为绝热可逆过程线，简称绝热线（adiabatic curve）。绝热线斜率的绝对值总是大于等温线，这可由其过程方程式加以证明。

等温过程中，$pV=nRT=K$，因此

$$\frac{\text{d}p}{\text{d}V}=-\frac{K}{V^2}=-\frac{pV}{V^2}=-\frac{p}{V}$$

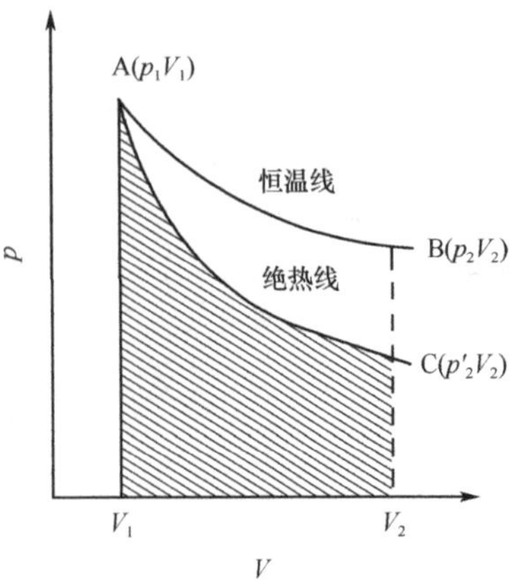

图 1-6 绝热可逆与恒温可逆过程

绝热可逆过程中，$pV^\gamma=K'$，有

$$\frac{\mathrm{d}p}{\mathrm{d}V}=-\gamma\frac{K'}{V^{\gamma+1}}=-\gamma\frac{pV^\gamma}{V^{\gamma+1}}=-\gamma\frac{p}{V}$$

由于$\gamma>1$，因此，绝热线斜率的绝对值较大。由同一始态出发，理想气体经等温可逆膨胀和绝热可逆膨胀，不可能到达相同的终态。同理，理想气体经等温可逆压缩和绝热可逆压缩，也不可能到达相同的终态。

理想气体在绝热可逆过程所做的功等于绝热线 AC 与横轴所夹的面积表示，等温可逆过程所做的功等于等温线 AB 与横轴所夹面积。

二、热力学第一定律对实际气体的应用

（一）实际气体的节流膨胀

前已指出，J. Joule 在 1843 年所作的自由膨胀实验是不够精确的。为了精确测定气体膨胀时所发生的温度变化，了解实际气体的 U、H 与体积或压强的关系，1852 年，J. Joule 和 W. Thomson 设计了一个新的实验，实验装置如图 1-7 所示。

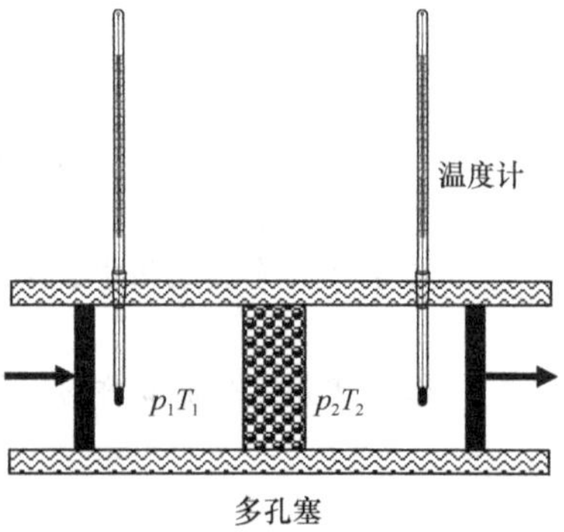

图 1-7 节流膨胀示意图

在一个圆形绝热筒的中部置有一刚性多孔塞，多孔塞的两侧维持一定的压强差。把压强和温度恒定为p_1和T_1的某种气体，自左侧连续地压过多孔塞，使气体在多孔塞右边的压强恒定在p_2，且维持 $p_2<p_1$。经过一段时间，热交换达到平衡后，左右两侧气体的温度将分别稳定于 T_1 和 T_2。这种维持一定压强差的绝热膨胀过程称为节流膨胀（throttling expansion）。实验发现，大多数气体经节流膨胀后，温度都将发生变化，即 $T_1\neq T_2$。

（二）实际气体的热力学能和焓

节流膨胀过程稳定后，设一定量的气体由左侧（p_1，V_1，T_1）压至右侧（p_2，V_2，T_2），系统做功过程可分解为左右两部分完成。

在左侧，气体在等温等压下（p_1，T_1）的体积由 V_1 减少到零，所做的体积功为

$$W_{左}=-p_1(0-V_1)=p_1V_1$$

在右侧，气体在等温等压下（p_2，T_2）的体积由零增加到 V_2，所做的功为

$$W_{右}=-p_2(V_2-0)=-p_2V_2$$

因此，气体所做的总功为

$$W=W_{左}+W_{右}=p_1V_1-p_2V_2$$

由于该过程在绝热条件下进行，$Q=0$，根据热力学第一定律，$\Delta U=W$，因此

$$U_2-U_1=p_1V_1-p_2V_2$$

整理得

$$U_1+p_1V_1=U_2+p_2V_2$$

即

$$H_1=H_2 \qquad 或 \qquad \Delta H=0 \tag{1-28}$$

式（1-28）表明，节流膨胀过程为恒焓过程。对于理想气体，焓仅为温度的函数，若焓不变，则温度不变，因此理想气体通过节流膨胀后，其温度保持不变。而对于实际气体，通过节流膨胀

后，焓值不变，但温度却发生了变化，这说明实际气体的焓不仅取决于温度，而且还与气体的压强或体积有关。同理，实际气体的热力学能也与气体的压强或体积有关。这可以理解为，实际气体的分子之间存在一定的作用力，系统压强或体积的改变将导致分子间势能的变化，从而使系统的热力学能和焓发生相应的变化。

（三）Joule-Thomson 系数

实际气体的焓是温度、压强的函数。在节流膨胀过程中要维持气体的焓不变，压强变化时，温度必然发生相应的变化。实际气体的温度随压强的变化率称为 Joule-Thomson 系数，又称为节流膨胀系数（coefficient of throttling expansion），用符号$\mu_{J\text{-}T}$表示。

$$\mu_{J\text{-}T}=\left(\frac{\partial T}{\partial p}\right)_H$$

其中，下标 H 表示恒焓过程。因为 T、p 为强度性质，故$\mu_{J\text{-}T}$亦为强度性质。与系统的其他强度性质一样，$\mu_{J\text{-}T}$也是 T、p 的函数。

节流膨胀过程中，$dp < 0$，若某气体的$\mu_{J\text{-}T} > 0$，则说明气体在节流膨胀后温度降低；若$\mu_{J\text{-}T} < 0$，则说明气体在节流膨胀后温度升高；当$\mu_{J\text{-}T}=0$时，则说明气体节流膨胀前后温度不变。$\mu_{J\text{-}T}$为零时的温度称为转化温度。每种气体都有自己的转化温度。常温下，大多数气体的节流膨胀系数为正值，在节流膨胀后温度降低，产生制冷效应。H_2的转换温度为 195 K，在 195 K 以上$\mu_{J\text{-}T}$为负值，在 195 K 以下$\mu_{J\text{-}T}$为正值。理想气体的节流膨胀系数恒为零，经节流膨胀前后温度不变。

工业上，常利用节流膨胀原理进行制冷及气态物质的液化。但须注意，只有$\mu_{J\text{-}T}$为正值的气体才可以通过节流膨胀的方法降温液化。

第六节　热　化　学

案例 1-14

系统发生状态变化时会伴随功与热的交换。在化学反应中，人们更加关注的是化学反应的热效应，即反应提供热的多少以及多少热能够促进反应的进行。截至目前，人类生产生活所需的能量仍然主要来源于化学反应，如碳、石油、天然气的燃烧所提供，就连生物体生存所需要的能量也是靠葡萄糖、淀粉等物质在体内的氧化反应热来维持。因此，研究化学反应的热效应具有非常重要的意义。

问题：

（1）何为反应热？

（2）如何计算反应热？

（3）能否利用热容、化学反应的热力学能变和焓变等热力学数据计算化学反应热？

（4）反应热与温度有何关系？如何利用一种温度下的热效应计算另一温度下的热效应？

一、化学反应的热效应

封闭系统中发生某化学反应，当产物的温度与反应物的温度相同时，系统所吸收或放出的热，称为该反应的热效应，简称反应热（heat of reaction）。

（一）等容反应热与等压反应热

根据反应条件不同，化学反应热通常分为等容反应热和等压反应热。在不做非体积功的情况下，化学反应的等容反应热 Q_V 等于系统的热力学能变 $\Delta_r U$，等压反应热 Q_p 等于化学反应的焓变 $\Delta_r H$。其中“r”代表化学反应（reaction）。大多数化学反应是在等压条件下进行的，在化学热力学中，常用 $\Delta_r H$ 表示化学反应热。

（二）等容反应热与等压反应热的关系

等温情况下，设某化学反应分别在等压和等容条件下进行，反应过程如下：

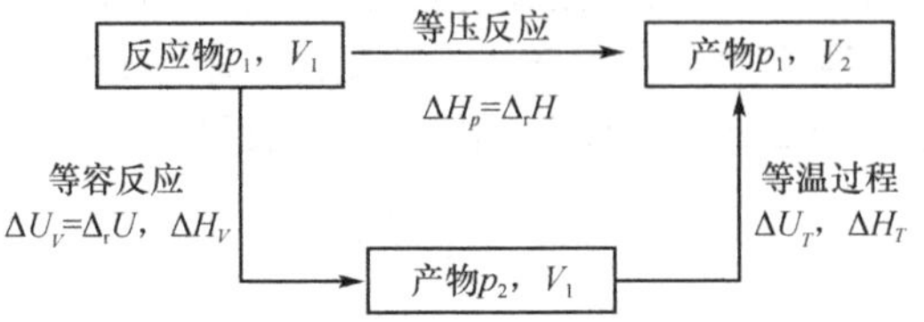

等压反应与等容反应的产物虽然相同，但产物的状态不同。等容反应产物的状态（p_2，V_1）再经等温过程才可达到等压反应产物的状态（p_1，V_2）。不做非体积功时，等容反应热为等容反应的热力学能变，等压反应热为等压反应的焓变，即

$$Q_V=\Delta_r U=\Delta U_V \qquad Q_p=\Delta_r H=\Delta H_p$$

根据状态函数的特征和焓的定义式

$$\begin{aligned}\Delta H_p&=\Delta H_V+\Delta H_T\\&=[\Delta U_V+\Delta(pV)_V]+[\Delta U_T+\Delta(pV)_T]\\&=\Delta_r U+p_2V_1-p_1V_1+\Delta U_T+p_1V_2-p_2V_1\\&=\Delta_r U+\Delta U_T+p_1(V_2-V_1)\end{aligned}$$

在等温过程中，系统组成及物质的量不变。对于理想气体，其热力学能只是温度的函数，$\Delta U=0$；对于固态或液态物质，ΔU 虽不一定等于零，但其数值很小，与化学反应的热效应 $\Delta_r U$ 相比可忽略不计，即 $\Delta U_T=0$。另外，相对于反应系统中的气态组分，固态与液态物质所占体积很小，反应前后体积的变化可忽略不计。因此，（V_2-V_1）可看作只是气体物质在反应前后的体积变化。将气态组分视为理想气体，则

$$p_1(V_2-V_1)=(\Delta n)RT$$

因此

$$\Delta_r H=\Delta_r U+(\Delta n)RT \quad 或 \quad Q_p=Q_V+(\Delta n)RT \tag{1-29}$$

式中，Δn 为化学反应前后气体物质摩尔数的增量。对于反应前后气态物质的量没有变化（$\Delta n=0$）的反应，或者是无气体参与的反应，由于体积变化极小，可以认为

$$\Delta_r H\approx\Delta_r U \quad 或 \quad Q_p\approx Q_V$$

大多数化学反应的热效应是在绝热的量热计中测定的，其基本原理是先将装有反应物的钢弹反应器放入绝热套中的水浴中，待反应完成后，测量反应前后水浴的温度变化，再根据水的用量以及水及容器的热容等数据求算反应热。这样得到的是等容反应热，利用式（1-29）便可得到等压反应热。

二、反应进度

化学反应放热或吸热的多少与反应进行的程度有关。描述反应进行程度的物理量称为反应进度（extent of reaction），常用符号“ξ”表示。

对于化学反应

$$a\mathrm{A(g)}+d\mathrm{D(g)}=\!=\!=g\mathrm{G(g)}+h\mathrm{H(g)}$$

若用“B”表示任一参与反应的物质，用“ν_B”表示 B 物质在方程式中的计量系数，并且规

定：反应物的ν_B取负值，产物的ν_B取正值，则任意化学反应计量方程可用下列通式表示

$$\sum_B \nu_B B = 0$$

显然，在化学反应中，各物质量的变化受方程式中各物质的计量系数所限制。设反应开始（$t=0$）和进行到t时刻时各物质的量分别为

	$aA(g)$	$+\ dD(g)$	$=\!=\!=\ gG(g)$	$+\ hH(g)$
$t=0$	$n_{A,0}$	$n_{D,0}$	$n_{G,0}$	$n_{H,0}$
$t=t$	n_A	n_D	n_G	n_H

则反应进行到t时刻的反应进度定义为

$$\xi = \frac{n_B(t) - n_B(0)}{\nu_B} = \frac{\Delta n_B}{\nu_B} \tag{1-30}$$

其微分表达式为

$$d\xi = \frac{dn_B}{\nu_B}$$

ξ的单位为摩尔（mol）。对于上述反应

$$\xi = \frac{n_A - n_{A,0}}{-a} = \frac{n_D - n_{D,0}}{-d} = \frac{n_G - n_{G,0}}{g} = \frac{n_H - n_{H,0}}{h}$$

$$d\xi = \frac{dn_A}{-a} = \frac{dn_D}{-d} = \frac{dn_G}{g} = \frac{dn_H}{h}$$

当反应进度ξ= 1mol时，可理解为是以方程式为基本单元进行了1 mol的反应，即发生了单位化学反应。

案例 1-15

合成氨的反应，可写成如下两种形式：（1）$N_2(g)+3H_2(g) \rightleftharpoons 2NH_3(g)$；（2）$\frac{1}{2}N_2(g)+\frac{3}{2}H_2(g) \rightleftharpoons NH_3(g)$。若反应起始时，$N_2$、$H_2$、$NH_3$的物质的量分别为10 mol、30 mol、0 mol，经过一段时间t，N_2、H_2、NH_3的物质的量分别为4 mol、12 mol、12 mol。求t时刻时反应（1）和（2）的反应进度。

解：

根据定义，反应（1）的反应进度为

$$\xi = \frac{\Delta n_B}{\nu_B} = \frac{\Delta n(N_2)}{\nu(N_2)} = \frac{4\text{mol} - 10\text{mol}}{-1} = 6\text{mol}$$

$$\xi = \frac{\Delta n_B}{\nu_B} = \frac{\Delta n(H_2)}{\nu(H_2)} = \frac{12\text{mol} - 30\text{mol}}{-3} = 6\text{mol}$$

$$\xi = \frac{\Delta n_B}{\nu_B} = \frac{\Delta n(NH_3)}{\nu(NH_3)} = \frac{12\text{mol} - 0\text{mol}}{2} = 6\text{mol}$$

同理，对反应（2），可得ξ= 12 mol。

上述计算表明，对于同一化学反应，反应进度的数值与计算所选择的物质种类无关，但与反应方程式的写法有关。因此，求算反应进度时必须注明具体反应方程式。

反应进度不同，则化学反应的热力学能变$\Delta_r U$和焓变$\Delta_r H$不同。反应进度为1时的热力学能变$\Delta_r U$和焓变$\Delta_r H$分别称为摩尔反应热力学能变和摩尔反应焓变，分别用符号$\Delta_r U_m$和$\Delta_r H_m$表示。显然，

$$\Delta_r U_m = \frac{\Delta_r U}{\xi} \quad 及 \quad \Delta_r H_m = \frac{\Delta_r H}{\xi}$$

三、热化学方程式

（一）热力学标准态

物质或反应系统所处的状态不同，它们自身的能量以及在反应中发生的能量变化也不相同。为了比较不同反应热效应的大小，需要规定共同的比较标准，即标准态。热力学规定：液体和固体的标准态（standard state）为指定温度 T 和标准压强 $p^{\ominus}$（100kPa）下的纯液体或纯固体；气体的标准态为指定温度 T 和标准压强 $p^{\ominus}$下具有理想气体性质的纯气体；而对于溶液中的溶质，则为指定温度 T 和标准压强 $p^{\ominus}$下，物质的量浓度为 1 $mol \cdot L^{-1}$ 或质量摩尔浓度为 1 $mol \cdot kg^{-1}$ 且满足理想稀溶液定律的状态。

标准态规定中不包含温度。但 IUPAC 推荐 298.15 K 为参考温度。从手册和教科书中查到的热力学数据大多数是 298.15 K 时的数据。

（二）热化学反应方程式

标明了物质的聚集状态、反应条件和反应热的化学方程式称为热化学反应方程式（thermodynamics equation）。例如，

（1）$H_2(g) + \frac{1}{2}O_2(g) = H_2O(l)$　　$\Delta_r H^{\ominus}_{m,298.15K} = -285.8 kJ \cdot mol^{-1}$

（2）$2H_2(g) + O_2(g) = 2H_2O(l)$　　$\Delta_r H^{\ominus}_{m,298.15K} = -571.6 kJ \cdot mol^{-1}$

（3）C（石墨）$+ O_2(g) = CO_2(g)$　　$\Delta_r H^{\ominus}_{m,298.15K} = -393.5 kJ \cdot mol^{-1}$

$\Delta_r H^{\ominus}_{m,298.15K}$ 为 298.15 K 时化学反应的标准摩尔焓变。其中，$\Delta_r H$ 表示反应的等压反应热或焓变，负值表示放热反应，正值表示吸热反应；“r”表示反应；“$\ominus$”表示标准态，即参与反应的各物质处于标准状态；“m”表示反应进度为 1 mol，即按照方程式进行了 1 mol 的反应。反应进度与方程式的写法有关，因此对于同样的反应，反应（2）的标准摩尔反应热是反应（1）的两倍。

化学反应热不仅与反应的条件如温度、压强有关，而且与反应物和产物的物态、数量等有关，所以，在书写热化学方程式时要注意以下几点：

（1）要标明温度和压强。如反应在标准态下进行，要标上“$\ominus$”。通常，温度为 298.15 K 时可省略。

（2）要标明参与反应的各种物质的状态。g、l 和 s 分别表示气态、液态和固态，aq 表示水溶液（aqueous solution）。如固体有不同晶型，还要指明是哪种晶型。例如，碳有石墨、金刚石和无定形碳，书写热化学方程式时须注明碳的形态。

（3）反应热与方程式的写法有关，书写时反应热必须与化学反应计量方程式一一对应。

（4）相同条件下，正逆反应的热效应数值相等，符号相反。

第七节　化学反应热的计算

化学反应成千上万，不可能通过实验测定每一个反应的热效应，而且有些反应的热效应很难通过实验测定。为此，化学家们研究了多种计算化学反应热的方法。

一、Hess 定律

1840年，在总结大量实验的基础上，俄国化学家G. H. Hess提出了著名的Hess定律(Hess' law)：化学反应不论是一步完成还是几步完成，其反应热都是相同的。也就是说，化学反应的热效应只与始态和终态有关，而与变化的途径无关。Hess 定律实际上是热力学第一定律的必然结果。这是由于化学反应一般都在等压或等容条件下进行，而等压反应热 $Q_p=\Delta H$，等容反应热 $Q_V=\Delta U$，即 Q_p 与 ΔH，Q_V 与 ΔU 一样，只取决于反应的始态和终态，而与反应的过程无关。根据 Hess 定律，可以将反应热进行代数和运算，通过已知反应的热效应计算未知反应的热效应。

二、化学反应热的计算

根据 Hess 定律，可以利用下列热力学数据计算化学反应的热效应。

（一）热化学方程式

例如，碳燃烧生成一氧化碳的反应热是实验上无法测定的，因为在反应过程中伴有二氧化碳的生成。利用 Hess 定律，却能够很容易地由已知的热化学方程式求算出它的反应热。

案例 1-16

例 1-12 已知，在 298.15 K 下，下列反应的反应热为

（1）C（石墨）＋ O_2（g） ══ CO_2（g）　　$\Delta_r H^{\ominus}_{m,298.15K}=-393.5kJ\cdot mol^{-1}$

（2）CO（g）＋ $\frac{1}{2}O_2$（g） ══ CO_2（g）　　$\Delta_r H^{\ominus}_{m,298.15K}=-283.0kJ\cdot mol^{-1}$

问题：

求反应（3）C（石墨）＋ $\frac{1}{2}O_2$（g） ══ CO（g） 的 $\Delta_r H^{\ominus}_{m,298.15K}$？

解：

在反应（3）中，以反应物 C（石墨）＋$\frac{1}{2}O_2$（g）为系统的始态，产物 CO（g）为系统的终态。利用已知反应（1）和反应（2），设计一系列步骤，使系统从反应物变成产物，即先使 C（石墨）与 O_2（g）反应生成 CO_2（g），再由 CO_2（g）分解为 CO（g）。过程如下

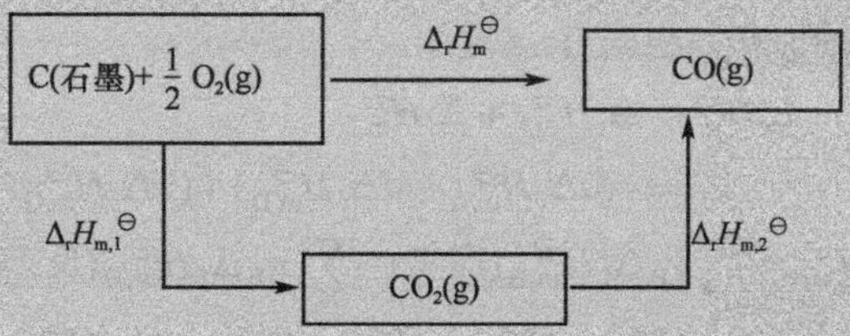

第一步：C（石墨）＋O_2（g） ══ CO_2（g）　　$\Delta_r H^{\ominus}_{m,298.15K}=-393.5kJ\cdot mol^{-1}$

第二步：CO_2（g） ══ CO（g）＋$\frac{1}{2}O_2$（g）　　$\Delta_r H^{\ominus}_{m,298.15K}=283.0kJ\cdot mol^{-1}$

第二步反应与反应（2）互为逆反应，其反应热的数值相等，符号相反。两步反应的加和为 C（石墨）＋$\frac{1}{2}O_2$（g） ══ CO（g）。根据 Hess 定律，反应（3）的标准摩尔反应热为

$$\Delta_r H^{\ominus}_{m,298.15K} = \Delta_r H^{\ominus}_{m,1,298.15K} + \Delta_r H^{\ominus}_{m,2,298.15K} = -393.5kJ \cdot mol^{-1} + 283.0kJ \cdot mol^{-1} = -110.51kJ \cdot mol^{-1}$$

（二）标准摩尔生成焓

1. 标准摩尔生成焓的定义 不做非体积功的条件下，化学反应的等压热效应$\Delta_r H_m$应为产物的焓值减去反应物的焓值。但焓的绝对值无法确定，为便于计算，人们定义了一个相对的比较标准。热力学中规定：在指定的温度 T 和标准压强 $p^{\ominus}$（100 kPa）下，由稳定单质生成 1 mol 物质 B 时的焓变称为物质 B 的标准摩尔生成焓（standard molar enthalpy of formation）。记为 $\Delta_r H^{\ominus}_m$，单位为 $kJ \cdot mol^{-1}$。定义中的稳定单质是指定温度 T 和标准压强 $p^{\ominus}$下最稳定的单质形态。例如，碳的稳定单质是石墨而不是金刚石。按照标准摩尔生成焓的定义，稳定单质的 $\Delta_r H^{\ominus}_m$ 等于零。

例如，298.15 K 时 H_2O（l）的标准摩尔生成焓等于下列反应的标准摩尔焓变：

$$H_2（g，298.15K，p^{\ominus}） + \frac{1}{2}O_2（g，298.15K，p^{\ominus}） = H_2O（l，298.15K，p^{\ominus}）$$

$$\Delta_r H^{\ominus}_{m,298.15\,K} = -285.8kJ \cdot mol^{-1}$$

可见，一种物质的生成焓并不是其焓的绝对值，而是相对于组成它的稳定单质的相对值。各种物质在 298.15 K 下的 $\Delta_f H^{\ominus}_m$ 值见书后附录。

2. 利用标准摩尔生成焓计算反应热 利用标准摩尔生成焓可以方便地计算标准状态下化学反应的热效应。设计过程为，从反应物出发，先使反应物分解为稳定单质，再由稳定单质合成产物。

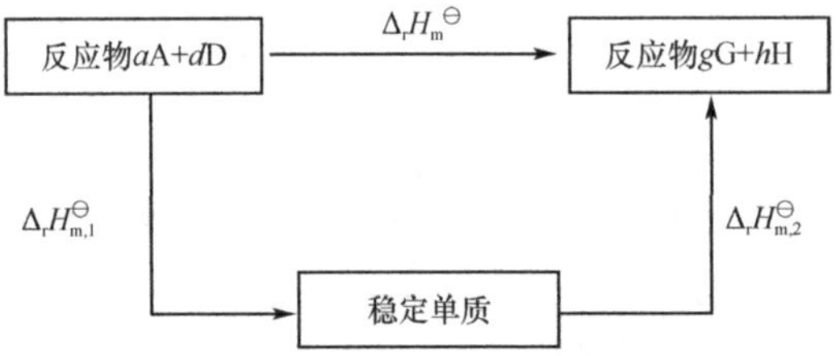

$\Delta_r H^{\ominus}_{m,1}$ 为反应物到单质的焓变，等于各反应物生成焓加和的负值。$\Delta_r H^{\ominus}_{m,2}$ 是从单质到产物反应的焓变，等于各产物生成焓的加和。根据 Hess 定律

$$\Delta_r H^{\ominus}_m = \Delta_r H^{\ominus}_{m,1} + \Delta_r H^{\ominus}_{m,2}$$

$$= -(a\Delta_f H^{\ominus}_{m,A} + d\Delta_f H^{\ominus}_{m,D}) + (g\Delta_f H^{\ominus}_{m,G} + h\Delta_f H^{\ominus}_{m,H})$$

$$\Delta_r H^{\ominus}_m = \sum_B \nu_B \Delta_f H^{\ominus}_{m,B}(\text{产物}) - \sum_B \nu_B \Delta_f H^{\ominus}_{m,B}(\text{反产物})$$

$$\Delta_r H^{\ominus}_m = \sum_B \nu_B \Delta_f H^{\ominus}_{m,B} \quad （1\text{-}31）$$

标准状态下，任意化学反应的等压反应热等于产物的标准摩尔生成焓加和减去反应物的标准摩尔生成焓加和。根据式（1-31），利用各物质的 $\Delta_f H^{\ominus}_m$ 数据，即可求出标准态下化学反应的等压反应热。需要注意，焓为广度性质，式（1-31）中各物质的 $\Delta_f H^{\ominus}_m$ 必须乘以相应物质的计量系数。

案例 1-17

葡萄糖在体内供给能量的反应是最重要的生物化学反应之一。试用标准摩尔生成焓的数据计算反应在 298.15 K 的标准摩尔反应热。

$$C_6H_{12}O_6(s) + 6O_2(g) = 6CO_2(g) + 6H_2O(l)$$

解:

查表得 298.15 K 时：$\Delta_f H_m^{\ominus}(C_6H_{12}O_6, s) = -1273.3\ kJ \cdot mol^{-1}$

$\Delta_f H_m^{\ominus}(CO_2, g) = -393.5\ kJ \cdot mol^{-1}$

$\Delta_f H_m^{\ominus}(H_2O, l) = -285.8\ kJ \cdot mol^{-1}$

按式（1.31）有

$$\begin{aligned}\Delta_r H_m^{\ominus} &= 6\Delta_r H_m^{\ominus}(CO_2, g) + 6\Delta_f H_m^{\ominus}(H_2O, l) \\ &\quad - \Delta_f H_m^{\ominus}(C_6H_{12}O_6, s) - 6\Delta_f H_m^{\ominus}(O_2, g) \\ &= -6 \times 393.5\ kJ \cdot mol^{-1} - 6 \times 285.8\ kJ \cdot mol^{-1} \\ &\quad - (-1 \times 1273.3\ kJ \cdot mol^{-1}) - 0\ kJ \cdot mol^{-1} \\ &= -2802.5\ kJ \cdot mol^{-1}\end{aligned}$$

（三）标准摩尔燃烧热

多数有机物难以由单质直接合成所得，因此其标准摩尔生成焓无法直接测定，但有机化合物很容易燃烧，燃烧焓可以由实验测定，利用物质的燃烧焓可求得化学反应的热效应。

1. 标准摩尔燃烧焓的定义　在指定温度 T 和标准压强下 $p^{\ominus}$（100kPa）下，1mol 物质 B 完全燃烧或氧化生成稳定氧化产物的反应热称为物质 B 的标准摩尔燃烧焓（standard molar heat of combustion）。用符号 $\Delta_c H_m^{\ominus}$ 表示，单位 $kJ \cdot mol^{-1}$。完全燃烧或完全氧化是指将化合物中的 C、H、S、N、X（卤素）等元素分别氧化为 $CO_2(g)$、$H_2O(l)$、$SO_2(g)$、$N_2(g)$、$HX(g)$ 等。根据标准摩尔燃烧焓的定义，完全燃烧产物的标准摩尔燃烧焓等于零。各种化合物的标准摩尔燃烧焓 $\Delta_c H_m^{\ominus}$ 的数据见书后附录。

2. 利用标准摩尔燃烧焓计算反应热　利用 $\Delta_c H_m^{\ominus}$ 可求各种反应的标准摩尔焓变。设计从反应物到产物的变化过程如下：

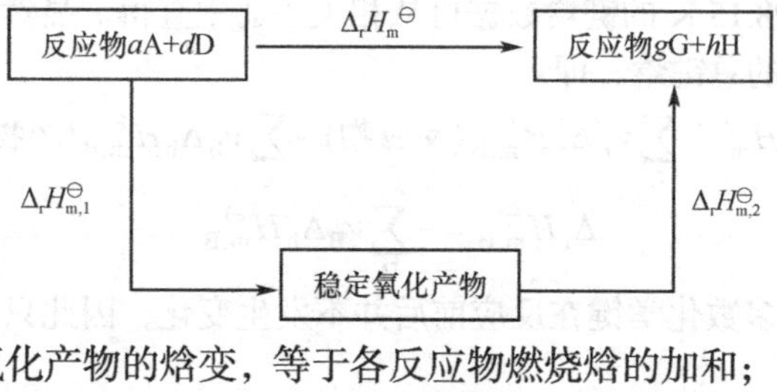

$\Delta_r H_{m,1}^{\ominus}$ 为反应物到稳定氧化产物的焓变，等于各反应物燃烧焓的加和；$\Delta_r H_{m,2}^{\ominus}$ 是从稳定氧化产物到产物反应的焓变，等于各产物燃烧焓加和的负值。根据 Hess 定律：

$$\begin{aligned}\Delta_r H_m^{\ominus} &= \Delta_r H_{m,1}^{\ominus} + \Delta_r H_{m,2}^{\ominus} \\ &= (a\Delta_c H_{m,A}^{\ominus} + d\Delta_c H_{m,D}^{\ominus}) - (g\Delta_c H_{m,G}^{\ominus} + h\Delta_c H_{m,H}^{\ominus})\end{aligned}$$

$$\Delta_r H_m^{\ominus} = \sum_B \nu_B \Delta_c H_{m,B}^{\ominus}(\text{反应物}) - \sum_B \nu_B \Delta_c H_{m,B}^{\ominus}(\text{产物})$$

$$\Delta_r H_m^\ominus = -\sum_B \nu_B \Delta_c H_{m,B}^\ominus \tag{1-32}$$

由此可见，标准状态下，任意化学反应的等压反应热等于反应物的标准摩尔燃烧焓加和减去产物的标准摩尔燃烧焓加和。在计算中应注意 $\Delta_c H_m^\ominus$ 乘以反应式中相应物质的计量系数。

案例 1-18

蔗糖转化葡萄糖的反应如下，试利用标准摩尔燃烧热计算其在 298.15 K 时的标准摩尔反应热。

$$C_{12}H_{22}O_{11}(s) + H_2O(l) = 2C_6H_{12}O_6(s)$$

解：

查表得

$$\Delta_c H_m^\ominus (C_{12}H_{22}O_{11}, s) = -5640.9\ kJ\cdot mol^{-1}$$

$$\Delta_c H_m^\ominus (C_6H_{12}O_6, s) = -2803.0\ kJ\cdot mol^{-1}$$

$$\Delta_r H_m^\ominus = \sum_B \nu_B \Delta_c H_{m,B}^\ominus(\text{反应物}) - \sum_B \nu_B \Delta_c H_{m,B}^\ominus(\text{产物})$$

$$= \Delta_c H_m^\ominus (C_{12}H_{22}O_{11}, s) + \Delta_c H_m^\ominus (H_2O, l) - 2\Delta_c H_m^\ominus (C_6H_{12}O_6, s)$$

$$= -5640.9\ kJ\cdot mol^{-1} + 0 - 2\times(-2803.0\ kJ\cdot mol^{-1})$$

$$= -34.9\ kJ\cdot mol^{-1}$$

（四）键焓

化学反应均可归结为旧键的断裂和新键的形成，因此，原则上可利用键能计算化学反应的热效应。但遗憾的是，到目前为止，键能的数据既不完善也不准确，为此，只能通过键焓粗略估算反应热。键焓（bond enthalpy）是指各种化合物中某键的平均键能。例如，

$$H_2O(g) \longrightarrow OH(g) + H(g) \qquad \Delta_r H_{m,298.15K}^\ominus = 502.1\ kJ\cdot mol^{-1}$$

$$OH(g) \longrightarrow O(g) + H(g) \qquad \Delta_r H_{m,298.15K}^\ominus = 423.4\ kJ\cdot mol^{-1}$$

在 $H_2O(g)$中，断裂第一个 H—O 键与断裂第二个 H—O 键的键能是不同的。若用 $\Delta_b H_m^\ominus(AB)$ 表示 A—B 键的键焓，根据键焓的定义，H—O 键的键焓为

$$\Delta_b H_m^\ominus = \frac{502.1+423.4}{2}\ kJ\cdot mol^{-1} = 462.8 kJ\cdot mol^{-1}$$

一些常见化学键在 298.15 K 的键焓数据可从相关手册中查得。显然，化学反应的热效应等于反应物的总键焓减去产物的总键焓，即

$$\Delta_r H_m^\ominus = \sum_B \nu_B \Delta_b H_{m,B}^\ominus(\text{反应物}) - \sum_B \nu_B \Delta_b H_{m,B}^\ominus(\text{产物})$$

$$\Delta_r H_{m,B}^\ominus = -\sum_B \nu_B \Delta_b H_{m,B}^\ominus$$

化学反应中，由于大多数化学键在反应前后并不发生变化，因此只需考虑发生断裂的和新形成的键的键焓，即

$$\Delta_r H_m^\ominus = \sum_B \nu_B \Delta_b H_{m,B}^y(\text{断键}) - \sum_B \nu_B \Delta_b H_{m,B}^\ominus(\text{新键})$$

$$\Delta_r H_{m,B}^\ominus = -\sum_B \nu_B \Delta_b H_{m,B}^\ominus \tag{1-33}$$

（五）离子摩尔生成焓

对于有离子参加的化学反应，尚需要知道离子的摩尔生成焓，方可计算反应的热效应。由于

溶液是电中性的，正负离子总是同时存在，因而单个离子的摩尔生成焓无法直接测得。通常规定H^+在无限稀释时的标准摩尔生成焓为零，即

$$\frac{1}{2}H_2（g）\longrightarrow H^+（\infty，aq）+e^- \quad \Delta_f H^{\ominus}_{m,298.15K}=0\ kJ\cdot mol^{-1}$$

利用H^+的标准摩尔生成焓可求得其他离子在无限稀释时的标准摩尔生成焓。一些离子的标准摩尔生成焓可从热力学手册中查得。

（六）溶解热与稀释热

1. 溶解热　计算化学反应热时，通常是以纯物质作为反应物和生成物的相对标准，而实际上大部分化学反应是在溶液中进行的。由纯物质溶解或浓溶液稀释形成溶液时常伴随热效应的发生。在等温等压下，一定量的物质溶于一定量的溶剂中所产生的热效应称为该物质的溶解热（heat of solution）。它包括破坏溶质晶格的晶格能、电离能、溶剂化热等的总和。由于溶解往往是在等温等压下进行，所以，溶解热又称溶解焓。

溶解热分为积分溶解热和微分溶解热。等温等压且不做非体积功的条件下，将n_B摩尔溶质B溶解于一定量溶剂中形成一定浓度的溶液，若整个过程的焓变为$\Delta_{sol}H$，则该溶质形成该浓度溶液时的摩尔积分溶解热（integral mol heat of solution）为

$$\Delta_{sol}H_m=\frac{\Delta_{sol}H}{n_B}$$

$\Delta_{sol}H$为1 mol溶质形成一定浓度溶液的溶解热。摩尔积分溶解热不但与溶质、溶剂的种类有关，还与溶液的浓度有关。随着溶液浓度的减小，摩尔积分溶解热趋于定值，此值称为无限稀释摩尔积分溶解热。298.15 K和100kPa时，一些物质以水为溶剂的无限稀释摩尔积分溶解热可从手册中查得。

若在等温等压及一定浓度的溶液中，再加入dn_B摩尔的溶质B，所产生的微量热效应$d(\Delta_{sol}H)$与dn_B的比值称为溶质B在该浓度的摩尔微分溶解热（differential mol heat of solution），即

$$d\Delta_{sol}H_m=\left(\frac{\partial(\Delta_{sol}H)}{\partial n_B}\right)_{T,p,n_A}=\left(\frac{\delta_{sol}Q_p}{\partial n_B}\right)_{T,p,n_A}$$

下角标n_A表示溶剂的量不变，由于加入的溶质的量很少，可以认为溶液的浓度不变。因此摩尔微分溶解热也可认为是在大量一定浓度的溶液中加入1 mol溶质所产生的热效应。

摩尔微分溶解焓不能直接由量热法测定。可先测定不同数量的溶质溶解在一定量的溶剂中的积分溶解热$\Delta_{sol}H$，再以$\Delta_{sol}H$对n_B作图，曲线上某点的斜率即为该浓度的摩尔微分溶解热。

2. 稀释热　在等温等压下，将定量溶剂加入到一定浓度的溶液中，使之稀释成另一浓度的溶液时所产生的热效应称为稀释热（heat of dilution），用$\Delta_{dil}H_m$表示。等温等压下稀释热又称稀释焓。稀释热也可分为积分稀释热和微分稀释热。若上述溶液所含溶剂的物质的量为n_A.则摩尔积分稀释热（integral mol heat of dilution）定义为

$$\Delta_{dil}H_m=\frac{\Delta_{dil}H}{n_A}$$

摩尔积分稀释热可由摩尔积分溶解热间接求取。从浓度1到浓度2的摩尔积分稀释热为

$$\Delta_{dil}H^{\ominus}_m=\Delta_{sol}H^{\ominus}_{m,B}(浓度2)-\Delta_{sol}H^{\ominus}_{m,B}(浓度2)$$

在等温等压下，维持溶质的量不变，向定量溶液中加入dn_A摩尔的溶剂所产生的热效应为$\delta_{dil}Q$，$\delta_{dil}Q$对dn_A的偏微商称为摩尔微分稀释热（differential mol heat of dilution），数学式为

$$d\Delta_{dil}H_m=\left(\frac{\partial(\Delta_{dil}H)}{\partial n_A}\right)_{T,p,n_B}=\left(\frac{\delta_{dil}Q_p}{\partial n_A}\right)_{T,p,n_B}$$

由于加入的溶剂很少，溶液浓度可视为不变，所以摩尔微分稀释热可理解为在大量一定浓度的溶液中加入 1 mol 溶剂时所产生的热效应。同理，摩尔微分稀释热也须采取间接方法求得，即先测定定量溶质在不同数量的溶剂中的积分稀释热$\Delta_{dil}H$，再以$\Delta_{dil}H$对 n_A 作图，曲线上某点的斜率即为该浓度下的摩尔微分稀释热。

三、反应热与温度的关系

通常，手册提供的热力学数据为 298.15 K 时的数据，利用这些数据可计算 298.15 K 的反应热。然而大多数化学反应并非发生在 298.15 K，如何利用 298.15 K 时的反应热计算其他温度的反应热?

等压条件下，已知化学反应在 T_1 时的热效应$\Delta_r H_{m,1}$，计算 T_2 时的热效应$\Delta_r H_{m,2}$，可做如下设计：

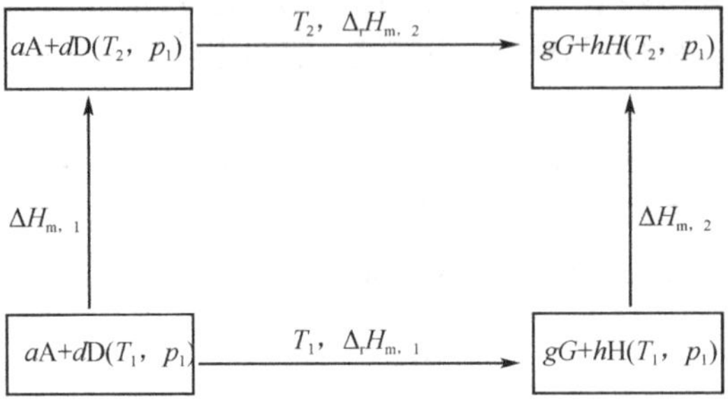

若各反应物与产物在 T_1 与 T_2 之间无相变化，则

$$\Delta_r H_{m,2} = \Delta H_m + \Delta_r H_{m,1} + \Delta H_{m,2} = \Delta_r H_{m,1} + \left[\int_{T_1}^{T_2}\sum(\nu C_{p,m})_{产物} - \int_{T_1}^{T_2}\sum(\nu C_{p,m})_{反应物}\right]dT$$

$$\Delta_r H_{m,2} = \Delta_r H_{m,1} + \int_{T_1}^{T_2}\Delta_r C_p dT \qquad (1\text{-}34)$$

式（1-34）称为 Kirchhoff 定律。其中，

$$\Delta_r C_p = [gC_{p,m}(G) + hC_{p,m}(H)] - [aC_{p,m}(A) + dC_{p,m}(D)] = \sum[\nu_B C_{p,m}(B)]$$

显然，反应热随温度的变化是由于反应物与产物的热容差别所致。当$\Delta_r C_p = 0$ 时，反应热不随温度而变；当$\Delta_r C_p > 0$，反应热随温度的升高而增大；当$\Delta_r C_p < 0$ 时，反应热随温度的升高而减小。

当温度变化不大时，可将$\Delta_r C_p$ 视为常数，则式（1-34）变为

$$\Delta_r H_{m,2} = \Delta_r H_{m,1} + \Delta_r C_p (T_2 - T_1) \qquad (1\text{-}35)$$

其中，$\Delta_r C_p$ 为各物质的 T_1 到 T_2 温度范围内的平均等压热容。

若反应物和产物的等压热容与温度有关，则需将热容与温度的关系式代入（1-34）进行积分；若参与反应的物质 T_1 到 T_2 温度范围内有相态变化，则热容随温度的变化将不再为连续函数，其反应热应分段进行计算。

案例 1-19

葡萄糖在细胞呼吸作用中的氧化反应如下：

$$C_6H_{12}O_6(s) + 6O_2(g) = 6H_2O(l) + 6CO_2(g)$$

已知 298K 时 $O_2(g)$、$6CO_2(g)$、$6H_2O(l)$、$C_6H_{12}O_6(s)$的 $C_{p,m}$ 分别为 29.36 $J\cdot mol^{-1}\cdot K^{-1}$、37.13 $J\cdot mol^{-1}\cdot K^{-1}$、75.30 $J\cdot mol^{-1}\cdot K^{-1}$、218.9 $J\cdot mol^{-1}\cdot K^{-1}$，该反应的 $\Delta_r H_m^{\ominus}$（298 K）= −2801.71 $kJ\cdot mol^{-1}$。假设各物质的等压热容不变，求在生理温度 310 K 时的反应热。

解：

$$\Delta_r C_p = \sum[\nu_B C_{p,m}(B)]$$
$$= 6\times75.30 + 6\times37.13 - 218.9 - 6\times29.36 = 279.52\ J\cdot mol^{-1}\cdot K^{-1}$$

$$\Delta_r H_{m,2} = \Delta_r H_{m,1} + \Delta_r C_p (T_2 - T_1)$$
$$= -2801.71 \times 10^3 \text{J} + 279.52 \text{J} \cdot \text{K}^{-1} \cdot \text{mol}^{-1} \times (310 - 298) \text{K}$$
$$= -2798.36 \text{J} \cdot \text{mol}^{-1}$$

案例 1-20

已知 100 kPa，298K 时下列反应的 $\Delta_r H_m^\ominus$（298 K）= –282.99 kJ · mol^{-1}，计算反应在 1073 K 和 398 K 时的反应热 $\Delta_r H_m^\ominus$。

$$CO(g) + \frac{1}{2}O_2(g) \rightleftharpoons CO_2(g)$$

$C_{p,m}(CO_2) = 26.00 + 43.5 \times 10^{-3}T - 148.3 \times 10^{-6}T^2$（J · K^{-1} · mol^{-1}）;

$C_{p,m}(CO) = 26.86 + 6.97 \times 10^{-3}T - 8.20 \times 10^{-6}T^2$（J · K^{-1} · mol^{-1}）;

$C_{p,m}(O_2) = 25.72 + 12.98 \times 10^{-3}T - 38.6 \times 10^{-6}T^2$（J · K^{-1} · mol^{-1}）。

解:

$$\Delta_r C_p = \sum[\nu_B C_{p,m}(B)] = C_{p,m}(CO_2) - C_{p,m}(CO) - \frac{1}{2}C_{p,m}(O_2)$$
$$= (26.00 - 26.86 - \frac{1}{2} \times 25.72) + (43.5 - 6.97 - \frac{1}{2} \times 12.98) \quad 10^{-3}T$$
$$-\left(148.3 - 8.20 - \frac{1}{2} \times 38.6\right) \times 10^{-6}T^2$$
$$= -13.72 + 30.04 \times 10^{-3}T - 120.8 \times 10^{-6}T^2$$

$$\Delta_r H_{m,2} = \Delta_r H_{m,1} + \int_{T_1}^{T_2} \Delta_r C_p \mathrm{d}T$$

$$\Delta_r H_{m,2} = \Delta_r H_{m,1} + \int_{T_1}^{T_2} (-13.72 + 30.04 \times 10^{-3}T - 120.8 \times 10^{-6}T^2) \mathrm{d}T$$
$$= \Delta_r H_{m,1} - 13.72 \times (T_2 - T_1) + 30.04 \times 10^{-3} \times \frac{1}{2}(T_2^2 - T_1^2) - 120.8 \times 10^{-6} \times \frac{1}{3}(T_2^3 - T_1^3)$$

1073K 时，

$$\Delta_r H_m(1073\text{K}) = \Delta_r H_m(298\text{K}) - 13.72 \times (T_2 - T_1) + 30.04 \times 10^{-3} \times \frac{1}{2}(T_2^2 - T_1^2)$$
$$-120.8 \times 10^{-6} \times \frac{1}{3}(T_2^3 - T_1^3)$$
$$= [-282.99 - 13.72 \times (1073 - 298) \times 10^{-3} + 30.04 \times 10^{-3} \times \frac{1}{2}(1073^2 - 298^2) \times 10^{-3}$$
$$-120.8 \times 10^{-6} \times \frac{1}{3}(1073^3 - 298^3) \times 10^{-3}] \text{kJ} \cdot \text{mol}^{-1}$$
$$= -326.33 \text{kJ} \cdot \text{mol}^{-1}$$

同法可得

$$\Delta_r H_m(398\text{K}) = -295.80 \text{kJ} \cdot \text{mol}^{-1}$$

以上例题表明，温度变化不大时，化学反应的热效应变化幅度很小。因此，在计算精度要求不高时，可用 298K 时的热效应代替其他温度下的热效应进行相关计算。

案例 1-21

有些化学反应以较快的速率进行，反应系统与环境不能及时交换热量，致使反应系统的温度发生变化，产物温度与反应物的不同。

问题：

（1）温度为 T_1 的反应物经等压（$p^{\ominus}=101\ 325\ \text{Pa}$）反应生成温度为 T_2 的产物，如何求这类反应的热效应？

（2）若使反应在等压绝热过程过程中进行，系统的终态温度如何计算？

（3）若使反应在等容绝热过程中进行，系统的终态温度又如何？

解：

（1）在不做非体积功的情况下，等压过程中的热效应等于系统的焓变。根据状态函数的特征，先使反应在 T_1、$p^{\ominus}$下进行生成产物，再使产物等压变温到 T_2，两个过程焓变的加和即为反应在 T_2、$p^{\ominus}$的反应热。

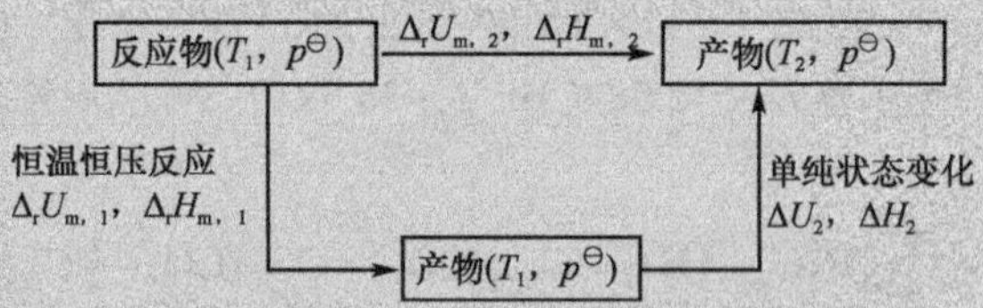

利用热力学数据计算出$\Delta_r H_1$，再根据各产物的热容即可得到反应在 T_2、$p^{\ominus}$的反应热$\Delta_r H_2$。若产物在由（T_1，$p^{\ominus}$）到（T_2，$p^{\ominus}$）的变化过程中无相变和化学变化，则

$$\Delta H_2=\int_{T_1}^{T_2}\left(\sum \nu C_{p,\mathrm{m}}\right)_{产物}\mathrm{d}T$$

$$\Delta_r H_{m,2}=\Delta_r H_{m,1}+\Delta H_2=\Delta_r H_{m,1}+\int_{T_1}^{T_2}\left(\sum \nu C_{p,\mathrm{m}}\right)_{产物}\mathrm{d}T$$

（2）若反应在等压绝热过程中发生，则

$$\Delta_r H_{m,2}=0$$

$$\Delta H_2=\int_{T_1}^{T_2}\left(\sum \nu C_{p,\mathrm{m}}\right)_{产物}\mathrm{d}T=-\Delta_r H_{m,1}$$

若各产物的等压热容与温度无关，或以平均等压热容进行计算，则上式变为

$$\left(\sum \nu C_{p,\mathrm{m}}\right)_{产物}(T_2-T_1)=-\Delta_r H_{m,1}$$

利用该式即可算出系统的终态温度。

（3）若反应在等容绝热过程中发生，则

$$\Delta_r U_{m,2}=0$$

$$\Delta U_2=\int_{T_1}^{T_2}\left(\sum \nu C_{V,\mathrm{m}}\right)_{产物}\mathrm{d}T=-\Delta_r U_{m,1}$$

若各产物的等容热容与温度无关，或以平均等容热容进行计算，则上式变为

$$\left(\sum \nu C_{V,\mathrm{m}}\right)_{产物}(T_2-T_1)=-\Delta_r U_{m,1}$$

又因为

$$\Delta_r U_{m,1}=\Delta_r H_{m,1}-\Delta nRT_1$$

两式联立即可算出等容绝热反应中系统的终态温度。

知识拓展

生物能量代谢

生物体生存所需能量主要来源于食物中的糖、脂肪和蛋白质，这些物质经消化转变为可吸收的小分子物质。在细胞中，这些营养物质经过同化作用（合成代谢），构筑机体的组成成分或更新衰老的组织；同时经过异化作用（分解代谢）分解为代谢产物。在分解代谢过程中，营养物质蕴藏的化学能释放出来。这些化学能经过转化，便成了机体各种生命活动的能源，所以说分解是代谢的放能反应，而在合成代谢过程中，需要供给能量，因此是吸能反应。可见，在物质代谢过程中，物质的变化与能量的代谢是紧密联系着的。生物体内物质代谢过程中所伴随的能量释放、转移和利用等过程称为能量代谢。生物体是一个开放的热力学系统，其热力学第一定律可表示为

$$\Delta U = Q + W + U_m$$

其中，U_m表示由物质或食物带入的能量。

在生物体内存在着复杂的反应系统，用以提供生命活动所必需的能量，从而顺利完成生物体的呼吸、循环、排泄、神经、运动等系统的各种功能。生物体在能量代谢过程中，除了部分能量用以合成磷酸三腺苷（ATP）等高能物质储存于体内用以维持生化反应和正常体温以外，其余能量或以热的形式散失，或用做各种生理功，如心脏泵血的机械功、神经信号传递的电功、劳动锻炼的机械功等。用于体内做功的能量最终转化为热，然后由血液循环带到体表向外散发。

知识视窗

英国物理学家——焦耳（J. P. Joule）

J. P. Joule（焦耳，1818～1889），英国杰出的物理学家，1818 年 12 月出生于曼彻斯特，父亲是个富有的啤酒厂厂主。焦耳小时因体弱没上过正规学校，跟随父亲学习酿酒。16 岁时和哥哥一起在年近 70 的著名化学家道尔顿门下学习，虽然学习时间并不长，但是道尔顿对他的影响很大，使他对科学研究产生了强烈的兴趣。焦耳一生致力于实验研究，在电磁学、热学、气态分子动力学等方面均作出了卓越的贡献。

焦耳最早的工作是对电学和磁学方面的研究，后转向对功热转化的实验研究。24 岁时，焦耳对通电导体放热的问题进行深入的研究，通过一次又一次的实验，焦耳发现，电流通过导体时产生的热量跟电流的平方成正比，跟导体的电阻成正比，跟通电时间成正比.后来人们把这个定律称为焦耳定律。在完成电流热效应的研究之后，焦耳又进行了功与热的转化实验。焦耳认为，自然界中的能量是不能消失的，消耗了机械功总能得到相应的热，他精心设计了量热器，用不同的方法进行探索，从 1843 年起，经过 400 多次的实验，终于得出热、功之间的当量关系，即 1 卡的热约等于 4.15J 的功。尽管这一数值几十年后被修正为 4.18J，但在当时的实验条件下，所测数值的准确性在物理学史上也是空前的。热功当量为热运动与其他运动的相互转换和能量守恒等问题提供了无可置疑的证据，焦耳因此成为能量守恒定律的发现者之一。1852 年焦耳和开尔文发现气体自由膨胀时温度下降的现象，被称为焦耳-汤姆逊效应。这效应在低温和气体液化方面有广泛应用。他对蒸汽机的发展作了不少有价值的工作，还第一次计算了有关气体分子的运动速度。

1889 年 10 月 11 日，焦耳在塞拉逝世。

赫斯（G.H.Germain Henri Hess，1802～1850）俄国化学家。俄文名为 Герман Иванович Гесс。1802 年 8 月 8 日生于瑞士日内瓦市一个画家家庭，三岁时随父亲定居俄国莫斯科，因而在俄国上学和工作。1825 年毕业于多尔帕特大学医学系，并取得医学博士学位。1826 年弃医专攻化学，并到瑞典斯德哥尔摩柏济力阿斯实验室进修化学，从此与柏济力阿斯结成了深厚的友谊。1830 年专门从事化学热效应测定方

法的改进，曾改进拉瓦锡和拉普拉斯的冰量热计，从而较准确地测定了化学反应中的热量。1836 年经过许多次实验，他总结出一条规律：在任何化学反应过程中的热量，不论该反应是一步完成的还是分步进行的，其总热量变化是相同的，1860 年以热的加和性守恒定律形式发表。这就是举世闻名的赫斯定律。

习　题

1. 系统由状态 A 变化到状态 B，沿途经Ⅰ吸收 2.5 kJ 的热，对环境做功 500 J。问：

（1）系统由 A 态沿途经Ⅱ到 B 态，对环境做功 1000 J，其 Q 值为多少？

（2）系统由 B 态沿途经Ⅲ到 A 态，吸热 850 J，其 W 为多少？

2. 在 298 K 时 2 mol 氢气，从 100 L 经（1）等温可逆压缩到 5L，经（2）等温等外压 200 kPa 压缩至平衡态，求过程中的 Q、W、ΔU。

3. 体积 0.01 m^3 的氧气由 273 K，1000 kPa 经过（1）绝热可逆膨胀；（2）对抗外压 100 kPa 做绝热不可逆膨胀，气体最后压力均为 100 kPa，求两种情况所做的 W、ΔU 及 ΔH。氧气的 $C_{p,m}$=29.36 $J \cdot K^{-1} \cdot mol^{-1}$。

4. 将 1 mol 单原子理想气体，$C_{V,m}$=1.5R，在 1.013×10^5 Pa 下从 298 K 加热到 373 K，再等温可逆膨胀至体积增加一倍，最后绝热可逆膨胀至温度为 308 K，求全过程的 W，Q，ΔU，ΔH。

5. 1mol 单原子分子理想气体的 $C_{V,m}$ = 1.5R，初态为 202.6 kPa，11.2 L 经 $p/T = C$（常数）的可逆过程压缩到终态，压强为 405.2 kPa。计算：（1）终态体积与温度；（2）W，Q，ΔU，ΔH。

6. 等温 373.15 K 时，将 2 mol 100 kPa 的液态水按不同途径蒸发为 100 kPa 的水蒸气，设水蒸气为理想气体，计算下列各过程的 Q、W、ΔU、ΔH。比较计算结果，从中可得什么结论？

（1）在 373.15 K、100 kPa 下蒸发，吸热 2259 $J \cdot g^{-1}$。

（2）恒定外压 50 kPa，先将水全部蒸发为水蒸气，再等温可逆压缩至 373.15 K、100 kPa。

（3）向真空中蒸发。

7. 已知冰在 0℃及 101.325 kPa，熔化热为 6008 $J \cdot mol^{-1}$，水在 100℃及 101.325 kPa 下，蒸发热为 44 011 $J \cdot mol^{-1}$，在 0～100℃间水的平均比热为 75 $J \cdot K^{-1} \cdot mol^{-1}$，求在 101.325 kPa 下，将 100g 的 0℃冰变成 100℃的水蒸气，试计算其 ΔU，ΔH。

8. 298.15 K，101 325 Pa 时有 2 mol Zn 与过量稀硫酸反应，生成氢气和硫酸锌，已知此反应放热为 2.862×10^5 J，试算反应中的 W，Q，ΔU，ΔH。

9. 对于理想气体，证明：$\left(\frac{\partial C_V}{\partial V}\right)_T = 0$；（2）$\left(\frac{\partial C_p}{\partial p}\right)_T = 0$

10. 一定温度下，5.0 mol SO_2（g）与 10.0 mol O_2（g）混合，经一定时间反应后，生成了 0.8 mol SO_3（g），计算下列两个反应式的反应进度 ξ，并给出剩余的 SO_2（g）与 O_2（g）的摩尔数。

（1）$2SO_2(g) + O_2(g) \rightleftharpoons 2SO_3(g)$；（2）$SO_2(g) + \frac{1}{2}O_2(g) \rightleftharpoons SO_3(g)$

11. 已知 CH_4（g）在 298 K 的生成热为–74.85 $kJ \cdot mol^{-1}$，在 298 K 到 473 K 之间，C（s）、H_2(g)及 CH_4(g)的平均等压热容各为 8.64 $J \cdot K^{-1} \cdot mol^{-1}$、28.84 $J \cdot K^{-1} \cdot mol^{-1}$ 和 35.71 $J \cdot K^{-1} \cdot mol^{-1}$，计算 CH_4（g）在 473 K 时的标准摩尔生成焓。

12. 计算反应 C（石墨）$\rightleftharpoons$ C（金刚石）在 298.15 K 时的标准摩尔焓变。已知：

（1）C（金刚石）$+ O_2(g) \rightleftharpoons CO_2(g)$，$\Delta_r H^{\ominus}_{m,298.15K} = -395.4\ kJ \cdot mol^{-1}$

（2）C（石墨）$+ O_2(g) \rightleftharpoons CO_2(g)$，$\Delta_r H^{\ominus}_{m,298.15K} = -393.5\ kJ \cdot mol^{-1}$

13. 已知下列热化学反应方程式：

$Fe_2O_3(s) + 3CO(g) \rightleftharpoons 2Fe(s) + 3CO_2(g)$，$\Delta_r H^{\ominus}_{m,298.15K} = -26.8\ kJ \cdot mol^{-1}$

$3Fe_2O_3(s) + CO(g) \rightleftharpoons 2Fe_3O_4(s) + CO_2(g)$，$\Delta_r H^{\ominus}_{m,298.15K} = -52.8\ kJ \cdot mol^{-1}$

$Fe_3O_4(s) + CO(g) \rightleftharpoons 3FeO(s) + CO_2(g)$，$\Delta_r H^{\ominus}_{m,298.15K} = -38.4\ kJ \cdot mol^{-1}$

计算反应 $FeO(s) + CO(g) \rightleftharpoons Fe(s) + CO_2(g)$ 的 $\Delta_r H^{\ominus}_{m,298.15K}$。

14. 三油酸甘油酯（相对分子质量 886.53）完全燃烧时的反应如下：

$C_{57}H_{104}O_6(s) + 80\ O_2(g) \rightleftharpoons 57\ CO_2(g) + 52\ H_2O(l)$，$\Delta_r H^{\ominus}_{m,298.15K} = -3.35 \times 10^4\ kJ \cdot mol^{-1}$

求 1g 该脂肪完全燃烧时放出多少热量？假如人均每天需要 6300 kJ 能量以维持生命，则需要每天供给多少克该脂肪？

15. 已知乙醇的标准摩尔燃烧焓为 $-1366.8\ kJ \cdot mol^{-1}$，$CO_2(g)$ 和 $H_2O(l)$ 的标准摩尔生成焓分别为 $-393.5\ kJ \cdot mol^{-1}$ 和 $-285.8\ kJ \cdot mol^{-1}$，求乙醇的标准摩尔生成焓。

（马丽英）

第二章　热力学第二定律

学习目标

1. 掌握　热力学基本方程，能熟练计算简单过程的ΔS、ΔG与ΔF值，掌握每一热力学函数只是在各自特定条件下才能作为过程进行方向与限度的判据。

2. 熟悉　第二定律的几种说法及热力学第二定律作为过程与方向判据的意义，熟悉克劳修斯不等式与熵函数概念，明确熵与热温商的区别和联系。熟悉并理解亥姆霍兹能F、吉布斯能G的定义，并能使用熵判据和吉布斯能判据。

3. 了解　自发过程的共同特征及从卡诺原理得出克劳修斯不等式和熵函数的逻辑推理，了解热力学第三定律的基本内容、规定熵、标准熵的概念及其应用，了解熵的统计意义。

知识视窗

吉布斯（Josiah Willard Gibbs）教授问了一个奇怪的问题

“不知道你们有没有想过这个问题，”吉布斯教授站在教室里，对整间耶鲁大学的高材生问道。学生们都坐直身体，拿出纸笔，准备全力应付这门号称是“耶鲁大学最深奥”的一门课。大家心想这个问题一定会把黑板整个塞满数学符号，让大家抄得两手发酸。满发灰白、一脸皱纹的吉布斯走到教室边，望着天上的白云缓缓地说道：“你们都知道热水吧？”大家都点点头，有一点莫名其妙。又问道：“那冷水呢？”大家也知道。“那么如果把一杯热水靠近一杯冷水，会怎么样？”有人忍不住笑出来：“变温水啊！”吉布斯把头转过来：“为什么？”有人答道：“热量由热水传到冷水啊！简单！”

“是吗？冷水为什么不把热量传给热水呢？”

“教授，如果是这样，冷水就越来越冷，热水就越来越热，这不合理嘛！日常生活经验不是这样啊！”真不晓得最高学府还在讨论幼稚园的问题。吉布斯扬一扬眉毛：“不要跟我谈经验，要谈道理。为什么热量就必须依循这个固定方向，由热水传到冷水呢？”

“方向？”

“是啊！我再问，为什么热水与冷水相遇就会成为二杯温水，两杯温水就不会自己成为一杯热水、一杯冷水？”大家一脸的迷惘。

“我再问，一块木头被火烧了，就成为水、气体和热量，那为什么没有人能把气体加水、加热量又反应成那块木头?我们的宇宙，是不是一直依着一种固定的方向，在进行各种物理的作用或化学的反应？也许大家说这是经验。那还无法满足我的问题。我相信这个背后有个原理，有个变因。”

吉布斯在黑板上写下“entropy”，“我想这个宇宙事物发生的方向，除了基本的能量(energy)、温度(temperature)、压力(pressure)、体积(volume)以外，还有这个乱度(entropy)，是解释反应进行方向由低乱度往高乱度方向进行的必要因子。”

这是吉布斯教授在耶鲁大学讲热力学第二定律的引领词。

案例 2-1

热力学第一定律的成功与困难

（1）热力学第一定律的实质是能量守恒，它是一普遍适用的定理，自然界发生的过程都遵守热力学第一定律。在指定条件下以下反应：

$H_2(g)+I_2(s) \longrightarrow 2HI(g)$，$\Delta_r H_m = 53.0kJ \cdot mol^{-1}$

$2HI(g) \longrightarrow H_2(g)+I_2(s)$，$\Delta_r H_m = -53.0kJ\cdot mol^{-1}$

当物质的状态、反应方程式进行的方向等不同时，热效应的符号也不相同。在指定条件下，该反应是向着HI（g）生成方向进行，还是向着HI（g）分解方向进行，以及进行到什么限度，热力学第一定律不能作出回答。确定系统发生变化的方向，以及变化进行到何种程度，这显然是独立于热力学第一定律的问题。违反热力学第一定律的过程是不可能进行的，但不违反热力学第一定律的过程是否一定能实现呢?

（2）遵守热力学第一定律的过程，在自然条件下并非都可发生。第一定律只能得出：孤立系统的总能量是守恒的，但不可能解决热是从高温物体传向低温物体，还是恰恰相反?

（3）在人体内无时无刻都在发生的能量变化过程，如人食入淀粉后，在体内水解为葡萄糖，最后氧化为H_2O和CO_2，其总能量变化为

$C_6H_{12}O_6(s) + 6O_2(g) == 6CO_2(g) + 6H_2O(l)$，$-\Delta_r H_m^{\ominus} = -2\,800.7\ kJ\cdot mol^{-1}$

这个反应在体内是在酶的催化作用下分步有秩序的一系列的降解过程的最终结果。具有变化方向单一性特点，其限度是在该条件下体内系统的平衡状态。其逆过程并不违反热力学第一定律，但是否可能自发进行?

热力学第一定律的困难将由热力学第二定律予以解决。

热力学第一定律解决了变化过程中能量及其转化的求算问题，但对能量的相互转化的方向没有任何限制。显然，热力学第一定律仅为我们指出任一过程在一定条件下的能量效应，但不能指出在该条件下进行的方向和限度。在自然界，林林总总的变化具有方向不可逆转的固有的自然属性。对变化的方向性及限度作出决断是热力学第二定律的任务，热力学第二定律的建立，科学地解决了有关过程方向和限度的基本规律。以该定律为基础，引进极其重要的三个新的状态函数——熵S、亥姆霍兹函数F、吉布斯函数G，并利用它们在不同类型过程中的变化来对这些过程的方向和限度做出具体的判断，它们成为特定条件下预测变化进行的方向和程度的判据。热力学第二定律与第一定律，都是人类长期科学实践经验的结晶，它建立在无数实验事实的基础上，不能在理论上加以证明，但它的所有推论都与事实相符，其正确性毋庸置疑。

第一节 自发过程的方向与限度

案例 2-2

自然界中的一切宏观过程都是自动发生的。

（1）溶质在溶液中的扩散过程，是指当溶质浓度分布不均匀时，溶质分子从浓度较大的地方移向浓度较小的地方的自发的、不可逆的过程。浓度不同的同一溶液总是自发地发生扩散直至浓度处处相等。反之，浓度均匀的溶液永远不会自然地发生使之成为局部浓度互异溶液的变化。

（2）气体向真空的膨胀过程能够自发地、自然而然地进行。反之，膨胀了的气体不会自然而然地恢复到膨胀前的状态，这虽然没有违背热力学第一定律，但却是永远观察不到的。

（3）化学反应也是如此，其自发变化总是朝着化学平衡的方向进行。反之，一个已达反应平衡的系统，它永远不会自然而然地变成偏离化学平衡的状态。

一、自发过程

在一定条件下不加外界干涉而自然而然地发生的变化过程称为自发过程（spontaneous process）。自然界的一切时时刻刻都在发生变化，自然界中的一切宏观过程都是自动发生的。

自发变化的方向性问题是自然界的一个根本性的问题。“黄河之水天上来，奔流到海不复回”，如同水的自由流逝一样，“一去不复回”乃是自然界一切自发变化的固有属性，是一个根本性、普遍性的规律。

二、自发过程的方向与限度

人类从长期的科学实践得出结论：一切自发变化总是朝着趋向平衡态的方向进行。自发变化过程是在没有外界干涉的条件下朝单方向进行，直至宏观上进行的速率为零为止。自发过程的逆过程在无外界干涉下是不能自动进行的，因此自发过程是热力学是一单向性的不可逆过程。自然界的一切无时无刻不在发生变化，自然界中的一切宏观过程都是自发过程，自发变化的方向和限度问题是自然界的一个根本性的问题。以下的案例可以明确地显示出以上特征。

案例 2-3

锌与硫酸铜的化学变化的不可逆性

有化学反应：Zn（s）+ $CuSO_4$（aq）══ Cu（s）+ $ZnSO_4$（aq），在 100 kPa、298.15 K 的条件下进行，同时放出 261.73kJ 的热。那么在同样条件下，这部分热是否能使上述反应逆向进行呢?显然，该过程并不违反热力学第一定律，但它却是不能自发进行的。自发过程并不意味着该过程根本不可能倒转，借助于外力可以使一个自动变化发生后再逆向返回原态。将 1mol 的 Cu 和 $ZnSO_4$（aq）放入电解槽中使之在 100 kPa、298.15K 下电解，便可得到 1mol Zn（s）和 $CuSO_4$（aq）而回到了原态，但环境却发生了变化（环境做电功 212.13 kJ，得到了 216.73–4.6＝212.13 kJ 的热）。

案例 2-4

理想气体向真空膨胀的不可逆性

以 1mol 理想气体向真空膨胀过程为例：

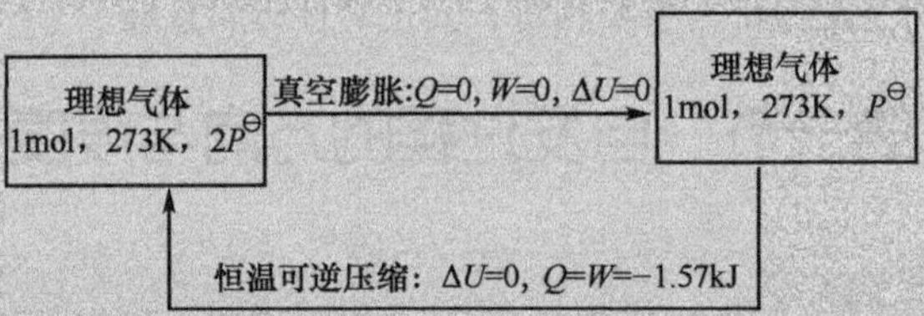

整个循环过程，系统恢复到原态，ΔU=0。环境对系统付出 1.57 kJ 的功，得到 1.57 kJ 的热，而环境是否能回到原态，即理想气体向真空膨胀过程是可逆还是不可逆，取决于这 1.57 kJ 的热能否全部转化为 1.57 kJ 的功而不引起其他变化。这里的不引起其他变化的前提是必不可少的，若有其他变化作为代价，热亦可以完全地变为功。例如，等温下理想气体对环境做功的膨胀，因为 ΔU=0，系统从热源所吸收的热百分之百地变为了功，但理想气体的状态发生了变化。

三、自发过程的共同特征

综上所述，在人们司空见惯的现象中蕴含着极其重要的科学定律：从单一热源取热使之完全变为功而不引起其他变化是不可能的。功百分之百地变为热而不引起其他变化是可能的；而热百分之百地转变为功而不引起其他变化是永远做不到的。可见，与有序的运动相联系的功是比与杂乱无章无序运动相联系的热为更高级的能量形式。

这里的不引起其他变化的前提是必不可少的，若有其他变化作为代价，热亦可以完全变为功。

例如，理想气体的等温对环境做功的膨胀，因为 $\Delta U=0$，系统从热源所吸收的热百分之百地变为了功，但理想气体的状态发生了变化。

知识视窗

自发过程的共同特征：

（1）自发过程具有方向的单一性和限度，总是朝着趋向平衡态的方向进行。其限度是在该条件下系统的平衡状态。其逆过程称为非自发过程，虽然这些逆过程并不违反热力学第一定律，但绝不可能自发进行。

（2）自发过程的逆过程在无外界干涉下是不能自动进行的。借助于外力可以使一个自发过程发生后再逆向返回原态，所有自发过程能否成为热力学可逆过程，都可归结为“在不引起其他任何变化条件下热能否全部变为功”这样一共同问题。人类经验告诉我们，功能全部转化为热，但在不引起任何变化条件下，热不能全部转变为功。这也是一切自发过程的共同基本特征，其本质是功与热转换的不可逆性。

（3）自发过程都做功的能力。原则上一切自发过程都具有做功的能力，而随自发过程的进行，直至平衡到达，丧失了做功能力。非自发过程则必须依靠外力，即环境要消耗功方能进行。

第二节　热力学第二定律的表述

热力学第二定律的实质是断定自然界中一切实际进行的过程都是不可逆的。自然界的自发变化种类无以计数，可以选作衡量自发过程的不可逆性的参量（如重物自由落体的高度差、气体膨胀的压力差、热量传递的温度差等）可以是多种多样的，这就产生热力学第二定律的多种表述方法。最经典的是克劳修斯（Clausius）表述和开尔文（Kelvin）表述。

知识视窗

克劳修斯（Rudolph Clausius），德国物理学家，曾就学于柏林大学，后又在欧洲多个著名大学任职，著有《力学的热理论》、《势函数与势》、《热理论的第二提议》等。他首次明确指出热力学第二定律的基本概念，还引进了熵的概念，是热力学第二定律的主要奠基人之一。

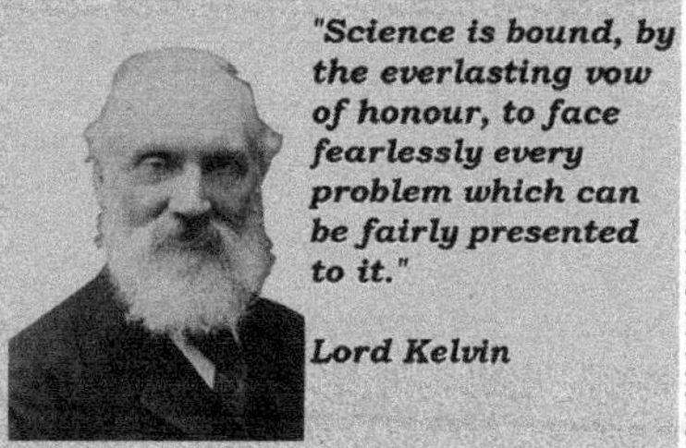

开尔文（Lord Kelvin，1824～1907），英国物理学家、发明家。开尔文的主要贡献在电磁学和热力学方面。他一生发表论文多达 600 余篇，取得 70 种发明专利。开尔文是热力学的主要奠基人之一。

一、克劳修斯表述

克劳修斯从热量传递方向的不可逆性着眼，指出：热不可能自发地从低温物体传给高温物体而不引起其他变化。当然，若有其他变化作为代价，热是可能从低温物体传给高温物体的，致冷机就是在有其他变化的前提下实现热从低温物体向高温物体的传递。

案例 2-5

高温物体向低温物体的传热过程的不可逆性

温度为 T_2 的高温物体 A 和温度为 T_1 的低温物体 B，且 $T_2>T_1$。令 A 与 B 相接触，则自发发生的变化是热从 A 物体传递给 B 物体，直至二者的温度相等。配上合适的装置（如热能发电机），二者的温度差可以用来做功。

上述过程的逆过程，即温度相等的 A 与 B，能否自发地变为 A 热 B 冷的状态呢？人们永远也观察不到这样的结果。但是，倘若从单一热源取热使之完全变为功而无任何其他的变化是可能的，就可以从 B 物体取热使之完全变为功而无任何其他变化，这些功可以完全变为热供给 A 物体，从而导致 A 热 B 冷的结果。可见，从热量传递的方向性同样得出结论：从单一热源取热使之完全变为功而不引起其他变化是不可能的。

二、开尔文表述

开尔文从实验事实归纳出：不可能从单一热源取热使之完全变为功而不引起其他变化。换言之，即不可能通过系统的等温循环，使系统所吸收的热完全地转变为功而不引起其他变化。倘若可以从单一热源取热使之完全变为功而不引起其他变化，那就可以从热容无限大的海洋或大气源源不断地取热使之源源不断地变为功，以驱动轮船或陆上的机器，这类机器称为第二类永动机（second kind of perpetual motion machine），它没有违背能量守恒定律，但违背热力学第二定律，是永远造不成的。

案例 2-6

热功转换的不可逆性

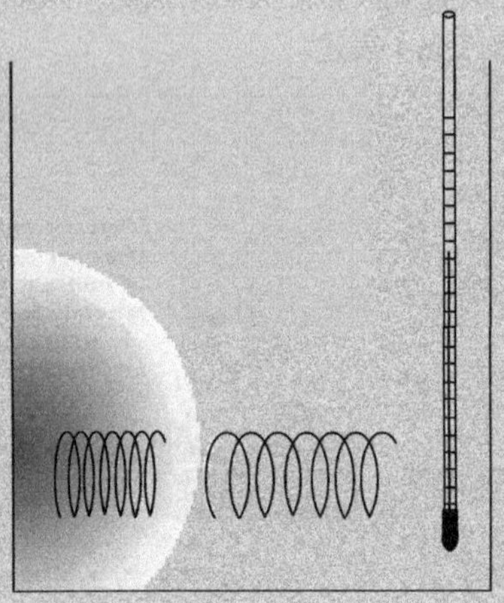

图 2-1　热功转换的方向性

如图 2-1 所示，将一卷紧了的弹簧安置在一个温度为 T 的绝热水浴中。松开弹簧，弹簧在运动中所做的功全部转化为热，所释放的热使水浴和弹簧的温度升高了 ΔT，即终态的温度为 $T+\Delta T$。这是功完全转变为热的过程，它可以无条件地自发地进行。

上述过程的逆过程能否自发地进行呢？人们从来没有观察到水浴的温度自动降低而使弹簧由松弛自动卷紧的情况发生。但是，倘若能从水浴中取热，使系统的温度恢复到 T，把这部分取出的热使之完全变为功，然后以这部分功卷紧弹簧，则使系统恢复了原态。可见，上述逆过程不会发生，则意味着从单一热源取热使之完全变为功而不引起其他变化是不可能的。

三、两种表述的实质

显然，克劳修斯的表述更为直观，与实验观察的事实联系得更为紧密。可是，尽管其表述有异，其实质却是一致的。两种表述是分别挑选了一种典型的过程来说明与热现象有关的宏观过程普遍的不可逆性，都是指出某种自发过程的逆过程在无外界干涉下是不能自动进行的，一旦进行必然留下影响。值得注意的是，他们并没有说不能把热从低温物体传给高温物体（事实上冰箱把热从低温物体传给高温物体），也没有说热不能全部变成功（事实上理想气体的等温可逆膨胀，把热全部变成功），而是强调要实现这两个过程不留下影响是不可能的。实践证明，要想创造一种循环操作的机器，其唯一结果是从单一热源吸热而做出等量的功是不可能的。要使热全部转变为功，必须引起其他变化，开尔文和克劳修斯表述的精髓正在于此。

案例 2-7

反证法证明热功转换的不可逆性

若在不引起其他变化条件下，假设 Q_1 的热可以自发地从低温 T_1 的热源传给高温 T_2 的热源，则工作于 T_2 与 T_1 之间的机器必定可以实现一个循环，经此循环，机器从 T_2 热源吸收了 Q_2 的热，并传给 T_1 热源 Q_1 的热，而环境必然得到（Q_2-Q_1）的功。上面综合作用的净结果：T_1 的热源得失热相等，没发生任何变化；而高温热源净失（Q_2-Q_1）的热，环境得到（Q_2-Q_1）的功。即从单一热源 T_2 取了（Q_2-Q_1）的热完全变为功而不引起其他变化。这违背了热力学第二定律的开尔文的表述。

关于热力学第二定律应注意的是：

（1）它是独立于热力学第一定律的另一实验定律，指明实际热力学过程进行的方向和限度。

（2）它可以有许多不同而等价的表述方式，其中，开尔文表述和克劳修斯表述是两种代表性的表述。

（3）它的实质是：一切与热现象有关的实际宏观过程都是不可逆的。

（4）热力学第二定律具有统计意义。

（5）热力学第二定律的经典表述是现象性的，欠缺定量判断自然界自发变化的指标。

可以认为，自发过程的方向和限度最终可归结为热、功转换的方向和限度。如果对一个任意过程 A→B，其逆过程 B→A 不可能构成一个第二永动机（即热不可能完全转化为功而不引起其他变化）则原过程必为一个自发过程。人们通过制造第二类永动机的实践，总结出“功转变为热”及“热转变为功”这两个方面的不等价性。

第三节　熵

案例 2-8

（1）自发过程伴随着做功本领的降低，能量蜕变为更分散、更无序的形式，即自发过程中总能量是恒定的，但能量的形式变化了，质量下降了，这就是自发过程方向的标志。但这样来判断一个过程的方向毕竟太过于抽象了，是否能够仿效热力学第一定律，找到热力学状态函数 U、H，只要计算某个过程的 ΔU、ΔH，便可知道该过程的能量变化情况了。那么热力学第二定律是否也能找到这样的状态函数，只要计算其改变量就可判明该过程的方向和限度了呢？

（2）由于自发过程的方向和限度最终可归结为热、功转换的方向和限度，那么在热、功转换的过程中是否可以寻找到所要求的状态函数？

卡诺循环和卡诺定理正是在热、功转换的方向和限度的研究中做出了重要贡献，使热力学第二定律这一科学中最重要的定律从定性描述走向定量描述，根本上促进了热力学的发展。直到克劳修斯提出极其重要的物理量——熵之后，才使热力学第二定律产生了根本性的变化。

一、热机效率

将热能（热）转变为机械能（功）的装置称为热机。工作于高温热源 T_2 与低温热源 T_1 的热机从热源 T_2 吸收了 Q_2 的热对环境作了 W 的功并把 Q_1 的热传给了低温热源，则该机的效率定义为

$$\eta = \frac{|W|}{Q_2}$$

热机效率（efficiency of heat engine）是与热、功转换的方向和限度密切相关的，通过对热机效率的研究而得到在指定条件下自发过程进行的方向和限度的判别依据。其结论具有普遍的适用性。

二、卡诺循环

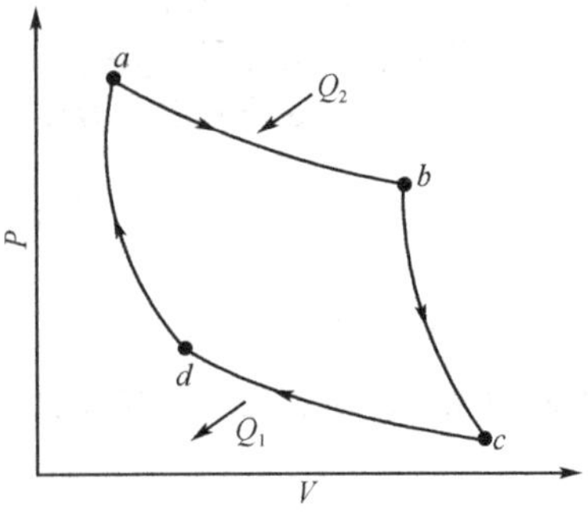

图 2-2 卡诺循环

卡诺（N.L.S. Carnot）于 1824 年设计了以理想气体作为工作介质的卡诺循环，它由四个可逆步骤组成一个循环，如图 2-2 所示。这样由处于不同温度的两个等温步骤和两个绝热步骤构成一次循环过程。为了讨论简便，设工作介质为 1mol 的理想气体，这不影响结论的普适性。

（1）步骤 ab：1mol 的理想气体从 p_a、V_a、T_2 等温可逆膨胀至 p_b、V_b、T_2。此过程系统的内能保持不变：

$$\Delta U_1 = 0$$

等温可逆膨胀系统所做的功为

$$W_1 = -RT_2\ln\frac{V_b}{V_a}$$

系统从高温热源 T_2 吸收的热为

$$Q_2 = -W_1 = RT_2\ln\frac{V_b}{V_a}$$

（2）步骤 bc：1mol 的理想气体从 p_b、V_b、T_2 绝热可逆膨胀至 p_c、V_c、T_1。此过程统内能的变化为

$$\Delta U_2 = C_{V,\mathrm{m}}(T_1 - T_2)$$

因为 $Q_{bc}=0$，所以

$$W_2 = \Delta U_2 = C_{V,\mathrm{m}}(T_1 - T_2)$$

（3）步骤 cd：lmol 的理想气体从 p_c、V_c、T_1 等温可逆压缩至 p_d、V_d、T_1。此过程

$$\Delta U_3 = 0$$

$$Q_{cd} = Q_1 = -W_3 = RT_1\ln\frac{V_d}{V_c}$$

$$W_3 = -RT_1\ln\frac{V_d}{V_c}$$

（4）步骤 da：1mol 理想气体从 p_d、V_d、T_1 可逆绝热压缩至 p_a、V_a、T_1。此过程

$$\Delta U_4 = C_{V,\mathrm{m}}(T_2 - T_1)$$

因为 $Q_{da}=0$，所以

$$W_4 = \Delta U_4 = C_{V,\mathrm{m}}(T_2 - T_1)$$

以上四个步骤构成卡诺循环，$\Delta U=0$。所以该循环过程的功 W 与 Q 的关系为

$$W = -Q$$

而 $W = W_1 + W_2 + W_3 + W_4$

$$= -RT_2\ln\frac{V_b}{V_d} + C_{V,\mathrm{m}}(T_1 - T_2) - RT_1\ln\frac{V_d}{V_c} + C_{V,\mathrm{m}}(T_2 - T_1)$$

$$= RT_2\ln\frac{V_a}{V_b} + RT_1\frac{V_c}{V_d} \qquad (2\text{-}1)$$

W的绝对值等于曲线 $abcd$ 所围的面积。

因为步骤（2）和（4）为理想气体的绝热可逆过程，据绝热可逆过程方程得

$$T_2V_b^{r-1}=T_1V_c^{r-1}$$
$$T_2V_a^{r-1}=T_1V_d^{r-1}$$

两式相除得

$$\frac{V_b}{V_a}=\frac{V_c}{V_d}$$

代入式（2-1）得

$$W=-RT_2\ln\frac{V_b}{V_a}+RT_1\ln\frac{V_b}{V_a}=-R(T_2-T_1)\ln\frac{V_b}{V_a}$$

而经过该卡诺循环，系统从环境吸收的热 Q 为

$$Q=Q_2+Q_1=-W=R(T_2-T_1)\ln\frac{V_b}{V_a}$$

环境得到的功与系统从高温热源所吸收热量的比值定义为热机的效率，因此卡诺机的效率为

$$\eta_{\mathrm{R}}=\frac{-W}{Q_2}=\frac{T_2-T_2}{T_2}$$

代入 W 与 Q_2 相应的表示式得

$$\eta_{\mathrm{R}}=\frac{R(T_2-T_1)\ln\dfrac{V_b}{V_a}}{RT_2\ln\dfrac{V_b}{V_a}}=\frac{T_2-T_1}{T_2}=\frac{Q_1+Q_2}{Q_2} \tag{2-2}$$

从式（2-2）可得

$$1-\frac{T_1}{T_2}=1+\frac{Q_1}{Q_2}$$

$$-\frac{T_1}{T_2}=\frac{Q_1}{Q_2}$$

即

$$\frac{Q_1}{T_1}+\frac{Q_2}{T_2}=0 \tag{2-3}$$

由于 Q_{bc}=0，Q_{da}=0，所以对卡诺循环，热温商 $\dfrac{Q}{T}$ 之和为零。

从式（2-2）可以看出：工作于两个温度不同的热源之间的卡诺机，其效率与热源间的温差成正比，温差越大，效率越高，从高温热源吸收的热变为环境所得的功所占的比例越大。

倘若 $T_2=T_1$，则 $\eta_{\mathrm{R}}=0$，$-W$=0。这相当于等温循环，根据热力学第二定律：不可能通过等温循环使热完全变为功。

案例 2-9

卡诺机的热机效率

试求某一工作于两个温度不同的热源之间的卡诺机的热机效率，热源温度分别为 393.2 K 与 293.2 K。若使环境得到 2000 J 的功，需从 392.2 K 的热源吸收多少热？

分析：卡诺机的热机效率：

$$\eta_R = \frac{-W}{Q_2} = \frac{T_2 - T_1}{T_2}$$

则有，工作于 392.2K 与 293.2K 之间的卡诺机的效率为

$$\eta_R = \frac{T_2 - T_1}{T_2} = \frac{393.2 - 293.2}{393.2} = 25.43\%$$

因为

$$\eta_R = \frac{|W|}{Q_2}$$

所以

$$Q_2 = \frac{|W|}{\eta_R} = \frac{2000}{0.2543} = 7865(\text{J})$$

三、卡诺定理

卡诺于 1824 年提出著名的卡诺定理：在相同的两个热源之间工作的所有热机，卡诺机的效率最高。它从理论上指出了热机效率的极限值，还为熵概念的提出创造了条件。

案例 2-10

卡诺定理的证明

卡诺定理的提出在热力学第二定律提出之前，它的正确性的严格证明需借助于第二定律。假设使卡诺可逆机倒开：先使理想气体在低温 T_1 恒温可逆膨胀，再可逆绝热压缩至 T_2 的温度。再在高温 T_2 下恒温可逆压缩，最后再绝热可逆膨胀至始态。倒开的卡诺可逆机实际上是热泵或致冷机。卡诺机倒开完成一个循环，系统得到 W 的功。从低温热源吸收（$Q_2 + W$）的热，并把$|Q_2|$的热传给高温热源。见图 2-3。

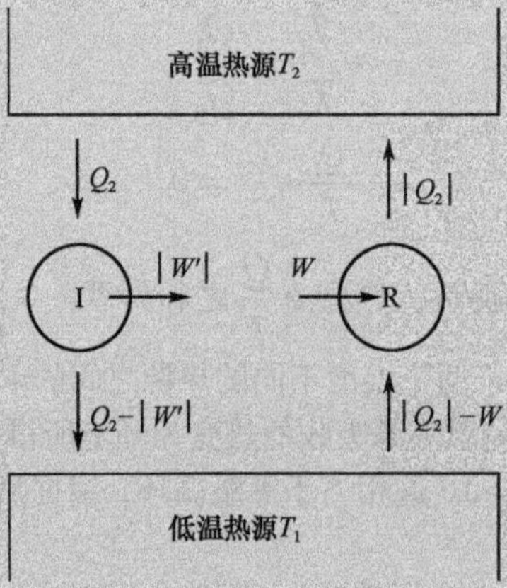

图 2-3　超机驱动卡诺机示意图

现在假设有一超级热机 I，它通过不可逆循环，从高温 T_2 热源吸收 Q_2 的热，对环境作了$|W'|$的功，并传给低温 T_1 热源 $Q_2-|W'|$的热。现以该超级热机 I 驱动卡诺可逆机 R 使之成为热泵。

假设超级热机 I 的效率大于卡诺可逆机：

$$\eta_I = \frac{|W'|}{Q_2} > \eta_R = \frac{|W|}{Q_2}$$

可得

$$|W'|>|W|$$

这样，在超级热机与卡诺可逆热泵各完成一个循环之后，其净结果为：高温 T_2 热源得失热相等，没有任何的净变化，低温 T_1 热源失去 $|W'|-|W|$ 的热，环境得到 $|W'|-|W|$ 的功。这相当于从单一的热源 T_1 取出 $|W'|-|W|$ 的热，使之完全变为 $|W'|-|W|$ 的功，而不引起其他变化。这违背了热力学第二定律，是不能成立的。

通过卡诺定理的证明，在相同的两个热源之间工作的所有热机，以卡诺机的效率为极限，从而可以推断

$$\eta_1 \leqslant \eta_R \qquad (2\text{-}4)$$

式（2-4）即为卡诺定理。从卡诺定理可以得到如下推论：

（1）对于卡诺循环：设可逆热机 1 的效率为 η_1，可逆热机 2 的效率为 η_2，据卡诺定理：$\eta_1 \leqslant \eta_2$，$\eta_2 \leqslant \eta_1$，其结果必然是 $\eta_1 = \eta_2$。显然，卡诺循环关于可逆热机效率的结论，可以推广到任意可逆热机。所有工作于两个相同热源之间的可逆机，其效率都相等。

（2）绝对零度 0K 不能到达。因为 $\eta_R = (T_2 - T_1)/T_2$，若 0K 可以到达，$T_1=0$，则必然 $\eta_R=100\%$。这意味着 $|W|=Q_2$，即在没有引起其他变化的前提下，从单一热源所吸收的热完全转变为功，这违背了热力学第二定律，是永远不可能做到的。

案例 2-11

若在温度为 298.15 K 的环境中，放置一冷冻温度为 273.15 K 的冰箱。已知 1g 273.15 K 的水凝固成 1g 273.15 K 的冰放热 319.66 J，要使 1kg 273.15 K 的水在冷冻室里结成 273.15 K 的冰。请计算：

（1）最少需供给冰箱多少功?

（2）冰箱最少传递给环境多少热?

解：设该冰箱从 273.15 K 的低温热源取走 Q_1 的热，传给高温热源 298.15 K 的环境的热为 Q_2，外界对冰箱做的功为 W。

冰箱的冷冻系数 β 表示每接受 1 J 的功能从低温热源吸收的热量：

$$\beta = \frac{Q_1}{W} = \frac{T_1}{T_2 - T_1}$$

1kg 273.15K 的水变为 273.15 K 的冰需取走的热量 Q_1 为

$$Q_1 = 1000 \times 319.66 = 319.66\ (\text{kJ})$$

已知

$$T_1 = 273.15\ \text{K} \qquad T_2 = 298.15\ \text{K}$$

所以

$$\frac{Q_1}{W} = \frac{319.66}{W} = \frac{273.15}{298.15 - 273.15}$$

$$W = 29.3\ (\text{kJ})$$

即系统从环境得到 29.3 kJ 的功。

冰箱传给环境的热 Q_2，据能量守恒定律：

$$|Q_2| = Q_1 + W = 319.66 + 29.3 = 349\ (\text{kJ})$$

四、熵的导出

案例 2-12

（1）卡诺循环的热温商之和等于 0。

（2）系统状态函数的重要性质之一，是系统经过一个循环恢复原来的状态，其状态函数的改变值为零，即所谓“周而复始，数值还原”。

（3）提示：$(Q/T)_R$ 是否与状态函数之间存在必然的联系呢？是否存在着一个新的状态函数？

（一）可逆循环的热温商

对于一个卡诺循环有：$\dfrac{Q_1}{T_1}+\dfrac{Q_2}{T_2}=0$

对于一个无限小的卡诺循环，热机从热源中吸取或放出的热量为 δQ，则有：

$$\frac{\delta Q_2}{T_2}+\frac{\delta Q_1}{T_1}=0$$

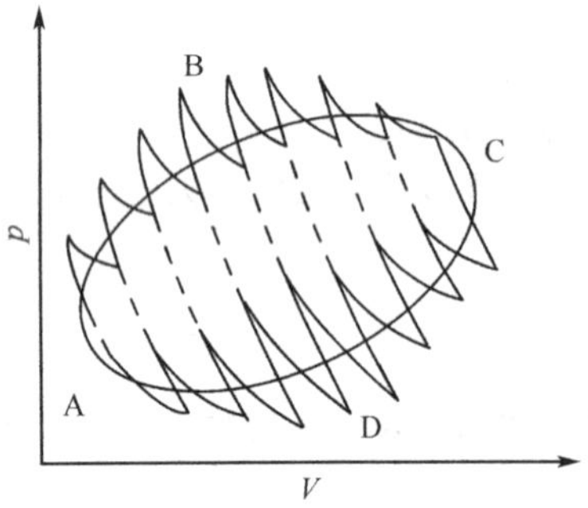

图 2-4　任意的可逆循环 ABCDA

设想一个任意的可逆循环 ABCDA 如图 2-4 所示。为了使经由折线的途径与经由实际可逆过程的途径等效，可以把任意的可逆循环用很多的卡诺循环的绝热可逆过程线和恒温可逆过程线来切割。当这样的切割做得非常细微时，则卡诺可逆过程所构成的折线无限趋近于实际的可逆循环，即该实际可逆循环过程等效于折线构成的循环过程。可以想象是由很多小的卡诺循环所构成，使这些小卡诺循环的总和构成一个沿任意可逆循环 ABCD 的封闭折线，只要有意识地调节折线的位置，使可以可逆循环的轨迹线上方和下方的三角形的面积相等，它们所代表的功正好抵消，折线所做之功与原过程的功相同，热当然也相同，如果进一步将这些小卡诺循环分得无限小，则恒温线的温度与原过程的温度相等，这些折线也就与 ABCDA 线重合，即有 $\oint\dfrac{\delta Q_R}{T_{环境}}=0$；在极限条件下有 $\oint\dfrac{\delta Q_R}{T_{系统}}=0$。

按积分定理，若沿封闭曲线的环积分为零，则所积分的变量应是某函数的全微分，且该函数的微分的积分值只取决于积分的上下限，即只取决于过程的始末态而与过程的途径无关。

证明：设可逆循环 ABA 由两个可逆过程 α、β 构成，如图 2-5 所示。因此，有

$$\oint\frac{\delta Q_R}{T_{体系}}=\int_A^B\left(\frac{\delta Q_R}{T}\right)_\alpha+\int_B^A\left(\frac{\delta Q_R}{T}\right)_\beta=0$$

$$\int_A^B\left(\frac{\delta Q_R}{T}\right)_\alpha=-\int_B^A\left(\frac{\delta Q_R}{T}\right)_\beta=\int_A^B\left(\frac{\delta Q_R}{T}\right)$$

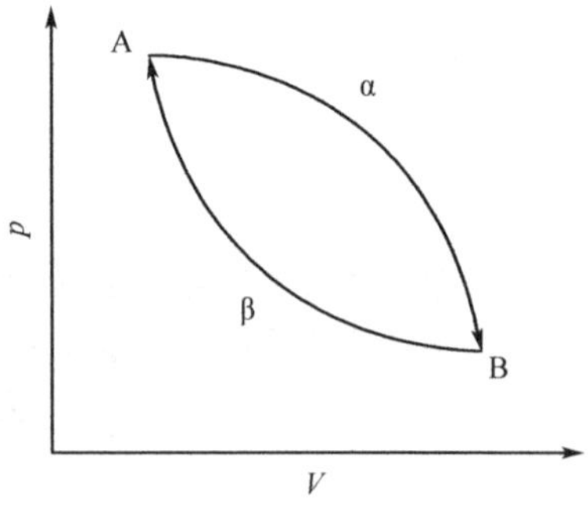

图 2-5　任意的可逆循环 ABA

因为卡诺循环的热温商 $\frac{Q}{T}$ 之和等于零，所以，对卡诺可逆过程所构成的无限趋近于实际的可逆循环的折线构成的循环，其热温商之和为零，因此，对任何的可逆循环，其热温商 $\frac{\delta Q_i}{T_i}$ 之和为零：

$$\sum\left(\frac{\delta Q_i}{T_i}\right)_{\mathrm{R}}=0 \tag{2-5}$$

亦可写作：

$$\oint\frac{\delta Q_{\mathrm{R}}}{T}=0 \tag{2-6}$$

式中，$\oint$ 表示环形积分；下标 R 表示为可逆过程。至此，得到非常重要的结论：任意可逆循环的热温商之和为零，$\left(\frac{\delta Q}{T}\right)_{\mathrm{R}}$ 的环形积分为零。

（二）状态函数熵

状态函数是系统的状态决定的热力学性质，系统经一循环过程恢复始态，其状态函数的改变为零：

$$\oint \mathrm{d}（状态函数）=0$$

既然（$\delta Q_{\mathrm{R}}/T$）的环路积分为零，则预示着有一状态函数存在，其全微分的环路积分为零。这个状态函数称为熵，记作 S，其微小的变化 $\mathrm{d}S$ 定义为

$$\mathrm{d}S=\delta Q_{\mathrm{R}}/T \tag{2-7}$$

应特别注意，式（2-7）中的 Q 一定是可逆过程的热，S 的量纲为 $\mathrm{J}\cdot\mathrm{K}^{-1}$。

熵是由大量粒子所组成系统的热力学性质，且是广度性质。少量粒子所组成的系统无熵可言。系统从状态 A 变为状态 B，其熵值的改变为 ΔS 为

$$\Delta S=\int_{\mathrm{A}}^{\mathrm{B}}\frac{\delta Q_{\mathrm{R}}}{T}$$

只要 B 与 A 的状态确定，ΔS 就具有确定的数值，与变化的具体途径无关。

（三）不可逆循环的热温商

卡诺定理指出：在高温热源 T_2 与低温热源 T_1 之间工作的热机，不可逆机的效率 η_{I} 恒小于卡诺可逆机的效率：

$$\eta_{\mathrm{I}}=\frac{|W|}{Q_2}=\frac{Q_1+Q_2}{Q_2}<\frac{T_2-T_1}{T_2} \tag{2-8}$$

从式（2-8）可得

$$1+\frac{Q_1}{Q_2}<1-\frac{T_1}{T_2}$$

$$\frac{Q_1}{Q_2}<-\frac{T_1}{T_2}$$

整理得

$$\frac{Q_1}{T_1}+\frac{Q_2}{T_2}<0 \tag{2-9}$$

将式（2-9）的结果推广至任意不可逆循环，其热温商之和恒小于零：

$$\left(\sum\frac{\delta Q_i}{T_i}\right)_{\mathrm{I}}<0 \qquad (2\text{-}10)$$

式（2-10）的下标I表明为不可逆循环。

五、克劳修斯不等式与熵增加原理

（一）克劳修斯不等式

与环境有热和体积功交换的系统，根据热力学第一定律：

$$\mathrm{d}U=\delta Q+\delta W=\delta Q-p_{外}\mathrm{d}V \qquad (2\text{-}11)$$

若系统经历一可逆过程，则系统的压力必等于外压 $p_{外}=p$ ，而 $\delta Q_{\mathrm{R}}=T\mathrm{d}S$，所以

$$\mathrm{d}U=T\mathrm{d}S-p\mathrm{d}V \qquad (2\text{-}12)$$

式（2-12）中的每个变量均为状态函数，因而对可逆过程或不可逆过程都是适用的。

比较式（2-11）与式（2-12）可得

$$T\mathrm{d}S-p\mathrm{d}V=\delta Q-p_{外}\mathrm{d}V$$

移项可得

$$T\mathrm{d}S=\delta Q+(p-p_{外})\mathrm{d}V \qquad (2\text{-}13)$$

（1）如果 $p>p_{外}$，系统将膨胀，$\mathrm{d}V>0$。所以（$p-p_{外}$）$\mathrm{d}V>0$，$T\mathrm{d}S>\delta Q$。

（2）如果 $p<p_{外}$，系统将收缩，$\mathrm{d}V<0$。所以（$p-p_{外}$）$\mathrm{d}V<0$，$T\mathrm{d}S>\delta Q$。

（3）如果系统经历可逆过程，$p_{外}=p$，（$p-p_{外}$）$\mathrm{d}V=0$，$T\mathrm{d}S=\delta Q$。

综合上述三种可能得

$$T\mathrm{d}S\geqslant\delta Q \qquad (2\text{-}14)$$

$$\mathrm{d}S\geqslant\delta Q/T \qquad (2\text{-}15)$$

式（2-14）和式（2-15）中，等号对应于可逆过程，大于号对应于不可逆过程。

式（2-14）和式（2-15）称为克劳修斯不等式，也是热力学第二定律的数学表达式。它指出：一不可逆过程的热温商之和小于该过程系统始终态之间的熵变。熵是状态函数，当始终态确定，封闭系统的熵变等于可逆过程的热温商之和，恒大于不可逆过程的热温商之和。

（二）熵增加原理

倘若封闭系统是绝热的，则系统中所发生的任何过程，δQ 必定为零，其热温商之和也必定为零。式（2-15）成为

$$(\mathrm{d}S)_{绝热}\geqslant0 \qquad (2\text{-}16)$$

$$(\Delta S)_{绝热}\geqslant0 \qquad (2\text{-}17)$$

等号对应于可逆过程，不等号对应于不可逆过程。

知识视窗

熵增加原理

在绝热的系统中，若发生可逆过程，熵值不变；若发生不可逆过程，熵值必定增加。该系统永远不会发生熵值减少的变化，该系统的熵值永不减少。这就是熵增加原理（principle of entropy increasing）。

在孤立系统中，若发生可逆变化，熵值不变；若发生不可逆变化，熵值增加。孤立系统永远不会发生熵值减少的变化，孤立系统的熵有增无减。

如果系统为孤立系统，系统中所发生的一切变化，必然是绝热的，因而

$$(\mathrm{d}S)_{U,V} \geqslant 0 \tag{2-18}$$

$$(\Delta S)_{U,V} \geqslant 0 \tag{2-19}$$

式（2-18）和式（2-19）中的下标 U 与 V 表明孤立系统的内能与体积不变。

孤立系统的平衡态是熵最大的状态，也是最无序的状态。孤立系统一切自发发生的变化都是趋向平衡态（图 2-6）。孤立系统到达熵最大的平衡态之后所发生的一切变化都是可逆变化，其熵值不变，ΔS 为零。

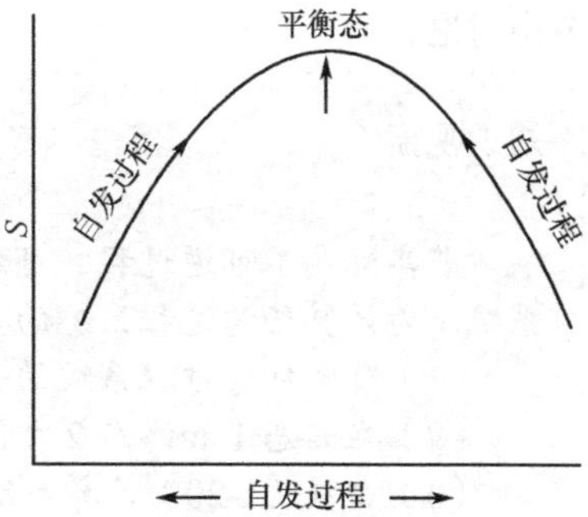

图 2–6　孤立系统自发变化的方向

从熵增加原理可以看出：熵不是守恒量，绝热封闭系统和孤立系统的熵总是随着时间的推移不断增加，直至系统达到平衡状态为止。

（三）自发变化方向的总熵判据

孤立系统发生的自发变化均是不可逆的，熵值必然增加；它永远不会发生熵减少的变化。因而（ΔS）$_{隔离}$>0 可以作为判断孤立系统中的变化能否自发进行的判据。

一般的封闭系统大多不是孤立系统，某个变化在热力学上是否可能发生不能单凭封闭系统的熵变 $\Delta S_{体}$来判断。封闭系统与环境构成孤立系统，发生某个过程的总熵变 $\Delta S_{总}$为

$$\Delta S_{总}=\Delta S_{系统}+\Delta S_{环境}$$

$\Delta S_{总}>0$ 时，该过程可自发发生；$\Delta S_{总}=0$ 时，该过程为可逆过程；$\Delta S_{总}<0$ 时，该过程不可能自发发生。

至此，热力学第二定律关于自发过程的方向和限度，从卡诺循环的热机效率引出熵函数，到熵增加原理应用于孤立系统，从而用熵函数使孤立系统自发过程的方向和限度问题得以定量解决。

第四节　熵变的计算

熵之所以是一个不可或缺的概念，是因为熵变可以精确判断绝热封闭系统和孤立系统中什么变化是可能的、可能自发地进行，什么变化是不可能发生的；判断它们是否已达热力学的平衡状态，因而熵变的计算就在理论与实践上显得重要。

根据熵增加原理，首先要明确系统熵变的计算。熵是系统的状态函数，始态与终态确定，系统由状态 1 变为状态 2，不论过程是否可逆，其熵变可用下式求出：

$$\Delta S = S_2 - S_1 = \int_1^2 \frac{\delta Q_R}{T} \tag{2-20}$$

若由状态 1 变为状态 2 所经历的是可逆过程，则可用式（2-20）直接计算。若由状态 1 到状态 2 所经历的是不可逆过程，则 $\mathrm{d}S \neq \delta Q_I/T$。然而，由于熵 S 是状态函数，ΔS 只与始态、终态有关，倘若能设计可逆过程使系统从状态 1 变为状态 2，据式（2-20）计算出 ΔS，它即为经历不可逆过程由状态 1 变为状态 2 的熵变。

环境熵变的计算，与系统相比环境很大，当系统发生变化时，吸收或放出的热量不至于影响环境的温度和压力，环境的温度和压力均可看作常数，实际过程的热即为可逆热，只是对系统和环境而言，实际过程的热其符号应相反。由此，环境的熵变为

$$\Delta S_{环境} = -\frac{Q_{实际}}{T_{环}}$$

本节着重于纯物质系统状态变化及相变化过程的熵变计算，与化学反应有关的熵变将在下一节中讨论。

知识视窗

计算任意过程系统熵变的步骤

若实际是不可逆过程，可在相同始终态之间设计一可逆过程，由可逆过程热温商求出ΔS系统。为计算任意过程系统的ΔS系统，须按下述步骤进行：

（1）确定任意过程系统的始态1和终态2；

（2）在始态1和终态2之间，设计可逆过程；

（3）由式（2-20）计算系统熵变。

一、单纯p、V、T过程的熵变

单纯p、V、T过程是指系统没有发生相变化、化学变化及混合过程，仅涉及压力、体积、温度的变化。

（一）可逆绝热过程的熵变

可逆绝热过程，$\delta Q_R=0$，因此$dS=0$，$\Delta S=0$。可见，绝热可逆过程为恒熵过程，卡诺循环中的绝热可逆膨胀和绝热可逆压缩过程系统的熵均保持不变。

（二）恒温可逆过程的熵变

恒温可逆过程的熵变为

$$\Delta S=\frac{Q_R}{T} \tag{2-21}$$

理想气体的等温可逆膨胀　理想气体的恒温过程，$\Delta U=0$，因此

$$Q_R=-W_R=nRT\ln\frac{V_2}{V_1}=nRT\ln\frac{p_1}{p_2}$$

所以

$$\Delta S=\frac{Q_R}{T}=nR\ln\frac{V_2}{V_1}=nR\ln\frac{p_1}{p_2} \tag{2-22}$$

因为熵为状态函数，故理想气体的等温不可逆过程的熵变也由式（2-22）计算。

案例 2-13

理想气体的等温可逆膨胀

1mol 的理想气体，在 300K 下，恒温对抗恒外压 10.1325kPa 由 101.325kPa 膨胀至 10.1325kPa，求系统、环境的熵变及总熵变，并判断过程的方向性。

分析：理想气体的恒温膨胀是理想气体的等温不可逆过程，系统的熵变也由式（2-22）计算为

$$\Delta S_{体}=nR\ln\frac{p_1}{p_2}=1\times 8.314\times\ln 10=19.14\text{J}\cdot\text{K}^{-1}$$

该过程为恒外压膨胀，$Q=-W=p_{外}(V_2-V_1)$

所以环境失去的热为

$$Q=p_2(V_2-V_1)=p_2\left(\frac{RT}{p_2}-\frac{RT}{p_1}\right)=8.314\times300\times\left(\frac{p_2}{p_2}-\frac{10.1325}{101.325}\right)=2244.78\text{J}$$

即环境失去 2244.78J 的热。为了计算环境的熵变，可认为环境是一大储热器，由于储热器很大，实际过程中有限热量不能使其温度改变，且可看作是可逆过程，所以环境的熵变，以实际过程环境的热温商求得。因为环境的热容很大，得失热时其温度保持不变，所以温度为 300K 的环境失去 2244.78J 的热是可逆的，所以环境的熵变为

$$\Delta S_{环境}=-2244.78/300=-7.48\text{J}\cdot\text{K}^{-1}$$

$$\Delta S_{孤立}=\Delta S_{系统}+\Delta S_{环境}=19.14-7.48=11.66\text{J}\cdot\text{K}^{-1}>0$$

可见上述过程为自发发生的过程。

从上例可得出结论：温度相同摩尔数相等的理想气体，所占的体积越大，则熵值越大。

（三）变温过程的熵变

系统的加热或冷却，必然导致熵值的改变，由于熵变总是与可逆过程的 δQ_R 相联系，变温过程的熵变的计算必须设计可逆变温过程。

案例 2-14

可逆变温过程

设系统的始态温度为 T_1，终态温度为 T_2。可逆升温过程必须保证系统与环境的热源温度的差值 $T_{环境}-T_{系统}=\text{d}T$ 为无限小。因而建立一个温度场，起始温度为 T_1，终了温度为 T_2，T_1 与 T_2 之间有无限多个的热源，相邻的热源之间充以绝热材料，每相邻的热源的温差为 $\text{d}T$。要可逆升温的系统与温度场的 T_1 的热源接触，无限缓慢地移向逐个温度升高了 $\text{d}T$ 的热源，一直移至 T_2 的热源为止。

1. 恒容变温过程的熵变　系统在恒容条件下由温度 T_1 变为温度 T_2，不涉及相变，按案例 2-11 表述的可逆升温方法，$\delta Q_R=C_V\text{d}T$，因此

$$\Delta S=\int_{T_1}^{T_2}\frac{C_V\text{d}T}{T} \tag{2-23}$$

2. 恒压变温过程的熵变　系统按案例 2-11 表述的可逆升温方法，在恒压条件下由温度 T_1 变为温度 T_2，不涉及相变，$\delta Q_R=C_p\text{d}T$，因此

$$\Delta S=\int_{T_1}^{T_2}\frac{\delta Q_R}{T}=\int_{T_1}^{T_2}\frac{C_p\text{d}T}{T} \tag{2-24}$$

案例 2-15

不涉及相变恒压变温过程熵变的计算

在 $p^{\ominus}$ 条件下，已知水的 $C_{p,\text{m}}=75.4\text{J}\cdot\text{K}^{-1}\cdot\text{mol}^{-1}$，且视为不随温度而变的常数。将 373.15K 的热源与 1mol 的水相接触，1mol 的水由 298.15K 升到 373.15K，不涉及相变。求系统、环境的熵变及总熵变，并判断过程的方向性。

分析：1mol 的水恒压升温，不涉及相变。其熵变为

$$\Delta S_{体}=\int_{T_1}^{T_2}\frac{C_p\text{d}T}{T}=C_p\ln\frac{T_2}{T_1}=75.4\ln\frac{373}{298}=16.9\text{ J}\cdot\text{K}^{-1}$$

373.15K 的热源失去的热等于系统吸收的热：

$$Q_p = C_p\,(T_2 - T_1) = 75.4\,(373-298) = 5655\ (\text{J})$$

所以环境的熵变为

$$\Delta S_{环境} = \frac{-5655}{373} = -15.2\ (\text{J} \cdot \text{K}^{-1})$$

$$\Delta S_{总} = \Delta S_{系统} + \Delta S_{环境} = 16.9 - 15.2 = 1.7\ (\text{J} \cdot \text{K}^{-1}) > 0$$

可见，该过程为自发发生的过程。

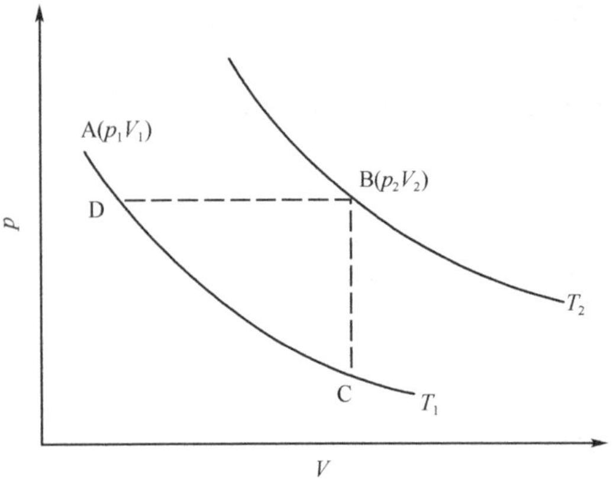

图 2-7 不同可逆过程求 ΔS

3. 理想气体状态任意改变过程的熵变 理想气体由 p_1、V_1、T_1 状态变为 p_2、V_2、T_2 状态，不管其变化途径如何，其熵变都是相等的。ΔS 的计算必须设计可逆过程，见图 2-7。

（1）n mol 的理想气体由始态 A（p_1、V_1、T_1）经等温可逆膨胀至 D（p_2、V_D、T_1），再由状态 D 恒压可逆升温至终态 B（p_2、V_2、T_2）。显然，此可逆过程的熵变为

$$\Delta S = nR\ln\frac{p_1}{p_2} + \int_{T_1}^{T_2}\frac{C_p\,\mathrm{d}T}{T} \tag{2-25}$$

（2）n mol 的理想气体由状态 A 恒温可逆膨胀至状态 C（p_C、V_2、T_1），再由状态 C 恒容可逆升温至状态 B。此过程的熵变为

$$\Delta S = nR\ln\frac{V_2}{V_1} + \int_{T_1}^{T_2}\frac{C_V\,\mathrm{d}T}{T} \tag{2-26}$$

由式（2-25）计算的结果必然等于由式（2-26）所得的结果。可以证明式（2-25）等于式（2-26）。

案例 2-16

求过程熵变判断过程的可逆性

1 mol H_2O （1）于 100kPa，自 298K 升温至 323K，已知 $C_p = 75.29\ \text{J} \cdot \text{K}^{-1} \cdot \text{mol}^{-1}$，求下列过程熵变，并判断过程的可逆性。（1）环境热源温度为 973K；（2）环境热源温度为 373K。

分析：（1）于 100kPa，自 298K 升温至 323K，恒压变温过程熵变的计算：

$$\Delta S_{系统} = S_{323\text{K}} - S_{298\text{K}} = n\int_{T_1}^{T_2}\frac{C_p}{T}\mathrm{d}T = nC_p\ln\frac{T_2}{T_1} = 1\times 75.29\times\ln\frac{323}{298} = 6.065\ (\text{J}\cdot\text{K}^{-1})$$

因为环境的热容很大，得失热时其温度保持不变：

$$\Delta S_{环} = \frac{-Q}{T_{环}} = \frac{-\int_{T_1}^{T_2} nC_p\,\mathrm{d}T}{T_{环}} = \frac{-nC_p(T_2 - T_1)}{T_{环}} = -1\times 75.29\times\frac{25}{973} = -1.934\ (\text{J} \cdot \text{K}^{-1})$$

$$\Delta S_{孤} = \Delta S_{体} + \Delta S_{环} = 6.065 - 1.934 = 4.131\ (\text{J} \cdot \text{K}^{-1}) > 0$$

（2）系统始终态与（1）相同，$\Delta S_{系统} = 6.065\ (\text{J} \cdot \text{K}^{-1})$

$$\Delta S_{环} = \frac{-Q}{T_{环}} = -1\times 75.29\times\frac{25}{373} = -5.046\ (\text{J} \cdot \text{K}^{-1})$$

$$\Delta S_{孤} = \Delta S_{系} + \Delta S_{环} = 6.065 - 5.046 = 1.019\ (\text{J} \cdot \text{K}^{-1}) > 0$$

结论：过程（1）与（2）都是不可逆过程，但过程（2）的不可逆程度较过程（1）的小。

二、相变过程的熵变

（一）恒温可逆相变的熵变

液体在其饱和蒸气压下的恒温蒸发或沸腾，固体在其熔点时的熔化，晶体在其饱和浓度时的溶解均为恒温可逆相变。其熵变：

$$\Delta S = \frac{Q_R}{T} = \frac{Q_p}{T} = \frac{\Delta H}{T} \tag{2-27}$$

案例 2-17

恒温可逆相变过程的熵变

计算 10g 的冰在 273.15K 的时熔化的熵变。已知 273.15K 时 1g 的冰的熔化热为 333J。

分析：此过程为恒温可逆相变过程，因此系统的熵变为

$$\Delta S = \frac{Q_R}{T} = \frac{\Delta H}{T} = \frac{333 \times 10}{273.15} = 12.2 \ (\mathrm{J \cdot K^{-1}})$$

结论：因为固体变液体、液体变气体的相变潜热为正值，等量的同种物质，气态的熵值大于液态的熵值，液态的熵值大于固态的熵值。

（二）恒温不可逆相变的熵变

非常纯净的液体若在无外界扰动的情况下小心缓慢地加热，该液体的温度会超过其正常沸点形成过热的液体。同样，非常纯净的液体会形成过冷液体，其温度低于正常的凝固点温度。过热液体变为气体的相变和过冷液体的凝固都是不可逆相变，其相变过程可以自发发生，预料其总熵变必定大于零。

案例 2-18

恒温不可逆相变的熵变

已知冰和水的 $C_{p,\mathrm{m}}$ 分别为 $37\mathrm{J \cdot K^{-1} \cdot mol^{-1}}$ 和 $76\mathrm{J \cdot K^{-1} \cdot mol^{-1}}$，273.15K 及 $p^{\ominus}$ 下冰的熔化热为 $6000\mathrm{J \cdot mol^{-1}}$。当 1mol 263.15K 的水在 $p^{\ominus}$ 条件下变为 263.15K 的冰，计算：（1）系统的熵变；（2）环境的熵变；（3）总熵变并判断过程的方向性。

分析：上述相变过程为不可逆相变过程，要计算系统的熵变，设计可逆过程如下：

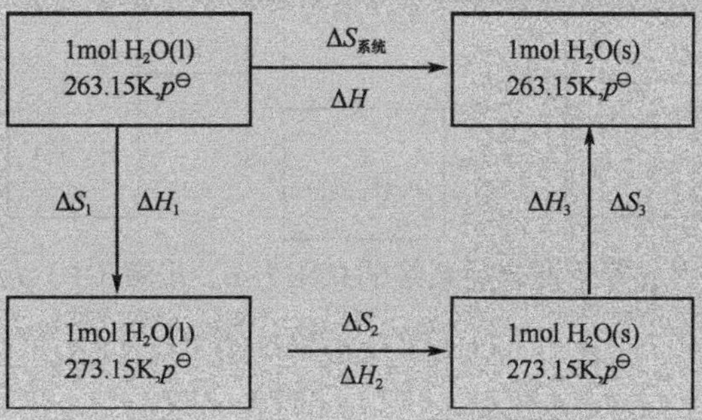

（1）263.15K 的水在 $p^{\ominus}$ 下可逆升温至 273.15K，其熵变为

$$\Delta S_1 = \int_{263.15}^{273.15} \frac{C_{p,\mathrm{m}}\mathrm{d}T}{T} = 76\ln\frac{273.15}{263.15} = 2.83 \ (\mathrm{J \cdot K^{-1}})$$

（2）273.15K 的水在 $p^{\ominus}$ 下可逆变为 273.15K 的冰，其熵变为

$$\Delta S_2 = \frac{-6000}{273.15} = -21.97\ (\mathrm{J \cdot K^{-1}})$$

（3）273.15K 的冰在 $p^{\ominus}$ 下可逆降温至 263.15K，其熵变为

$$\Delta S_3 = \int_{273.15}^{263.15} \frac{C_{p,\mathrm{m}}\mathrm{d}T}{T} = 37\ln\frac{263.15}{273.15} = -1.38\ (\mathrm{J \cdot K^{-1}})$$

所以

$$\Delta S_{系统} = \Delta S_1 + \Delta S_2 + \Delta S_3 = 2.83 - 21.97 - 1.38 = -20.5\ (\mathrm{J \cdot K^{-1}})$$

实际相变过程的 ΔH 为

$$\Delta H = \Delta H_1 + \Delta H_2 + \Delta H_3 = 76 \times (273-263) - 6000 + 37 \times (263-273) = -5610\ (\mathrm{J})$$

所以在实际相变过程中环境得到 5610J 的热，环境得到热对环境而言是可逆的，因而

$$\Delta S_{环境} = \frac{5610}{263.15} = 21.3\ (\mathrm{J \cdot K^{-1}})$$

因此

$$\Delta S_{总} = \Delta S_{系统} + \Delta S_{环境} = -20.5 + 21.3 = 0.8\ (\mathrm{J \cdot L^{-1}}) > 0$$

这是意料中的，说明该过程为自发发生的过程。

（三）理想气体等温混合过程的熵变

对于不同品种且相互间没有化学反应的理想气体之间的等温混合，其等温混合过程的熵变为：

1. 等温等容混合 理想气体 A 与 B 的等温等容混合：

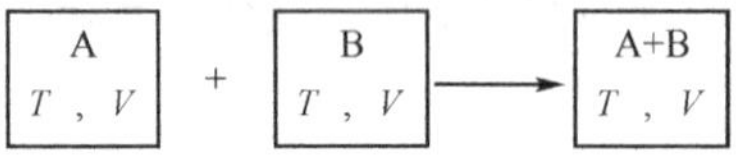

因为混合前与混合后理想气体 A 与 B 的状态没有改变，因而其熵值没有变化，即理想气体等温等容混合过程，熵值不变：$\Delta S = 0$。

2. 等温等压混合 混合前，理想气体 A 的状态为 T、p、V_{A}，理想气体 B 的状态为 T、p、V_{B}。混合后的状态为 T、p、V。显然 $V = V_{\mathrm{A}} + V_{\mathrm{B}}$。

对于上述等温等压混合过程，可设计成如下途径：

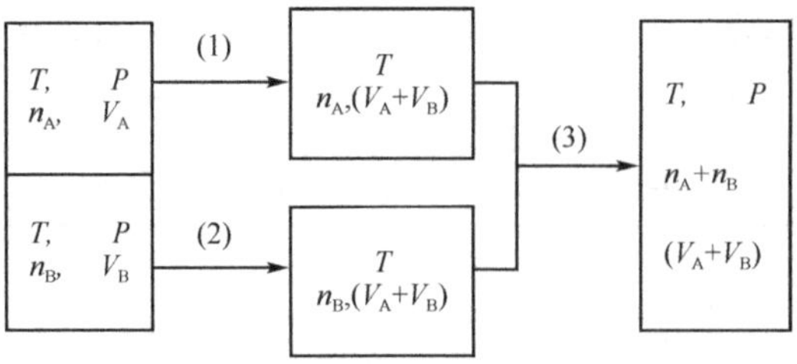

混合前理想气体的压力 p 等于混合后系统的总压力 p。步骤（1）为理想气体 A 的等温膨胀：

$$\Delta S_1 = n_{\mathrm{A}} R \ln\frac{V_{\mathrm{A}} + V_{\mathrm{B}}}{V_{\mathrm{A}}}$$

步骤（2）为理想气体 B 的等温膨胀：

$$\Delta S_2 = n_{\mathrm{B}} R \ln\frac{V_{\mathrm{A}} + V_{\mathrm{B}}}{V_{\mathrm{B}}}$$

步骤（3）为理想气体 A 与 B 的等温等容混合：

$$\Delta S_3 = 0$$

所以 A 与 B 的等温等压混合熵变为

$$\Delta S_{混合} = \Delta S_1 + \Delta S_2 + \Delta S_3 = n_A R \ln \frac{V_A + V_B}{V_A} + n_B R \ln \frac{V_A + V_B}{V_B}$$
$$= -n_A R \ln X_B - n_B R \ln x_B$$
$$= -R \sum_i (n_i \ln x_i) \tag{2-28}$$

式（2-28）中，x_i 为摩尔分数。因为 x_i 恒小于 1，因而 $\ln x_i < 0$，所以等温等压混合过程的熵变大于零。混合熵在系统的温度升降过程是无法实现吞吐的，与热容在温度升降过程中引起的熵变不同。式（2-28）适用于多种理想气体的等温等压混合。

案例 2-19

理想气体等温等压混合熵变

0.78mol 的 N_2、0.21mol 的 O_2、0.01 mol 的氩等温等压混合形成 1mol 的空气，若上述诸气体可视为理想气体，求系统、环境的熵变及总熵变，并判断过程的方向性。

分析：三种不同理想气体的等温等压混合，$\Delta S_{体}$ 为

$$\Delta S_{体} = -R\sum_i (n_i \ln x_i) = -8.314(0.78\ln 0.78 + 0.21\ln 0.21 + 0.01\ln 0.01) = 4.72 \ (\mathrm{J \cdot K^{-1}})$$

因为该等温等压混合过程，环境的得失热为零，所以

$$\Delta S_{环境} = 0$$

$$\Delta S_{孤立} = \Delta S_{系} + \Delta S_{环境} = 4.72 + 0 = 4.72 \ (\mathrm{J \cdot K^{-1}}) > 0$$

结论：该过程为自发发生的过程，这是自发趋向诸种气体均匀分布的平衡态的过程。

第五节 熵的物理意义

案例 2-20

（1）热力学第一定律导出状态函数内能，它是系统中大量分子的平均能量。热力学第二定律导出状态函数熵，它不是个守恒量，那么如何从微观角度来理解系统的宏观性质熵？熵的本质究竟是什么呢？

（2）热力学系统是由大量分子组成的集合体，系统的宏观性质是大量分子微观性质集合的体现。怎样更深入了解热力学函数熵的物理意义？如何解释宏观热力学性质的微观意义？

孤立系统的熵是一个单方向的物理量，随着自发变化的发生，熵有增无减，一直到孤立系统达到平衡状态，此时熵达到极大值。要探讨熵的物理意义，就要探寻在平衡态时达到极大值的物理量。

一、熵的统计学诠释

热力学第二定律指出：功可以完全变为热而不引起其他变化；但热不能完全变为功而不引起其他变化。功是与有一定方向的运动联系着的，是有序的运动。而热是与分子的平动、转动、振动等运动相联系的。功变为热，是从有序变为无序，它可以自发地进行。反之，要使热完全地变为功而不引起其他变化，是从无序变为有序，它不能自发地发生。从微观角度看，功是大量分子定向运动引起的能量传递形式，是分子的有序运动；而热是大量分子混乱运动引起的能量传递形

式。功转变为热是大量分子从有序运动向无序运动的转化，向着混乱度增加的方向进行，也就是说，自发变化的方向是从有序运动向着无序运动的方向进行，直至在该条件下最混乱的状态，其熵值最大的状态。相反的过程，大量分子的无序运动不可能自发地变成有序运动，这就是自发过程不可逆的本质。可见，功是比热更为高级的能量形式。孤立系统的自发变化总是向着无序度增加的方向。

概率是一严谨的定量概念，所谓概率就是某种事物出现的可能性。热力学概率（probability of thermodynamics）定义为系统的微观状态数，记作 Ω。

案例 2-21

两个药丸在两个药盒中的分布——数学概率

分析：两个药丸在两个药盒中的分布情况，如图 2-8 所示。显然，第一个药丸在左盒的数学几率 pb（1）=1/2，第二个药丸在左盒的数学概率也为 1/2，即 pb（2）=1/2。从概率论可知：总的数学概率等于分数学概率的乘积：pb（总）=pb（1）×pb（2）$=\frac{1}{2}\times\frac{1}{2}=\left(\frac{1}{2}\right)^2=\frac{1}{4}$，即两个药丸同在左盒的数学概率为 $\frac{1}{4}$。同理，两个药丸同在右盒的数学概率亦为 $\frac{1}{4}$。

左、右盒中各有一个药丸的微观状态数 $\Omega_{1,1}=C_2^1=\frac{2!}{1!(2-1)!}=2$，$C$ 为组合符号，！为阶乘。因而左、右各有一个药丸的数学概率 $pb(1,1)=\Omega_{1,1}/\Omega_{总}=\frac{2}{4}=\frac{1}{2}$。显然，它是数学概率最大的分布，称为最概然分布。

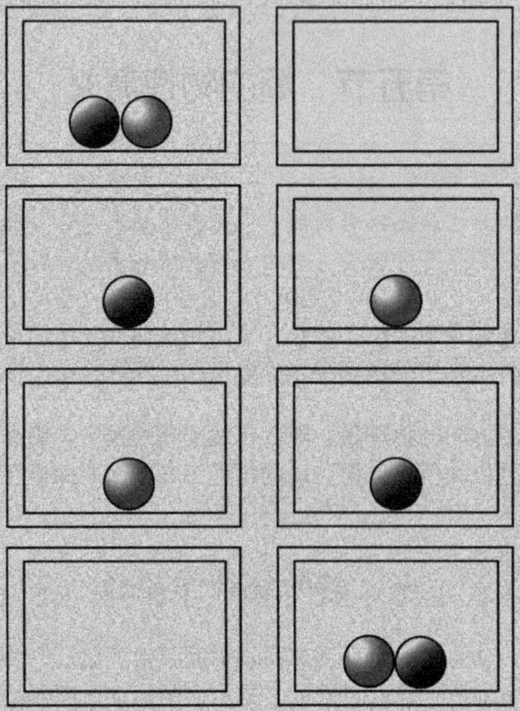

图 2-8　二个药丸分布情况

大量分子构成的孤立系统，处于热力学平衡的宏观状态，由于分子运动的微观状态瞬息万变，即对应于一确定的热力学平衡态，可出现许多的微观状态。某宏观状态所对应的微观状态数（Ω）越多，该宏观状态出现的可能性也越大。

案例 2-22

热力学概率大的宏观状态出现的数学概率大

为了便捷直观地找出熵函数与概率间的函数关系，以理想气体向真空膨胀的焦耳实验作为研究对象。图 2-9 示出系统的始态与终态。膨胀之前 N 个理想气体分子集中于体积为 V_1 的左容器。向真空膨胀达平衡态时，体积相等的左、右容器各有 $N/2$ 个理想气体分子。

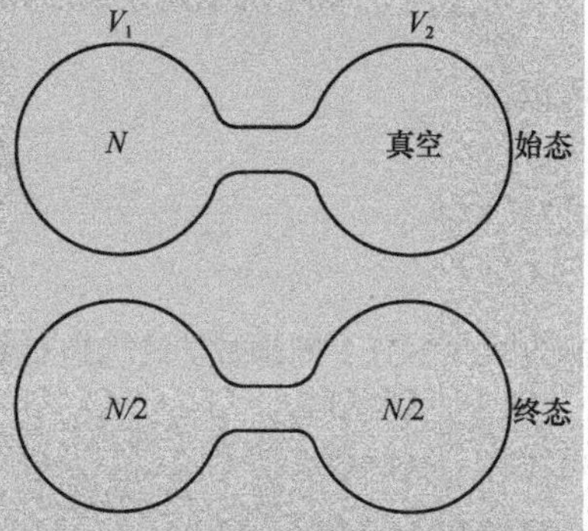

图 2-9　理想气体向真空膨胀

分析：把上述案例结果应用于图 2-8 的 N 个分子向体积相同的真空膨胀。N 个分子总的分布微观状态数 $\Omega_{总}=2^N$。N 个分子集中在左容器的数学概率 pb（始态）$=\left(\frac{1}{2}\right)^N$。左、右容器各有 $N/2$ 个分子的热力学概率 $\Omega(N/2,\ N/2)=C_N^{N/2}=\dfrac{N!}{\left(\frac{N}{2}\right)!\left(\frac{N}{2}\right)!}$，其数学概率为

$$\mathrm{pb}\left(\frac{N}{2},\frac{N}{2}\right)=\frac{\Omega\left(\frac{N}{2},\frac{N}{2}\right)}{\Omega_{总}}=\frac{N!}{2^N\left(\frac{N}{2}\right)!\left(\frac{N}{2}\right)!} \tag{2-29}$$

显然，这是最概然分布的数学概率。

结论：关于 2 个分子构成系统的分析已经表明：热力学概率大的宏观状态出现的数学概率大，热力学概率小的宏观状态出现的数学概率小。

知识视窗

一般热力学系统所包含的分子数目巨大，例如，1mol 理想气体含有 $N_A=6.023\times10^{23}$ 个分子。其每一个确定的热力学状态都是宏观状态，都包含着相当数目的微观状态，都具有一定的热力学概率 Ω。在孤立系统或绝热封闭系统中发生的不可逆变化，总是从热力学概率小的状态变为热力学概率大的状态；系统达熵最大的平衡态时，热力学概率达极大值；此后系统所发生的一切变化，均为热力学概率不变的可逆变化。熵增加的方向就是热力学概率增大的方向，就是分布的数学概率增大的方向。这是孤立系统或绝热封闭系统熵增加原理的又一种表述形式。

综上所述可以看出：熵增加的方向就是热力学概率增大的方向，就是分布的数学概率增大的方向。因而熵增加原理有了新的表述：在孤立系统或热绝封闭系统中发生的不可逆变化，总是从热力学概率小的状态变为热力学率概大的状态；系统达熵最大的平衡态时，热力学概率达极大值；此后系统所发生的一切变化，均为热力学概率不变的可逆变化。

二、熵与热力学概率的关系

既然 Ω 与 S 有相同的变化方向，二者都是状态函数，所以 Ω 与 S 之间存在联系，设其函数关系为

$$S=f(\Omega) \tag{2-30}$$

为了确定函数f,假设一个系统由独立的无相互作用的两部分1与2组成。因为熵是广度性质，系统的总熵$S_总$等于部分1的熵S_1与部分2的熵S_2的和：

$$S_总 = S_1 + S_2 = f(\Omega_1) + f(\Omega_2)$$

而

$$S_总 = \Omega_1 \cdot \Omega_2$$

所以

$$S_总 = f(\Omega_总) = f(\Omega_1) + f(\Omega_2)$$

即

$$f(\Omega_1 \cdot \Omega_2) = f(\Omega_1) + f(\Omega_2) \tag{2-31}$$

满足式（2-31）的函数f只能是对数函数：

$$S \propto \ln \Omega$$

可写作

$$S = k \ln \Omega \tag{2-32}$$

式中，k为玻尔兹曼常数。

式（2-32）称为玻尔兹曼公式，它把宏观量S与微观量Ω联系了起来，揭示了熵的热力学统计意义。

知识视窗

熵的本质

玻尔兹曼公式说明了熵和热力学概率的关系，熵具有热力学统计意义，它是系统微观状态数（无序程度）的一种度量，此即熵的本质。在大量质点构成的系统中，若发生自发过程，系统的熵和热力学概率有相同的变化方向，系统的熵和热力学概率总是趋向增加。因此，系统变化过程的方向性也具有统计意义，它是大数量分子平均行为的体现。

在一封闭（孤立）系统内发生的一切过程，总是由概率小的状态向概率大的状态进行。（由包含微观状态数目小的宏观状态向包含微观状态数目大的宏观状态进行）这是热力学第二定律的统计意义。

在讨论熵的物理意义时，可以根据玻尔兹曼公式将熵理解为一个状态的热力学概率的度量，同时还可以将熵作为系统无序程度的一种度量。系统无序程度越低，有序性越高，熵值就越低。熵是一个衡量系统无序程度的状态函数。

第六节　化学反应的熵变

熵变的计算总是与可逆过程的热联系在一起的，自然界一切自发发生的过程都是不可逆过程，要获得Q_R不是轻而易举的。特别是化学反应，很难用实验的手段测定δQ_R或Q_R，从而给获得ΔS带来很大的困难。如果能够知道各种物质在一定温度的熵值，就可以很方便地计算出化学反应的熵变。热力学第三定律就是要解决这一问题。

知识视窗

能斯特，德国物理学家，在研究低温条件下物质的变化时，把热力学的原理应用到低温现象和化学反应过程中，发现了一个新的规律，这就是热力学第三定律。

一、热力学第三定律

熵是无序变的量度，从式（2-32）可以看出：系统的无序度越大、热力学概率 Ω 越大，则系统的熵值越大。物质的无序程度是随温度的升高而增大的。物质的气态摩尔熵大于液态的摩尔熵，液态的摩尔熵大于固态的摩尔熵。并且，从固态变为液态，主要增加的是分子的转动熵；从液态变为气态，主要增加是分子的平动熵。

热力学第三定律指出：在 0K，任何纯物质的完整晶体的熵值为零。即

$$\lim_{T\to 0} S = 0 \tag{2-33}$$

所谓完整晶体，是指 0K 时晶体中的原子或分子的排列方式只有一种，Ω=1。如 HF、CO_2、O_2等。

完整晶体 0K 时 Ω=1，据式（2-32），熵值自然为零。

二、规定熵与标准熵

若已知诸物质在 0K 时的熵值，则在温度 T（K）时诸物质的熵值可以依据热容和相变潜热方便地求得

$$S_T = S_0 + \int_0^T \frac{C_p \mathrm{d}T}{T} \tag{2-34}$$

这样根据热力学第三定律而求得的物质 T（K）时的熵值称为该物质的规定熵（conventional entropy），如果物质处于标准状态$\left(T, p^{\ominus}\right)$，则称为该物质的标准熵。1mol 物质的标准熵记作$S_{\mathrm{m}}^{\ominus}$，可从热力学手册中查得。

对于完整晶体，0K 时的熵值$S_0 = 0$，因此式（2-34）成为

$$S_T = \int_0^T \frac{C_p \mathrm{d}T}{T} \tag{2-35}$$

应用式（2-34）和式（2-35）时要特别注意相变过程的熵变。若某种物质在 T（K）时为气态，则熵变包括：固态物质从 0K 至熔点时的可逆升温的熵变，固态物质在熔点时熔化成液体的熵变，液体从熔点到沸点的可逆升温的熵变，液态物质在沸点时变为气态的熵变，气态物质从沸点到 T（K）时可逆升温的熵变。如图 2-9 所示。图中 T_f为熔点温度，T_b为沸点温度。从图 2-10 可能看出：

$$S_T = S_0 + \Delta S_1 + \Delta S_2 + \Delta S_3 + \Delta S_4 + \Delta S_5$$

式中，S_0为 0K 时的熵值。

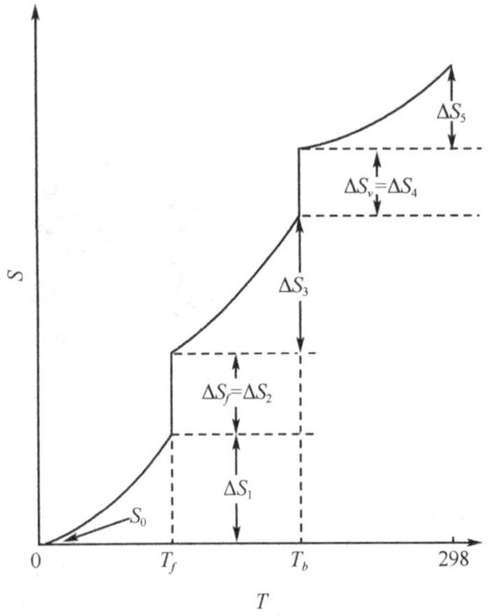

图 2-10 物质在 T（K）时的规定熵

三、标准摩尔反应熵

利用各种物质 298.15K 时的摩尔标准熵 $S_m^\ominus$，可以方便地计算 298.15K 时化学反应的 $\Delta_r S_m^\ominus$，计算公式为

$$\Delta_r S_m^\ominus = \sum_B \nu_B S_{m,B}^\ominus \qquad (2\text{-}36)$$

式（2-36）中，ν_B 为化学计量系数，对产物为正，对反应物为负。

案例 2-23

计算合成甲醇的反应：

$$CO(g) + 2H_2(g) = CH_3OH(g)$$

298.15K 时的 $\Delta_r S_m^\ominus$。已知 CO（g）、H_2（g）、CH_3OH（g）的 $S_m^\ominus$（298.15K）分别为 197.56J · K^{-1}·mol^{-1}、130.57J · K^{-1} · mol^{-1}、239.70J · K^{-1} · mol^{-1}。

分析：$\Delta_r S_m^\ominus$ 为反应物、产物均处于标准状态、反应进度为 1mol 的熵变。根据式（2-36）得

$$\Delta_r S_m^\ominus = 1\times239.70 - 1\times197.56 - 2\times130.57$$
$$= -219\ (J \cdot K^{-1} \cdot mol^{-1})$$

案例 2-24

利用 298.15K 时的标准摩尔熵，计算以下反应在 298.15 K 时的标准摩尔熵变：

$$C_6H_{12}O_6(s) + 6O_2(g) \longrightarrow 6CO_2(g) + 6H_2O(l)$$

分析：直接利用式（2-36）代入数据计算即可，但要注意单质的熵不为零，熵的单位是 J·mol^{-1} · K^{-1}。

由附录查得 298.15K 时：

$S_m^\ominus$（$C_6H_{12}O_6$，s）= 212.1 J · mol^{-1} · K^{-1}，$S_m^\ominus$（O_2，g）= 205.2 J·mol^{-1} · K^{-1}，

$S_m^\ominus$（CO_2，g）= 213.6 J · mol^{-1} · K^{-1}，$S_m^\ominus$（H_2O，l）= 70.0 J·mol^{-1} · K^{-1}

根据式（2-36），反应的标准摩尔熵变为

$$\Delta_r S_m^\ominus = 6S_m^\ominus(CO_2, g) + 6S_m^\ominus(H_2O, l) + S_m^\ominus(C_6H_{12}O_6, s) - 6S_m^\ominus(O_2, g)$$
$$= 6\times213.6 + 6\times70.0 - 212.1 - 6\times205.2\ (J \cdot mol^{-1} \cdot K^{-1})$$
$$= 258.3\ J \cdot mol^{-1} \cdot K^{-1}$$

以 $\Delta_r S_m^\ominus$（298.15K）为基础，任何状态任何温度的化学反应的熵变当不难求得。依物质的 $S_m^\ominus$ 及 $C_{p,m}$（B），可求出化学反应在等压下任意温度的熵变：

$$\Delta_r S_m^\ominus(T) = \Delta_r S_m^\ominus(298K) + \int_{298.15K}^{T} \frac{\Delta C_{p,m} dT}{T} \qquad (2\text{-}37)$$

第七节　亥姆霍兹函数和吉布斯函数

案例 2-25

（1）利用热力学第一定律，就可以求算化学反应的热效应，但要同时计算内能的变化和系统的功。为了解决等压条件下化学反应的热效应，引进了状态函数 H，使问题的解决既便捷又直接明了。

（2）利用热力学第二定律，有了熵函数，就可以判断过程进行的方向，但既要计算系统的熵变，又要计算环境的熵变，显得过于麻烦。如何使其便捷又直接明了？

（3）实践中通常可以观察到绝大多数的化学反应是在等容条件下或是在等压条件下进行的，如何对这样的化学反应进行的方向和限度能做出方便快捷的判断？

为了对这样的化学反应进行的方向和限度能做出方便快捷的判断，特引进新的状态函数：亥姆霍兹函数 F 与吉布斯能函数 G。

一、亥姆霍兹函数

设封闭系统经历一等温过程，从环境吸收了 δQ 的热，根据克劳修斯不等式：

$$dS \geqslant \delta Q/T$$

即

$$TdS \geqslant \delta Q$$

式中，等号代表可逆过程；不等号代表不可逆过程。代入热力学第一定律 $\delta Q = dU - \delta W$ 得

$$TdS \geqslant dU - \delta W$$

整理得

$$dU - TdS \leqslant \delta W$$

因为是等温过程，上式可写作：

$$d(U - TS) \leqslant \delta W$$

定义：

$$F = U - TS \tag{2-38}$$

F 称为亥姆霍兹函数（Helmholts function）。因为 U、T、S 均是状态函数，而 F 是 U、T、S 的函数，状态函数的函数仍是状态函数，所以 F 为状态函数，且是系统的广度性质。所以

$$dF \leqslant \delta W \tag{2-39}$$

积分得

$$\Delta F \leqslant W \tag{2-40}$$

式（2-39）与式（2-40）中，等号为可逆过程，不等号为不可逆过程。式（2-39）表明：封闭系统在等温过程中，系统亥姆霍兹能的变化等于可逆过程系统所做的功，恒小于不可逆过程系统所做的功。这里，功 W 的符号规定与前述的一致：系统得到功 $W>0$，系统对环境做功，$W<0$。

倘若一个封闭系统经历一等温等容且非体积功 $W'=0$ 的过程，因为 $W=0$，所以得

$$dF \leqslant 0 \tag{2-41}$$

$$\Delta F \leqslant 0 \tag{2-42}$$

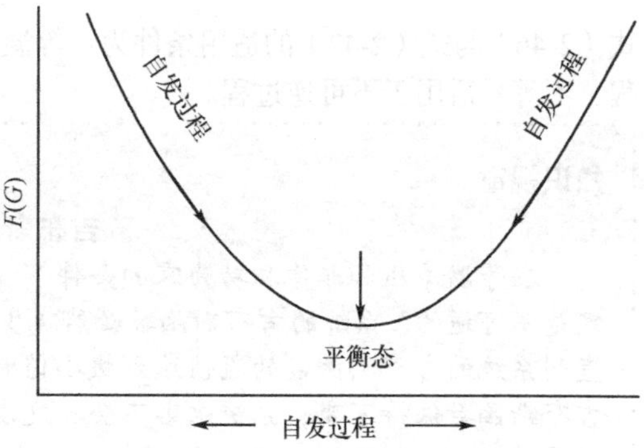

图 2-11　$F(G)$ 减少原理

式（2-41）与式（2-42）中，等号为可逆过程，不等号为不可逆过程。式（2-41）与式（2-42）的应用条件与推导过程中引进的条件等同：封闭系统、等温等容且 $W'=0$。如图 2-11 所示。

知识视窗

亥姆兹函数减少原理

在等温等容和非体积功为零的条件下，封闭系统任其自然地发生变化的不可逆过程，系统的亥姆霍兹函数总是减少的，直至系统达亥姆霍兹函数最小值的平衡态，此后系统所发生的一切变化均是亥姆兹函数不变的可逆变化，系统决不会自发地发生亥姆霍兹函数增加的变化。此即为亥姆兹函数减少原理。

二、吉布斯函数

倘若一封闭系统，所做的体积功为 We，做的非体积功为 W'，则有 d（$U-TS$）$\leqslant\delta W$e $+\delta W'$。因为 We=$-p_{外}$ dV，如果该过程为等压过程，即始态的压力 p_1 等于终态的压力 p_2 等于外压 $p_{外}$，则上式可写为

$$d(U-TS)\leqslant -p_{外}dV+\delta W'$$
$$d(U-TS)\leqslant -pdV+\delta W'$$
$$d(U-TS+pV)\leqslant \delta W'$$
$$d(H-TS)\leqslant \delta W'$$

定义：

$$G=H-TS \tag{2-43}$$

G 称为吉布斯函数（Gibbs function）。它是一个经常用到的非常重要的函数。同样，因为 H、T、S 均为状态函数，G 作为状态函数的函数，必然也是状态函数，且是系统的广度性质。所以

$$dG\leqslant \delta W' \tag{2-44}$$

积分得

$$\Delta G\leqslant W' \tag{2-45}$$

可见，在等温等压的条件下，封闭系统吉布斯函数的增加等于可逆过程系统所得到的非体积功，恒小于不可逆过程系统所得到的非体积功。

如果非体积功 W' 为零，则式（2-44）和式（2-45）变为

$$dG\leqslant 0 \tag{2-46}$$
$$\Delta G\leqslant 0 \tag{2-47}$$

式（2-46）与式（2-47）的适用条件为：等温等压且 W' 为零的封闭系统。式中等号适用于可逆过程，不等号适用于不可逆过程。

知识视窗

吉布斯函数减少原理

在等温等压和非体积功为零的条件下，让一个封闭系统顺其自然地自发变化，其过程必定是不可逆的，系统的吉布斯函数必然减少，即自发变化总是朝吉布斯函数减少的方向进行，直到系统的吉布斯函数的数值达到极小值时为止，此后系统所发生一切变化均为可逆过程，吉布斯函数保持不变；系统永远不会自发发生吉布斯函数增加的变化。此即为吉布斯函数减少原理。

如图 2-11 所示。式（2-46）和式（2-47）为该原理的数学表达式。因为自然界的很多变化，

都是在等温等压且 $W'=0$ 的条件下进行的，因而 ΔG 判据具有广泛的应用。

三、自发变化的方向和平衡条件

自然界无时无刻不在发生变化，变化的方向和限度无疑是个根本性的问题，而这恰是热力学第二定律所解决的核心问题。熵增加原理、亥姆霍兹函数减少原理、吉布斯函数减少原理使上述问题迎刃而解。它们的应用条件各不相同，见表 2-1。

表 2-1　自发变化的方向及平衡条件

状态函数	适用系统	应用条件	自发变化的方向	平衡条件
S	隔离或绝热封闭	任何过程	$\Delta S>0$	达到最大值
F	封闭	等温等容 $W'=0$	$\Delta F<0$	F 达到最小值
G	封闭	等温等压 $W'=0$	$\Delta G<0$	G 达到最小值

亥姆霍兹函数 F 与吉布斯函数 G 都是从熵 S 导出的函数，相应的亥姆霍兹函数和吉布斯函数减少原理是从熵增加原理导出的。用 ΔF 和 ΔG 判断自发变化的方向及限度，只要计算系统的 ΔF 与 ΔG，不涉及环境的 ΔF 与 ΔG，因此比较方便快捷。

四、ΔF 与 ΔG 的计算

无论是在实验室或是在工厂，绝大多数的变化都在等温等压且 $W'=0$ 的条件下进行的，因此 ΔG 广泛用于判断自发变化的方向，ΔG 的计算也就成了重要的基本功。

（一）理想气体等温过程的 ΔG

根据 $\Delta G=\Delta H-T\Delta S$ 计算

因为 $G=H-TS$，在等温条件下，得到式

$$\Delta G=\Delta H-T\Delta S \tag{2-48}$$

理想气体的等温过程，$\Delta H=0$，而 $\Delta S=nR\ln(p_1/p_2)=nR\ln(V_2/V_1)$，代入式（2-47）得：

$$\Delta G=0-TnR\ln\frac{p_1}{p_2}=nRT\ln\frac{p_2}{p_1}=nRT\ln\frac{V_1}{V_2} \tag{2-49}$$

理想气体等温过程的 ΔG 亦可从热力学基本方程计算：

$$\mathrm{d}G=-S\mathrm{d}T+V\mathrm{d}p$$

因为是等温过程，$\mathrm{d}T=0$，所以

$$\mathrm{dG}=\mathrm{Vd}p$$

两边积分得

$$\Delta G=\int_{p_1}^{p_2}V\mathrm{d}p=\int_{p_1}^{p_2}\frac{nRT}{p}\mathrm{d}p=nRT\ln\frac{p_2}{p_1}$$

案例 2-26

1mol 300K、10^6Pa 的理想气体经历：（1）恒温可逆膨胀至 10^5Pa；（2）恒温对抗恒外压膨胀至 10^5Pa。求此两过程的 ΔG。

分析：（1）理想气体的等温过程

$$\Delta G=nRT\ln\frac{p_2}{p_1}=1\times8.314\times300\times\ln\frac{10^5}{10^6}=-5.743\,\mathrm{kJ}$$

结论：（2）过程（2）与过程（1）的始终态相同，而 G 为状态函数，ΔG 必然相等，亦为−5.743kJ。

（二）相变过程的 ΔG

对于可逆相变，因为是等温等压和 $W'=0$ 的可逆过程，所以 $\Delta G=0$。对于不可逆相变，则根据 G 为状态函数设计可逆过程计算之。

案例 2-27

计算 1mol 298.2K 101 325Pa 的 H_2O（g）变为 298.2K、101 325Pa 的 H_2O（1）的 ΔG。已知 25℃时水的饱和蒸气压为 3168Pa，水的密度为 $1.000\text{kg}\cdot\text{dm}^{-3}$，且可视为不随温度而变的常数。

解： 此过程为等温、等压且 $W'=0$ 的不可逆相变过程。可设计成如下可逆过程：

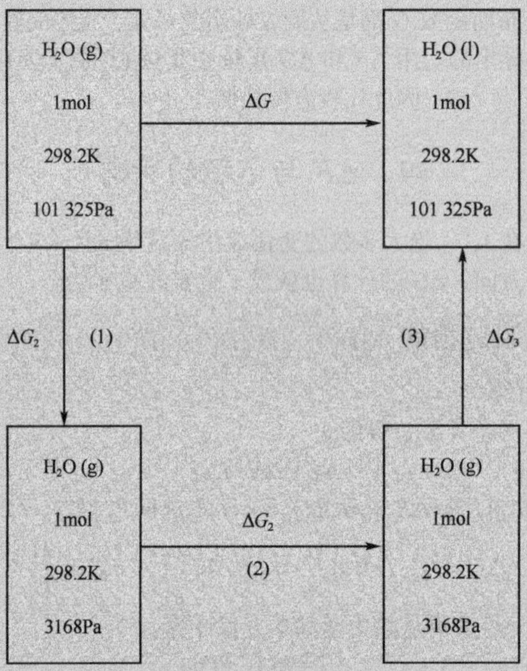

ΔG_1 为 H_2O（g）等温可逆膨胀的吉布斯能的变化，把 H_2O（g）看作理想气体，则

$$\Delta G_1 = nRT\ln\frac{p_2}{p_1} = 1\times 8.314\times 298.15\times\ln\frac{3168}{101325} = -8589.7\ (\text{J})$$

ΔG_2 为等温等压条件下的可逆相变，所以 $\Delta G_2 = 0$

ΔG_3 为 H_2O（1）等温可逆压缩的吉布斯能的变化

$$\Delta G_3 = \int_{p_2}^{p_1} V\mathrm{d}p = V(p_1 - p_2)$$

$$= \frac{18}{1000\times 1000\times 1.0}\times(101\,325 - 3168) = 1.77\ (\text{J})$$

所以

$$\Delta G = \Delta G_1 + \Delta G_2 + \Delta G_3 = -8589.7 + 0 + 1.77 = -8588\ (\text{J})$$

$\Delta G<0$ 是意料中的，因为该过程为等温等压 $W'=0$ 条件下自发发生的过程。

药物晶型转变是物质的相变过程。求解药物晶型转变过程的热力学函数，对于研究药物多晶型的相对稳定性、转型动力学、热力学、转型机理都能提供十分重要的信息。量热法（DSC）能够测量药物晶型转变过程的热力学函数，根据所测量的热力学性质，可以计算药物晶型转变过程的焓变化ΔH、熵变化ΔS、吉布斯能变化ΔG。每种晶型由低于熔点的状态转变为高于熔点的状态，晶型的熔融是引起焓变和熵变的主要因素。而吉布斯能变化ΔG作为温度对每一种晶型状态的热力学函数，如果忽略转型过程中热容的差异对于ΔG的影响，就能够预测熔点、晶型转变温度及与熔点和熔化热有关的吉布斯能变化ΔG。

案例 2-28

某药物存在两种晶型 A、B，其熔点分别为$T_{m,A}, T_{m,B}$，晶型转变温度为T_p。求晶型 A 转变为晶型 B 的总焓变ΔH_0、总熵变ΔS_0及总吉布斯能变化ΔG_0。晶型转变的过程可以表示为

晶型 $A(T_{m,A}) \rightarrow$ 晶型 $B(T_{m,A})$ ΔH_0；ΔS_0；ΔG_0

上述过程可以分解为以下步骤：

（1）晶型 $A(T_{m,A}) \rightarrow$ 液态 $A(T_{m,A})$ ΔH_1，ΔS_1

（2）液态 $A(T_{m,A}) \rightarrow$ 液态 $A(T_{m,B})$　ΔH_2，ΔS_2

（3）液态 $B(T_{m,B}) \rightarrow$ 晶型 $B(T_{m,B})$　ΔH_3，ΔS_3

（4）晶型 $B(T_{m,B}) \rightarrow$ 晶型 $B(T_{m,A})$　ΔH_4，ΔS_4

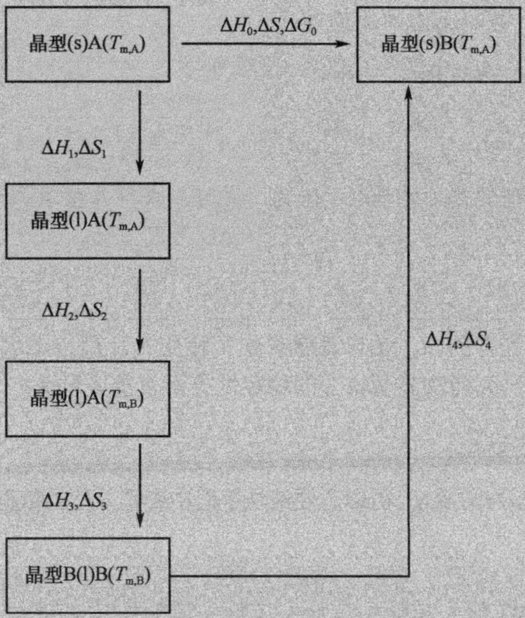

1. 晶型 A 转变为晶型 B 的总焓变 ΔH_0 $(T = T_{m,A})$：

$$\Delta H_0 = \Delta H_1 + \Delta H_2 + \Delta H_3 + \Delta H_4$$

式中，ΔH_1是晶型 A 的熔化热$\Delta H_{m,A}$；ΔH_2是液态$A\left(T_{m,A}\right) \rightarrow$ 液态$A(T_{m,B})$的焓变；$\Delta H_2 = \int_{T_{m,A}}^{T_{m,B}} C_{p,l}\mathrm{d}T$，$C_{p,l}$是液态 A 的等压热容；$\Delta H_3$是晶型 B 析出时焓变，其等于晶型 B 熔化热的负值$-\Delta H_{m,B}$；ΔH_4是晶型$B(T_{m,B}) \rightarrow$ 晶型$B(T_{m,A})$的焓变，$\Delta H_4 = \int_{T_{m,B}}^{T_{m,A}} C_{p,B}\mathrm{d}T$，$C_{p,l}$是液态 B 的等压热容。则

$$\Delta H_0=\Delta H_{m,A}-\Delta H_{m,B}+\int_{T_{m,A}}^{T_{m,B}}(C_{p,l}-C_{p,B})dT$$

2. 晶型A转变为晶型B的总焓变ΔS_0 ($T=T_{m,A}$)：

$$\Delta S_0=\Delta S_1+\Delta S_2+\Delta S_3+\Delta S_4$$

式中，$\Delta S_1=\dfrac{\Delta H_{m,A}}{T_{m,A}}$是晶型A的熔化热熵；$\Delta S_2=\int_{T_{m,A}}^{T_{m,B}}C_{p,l}\dfrac{dT}{T}$是液态A($T_{m,A}$)→液态A($T_{m,B}$)的熵变；$\Delta S_3=\dfrac{-\Delta H_{m,B}}{T_{m,B}}$是液态B析出晶型B时熵变；$\Delta S_4=\int_{T_{m,B}}^{T_{m,A}}C_{p,B}\dfrac{dT}{T}$是晶型B($T_{m,B}$)→ 晶型B($T_{m,A}$)的熵变。则

$$\Delta S_0=\frac{\Delta H_{m,A}}{T_{m,A}}-\frac{\Delta H_{m,B}}{T_{m,B}}+\int_{T_{m,A}}^{T_{m,B}}\left(C_{p,l}-C_{p,B}\right)\frac{dT}{T}$$

由于$T_{m,A}$,$T_{m,B}$之间的差值通常低于20K，因此$(C_{p,l}-C_{p,B})$可以视为常数。所以，可以得到关于ΔH_0及ΔS_0的简化式：

$$\Delta H_0=\Delta H_{m,A}-\Delta H_{m,B}+\left(C_{p,l}-C_{p,B}\right)\left(T_{m,B}-T_{m,A}\right)$$

$$\Delta S_0=\frac{\Delta H_{m,A}}{T_{m,A}}-\frac{\Delta H_{m,B}}{T_{m,B}}+\left(C_{p,l}-C_{p,B}\right)\ln\frac{T_{m,B}}{T_{m,A}}$$

3. 晶型A转变为晶型B的总吉布斯能变化ΔG_0

将两式代入定义式：ΔG_0 ΔH_0 −T ΔS_0，整理可得

$$\Delta G_0=\Delta H_{m,B}\left(\frac{T_{m,A}}{T_{m,B}}-1\right)+\left(C_{p,l}-C_{p,B}\right)\left(T_{m,B}-T_{m,A}-T_{m,A}\ln\frac{T_{m,B}}{T_{m,A}}\right)$$

根据求得的晶型转型的热力学函数，依据下式可以求得晶型A转变为晶型B的晶型转型温度T_p：

$$T_p=\frac{\Delta G_0+T_{m,A}\Delta S_0}{\Delta S_0}$$

求解药物晶型转变过程（例如，无味氯霉素β型转变为α型，无水氨苄西林转变为三水氨苄西林）的热力学函数，在研究药物晶型转变的稳定性方面有重要意义。

（三）化学反应的 ΔG

化学反应中诸物种的$\Delta_f H_m^{\ominus}$及$S_m^{\ominus}$可以方便地从手册中查得，然后依据 $\Delta G=\Delta H-T\Delta S$ 计算。

案例 2-29

请计算化学反应 H_2O（l）+CO（g）══ CO_2（g）+H_2（g）在298K及$p^{\ominus}$下的$\Delta G^{\ominus}$，并判断该反应在此条件下能否自发地进行。已知诸物质的$\Delta_f H_m^{\ominus}$及$S_m^{\ominus}$如下：

物质	H_2（g）	CO_2（g）	H_2O（l）	CO（g）
$\Delta_f H_m^{\ominus}$ /kJ	0	−393.5	−241.8	−110.5
$S_m^{\ominus}$ /（J·K^{-1}）	130.0	213.8	188.7	197.9

分析：因为 $\Delta_r H_m=\sum_B(\nu_B\Delta_f H_m)$

把表中数据代入得

$$\Delta H^{\ominus}=\left[0+(-393.5)\right]-\left[(-241.8)+(-110.5)\right]=-41.2\text{kJ}$$

$$\Delta S^{\ominus}=\sum_{B}\left(\nu_B S_m^{\ominus}\right)=(213.8+130.5)-(197.9+188.7)=-42.3\ (J\cdot K^{-1})$$

所以

$$\Delta G^{\ominus}=\Delta H^{\ominus}-T\Delta S^{\ominus}=-41.2\times10^3-298\times(-42.3)=-286\times10^4\ (J)<0$$

结论：该反应在上述条件下可以自发地进行。

（四）根据定义计算 ΔG

根据吉布斯能的定义 $G=H-TS$，若某封闭系统由状态 1 变为状态 2，其吉布斯能的变化为

$$\Delta G=\Delta H-\Delta(TS)=\Delta H-(T_2S_2-T_1S_1)$$

案例 2-30

已知 473K 时氦气的标准熵为 $135J\cdot K^{-1}$。若可把氦气看作理想气体，在压力为 $p^{\ominus}$ 的条件下，1mol 的氦气从 473K 加热至 673K，求上述过程系统的 ΔH、ΔS 及 ΔG。若 $\Delta G<0$，是否意味着该过程为可自发发生的过程？

解：氦气的 $C_{p,m}=\frac{5}{2}R$，所以

$$\Delta H=C_{p,m}(T_2-T_1)=\frac{5}{2}R\times(673-473)=4157\ (J)$$

$$\Delta S=\int_{T_1}^{T_2}\frac{C_{p,m}dT}{T}=C_{p,m}\ln\frac{T_2}{T_1}=\frac{5}{2}\times8.314\times\ln\frac{673}{473}=7.33\ (J\cdot K^{-1})$$

因此，400℃时氦气的标准熵为

$$S_2=S_1+\Delta S=135+7.33=142.33\ (J\cdot K^{-1})$$

所以

$$\Delta G=\Delta H-\Delta(TS)=\Delta H-(T_2S_2-T_1S_1)=4157-(673\times142.33-473\times135)=-2.78\times10^4\ (J)$$

结论：不能根据 $\Delta G<0$ 断定该过程为自发发生的过程，因为此过程为升温过程，没有满足 ΔG 判据的必不可少的等温条件。

第八节　热力学函数间的关系

热力学方程的数目，有统计多达 10^{11} 的数量级。即使是对只做体积功的封闭系统，基本的热力学性质有 p、V、T、U、H、S、F 和 G，其中的任何三个性质组合可定义一个新的热力学性质，如 $C_p=\left(\frac{\partial H}{\partial T}\right)_p$、$\mu=\left(\frac{\partial T}{\partial p}\right)_H$。热力学参数能写出多少热力学方程当是无以计数。因而只能择基本方程而列之，其余的据基本方法举一反三可以得到。

一、热力学基本方程

对于定组成的封闭系统，热力学第一定律：

$$dU=\delta Q+\delta W$$

若系统经历体积功的可逆过程，$\delta Q=\delta Q_R=TdS$，$\delta W=-pdV$。则热力学第一定律成为

$$dU=TdS-pdV \tag{2-50}$$

式（2-50）称为热力学第一定律与第二定律的联合公式。

根据焓 H 的定义：

$$H=U+pV$$

微分得

$$\mathrm{d}H=\mathrm{d}V+p\mathrm{d}V+V\mathrm{d}p$$

代入式（2-52）得

$$\mathrm{d}H=T\mathrm{d}S-p\mathrm{d}V+p\mathrm{d}V+V\mathrm{d}p$$

$$\mathrm{d}H=T\mathrm{d}S+V\mathrm{d}p \tag{2-51}$$

同理，根据 $F=U-TS$ 和 $G=H-TS$，微分可得

$$\mathrm{d}F=-S\mathrm{d}T-p\mathrm{d}V \tag{2-52}$$

$$\mathrm{d}G=-S\mathrm{d}T+V\mathrm{d}p \tag{2-53}$$

式（2-51）～式（2-53）即为热力学基本方程，也称为吉布斯方程。仔细审视这四个方程，不难发现 U、H、F、G 的微分都只是两个变量的函数：$U=f(S、V)$、$H=f'(S，p)\cdots$，因此，上述热力学方程只适用于单组分单相系统或多组分但组成不变的单相系统，即只适用于无相变化无化学反应只有体积功的单相封闭系统。

知识视窗

热力学基本方程适用于任何过程

热力学基本方程的导出应用了可逆的条件，但是，U、H、F 和 G 均为状态函数，它们的改变只取决于系统的始态与终态，而与所经的过程无关。只要始、终态相同，则无论过程可逆与否，状态函数的改变是相同的。所以热力学基本方程适用于任何过程。

从热力学基本方程 $\mathrm{d}U=T\mathrm{d}S-p\mathrm{d}V$ 可以看出：U 是变量 S 与 V 的函数：$U=f(S，V)$，则

$$\mathrm{d}U=\left(\frac{\partial U}{\partial S}\right)_V\mathrm{d}S+\left(\frac{\partial U}{\partial V}\right)_S\mathrm{d}V \tag{2-54}$$

与式 $\mathrm{d}U=T\mathrm{d}S-p\mathrm{d}V$ 相比可得

$$T=\left(\frac{\partial U}{\partial S}\right)_V \qquad -p=\left(\frac{\partial U}{\partial V}\right)_S \tag{2-55}$$

同理，从式（2-51）可得

$$T=\left(\frac{\partial H}{\partial S}\right)_p \qquad V=\left(\frac{\partial H}{\partial p}\right)_S \tag{2-56}$$

从式（2-52）可得

$$S=-\left(\frac{\partial F}{\partial T}\right)_V \qquad p=-\left(\frac{\partial F}{\partial V}\right)_T \tag{2-57}$$

从式（2-53）可得

$$S=-\left(\frac{\partial G}{\partial T}\right)_p \qquad V=\left(\frac{\partial G}{\partial p}\right)_T \tag{2-58}$$

式（2-55）～式（2-58）也可以通过热力学基本方程直接得到。例如，$\mathrm{d}U=T\mathrm{d}S-p\mathrm{d}V$，恒容时，$\mathrm{d}V=0$，得 $\mathrm{d}U=T\mathrm{d}S$，从而 $T=\left(\frac{\partial U}{\partial S}\right)_V$。其他关系式可依此类推。

二、麦克斯韦关系式

设 z 为 x、y 的函数：

$$z=f(x，y)$$

则 z 的全微分为

$$dz = \left(\frac{\partial z}{\partial x}\right)_y dx + \left(\frac{\partial z}{\partial y}\right)_x dy = Mdx + Ndy$$

式中，

$$M = \left(\frac{\partial z}{\partial x}\right)_y \qquad N = \left(\frac{\partial z}{\partial y}\right)_x$$

M 和 N 都是 z 的一阶偏导数。如果对 M 和 N 再求一次偏导数得 z 的二阶偏导数：

$$\left(\frac{\partial M}{\partial y}\right)_x = \frac{\partial^2 z}{\partial y \partial x}$$

$$\left(\frac{\partial N}{\partial x}\right)_y = \frac{\partial^2 z}{\partial x \partial y}$$

显然，二阶编导数的数值与求导的次序无关，
所以

$$\left(\frac{\partial M}{\partial y}\right)_x = \left(\frac{\partial N}{\partial x}\right)_y$$

将这一结果应用于式（2-50）～式（2-53）可得

$$\left(\frac{\partial T}{\partial V}\right)_S = -\left(\frac{\partial p}{\partial S}\right)_V \tag{2-59}$$

$$\left(\frac{\partial T}{\partial p}\right)_S = \left(\frac{\partial V}{\partial S}\right)_p \tag{2-60}$$

$$\left(\frac{\partial S}{\partial V}\right)_T = \left(\frac{\partial p}{\partial T}\right)_V \tag{2-61}$$

$$\left(\frac{\partial S}{\partial p}\right)_T = -\left(\frac{\partial V}{\partial T}\right)_p \tag{2-62}$$

式（2-59）～式（2-62）称为麦克斯韦（Maxwell）关系式。

式（2-61）和式（2-62）有实际应用，通过它们，可以用易测的物理量获得 $\left(\frac{\partial p}{\partial T}\right)_V$ 、$-\left(\frac{\partial V}{\partial p}\right)_p$，以求得不易测定的熵 S 的偏导数 $\left(\frac{\partial S}{\partial V}\right)_T$ 、$\left(\frac{\partial S}{\partial p}\right)_T$ ，从而可在等温的条件下求得熵 S 随体积 V 和压力 p 的变化数值。

案例 2-31

实际气体的范德华经验方程为

$$\left(p + \frac{n^2 a}{V^2}\right)(V - nb) = nRT$$

式中，a、b 为常数；n 为气体的摩尔数。求该实际气体的内能在恒温过程中随体积的变化率 $\left(\frac{\partial U}{\partial V}\right)_T$ 。

分析： 根据热力学基本方程：

$$dU = TdS - pdV$$

在等温条件下可得

$$\left(\frac{\partial U}{\partial V}\right)_T = T\left(\frac{\partial S}{\partial V}\right)_T - p$$

根据麦克斯韦关系式：$\left(\frac{\partial S}{\partial V}\right)_T = \left(\frac{\partial p}{\partial T}\right)_V$，代入上式得

$$\left(\frac{\partial U}{\partial V}\right)_T = T\left(\frac{\partial p}{\partial T}\right)_V - p$$

从范德华方程得

$$p = \frac{nRT}{V-nb} - \frac{n^2a}{V^2}$$

代入得

$$\left(\frac{\partial U}{\partial V}\right)_T = T\left[\frac{nR}{V-nb}\right] - p = p + \frac{n^2a}{V^2} - p = \frac{n^2a}{V^2}$$

结论：从所得结果可以看出，实际气体的内能不仅与温度有关，还与体积、压力有关，这是由实际气体存在分子间的作用力引起的。

三、吉布斯函数随压力及温度的变化

从化学手册上查得的大多为 298.15K 的数据，因而 298.15K 温度下的化学反应的 ΔG 容易通过计算获得。但是，绝大多数的化学反应不是在 298.15K 下进行的，它们的 ΔG 的计算讨论如下：

（一）ΔG 随压力的变化

吉布斯函数 G 与压力的关系早已有所涉及，从热力学基本方程：

$$\mathrm{d}G = -S\mathrm{d}T + V\,\mathrm{d}p$$

在等温条件下，$\mathrm{d}T = 0$，因而得

$$\mathrm{d}G = V\mathrm{d}p$$

可得

$$\left[\frac{\partial(\Delta G)}{\partial p}\right]_T = \Delta V$$

所以

$$\Delta G = \int_{p_1}^{p_2} (\Delta V)\mathrm{d}p \qquad (2\text{-}63)$$

如果系统中既有气体也有固体、液体，因为固体、液体的体积远小于气体的体积，所以固体、液体的吉布斯能随压力的变化远小于气体相应的 ΔG，因而常常在压力变化不大的情况下，忽略固、液体的 G 随压力的改变。

案例 2-32

298K 时金刚石和石墨的 $S_\mathrm{m}^\ominus$ 分别为 $2.38\mathrm{J \cdot K^{-1} \cdot mol^{-1}}$ 和 $5.74\mathrm{J \cdot K^{-1} \cdot mol^{-1}}$，摩尔标准燃烧焓分别为 $-395.407\ \mathrm{kJ \cdot mol^{-1}}$ 和 $-393.510\ \mathrm{kJ \cdot mol^{-1}}$，其密度分别为 $3.513\times10^3\ \mathrm{kg \cdot m^{-3}}$ 和 $2.26\times10^3\mathrm{kg \cdot m^{-3}}$。

（1）求 298K、$p^\ominus$ 下石墨转变为金刚石的 ΔG_m。

（2）在 298K、$p^\ominus$ 下哪种晶型稳定？

（3）在 298K 时，压力多大才能使石墨变为金刚石？

分析：　石墨 $\longrightarrow$ 金刚石

（1）$\Delta H_m^\ominus = \Delta_c H_m^\ominus(\text{石墨}) - \Delta_c H_m^\ominus(\text{金刚石}) = -393.51 - (-395.407) = 1.897$（$kJ \cdot mol^{-1}$）

$$\Delta S_m^\ominus = 2.38 - 5.74 = -3.36 \text{（}J \cdot K^{-1} \cdot mol^{-1}\text{）}$$

$$\Delta G_m^\ominus = \Delta H_m^\ominus - T\Delta S_m^\ominus = 1.897 \times 10^3 - 298(-3.36) = 2.90 \times 10^3 \text{（}J \cdot mol^{-1}\text{）}$$

（2）在等温等压且 W'=0 的条件下，不能自发发生 $\Delta G>0$ 的变化，石墨为稳定晶型。

（3）增加压力有利于石墨变为金刚石，增加压力所产生的 $\Delta G'_m = -2.90\times10^3\ J \cdot mol^{-1}$ 时才能使石墨变金刚石成为可能，因此

$$\Delta G'_m = \Delta V_m(p - 1.01325 \quad 10^5) = -2.90 \times 10^3$$

$$\Delta V_m = \frac{12\times10^{-3}}{3.513\times10^3} - \frac{12\times10^{-3}}{2.26\times10^3} = -1.896\times10^{-6} \text{（}m^3 \cdot mol^{-1}\text{）}$$

所以

$$-2.90\times10^3 = -1.896\times10^{-6}\times(p - 101325)$$

$$p = 1.53\times10^9 Pa$$

结论：可见，只有当 $p>1.53\times10^9$Pa，才能使石墨变金刚石成为可能。近代的爆炸法和六面顶法制造人造金刚石的成功充分显示了热力学的巨大威力。

（二）ΔG 随温度的变化

在等温的条件下，有公式：$\Delta G = \Delta H - T\Delta S$

因为 $\left(\frac{\partial G}{\partial T}\right)_p = -S$，所以 $\left[\frac{\partial(\Delta G)}{\partial T}\right]_p = -\Delta S$。以此式代入上式得

$$\Delta G = \Delta H + T\left[\frac{\partial(\Delta G)}{\partial T}\right]_p$$

两边都除以 T^2 且移项得

$$\frac{1}{T}\left[\frac{\partial(\Delta G)}{\partial T}\right]_p - \frac{\Delta G}{T^2} = \frac{-\Delta H}{T^2}$$

即

$$\left[\frac{\partial\left(\frac{\Delta G}{T}\right)}{\partial T}\right]_p = -\frac{\Delta H}{T^2} \tag{2-64}$$

式（2-64）称为吉布斯-亥姆霍兹方程。有了它，可以从一个温度的 ΔG，求另一温度的 ΔG。

同理，从 $\Delta F = \Delta U - T\Delta S$ 及 $\left(\frac{\partial \Delta F}{\partial T}\right)_V = -\Delta S$ 可得

$$\left[\frac{\partial\left(\frac{\Delta F}{T}\right)}{\partial T}\right]_V = -\frac{\Delta U}{T^2} \tag{2-65}$$

对式（2-63）作不定积分得

$$\frac{\Delta G}{T} = -\int \frac{\Delta H}{T^2} dT + I \tag{2-66}$$

式中，I 为积分常数。

一般说来，化学反应的 ΔH 是温度的函数，若物质的 C_p 的经验方程为

$$C_p = a + bT + CT^2$$

则产物与反应物的等压热容之差 ΔC_p 为

$$\Delta C_p = \Delta a + (\Delta b)T + (\Delta C)T^2$$

式中，

$$\Delta a = \sum_{\mathrm{B}}(\nu_{\mathrm{B}} a_{\mathrm{B}}) \qquad \Delta b = \sum_{\mathrm{B}}(\nu_{\mathrm{B}} b_{\mathrm{B}}) \qquad \Delta C = \sum_{\mathrm{B}}\nu_{\mathrm{B}} C_{\mathrm{B}}$$

根据基尔霍夫定律，可以把焓变 ΔH 写作：

$$\begin{aligned}\Delta H &= \int \Delta C_p \mathrm{d}T + \Delta H_0 \\ &= \Delta H_0 + \int\left[\Delta a + (\Delta b)T + (\Delta C)T^2\right]\mathrm{d}T \\ &= \Delta H_0 + (\Delta a)T + \frac{1}{2}(\Delta b)T^2 + \frac{1}{3}(\Delta C)T^3\end{aligned}$$

式中，H_0 为积分常数，代入式（2-66）得

$$\frac{\Delta G}{T} = -\int \frac{\Delta H_0 + (\Delta a)T + \frac{1}{2}(\Delta b)T^2 + \frac{1}{3}(\Delta C)T^3}{T^2}\mathrm{d}T + I$$

所以

$$\frac{\Delta G}{T} = \frac{\Delta H_0}{T} - (\Delta a)\ln T - \frac{1}{2}(\Delta b)T - \frac{1}{6}(\Delta C)T^2 + I \tag{2-67}$$

$$\Delta G = \Delta H_0 - (\Delta a)T\ln T - \frac{1}{2}(\Delta b)T^2 - \frac{1}{6}(\Delta C)T^3 + IT \tag{2-68}$$

只要从一个已知温度的 ΔH，即可求出常数 H_0；再从一个已知温度的 ΔG，求出积分常数 I，就可以据式（2-68）求出任何温度下化学反应的 ΔG。

习　题

1. 在 3000K 时，某理想气体压力为 1519.9kPa，经等温膨胀后体积由 $1\mathrm{dm}^3$ 变到 $10\mathrm{dm}^3$，计算该过程的 $W_{\max}$、ΔH、ΔU 及ΔS。

2. 计算下列各物质在不同状态时熵的差值。

（1）1.00g 水（273K，101 325Pa）与 1.00g 冰（273K，101 325Pa）。已知冰的熔化焓为 $335\mathrm{J}\cdot\mathrm{g}^{-1}$。

（2）1.00mol 水蒸气（373K，101 325Pa）与 1.00mol 水（373K，101 325Pa）。已知水的蒸发焓为 $2258\ \mathrm{J}\cdot\mathrm{g}^{-1}$。

（3）1.00mol 水蒸气（373K，0.10MPa）与 1.00mol 水蒸气（373K，1.00MPa）。假定水蒸气看作理想气体。

3. 1mol H_2 在 300K 经历两个过程：（1）从体积为 $1\mathrm{dm}^3$ 向真空膨胀至体积为 $10\mathrm{dm}^3$；（2）该 1mol H_2 从 $1\mathrm{dm}^3$ 经等温可逆膨胀至 $10\mathrm{dm}^3$。试计算和比较系统熵变，由此得到怎样结论？

4. 已知 1mol 水在 273.15K 结冰时放热 $6007\mathrm{J}\cdot\mathrm{mol}^{-1}$，水和冰的热容分别为：$C_{p,\mathrm{m}} = 75.3\mathrm{J}\cdot\mathrm{mol}^{-1}\cdot\mathrm{K}^{-1}$ 和 $37.6\ \mathrm{J}\cdot\mathrm{K}^{-1}\cdot\mathrm{mol}^{-1}$。如将 1mol 303.15K 的水变为 273.15K 的冰，计算熵变。

5. 已知水的密度为 $1000\mathrm{g}\cdot\mathrm{dm}^{-3}$，水的 $C_{p,\mathrm{m}}$=75.3 $\mathrm{J}\cdot\mathrm{K}^{-1}\cdot\mathrm{mol}^{-1}$。将 $0.1\mathrm{dm}^3$ 303.15K 的水与 0.5 dm^3 343.15K 的水混合，求熵变。

6. 已知锡的 $C_{p,\mathrm{m}}$=24.14$\mathrm{J}\cdot\mathrm{K}^{-1}\cdot\mathrm{mol}^{-1}$，水的 $C_{p,\mathrm{m}}$=75.3 $\mathrm{J}\cdot\mathrm{K}^{-1}\cdot\mathrm{mol}^{-1}$。若有 473.15 K 的锡 250g，

落在 283.15K 1kg 水中，略去水的蒸发，求达到平衡时此过程的熵变。

7. 1mol 理想气体等温膨胀，若熵变为 $76.07J \cdot K^{-1}$，试计算：（1）体积由 0.02 m^3 变化为终态体积是多少？（2）若终态体积为 0.40 m^3，则熵变应为多少？

8. 已知在 303.15K 和 100kPa 条件下水的蒸发热为：ΔH_m=40.64 $kJ \cdot mol^{-1}$。若 1mol 水向真空蒸发变成 303.15K 和 100kPa 的水蒸气，试计算此过程的$\Delta S_{系统}$、$\Delta S_{环境}$和$\Delta S_{总}$，并判断此过程是否自发。

9. 若已知水和冰的比热分别为 $75.3J \cdot K^{-1} \cdot mol^{-1}$ 和 $37.6J \cdot K^{-1} \cdot mol^{-1}$，273.15K 时冰的熔化热为−6025 $J \cdot mol^{-1}$。试计算 1mol 水在 263.15K 和 100kPa 下，凝结为冰这一过程的$\Delta S_{系统}$、$\Delta S_{环境}$和$\Delta S_{总}$，并判断此过程是否自发过程。

10. 在室温为 300K 时，对某温度为 370K 的恒温槽进行恒温性能测定。经过相当时间后，有 4184J 的热因等温槽绝热不良而传给室内空气，试求：（1）恒温槽的熵变；（2）空气的熵变；（3）试问此过程是否可逆。

11. 将 1.00g、273K 的冰加入 10.0g 沸腾的水中，求最后温度及此过程的 ΔS。已知冰的熔化焓是 $335J \cdot g^{-1}$，水的热容是 $4.184J \cdot g^{-1} \cdot K^{-1}$。

12. 2mol 氮气（设为理想气体）从 353.15K 冷却到 293.15K，同时压力从 100kPa 变到 6000kPa，求熵变。

13. 1mol O_2 于 298.2K 时，（1）由 100kPa 等温可逆压缩到 600kPa，求 Q、W、ΔU、ΔH、ΔS、ΔG、ΔF 和$\Delta S_{孤立}$；（2）若自始至终用 600kPa 的外压等温压缩到终态，求上述各热力学量的变化。

14. 指出在下列各过程中系统的ΔU、ΔH、ΔS、ΔG 和ΔF 何者为零？

（1）理想气体卡诺循环；

（2）H_2 和 O_2 在绝热钢瓶中发生反应；

（3）H_2O（l）在 100℃，100kPa 下蒸发为气体；

（4）理想气体的等温可逆膨胀；

（5）理想气体的绝热可逆膨胀；

（6）理想气体向真空膨胀。

15. 利用热力学数据表求反应（1）与（2）之 $\Delta_r S_m$（298K）分别是多少？

（1）FeO（s）+CO（g）══CO_2（g）+Fe（s）

（2）CH_4（g）+$2O_2$（g）══CO_2（g）+$2H_2O$（l）

16. 求反应 C_6H_6（g）+C_2H_2（g）⟶ $C_6H_5C_2H_3$（g）在 298.2K 时的 $\Delta_r G_m^\ominus$ 为多少？已知 $C_6H_5C_2H_3$（g）的 $\Delta_f H_m^\ominus$=$147.36kJ \cdot mol^{-1}$，$S_m^\ominus$=$345.1 J \cdot K^{-1} \cdot mol^{-1}$。

17.25℃，100kPa 条件下，金刚石与石墨的规定熵分别是 2.38 $J \cdot K^{-1} \cdot mol^{-1}$ 和 5.74 $J \cdot K^{-1} \cdot mol^{-1}$，其标准燃烧热分别为−395.4$kJ \cdot mol^{-1}$ 和−393.5$kJ \cdot mol^{-1}$，计算 25℃，100kPa 下石墨转变为金刚石 $C_{石墨} \longrightarrow C_{金刚石}$的 $\Delta_r G_m^\ominus$，并说明在此条件下哪种晶型较为稳定？

18.试计算 25℃1mol O_2（理想气体）在下列过程中的ΔG，（1）由 100kPa 等温可逆压缩到 300kPa；（2）由 100kPa 绝热可逆压缩到 300kPa。已知氧气的热容 $C_{p,m}$=3.5R，$S_m^\ominus$＝205 $J \cdot K^{-1} \cdot mol^{-1}$

19. 某蛋白质由天然折叠态变到张开状态的变性过程的焓变 ΔH 和熵变 ΔS 分别为 $251.04kJ \cdot mol^{-1}$ 和 $753J \cdot K^{-1} \cdot mol^{-1}$，计算：（1）298K 时蛋白变性过程的 ΔG；（2）发生变性过程的最低温度。

20. 试计算 298.15K 1 mol N_2（理想气体）在下列过程中的ΔG，（1）由 100kPa 等温可逆压缩到 300kPa；（2）由 100kPa 绝热可逆压缩到 300kPa。已知氧气的热容 $C_{p,m}$=3.5R，$S_m^\ominus$＝191.61 $J \cdot K^{-1} \cdot mol^{-1}$

21. 298K，反应 $2SO_3$（g）══$2SO_2$（g）+O_2（g）的$\Delta_r G_m$＝1.400×10^5 $J \cdot mol^{-1}$，已知反应

$\Delta_r H_m = 1.966 \times 10^5\ J \cdot mol^{-1}$，且不随温度而变化，求上述反应在 600℃进行时的$\Delta_r G_m$。

22. 试根据计算结果，讨论氨的合成反应在 298K 与 1000K 时，反应能否自发进行？氨的合成反应如下：

$$\frac{1}{2}N_2(g) + \frac{3}{2}H_2(g) = NH_3(g)$$

已知，在 298K 各种气体均处于 100kPa 时，$\Delta_r H_{298K} = -46.11\ kJ$，$\Delta_r G_{298K} = -16.45\ kJ$，试求 1000K 时的$\Delta_r G_m$值。

（沈雪松　王秀芳）

第三章　多组分系统热力学

学习目标

1. 掌握　浓度的表达，偏摩尔量概念及物理意义，化学势概念及物理意义，理想气体化学势的表达式，Raoult 定律，Henry 定律，传质过程（如化学平衡、相平衡）的化学势判据，稀溶液的依数性质及相关计算，稀溶液的分配定律及计算。

2. 熟悉　偏摩尔量集合公式，多组分系统的热力学基本关系式，溶液中各组分化学势的表达式。

3. 了解　溶液和混合物的区别，吉布斯–杜亥姆公式，化学势的影响因素，逸度和逸度系数的概念，活度和活度系数的概念，真实气体及真实溶液的化学势表达。

案例 3-1

在 473.15K，200kPa 时，PCl_5 可以分解为 PCl_3 和 Cl_2：

PCl_5（g,1 mol）		PCl_5（g, 0.663 mol）
PCl_3（g, 0 mol）	$\xrightarrow{473.15K,200kPa}$	PCl_3（g, 0.367 mol）
Cl_2（g, 0 mol）		Cl_2（g, 0.367 mol）

若该反应在密闭装置中进行，则整个系统表现上可视为封闭系统，但实际反应过程中不但系统中部分物质的量改变了而且物质的种类也发生变化。显而易见，这类系统与前面两章的组成不变的封闭系统的性质不同，因此组成不变的封闭系统的函数关系不适用于这类系统。

我们可以这样理解：初始时封闭系统只有 1mol 的气态 PCl_5，然后人为地从系统中取走 0.367mol 的 PCl_5，再放入 0.367mol 的 PCl_3 和 0.367mol 的 Cl_2，最终达到平衡状态。系统在变化过程中存在着物质进出，物质的进出也会带来能量的增减，因此这类组成变化的封闭系统实际上等同于敞开系统。

问题：

组成发生变化的封闭系统或多组分系统的热力学性质如何？如何描述？

前两章主要学习了组成不变的封闭系统的热力学第一定律、第二定律，及热力学的基本状态函数如 U、H、F、G、S 及函数关系。通过这些基本知识，我们可以计算具体变化过程的热力学函数的增量及系统能量的改变。这两个章节针对的系统多为纯物质系统，也称单组分系统。

在实际过程中，除了单组分系统外，更多的是由多种物质组成的多组分均相系统（homogeneous system）。这类系统按照处理方式不同，可分为混合物（mixture）和溶液（solution）。混合物是由两种或两种以上物质混合而成的均相系统，一般分为气态混合物、液态混合物和固态混合物。气态混合物、液态混合物因易于流动，也常称为流体混合物。若有多种物质，每一种物质都以分子、原子或离子的形式分散到其他物质中，形成的混合物称为溶液，也称为多组分系统（multicomponent system）。常见的溶液有气态溶液、液态溶液及由不同固体（如 Pt 和 Zn）构成的固态溶液。本章主要讨论分子水平上的非电解质液态溶液。

本章将讨论热力学第一定律和第二定律在多组分均相系统中的应用，尤其是在液相均相系统中的应用。多组分系统可以是单相的，也可以是多相的，每个相都可以当成一个多组分单相系统，因此可在多组分单相系统热力学基础上进行多组分多相系统的热力学研究。

第一节　多组分系统的组成表示法

如前所述，由多种物质构成多组分均相系统可称为溶液，最常见的溶液通常由两种液体混合而成，含量较多的组分称为溶剂（solvent），用 A 表示，另一组分称为溶质（solute），用 B 表示。若有气体或固体溶于某种液体中形成溶液时，习惯上把溶于其中的气体或固体称为溶质，液体称为溶剂。在某些多组分均相系统如理想溶液中，对于溶质和溶剂并无严格的界限。

溶液的组成可在一定范围内变化，它是描述溶液的重要变量之一，是溶液系统的状态函数。常用的溶液组成的表示方法有以下几种。

一、摩尔分数

摩尔分数（mole fraction）又称物质的量分数（amount of substance fraction），用 x_B 表示。

$$x_B = \frac{n_B}{\sum_B n_B} \tag{3-1}$$

式中，n_B 为组分 B 的物质的量；$\sum_B n_B$ 为总物质的量；x_B 是量纲为一的量，其单位为 1，即 $\sum_B x_B = 1$，气态混合物的摩尔分数常用 y_B 表示。

二、物质的量浓度

物质的量浓度（amount of concentration）用 c_B 表示：

$$c_B = \frac{n_B}{V} \tag{3-2}$$

式中，n_B 为组分 B 的物质的量；V 为溶液总体积；c_B 的单位为 $mol \cdot m^{-3}$，也常用 $mol \cdot L^{-1}$。也可用[B]表示 c_B，在动力学中常用。

三、质量摩尔浓度

质量摩尔浓度（molality）用 m_B 表示：

$$m_B = \frac{n_B}{m(A)} \tag{3-3}$$

式中，n_B 为组分 B 的物质的量；$m(A)$ 为溶剂的质量，m_B 的单位为 $mol \cdot kg^{-1}$。工业上特别是电化学工业中常用此单位。

四、质量分数

质量分数（mass fraction）用 w_B 表示：

$$w_B = \frac{m_B}{\sum_B m_B} \tag{3-4}$$

式中，m_B 为组分 B 的质量，$\sum_B m_B$ 为总质量；w_B 是量纲为一的量，其单位为 1，即 $\sum_B w_B = 1$。

浓度是溶液系统的强度性质，在很稀的浓度范围内，以上各量成正比。例如对于稀薄的水溶液，可近似认为 1kg 水≈1L 溶液，因而 $m_B \approx c_B$。

【例题 3-1】 $AgNO_3$ 水溶液当质量分数 w_B=0.12 时，溶液的密度为 1.108 kg · dm^{-3}。计算 $AgNO_3$ 的摩尔分数、物质的量浓度和质量摩尔浓度。

解：设有 1kg 溶液

$$n_B = \frac{0.12C1000}{169.87} = 0.7064(\text{mol})$$

$$n_A = \frac{(1-0.12)\times 1000}{18.015} = 48.85(\text{mol})$$

$$x_B = \frac{n_B}{n_A + n_B} = \frac{0.7064}{48.85 + 0.7064} = 0.01426$$

$$c_B = \frac{n_B}{V} = \frac{0.7064}{\frac{1}{1.108}} = 0.7827(\text{mol}\cdot\text{dm}^{-3})$$

$$m_B = \frac{n_B}{m(A)} = \frac{0.7064}{1\times(1-0.12)} = 0.8028(\text{mol}\cdot\text{kg}^{-1})$$

第二节　偏摩尔量

案例 3-2

293K 和 $p^{\ominus}$ 下，1g 纯乙醇的体积 $V_{C_2H_5OH}$=1.267ml · g^{-1}，1g 纯水的体积 V_{H_2O}=1.004ml · g^{-1}，

（1）取两份 50g 水；

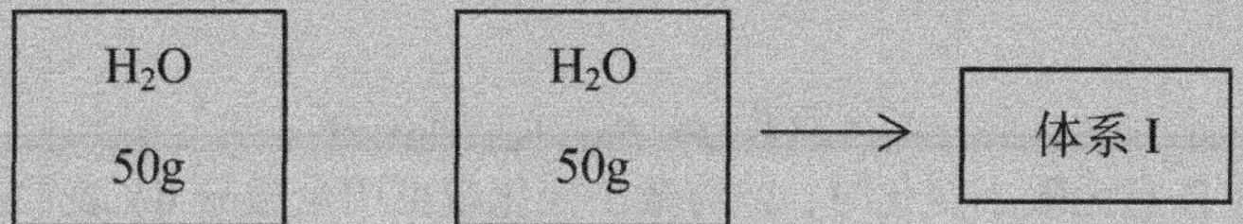

（2）乙醇和水各取 50g，分别混合配置成 100g 的系统。

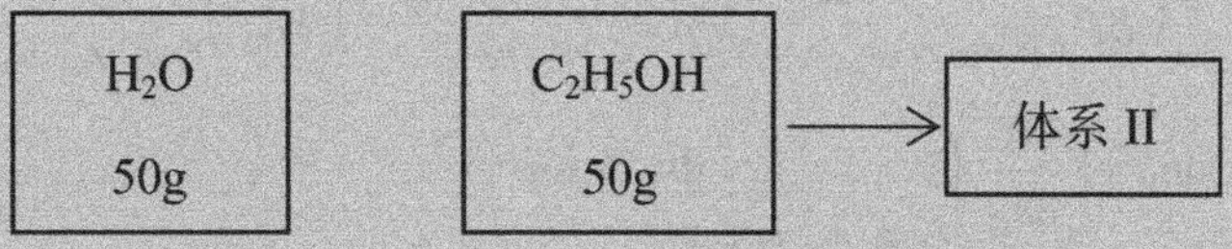

问题：

系统总体积 V 是否等于各组分单独存在（即纯态）时的体积之和？

案例解析：

系统 I 为两个纯水组分的混合，且所处的温度、压力均在同一条件下，因此混合后系统的总体积必定等于两个纯水组分单独存在时的体积之和，即

$$V_{\text{I}} = n_1 V_{m,1} + n_2 V_{m,2} = 50\times 1.004 + 50\times 1.004 = 100.40(\text{ml})$$

系统 II 的总体积不等于两组分单独存在时的体积之和，原因是混合后水分子和乙醇分子之间的相互作用与混合前同种分子之间的相互作用不同，使得水和乙醇对于溶液体积的贡献与它们在纯态时的体积贡献不同，即

$$V_{\text{II}} \neq n_1 V_{m,1} + n_2 V_{m,2} \neq 50\times 1.004 + 50\times 1.267 \neq 113.55(\text{ml})$$

系统 II 的体积通过实验得到的结果为 V_{II}=109.43ml，纯态体积加和值与实验值相差

4.12ml。通过实验还可以证明，总量为 100g 浓度不同的乙醇溶液的纯态体积加和值和实验值的差值会随着浓度的增加而增大（表 3-1）。

表 3-1　乙醇与水混合液的体积与浓度的关系

$w_{乙醇}$/%	$V_{乙醇}$/ml	$V_{水}$/ml	($V_{乙醇}$+$V_{水}$)/ml	$V_{溶液}$/ml	ΔV/ml
0	12.67	90.36	103.03	101.84	1.19
20	25.34	80.32	105.66	103.24	2.42
30	38.01	70.28	108.29	104.34	3.45
40	50.68	60.24	110.92	106.93	3.99
50	63.35	50.20	113.55	109.43	4.12
60	76.02	40.16	116.18	112.22	3.96
70	88.69	30.12	118.81	115.25	3.56
80	101.36	20.08	121.44	118.56	2.88
90	114.03	10.04	124.07	122.25	1.82

解答：（1）系统 I 的总体积等于两个纯水组分单独存在时的体积之和；（2）系统 II 的总体积不等于两个纯水组分单独存在时的体积之和。

以上案例说明，多组分溶液系统广度性质如案例中的体积 V 的确定，除了与温度、压力有关以外，还与系统的组成有关。因此路易斯（G. L. Lewis）提出了以偏摩尔量代替纯组分时的摩尔量，建立起多组分溶液系统的热力学函数关系。

一、偏摩尔量的定义

多组分系统的任一广度性质 X，如 H、U、G、A、S、V 等，若系统中所含物质的量分别为 n_B，n_C，…，则

$$X = f(T,\ p,\ n_B,\ n_C,\ n_D,\cdots)$$

当系统状态发生任意无限小变化时，X 的微小变化量可用全微分 dX 表示：

$$\mathrm{d}X = \left(\frac{\partial X}{\partial T}\right)_{p,\ n_B,\ n_C,\cdots}\mathrm{d}T + \left(\frac{\partial X}{\partial p}\right)_{T,\ n_B,\ n_C,\cdots}\mathrm{d}p + \left(\frac{\partial X}{\partial n_B}\right)_{T,\ p,\ n_C,\ n_D,\cdots}\mathrm{d}n_B + \left(\frac{\partial X}{\partial n_C}\right)_{T,\ p,\ n_B,\ n_D,\cdots}\mathrm{d}n_C + \cdots \tag{3-5}$$

从第三项开始，偏导的形式非常相似，因此可简化为

$$\mathrm{d}X = \left(\frac{\partial X}{\partial T}\right)_{p,\ n_B,\ n_C,\cdots}\mathrm{d}T + \left(\frac{\partial X}{\partial p}\right)_{T,\ n_B,\ n_C,\cdots}\mathrm{d}p + \sum_B\left(\frac{\partial X}{\partial n_B}\right)_{T,\ p,\ n_{C\neq B}}\mathrm{d}n_B \tag{3-6}$$

式中，第三项下角标中 $n_{C\neq B}$ 表示除组分 B 的量 n_B 改变外，其他物质的量均不变。在等温等压下，上式变为

$$\mathrm{d}X = \sum_B\left(\frac{\partial X}{\partial n_B}\right)_{T,\ p,\ n_{C\neq B}}\mathrm{d}n_B \tag{3-7}$$

为了方便，令

$$X_{B,m} = \left(\frac{\partial X}{\partial n_B}\right)_{T,\ p,\ n_{C\neq B}} \tag{3-8}$$

$X_{B,m}$ 称为多组分系统中组分 B 的偏摩尔量（partial molar quantity）。

则式（3-7）变为

$$dX = \sum_B X_{B,m} dn_B \tag{3-9}$$

同理，式（3-6）可写为

$$dX = \left(\frac{\partial X}{\partial T}\right)_{p,\ n_B,\ n_C,\cdots} dT + \left(\frac{\partial X}{\partial p}\right)_{T,\ n_B,\ n_C,\cdots} dp + \sum_B X_{B,m} dn_B \tag{3-10}$$

$X_{B,m}$ 是强度性质，它的物理意义可理解为在等温等压条件下，往无限大量的均相系统中加入 1mol 物质 B 所引起的系统该广度性质 X 的改变量。这里所说的“无限大量的均相系统”指加入 1mol 物质 B 不会使系统的浓度发生改变，均相系统的组成保持恒定。微观上 $X_{B,m}$ 指在等温等压条件下，往定组成的有限均相系统中加入不会改变其浓度的无限小量 dn_B 的物质 B，所引起系统广度性质的改变量 dX 与 dn_B 的比值。显然，1mol 纯物质 B 的摩尔量与多组分系统中物质 B 的偏摩尔量不等。

广度性质才具有偏摩尔量，因此有

偏摩尔体积　$V_{B,m} = \left(\frac{\partial V}{\partial n_B}\right)_{T,\ p,\ n_{C\neq B}}$

偏摩尔熵　$S_{B,m} = \left(\frac{\partial S}{\partial n_B}\right)_{T,\ p,\ n_{C\neq B}}$

偏摩尔热力学能　$U_{B,m} = \left(\frac{\partial U}{\partial n_B}\right)_{T,\ p,\ n_{C\neq B}}$

偏摩尔焓　$H_{B,m} = \left(\frac{\partial H}{\partial n_B}\right)_{T,\ p,\ n_{C\neq B}}$

偏摩尔亥姆霍兹能　$F_{B,m} = \left(\frac{\partial F}{\partial n_B}\right)_{T,\ p,\ n_{C\neq B}}$

偏摩尔吉布斯函数　$G_{B,m} = \left(\frac{\partial G}{\partial n_B}\right)_{T,\ p,\ n_{C\neq B}}$

对于多组分系统，只要把热力学第一定律和第二定律基本函数关系式中的广度性质换成相应的偏摩尔量，函数关系依然成立。例如，由溶剂 A 和溶质 B 组成的二元溶液，溶剂和溶质的焓可分别表示为

$$H(A) = U_{A,m} + pV_{A,m} \qquad H(B) = U_{B,m} + pV_{B,m}$$

二、偏摩尔量的集合公式

多组分系统的任一广度性质 X 的全微分式可用式（3-10）表示

$$dX = \left(\frac{\partial X}{\partial T}\right)_{p,\ n_B,\ n_C,\cdots} dT + \left(\frac{\partial X}{\partial p}\right)_{T,\ n_B,\ n_C,\cdots} dp + \sum_B X_{B,m} dn_B$$

在等温、等压及溶液浓度不变的条件下，各组分的偏摩尔量 $X_{B,m}$ 的值保持不变，此时对式（3-10）进行积分可得

$$X = \sum_{B}\int_{0}^{n_B} X_{B,m}dn_B = \sum_{B} n_B X_{B,m} \tag{3-11}$$

即

$$X = n_1X_{1,m}+n_2X_{2,m}+n_3X_{3,m}+\cdots+n_BX_{B,m} \tag{3-12}$$

式（3-11）称为偏摩尔量的集合公式。由公式可知，系统的任一广度性质 X 等于各组分物质的量 n_B 与偏摩尔量 $X_{B,m}$ 乘积之和，这表明在多组分系统中，用偏摩尔量代替摩尔量之后，系统的广度性质 X 具有加和性。其中的 $n_BX_{B,m}$ 代表溶液中组分 B 对于溶液的广度性质 X 的贡献。偏摩尔量的集合公式揭示了处于某一状态系统的广度性质与各组分偏摩尔量间的关系。例如，二组分溶液的体积，根据集合公式有

$$V = n_1V_{1,m}+n_2V_{2,m}$$

显然，每一种物质对于溶液的体积贡献不等于其单独存在（即纯态）时的体积。

【例题 3-2】 有 298K 摩尔分数为 0.4000 的甲醇水溶液，若往大量的此种溶液中加 1mol 的水，溶液体积增加 17.35ml；若往大量的此种溶液中加 1mol 的甲醇，溶液体积增加 39.01ml。已知 298K 时甲醇和水的密度分别为 $0.7911g\cdot ml^{-1}$ 和 $0.9971g\cdot ml^{-1}$。将 0.4mol 的甲醇及 0.6mol 的水混合成溶液时，体积为若干？混合过程中体积变化多少？

解： 由题知 $V_{水,m} = 17.35ml\cdot mol^{-1}$，$V_{甲醇,m} = 39.01ml\cdot mol^{-1}$

按照集合公式，混合后溶液的体积：

$$V_{混合后} = n_{甲醇}V_{甲醇,m} + n_{水}V_{水,m} = 0.4\times39.01+0.6\times17.35 = 26.01(ml)$$

混合前的总体积：

$$V_{混合前} = V_{纯甲醇} + V_{纯水} = \frac{32.04}{0.7911}\times0.4+\frac{18.02}{0.9971}\times0.6 = 27.04(ml)$$

混合过程中体积的变化：

$$\Delta V = V_{混合后} - V_{混合前} = 27.04 - 26.01 = 1.03(ml)$$

【例题 3-3】 298K，100kPa 下，HAc（2）溶于 1kg H_2O（1）中所形成溶液的体积 V 与 HAc 量 n_2 的关系如下：$V = 1002.935+51.832n_2+0.1394n_2^2(ml)$，试将 HAc 和 H_2O 的偏摩尔体积表示为 n_2 的函数，并求 $n_2 = 1.000mol$ 时 HAc 和 H_2O 的偏摩尔体积。

解： 设 $a = 1002.935$，$b = 51.832$，$c = 0.1394$，则 $V = a+bn_2+cn_2^2$。

HAc 的偏摩尔体积：$V_{2,m} = \left(\frac{\partial V}{\partial n_2}\right)_{T,p,n_1} = b+2cn_2$

根据偏摩尔量集合公式：$V = n_1V_{1,m}+n_2V_{2,m}$

则 H_2O 的偏摩尔体积：$V_{1,m} = (V-n_2V_{2,m})/n_1 = [(a+bn_2+cn_2^2)-n_2(b+2cn_2)]/n_1$

即 $V_{1,m} = (a-cn_2^2)/n_1$

当 $n_1 = \frac{1000}{18.0152} = 55.5087(mol)$，$n_2 = 1.000mol$ 时

$$V_{2,m} = b+2cn_2 = 51.832+2\times0.1394\times1.000 = 52.111(ml\cdot mol^{-1})$$

$$V_{1,m} = (a-cn_2^2)/n_1 = \frac{1002.935-0.1394\times1^2}{55.5087} = 18.0656(ml\cdot mol^{-1})$$

三、吉布斯-杜亥姆公式

偏摩尔量的集合公式限于在等温等压和浓度不变条件下应用，若系统的浓度发生变化，则各

组分的偏摩尔量也会改变，对偏摩尔量的集合公式（3-11）进行微分，则有

$$dX = \sum_{B} X_{B,m}\, d\, n_B + \sum_{B} n_B\, d\, X_{B,m} \tag{3-13}$$

对比式（3-10）和式（3-13），有

$$\sum_{B} n_B dX_{B,m} = \left(\frac{\partial X}{\partial T}\right)_{p,n_B,n_C,\cdots} dT + \left(\frac{\partial X}{\partial p}\right)_{T,n_B,n_C,\cdots} dp \tag{3-14}$$

等温等压条件下，上式变为

$$\sum_{B} n_B dX_{B,m} = 0 \tag{3-15}$$

式（3-15）即为吉布斯-杜亥姆（Gibbs-Duhem）公式，是等温等压条件下溶液组成变化时偏摩尔量发生变化必须遵循的规律。即在等温等压条件下，改变系统的浓度，各组分的偏摩尔量也会改变，但偏摩尔量的改变不是随心所欲的，必须遵守吉布斯-杜亥姆公式，系统中某一组分的偏摩尔量增加时，另一组分的偏摩尔量必将减少。

第三节　化　学　势

案例 3-3

在水利学上水流动的推动力是水势差，方向是从高水势到低水势，可利用水势的差异进行发电。而电学中，电子定向移动的推动力是电势差，利用电势的差异获得电能。那么对于与化学相关的传质过程，例如，往一定浓度的I_2和KI的水溶液中加入一定量的CCl_4，部分I_2可进入CCl_4层，在H_2O层和CCl_4层之间达到分配平衡；又如用有机溶剂进行天然药物有效成分的提取及药物释放通过细胞膜的吸收等过程，是否也存在一个推动力并可用来进行方向的判断？

问题：

（1）与化学相关的传质过程的推动力是什么？

（2）如何判断等温、等压条件下的传质过程方向？

一、化学势的定义

在工业生产过程中，大量与化学相关的过程都是在等温等压的条件下进行，因此在所有偏摩尔量中偏摩尔吉布斯函数最重要，把它定义为化学势（chemical potential），用符号 μ_B 表示：

$$\mu_B = G_{B,m} = \left(\frac{\partial G}{\partial n_B}\right)_{T,\,p,\,n_{C\neq B}} \tag{3-16}$$

μ_B 的物理化学意义与前面偏摩尔量的类似，是等温等压条件下 1mol 组分 B 对溶液的吉布斯函数的贡献。

化学变化、相变化等传质过程常常在等温等压的条件下进行，从偏摩尔量的集合公式性质，能够得到系统的吉布斯自由能，因而可以判断过程的方向和限度，因此，化学势与该条件下自发过程的方向和限度的判据密切相关。

二、广义化学势和组成可变系统的热力学基本公式

对于多组分均相系统有

$$G = f(T, p, n_B, n_C, n_D, \cdots)$$

当系统状态发生微小变化时，上式的全微分式为

$$dG=\left(\frac{\partial G}{\partial T}\right)_{p,\ n_B,\ n_C,\cdots}dT+\left(\frac{\partial G}{\partial p}\right)_{T,\ n_B,\ n_C,\cdots}dp+\sum_B\left(\frac{\partial G}{\partial n_B}\right)_{T,\ p,\ n_{C\neq B}}dn_B \tag{3-17}$$

组成恒定时，有

$$\left(\frac{\partial G}{\partial T}\right)_{p,\ n_B,\ n_C,\cdots}=-S\qquad\left(\frac{\partial G}{\partial p}\right)_{T,\ n_B,\ n_C,\cdots}=V$$

代入式（3-17），则

$$dG=-SdT+Vdp+\sum_B\left(\frac{\partial G}{\partial n_B}\right)_{T,\ p,\ n_{C\neq B}}dn_B$$

即

$$dG=-SdT+Vdp+\sum_B\mu_B dn_B \tag{3-18}$$

式（3-18）即为不做非体积功的多组分系统的吉布斯函数基本公式。

上式是对于吉布斯函数的基本公式，其含义是，G 的改变可由两部分构成：一部分由 T、p 的改变所引起的，另一部分是由组分 n_1、n_2、$\cdots$ 的改变所引起的，较原来的关系式多了一项 $\sum_B\mu_B dn_B$，这一项实际体现的是封闭系统中的混合过程、相变过程及化学反应本身引起的系统的 G 的改变。

同理，其他热力学能函数 U、H 及 F 进行类似处理，可得到多组分均相系统的其他 3 个基本热力学函数表达式：

同样，对于热力学能 $U=f(S,V,n_B,n_C,n_D,\cdots)$ 有

$$dU=\left(\frac{\partial U}{\partial S}\right)_{V,\ n_B,\ n_C,\cdots}dS+\left(\frac{\partial U}{\partial V}\right)_{S,\ n_B,\ n_C,\cdots}dV+\sum_B\left(\frac{\partial U}{\partial n_B}\right)_{S,\ V,\ n_{C\neq B}}dn_B$$

则

$$dU=TdS-pdV+\sum_B\left(\frac{\partial U}{\partial n_B}\right)_{S,\ V,\ n_{C\neq B}}dn_B \tag{3-19}$$

从 U 与 G 的关系 $G=U+pV-TS$ 可得

$$dU=dG-pdV-Vdp+TdS+SdT$$

将式（3-18）代入上式，得

$$dU=TdS-pdV+\sum_B\mu_B dn_B \tag{3-20}$$

比较式（3-19）与式（3-20）可知，

$$\mu_B=\left(\frac{\partial U}{\partial n_B}\right)_{S,V,n_{C\neq B}}$$

同样的方法，按 $H=f(S,p,n_B,n_C,n_D,\cdots)$，$F=f(T,V,n_B,n_C,n_D,\cdots)$ 及 H、F 的定义进行处理，可得化学势的其他表示式：

$$\mu_B=\left(\frac{\partial G}{\partial n_B}\right)_{T,p,n_{C\neq B}}=\left(\frac{\partial U}{\partial n_B}\right)_{S,V,n_{C\neq B}}=\left(\frac{\partial H}{\partial n_B}\right)_{S,p,n_{C\neq B}}=\left(\frac{\partial F}{\partial n_B}\right)_{T,V,n_{C\neq B}} \tag{3-21}$$

式（3-12）中 4 个偏微商即为化学势的广义定义。不同表达形式的化学势，必须满足对应的下角条件。

因此，组成可变的系统的 4 个热力学基本公式为

$$dU=TdS-pdV+\sum_B\mu_B dn_B \tag{3-22a}$$

$$dH = TdS + Vdp + \sum_{B} \mu_B dn_B \tag{3-22b}$$

$$dF = -SdT - pdV + \sum_{B} \mu_B dn_B \tag{3-22c}$$

$$dG = -SdT + Vdp + \sum_{B} \mu_B dn_B \tag{3-22d}$$

实际物理和化学变化常在等温等压条件下进行，因此本教材若不特别注明，化学势是指 $\mu_B = \left(\frac{\partial G}{\partial n_B}\right)_{T, p, n_{C\neq B}}$，式（3-22d）是组分可变、只做体积功的系统最常用的热力学基本公式。

三、温度、压力对化学势的影响

案例 3-4

化学势是偏摩尔量，因此当系统的温度、压力或组成发生变化时，组分的化学势和系统状态就会发生变化。

问题：

（1）系统一中组分 B 的摩尔体积大于 B 在 A 中形成溶液时的摩尔体积，增大系统压力后，B 的溶解度如何变化？

（2）有 298 K，$p^\ominus$ 的 N_2（状态Ⅰ）和 323 K，$p^\ominus$ 的 N_2（状态Ⅱ）各一瓶，哪瓶 N_2 的化学势大？

从化学势的定义出发，在其他条件不变的情况下，改变系统的压力以考察压力对化学势的影响：

$$\left(\frac{\partial \mu_B}{\partial p}\right)_{T,\ n_B,\ n_C,\cdots} = \left[\frac{\partial}{\partial p}\left(\frac{\partial G}{\partial n_B}\right)_{T,\ p,\ n_{B\neq C}}\right]_{T,\ n_B,\ n_C,\cdots} = \left[\frac{\partial}{\partial n_B}\left(\frac{\partial G}{\partial p}\right)_{T,\ n_B,\ n_C,\cdots}\right]_{T,\ p,\ n_{B\neq C}} \tag{3-23}$$

由热力学第二定律有

$$\left(\frac{\partial G}{\partial p}\right)_T = V$$

将上式代入式（3-23）可得化学势与压力的关系：

$$\left(\frac{\partial \mu_B}{\partial p}\right)_{T,\ n_B,\ n_C,\cdots} = V_{B,m} \tag{3-24}$$

式（3-24）表明，在等温且浓度不变的条件下，物质 B 的化学势随压力的变化率等于 B 的偏摩尔体积。

同理，在等压及组成不改变的条件下，改变系统的温度以考察温度对化学势的影响：

$$\left(\frac{\partial \mu_B}{\partial T}\right)_{T,\ n_B,\ n_C,\cdots} = \left[\frac{\partial}{\partial T}\left(\frac{\partial G}{\partial n_B}\right)_{T,\ p,\ n_{B\neq C}}\right]_{T,\ n_B,\ n_C,\cdots} = \left[\frac{\partial}{\partial n_B}\left(\frac{\partial G}{\partial T}\right)_{T,\ n_B,\ n_C,\cdots}\right]_{T,\ p,\ n_{B\neq C}}$$

因为

$$\left(\frac{\partial G}{\partial T}\right)_p = -S$$

则化学势与温度的关系：

$$\left(\frac{\partial \mu_B}{\partial T}\right)_{p,\ n_B,\ n_C,\cdots} = -S_{B,\ m} \tag{3-25}$$

式（3-25）表明，在等压且浓度不变的条件下，物质 B 的化学势随温度的变化率等于 B 的偏摩尔熵的相反数。

对比多组分系统与纯物质系统的热力学函数公式，多组分系统公式的基本形式没有改变，只是用偏摩尔量代替了公式中的相应的广度性质。

案例 3-4 解析

（1）在一定条件下，同种物质在平衡两相的化学势相等。由 $\left(\frac{\partial \mu_B}{\partial p}\right)_{T,\ n_B,\ n_C,\cdots}=V_{B,\ m}$ 可知，当其他条件不变，增加压力时，溶液中的组分 B 及纯态 B 的化学势都会增加。因为 $V_{m,B}^{*}>V_{B,\ m}$，因此纯态 B 的化学势增加得更多，化学势更大，因此导致 B 溶解更多，即溶解度增加。

（2）状态 I 的化学势 μ_{I} 大于状态 II 的化学势 μ_{II}。因为其他条件不变的情况下，$\left(\frac{\partial \mu_B}{\partial T}\right)_{p,\ n_B,\ n_C,\cdots}=-S_{B,\ m}$，即化学势与温度成反比的关系。从题目可知，$T_{I}<T_{II}$，因此 $\mu_{I}>\mu_{II}$。

四、化学势判据及其应用

广义的传质过程包括相变、流体流动、扩散、混合及化学反应等过程，对于多组分系统有

$$dG=-SdT+Vdp+\sum_{B}\mu_B dn_B$$

在等温等压且非体积功为零时，过程的方向和限度判据可采用吉布斯判据

$$dG_{T,\ p,\ W'=0}\leqslant 0$$

又因为

$$dG=\sum_{B}\mu_B dn_B$$

即

$$\sum_{B}\mu_B dn_B\leqslant 0 \tag{3-26}$$

式（3-26）表明了在等温等压且非体积功为零的过程中，化学势是多组分系统过程方向及限度的判据。式中的不等号说明过程是自发过程，等号代表系统达到平衡，即达到变化的限度。

下面我们以相变和化学反应过程为例，具体讨论化学势在传质过程中的作用。

（一）在相平衡中的应用

有一巨大的系统由 α、β 两相组成，在等温等压且非体积功为零的条件下，设有 dn_B mol 的物质 B 从 α 相转移到 β 相中，则此过程中 α 相物质 B 的减少量为

$$\Delta n(\alpha)=-dn_B$$

则 α 相吉布斯函数的变化为

$$\Delta G(\alpha)=\mu_B(\alpha)\Delta n_B(\alpha)=-\mu_B(\alpha)dn_B \tag{3-27}$$

同理，β 相中物质 B 的增加量为

$$\Delta n(\beta)=dn_B$$

β 相中吉布斯函数的变化为

$$\Delta G(\beta)=\mu_B(\beta)\Delta n_B(\beta)=\mu_B(\beta)dn_B \tag{3-28}$$

系统的总吉布斯函数变化可由式（3-27）和式（3-28）两式加和得到：

$$\Delta G=\left[\mu_B(\beta)-\mu_B(\alpha)\right]dn_B$$

过程为等温等压且非体积功为零的相变过程，因此过程的方向和限度判据为 $\Delta G\leqslant 0$，即

$$[\mu_B(\beta)-\mu_B(\alpha)]\mathrm{d}n_B \leqslant 0 \tag{3-29}$$

又因为 $\mathrm{d}n_B>0$，则

$$\mu_B(\beta) \leqslant \mu_B(\alpha) \tag{3-30}$$

式（3-30）表明，在等温等压且不做非体积功的条件下，组分 B 可自发地从化学势高的相往化学势低的相转移，平衡时组分 B 在各相中的化学势相等。

（二）在化学平衡中的应用

在等温等压条件下，有一巨大的反应器中进行着如下化学反应：

$$a\mathrm{A}+d\mathrm{D} = g\mathrm{G}+h\mathrm{H}$$

因为系统巨大，当反应进行到某一程度，可认为各组分的化学势几乎不改变。设有微小量 $a\mathrm{d}n$ 的 A 和 $d\mathrm{d}n$ 的 D 反应，生成 $g\mathrm{d}n$ 的 G 和 $h\mathrm{d}n$ 的 H，则整个反应系统的吉布斯函数的改变为

$$\Delta_r G=(g\mu_G+h\mu_H)-(a\mu_A+d\mu_D)=\sum(\nu_B\mu_B)_{产物}-\sum(\nu_B\mu_B)_{反应物} \tag{3-31}$$

当 $\Delta_r G_{T,p}<0$，化学反应可自发进行，则

$$(g\mu_G+h\mu_H)-(a\mu_A+d\mu_D)<0$$

或

$$\sum(\nu_B\mu_B)_{产物}-\sum(\nu_B\mu_B)_{反应物}<0 \tag{3-32}$$

即

$$\sum(\nu_B\mu_B)_{产物}<\sum(\nu_B\mu_B)_{反应物} \tag{3-33}$$

式中，ν_B 代表物质 B 的化学计量系数。式（3-33）说明，在等温等压且非体积功为零的条件下，若反应物化学势之和高于产物化学势之和，则反应将自发进行。

同理，在等温等压且非体积功为零的条件下，当化学反应达到平衡时，产物的化学势之和等于反应物化学势之和：

$$\sum(\nu_B\mu_B)_{产物}=\sum(\nu_B\mu_B)_{反应物}$$

用类似的方法还可以证明，在等温等容且不做非体积功的过程、等熵等容且不做非体积功的过程及等熵等压且不做非体积功的过程中，化学势仍然决定化学反应等传质过程的方向和限度。

第四节　稀溶液中的两个经验定律

一、拉乌尔定律

19 世纪，Raoult 对溶液上方溶剂的蒸气压力进行了大量的研究，发现往溶剂中加入非挥发性溶质后，溶剂的蒸气压会降低，于 1887 年总结出著名的拉乌尔定律（Raoult's law）。

拉乌尔定律表述为：一定温度下，稀溶液溶剂的蒸气压等于纯溶剂的蒸气压乘以溶液中溶剂的摩尔分数。用公式表示

$$p_A=p_A^* x_A \tag{3-34}$$

式中，p_A 为溶剂的蒸气压；p_A^* 为纯溶剂的蒸气压；x_A 为溶液中溶剂的摩尔分数。

拉乌尔定律是溶液的最基本的经验定律之一。虽然拉乌尔定律最初是由非挥发性的溶质的溶液总结出来的，但是人们发现在含有挥发性溶质的溶液也一样适用，而且溶液越稀薄，溶剂越能够更好地服从拉乌尔定律。这是因为在稀溶液中，少量溶质分子对大量溶剂分子的作用可以忽略不计，因而溶剂上方的蒸气压仅与单位体积中溶剂的分子数（即浓度）有关。

拉乌尔定律特别适用于稀溶液，但溶液稀薄到什么程度，溶剂才能遵守拉乌尔定律并不存在一个统一的标准，因此在不同的溶液中，拉乌尔定律的适用范围不一样。

【**例题 3-4**】 在p=101.3kPa，85℃时，纯甲苯和纯苯的饱和蒸气压分别为46.00kPa和116.9kPa。现有由甲苯（A）及苯（B）组成的二组分液态混合物沸腾（视为理想液态混合物），且A和B都遵守拉乌尔定律，试计算该理想液态混合物在该条件下沸腾的液相组成及气相组成。

分析： 沸腾使混合溶液上方存在A和B的混合蒸气，可视为理想气体，且满足拉乌尔定律，同时气相中的理想组分还满足物理学上的道尔顿分压定律。

A（g），B（g） y_A，y_B
A（l），B（l） x_A，x_B

解： 气相中的总压为

$$p_{总压} = p_A^* x_A + p_B^* x_B = p_A^* + (p_B^* - p_A^*) x_B$$

则

$$x_B = \frac{p - p_A^*}{p_B^* - p_A^*} = 0.780$$

因此

$$x_A = 1 - x_B = 0.220$$

根据道尔顿分压定律有

$$y_B = p_B / p = p_B^* x_B / p = 116.9 \times 0.780 / 101.3 = 0.900$$

因此

$$y_A = 0.100$$

二、亨利定律

1803年，亨利（Henry）在研究大量气体在液体中的溶解度的基础上，总结出稀溶液的另一重要经验规律——亨利定律（Henry's law）。

亨利定律的表述是：在一定温度和平衡状态下，气体在液体中的溶解度（用摩尔分数表示）和该气体的平衡分压成正比。用公式表示为

$$p_B = k_x x_B \tag{3-35}$$

式中，p_B是平衡时液面上方该气体的压力，x_B是挥发性溶质B（即所溶解的气体）在溶液中的摩尔分数，k_x是比例常数，其数值决定于温度、压力及溶质和溶剂的性质。

在稀溶液中，上式可写为

$$p_B = k_x x_B = k_x \frac{n_B}{n_A + n_B} \approx k_x \frac{n_B}{n_A} = k_x \frac{n_B M_A}{m(A)}$$

式中，M_A为溶剂的摩尔质量，可与常数合并；$m(A)$为溶剂的质量；$\frac{n_B}{m(A)}$表示1kg溶剂中溶质的物质的量，即溶质的质量摩尔浓度m_B，上式可写为

$$p_B = k_m m_B \tag{3-36}$$

同理，用物质的量浓度c_B表示：

$$p_B = k_x x_B \approx k_x \frac{n_B}{n_A} = k_x \frac{\frac{n_B}{V}}{\frac{n_A}{V}} = k_x \frac{c_B}{c_A}$$

式中，V为溶液体积；c_A为溶剂的物质的量浓度，在稀溶液中为定值，可与常数合并，上式可写为

$$p_B = k_c c_B \tag{3-37}$$

式（3-35）～式（3-37）即为Henry定律的3种常用表达式，其中的k_x、k_m、k_c均为亨利常数，且$k_x \neq k_m \neq k_c$，各种亨利常数可以互换计算。

亨利定律同样适用于稀薄溶液，溶液越稀薄，溶质越能够更好地服从亨利定律。对于大多数气体溶于水时，溶解度随温度的升高而降低，因此升高温度或降低气体的分压都能使溶液更稀、更能服从于亨利定律。总压力不大时，亨利定律分别适用于气体混合物中的每一种气体。但使用亨利定律时，须注意溶质在气体和在溶液中分子状态必须是相同的。

案例 3-5

HCl 气体分别溶解在苯和水中，亨利定律是否适用？

分析：HCl 气体溶解在苯中不会离解，但溶解在水中如果压力不够小，HCl 气体会离解平衡：$HCl(g) \longrightarrow H^+(aq) + Cl^-(aq)$。

解答：在苯中，HCl 气相和液相中都是呈 HCl 的分子状态，因此服从亨利定律；在水中，气相是 HCl 分子，在液相中则为 H^+和 Cl^-，因此亨利定律不适用。

同理，CO_2气体在水中溶解时，只有在水溶液中仍为 CO_2 的那部分与气相中的 CO_2 达到平衡时，可以使用亨利定律。

图 3-1 是系统的蒸气压与组成关系图，图中黑色的曲线是实际测量曲线，显然真实溶液系统只有在稀溶液区才服从与拉乌尔定律和亨利定律。

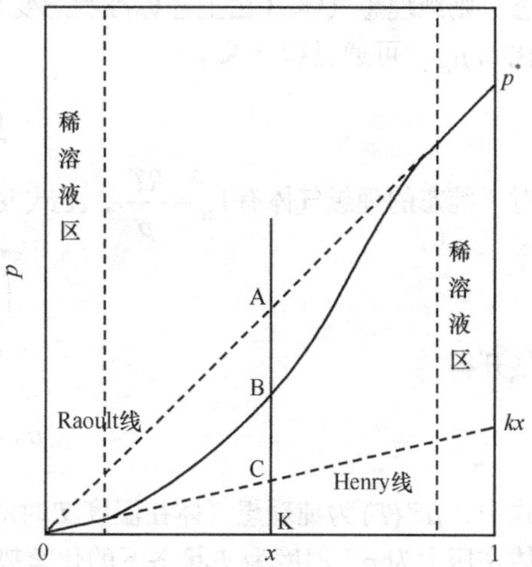

图 3–1　蒸气压与组成关系图

【例题 3-5】 300K 时，液体 A 和 B 部分互溶形成 α 和 β 两个平衡液相，在 α 相中，A 的物质的量分数 x_A 是 0.85，纯 A 的饱和蒸气压是 22kPa，在 β 相中，x_B 为 0.89，如果理想稀溶液的公式对每个相中的溶剂都适用，求 A 的亨利常数。

解：在 α 相中有　$p_A^\alpha = p_A^* x_A^\alpha$

在 β 相中有　$p_B^\beta = k_x x_A^\beta$

平衡时，A 在两相中的压力相等，则

$$p_A^\alpha = p_A^\beta$$

因此

$$p_A^* x_A^\alpha = k_x x_A^\beta$$

即

$$22 \times 0.85 = k_x \times (1 - 0.89)$$

解得

$$k_x = 170\text{kPa}$$

第五节　气体混合物中各组分的化学势

化学势是多组分系统中重要的热力学量，如果能够把不同状态下物质的 μ_B 用式子表达出来，就能够得到化学势的改变值 $\Delta\mu_B$，从而判断过程方向和限度。

众所周知，纯物质的吉布斯函数的绝对值不可测，因此多组分系统中某组分的化学势的绝对值不可知。为了能够把 μ_B 表达出来，规定物质处于不同状态（如气态、液态、固态、溶液中组分等）时，各选定一标准态（standard state）作为相对起点，此点的化学势称为标准态化学势。其他状态下组分的化学势，可表示为标准态化学势的关系式，进而解决化学势作为自发变化方向和限度的判据问题。

许多化学反应在气相中进行，我们首先讨论气体中各组分的化学势表达式。

一、理想气体的化学势

（一）纯态的理想气体的化学势

对于纯态物质，它的偏摩尔量就是摩尔量，因此纯物质的化学势即为其摩尔吉布斯函数。

$$\mu = G_{\mathrm{m}}^{*} = G_{\mathrm{m}} \tag{3-38}$$

当温度保持不变，改变压力时，根据式（3-24）有

$$\left(\frac{\partial \mu}{\partial p}\right)_T = \left(\frac{\partial G_{\mathrm{m}}}{\partial p}\right)_T = V_{\mathrm{m}}$$

为了方便，统一将处于标准压力 $p^{\ominus}=100\mathrm{kPa}$ 及任意选定温度 T 的状态定为理想气体的标准态。则纯理想气体 B 由上述标准状态变化到压力为 p 及温度为 T 的终态时，系统化学势由 $\mu^{\ominus}$ 变化到 μ_{B}，可通过积分求出：

$$\int_{\mu^{\ominus}}^{\mu_{\mathrm{B}}} \mathrm{d}\mu = \int_{p^{\ominus}}^{p} V_{\mathrm{m}} \mathrm{d}p \tag{3-39}$$

对于纯态的理想气体有 $V_{\mathrm{m}} = \dfrac{RT}{p}$，上式变为

$$\int_{\mu^{\ominus}}^{\mu_{\mathrm{B}}} \mathrm{d}\mu = \int_{p^{\ominus}}^{p} \frac{RT}{p} \mathrm{d}p$$

展开得

$$\mu_{\mathrm{B}} = \mu^{\ominus}(T) + RT\ln\frac{p}{p^{\ominus}} \tag{3-40}$$

式中，$\mu^{\ominus}(T)$ 为纯理想气体在温度 T 时的标准态化学势，它仅仅是温度的函数。μ_{B} 即为纯理想气体在压力为 p、温度为 T 状态下的化学势。同温下，压力为 p 的纯理想气体的化学势 μ_{B} 比标准态化学势 $\mu^{\ominus}(T)$ 高 $RT\ln\dfrac{p}{p^{\ominus}}$。因为参照起始点的类型相同，因此我们可以通过 $RT\ln\dfrac{p}{p^{\ominus}}$ 这一差值项来比较组分在不同状态下化学势的大小。

（二）理想气体混合物中组分 B 的化学势

案例 3-6

如图有两个气室，左气室是温度为 T，压力为 p 的含有气体 B 的理想气体混合物，右边气室装有同温下的纯 B 的理想气体，两气室中间的半透膜只允许气体 B 通过，且两气室达到平衡状态。平衡时，左气室 B 的分压为 p_{B}，右气室纯 B 气体的压力为 p_{B}^{*}：

A, B, C, …	B
T, p_{B}, μ_{B}	T, p_{B}^{*}, μ_{B}^{*}

问题：

（1）平衡时，两个气室中气体 B 的压力有什么关系？

（2）混合系统中气体 B 的分压如何计算？

（3）平衡时两个气室中 B 气体的化学势是否相等？如何表达？

当两个气室达到平衡时，根据压力平衡原理及化学势判据可知，组分 B 在两气室的压力相等，

化学势相等。即

$$p_{\mathrm{B}} = p_{\mathrm{B}}^{*}, \quad \mu_{\mathrm{B}} = \mu_{\mathrm{B}}^{*}$$

式中，p_{B}、μ_{B} 分别代表理想气体混合物中组分 B 的分压及化学势，p_{B}^{*}、μ_{B}^{*} 分别代表理想气体 B 纯态时的压力及化学势。根据上述等式，则有

$$\mu_{\mathrm{B}}=\mu_{\mathrm{B}}^{*} = \mu_{\mathrm{B}}^{\ominus}(T)+RT\ln\frac{p_{\mathrm{B}}^{*}}{p^{\ominus}}=\mu_{\mathrm{B}}^{\ominus}(T)+RT\ln\frac{p_{\mathrm{B}}}{p^{\ominus}}$$

根据道尔顿分压定律有

$$p_{\mathrm{B}} = y_{\mathrm{B}} p$$

式中，y_{B} 为理想气体混合物中组分 B 的摩尔分数。则理想气体混合物中组分 B 的化学势为

$$\mu_{\mathrm{B}} = \mu_{\mathrm{B}}^{\ominus}(T)+RT\ln\frac{y_{\mathrm{B}} p}{p^{\ominus}} \tag{3-41}$$

或

$$\mu_{\mathrm{B}} = \mu_{\mathrm{B}}^{\ominus}(T)+RT\ln\frac{p}{p^{\ominus}}+RT\ln y_{\mathrm{B}} \tag{3-42}$$

由式（3-42）可知，理想气体混合物中组分 B 的化学势的标准态与其纯理想气体相同，且理想气体混合物中组分 B 的化学势 μ_{B} 决定于气体混合物的温度、压力及组成。

二、真实气体的化学势

（一）纯态真实气体的化学势

真实气体的情况非常复杂，难以找到确切的 p、V 关系的状态方程代入式（3-39）中进行积分，因此纯态真实气体化学势的表达不能够按照理想气体的处理方式进行。1901 年路易斯（C. N.Lewis）建议对于真实气体，可将压力 p 校正成相同条件下具有相同化学势的理想气体的压力 f，从而保留理想气体化学势表达的简单形式。

f 称为逸度（fugacity）或有效压力、校正压力，γ 称为逸度系数（fugacity coefficient）或校正因子，则有

$$f = \gamma p \tag{3-43}$$

式中，p 为实际压力。通过 γ 将真实气体的压力校正为逸度而使实际气体遵守理想气体化学势的表达。理想气体的 $\gamma = 1$，实际气体的 $\gamma \neq 1$，当气体压力 $p \to 0$ 时，真实气体的行为就趋于理想气体行为，此时 $\gamma \to 1$，$f \to p$，即

$$\lim_{p\to 0}\frac{f}{p} = 1$$

因此，γ 反映的是实际气体与理想气体的偏离程度，即气体的不理想性。则真实气体的化学势表达为

$$\mu_{\mathrm{B}} = \mu^{\ominus}(T)+RT\ln\frac{f}{p^{\ominus}} \tag{3-44}$$

（二）真实气体混合物中组分 B 的化学势

对于真实气体混合物中的每个组分，按相同方法处理，只是用分逸度 f_{B} 替代分压 p_{B}。f_{B} 是混合气体中 B 的逸度，可视为校正的分压，则

$$f_{\mathrm{B}} = \gamma_{\mathrm{B}} p_{\mathrm{B}} = \gamma_{\mathrm{B}} p y_{\mathrm{B}} \tag{3-45}$$

式中，γ_B为混合气体中组分B的逸度系数；p_B为混合气体中组分B的分压；p为混合气体的总压；y_B为混合气体中组分B的物质的量分数。显然

$$\lim_{p\to 0}\gamma_B = 1$$

因此真实气体混合物中组分B的化学势可表达为

$$\mu_B = \mu^{\ominus}(T) + RT\ln\frac{f_B}{p^{\ominus}} \tag{3-46}$$

第六节　液态混合物、稀溶液、真实溶液中组分的化学势

一、液态混合物中组分的化学势

如果液态混合物不区分溶剂、溶质，任一组分遵从的规律相同，则只需对其中任一组分进行热力学处理，其结果可适用于其他组分。

二组分液态混合物从分子模型上看，A、B 组分的分子间作用力相同，可表示为 $f_{AA} = f_{BB} = f_{AB}$，各组分的分子体积相同，其宏观表现为 A、B 组分混合前后无热效应产生、无体积变化，构成混合物时，一种物质的加入对另一种物质只起稀释作用。因此，在一定温度下，任一组分在全部浓度范围内都遵守拉乌尔定律，即理想溶液。因此形成液态混合物前后的热力学函数变化：

$$\Delta H = O$$
$$\Delta V = O$$
$$\Delta S = -R\sum_B n_B \ln x_B$$
$$\Delta G = RT\sum_B n_B \ln x_B$$

按相平衡条件，任一组分B在液相中的化学势一定与平衡气相中的化学势相等：

$$\mu_B^{l} = \mu_B^{g} = \mu_B{}^{\ominus}(T) + RT\ln\frac{p_B}{p^{\ominus}} \tag{3-47}$$

将B的分压以拉乌尔定律 $p_B = p_B^* x_B$ 代入上式，B组分的化学势

$$\mu_B = \mu_B^{\ominus}(T) + RT\ln\frac{p_B^*}{p^{\ominus}} = RT\ln x_B$$

合并两个常数项，令

$$\mu_B^*(T,p) = \mu_B{}^{\ominus}(T) + RTl\frac{p_B^*}{p^{\ominus}}$$

则

$$\mu_B = \mu_B^*(T,p) + RT\ln x_B \tag{3-48}$$

式中，μ_B^* 是液态混合物中组分B的标准态化学势，此标准态为当 $x_B = 1$，纯B处于温度 T 及饱和蒸气压状态，即为液态混合物中组分B的标准态。

【例题3-6】 苯和甲苯近似组成理想溶液。在298K时，将1mol的苯从纯苯中转移到浓度为 $x_{苯} = 0.200$ 的大量液态混合物中去，试计算此过程的 ΔG。

解： 需要理解化学势就是偏摩尔吉布斯函数，即等温等压，其他浓度恒定时，变化1mol B物质所引起的吉布斯函数的改变。始态为纯态，苯的化学势处标准态，终态为溶液，苯的化学势即为该浓度时的化学势。转移1mol苯时的 ΔG 就是终态化学势与始态化学势的差：

$$\mu_{苯}=\mu_{苯}^{*}(T,p)+RT\ln x_{苯}$$

$$\Delta G=\mu_{苯}-\mu_{苯}^{*}(T,p)=RT\ln x_{苯}=8.314\times298\times\ln0.200=-3988(\mathrm{J})$$

二、理想稀溶液中各组分的化学势

稀溶液有溶质和溶剂之分，它们的标准态不同，遵循的规律也不同，需分别处理。

（一）理想稀溶液溶剂的化学势

若 A 代表溶剂，B 代表溶质，由于稀溶液中溶剂 A 服从拉乌尔定律，所以溶剂的化学势和液态混合物化学势一样，仍表示为

$$\mu_{\mathrm{A}}=\mu_{\mathrm{A}}^{*}(T,p)+RT\ln x_{\mathrm{A}} \tag{3-49}$$

（二）理想稀溶液中溶质的化学势

稀溶液中溶质 B 服从亨利定律。当溶质浓度用摩尔分数表示时，$P_{\mathrm{B}}=k_x x_{\mathrm{B}}$ 代入式（3-47）：

$$\mu_{\mathrm{B}}^{\mathrm{l}}=\mu_{\mathrm{B}}^{\mathrm{g}}=\mu_{\mathrm{B}}^{\ominus}(T)=RT\ln\frac{p_{\mathrm{B}}}{p^{\ominus}}=\mu_{\mathrm{B}}^{\ominus}(T)+RT\ln\frac{k_x}{p^{\ominus}}+RT\ln x_{\mathrm{B}}$$

合并两个常数项：$\mu_{\mathrm{B}}^{*}(T,p)=\mu_{\mathrm{B}}^{\ominus}(T)+RT\ln\dfrac{k_x}{p^{\ominus}}$ 得

$$\mu_{\mathrm{B},x}=\mu_{\mathrm{B}}^{*}(T,p)+RT\ln x_{\mathrm{B}} \tag{3-50}$$

式中，μ_{B}^{*} 是 T，p 的函数，可以看成 $x_{\mathrm{B}}=1$ 且仍旧服从 Henry 定律的那个状态的化学势，见图 3-2（a）。将 $P_{\mathrm{B}}=k_x x_{\mathrm{B}}$ 的直线延长到 M 点，此点是当 x_{B} 由小外推直至 1 时，溶质 B 仍遵守亨利定律的假想标准态，因当 $x_{\mathrm{B}}=1$ 时，不是稀溶液，溶质也不再遵从亨利定律，是一个参考标准态，图中纯 B 的真实状态用 N 点表示。比较式（3-49）和式（3-50），可以看出稀溶液中溶剂 A 与溶质 B 的化学势具有相同表示形式，但式中对应的标准态是不同的。

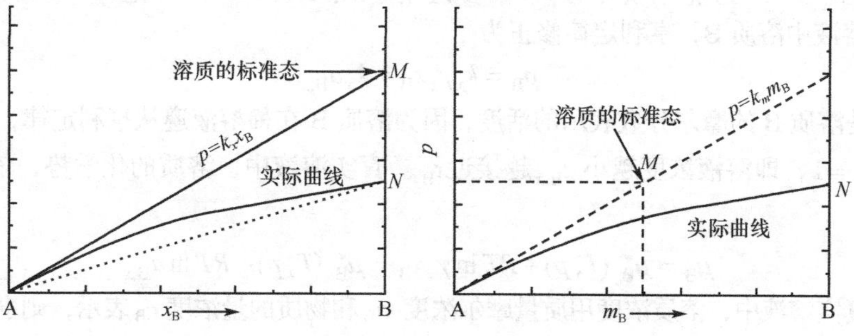

图 3-2　溶液中溶质的标准态

（a）浓度为摩尔分数；（b）浓度为质量摩尔浓度

若亨利定律公式中浓度表示为质量摩尔浓度 m_{B} 和物质的量浓度 c_{B}，将 $P_{\mathrm{B}}=k_m m_{\mathrm{B}}$ 代入式（3-47），则

$$\mu_{\mathrm{B}}=\mu_{\mathrm{B}}^{\ominus}(T)+RT\ln\frac{k_m m^{\ominus}}{p^{\ominus}}+RT\ln\frac{m_{\mathrm{B}}}{m^{\ominus}}$$

$$\mu_{\mathrm{B}}=\mu_{\mathrm{B,m}}^{*}(T,p)+RT\ln\frac{m_{\mathrm{B}}}{m^{\ominus}} \tag{3-51}$$

将 $P_B = k_c c_B$ 代入式（3-47），则

$$\mu_B = \mu_B^{\ominus}(T) + RT\ln\frac{k_c c^{\ominus}}{p^{\ominus}} + RT\ln\frac{c_B}{c^{\ominus}}$$

$$\mu_B = \mu_{B,c}^{*}(T,p) + RT\ln\frac{c_B}{c^{\ominus}} \qquad (3\text{-}52)$$

式（3-51）和式（3-52）分别是采用质量摩尔浓度和物质的量浓度时，稀溶液中溶质的化学势表示式，$\mu_{B,m}^{*}(T,p), \mu_{B,c}^{*}(T,p)$ 分别是外推到 $m_B = 1\text{mol}\cdot\text{kg}^{-1}$ 及 $c_B = 1\text{mol}\cdot\text{L}^{-1}$ 时，溶液中溶质 B 仍遵从亨利定律的化学势，这也是一假想的状态，见图 3-2（b）中的 M 点。

三、真实溶液中各组分的化学势

为了使真实溶液中物质的化学势表示仍具有简单的形式，将真实溶液对理想态的偏差，全部集中于对真实溶液浓度的校正上，路易斯引入了活度的概念。

对真实溶液中溶剂 A，拉乌尔定律修正为

$$P_A = p_A^{*}\gamma_x x_A$$

令

$$a_{A,x} = \gamma_x x_A$$

其中，

$$\lim_{x_A} \to 1\gamma_x = 1$$

式中，γ_x 是对浓度 x 的校正因子，$\gamma_x x_A$ 可以理解为 A 的有效浓度，或称活度（activity），$a_{A,x}$ 是 A 组分用摩尔分数表示的活度。γ_x 称为活度系数（activity coefficient），它表示真实溶液与液体混合物的偏差，是无量纲量，当 x_A 趋于 1，即溶液极稀接近于纯溶剂时，活度系数趋于 1，此时活度就是浓度。

真实溶液中溶剂的化学势，依式（3-49）表示为

$$\mu_A = \mu_A^{*}(T,p) + RT\ln\gamma_x x_A = \mu_A^{*}(T,p) + RT\ln a_{A,x} \qquad (3\text{-}53)$$

对真实溶液中溶质 B，亨利定律修正为

$$p_B = k_x\gamma_x x_B = k_x a_{B,x}$$

式中，$a_{B,x}$ 是溶质 B 的摩尔分数表示的活度，因为溶质 B 在稀溶液遵从亨利定律，故 γ_x 是活度系数 $\lim_{x_B\to 0}\gamma_x = 1$，即溶液浓度越小 $a_{B,x}$ 越接近 x_B。真实溶液中，溶质的化学势，依式（3-50）表示为

$$\mu_B = \mu_B^{*}(T,p) + RT\ln\gamma_x x_B = \mu_B^{*}(T,p) + RT\ln a_{B,x} \qquad (3\text{-}54)$$

同理，真实溶液中，溶质浓度用质量摩尔浓度 m_B 和物质的量浓度 c_B 表示，则亨利定律修正为

$$P_B = k_m\gamma_m m_B$$

$$P_B = k_c\gamma_c c_B$$

分别代入式（3-51）和式（3-52），B 的化学势表示为

$$\mu_B = \mu_{B,m}^{*}(T,p) + RT\ln\frac{\gamma_m m_B}{m^{\ominus}} = \mu_{B,m}^{*}(T,p) + RT\ln a_{B,m} \qquad (3\text{-}55)$$

$$\mu_B = \mu_{B,c}^{*}(T,p) + RT\ln\frac{\gamma_c c_B}{c^{\ominus}} = \mu_{B,c}^{*}(T,p) + RT\ln a_{B,c} \qquad (3\text{-}56)$$

式（3-54）～式（3-56）是采用不同浓度量纲时真实溶液中溶质 B 的化学势表达式，其中 γ_x、γ_m、γ_c 是采用不同浓度量纲时浓度的校正因子，称活度系数。其特征是，当溶剂无限稀释时候，即 x、m、

c 趋于零时，对应的 γ 趋于 1。式中，$\mu_{B,x}^*(T,p)$、$\mu_{B,m}^*(T,p)$、$\mu_{B,c}^*(T,p)$ 分别是采用不同浓度单位时的标准化学势，其对应的标准态分别是：在温度 T 和压力 p 及一定的条件下，溶质的浓度 x_B、m_B、c_B 分别等于 1，且仍遵从亨利定律的假想压力。综上所述，各种形态物质的化学势具有相似的形式，可统一表示为

$$\mu_B = \mu_B(\text{标准态}) + RT\ln a_B \tag{3-57}$$

式中，a_B 为广义活度，可以理解为有效浓度（或有效压力）与标准态浓度（或标准态压力）之比，对气体、液体有所不同的内容，现集中表示于表 3-2 中。

表 3-2　物质的标准态、化学势和活度

物质	标准态	μ_B	a_A
气体（纯态或在气体混合中）	在 $p^\ominus$（100kPa）和 T 的纯理想气	$\mu_B = \mu_B^\ominus(T) + RT\ln\frac{p_B}{p^\ominus}$	$\frac{f_B}{p^\ominus}$
溶剂 A	在 T、p 时，$x_A = 1$ 的纯 A 状态	$\mu_A = \mu_A^*(T,p)RT\ln x_A$	$\gamma_A x_A$
溶质 B（摩尔分数表示）	T、p 时，$x_B = 1$ 仍服从亨利定律的假想标准态	$\mu_{B,x} = \mu_{B,x}^*(T,p)RT\ln x_B$	$\gamma_x x_B$
溶质 B（摩尔浓度表示）	T、p 时，$m_B = 1\text{mol}\cdot\text{kg}^{-1}$ 仍服从亨利定律的假想标准态	$\mu_B = \mu_{B,m}^*(T,p)RT\ln\frac{m_B}{m^\ominus}$	$\frac{\gamma_m m_B}{m^\ominus}$
溶质 B（物质的量溶度表示）	T、p 时，$c_B = 1\text{mol}\cdot\text{L}^{-1}$ 仍服从亨利定律的假想标准态	$\mu_B = \mu_{B,c}^*(T,p) + RT\ln\frac{c_B}{c^\ominus}$	$\frac{\gamma_c c_B}{c^\ominus}$

第七节　稀溶液的依数性

在溶剂中加入非挥发性溶质后，溶液的沸点会升高，凝固点会降低，产生了渗透压力，这些现象就是依数性（colligative properties）的表现。“依数”的含义是指这些性质只与溶质的分子数量有关，与分子的性质无关。

溶液的沸点升高和凝固点降低的原因可由图 3-3 说明。

图 3-3 是不同温度 T 时的蒸气压 p 示意图，AB 为纯溶剂的蒸气压曲线，CD 为溶液的蒸气压曲线，由于溶剂中加入非挥发性溶质，使得蒸气压降低，因此 CD 线在 AB 线的下方。在相同的压力 $p^\ominus$ 时，纯溶剂的沸点 B 的温度为 T_b^*，稀溶液的沸点 D 的温度为 T_b，由图可见稀溶液的沸点升高。EF 线为固态溶剂的蒸气压曲线，F 点是纯溶剂的固液平衡点（即凝固点），温度为 T_f^*，C 是稀溶液的凝固点，温度为 T_f，由图可见稀溶液的凝固点比纯溶剂凝固点低。

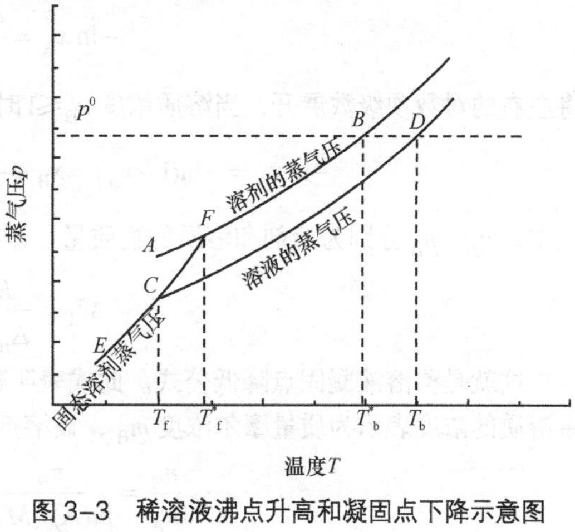

图 3–3　稀溶液沸点升高和凝固点下降示意图

一、凝固点降低

两相平衡的条件是组分在两相中的化学势相同。设压力为 p，溶液凝固温度为 T，平衡时溶剂 A（浓度为 x_A）在液相中的化学势 $\mu_{A,(l)}$ 等于溶剂在固相中化学势 $\mu_{A,(s)}$。

$$\mu_{A,(l)} = \mu_{A,(s)}$$

在压力 p 恒定时，溶剂在液相中的化学势 $\mu_{A,(l)} = f(T,x)$，在纯固相中 $\mu_{A,(s)} = f(T)$。若溶剂

浓度改变了 $dx(x \to x+dx)$，凝固点温度相应改变了 $dT(T \to T+dT)$，达到新的平衡时，化学势各自改变但仍保持相等，

$$\mu_{A,(l)} + d\mu_{A,(l)} = \mu_{A,(s)} + d\mu_{A,(s)}$$

比较两式 $d\mu_{A,(l)} = d\mu_{A,(s)}$

即

$$\left(\frac{\partial \mu_{A,(l)}}{\partial T}\right)_{p,x} dT + \left(\frac{\partial \mu_{A,(l)}}{\partial x}\right)_{p,T} dx = \left(\frac{\partial \mu_{A,(s)}}{\partial T}\right)_{p} dT$$

对于稀溶液，$\mu_A = \mu_A^* + RT\ln x_A, (\frac{\partial \mu_B}{\partial T})_{p,n_i} = -S_{B,m}$ 代入上式，

熔化熵 $\Delta_{fus}S_{A,m} = S_{A(s),m} - S_{A(l),m} = \frac{\Delta_{fus}H_{m,A}^*}{T}$ 代入上式，

$$\frac{RT}{x_A}dx_A = \frac{\Delta_{fus}H_{m,A}^*}{T}$$

设纯溶剂（$x_A = 1$）的凝固点为 T_f^*，浓度为 x_A 时的凝固点为 T_f，对上式作定积分：

$$\int_1^{x_A} \frac{dx_A}{x_A} = \int_{T_f^*}^{T_f} \frac{\Delta_{fus}H_{m,A}^*}{RT^2} dT$$

当温度变化不大时，$\Delta_{fus}H_{m,A}^*$ 可看成常数

$$\ln x_A = -\frac{\Delta_{fus}H_{m,A}^*}{R}\left(\frac{1}{T_f} - \frac{1}{T_f^*}\right) = -\frac{\Delta_{fus}H_{m,A}^*}{R}\left(\frac{T_f^* - T_f}{T_f T_f^*}\right)$$

令 $\Delta T_f = T_f^* - T_f, T_f T_f^* \approx (T_f^*)^2$ 代入上式

$$-\ln x_A = \frac{\Delta_{fus}H_{m,A}^*}{R(T_f^*)^2}\Delta T_f$$

将左右的对数项级数展开，当溶质浓度 $x_B \leqslant 1$ 时作近似处理，

$$-\ln x_A = -\ln(1 - x_B) = x_B + \frac{1}{2}x_B{}^2 + \cdots \approx x_B = \frac{n_B}{n_A + n_B} \approx \frac{n_B}{n_A}$$

式中，n_A、n_B 分别为溶剂和溶质的物质量，则有

$$\Delta T_f = \frac{R(T_f^*)^2}{\Delta_{fus}H_{m,A}^*} \cdot \frac{n_B}{n_A} \tag{3-58}$$

这就是稀溶液凝固点降低公式。此式表明凝固点降低值 ΔT_f 与溶质的物质的量 n_B 成正比。现将溶质的浓度表示为质量摩尔浓度 m_B，设溶剂的质量为 $m(A)$，

$$\frac{n_B}{n_A} = \frac{n_B}{m(A)/M_A} M_A \frac{n_B}{m(A)} M_A m_B$$

令

$$k_f = \frac{R(T_f^*)^2}{\Delta_{fus}H_{m,A}^*} M_A \tag{3-59}$$

凝固点降低公式可写为

$$\Delta T_f = k_f m_B \tag{3-60}$$

k_f 称为凝固点降低常数（freezing point depression constant or cryoscopic constant），其单位是 $K \cdot kg \cdot mol^{-1}$。从 k_f 的关系式中可知，其值只与溶剂的性质（如凝固点温度、熔化热和摩尔质量有关）。表 3-3 列出了部分溶剂的 k_f 值。

表 3-3　几种溶剂的 k_f 和 k_b 值

溶剂	k_f / (K·kg·mol^{-1})	k_b / (K·kg·mol^{-1})	溶剂	k_f / (K·kg·mol^{-1})	k_b / (K·kg·mol^{-1})
水	1.86	0.51	萘	6.94	5.8
醋酸	3.90	3.07	四氯化碳	30	4.95
苯	5.12	2.53	苯酚	7.27	3.04
二硫化碳	3.80	2.37			

二、沸点升高

前面已说明由于非挥发性溶质的加入降低了溶液的蒸气压，使得一定压力下气液平衡时的温度上升，即沸点上升。定量关系可按凝固点降低的处理方法，做相同的推导，得式中 $\Delta T_b = T_b - T_b^*$（溶液沸点–纯溶剂沸点）为沸点上升值，$\Delta_{vap}H_{m,A}^*$ 为溶剂的汽化热，k_b 为沸点升高常数（boiling point elevationg constant or ebullioscopic constant)，单位 $K \cdot kg \cdot mol^{-1}$。从 k_b 的关系式中可知，其值只与溶剂的性质（如沸点温度、汽化热和摩尔质量）有关。部分溶剂的 k_b 值见表 3-3，同样沸点升高公式也只适用于稀溶液。

$$\Delta T_b = \frac{R(T_b^*)^2}{\Delta_{vap}H_{m,A}^*} \cdot \frac{n_B}{n_A} \tag{3-61}$$

$$k_b = \frac{R(T_b^*)^2}{\Delta_{vap}H_{m,A}^*} M_A \tag{3-62}$$

$$\Delta T_b = k_b m_B \tag{3-63}$$

三、渗透压

如果用半透膜（只允许溶剂分子通过、溶质分子不能通过的膜）将溶液与纯溶剂分开，溶剂分子会透过半透膜向溶液扩散，这种现象称为渗透（osmosis）。渗透的结果，引起溶液一侧液面上升，平衡时两边液面间的静压差称为渗透压（osmotic pressure)，见图 3-4（a）。如果对溶液一方施加额外压力 p_1 以消除液面差，则 p_1 就是渗透压，用 Π 表示，见图 3-4（b）。渗透的驱动力与扩散一样，都是源于化学势差，表观看是浓度差，只是扩散常用于描述溶质分子的移动，渗透用于溶剂分子的移动。渗透过程，是溶剂分子从溶剂浓度大的一侧（化学势大）向溶剂浓度小的一侧（化学势小）转移，直到两边化学势相同，是自发进行的过程。

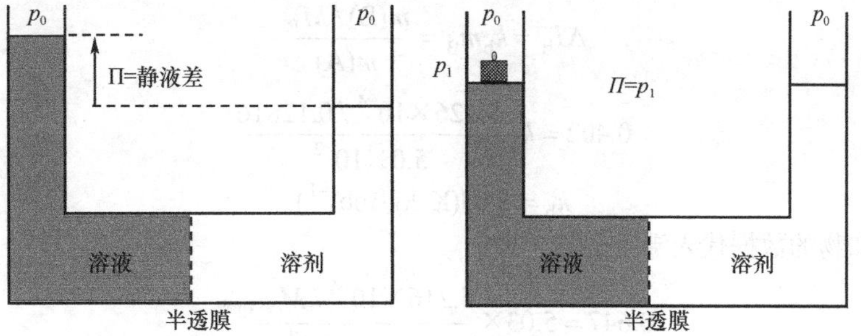

图 3–4　渗透压示意图

渗透压的大小自然取决于溶质的浓度，其定量关系仍可从热力学平衡的角度进行推导。当两边渗透平衡时，左侧溶液中溶剂的化学势 μ_A 等于右边纯溶剂的化学势 $\mu_A^\ominus$，即

$$\mu_A^\ominus(T,p_0+p_1)=RT\ln x_A=\mu_A^\ominus(T,p_0)$$

$$\mu_A^\ominus(T,p_0+p_1)-\mu_A^\ominus(T,p_0)=-RT\ln x_A \tag{3-64}$$

等式左边是纯溶剂在恒温条件下不同压力时化学势差（即ΔG_m），由$\left(\frac{\partial \mu_B}{\partial p}\right)_{T,n_i}=V_{B,m}$，当压力变化不大时，水的摩尔体积$V_{m,A}$视为常数。

$$\Delta G_m=\int_{p_0}^{p_0+p_1}V_{m,A}dp=V_{m,A}p_1=\varPi V_{m,A}$$

如前所述，稀溶液中$x_B \leqslant 1$，$-\ln x_A\approx\frac{n_B}{n_A}$代入（3-64），得

$$\varPi V_{m,A}=RT\frac{n_B}{n_A}$$

稀溶液中，溶液总体积（V）≈溶剂体积（$V_{m,A}n_A$），

$$\varPi=\frac{n_B}{V_{m,A}n_A}RT\approx\frac{n_B}{V}RT$$

$$\varPi=c_BRT \tag{3-65}$$

此式称为范托夫（van't Hoff）公式，式中c_B是溶质物质的量浓度，此处c_B单位为$mol\cdot m^{-3}$。由于在推导过程中作了一些近似，因而只适用于稀溶液。

渗透现象在自然界中广泛存在，它在生物的生命过程中起着重要的作用。植物吸收水分和养分是通过渗透作用进行的，动植物的生命膜具有半透膜的性质，血液、细胞液、组织液等必须有相同的渗透压，这对于代谢过程起着极为重要的作用。

如果再渗透平衡后继续提高溶液一侧压力，此时溶剂分子将从溶液一侧透过半透膜进入纯溶剂一侧，称为反渗透（reverse osmosis）。反渗透技术可用于海水淡化、工业污水处理等方面。人体中肾就有反渗透功能，可阻止血液中的糖分排到尿液中。

此外，测定大分子化合物溶液的渗透压，可以求出大分子的摩尔质量，这将在后续章节中进一步阐述。

【例题 3-7】 将5.126×10^{-4}kg的萘（B）（M_B=0.12816kg·mol^{-1}）溶于5.0×10^{-2}kg的CCl_4（A）（M_A=0.15382kg·mol^{-1}，25℃时蒸气压为15.25kPa）中，使得溶液的沸点升高0.402K，在相同量的CCl_4溶剂中，溶入6.216×10^{-4}kg未知物，沸点升高0.647K。求（1）CCl_4溶剂的k_b；（2）未知物的摩尔质量；（3）未知物溶液中，25℃时CCl_4的蒸气压为多少？

解：（1）将已知物萘的数据代入沸点升高公式，

$$\Delta T_b=k_bm_B=\frac{m(B)/M_B}{m(A)}$$

$$0.402=k_b\frac{5.126\times10^{-4}/0.12816}{5.0\times10^{-2}}$$

$$k_b=5.03(K\cdot kg\cdot mol^{-1})$$

（2）将未知物的数据代入沸点升高公式，

$$0.647=5.03\times\frac{6.216\times10^{-4}/M_{未知物}}{5.0\times10^{-2}}$$

$$M_{未知物}=0.0966\ kg\cdot mol^{-1}$$

（3）根据拉乌尔定律

$$p_A=p_A^*x_A=p_A^*\frac{m(A)/M_A}{m(A)/M_A+m(B)/M_B}$$

$$p_A = 15.25 \times \frac{5.0\times10^{-2}/0.153\,82}{5.0\times\frac{10^{-2}}{0.153\,82}+6.216\times10^{-4}/0.0966} = 14.93(\text{kPa})$$

【例题 3-8】 某大分子物质的平均摩尔质量为 $25.00\text{kg}\cdot\text{mol}^{-1}$，25℃，该物质水溶液渗透压达到 1539Pa 时，(1) 在 1L 溶液中含大分子物质多少？(2) 水溶液的凝固点降低多少？已知水的 $k_f = 0.51\text{K}\cdot\text{kg}\cdot\text{mol}^{-1}$。

解：(1) 根据渗透压公式：$\Pi = c_B RT = \frac{m(\text{B})/M_B}{V}RT$

$$1539 = \frac{m(\text{B})/25}{1\times10^3}\times8.314\times298.2 \qquad m(\text{B}) = 1.522\times10^{-2}\,\text{kg}$$

(2) 按凝固点降低公式，并作近似，在数值上 1L 溶液≈1kg 溶剂，

$$\Delta T_f = k_f m_B = k_f \frac{m(\text{B})/M_B}{m(\text{A})} = 0.51\times\frac{1.552\times10^{-2}/25}{1} = 3.17\times10^{-4}(\text{K})$$

第八节　分配定律

溶质在两个互不相溶的液相中分配有一定的规律，实验证明：在等温等压下，如果溶质同时可溶解在两种互不相溶的溶剂中，该溶质在两相中的浓度比有定值，这就是分配定律（distribution law）。用数学式表示：

$$\frac{m_B(\alpha)}{m_B(\beta)} = K\text{或}\frac{c_B(\alpha)}{c_B(\beta)} = K \tag{3-66}$$

式中，$m_B(\alpha)$、$m_B(\beta)$ 分别在溶质 B 在溶剂 α 相和溶剂 β 相中的质量摩尔浓度；$c_B(\alpha)$、$c_B(\beta)$ 为两相中物质的量浓度；K 为分配系数（distribution coefficient）。影响 K 的因素有：温度、压力、溶剂和溶质的性质等。当溶液浓度不大时，实验结果比较符合分配定律。

分配定律虽是一个经验规则，但可从热力学得到证明。在一定温度和压力时，设溶质 B 在溶剂 α 相和溶剂 β 相中达到分配平衡，则 B 在 α 相的化学势 $\mu_B(\alpha)$ 必等于 B 在 β 相的化学势 $\mu_B(\beta)$，

$$\mu_B(\alpha) = \mu_B(\beta)$$

代入化学势的表示式，

$$\mu_B^*(\alpha) + RT\ln a_B(\alpha) = \mu_B^*(\beta) + RT\ln a_B(\beta)$$

整理上式，

$$\frac{\alpha_B(\alpha)}{\alpha_B(\beta)} = \exp\left[\frac{\mu_B^*(\beta)-\mu_B^*(\alpha)}{RT}\right] = K(T,p)$$

即平衡时，B 在两相中活度比为定值。在浓度不大时，可认为浓度比为定值。

应用分配定律时要注意溶质在两相中必须有相同的形态，如果有解离或缔合的情况，应给予扣除。例如，苯甲酸在水和氯仿中的分配，由于苯甲酸在水中部分解离，它在水中的分配浓度是不包含解离部分的；而苯甲酸在氯仿中有部分缔合（双分子缔合体），在氯仿中的分配浓度也不包含缔合部分。

分配定律的一个重要应用是物质的萃取提纯。选择一种对被提取物溶解度大又对原溶液不相溶的溶剂（萃取剂）通过分配平衡，将被提取物从原溶液转移到新加入的溶剂中，这一过程称萃取。应用分配定律可定量计算萃取的物质的质量和萃取效率。

设在体积为 V_1 的溶液中含有溶质 B 的质量为 W，一次加入体积为 V_2 的溶剂进行萃取，平衡时，原溶液中剩下的溶质的质量为 W_1。分配平衡时，溶质在原溶液中的浓度为 c_1，萃取液中

的浓度，

$$c_1 = \frac{W_1 / M_B}{V_1} \quad c_2 = \frac{(W - W_1) / M_B}{V_2}$$

$$\frac{c_1}{c_2} = \frac{W_1 / V_1}{(W - W_1) / V_2} = K$$

即

$$W_1 = W \frac{KV_1}{KV_1 + V_2}$$

若再用 V_2 的溶剂进行第二次萃取，原溶液中剩下的溶质的质量为 W_2，

$$W_2 = W_1 \frac{KV_1}{KV_1 + V_2} = W \left(\frac{KV_1}{KV_1 + V_2} \right)^2$$

用相同体积 V_2 的溶剂进行 n 次萃取，原溶液中剩下溶质的质量为 W_n，

$$W_n = W \left(\frac{KV_1}{KV_1 + V_2} \right)^n$$

n 次萃取后，已萃取出的溶质的总质量 $W_{萃取} = W - W_n$

$$W_{萃取} = W \left[1 - \left(\frac{KV_1}{KV_1 + V_2} \right)^n \right] \tag{3-67}$$

上式可以计算 n 次萃取后得到的物质的质量，或确定欲提取的物质的质量，计算萃取次数 n。由于 $\frac{KV_1}{KV_1 + V_2} < 1$，因此萃取次数 n 越大，得到的萃取物 $W_{萃取}$就越多。

如果用相同体积的溶剂进行萃取，多次萃取的效率比一次萃取的效率高，这可以从数学上证明。现以一个具体例子计算说明。

【例题 3-9】 常温时，I_2 在水和 CCl_4 中的分配系数为 0.0177，将 1g I_2 溶解在 10L 水中，用 4.5L CCl_4 萃取，试比较用一次萃取和分三次萃取的萃取量。

解：一次萃取，

$$W_{萃取,1} = W \left[1 - \left(\frac{KV_1}{KV_1 + V_2} \right) \right] = 1 \left[1 - \frac{0.0117 \times 10}{0.0117 \times 10 + 4.5} \right] = 0.9747(\text{g})$$

分三次萃取，

$$W_{萃取,3} = W \left[1 - \left(\frac{KV_1}{KV_1 + V_2} \right)^3 \right] = 1 \left[1 - \left(\frac{0.0117 \times 10}{0.0117 \times 10 + \frac{4.5}{9}} \right)^3 \right] = 0.9996(\text{g})$$

可见分三次萃取的提取量更多。

知识视窗

拉乌尔（Raoult，Francois Marie），法国物理化学家（1830～1901）。拉乌尔于 1830 年生于法国诺尔的福内桑卫普，1863 年获得巴黎大学哲学博士学位，曾任格勒诺布尔大学教授。早期拉乌尔致力于伏打电池物理性质的研究，但他最终转向与溶液相关的研究工作，并因在溶液研究工作的突出贡献而闻名于世。1888 年，拉乌尔在对大量溶液上方平衡的蒸气压进行研究的基础上，提出了著名的与稀溶液中溶剂蒸气压相关的“拉乌尔定律”。此外，拉乌尔还报道了稀溶液的冰点下降现象，得出关于冰点下降值与有机物分子量成反比的拉乌尔经验式，为不挥发的有机化合物提供了测定分子量的

简便方法。著有重要专业论文四十篇。

威廉·亨利（William Henry，1774～1836），英国化学家。威廉·亨利于1774年在英格兰曼彻斯特出生，1795年进入爱丁堡大学。一年后，因为他父亲医务工作需要助手，他离开了大学，在家里做实习医师。1805年他又回到爱丁堡大学继续完成学业，于1807年获得医学博士学位，主要进行尿酸的研究，从事泌尿科医生工作，发表很多与泌尿疾病相关的专业论文。但是他没有放弃与化学相关的研究工作。1802年，威廉·亨利在英国皇家学会上宣读的一篇论文里提到了他所发现的定律，并进行了详细说明，因此该定律被命名为"亨利定律"。

威廉·亨利对自然科学的贡献是卓越的。1804年他提出"每一种气体对于另一种气体来说，等于是一种真空"的观点，这一观点曾经引起一些科学家的反驳，但最终道尔顿用实验证明了威廉·亨利的观点的正确性。1805年威廉·亨利进行了大量关于烷烃气体混合物的分析研究，该研究促使道尔顿原子学说的迅速推广。1809年起，威廉·亨利利用分析技术，证明氨中不含有氧，推翻了当时戴维（H. Davy）认为氨中含有氧元素的错误观点。1824年，威廉·亨利证明了盖·吕萨克定律的正确性，证明了氮原子的几种氧化物。此外，威廉·亨利还进行了灭菌研究，可惜他当时的这项工作没有引起人们的注意。

威廉·亨利除了发表专业论文外，还在1801年编著了《化学三部曲》（An Epitome of Chemistry in Three Parts），修订过四版。1802年编著了《实验化学纲要》（The Elements of Experimental Chemistry），修订达十一版，到1830年才停止再版，这部书是19世纪初期风行于英美的一部化学实验书。

基于这些突出贡献，威廉·亨利在1808年获得英国著名的科普利勋章，并于1809年被选为英国皇家学会会员。

习　题

1. 298K 时，K_2SO_4 在水溶液中的偏摩尔体积 V_2 与其质量摩尔浓度的关系式为：$V_2=32.280+18.22\,m^{1/2}+0.222m$，已知纯水的摩尔体积 $V_{1,m}=17.96\text{cm}^3\cdot\text{mol}^{-1}$，试求在该溶液中水的偏摩体积与 K_2SO_4 浓度 m 的关系式。

2. 在 298.15K 时，要从下列混合物中分出 1mol 的纯 A，试计算最少必须做功的值。

（1）大量的 A 和 B 的等物质的量混合物；

（2）含 A 和 B 物质的量各为 2 mol 的混合物。

3. 0℃时，101.325kPa 的氧气在 100g 水（M=342g · mol^{-1}）中可溶解 4.490ml，求氧气溶解在水中的 Henry 常数 K_x、K_m。

4. 液体 A 和 B 可形成液态理想混合物。今有 1mol A 和 2mol B 组成液态理想混合物。在 50℃与此混合物呈平衡的蒸气总压为 33 330.6Pa，若再加 1mol A 到该混合物中，则与此混合物在 50℃呈平衡的饱和蒸气压为 39 996.7Pa。试计算 50℃时，纯 A、纯 B 的饱和蒸气压 p_A^*、p_B^* 为多少？

5. 298K 时，溶液甲组成为：$NH_3\cdot\frac{17}{2}H_2O$，其中 NH_3 的蒸气压为 80mmHg，溶液乙的组成：$NH_3\cdot 2H_2O$，其中 NH_3 的蒸气压为 27mmHg。试求：

（1）从大量溶液甲中转移 2mol NH_3 到大量溶液乙中的 ΔG 为多少？

（2）若将压力为 $p^\ominus$ 的 2mol NH_3（g）溶于大量溶液乙中，ΔG 为多少？

6. 葡萄糖 $C_6H_{12}O_6$ 水溶液在 298.15K 时的渗透压为 157.054kPa，求：

（1）已知水的凝固点降低常数为 $1.86\,K\cdot kg\cdot mol^{-1}$，水的密度为 $10^3\,kg\cdot m^{-3}$，该溶液的正常凝固点?

（2）已知 298.15K 时水的饱和蒸气压为 3.169kPa，该溶液的蒸气压下降多少?

7. 1.22×10^{-2}kg 苯甲酸溶于 0.10kg 乙醇后，使乙醇的沸点升高了 1.13K，若将 1.22×10^{-2}kg 苯甲酸溶于 0.10kg 苯中，则苯的沸点升高 1.36K。计算苯甲酸在两种溶剂中的摩尔质量。计算结果说明什么问题。已知：K_b（乙醇）=$1.19\,K\cdot kg\cdot mol^{-1}$，$K_b$（苯）=$2.60\,K\cdot kg\cdot mol^{-1}$。

8. 在 25.00g 水中溶解 0.771g HAc 时，测得该溶液的凝固点下降了 0.937℃。在 20g 苯中溶解 0.611g HAc 时测得该溶液的凝固点下降 1.254℃。求 HAc 在水和苯中的摩尔质量各为多少？所得结果说明什么问题。已知水和苯的凝固点下降常数分别为 $1.86\,K\cdot kg\cdot mol^{-1}$ 和 $5.12\,K\cdot kg\cdot mol^{-1}$。

9. （1）求 4.40%（质量分数）葡萄糖（$C_6H_{12}O_6$）的水溶液，在 300.15K 时的渗透压；（2）若将溶液与水用半透膜隔开，试问在溶液的一方需要多高的水柱才能使之平衡。（溶液的密度为 $1.015\times10^3\,kg\cdot m^{-3}$）

10. 在 291K 时，甲胺在水中的溶解度比在 $CHCl_3$ 中大 8.49 倍，在 $10^{-3}m^3$ 含甲胺的溶液中，

（1）如果每次用 $0.2\times10^{-3}m^3$ 水萃取 4 次；

（2）如果每次用 $0.4\times10^{-3}m^3$ 水萃取 2 次。

问上述两种情况下剩下来的甲胺的质量分数分别为多少?

11. 在 298K 时，$0.1mol\cdot dm^{-3}$ NH_3 的 $CHCl_3$ 溶液上方 NH_3 的蒸气压为 4.43kPa；$0.05mol\cdot dm^{-3}$ NH_3 的溶液上方 NH_3 的蒸气压为 0.8866kPa。求 NH_3 在水和 $CHCl_3$ 两液体间的分配系数。

12. 在 293.15K 时，某有机酸在水中和乙醚中分配系数为 0.4。

（1）将该有机酸 5×10^{-3}kg 溶于 0.100dm^3 水中，若每次用 0.020dm^3 乙醚萃取，连续萃取两次（所用乙醚事先被水饱和，因此萃取时不会有乙醚溶于水），求水中还剩有多少千克有机酸?

（2）若一次用 0.040dm^3 乙醚萃取，问在水中还剩有多少有机酸?

（韦　卉　罗三来）

第四章 化学平衡

学习目标

1. 掌握 化学反应的平衡条件和化学反应恒温方程式；标准平衡常数、平衡常数表示方法及其应用；摩尔反应吉布斯能变 $\Delta_r G_m$ 和标准摩尔反应吉布斯能变 $\Delta_r G_m^{\ominus}$ 的意义、求算和应用；温度、压强等因素对化学平衡的影响。

2. 熟悉 平衡组成的计算。

3. 了解 平衡常数的测定方法；反应的耦合原理及生物体内的化学平衡。

根据热力学第二定律，在恒温恒压且不做非体积功的过程中，系统总是向着吉布斯能减少的方向进行，当系统的吉布斯能不再变化时，反应达到平衡。这个平衡态，就是该条件下化学反应进行的限度。达平衡时反应物的转化率就是该条件下的最大转化率，此时反应系统的组成就不再随时间而变化。化学平衡是一种动态平衡，一定条件下化学反应达到平衡时，反应并未停止，只是在此条件下，正、逆两个方向的反应速率达到了相等。如果反应条件发生了改变，平衡状态就必然要发生变化。

在化工、医药、冶金等工业生产中，人们除了希望能获得优质产品外，还要求产品收率高，为此，需研究如何控制反应条件，使反应按我们所需要的方向进行；在给定条件下反应进行的最高限度是什么；耦合反应的选择等问题。解决这些问题都依赖于热力学的基本知识。本章将运用热力学的方法，讨论化学反应的方向和限度、化学平衡的条件、平衡组成的计算，以及温度、压强、惰性气体等因素对化学平衡的影响。

第一节 化学反应的摩尔吉布斯能变与平衡条件

一、摩尔反应吉布斯能变

对于任意不做非体积功的多组分封闭系统，当系统有微小变化时，系统内各物质的量也相应发生微小变化，则系统吉布斯能的变化为

$$dG = -SdT + Vdp + \sum_B \mu_B dn_B$$

对有化学反应的系统，将反应进度 $dn_B = \nu_B d\xi$ 引入上式中，得

$$dG = -SdT + Vdp + \sum_B \mu_B \nu_B d\xi \qquad (4\text{-}1)$$

如果反应在恒温、恒压条件下进行，则

$$dG = \sum_B \nu_B \mu_B d\xi \qquad (4\text{-}2)$$

将上式两侧同除以 $d\xi$，得 $\left(\dfrac{\partial G}{\partial \xi}\right)_{T,p} = \sum_B \nu_B \mu_B = \Delta_r G_m \qquad (4\text{-}3)$

式中，$\left(\dfrac{\partial G}{\partial \xi}\right)_{T,p}$ 表示恒温、恒压、不做非体积功条件下，系统的吉布斯能变随反应进度的变化率。

相当于反应进度为1mol时所引起的系统吉布斯能的变化，即摩尔反应吉布斯能变，以 $\Delta_r G_m$ 表示。

二、化学反应的平衡条件

根据热力学第二定律，在恒温、恒压、不做非体积功的封闭系统中：

若 $\Delta_r G_m = \left(\frac{\partial G}{\partial \xi}\right)_{T,p} < 0$，正向反应自发进行；

若 $\Delta_r G_m = \left(\frac{\partial G}{\partial \xi}\right)_{T,p} = 0$，反应达到化学平衡；

若 $\Delta_r G_m = \left(\frac{\partial G}{\partial \xi}\right)_{T,p} > 0$，逆向反应自发进行。

函数 $\Delta_r G_m$、$\left(\frac{\partial G}{\partial \xi}\right)_{T,p}$、$\sum_B \nu_B \mu_B$ 均可用来判断化学反应的方向。

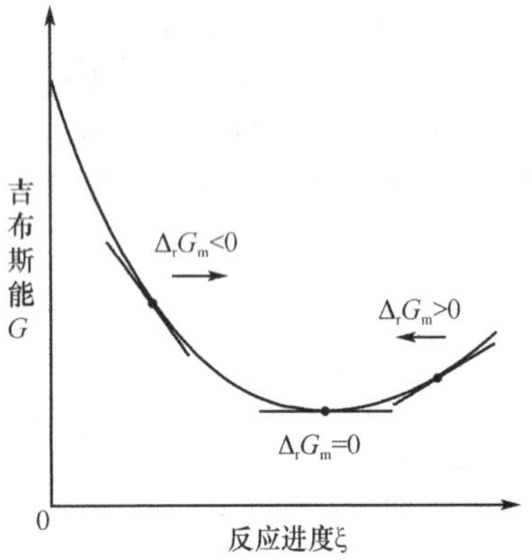

图4-1 化学反应吉布斯能与 ξ 的关系

恒温、恒压、不做非体积功条件下化学反应的吉布斯能 G 随反应进度 ξ 的变化曲线示于图4-1。可以看出，随着反应的进行，ξ 逐渐增大，系统的吉布斯能 G 逐渐减小，降至最低时达到平衡。$\left(\frac{\partial G}{\partial \xi}\right)_{T,p}$ 为曲线的斜率，在反应达平衡之前，曲线的斜率小于零，即 $\left(\frac{\partial G}{\partial \xi}\right)_{T,p} < 0$，反应正向自发进行；达到平衡时，$\left(\frac{\partial G}{\partial \xi}\right)_{T,p} = 0$；在平衡点的右侧，曲线的斜率大于零，即 $\left(\frac{\partial G}{\partial \xi}\right)_{T,p} > 0$，因而反应不能正向自发进行，但是逆反应却可以自发进行，这时 G 逐渐减小，最后达到平衡。

第二节　化学反应的恒温方程式和平衡常数

一、化学反应的恒温方程式

设在恒温恒压条件下封闭系统有一化学反应

$$aA + dD \rightleftharpoons gG + hH$$

反应系统的吉布斯能变为

$$\Delta_r G_m = \sum_B \nu_B \mu_B$$

任一物质在温度 T 时的化学势 μ_B 可写为

$$\mu_B(T,p) = \mu_B^{\ominus}(T) + RT\ln a_B$$

代入式 $\Delta_r G_m = \sum_B \nu_B \mu_B$，得

$$\begin{aligned}\Delta_r G_m &= g(\mu_G^{\ominus} + RT\ln a_G) + h(\mu_H^{\ominus} + RT\ln a_H) - a(\mu_A^{\ominus} + RT\ln a_A) - d(\mu_D^{\ominus} + RT\ln a_D) \\ &= \sum_B \nu_B \mu_B^{\ominus} + RT\ln\frac{(a_G)^g (a_H)^h}{(a_A)^a (a_D)^d}\end{aligned}$$

式中，$\sum_{B} \nu_B \mu_B^{\ominus}$ 为各反应组分均处于标准态（$p_B = p^{\ominus} = 100\text{kPa}$ 的纯理想气体）时的摩尔反应吉布斯能变，以 $\Delta_r G_m^{\ominus}$ 表示。令

$$Q_a = \frac{(a_G)^g (a_H)^h}{(a_A)^a (a_D)^d} = \prod_B (a_B)^{\nu_B}$$

Q_a 称为活度商，即系统在恒温下处于任意状态时，产物活度的乘方之积与反应物活度的乘方之积的比值。不同情况下赋予 a_B 不同的含义，对理想气体 a_B 表示 $p_B/p^{\ominus}$；对真实气体 a_B 表示 $f_B/p^{\ominus}$；对理想液体混合物 a_B 表示 x_B；对真实溶液 a_B 表示活度。则恒温下化学反应的摩尔吉布斯能变为

$$\Delta_r G_m = \Delta_r G_m^{\ominus} + RT \ln Q_a \tag{4-4}$$

式（4-4）称为化学反应的恒温方程式（isothermal equation）。$\Delta_r G_m^{\ominus}$ 为标准摩尔反应吉布斯能变，$\Delta_r G_m^{\ominus}$ 只是温度的函数，可通过热力学数据计算得到。

二、化学反应的标准平衡常数

上述化学反应达到平衡时，$\Delta_r G_m = 0$，从而

$$\Delta_r G_m^{\ominus} = -RT \ln (Q_a)_{eq} \tag{4-5}$$

式中，下角标“eq”表示化学平衡，（Q_a）$_{eq}$ 表示达到化学平衡时的活度商。

因 $\Delta_r G_m^{\ominus}$ 只是温度的函数，所以恒温条件下，平衡时的活度商为一常数（与系统的压强和组成无关），以 $K^{\ominus}$ 表示，则

$$\Delta_r G_m^{\ominus} = -RT \ln K^{\ominus} \tag{4-6}$$

式中，$K^{\ominus}$ 称为反应的标准平衡常数（standard equilibrium constant）或热力学平衡常数，其量纲为1。将式（4-6）代入式（4-4），得

$$\Delta_r G_m = -RT \ln K^{\ominus} + RT \ln Q_a = RT \ln \frac{Q_a}{K^{\ominus}} \tag{4-7}$$

式（4-7）为化学反应恒温方程式的另一种表示方式。根据这个公式，只要比较 Q_a 与 $K^{\ominus}$ 的相对大小，就可以判断反应进行的方向。

若 $Q_a < K^{\ominus}$ 时，$\Delta_r G_m < 0$，反应向正向自发进行；

若 $Q_a > K^{\ominus}$ 时，$\Delta_r G_m > 0$，正向反应不能自发进行，逆向反应可自发进行。

若 $Q_a = K^{\ominus}$ 时，$\Delta_r G_m = 0$，反应达到化学平衡。

$\Delta_r G_m^{\ominus}$ 与 $\Delta_r G_m$ 所对应的系统的状态不同。$\Delta_r G_m^{\ominus}$ 是在特定情况（处于标准态）下反应的 $\Delta_r G_m$，它决定反应的限度，与标准平衡常数 $K^{\ominus}$ 有密切关系；$\Delta_r G_m$ 是反应系统处在任意情况下反应的吉布斯能变化，能判断反应的方向。因此，一定要注意两者的区别与联系。

$K^{\ominus}$ 在一定的温度下为常数，而 Q_a 则可通过改变反应物与产物的配比进行调节，从而对反应进行控制。

例如，化工中甲烷转化制氢的反应为

$$CH_4(g) + H_2O(g) \longrightarrow CO(g) + 3H_2(g)$$

加入过量廉价水蒸气可减小 Q_p 使反应向右进行，以提高 CH_4 的转化率。另外也可以把产物从反应系统中移走，以减小 Q_p，提高产率。

案例 4-1

已知理想气体反应 $N_2(g) + 3H_2(g) \rightleftharpoons 2NH_3(g)$，在 298.15K 的标准平衡常数 $K^{\ominus} = 5.97\times10^5$。

（1）计算当 N_2、H_2 及 NH_3 的分压分别为 10kPa、10kPa、100kPa 时反应的 $\Delta_r G_m$，并指明反应的方向。

（2）当 N_2 和 H_2 的分压不变，NH_3 的分压增大到 1000kPa 时，反应向哪个方向进行？

解：

$$（1）Q_p = \frac{\left(\dfrac{p_{NH_3}}{p^{\ominus}}\right)^2}{\left(\dfrac{p_{N_2}}{p^{\ominus}}\right)\left(\dfrac{p_{H_2}}{p^{\ominus}}\right)^3} = \frac{(100/100)^2}{(10/100)(10/100)^3} = 1.00\times10^4 < K^{\ominus}$$

故反应正向自发进行。

$$（2）Q_p = \frac{\left(\dfrac{p_{NH_3}}{p^{\ominus}}\right)^2}{\left(\dfrac{p_{N_2}}{p^{\ominus}}\right)\left(\dfrac{p_{H_2}}{p^{\ominus}}\right)^3} = \frac{(1000/100)^2}{(10/100)(10/100)^3} = 1.00\times10^6 > K^{\ominus}$$

故反应逆向自发进行。

分析：

还可以采用公式 $\Delta_r G_m = RT\ln\dfrac{Q_p}{K^{\ominus}}$ 进行判断。

$$（1）\Delta_r G_m = RT\ln\frac{Q_p}{K^{\ominus}} = 8.314\times298.15\times\ln\frac{1.00\times10^4}{5.97\times10^5} = -10.14(kJ\cdot mol^{-1})$$

$\Delta_r G_m < 0$，反应正向自发进行。

$$（2）\Delta_r G_m = RT\ln\frac{Q_p}{K^{\ominus}} = 8.314\times298.15\times\ln\frac{1.00\times10^6}{5.97\times10^5} = 1.28(kJ\cdot mol^{-1})$$

$\Delta_r G_m > 0$，反应逆向自发进行。

问题：

（1）在公式 $\Delta_r G_m^{\ominus} = -RT\ln K^{\ominus}$ 中，能否认为 $\Delta_r G_m^{\ominus}$ 是处在平衡态时的吉布斯能的变化值，为什么？

（2）如何理解 $\Delta_r G_m$ 与 $\Delta_r G_m^{\ominus}$ 含义？

（3）若选择不同的标准态，反应的 $\Delta_r G_m^{\ominus}$ 不同，这时反应的 $\Delta_r G_m$ 是否也会改变，为什么？

（4）标准平衡常数 $K^{\ominus}=1$ 的反应在标准态下朝什么方向进行？

第三节　平衡常数的表示方法

一、气相反应的平衡常数

1. 理想气体反应的标准平衡常数　对于理想气体的反应，活度商就是压强商，因此，理想气体反应的标准平衡常数表达式为

$$aA(g) + dD(g) \rightleftharpoons gG(g) + hH(g)$$

$$K^{\ominus}=K_p^{\ominus}=\frac{\left(\frac{p_G}{p^{\ominus}}\right)_{eq}^{g}\left(\frac{p_H}{p^{\ominus}}\right)_{eq}^{h}}{\left(\frac{p_A}{p^{\ominus}}\right)_{eq}^{a}\left(\frac{p_D}{p^{\ominus}}\right)_{eq}^{d}} \tag{4-8}$$

$K^{\ominus}$越大，表示反应越完全。$K^{\ominus}$的数值与化学方程式的写法有关。如合成氨反应，若反应式写作

$$N_2(g)+3H_2(g) \rightleftharpoons 2NH_3(g)$$

则

$$K_1^{\ominus}=\frac{\left(\frac{p_{NH_3}}{p^{\ominus}}\right)_{eq}^{2}}{\left(\frac{p_{N_2}}{p^{\ominus}}\right)_{eq}\left(\frac{p_{H_2}}{p^{\ominus}}\right)_{eq}^{3}}$$

若反应式写作

$$\frac{1}{2}N_2(g)+\frac{3}{2}H_2(g) \rightleftharpoons NH_3(g)$$

则

$$K_2^{\ominus}=\frac{\left(\frac{p_{NH_3}}{p^{\ominus}}\right)_{eq}}{\left(\frac{p_{N_2}}{p^{\ominus}}\right)_{eq}^{1/2}\left(\frac{p_{H_2}}{p^{\ominus}}\right)_{eq}^{3/2}}$$

两个平衡常数之间的关系是$K_1^{\ominus}=\left(K_2^{\ominus}\right)^2$。

$K^{\ominus}$是一个无量纲的量，对于一个指定的反应来说，它仅是温度的函数。

2. 理想气体反应的经验平衡常数

（1）用压强表示的平衡常数K_p

$$K^{\ominus}=\frac{\left(\frac{p_G}{p^{\ominus}}\right)_{eq}^{g}\left(\frac{p_H}{p^{\ominus}}\right)_{eq}^{h}}{\left(\frac{p_A}{p^{\ominus}}\right)_{eq}^{a}\left(\frac{p_D}{p^{\ominus}}\right)_{eq}^{d}}=\frac{(p_G)_{eq}^{g}(p_H)_{eq}^{h}}{(p_A)_{eq}^{a}(p_D)_{eq}^{d}}\left(p^{\ominus}\right)^{-\sum_B \nu_B}$$

式中，$\sum_B \nu_B$为反应式中计量系数的代数和。以下为书写方便，用$\Delta\nu$表示$\sum_B \nu_B$若令

$$K_p=\frac{(p_G)_{eq}^{g}(p_H)_{eq}^{h}}{(p_A)_{eq}^{a}(p_D)_{eq}^{d}}$$

则

$$K_p=K^{\ominus}\left(p^{\ominus}\right)^{\Delta\nu} \tag{4-9}$$

式中，K_p为用压强表示的平衡常数，其量纲为[压强]$^{\Delta\nu}$。因为$K^{\ominus}$只是温度的函数，所以K_p也仅是温度的函数。

（2）用摩尔分数表示的平衡常数K_x

对于理想气体混合物，$p_B=px_B$，p为反应系统的总压，x_B为组分B的摩尔分数，因此

$$K_p=\frac{(p_G)_{eq}^g(p_H)_{eq}^h}{(p_A)_{eq}^a(p_D)_{eq}^d}=\frac{x_G^g\cdot x_H^h}{x_A^a\cdot x_D^d}\cdot p^{\sum_B \nu_B}=\frac{x_G^g\cdot x_H^h}{x_A^a\cdot x_D^d}\cdot p^{\Delta\nu}$$

令

$$K_x=\frac{x_G^g\cdot x_H^h}{x_A^a\cdot x_D^d}$$

则

$$K_x=K_p p^{-\sum_B \nu_B}=K_p p^{-\Delta\nu_B} \tag{4-10}$$

K_x 为用摩尔分数表示的平衡常数，其量纲为 1。由于 K_p 与温度有关，由式（4-10）可知，K_x 与温度、压强均有关。

（3）用物质的量浓度表示的平衡常数 K_c

对于理想混合气体，$p_B=c_BRT$，c_B 为任一组分的物质的量浓度，则

$$K_p=\frac{(p_G)_{eq}^g(p_H)_{eq}^h}{(p_A)_{eq}^a(p_D)_{eq}^d}=\frac{(c_GRT)^g\cdot(c_HRT)^h}{(c_ART)^a\cdot(c_DRT)^d}=\frac{c_G^g\cdot c_H^h}{c_A^a\cdot c_D^d}(RT)^{\sum_B \nu_B}$$

令

$$K_c=\frac{c_G^g\cdot c_H^h}{c_A^a\cdot c_D^d}$$

则

$$K_c=K_p(RT)^{-\sum_B \nu_B}=K_p(RT)^{-\Delta\nu} \tag{4-11}$$

K_c 为物质的量浓度表示的平衡常数，由上式可知 K_c 也只是温度的函数。

案例 4-2

试推导用物质的量表示的平衡常数 K_n 与 K_p 的关系式。

$$K_n=K_p\left(\frac{p_{eq}}{\sum_B n_B}\right)^{-\Delta\nu}$$

解：

因 $x_B=\dfrac{n_B}{\sum_B n_B}$

$$K_p=\frac{(p_G)_{eq}^g(p_H)_{eq}^h}{(p_A)_{eq}^a(p_D)_{eq}^d}=\frac{x_G^g\cdot x_H^h}{x_A^a\cdot x_D^d}\cdot p^{\Delta\nu}=\frac{n_G^g\cdot n_H^h}{n_A^a\cdot n_D^d}\cdot\left(\frac{p}{\sum_B n_B}\right)^{\Delta\nu}=K_n\left(\frac{p}{\sum_B n_B}\right)^{\Delta\nu}$$

所以 $K_n=K_p\left(\dfrac{p_{eq}}{\sum_B n_B}\right)^{-\Delta\nu}$

分析：

因为 K_p 是温度的函数，所以由推导公式可知 K_n 与温度、压强和配料比都有关系。

启发与思考：

什么条件下 K_p、K_c、K_x、K_n 的数值相等？

需要说明的是，在上述平衡常数中，只有$K^{\ominus}$是国标规定的标准平衡常数，可通过$\Delta_r G_m^{\ominus}$计算得到。其他经验平衡常数不能直接由$\Delta_r G_m^{\ominus}$计算，但由于它们在分析讨论某些外界条件对平衡移动的影响时比较方便，因此也经常被人们使用。

二、真实气体的平衡常数

用逸度f_B代替式（4-8）中的压强p_B，就可以得到真实气体的标准平衡常数：

$$K^{\ominus}=\frac{\left(\frac{f_G}{p^{\ominus}}\right)_{eq}^{g}\left(\frac{f_H}{p^{\ominus}}\right)_{eq}^{h}}{\left(\frac{f_A}{p^{\ominus}}\right)_{eq}^{a}\left(\frac{f_D}{p^{\ominus}}\right)_{eq}^{d}}=\frac{\left(\frac{\gamma_G p_G}{p^{\ominus}}\right)_{eq}^{g}\left(\frac{\gamma_H p_H}{p^{\ominus}}\right)_{eq}^{h}}{\left(\frac{\gamma_A p_A}{p^{\ominus}}\right)_{eq}^{a}\left(\frac{\gamma_D p_D}{p^{\ominus}}\right)_{eq}^{d}}=K_p^{\ominus}K_{\gamma} \tag{4-12}$$

由于气相反应的$K^{\ominus}$只与温度有关，但真实气体的逸度系数与温度和压强都有关系，所以$K_p^{\ominus}$与温度和压强有关。但是当压强较低时，真实气体可以近似看成理想气体，即$\gamma_B \approx 1$，这时$K_p^{\ominus}$也只是温度的函数。

三、液相反应的平衡常数

液相反应分为液态混合物反应和溶液中的反应。若参加反应的物质所组成的溶液为理想液态混合物，如反应为

$$d\text{D}+e\text{E} \rightleftharpoons g\text{G}+h\text{H}$$

则在一定的温度和压强下，理想液态混合物中的任一组分B的化学势可以表示为

$$\mu_B=\mu_B^{\ominus}+RT\ln x_B$$

代入式（4-4），得

$$\Delta_r G_m=\Delta_r G_m^{\ominus}+RT\ln\prod_B x_B^{\nu_B} \tag{4-13}$$

当反应达到平衡时，$\Delta_r G_m=0$，故

$$\Delta_r G_m^{\ominus}=-RT\ln\prod_B x_B^{\nu_B} \tag{4-14}$$

根据标准平衡常数的定义，可知该反应的标准平衡常数为

$$K^{\ominus}=\prod_B x_{B,eq}^{\nu_B}=\frac{x_G^g\ x_H^h}{x_D^d\ x_E^e}=K_x \tag{4-15}$$

对于溶液中的反应而言，若为稀溶液，则溶质符合亨利定律，其化学势表示为

$$\mu_B=\mu_{B,c}^{\ominus}+RT\ln\left(\frac{c_B}{c^{\ominus}}\right)$$

同以上推导，可得稀溶液中的反应标准平衡常数为

$$K^{\ominus}=\frac{\left(\frac{c_G}{c^{\ominus}}\right)^{g}\left(\frac{c_H}{c^{\ominus}}\right)^{h}}{\left(\frac{c_D}{c^{\ominus}}\right)^{d}\left(\frac{c_E}{c^{\ominus}}\right)^{e}}=\prod_B\left(\frac{c_B}{c^{\ominus}}\right)^{\nu_B}=K_c^{\ominus} \tag{4-16}$$

如果溶质的化学势表示为$\mu_B=\mu_{B,m}^{\ominus}+RT\ln\left(\frac{m_B}{m^{\ominus}}\right)$，那么$K^{\ominus}=K_m^{\ominus}$。

$\Delta_r G_m^{\ominus}$为反应系统中各物质的量浓度均为$1\text{mol}\cdot\text{L}^{-1}$，即反应处于标准态时的吉布斯能变。

案例 4-3

298.15K 时，右旋葡萄糖在 80%的乙醇水溶液中发生下述反应：

$$C_6H_{12}O_6\,(\alpha，80\%乙醇水溶液) \longrightarrow C_6H_{12}O_6\,(\beta，80\%乙醇水溶液)$$

已知 α 型在该溶液中溶解度为 $20\text{g}\cdot\text{dm}^{-3}$，$\beta$ 型在该溶液中溶解度为 $49\text{g}\cdot\text{dm}^{-3}$，$\alpha$ 型和 β 型固体右旋葡萄糖的 $\Delta_f G^{\ominus}_{m,\alpha} = -902.9\ \text{kJ}\cdot\text{mol}^{-1}$ 和 $\Delta_f G^{\ominus}_{m,\beta} = -901.2\ \text{kJ}\cdot\text{mol}^{-1}$。求该温度下此反应的标准平衡常数 $K^{\ominus}$。

分析：

由题可知求算 $\Delta_r G^{\ominus}_m$ 可通过设计从纯态到饱和溶液再到浓度为 1 时的标准态的过程来实现。

对于任意物质B，有

$$B\,(纯态) \longrightarrow B\,(饱和溶液) \longrightarrow B\,(c_B = 1\text{mol}\cdot\text{L}^{-1}，标准态)$$

解：

可设计如下过程求算：

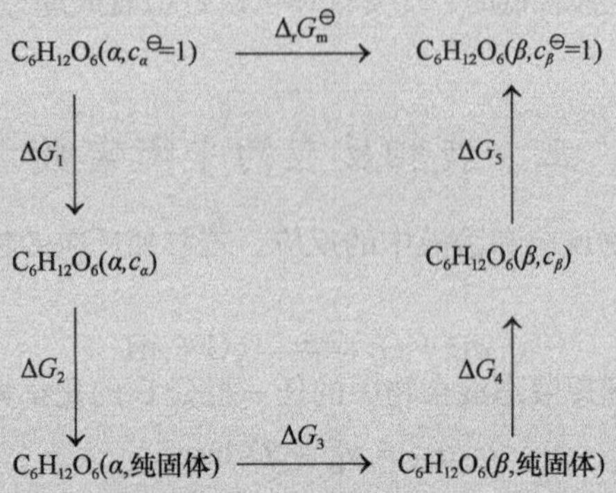

其中，c_α、c_β 分别为 α 型和 β 型右旋葡萄糖的溶解度即饱和浓度，葡萄糖的摩尔质量为 $180\text{g}\cdot\text{mol}^{-1}$。

则有

$$\Delta_r G^{\ominus}_m = \Delta G_1 + \Delta G_2 + \Delta G_3 + \Delta G_4 + \Delta G_5$$

$$\Delta G_1 = RT\ln\frac{c_\alpha}{c^{\ominus}_\alpha} = RT\ln\frac{20/180}{1}$$

$$\Delta G_2 = \Delta G_4 = 0$$

$$\begin{aligned}\Delta G_3 &= \Delta_f G^{\ominus}_{m,\beta} - \Delta_f G^{\ominus}_{m,\alpha} \\ &= (-901.2+902.9)\ \text{kJ}\cdot\text{mol}^{-1} = 1.7\text{kJ}\cdot\text{mol}^{-1} = 1700\ \text{J}\cdot\text{mol}^{-1}\end{aligned}$$

$$\Delta G_5 = RT\ln\frac{c^{\ominus}_\beta}{c_\beta} = RT\ln\frac{1}{49/180}$$

因此

$$\begin{aligned}\Delta_r G^{\ominus}_m &= \Delta G_1 + \Delta G_2 + \Delta G_3 + \Delta G_4 + \Delta G_5 \\ &= RT\ln\frac{20}{49} + 1700\ \text{J}\cdot\text{mol}^{-1} \\ &= -521.2\ \text{J}\cdot\text{mol}^{-1}\end{aligned}$$

$$K^{\ominus} = \exp\left(-\frac{\Delta_r G^{\ominus}_m}{RT}\right) = 1.23$$

四、复相反应的平衡常数

参加化学反应的各组分若不处于同一相中，则称为复相化学反应。下面只讨论纯物质的凝聚相（液相或固相）与理想气体间的复相反应。

设某一反应 $a\text{A}(\text{l}) + d\text{D}(\text{g}) \rightleftharpoons g\text{G}(\text{s}) + h\text{H}(\text{g})$，压强对凝聚相的广度性质的影响可忽略不计，故参加反应的纯凝聚相可认为处于标准态，即

$$\mu_\text{A} = \mu_\text{A}^\ominus,\ \mu_\text{G} = \mu_\text{G}^\ominus,\ \mu_\text{D} = \mu_\text{D}^\ominus + RT\ln\frac{p_\text{D}}{p^\ominus},\ \mu_\text{H} = \mu_\text{H}^\ominus + RT\ln\frac{p_\text{H}}{p^\ominus}$$

反应的吉布斯能变为

$$\Delta_\text{r}G_\text{m} = -a\mu_\text{A}^\ominus - d\left[\mu_\text{D}^\ominus + RT\ln\frac{p_\text{D}}{p^\ominus}\right] + g\mu_\text{G}^\ominus + h\left[\mu_\text{H}^\ominus + RT\ln\frac{p_\text{H}}{p^\ominus}\right]$$

$$= \left(-a\mu_\text{A}^\ominus - d\mu_\text{D}^\ominus + g\mu_\text{G}^\ominus + h\mu_\text{H}^\ominus\right) + RT\ln\frac{\left(\dfrac{p_\text{H}}{p^\ominus}\right)^h}{\left(\dfrac{p_\text{D}}{p^\ominus}\right)^d}$$

$$= \Delta_\text{r}G_\text{m}^\ominus + RT\ln Q_p$$

当反应达到平衡时，$\Delta_\text{r}G_\text{m} = 0$，即

$$K^\ominus = \frac{\left(\dfrac{p_\text{H}}{p^\ominus}\right)_\text{eq}^h}{\left(\dfrac{p_\text{D}}{p^\ominus}\right)_\text{eq}^d}$$

由此可见，当有纯态凝聚相参加的理想气体反应时，其标准平衡常数的表示式更为简单。在平衡常数的表示式中均不出现凝聚相。而 $\Delta_\text{r}G_\text{m}^\ominus$ 是温度的函数，它与参与反应的所有纯物质标准状态下的化学势有关。

例如：$CaCO_3(\text{s}) \rightleftharpoons CaO(\text{s}) + CO_2(\text{g})$ 反应，$CaCO_3$ 和 CaO 都是固体，CO_2 为气体，其标准平衡常数为

$$K^\ominus = \frac{p_{CO_2}}{p^\ominus}$$

该反应的标准平衡常数 $K^\ominus$ 等于平衡时 CO_2 的分压与标准压强的比值，即在温度一定的条件下，不论反应系统中 $CaCO_3$ 和 CaO 的量有多少，平衡时（系统中必须同时存在 $CaCO_3$ 和 CaO 固体）CO_2 的分压总是定值。通常将 CO_2 的分压称为 $CaCO_3$ 的“分解压”，也称解离压力（dissociation pressure）。一般情况下，分解压是指固体物质在一定温度下分解达到平衡时产物中气体的总压力。

若分解产物中不止一种气体，则平衡时各气体产物分压之和才是分解压。例如：$NH_4HS(\text{s})$ 的分解反应

$$NH_4HS(\text{s}) \rightleftharpoons NH_3(\text{g}) + H_2S(\text{g})$$

总压 $p = p_{NH_3} + p_{H_2S}$，因为 $p_{NH_3} = p_{H_2S}$，所以

$$K_p = p_{NH_3} \cdot p_{H_2S} = \left(\frac{p}{2}\right)\left(\frac{p}{2}\right) = \frac{p^2}{4}$$

设气体为理想气体，则有

$$K^{\ominus}=\frac{p_{NH_3}}{p^{\ominus}}\cdot\frac{p_{H_2S}}{p^{\ominus}}=\frac{1}{4}\left(\frac{p}{p^{\ominus}}\right)^2$$

对凝聚相为纯态的系统，标准平衡常数仅与气相有关，与凝聚相无关。

第四节　平衡常数的测定及计算

一、平衡常数的测定

平衡常数是化学反应中一个极为重要的数据，是标志着化学平衡时各生成物与反应物浓度之间关系的一个常数。

化学反应的平衡常数可由实验测定，只需在反应达到平衡时，测定平衡体系中各组分的平衡浓度或压强，就可依据平衡常数的定义来计算平衡常数。确定化学反应是否达到平衡，可用下列方法：

（1）外界条件不变时，平衡组成不随时间而改变；

（2）不论由反应物开始还是由产物开始进行反应，达到平衡时组成相同；

（3）改变原料配比不影响平衡组成。

实验测定各组分平衡浓度或压强的方法可分为两类：

（1）物理法。通过测定平衡系统的物理性质，如折射率、电导率、吸光度、电动势、密度、压强、体积等间接得到反应组分的浓度。其优点在于测定时不干扰系统的平衡。

（2）化学法。通过加入分析试剂利用化学反应的计量关系直接测定平衡系统中各组分的浓度。其缺点是分析试剂的加入会扰乱平衡。因此，采用化学法时应设法使平衡状态“冻结”。通常采用骤冷、除去催化剂、稀释等方法使反应停止，以保证测得的是平衡组分的浓度。

二、平衡转化率的计算

在化学反应中常有副反应发生，生成物的一部分为主产品，另一部分为副产品。依据平衡常数，可以计算平衡时各组分的浓度，进而可以计算平衡转化率、产率。平衡转化率也称理论转化率或最高转化率，其定义为

$$\text{平衡转化率}=\frac{\text{平衡时某反应物消耗的量}}{\text{该反应物的原始量}}\times 100\% \tag{4-17}$$

平衡产率也称最大产率或理论产率，其定义为

$$\text{平衡产率}=\frac{\text{平衡时转化为指定产物的某反应物的量}}{\text{该反应物的原始量}}\times 100\% \tag{4-18}$$

案例 4-4

已知 800 K、100 kPa 的条件下，正戊烷异构化为异戊烷的反应中存在生成新戊烷的反应，其平衡常数分别为

$$C_5H_{12}\text{（正）}\rightleftharpoons C_5H_{12}\text{（异）}\qquad K_{p,1}=1.795$$

$$C_5H_{12}\text{（正）}\rightleftharpoons C_5H_{12}\text{（新）}\qquad K_{p,2}=0.137$$

（1）计算 1mol 正戊烷生成异戊烷和新戊烷的量分别为多少？

（2）正戊烷的转化率为多少？

分析：

平衡转化率是以原料的消耗来衡量反应的限度，而平衡产率则是以产品数量来衡量反应的限度。

解：

设系统达到平衡时生成异戊烷和新戊烷的量分别为 x mol 和 y mol，正戊烷剩余的量为 $1-x-y$。对以上两个反应，有

$$\frac{x}{1-x-y}=1.795$$

$$\frac{y}{1-x-y}=0.137$$

联立求解得

$$x=0.612\text{mol}，y=0.0467\text{mol}$$

正戊烷的转化率为

$$\alpha=\frac{0.612+0.0467}{1}\times 100\%=65.9\%$$

案例 4-5

乙烷脱氢反应为

$$C_2H_6（g）\rightleftharpoons C_2H_4（g）+H_2（g）$$

已知在 1000K 时，$K_p=0.898p^{\ominus}$。

计算 1000K 下乙烷气体的平衡转化率（平衡总压为 $1.5p^{\ominus}$）为多少？

解：

设投料量为 1mol 乙烷。平衡时，乙烷转化了 x mol。

	C_2H_6（g） $\rightleftharpoons$	C_2H_4（g）	+ H_2（g）	
$t=0$ 时物质的量	1mol	0	0	$\Delta\nu=1$
$t=t$ 时物质的量	（1–x）mol	x	x	$n_{总}=1+x$

由

$$K_p=\frac{\left(\frac{x}{1+x}\right)^2}{\left(\frac{1-x}{1+x}\right)}p^{\Delta\nu}=0.898p^{\ominus}$$

计算得 $x=0.612$mol，平衡转化率 = 转化量/投入量= 0.612/1 = 61.2%

启发与思考：

某反应在一定温度与压强下，有 $\Delta_r G_m<0$，反应物能否全部转化成产物（分封闭系统和敞开系统两种情况讨论）？

第五节 反应的标准吉布斯能变与化合物的标准生成吉布斯能

一、反应的标准吉布斯能变

由于标准摩尔反应吉布斯能变与标准平衡常数相联系，所以讨论化学平衡问题时，$\Delta_r G_m^{\ominus}$ 值有

其特别重要的意义。

1. 计算平衡常数 标准平衡常数是化学反应的重要参数，但有时测定标准平衡常数有一定的困难，甚至无法直接测定。根据公式$\Delta_r G_m^\ominus = -RT\ln K^\ominus$，可利用$\Delta_r G_m^\ominus$的数值计算平衡常数$K^\ominus$。

2. 间接计算反应的吉布斯能变 从一些反应的$\Delta_r G_m^\ominus$计算另一些反应的$\Delta_r G_m^\ominus$。

案例 4-6

已知在 1000K 时，下列反应

（1）$C(s)+O_2(g) = CO_2(g)$　　$\Delta_r G_m^\ominus(1)$　　$K_1^\ominus$

（2）$CO(g)+\frac{1}{2}O_2(g) = CO_2(g)$　　$\Delta_r G_m^\ominus(2)$　　$K_2^\ominus$

（3）$C(s)+\frac{1}{2}O_2(g) = CO(g)$

由于反应（3）的产物不稳定，平衡常数很难直接测定。若已知$\Delta_r G_m^\ominus(1)$和$\Delta_r G_m^\ominus(2)$，如何算出 1000K 时上述反应（3）的$\Delta_r G_m^\ominus(3)$和标准平衡常数$K_3^\ominus$？

分析：

通过计算，说明平衡常数的数值与反应式的写法有关，且若$\Delta_r G_m^\ominus$是加减关系，反映到平衡常数上就成为乘除的关系。

解：

$$（1）-（2）=（3）$$

$$\Delta_r G_m^\ominus(3) = \Delta_r G_m^\ominus(1) - \Delta_r G_m^\ominus(2)$$

$$-RT\ln K_3^\ominus = -RT\ln K_1^\ominus + RT\ln K_2^\ominus$$

所以

$$K_3^\ominus = \frac{K_1^\ominus}{K_2^\ominus}$$

启发与思考：

恒温恒压封闭系统的化学反应有$\Delta_r G_m^\ominus = -RT\ln K^\ominus$，能否认为反应系统的标准态即是平衡态？

3. 利用反应的标准吉布斯能变估计反应的可能性 当反应物和产物的活度均等于 1 时，反应处于标准态，可用$\Delta_r G_m^\ominus$判断反应的方向。事实上，反应物和产物未必处于标准态，因此必须用$\Delta_r G_m$来判断反应的方向。根据化学反应恒温方程式：

$$\Delta_r G_m = \Delta_r G_m^\ominus + RT\ln Q_a$$

如果$\Delta_r G_m^\ominus$的绝对值很大，则$\Delta_r G_m^\ominus$的正负号基本上就决定了$\Delta_r G_m$的正负号。例如，若$\Delta_r G_m^\ominus$有很大的负值，则在一般情况下，$\Delta_r G_m$大致也是负值。因为要使$\Delta_r G_m$改变正负号，就必须使Q_a的值变得很大才行，这在实际上常常是办不到的。

究竟$\Delta_r G_m^\ominus$的数值要正到多大反应才不能进行，这没有一定的标准。通常认为，若$\Delta_r G_m^\ominus > 42\text{kJ}\cdot\text{mol}^{-1}$，则反应不能正向进行；若$\Delta_r G_m^\ominus < -42\ \text{kJ}\cdot\text{mol}^{-1}$，则反应能够正向进行。当$\Delta_r G_m^\ominus$的绝对值不是很大时，可以通过调整温度或活度商，使反应朝着人们希望的方向进行。

例如甲醇脱氢反应：

$$CH_3OH（g）\rightleftharpoons HCHO（g）+ H_2（g）$$

$$298.15\text{K 时，}\Delta_r H_{298.15\text{K}}^\ominus = 92.09\ \text{kJ}\cdot\text{mol}^{-1}\text{，}\Delta_r S_{298.15\text{K}}^\ominus = 109.644\ \text{J}\cdot\text{K}^{-1}$$

根据$\Delta_r G_m^\ominus = \Delta_r H_m^\ominus - T\Delta_r S_m^\ominus$，可得$\Delta_r G_m^\ominus$=59.40kJ · mol^{-1}，$\Delta_r G_m^\ominus$为正值，通常认为该反应不能自发进行。但由于该反应是吸热且熵值增加的反应，其$\Delta_r G_m^\ominus$的绝对值并不很大，升高温度可使反应逆转，令$\Delta_r G_m^\ominus = 0$，可估算反应的转变温度

$$T = \frac{\Delta_r H_m^\ominus}{\Delta_r S_m^\ominus} = \frac{92\,090}{109.644} = 839.9\ \text{K}$$

结果表明，要使甲醇脱氢反应自发进行，反应温度必须超过839.9K。实际生产中，在催化剂银的存在下该反应的温度控制在873.2K。

案例 4-7

标准状态下，对于下列转换反应：

$$\text{HgS（红）} \rightleftharpoons \text{HgS（黑）} \qquad \Delta_r G_m^\ominus = (17154.4 - 25.48T/\text{K})\ \text{J}\cdot\text{mol}^{-1}$$

（1）温度为373 K时，哪种HgS比较稳定？

（2）该反应的转换温度为多少？

解：

（1）由题设知$\Delta_r G_m^\ominus = (17154.4 - 25.48T/\text{K})\ \text{J}\cdot\text{mol}^{-1}$

将T= 373 K代入计算得

$$\Delta_r G_m^\ominus = (17154.4 - 25.48\times 373)\ \text{J}\cdot\text{mol}^{-1} = 7.650\ \text{kJ}\cdot\text{mol}^{-1} > 0$$

所以，上述反应在标准状态下逆向自发进行，故HgS（红）相对更稳定。

（2）根据$\Delta_r G_m^\ominus = (17154.4 - 25.48T/\text{K})\ \text{J}\cdot\text{mol}^{-1}$可知，$T$升高$\Delta_r G_m^\ominus$逐渐下降。当$\Delta_r G_m^\ominus < 0$，HgS（红）$\rightleftharpoons$HgS（黑）反应可正向进行。因此转换温度为

$$T = \frac{17\,154.4}{25.48} = 673.25\text{K}$$

启发与思考：

试估计能否像炼铁那样，直接用碳来还原TiO_2，反应为

$$TiO_2 + C = Ti + CO_2$$

已知$\Delta_f G_m^\ominus(CO_2) = -394.38\ \text{kJ}\cdot\text{mol}^{-1}$，$\Delta_f G_m^\ominus(TiO_2) = -8529\ \text{kJ}\cdot\text{mol}^{-1}$。

二、标准反应吉布斯能变$\Delta_r G_m^\ominus$的计算

1. 由标准摩尔生成吉布斯能计算 热力学规定，在标准压强$p^\ominus$下，由最稳定单质生成1mol某物质的标准吉布斯能变称为该物质的标准摩尔生成吉布斯能（standard Gibbs energy of formation)，用$\Delta_f G_m^\ominus$表示。下标“f”代表“生成”，上标“$\ominus$”代表处于标准压强$p^\ominus$。根据这一定义，则稳定单质的标准摩尔生成吉布斯能都等于零。应当指出，标准态没有指定温度（对同一化合物，298.15K和1000K时的$\Delta_f G_m^\ominus$是不一样的。但通常手册上所给的数值，大都是298.15K时的数值）。利用各物质的$\Delta_f G_m^\ominus$就可以计算出反应的$\Delta_r G_m^\ominus$。例如，对任意反应

$$a\text{A} + d\text{D} \rightleftharpoons g\text{G} + h\text{H}$$

$$\Delta_r G_m^\ominus = \left(g\Delta_f G_{m,G}^\ominus + h\Delta_f G_{m,H}^\ominus\right) - \left(a\Delta_f G_{m,A}^\ominus + d\Delta_f G_{m,D}^\ominus\right)$$

$$\Delta_r G_m^\ominus = \sum_B \nu_B \Delta_f G_{m,B}^\ominus \qquad (4\text{-}19)$$

常见化合物的$\Delta_f G_{m,B}^\ominus$数据见附录。

案例 4-8

根据$\Delta_f G_m^\ominus$的数值，判断标准态下下列各种由苯制取苯胺方法的可能性。

（1）先将苯硝化得硝基苯，再用氢气还原为苯胺；

（2）先将苯氯化得氯代苯，再用氨取代得苯胺；

（3）苯与氨直接作用制备苯胺。

分析：

计算结果表明，方法（3）的$\Delta_r G_m^\ominus$为正值，说明在标准状态下反应不能正向进行；而方法（1）和（2）的$\Delta_r G_m^\ominus$为负值，在标准态时可以正向进行。事实上，它们在工业上已得到应用。

解：

（1）

	C_6H_6（l）+	HNO_3（aq）$\rightleftharpoons$	H_2O（l）+	$C_6H_5NO_2$（l）
$\Delta_f G_m^\ominus(kJ\cdot mol^{-1})$	124.45	−80.71	−237.13	146.36

$$\Delta_r G_m^\ominus = -134.51\ kJ\cdot mol^{-1}$$

	$C_6H_5NO_2$（l）+	$3H_2$（g）$\rightleftharpoons$	$2H_2O$（l）+	$C_6H_5NH_2$（l）
$\Delta_f G_m^\ominus(kJ\cdot mol^{-1})$	146.2	0	−2×237.13	149.21

$$\Delta_r G_m^\ominus = -471.25\ kJ\cdot mol^{-1}$$

（2）

	C_6H_6（l）+	Cl_2（g）$\rightleftharpoons$	HCl（g）+	C_6H_5Cl（l）
$\Delta_f G_m^\ominus(kJ\cdot mol^{-1})$	124.45	0	−95.3	89.3

$$\Delta_r G_m^\ominus = -130.45\ kJ\cdot mol^{-1}$$

	C_6H_5Cl（l）+	NH_3（g）$\rightleftharpoons$	HCl（g）+	$C_6H_5NH_2$（l）
$\Delta_f G_m^\ominus(kJ\cdot mol^{-1})$	89.3	−16.45	−95.3	149.21

$$\Delta_r G_m^\ominus = -18.94\ kJ\cdot mol^{-1}$$

（3）

	C_6H_6（l）+	NH_3（g）$\rightleftharpoons$	H_2（g）+	$C_6H_5NH_2$（l）
$\Delta_f G_m^\ominus(kJ\cdot mol^{-1})$	124.45	−16.45	0	149.21

$$\Delta_r G_m^\ominus = 41.21\ kJ\cdot mol^{-1}$$

启发与思考：

计算化学反应的$\Delta_r G_m^\ominus$有几种方法？

案例 4-9

已知 298.15K 时$\Delta_f G_m^\ominus$（乙苯）=130.7 kJ · mol^{-1}，$\Delta_f G_m^\ominus$（苯乙烯）=213.9kJ · mol^{-1}，$\Delta_f G_m^\ominus$（H_2O，g）= −228.57kJ · mol^{-1}。

计算乙苯脱氢和乙苯氧化脱氢，在 298.15K 时的平衡常数。

分析：

通过计算，乙苯直接脱氢反应在该温度下（298.15K）是不可能的。根据$\Delta_r G_m^\ominus = -RT\ln K_p^\ominus$可求出在 298.15K 时，$K_p^\ominus$=2.7×10^{-15}（这是个吸热很大的反应，增加温度有利于反应正向进行）。例如，若将温度提高到 900K 时，乙苯的转化率可达 85%。

解：

（1）设想乙苯直接脱氢：

$$C_6H_5C_2H_5\ (g) \rightleftharpoons C_6H_5CH{=}CH_2\ (g) + H_2\ (g)$$

$$\Delta_r G_m^\ominus = \Delta_f G_m^\ominus\ (H_2,\ g) + \Delta_f G_m^\ominus\ (\text{苯乙烯}) - \Delta_f G_m^\ominus\ (\text{乙苯})$$
$$= (0 + 213.9 - 130.7)\ kJ\cdot mol^{-1} = 83.2 kJ\cdot mol^{-1}$$

这个数值是如此之大，显见这个反应在该温度下（298.15K）是不可能的。

（2）设若为氧化脱氢

$$C_6H_5C_2H_5\ (g) + \frac{1}{2}O_2\ (g) \rightleftharpoons C_6H_5CH=CH_2\ (g) + H_2O\ (g)$$

$$\begin{aligned}\Delta_r G_m^{\ominus} &= [213.9 + (-228.57) - 130.7]\text{kJ}\cdot\text{mol}^{-1} \\ &= -145.4\text{kJ}\cdot\text{mol}^{-1}\end{aligned}$$

由此求得

$$K_p^{\ominus} = 2.98\times10^{25}$$

由此可见，乙苯氧化脱氢反应是可以在298.15K时进行得比较完全的。

2. 由 $\Delta_r G_m^{\ominus} = \Delta_r H_m^{\ominus} - T\Delta_r S_m^{\ominus}$ 公式计算　根据各组分的标准摩尔生成焓 $\Delta_f H_m^{\ominus}(B)$ 获得 $\Delta_r H_m^{\ominus}$；利用各物质的标准摩尔规定熵 $S_m^{\ominus}(B)$ 获得 $\Delta_r S_m^{\ominus}$，然后就能求得 $\Delta_r G_m^{\ominus}$。

$$\Delta G_m^{\ominus}(T) = \sum \nu_B \Delta_f H_m^{\ominus}(B,T) - T\sum \nu_B S_m^{\ominus}(B,T)$$

3. 利用已知反应的标准摩尔吉布斯能变计算　某些反应的标准摩尔吉布斯能变很难用实验的方法直接测定，但可根据已知的反应的 $\Delta_r G_m^{\ominus}$ 求未知反应的 $\Delta_r G_m^{\ominus}$。

4. 利用电化学方法计算　将化学反应设计成可逆电池，使反应在可逆电池中进行，则该化学反应的 $\Delta_r G_m^{\ominus}$ 与该可逆电池的标准电动势 $E^{\ominus}$ 有如下关系：

$$\Delta_r G_m^{\ominus} = -zFE^{\ominus}$$

式中，F 是法拉第常数；z 是电池反应式中电子得失系数。该公式将在电化学一章中讨论。

第六节　温度对化学平衡的影响

通常情况下，可根据标准热力学数据求得298.15K下的平衡常数，但实际的化学反应是在各种不同温度下进行的。因此，研究温度对化学平衡常数的影响是十分重要的。

根据吉布斯-亥姆霍兹（Gibbs-Helmholtz）方程，可以推导出温度对标准平衡常数的影响。恒压条件下，并且参加反应的物质均处于标准态，有

$$\left(\frac{\partial \dfrac{\Delta_r G_m^{\ominus}}{T}}{\partial T}\right)_p = -\frac{\Delta_r H_m^{\ominus}}{T^2}$$

将 $\Delta_r G_m^{\ominus} = -RT\ln K^{\ominus}$ 代入，得

$$\left(\frac{\partial \ln K^{\ominus}}{\partial T}\right)_p = \frac{\Delta_r H_m^{\ominus}}{RT^2} \tag{4-20}$$

式（4-20）称为化学反应恒压方程式，是计算不同温度下 $K^{\ominus}$ 的基本方程。式中 $\Delta_r H_m^{\ominus}$ 是各物质均处于标准态、反应进度为1mol时的焓变值。

由此可见，对于吸热反应，$\Delta_r H_m^{\ominus}>0$ 时，$\dfrac{\partial \ln K^{\ominus}}{\partial T}>0$，即 $K^{\ominus}$ 随温度的升高而增大，升高温度对正向反应有利。对于放热反应，$\Delta_r H_m^{\ominus}<0$ 时，$\dfrac{\partial \ln K^{\ominus}}{\partial T}<0$，即 $K^{\ominus}$ 随温度的升高而减小，升高温度对正向反应不利。

化学反应恒压方程式表明，标准平衡常数与反应的标准摩尔焓变 $\Delta_r H_m^{\ominus}$ 有关。对恒压方程式进行积分，可分两种情况。

1. $\Delta_r H_m^\ominus$ 与温度无关 若$\Delta_r H_m^\ominus$与温度无关或温度变化范围较小时，$\Delta_r H_m^\ominus$可视为常数，对式（4-20）进行定积分，有

$$\int_{\ln K_1^\ominus}^{\ln K_2^\ominus} \mathrm{d}\ln K^\ominus = \int_{T_1}^{T_2} \frac{\Delta_r H_m^\ominus}{RT^2}\mathrm{d}T$$

$$\ln\frac{K_2^\ominus}{K_1^\ominus} = \frac{\Delta_r H_m^\ominus}{R}\left(\frac{1}{T_1}-\frac{1}{T_2}\right) \tag{4-21}$$

由式（4-21）可知，若已知$\Delta_r H_m^\ominus$和 T_1 温度下的$K_1^\ominus$，则可求得 T_2 温度下的$K_2^\ominus$；若已知两个温度下的$K_1^\ominus$和$K_2^\ominus$，则可求得反应的$\Delta_r H_m^\ominus$。

对（4-20）进行不定积分，得

$$\ln K^\ominus = -\frac{\Delta_r H_m^\ominus}{RT} + C \tag{4-22}$$

即$\ln K^\ominus$与 $1/T$ 呈线性关系，其斜率为$-\dfrac{\Delta_r H_m^\ominus}{R}$，截距为 C，利用该直线的斜率可求得标准摩尔反应焓变$\Delta_r H_m^\ominus$。

案例 4-10

由石灰石 $CaCO_3$ 烧制生石灰 CaO 的反应如下：

$$CaCO_3(s) \rightleftharpoons CaO(s) + CO_2(g)$$

已知 298.15K 下反应的$\Delta_r H_m^\ominus$为 178.32 $kJ\cdot mol^{-1}$，$\Delta_r G_m^\ominus$为 130.40 $kJ\cdot mol^{-1}$。

计算 100kPa 下 $CaCO_3$ 的分解温度。（分解反应按$\Delta_r C_{p,m}^\ominus \approx 0$处理）

解：

由题知 298.15K 时$\Delta_r G_m^\ominus = 130.40\ kJ\cdot mol^{-1}$，所以 298.15K 下，

$$K_1^\ominus = \exp\left[-\Delta_r G_m^\ominus/(RT)\right] = \exp\left[-130.40\times10^3/(8.314\times298.15)\right]$$
$$=1.424\times10^{-23}$$

室温下平衡常数非常小，说明 $CaCO_3$ 基本不分解。在标准态 100kPa 下，反应的浓度商等于 1，根据化学反应的恒温方程式

$$\Delta_r G_m = -RT\ln K^\ominus + RT\ln Q_p = RT\ln\frac{Q_p}{K^\ominus}$$

若使反应正向进行，需要升高温度，增大反应的平衡常数，即，使$K^\ominus \geqslant 1$。所以求 $CaCO_3$ 的分解温度实际上是求$K^\ominus = 1$时的温度。根据题意可按$\Delta_r C_{p,m}^\ominus \approx 0$处理，即把$\Delta_r H_m^\ominus$视为常数，这时可利用恒压方程的定积分公式，

$$\ln\frac{K_2^\ominus}{K_1^\ominus} = \frac{\Delta_r H_m^\ominus}{R}\left(\frac{1}{T_1}-\frac{1}{T_2}\right)$$

代入数据

$$\ln\frac{1}{1.424\times10^{-23}} = \frac{178.32\times10^3}{8.314}\left(\frac{1}{298.15}-\frac{1}{T_2}\right)$$

得

$$T_2 = 1110\mathrm{K}$$

即 100kPa 下石灰石的分解温度为 1110K。

启发与思考：

已达化学平衡的化学反应，能否认为只有当温度改变时平衡才会移动？

2. $\Delta_r H_m^\ominus$ 与温度有关 当$\Delta_r H_m^\ominus$与温度有关或温度变化范围较大时，就必须考虑温度对反应热的影响，这时应先确定$\Delta_r H_m^\ominus$与T的函数关系，再进行积分。

因为

$$C_p = a + bT + cT^2 + \cdots$$

产物与反应物的恒压热容之差可写作：

$$\Delta C_p = \Delta a + \Delta bT + \Delta cT^2 + \cdots$$

$$\Delta_r H_m^\ominus = \Delta H_0 + \int_0^T \Delta C_p \mathrm{d}T$$

$$= \Delta H_0 + \int_0^T (\Delta a + \Delta bT + \Delta cT^2 + \cdots)\mathrm{d}T$$

$$= \Delta H_0 + \Delta aT + \frac{1}{2}\Delta bT^2 + \frac{1}{3}\Delta cT^3 + \cdots$$

将其代入式（4-20）

$$\frac{\mathrm{d}\ln K^\ominus}{\mathrm{d}T} = \frac{\Delta H_0}{RT^2} + \frac{\Delta a}{RT} + \frac{\Delta b}{2R} + \frac{\Delta c}{3R}T + \cdots$$

积分后，得

$$\ln K^\ominus = -\frac{\Delta H_0}{RT} + \frac{\Delta a}{R}\ln T + \frac{\Delta b}{2R}T + \frac{\Delta c}{6R}T^2 + \cdots + I \tag{4-23}$$

式中，I是积分常数。将$\Delta_r G_m^\ominus = -RT\ln K^\ominus$代入，可求$\Delta_r G_m^\ominus$与温度的关系式：

$$\Delta_r G_m^\ominus = \Delta H_0 - \Delta aT\ln T - \frac{\Delta b}{2}T^2 - \frac{\Delta c}{6}T^3 - \cdots - IRT \tag{4-24}$$

案例 4-11

对于反应 ZnS（s）+ H_2（g）$\rightleftharpoons$ Zn（s）+ H_2S（g），298.15K 时的热力学数据见下表。（$\overline{C}_{p,m}$ 为物质在温度 298～1000K 的平均摩尔恒压热容）

	$\Delta_f H_m^\ominus/(\mathrm{kJ\cdot mol^{-1}})$	$S_m^\ominus/(\mathrm{J\cdot mol^{-1}\cdot K^{-1}})$	$\overline{C}_{p,m}^\ominus/(\mathrm{J\cdot mol^{-1}\cdot K^{-1}})$
H_2S（g）	−20.63	205.79	34.23
Zn（s）	0	41.6	25.4
ZnS（s）	−184.10	57.7	56.3
H_2（g）	0	130.684	28.824

（1）计算反应在 1000K 时的$\Delta_r G_m^\ominus$；

（2）101.325kPa 的 H_2 通过加热至 1000K 以上时，H_2S 的分压为多少？

解：

（1）首先根据 298.15K 的热力学数据计算 1000K 时的$\Delta_r G_m^\ominus$

$$\Delta_r H_{m,298.15K}^\ominus = \Delta_f H_m^\ominus(H_2S) - \Delta_f H_m^\ominus(ZnS)$$

$$= [-20.63 - (-184.10)]\ \mathrm{kJ\cdot mol^{-1}} = 163.47\ \mathrm{kJ\cdot mol^{-1}}$$

$$\Delta_r C_{p,m} = C_{p,m}(H_2S) + C_{p,m}(Zn) - C_{p,m}(ZnS) - C_{p,m}(H_2)$$

$$= (-34.23 + 25.4 - 56.3 - 28.824)\mathrm{J\cdot mol^{-1}\cdot K^{-1}} = -25.5\ \mathrm{J\cdot mol^{-1}\cdot K^{-1}}$$

$$\Delta_r H_{m,1000K}^\ominus = \Delta_r H_{m,298.15K}^\ominus + \int_{T_1}^{T_2} \Delta_r C_{p,m}\mathrm{d}T = \Delta_r H_{m,298.15K}^\ominus + \Delta_r C_{p,m}(T_2 - T_1)$$

$$= \left[163.47 + (-25.494)\times(1000 - 298.15)\times 10^{-3}\right]\mathrm{kJ\cdot mol^{-1}} = 145.57\ \mathrm{kJ\cdot mol^{-1}}$$

$$\Delta_r S^{\ominus}_{m,298.15K} = S^{\ominus}_m(H_2S) + S^{\ominus}_m(Zn) - S^{\ominus}_m(ZnS) - S^{\ominus}_m(H_2)$$

$$= (205.79 + 41.6 - 57.7 - 130.684)\ J \cdot mol^{-1} \cdot K^{-1} = 59.0\ J \cdot mol^{-1} \cdot K^{-1}$$

$$\Delta_r S^{\ominus}_{m,1000K} = \Delta_r S^{\ominus}_{m,298.15K} + \int_{T_1}^{T_2} \frac{\Delta_r C_{p,m}}{T} dT = \Delta_r S^{\ominus}_{m,298.15K} + \Delta_r C_{p,m} \ln \frac{T_2}{T_1}$$

$$= \left[59.0 + (-25.5) \times \ln \frac{1000}{298.15}\right] J \cdot mol^{-1} \cdot K^{-1} = 28.14\ J \cdot mol^{-1} \cdot K^{-1}$$

$$\Delta_r G^{\ominus}_{m,1000K} = \Delta_r H^{\ominus}_{m,1000K} - T\Delta_r S^{\ominus}_{m,1000K}$$

$$= (145.57 \times 10^3 - 1000 \times 28.14)\ J \cdot mol^{-1} = 117.43\ kJ \cdot mol^{-1}$$

（2）由 1000 K 的 $\Delta_r G^{\ominus}_m$ 计算 $K^{\ominus}$

$$K^{\ominus}(1000\ K) = \exp\left(-\frac{\Delta_r G^{\ominus}_m}{RT}\right) = \exp\left(-\frac{117.43 \times 10^3\ J \cdot mol^{-1}}{8.314\ J \cdot mol^{-1} \cdot K^{-1} \times 1000\ K}\right) = 7.34 \times 10^{-7}$$

因 $\Delta_r G^{\ominus}_m$ 为很大的正值，$K^{\ominus}$ 很小，可认为正反应几乎不进行，$p(H_2) \approx 101.325$ kPa

由

$$K^{\ominus} = \frac{p(H_2S)/p^{\ominus}}{p(H_2)/p^{\ominus}}$$

可得

$$p(H_2S) = K^{\ominus} \cdot p(H_2) = 7.34 \times 10^{-7} \times 101.325 \times 10^3\ Pa = 0.074\ Pa$$

通过计算可知，ZnS(s) 是很稳定的化合物，即使是在 1000 K 的高温下也很难被氢气还原。

第七节　其他因素对化学平衡的影响

所谓压强对化学平衡的影响是指系统的总压对化学平衡的影响。

一、压强对理想气体反应平衡的影响

由于 $K^{\ominus}$ 仅是温度的函数，温度一定时，系统总压 p 对平衡的影响表现为对 K_x 的影响。根据

$$K_x = K^{\ominus}\left(\frac{p}{p^{\ominus}}\right)^{-\sum_B \nu_B} = K^{\ominus}\left(\frac{p}{p^{\ominus}}\right)^{-\Delta\nu}$$

可知，在恒定温度下：

当 $\Delta\nu > 0$ 时，若 p 增大，则 K_x 减小，平衡向左移动；

当 $\Delta\nu < 0$ 时，若 p 增大，则 K_x 增大，平衡向右移动；

当 $\Delta\nu = 0$ 时，若 p 增大，则 K_x 保持不变，对平衡没影响。

由以上讨论可知，压强增大有利于平衡向体积减小的方向移动。这与勒夏特列的平衡移动原理是完全一致的。

案例 4-12

在某温度及标准压强 $p^{\ominus}$ 下，N_2O_4（g）有 0.50（摩尔分数）分解成 NO_2（g）。若压强扩大 10 倍，则 N_2O_4（g）的解离分数为多少？

解：

$$N_2O_4(g) \rightleftharpoons 2NO_2(g)$$

$$1-0.50 \qquad 2\times0.50 \qquad n_{总}=1+0.50$$

$$K_{x(1)}=\frac{\left(\frac{2\times0.50}{1+0.50}\right)^2}{\left(\frac{1-0.50}{1+0.50}\right)}=1.33$$

因为 $\Delta\nu=1$ $\qquad \frac{K_{x(10)}}{K_{x(1)}}=\left(\frac{p_{(10)}}{p_{(1)}}\right)^{-\Delta\nu}=\left(\frac{10p^{\ominus}}{p^{\ominus}}\right)^{-1}=\frac{1}{10}$

已知 $K_{x(1)}=1.33$，所以 $K_{x(10)}=0.133$

设 a 为增加压强后 N_2O_4 的解离度，则

$$0.133=\frac{\left(\frac{2a}{1+a}\right)^2}{\left(\frac{1-a}{1+a}\right)}=\frac{4a^2}{1-a^2}$$

解得

$$a=0.18$$

可见增加压强不利于 N_2O_4（g）的解离。

启发与思考：

压强升高对哪类化学反应有利？

二、压强对凝聚相反应平衡的影响

根据热力学基本关系式 $\left(\frac{\partial G}{\partial p}\right)_T=V$，可得

$$\left(\frac{\partial\Delta_r G_m}{\partial p}\right)_T=\Delta_r V_m$$

$\Delta_r V_m$ 表示系统进行了 1mol 反应前后体积的变化。凝聚相反应的 $\Delta_r V_m$ 受压强影响很小，可视为常数。对上式进行积分，得

$$\int_{\Delta_r G_m^{\ominus}}^{\Delta_r G_m}\mathrm{d}\Delta_r G_m=\int_{p^{\ominus}}^{p}\Delta_r V_m\mathrm{d}p$$

$$\Delta_r G_m=\Delta_r G_m^{\ominus}+\Delta_r V_m(p-p^{\ominus}) \tag{4-25}$$

当系统压强变化不是很大时，$\Delta_r V_m(p-p^{\ominus})$ 数值较小，这时 $\Delta_r G_m$ 的正负取决于 $\Delta_r G_m^{\ominus}$，此时可用 $\Delta_r G_m^{\ominus}$ 判断反应的方向。当系统压强变化很大时，$\Delta_r V_m(p-p^{\ominus})$ 不再是很小的量，压强将有可能使平衡发生移动，甚至改变反应方向：

若 $\Delta_r V_m>0$，增大压强，$\Delta_r G_m$ 增大，不利于正向反应进行；

若 $\Delta_r V_m<0$，增大压强，$\Delta_r G_m$ 减小，有利于正向反应进行。

总之，对于凝聚相反应，压强对平衡影响不大，通常可以不必考虑；只有当压强改变很大时，对平衡常数的影响才比较显著。

案例 4-13

已知C（金刚石）和C（石墨）在298.15K时的$\Delta_f G_m^{\ominus}$分别为$2.90kJ\cdot mol^{-1}$和$0kJ\cdot mol^{-1}$，298.15K及标准压强$p^{\ominus}$时二者的密度分别为$3.513\times10^3kg\cdot m^{-3}$和$2.260\times10^3kg\cdot m^{-3}$。

（1）在298.15K和$p^{\ominus}$压力下，石墨与金刚石何者较为稳定？

（2）在298.15K时需要多大的压力才能使石墨转变为金刚石。

解：

（1）　　C（石墨）⟶C（金刚石）

$\Delta_{trs}G_m^{\ominus}(298.15\ K)=(2.90-0)\ kJ\cdot mol^{-1}=2.90\ kJ\cdot mol^{-1}$

这说明，在室温及常压下，石墨较为稳定。下标“trs”（是transiting的缩写）表示晶型转化。

（2）$\Delta_r G_m=\Delta_r G_m^{\ominus}+\Delta_r V_m(p-p^{\ominus})$

$$\Delta_{trs}G_m(p)=\Delta_{trs}G_m\left(p^{\ominus}\right)+\Delta V_m\left(p-p^{\ominus}\right)$$

$$=2.90+\left[\left(\frac{12.011}{3.513}-\frac{12.011}{2.260}\right)\times10^{-6}\right]\times(p-100)$$

令$\Delta_{trs}G_m\leqslant0$，则解得$p\geqslant1.53\times10^9\ Pa$，约相当于大气压的15 000倍，这表明在高压下，石墨有可能变为金刚石，这一预测现在已成为现实。

三、惰性气体对化学平衡的影响

这里所说的惰性气体是指反应系统中不参与化学反应的气体。惰性气体的存在并不影响平衡常数，但却能影响平衡组成，即可使平衡组成发生移动。

由K_n与K_p以及K_p与$K^{\ominus}$的关系得K_n与$K^{\ominus}$的关系为

$$K^{\ominus}=K_n\left(\frac{p}{p^{\ominus}\sum_B n_B}\right)^{\sum_B \nu_B}=K_n\left(\frac{p}{p^{\ominus}\sum_B n_B}\right)^{\Delta\nu} \tag{4-26}$$

在指定温度下，$K^{\ominus}$为常数，惰性气体对理想气体化学平衡的影响体现在对系统中总的物质的量$\sum_B n_B$的影响。

当$\Delta\nu>0$时，若增加惰性气体，$\sum_B n_B$增大，则K_n增大，即平衡向生成产物方向移动；

当$\Delta\nu<0$时，若增加惰性气体，$\sum_B n_B$增大，则K_n减小，平衡向反应物方向移动；

当$\Delta\nu=0$时，$K_n=K^{\ominus}$，加入惰性气体对平衡没影响。

案例 4-14

已知常压下，乙苯脱氢制备苯乙烯，已知873K时，$K^{\ominus}$为0.178，若原料气中乙苯和水蒸气的比例为1∶9。

（1）乙苯的平衡转化率；

（2）若不通水蒸气，乙苯的转化率为多少？

解：

（1）假设通入的乙苯为1mol，水蒸气为9mol，乙苯的转化率为x，则

$$C_6H_5C_2H_5(g) \rightleftharpoons C_6H_5CH{=}CH_2(g) + H_2(g) \qquad H_2O(g)$$

开始	1	0	0	9
平衡	$1-x$	x	x	9

平衡后物质总量 $n_{总} = 10 + x$

$$K^{\ominus} = \frac{\left(\frac{x}{10+x}\right)^2\left(\frac{p}{p^{\ominus}}\right)^2}{\left(\frac{1-x}{10+x}\right)\left(\frac{p}{p^{\ominus}}\right)} = \frac{x^2}{(10+x)(1-x)}\left(\frac{p}{p^{\ominus}}\right) = 0.178$$

$$x = 0.728$$

（2）若不通水蒸气，平衡后物质总量可得 $n_{总}=1+x$，则

$$K^{\ominus} = \frac{\left(\frac{x}{1+x}\right)^2\left(\frac{p}{p^{\ominus}}\right)^2}{\left(\frac{1-x}{1+x}\right)\left(\frac{p}{p^{\ominus}}\right)} = \frac{x^2}{(1+x)(1-x)}\left(\frac{p}{p^{\ominus}}\right) = 0.178$$

$$x = 0.389$$

由以上计算可以看出，加入惰性气体组分水蒸气后使乙苯的转化率从 38.9%增加到 72.8%。

启发与思考：

在改变气相反应平衡条件方面，向系统中加入惰性气体是否与降低系统的压强等效？

四、反应配比对化学平衡的影响

恒温恒压下，物料比不同虽然不影响平衡常数，但是可以改变反应产物的平衡浓度。

对于化学反应

$$aA + dD \rightleftharpoons gG + hH$$

若原料中只有反应物而无产物，令反应物配比为 $\frac{n_D}{n_A} = r$，$0 < r < \infty$。在维持温度和压强不变的情况下，随着 r 的增加，组分 A 的转化率增加，组分 D 的转化率减小。但产物在混合组分的平衡含量却随着 r 增加，并存在着一极大值。可以证明，当配比 $r = \frac{d}{a}$，即原料中两种组分的摩尔数之比等于化学计量比时，产物 G、H 在混合组分中的含量为最大。

第八节　反应的耦合

一、反应的耦合原理

设系统中同时发生两个化学反应，若一个反应的产物在另一个反应中是反应物之一，则称这两个反应为耦合反应（coupling reaction）。耦合反应可以影响反应平衡位置，甚至使原先不能自发进行的反应，经过耦合后得以进行，如

$$(1)\ A + B \rightleftharpoons C + D \qquad \Delta_r G_{m,1}^{\ominus}$$

$$(2)\ C + E \rightleftharpoons F + H \qquad \Delta_r G_{m,2}^{\ominus}$$

若反应（1）的$\Delta_r G_{m,1}^{\ominus} \gg 0$，则平衡常数$K_1^{\ominus} \ll 1$，若D为目标产物，仅由反应（1）得到的D必然很少。若反应（2）的$\Delta_r G_{m,2}^{\ominus} \ll 0$，将两个反应组合在一起得到反应（3）

$$(3)\ A + B + E \rightleftharpoons D + F + H \qquad \Delta_r G_{m,3}^{\ominus}$$

反应（3）=反应（1）+反应（2），若$\Delta_r G_{m,3}^{\ominus} = \Delta_r G_{m,2}^{\ominus} + \Delta_r G_{m,1}^{\ominus} < 0$，则反应（3）可以正向自发进行。

例如，若用下式由TiO_2来制备$TiCl_4$

$$TiO_2(s) + 2Cl_2(g) \rightleftharpoons TiCl_4(l) + O_2(g)$$

$$\Delta_r G_m^{\ominus}(298\,K) = 161.94\ kJ \cdot mol^{-1}$$

$\Delta_r G_m^{\ominus}(298\,K)$是很大的正值，说明该反应不能自发正向进行。但如果与下述反应进行耦合：

$$C(s) + O_2(g) \rightleftharpoons CO_2(g)$$

$$\Delta_r G_m^{\ominus}(298\,K) = -394.38\ kJ \cdot mol^{-1}$$

总反应为

$$C(s) + TiO_2(s) + 2Cl_2(g) \rightleftharpoons TiCl_4(l) + CO_2(g)$$

$$\Delta_r G_m^{\ominus}(298\,K) = 161.94\,kJ \cdot mol^{-1} + (-394.38)\,kJ \cdot mol^{-1} = -232.44\,kJ \cdot mol^{-1}$$

该总反应的$\Delta_r G_m^{\ominus}(298\,K) \ll 0$，因此这个反应在宏观上就是可以正向进行的。

利用耦合反应的方法在设计新的合成路线时，常常是很有用的。如乙苯脱氢制备苯乙烯的反应

$$C_8H_{10}(g) \rightleftharpoons C_8H_8(g) + H_2(g) \qquad \Delta_r G_m^{\ominus}(298\,K) = 83.15\ kJ \cdot mol^{-1}$$

298K时几乎察觉不出有苯乙烯出现。但使反应与下述反应耦合，却能显著的提高苯乙烯的产率。

$$H_2(g) + \frac{1}{2}O_2(g) \rightleftharpoons H_2O(g)\text{，}\ \Delta_r G_m^{\ominus}(298\,K) = -228.48\ kJ \cdot mol^{-1}\text{，}$$

耦合反应为

$$C_8H_{10}(g) + \frac{1}{2}O_2(g) \rightleftharpoons C_8H_8(g) + H_2O(g)$$

$$\Delta_r G_m^{\ominus}(298\,K) = (83.15 - 228.48)\,kJ \cdot mol^{-1} = -145.33\,kJ \cdot mol^{-1}$$

反应的完成程度很大，$K_p^{\ominus} = 2.9 \times 10^{25}$，反应达到平衡时，乙苯几乎完全转化为苯乙烯。

类似的例子很多，例如工业上生产丙烯腈的反应

$$CH_2{=}CH{-}CH_3 + NH_3 \rightleftharpoons CH_2{=}CH{-}CN + 3H_2$$

反应的产率很低，但该反应与$H_2(g) + \frac{1}{2}O_2(g) \rightleftharpoons H_2O(g)$的耦合反应即丙烯氨氧化制丙烯腈的产率却很高。

$$CH_2{=}CH{-}CH_3 + NH_3 + \frac{3}{2}O_2 \rightleftharpoons CH_2{=}CH{-}CN + 3H_2O$$

二、生物体内的化学平衡

经典热力学是研究当系统的状态发生变化时，从宏观的角度探求热、功、能之间的转化关系。进入20世纪90年代，生命科学已成为科学研究领域的热点，并开始从分子水平研究生命的奥秘。科学家们把热力学的某些规律用于生物系统研究生物体系中的能量关系就构成了生物能学（bioenergetics）。生物能学也称为生物能量学。

物理化学家和生物化学家对溶液中溶质标准态的选择有所不同。从而也影响了平衡常数数值的不同。在物理化学中溶质的标准态是指单位浓度的态（例如m=1mol · kg^{-1}或c=1mol · L^{-1}），同

时要满足理想溶液的性质。在生物化学中也是这样，但有一个例外，即在生物化学中规定氢离子的标准态为$[H^+]=10^{-7}mol\cdot L^{-1}$。这是因为人体内的大部分反应都是在 pH=7 左右下进行的。在生物化学过程中，凡涉及氢离子的反应，该反应的标准摩尔吉布斯能用符号$\Delta_r G_m^{\oplus}$表示，而不用$\Delta_r G_m^{\ominus}$，以示区别。设有下列反应：

$$A + B = C + xH^+$$

标准状态是指$[A] = [B] = [C] = 1mol\cdot L^{-1}$，但$[H^+] = 10^{-7}mol\cdot L^{-1}$，$\Delta_r G_m^{\oplus}$和$\Delta_r G_m^{\ominus}$的关系为

$$\Delta_r G_m^{\oplus} = \Delta_r G_m^{\ominus} + RT\ln\left[H^+\right]^x$$

$$= \Delta_r G_m^{\ominus} + xRT\ln 10^{-7}$$

如果$x=1$，且在 298.15 K，则

$$\Delta_r G_m^{\oplus} = \Delta_r G_m^{\ominus} - 39.95\ kJ\cdot mol^{-1}$$

这表示在含有 H^+的生物反应中，每产生 1mol H^+，$\Delta_r G_m^{\ominus}$就比$\Delta_r G_m^{\oplus}$大 $39.95kJ\cdot mol^{-1}$。因此，反应在 pH=7 比 pH=0 时更易于自发进行。如果 H^+在反应物的一方（设$x=1$，T=298.15 K）

$$C + xH^+ \longrightarrow A + B$$

则

$$\Delta_r G_m^{\oplus} = \Delta_r G_m^{\ominus} + 39.95\ kJ\cdot mol^{-1}$$

该反应在 pH=0 将比 pH=7 时更易于自发进行。对于不包括 H^+的反应，$\Delta_r G_m^{\oplus} = \Delta_r G_m^{\ominus}$，就不需要使用$\Delta_r G_m^{\oplus}$符号了。

耦合反应在生物体中占有重要的地位。例如，糖是生物体的重要碳源和能量来源，一切生物都能使糖类最终分解为 CO_2（g）和 H_2O（l），并放出能量，糖类的代谢反应达十余步之多，大致为

$$C_6H_{12}O_6(\text{在体液内}) + O_2 \rightarrow \cdots \rightarrow \text{丙酮酸} \rightarrow \cdots \rightarrow \text{乙烯辅酶A} \rightarrow \cdots \rightarrow CO_2 + H_2O$$

在糖类代谢化学过程中 ATP 和 ADP 参加的耦合反应过程（ATP 是 adenosine triphosphate 的缩写，中文名称为磷酸三腺苷，ADP 是 adenosine diphosphate 的缩写，中文名称为磷酸二腺苷）。仅举其中的一步反应为例：

（1）$C_6H_{12}O_6 + Pi \longrightarrow 6\text{-磷酸葡萄糖} + H_2O(l)$ $\quad \Delta_r G_{m,1}^{\ominus}(298\ K) = 13.8\ kJ\cdot mol^{-1}$

（2）$ATP + H_2O(l) \longrightarrow ADP + Pi$ $\quad \Delta_r G_{m,2}^{\ominus}(298\ K) = -30.5\ kJ\cdot mol^{-1}$

Pi 代表含磷的无机化合物，它可能是 PO_4^{3-}，HPO_4^{2-}，$H_2PO_4^-$ 等。反应（1）不能直接进行，但通过反应（2）可使葡萄糖（$C_6H_{12}O_6$）最终转化为 6-磷酸葡萄糖，反应（1）+反应（2）=反应（3）。

（3）$C_6H_{12}O_6 + ATP \longrightarrow 6\text{-磷酸葡萄糖} + ADP$ $\quad \Delta_r G_{m,3}^{\ominus}(298\ K) = -16.7\ kJ\cdot mol^{-1}$

在此过程中，ATP 的反应（2）为反应（3）提供了能源。在生物体中许多生化反应如蛋白质的代谢、核酸的合成乃至肌肉的收缩以及神经细胞中电子的传递等过程所需的能量，都可以由 ATP 的水解所释放的能量供给。

人类及其他生物体依靠体内的各种平衡或准平衡关系维持着生命，而体内的平衡研究是一个崭新的研究领域，吸引着众多科学家浓厚的兴趣，探索更多的新知识新理论。

习 题

1. 1000K 时反应 C（s）+ $2H_2$（g）══ CH_4（g）的 $\Delta_r G_m^{\ominus} = 19.379\ kJ\cdot mol^{-1}$。现有与碳反应的混合气体，其中含有 CH_4（g）10%、H_2（g）80%、N_2（g）10%（体积百分数）。试问：

（1）T = 1000K，p = 100kPa 时，甲烷能否形成？

（2）在（1）的条件下，压力需增加到多少，上述合成甲烷的反应才可能进行？

2. 在一密闭容器中，N_2O_4（g）的解离反应为 N_2O_4（g）$\rightleftharpoons$ $2NO_2$（g），在 323.15K、34.8kPa

下，测得 N_2O_4（g）的解离度 $\alpha = 0.630$，求在 323.15K 下反应的标准平衡常数 $K^{\ominus}$。

3. 在真空容器中放入 NH_4HS 固体，在 300K 时按下式发生分解反应：

$$NH_4HS(s) \rightleftharpoons NH_3(g) + H_2S(g)$$

达到平衡时的容器内气体总压是 66.46kPa。若该温度下往真空容器中放入 NH_4HS 固体时，其中已有 45.45kPa 的 H_2S 气体存在，求此条件下平衡时各气体的分压。

4. 已知 718K 时，Ag_2O（s）的分解压为 209.743×10^2kPa，则此时分解反应如下：

$$AgO(s) \rightleftharpoons Ag(s) + \frac{1}{2}O_2(g)$$

求该温度下反应的标准摩尔吉布斯能变 $\Delta_r G_m^{\ominus}$。

5. 373K 时，$2NaHCO_3(s) \rightleftharpoons Na_2CO_3(s) + CO_2(g) + H_2O(g)$，$K_p^{\ominus} = 0.231$。（1）在 $10^{-2}m^3$ 的抽空容器中，放入 0.1mol Na_2CO_3（s），并通入 0.2mol H_2O（g），最少需通入物质的量为多少的 $CO_2(g)$，才能使 $Na_2CO_3(s)$ 全部转变为 $NaHCO_3(s)$？（2）在 373K 时、总压为 101 325Pa 时，要在 $CO_2(g)$ 及 $H_2O(g)$ 的混合气体中干燥潮湿的 $NaHCO_3(s)$，在混合气体中的 $H_2O(g)$ 分压应为多少才不致使 $NaHCO_3(s)$ 分解？

6. 292 K 时，血红蛋白（Hb）与氧反应

$$Hb(aq) + O_2(g) \rightleftharpoons HbO_2(aq)$$

的标准平衡常数为 $K_1^{\ominus} = 85.5$。若在 292K 时，空气中 $O_2(g)$ 的压强为 20.2kPa，O_2 在水中的溶解度为 $2.3\times10^{-4}mol \cdot L^{-1}$，试求反应 $Hb(aq) + O_2(aq) \rightleftharpoons HbO_2(aq)$ 的标准平衡常数 $K_2^{\ominus}$ 和标准摩吉布斯能变 $\Delta_r G_m^{\ominus}$。

7. 已知 298.15K 时，$\Delta_f G_m^{\ominus}(Fe_2O_3,s) = -742.2kJ \cdot mol^{-1}$，$\Delta_f G_m^{\ominus}(Fe_3O_4,s) = -1015.4\ kJ \cdot mol^{-1}$，试问在 298.15 K 的空气中（$O_2$ 占 0.21），$Fe_3O_4(s)$ 与 $Fe_2O_3(s)$ 何者更稳定？

8. 已知 298 K 时，某反应中各物质的 $\Delta_f H_m^{\ominus}$ 和 $S_m^{\ominus}$ 分别为

	Ag_2O（s） $\rightleftharpoons$	2Ag（s） +	$\frac{1}{2}O_2$（g）
$\Delta_f H_m^{\ominus}$（$kJ \cdot mol^{-1}$）	−31.05	0	0
$S_m^{\ominus}$（$J \cdot K^{-1} \cdot mol^{-1}$）	121.3	42.55	205.138

求 298K 时，该反应的 $\Delta_r G_m^{\ominus}$ 和 $K^{\ominus}$。

9. 已知在 298K 时，下列反应：

① $CO_2(g) + 2NH_3(g) \rightleftharpoons H_2O(g) + CO(NH_2)_2(s)$，$\Delta_r G_{m,1}^{\ominus} = 1\,908\ J \cdot mol^{-1}$

② $H_2O(g) \rightleftharpoons H_2(g) + \frac{1}{2}O_2(g)$，$\Delta_r G_{m,2}^{\ominus} = 228\,597\ J \cdot mol^{-1}$

③ $C(\text{石墨}) + O_2(g) \rightleftharpoons CO_2(g)$，$\Delta_r G_{m,3}^{\ominus} = -394\,384\ J \cdot mol^{-1}$

④ $N_2(g) + 3H_2(g) \rightleftharpoons 2NH_3(g)$，$\Delta_r G_{m,4}^{\ominus} = -32\,434\ J \cdot mol^{-1}$

试求：（1）尿素 $CO(NH_2)_2$（s）的标准摩尔生成吉布斯能 $\Delta_f G_m^{\ominus}$；（2）由稳定单质生成尿素反应的平衡常数与上列反应平衡常数的关系式；（3）由单质生成尿素反应的平衡常数 $K_p^{\ominus}$。

10. 在 1393.15K 下用 H_2（g）还原 FeO（s），平衡时混合气体中 H_2（g）的摩尔分数为 0.54。求 FeO（s）的分解压。已知该温度下，反应 $2H_2O(g) \rightleftharpoons 2H_2(g) + O_2(g)$ 的 $K^{\ominus} = 3.4\times10^{-13}$。

11. 已知反应 $2NaHCO_3(s) \rightleftharpoons Na_2CO_3(s) + H_2O(g) + CO_2(g)$

在温度为 323.15K、373.15K 时系统的平衡总压分别为 3950Pa 和 96300Pa。设反应的 $\Delta_r H_m^{\ominus}$ 与温度无关，试求：

（1）计算 323.15K 时该反应的 $K_1^{\ominus}$ 和 $\Delta_r G_{m,1}^{\ominus}$。

（2）计算该反应的 $\Delta_r H_m^\ominus$。

12. 有人尝试用甲烷和苯为原料来制备甲苯

$$CH_4(g)+C_6H_6(g) \rightleftharpoons C_6H_5CH_3(g)+H_2(g)$$

通过不同的催化剂和选择不同的温度，但都以失败而告终。而在石化工业上，是利用该反应的逆反应，使甲苯加氢来获得苯。试通过如下两种情况，从理论上计算平衡转化率。

（1）在 500K 和 100kPa 的条件下，使用适当的催化剂，若原料甲烷和苯的摩尔比为 1：1，用热力学数据估算一下，可能获得的甲苯所占的摩尔分数；

（2）若反应条件同上，使甲苯和氢气的摩尔比为 1：1，请计算甲苯的平衡转化率。

已知500K时 $\Delta_f G_m^\ominus(CH_4,g)=-33.08\ kJ\cdot mol^{-1}$，$\Delta_f G_m^\ominus(C_6H_6,g)=162.0\ kJ\cdot mol^{-1}$，$\Delta_f G_m^\ominus(C_6H_5CH_3,g)=172.4\ kJ\cdot mol^{-1}$，$\Delta_f G_m^\ominus(H_2,g)=0$。

13. $PCl_5(g)$ 的分解反应为 $PCl_5(g) \rightleftharpoons PCl_3(g)+Cl_2(g)$，在 523K、100kPa 下达成平衡，测得平衡混合物的密度 ρ=2.695kg · m^{-3}。试计算：（1）$PCl_5(g)$ 的解离度；（2）该反应的 $K_p^\ominus$ 和 $\Delta_r G_m^\ominus$。

14. 已知反应 $(CH_3)_2CHOH(g) \rightleftharpoons (CH_3)_2CO(g)+H_2(g)$ 的 $\Delta_r C_{p,m}^\ominus=16.72\ J\cdot mol^{-1}\cdot K^{-1}$。在 457K 时的 $K_p^\ominus=0.36$，在 298K 时的 $\Delta_r H_m^\ominus=61.5\ kJ\cdot mol^{-1}$。

（1）写出 $\ln K_p^\ominus$-T 的函数关系式；

（2）计算 500K 时的 $K_p^\ominus$ 值。

15. 773.15K 时，$2SO_2(g)+O_2(g) \rightleftharpoons 2SO_3(g)$ 的平衡常数为 $8.39\times10^{-4}Pa^{-1}$。当 SO_2=7.8%，O_2=10.8%，N_2=81.4%（体积分数）的气体由硫铁烧炉进入转化器时，一部分 SO_2 变为 SO_3 达到平衡而导出。若此时转化器内保持 101.325kPa、773.15K，试求导出气体的组成。

（程　艳）

第五章 相平衡

学习目标

1. 要求学生掌握如液体的蒸发或蒸气的凝结、固体的溶解、熔化或结晶等一系列相变过程所遵循的规律。

2. 解决对有机混合物或药物进行分离、提纯这类实际问题。为药学后续课程药剂学、天然药物化学等打下基础。

3. 掌握 杠杆规则及其在相图中的应用。

4. 熟悉 二组分完全互溶双液系统气液平衡的 $p-x-y$ 和 $T-x-y$ 图及恒沸系统特征；熟悉蒸馏和精馏的原理。

5. 熟悉 部分互溶双液系统液液平衡相图类型，了解完全不互溶双液系统相图特征及应用。

案例 5-1

冬天，环卫工人用喷撒食盐水的方法融化道路上的积雪，且这样可以避免"夜冻昼化"现象，即在相同气温条件下，融化了的冰雪不再结冰。

问题：

（1）食盐水融雪且不易再结冰的原理是什么？

（2）如果将其处理成相平衡系统，如何运用相律进行讨论？

（3）若无法找到食盐水等盐溶液，还可以用什么方法达到融雪的目的？

案例 5-2

为什么有的药物要制成粉针剂？为什么方便面的蔬菜包可以起到保鲜的效果？

在化工和制药的生产及科研工作中，常会采用蒸发、蒸馏、冷凝、熔化、结晶、升华、萃取等方法来达到分离、提纯系统中各组分的目的。这些方法中所进行的过程不产生新的物质，并不是化学变化过程，而是物理过程。这些分离、提纯方法是利用系统中各组分的沸点、熔点、溶解度等性质的差异而进行的。

在一定条件下，这些过程的终点，即分离、提纯的极限，就是相平衡状态。物质在系统中从一个相转移到另一个相的变化过程，这些过程的理论基础，就是相平衡原理。相平衡的形式多种多样，但它们都能由"相律"统一研究处理。相平衡研究是选择分离方法、设计分离装置以及实现最佳操作的理论基础。

第一节 相律和相平衡的基本概念

一、相 律

相律（phase rule）就是联系平衡系统内相数、组分数、自由度数及其影响平衡的外界因素（如温度、压力、组成、重力场、磁场、表面能等）之间应遵守关系的规律。

相律是物理化学中最具普遍性的规律之一，是1876年吉布斯根据热力学原理推导出来的，是各种相平衡系统都必须遵守的规律。它仅适用于相平衡系统，即系统内的各相压力和温度都相同，且物质转移已达平衡的系统，不适用于非平衡系统。但从相律得到的结论只是定性的，它只能指出平衡系统中有几个相、有几个自由度，至于具体有哪些相、自由度是什么变量则需要根据具体情况而定。也不能指出这些强度性质之间的函数关系，如不能得出液体的蒸气压与温度的具体关系。

案例 5-3

Josiah Willard Gibbs，美国理论物理学家，他从内容到形式都赋予物理化学整整100年的发展进程。在热力学、冶金学、矿物学、岩石学、生理学等诸多领域都有着重要发现与巨大建树，尤其是他将热力学理论、物理化学科研实践与高深数学完美结合，建立了同时代人难以破译的相平衡理论——“相律”，从而极大地简化了一大批工业生产过程并使其成本下降，例如，制冷、冶炼、燃烧、能源工程，以及合成化学品、陶瓷、玻璃和肥料的大批量生产，从此化学才得以成为世界上规模最大的工业基础。

Josiah Willard Gibbs（1839～1903）

1875～1878年，美国土著印第安科学家 Gibbs（1839～1903）发表《论多相物质的平衡》的论文，该文奠定了化学热力学基础。该文采用严密的数学形式，严谨的逻辑推理。这使当时的许多实验化学家难以读懂，加上发表的期刊是一小杂志，导致了 Gibbs 的工作没有被重视。在荷兰，范德华首先应用 Gibbs 方法，并将它介绍给同事 Roozeboom。Roozeboom 稍稍调整了一下已有的铁碳组成图，就显示了相律的威力。Le Chatelier 用 Gibbs 原理系统阐述了合金平衡相图，并根据 Gibbs 原理推出 Le Chatelier 原理。

在用实验方法建立平衡相图方面，冶金学名人、物理化学创始人之一，最初研究无机玻璃的 Tamman 做出了重要贡献。受 Roozeboom 等的影响，1895年他开始研究相平衡。他从二元系统合金起步，用热分析、显微组织观察法给后人留下了许多合金相图。他的工作使相图测定得以普及。20世纪30年代，X射线用于相结构的分析，推动了相图的实测工作。20世纪40年代后，现代实验手段的应用，使相图更准确。

案例 5-4

水在不同温度和压力下以什么状态存在？

在298K、100kPa下，水呈液态单相存在；在373K、100kPa下，是水蒸气与液态水两相平衡共存；在383K、100kPa下呈气态单相存在等。

对于像水比较简单的相平衡问题，可以凭经验、常识加以判断。但是在生产及科研工作中遇到的系统中所包含的物质种类较多，共存的相数较多时，系统所涉及的相平衡问题，如系统在一定条件下有几相共存，要维持系统的相数可以有几个自由度数等，就必须依靠相律的理论知识进行专门的讨论。

二、相平衡的基本概念

相（phase）是指系统内部物理性质和化学性质相同而且完全均匀的一部分。多相系统中不同的相之间有明显的分界面，越过界面时，物理或化学性质会发生突变。系统中相的数目称相数

（number of phase），以符号 Φ 表示。

例如，在 373.15K 的温度下，液体水和水蒸气的标准摩尔等压热容 $C_{p,m}$ 分别为 75.48J · K^{-1} · mol^{-1}、34.10J · K^{-1} · mol^{-1}。

在一个系统中，任何不同种类的气体相混合，只能有一个相。因为系统内的气体混合物是完全均匀的。各种液体之间，根据相互溶解关系可以是一个相也可以是多个相，如果互溶则为一个相，否则有一个液层就是一个相，一般不超过三个相。固体一般是有一个固体便有一个相，而不管它们的质量和体积。对于一个相来说，可以是连续的，也可以是不连续的。例如，$CaCO_3$ 和 Na_2CO_3 的混合物是两个相，而大的冰块和敲成碎屑的冰同属一个相。如果一个固体能均匀地分散在另一固体中形成固溶体（solid solution），则为一个相。一般情况下是因为两个组分的分子、原子或离子大小接近，在晶格中能相互取代形成的。例如，Ag 和 Au 不但在熔融状态能完全互溶，而且凝固成固态时也能以任何比例完全互溶形成均匀的固态混合物。一种纯固体如果有不同晶形，由于不同晶形的物理性质是不同的，如热容、折光率等，所以有几种晶形就有几个相，如石墨和金刚石，单斜硫与正交硫共存都是两个相。

反应系统：

$$(NH_4)_2S(s) \xlongequal{} 2NH_3(g) + H_2S(g)$$

固态的（NH_4）$_2$S 为一相，气态的 NH_3 和 H_2S 为一相，Φ=2。

平衡系统中所含化学物质的种数称为物种数（number of chemical species），用符号 S 表示。该系统中，共有（NH_4）$_2$S 、NH_3、H_2S 三个物种，S=3。

表示相平衡系统中各相组成所需的最少物种数称为组分数（number of components），用符号 K 表示。在该反应系统中，物种数为 3，但组分数是 2。因为任一组分可以由其他两个组分经化学反应而产生出来。不过组分数也不会是 1。虽然系统中有（NH_4）$_2$S 这一种物质时，经过化学反应可以得到 NH_3（g）和 H_2S（g），但若系统中只有 H_2S（g）或者 NH_3（g）一种物质时，化学反应就不可能存在，也就不能得到另两种物质了。所以上述系统中存在着一个化学反应时，组分数就比物种数少 1。同理，如果系统中有 R 个独立的化学反应，并且都达到平衡，则组分数就等于物种数减去独立的化学反应数 R。

如果系统中还有一些特殊的浓度限制条件，如指定两种物质的数量关系或者同一相中各组分浓度的限制等。例如，反应系统中 NH_3、H_2S 为气相，浓度比为 2∶1，也应从物种数减去 1 才得到组分数。若这种独立的浓度限制条件数目为
R'，则

组分数=物种数–独立的化学平衡数–独立的浓度限制条件数

即

$$K=S-R-R'$$

在不引起旧相消失和新相形成的前提下，可以在一定范围内自由变动的强度性质（温度、压力及浓度等）的最多数目，称为相平衡系统在指定条件下的自由度（degree of freedom）。自由度通常是指温度、压力和各种物质的浓度等。在指定条件下，系统可以任意改变的强度性质变量个数，称为自由度数，即在确定一个相平衡系统的具体状态时所必须指定的强度性质的最少数目，用 f 表示。

自由度数=强度变量总数–强度变量间独立的关系式数

案例 5-5

系统中有液态水或液态水及平衡蒸汽组成时，自由度如何变化？

当系统中只有液态水存在时，我们可以在一定范围内独立地改变系统的温度和压力，此时自由度 f=2。当系统是由液态水与其平衡蒸汽构成时，若要保持水及汽两相都不消失，能

独立变动的强度性质只有一个，温度或压力，即 f=1，这是由于当温度独立改变时，压力就必须随之而变，压力的大小应等于该温度下水的饱和蒸气压，而不能任意变动，否则将会引起旧相消失或新相产生。

三、相 律

从热力学可知，确定系统中每一个相的状态通常要指定温度、压力和组成（浓度）三种强度因素。对于多组分多相平衡系统，由于各相的温度、压力和组成之间存在定量关系式，要确定它的状态并不需要指定所有 Φ 个相中的温度、压力和组成，因此找出平衡时这些强度因素间的关系式，就能知道指定多少强度因素可以确定此系统的状态。

对于含 S 个组分（1，2，3，…）及 Φ 个相（α，β，γ，…，Φ）系统的平衡必须符合：

（1）热平衡条件，达到平衡时，各相具有相同温度。

$$T^{\alpha}=T^{\beta}=T^{\gamma}=\cdots=T^{\Phi}$$

（2）压力平衡条件，达到平衡时，各相的压力相等。

$$p^{\alpha}=p^{\beta}=p^{\gamma}=\cdots=p^{\Phi}$$

（3）相平衡条件，平衡时各相间不存在物质转移，任一物质 i 在各相中的化学势相等，相变达到平衡。

$$\mu_i(\alpha)=\mu_i(\beta)=\mu_i(\gamma)=\cdots=\mu_i(\Phi)$$

确定一个相的状态，需要知道其温度、压力、该相中（S–1）种物质的相对含量。

在平衡系统中，所有各相的温度、压力相等，因此确定系统整体的状态，只需知道系统整体的温度、压力、Φ（S–1）个相的相对含量的数值，也就是说，只需知道[（Φ（S–1）+2）个变量的数值。因而，确定系统状态的总变量数即为[Φ（S–1）+2]。

由于化学势是温度、压力、组成的函数，因此化学势的等式就是关联变量的方程式。对于一种组分来说，因 $\mu_i(\alpha)=\mu_i(\beta)=\cdots=\mu_i(\Phi)$，就有（$\Phi$–1）个化学势相等的方程式。根据假设，$S$ 种物质皆分布于 Φ 个相中，所以 S 种物质共有 S（Φ–1）个这样的方程式。此外，若系统中还有 R 个独立的化学平衡反应（每个反应不一定和这种物质全有关系），根据化学平衡条件 $\sum_{\mathrm{B}}\nu_{\mathrm{B}}\mu_{\mathrm{B}}=0$，所以一个独立的平衡反应就有一个关联变量的方程式，共有 R 个方程式。若根据实际情况还有 R' 个独立的限制条件（如某两种物质成恒定的比例），则又有 R'个方程式。所以，关联变量的方程式数为 S（Φ–1）+R+R'。总变量数与方程式数之差为自由度数，以 f 表示，即

$$\begin{aligned}F&=\Phi(S-1)+2-S(\Phi-1)-R-R'\\&=(S-R-R')-\Phi+2\\&=K-\Phi+2\end{aligned}\qquad(5\text{-}1)$$

这就是相律的数学表达式。式中，K 为独立组分数；Φ 为相数；2 是指两个基本变量温度和压力。

虽然在推导时曾假设每一个相中都含有 S 个物种，但每一相中是否都含有 S 个物种，对式子的成立是没有影响的。因为假如在某一相中不含有某一种物质，则该相的浓度变量减少了一个，而在相平衡条件中各相化学势相等的关系式也减少一个，因此仍然成立。

如果除温度和压力外，还有其他影响平衡的因素存在，如电场、磁场、重力场等，这时相律中的 2 应根据具体影响因素写成 n，则相律可写为一般形式：

$$f=K-\Phi+n\qquad(5\text{-}2)$$

案例 5-6

碳酸钠与水可形成下列几种化合物：

$$Na_2CO_3 \cdot H_2O \qquad Na_2CO_3 \cdot 7H_2O \qquad Na_2CO_3 \cdot 10H_2O$$

（1）试说明标准压力下，与碳酸钠水溶液和冰共存的含水盐最多可以有几种？

（2）试说明在 30℃时，可与水蒸气平衡共存的含水盐最多有几种？

解： 此系统由 Na_2CO_3 及 H_2O 构成，K=2。虽然可有多种固体含水盐存在，但每形成一种含水盐，物种数增加 1 的同时，增加 1 个化学平衡关系式，因此组分数仍为 2。

（1）指定压力下，相律变为

$$f = K - \Phi + 1 = 2 - \Phi + 1 = 3 - \Phi$$

自由度最少时相数最多，即 $f = 0$ 时，$\Phi = 3$。

因此，与 Na_2CO_3 水溶液及冰共存的含水盐最多只能有一种。

（2）指定 30℃时，相律变为

$$f = K - \Phi + 1 = 2 - \Phi + 1 = 3 - \Phi$$

$f = 0$ 时，$\Phi = 3$。

因此，与水蒸气平衡共存的含水盐最多只能有两种。

案例 5-7

试说明下列平衡系统的自由度为若干。

（1）25℃及标准压力下，NaCl（s）与其水溶液平衡共存；

（2）I_2（s）与 I_2（s）呈平衡；

解：（1）K=2　　$f = 2 - 2 + 0 = 0$

指定温度压力下，饱和食盐水的浓度为定值，系统已无自由度。

（2）K=1　　$f = 1 - 2 + 2 = 1$

系统的压力等于所处温度下 I_2（s）的平衡蒸汽压。因 p 和 T 之间有函数关系。

第二节　单组分系统相平衡

一、水的相图

对相平衡系统而言，最简单的就是 K=1 的单组分系统，将相律应用于该系统，则有

$$f = K - \Phi + 2 = 3 - \Phi$$

所以对单组分系统而言，最多有三相。

当 $\Phi = 1$，$f = 2$，系统最多自由度为 2，这说明只要二个独立变量（如 T、p）就足以完整表征系统的状态。倘若以实验数据为基础作出这些变量之间的图解，或其他变量间关系的图解，即可构成各类的相图，如 p-T、p-V 等相图。对于多组分系统还应引入组成的变量 X（摩尔分数），可作 p-X、T-x、T-p-x 等相图。

相图（phase diagrams）是根据实验数据绘制出的表示相变规律的各种几何图形。相图在许多科学技术中已成为解决实际问题不可缺少的工具。有人把相图比喻为航海家的航海图一样重要，是具有丰富内容的信息库。从这种几何图形上，可以直观地看出多相系统中各种聚集状态和它们所处的条件（温度、压力、组成等）。

水的相图是一个生动的例子，充分说明相图如何用几何语言把一个系统所处的平衡状态直观而形象地表示出来。下面以水为例，讨论单组分系统相图。

水在一般温度和压力下有三种聚集状态：水蒸气（气态）、水（液态）、冰（固态）。根据实验分别测定水和水蒸气、冰和水、冰和水蒸气两相平衡时温度和压力的对应数据，如表 5-1 所示。根据以上数据绘制水的相图（图 5-1）。

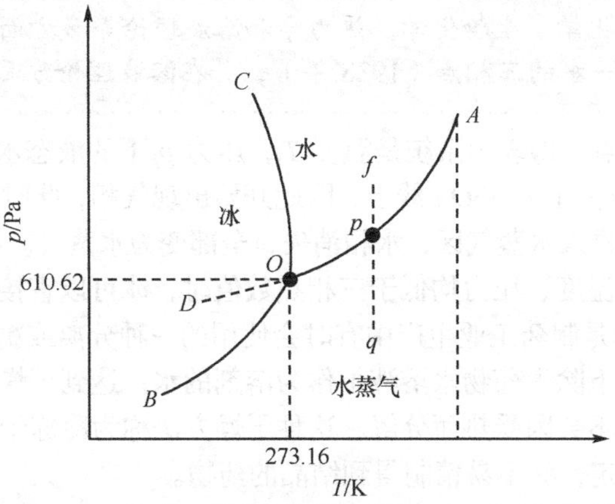

图 5-1 水的相图

表 5-1 水的相平衡数据

温度/℃	系统的水蒸气压力/kPa		平衡压力/kPa
	水⇌水蒸气	冰⇌水蒸气	冰⇌水
−20	—	0.103	199.6×10^3
−15	0.191	0.1651	161.1×10^3
−10	0.285	0.2594	114.5×10^3
−5	0.421	0.4010	61.8×10^3
0.0098	0.6106	0.6106	0.6106
20	2.338	—	—
100	101.325	—	—
374	2.2038×10^4	—	—

当 $\Phi=1$ 时，则 $f=2$，最多有两个独立变量，即温度和压力。

当 $\Phi=2$ 时，则 $f=1$，此为单变量系统。它表示当系统有二相（冰+水、冰+蒸汽、蒸汽+水）共生时，在一定的范围内，可以自由地改变温度而不致引起系统中相的变化，但是相应地压力必须随温度的变化而变化；反之亦然。这一情况相当于图中的三条相线（单变线）。其中，*OA* 线代表蒸汽-水的平衡条件，称为水的蒸气压曲线；*OB* 线代表冰-蒸汽平衡条件，称为冰的蒸气压曲线；*OC* 线代表冰-水平衡条件，称为冰的熔点曲线。

当 $\Phi=3$ 时，则 $f=0$，此为无变量系统。它表示系统有三相（冰+水+蒸汽）平衡共存时，既不能改变温度，也不能改变压力。否则，必然引起系统中相的变化，不能再保持原有的三相。这一情况相当于图中的一个相点，即 *O* 点。此点称为三相点，又称无变度点。实验测得的三相点为 $p=0.61\text{kPa}$，$T=0.00989$℃，这一温度已被规定为 273.16K。

相图中的 *OD* 虚线为过冷水的蒸气压曲线，它表示水（液相）过冷时，过冷水与蒸汽之间的平衡关系。*OD* 虚线在 *OB* 线以上，这表示在相同的温度下，过冷水的蒸气压大于冰的蒸气压，因此这一平衡状态是不够稳定的，称为“介稳（metastable）状态”，并以虚线表示。当过冷水中加入晶种或者受到轻微的振荡时，就会转变为稳定的平衡状态——冰。

应该指出，三相点 *O* 和水的凝固点是不同的。前者指水-冰-蒸汽三者在自身的压力下平衡的条件，它的压力（$p = 0.61\text{kPa}$）远不及大气压；而后者是在一个大气压力下，冰-水平衡的条件。

知识视窗

黄子卿（1900～1982），中国科学院院士，物理化学家和化学教育家，中国物理化学的奠基人之一。从事过电化学、生物化学、热力学和溶液理论等多方面的研究。曾精确测定了热力学温标的基准点——水的三相点（1938年），并在溶液理论方面颇有建树。

当系统的状态处于 f 点，即表示系统是温度 T_f，压力 p_f 下的液态水，当恒温降压时，系统状态由 f 垂直向下移动达 p，由于 p 在 OA 线上，因此开始出现气相，此时为水-汽两相平衡，若再降压，则系统状态将离开 p 进入水蒸气区，水相消失，全部变为水蒸气。由图 5-1 可看出，OB 线为冰的饱和蒸气压曲线，当温度、压力均低于三相点数值时，冰可以直接变为水蒸气，这就是升华（sublimation）过程。升华是制药工业生产中有时会使用的一种分离或精制方法。利用冰的升华，可以在低温、低压的条件下除去药物水溶液中作为溶剂的水，达到干燥、精制药物的目的。而且由于在低温下操作，药物不会因受热而分解。这种干燥方法称为冷冻干燥（freeze drying），它一般运用于在水溶液中不稳定，又不易精制得到结晶的药物。

另一类重要的单组分系统相图——二氧化碳的相图，见图 5-2。和水的相图类似，OA、OB、OC 相交于点 O，把平面划分成三个区域 AOC、COB 及 BOA，分别是气相区、液相区和固相区。

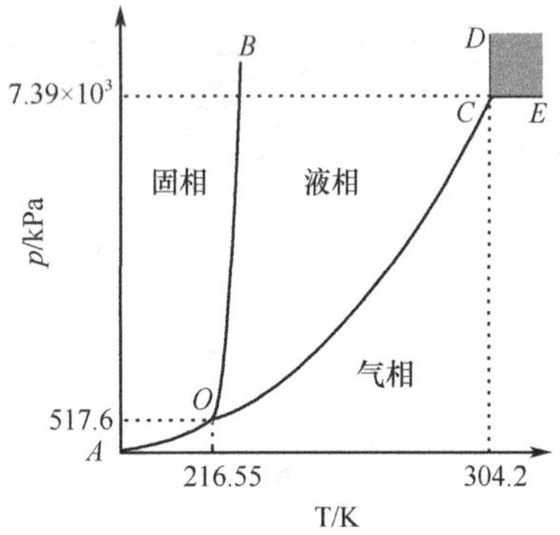

图 5-2　二氧化碳的相图

O 点是三相点，温度为 216.55K，压力为 517.6kPa。由于 CO_2 的三相点压力较高，所以在大气压力下，它只能以固态或气态存在，对敞开在空气中的固态 CO_2 加热，它直接升华为气态，因此固态 CO_2 被称为干冰。101.325kPa 压力下，固态 CO_2 升华温度为 194.65K（−78.5℃）。OC 线终止于 C 点，这是 CO_2 的临界点，临界温度 304.2K，临界压力 7.39MPa，临界点时的密度 $448\text{kg}\cdot\text{m}^{-3}$。系统处于高于临界压力和临界温度时气相和液相的界面消失，这时称为超临界状态（supercritical state），DCE 区（阴影区）是 CO_2 的超临界流体区。CO_2 超临界流体具体对有机物溶解能力强、选择性好、可在接近室温下操作等优点，因此常被用作超临界萃取剂。

案例 5-8

冷冻干燥技术的原理是通过升华从冻结的样品中去除水分或溶剂。主要应用在生物医药（粉针注射剂）、食品加工等方面，其优点是：在较低温度下进行，可保留样品的化学结构、营养成分、生物活性，产品的复水性和速溶性好，脱水彻底，利于长时间保存和运输。粉针剂的做法如下：将要干燥的药物液体先冻结，然后在低温低压条件下，从冻结状态不经液态而直接升华，使冰变为汽，抽气达到干燥目的，如青霉素 G、先锋霉素类及血浆等生物制剂，它们在水溶液中不稳定，冷冻干燥可以避免在干燥过程中受热分解，并使其变成疏松海绵状固体或粉末，有利于使用时快速溶解。

案例 5-9

在青藏高原煮鸡蛋为什么煮不熟？

在青藏高原，海拔高，大气压力小，由克劳修斯-克拉贝龙（Clausius-Clapeyron）方程可知，物质沸点低，即水的沸点降低了，也就是水沸腾时的温度较低，所以直接煮东西不容易熟。

二、克劳修斯-克拉贝龙方程

单组分系统相图中两相平衡时 T-p 关系可直接通过实验测定，也可通过热力学方法推导出两相平衡时温度和压力的定量关系——克拉贝龙方程，在已知相变潜热及相变体积变化数据情况下进行计算。

某纯物质在一定温度和压力时，有两个相呈平衡状态。当温度发生一个极微变化，即从 T 变到 $T+\mathrm{d}T$ 时，只有当压力也相应地发生极微变化，即由 p 变到 $p+\mathrm{d}p$，系统才会重新达到平衡。两相平衡条件是该物质在两相的化学势相等。

由此可以得到

$$\mathrm{d}G_\mathrm{m}(\alpha)=\mathrm{d}G_\mathrm{m}(\beta)$$

由热力学基本方程：

$$\mathrm{d}G_\mathrm{m}=-S_\mathrm{m}\mathrm{d}T+V_\mathrm{m}\mathrm{d}p$$

代入得到

$$-S_\mathrm{m}(\alpha)\mathrm{d}T+V_\mathrm{m}(\alpha)\mathrm{d}p=-S_\mathrm{m}(\beta)\mathrm{d}T+V_\mathrm{m}(\beta)\mathrm{d}p$$

移项整理可得

$$\frac{\mathrm{d}p}{\mathrm{d}T}=\frac{S_\mathrm{m}(\beta)-S_\mathrm{m}(\alpha)}{V_\mathrm{m}(\beta)-V_\mathrm{m}(\alpha)}=\frac{\Delta_{相}S_\mathrm{m}}{\Delta_{相}V_\mathrm{m}} \tag{5-3}$$

式中，$\Delta_{相}S_\mathrm{m}$、$\Delta_{相}V_\mathrm{m}$ 分别表示 1mol 物质从 α 相转移到 β 相时的熵变和体积变化。因温度和压力的变化极微，按可逆相变 $\Delta_{相}S_\mathrm{m}=\dfrac{\Delta_{相}H_\mathrm{m}}{T}$，$\Delta_{相}H_\mathrm{m}$ 是相应的摩尔相变潜热或摩尔焓变，代入式（5-3）得

$$\frac{\mathrm{d}p}{\mathrm{d}T}=\frac{\Delta H_\mathrm{m}}{T\Delta V_\mathrm{m}} \tag{5-4}$$

下面分别给出几种两相平衡时克拉贝龙方程的形式。

（一）液-气平衡

将式（5-4）应用于液-气两相平衡，则表示纯液体的饱和蒸气压与温度的关系，ΔH_m 为摩尔气化焓 $\Delta_\mathrm{vap}H_\mathrm{m}$。通常情况下，$V_\mathrm{m}(\mathrm{g})\gg V_\mathrm{m}(\mathrm{l})$，故 $\Delta V_\mathrm{m}=V_\mathrm{m}(\mathrm{g})-V_\mathrm{m}(\mathrm{l})\approx V_\mathrm{m}(\mathrm{g})$，假设气体服从理想气体的行为，则式（5-4）可改写为

$$\frac{\mathrm{d}\ln p}{\mathrm{d}T}=\frac{\Delta_\mathrm{vap}H_\mathrm{m}}{RT^2} \tag{5-5}$$

式（5-5）称为克劳修斯-克拉贝龙方程的微分式。它是由克拉贝龙方程经过近似处理后得到的，简称克-克方程。若温度变化范围不大时，可把液体的摩尔蒸发焓视为常数。将式（5-5）进行不定积分，得

$$\ln p=-\frac{\Delta_\mathrm{vap}H_\mathrm{m}}{R}\cdot\frac{1}{T}+C \tag{5-6}$$

式中，C 为积分常数。式（5-6）是克-克方程的不定积分式。若将式（5-4）在温度 T_1 至 T_2 范围内进行定积分，则得

$$\ln\frac{p_2}{p_1}=-\frac{\Delta_\mathrm{vap}H_\mathrm{m}}{R}\left(\frac{1}{T_2}-\frac{1}{T_1}\right)=\frac{\Delta_\mathrm{vap}H_\mathrm{m}}{R}\left(\frac{T_2-T_1}{T_2T_1}\right) \tag{5-7}$$

式（5-7）是克-克方程的定积分式。应用式（5-7）可以计算纯液体在不同温度时的饱和蒸气压，不同外压下的沸点以及摩尔汽化热。

另外，对摩尔蒸发焓 $\Delta_{vap}H_m$ 还可以用经验规则进行估计；就一些非极性液体物质来说，若分子不以缔合形式存在，摩尔蒸发焓与其正常沸点之比均恒定，或此液体的摩尔蒸发熵为一常数，即

$$\frac{\Delta_{vap}H_m}{T_b}=\Delta_{vap}S_m\approx 88\text{J}\cdot\text{mol}^{-1}\cdot\text{K}^{-1} \tag{5-8}$$

式（5-8）称为特鲁顿（Trouton）规则。

务必强调，使用克-克方程的定积分或不定积分形式时，应注意公式的适用范围。只有当温度变化不大时才可视 $\Delta_{相}H_m$ 为常数，其次该气态物质应当遵从理想气体定律，否则将引入误差。故当温度变化范围较宽时，必须考虑 $\Delta_{相}H_m$ 对温度的依赖关系。

（二）固-气平衡

由于固体的体积和蒸气的体积相比可以忽略，即 V_m（g）≫ V_m（s）；把蒸气看成理想气体及将摩尔升华热视为常数，可以得到与液-气平衡相同的关系式。它们表明纯固体的饱和蒸气压与温度的关系，ΔH_m 是摩尔升华焓 $\Delta_{sub}H_m$。

$$\ln p=-\frac{\Delta_{sub}H_m}{R}\cdot\frac{1}{T}+C \tag{5-9}$$

$$\ln\frac{p_2}{p_1}=\frac{\Delta_{sub}H_m}{R}\left(\frac{1}{T_1}-\frac{1}{T_2}\right) \tag{5-10}$$

（三）固-液平衡

纯物质固-液两相平衡的温度是熔点，由于 V_m（s）与 V_m（l）相差不大，不能忽略，$\Delta_{fus}H_m$ 为摩尔熔化热，将克拉贝龙方程写为

$$\frac{dT}{dP}=\frac{T\Delta_{fus}V_m}{\Delta_{fus}H_m} \tag{5-11}$$

当压力变化不大或近似计算时，可将 $\Delta_{fus}H_m$ 和 $\Delta_{fus}V_m$ 看成常数，对式（5-11）进行定积分：

$$\ln\frac{T_2}{T_1}=\frac{\Delta_{fus}V_m}{\Delta_{fus}H_m}(p_2-p_1) \tag{5-12}$$

令

$$\ln\frac{T_2}{T_1}=\ln\left(1+\frac{T_2-T_1}{T_1}\right)$$

若压力改变后，熔点变化不大，有 $\ln\left(1+\frac{T_2-T_1}{T_1}\right)\approx\frac{T_2-T_1}{T_1}$，上式可变为

$$p_2-p_1=\frac{\Delta_{fus}H_m}{\Delta_{fus}V_m}\cdot\frac{T_2-T_1}{T_1} \tag{5-13}$$

案例 5-10

已知水的汽化热为 $40.65\text{kJ}\cdot\text{mol}^{-1}$，试计算：（1）水在 95℃时的饱和蒸气压；（2）水在外压为 1.52×105Pa 下的沸点。

解：（1）水的正常沸点 100℃时的饱和蒸气压为 p，即

$$T_2=95+273.2=368.2\text{（K）}$$

$$T_1=100+273.2=373.2\text{（K）}$$

$$p_1=p=101325\text{Pa}$$

代入式（5-7）得

$$\ln\frac{p_2}{101325}=\frac{40650\times(368.2-373.2)}{8.314\times368.2\times373.2}$$

解得

$$p_2 = 84.81\text{kPa}$$

（2）当 p_2=1.52×105Pa 时，代入式（5-7）得

$$\ln\frac{1.52\times10^5}{1.01\times10^5}=\frac{40650\times(T_2-373.2)}{8.314\times T_2\times373.2}$$

解得

$$T_2 = 385.2\text{K}（112℃）$$

第三节　完全互溶二组分双液系统的气液相图

对于二组分系统，$C=2$，$f=4-\Phi$。系统至少要有一相，$\Phi=1$，所以自由度最多为 3（温度、压力和组成）。如果温度恒定，系统的自由度 $f'=3-\Phi$，$\Phi=1$ 时，系统自由度为 2，系统的状态由压力和组成决定。这种情况下，系统的状态图可以用平面图 p-x 表示。同理，当压力或组成恒定时，系统的状态图可以用平面图 T-x 或 p-T 表示。上述三种相图中，T-x 图用得最多，p-T 图用得最少。

一、理想的二组分液态混合物——完全互溶的双液系统

（一）p-x 图

若液体 A 和液体 B 形成理想的液态混合物，组分 A 和组分 B 在全部浓度范围内均服从拉乌尔定律（Raoult's law）：

$$p_A = p_A^*x_A = p_A^*(1-x_B) \qquad p_B = p_B^*x_B \tag{5-14}$$

式中，p_A^* 和 p_B^* 分别为一定温度时纯 A、纯 B 的饱和蒸气压；x_A 和 x_B 分别为溶液中组分 A 和组分 B 的摩尔分数。图 5-3 中的两条虚线分别为不同浓度的蒸气分压。理想液体混合物的总蒸气压 p 为

$$\begin{aligned} p &= p_A + p_B = p_A^*x_A + p_B^*x_B \\ &= p_A^*(1-x_B) + p_B^*x_B \\ &= p_A^* + (p_B^* - p_A^*)x_B \end{aligned} \tag{5-15}$$

式（5-15）表明理想液体混合物的总蒸气压 p 与 x_B 呈线性关系，如图 5-3 中实线所示，该实线为连接 p_A^* 和 p_B^* 两点的直线且 $p_A^*<p<p_B^*$，称为液相线。

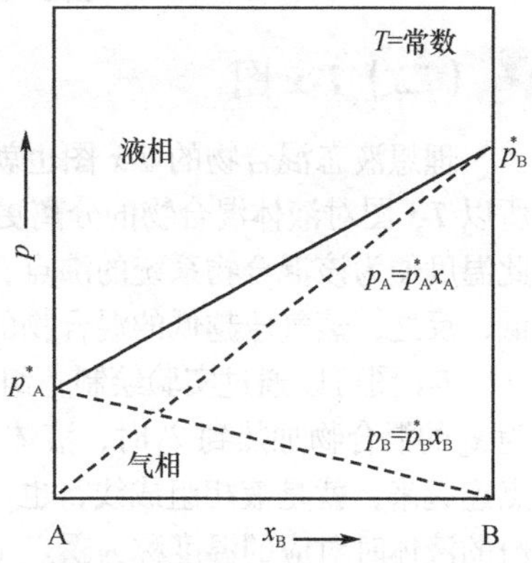

图 5-3　理想液态混合物的 p–x 图

由于 A、B 两个组分的蒸气压不同，当系统处于气液两相平衡时，气相的组成与液相的组成也不相同。根据道尔顿分压定律（Dalton's law），气相的摩尔分数为

$$y_A = \frac{p_A}{p} = \frac{p_A^*x_A}{p} \qquad y_B = \frac{p_B}{p} = \frac{p_B^*x_B}{p} \tag{5-16}$$

因为 $p_A^*<p$，故 $y_A<x_A$；$p_B^*>p$，故 $y_B>x_B$。这里 B 组分为易挥发组分（恒温下具有高蒸气压 $p_A^*<p_B^*$），其气相中摩尔分数 y_B 大于它在液相的摩尔分数 x_B，同理不易挥发的 A 组分，其液相中的摩尔分数 x_A 大于它在气相中的摩尔分数 y_A。此结论也就是柯诺瓦洛夫第一定律（Konowaluv's law）：理想液态混合物中易挥发组分在气相中的摩尔分数大于它在液相中的摩尔分

数。不同沸点的液态混合物中，低沸点的液体在气相中的含量比在液相中大，这也是蒸馏的理论依据，对非理想液态混合物也适用。将气相和液相的组成绘制在同一图中，得到理想液态混合物的 p-x-y 图，见图 5-4。气相组成线在液相组成线之下，并在纯 A、纯 B 处两线相交，将相图分为三个区域：液相组成线上方为液相单相区，气相组成线下方为气相单相区，单相区 $f'=3-\Phi=3-1=2$。液相组成线和气相组成线之间为气液两相平衡区域，$f'=3-\Phi=3-2=1$，即压力和组成只有一个为独立变量，恒定压力下，二组分液态混合物的组成也就确定。代表系统总组成的点称为物系点，如图 5-4 中的 o 点，代表某一平衡相组成的点称为相点，如图中 a 点代表在 p_o 压力下系统达到气液平衡时的液相点，表明液相组成为 x_B，而 b 点为平衡时的气相点，表明气相组成为 y_B。

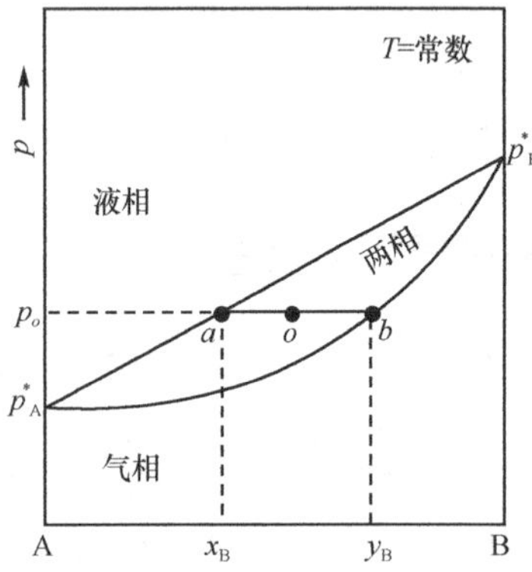

图 5-4 理想液态混合物的 p-x-y 图

结合理想液态混合物的 p-x-y 相图，让一定组成的气体系统封闭在装有活塞的气缸并沉浸在恒温浴中（图 5-5）。最初在活塞上设置外部压力足够低，系统为单一气相，随之逐渐加大压力，当压力增大到 p_A 时系统开始凝聚出液体（图中的 A 点）。继续升高压力，压力介于 p_A 和 p_D 之间时，系统处于气液两相平衡。压力升高时不仅液相物质持续增多，其平衡的气液两相组成也沿着 AD 和 BC 变化，直到达到 C 点，所有的气体均被加压液化为液体，成为单一液相系统。再持续加压（如加压至 E 点），仅是系统压力变化而已，仍为单一液相。

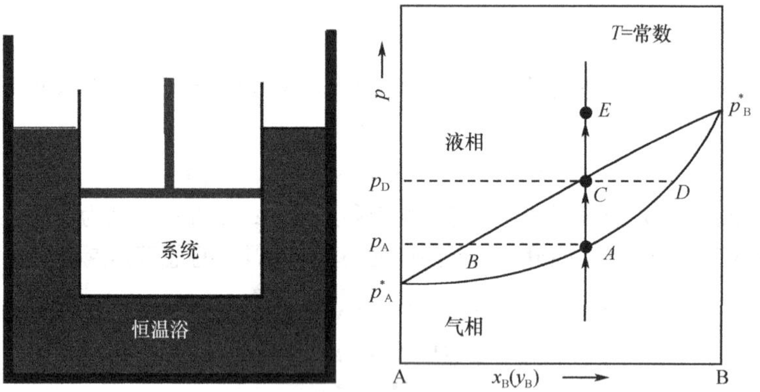

图 5-5 理想液态混合物压缩过程的 p-x-y 图

（二）T-x 图

理想液态混合物的 T-x 图也就是沸点-组成图，通常蒸馏或精馏都是在恒定的压力下进行的，所以 T-x 图对液体混合物的分离更为有用。当液态混合物的蒸气压等于外压时，混合物开始沸腾，此温度便为该混合物系统的沸点，也称为泡点（bubbling piont）。很显然，蒸气压越高则其沸点越低，反之，蒸气压越低的混合物的沸点越高。

T-x 图可以通过实验绘制，组成为 x_1 的混合物加热到 T_1 时，液体开始起泡沸腾，同理，组成为 x_2 的混合物加热到 T_2 时，液体开始起泡沸腾，以此类推得到 T_3、T_4、T_5、…，将不同组分的泡点连起来，就是液相组成线，也可称为泡点线。相反，气体混合物恒压降温，开始凝结出如露珠般的液体时对应的温度称为露点（dew point），将不同组成的露点连接起来，就是气相组成线，也可称为露点线。实验中，我们可以在恒定压力下直接用沸点仪分别测定不同浓度溶液的沸点和平衡时气相和液相的组成。根据测定数据绘制相图，如果我们采用图 5-3 的系统，可得到该系统的 T-x 图（图 5-6）。如图 5-6 所示，B 组分为易挥发组分，其沸点低于 A 组分的沸点，气相组成线在液相组成线之上。气相组成线之上为单一气相，液相组成线之下为单一液相，气相组成线和液相组成线之间的梭形区域便是气液两相区。

（三）杠杆规则

物系点在两相区的系统会形成气液平衡两相，如图 5-6 中的 o 点，若初始 B 组分的摩尔分数为 x_o，达到平衡时液相点为 a 点，B 组分的摩尔分数为 x_a；气相点为 b 点，其气相中 B 组分的摩尔分数为 x_b（原本气相组分的摩尔分数用 y_b，在这里为了讨论方便 x_b=y_b）。两相点 a 和 b 的连线称为连接线（tie line）。若初始系统的物质的量为 n，总组成即物系点 o 的 x_o，达到两相平衡时液体和气体的物质的量分别为 n_l 和 n_g，液相和气相组成也就为 x_a 和 x_b。依据质量守恒定律，系统中 B 组分的物质的量等于液相和气相中 B 组分的物质的量之和：

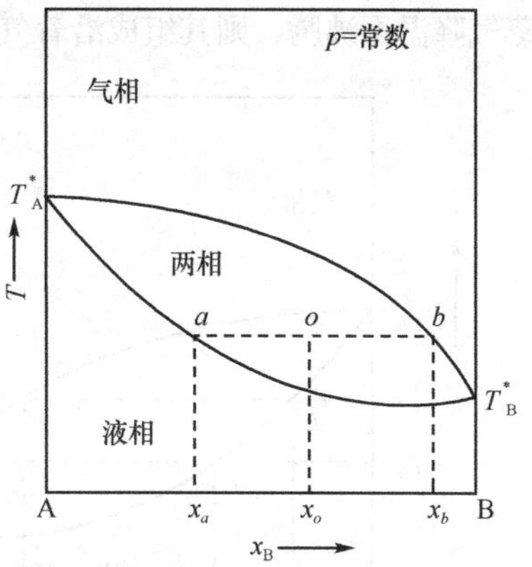

图 5–6 理想液态混合物的 T–x–y 图

$$(n_l + n_g)x_o = n_l x_a + n_g x_b$$

整理后可得

$$n_l(x_o - x_a) = n_g(x_b - x_o) \tag{5-17}$$

式中，（x_o–x_a）等于线段 $\overline{ao}$，（x_b–x_o）等于线段 $\overline{ob}$，式（5-17）可以改写为

$$n_l \cdot \overline{ao} = n_g \cdot \overline{ob}$$

$$\frac{n_l}{n_g} = \frac{\overline{ob}}{\overline{ao}} \tag{5-18}$$

在这里可以把线段 $\overline{ab}$ 看作以 o 点为支点的杠杆，液相的物质的量 n_l 乘以力臂 $\overline{ao}$ 等于气相的物质的量 n_g 乘以力臂 $\overline{ob}$，这种关系就称为杠杆规则（lever rule）。对于气液、液固、液液、固固的两相平衡区，杠杆规则均可以使用。同理，若图 5-6 中的横坐标换为质量分数，质量守恒定律依然可以适用，则可以得到类似的公式，即将式（5-18）中的物质的量用质量替换。

（四）蒸馏和精馏

完全互溶的液体混合物常采用蒸馏和精馏的方法进行分离提纯。如图 5-7 所示，B 组分为易挥发组分，A 组分为难挥发组分。若初始液态混合物 B 组分含量为 x_1，加热到 T_1 时开始沸腾，平衡时 C 和 D 分别为液相点和气相点，气相中 B 组分为 y_1，$y_1 > x_1$ 表明易挥发组分在气相中的含量高于其在液相中的含量。升高温度到 T_2 时，气液两相共存的液相点及气相点变为 E 和 F，B 组分的含量也分别变为 x_2 和 y_2。温度在 $T_1 \sim T_2$ 变化，蒸馏的馏出物为 $y_1 \sim y_2$ 的混合物，其中易挥发组分 B 在馏出物中含量比原始混合物中的含量高；留在蒸馏瓶中的为 B 组分含量为 x_2 的液体混合物，$x_2 < x_1$，则其难挥发组分 A 的含量比原始混合物中的含量高。很明显，通过简单的一次蒸馏只能粗略地把多组分系统相对分离，不能将液体混合物分离得较完全。若要实现较为完全的分离，需要采用多次简单蒸馏，也就是精馏的方法。

精馏就是多次简单蒸馏的组合，如图 5-8 所示。若进料时温度为 T_4，物系点为 o 点，达到平衡时 B 组分在液相的摩尔分数为 x_4，在气相的摩尔分数为 y_4，易挥发的 B 组分在气相中的含量较大。若对平衡的液相继续加热，达到 T_5 温度，液相组成变为 x_5，$x_5 < x_4$，说明此时难挥发的 A 组分含量在液相中有所升高。持续升高温度，液相中的浓度沿着液相线变化到 x_6、x_7，其组成越来越接近难挥发的纯 A。相对而言，若对溢出的蒸气 y_4 降温，温度降低到 T_3，达到气液两相平衡时气相组成变为 y_3，$y_3 > y_4$，说明温度降低后再次沸腾的气相中易挥发的组分含量增大。持续对溢出蒸气降温再沸腾，则其组成沿着气相线也变化至 y_2、y_1，其组成也越来越接近易挥发的纯 B。

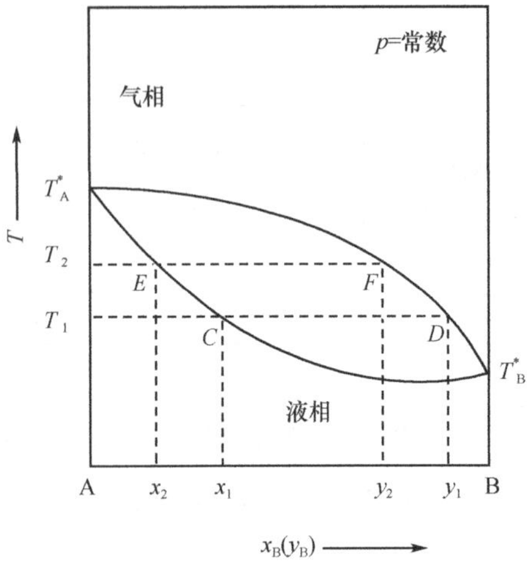

图 5–7　简单蒸馏的 T–x–y 图

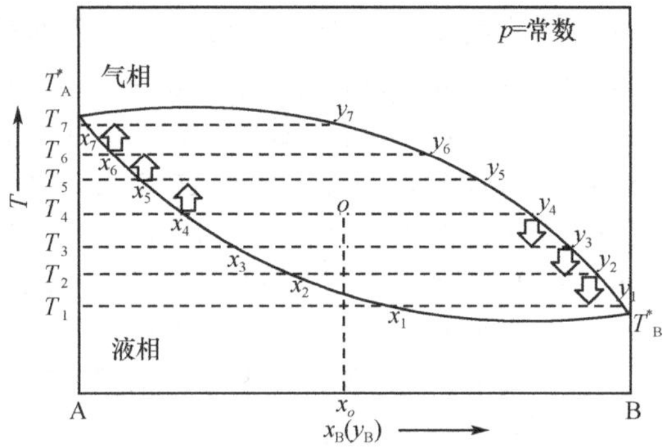

图 5–8　精馏过程中 T–x–y 图

案例 5-11

工业上，精馏在精馏塔中进行（图 5-9），塔中安置了层层塔板及泡罩（泡罩罩在升气管上），还有溢流管（保证塔板上有一定的液层高度），进料口位于塔的中部，液料在塔底部加热，经由每层塔板就相当于一次简单蒸馏，只要塔板数目够多，经过多次蒸馏的组合形成的精馏就可以将高沸点组分（难挥发组分）留在塔中，而低沸点组分（易挥发组分）的蒸气溢出在冷凝器中冷凝成液体，一部分通过出口收集到接收器中，一部分通过回流口回到精馏塔。

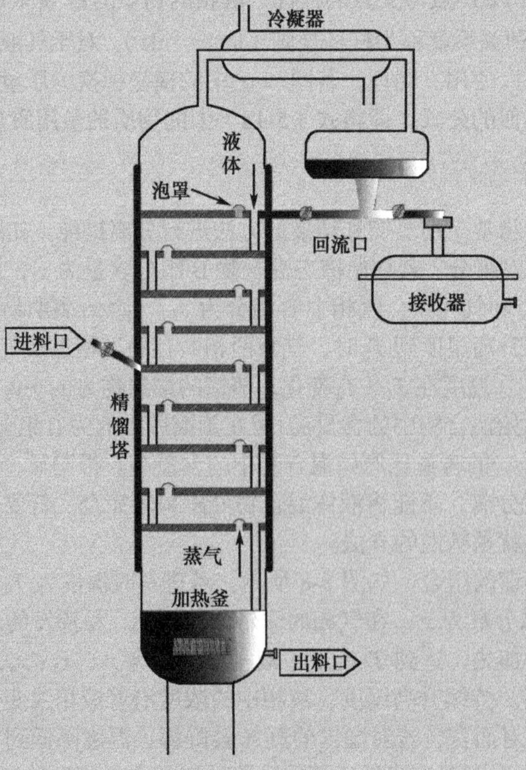

图 5–9　泡罩精馏塔

二、非理想的二组分液态混合物——完全互溶双液系统

实际中的系统绝大多数是非理想混合物，它们的行为与拉乌尔定律有一定的偏差。压力大于拉乌尔定律，压力为正偏差，压力小于拉乌尔定律，压力为负，非理想系统产生偏差的原因各不相同，通常由以下几种造成的：①若组分 A 原为缔合分子，在组成混合物后发生解离或缔合度减小，A 容易逸出，蒸气压增大，因而产生正偏差，且常伴随温度降低和体积增大的现象。②如果两组分混合后，部分分子形成化合物，A、B 分子数均减少，其蒸气压减小，因而产生负偏差，且常伴随温度升高和体积缩小的现象。③组分之间引力不同，如 A-B 分子引力小于 A-A、B-B 分子间引力，则混合后容易逸出，产生正偏差，反之，则产生负偏差。

（一）一般正偏差（或负偏差）的系统

一般正偏差就是发生微小正偏差的情况，如图 5-10 所示，虚线表示符合拉乌尔定律的情况，实线代表实际情况，其压力比理想情况的压力略大。图 5-11 为有一般负偏差的系统，实际液相线的压力比理想情况的压力略小。实际系统多半是正偏差系统。

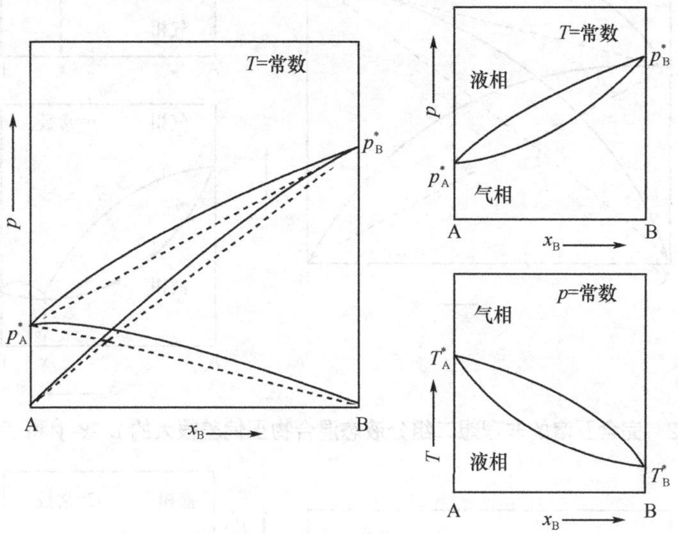

图 5-10 完全互溶的非理想二组分液态混合物一般正偏差的 p–x–y 和 T–x–y 图

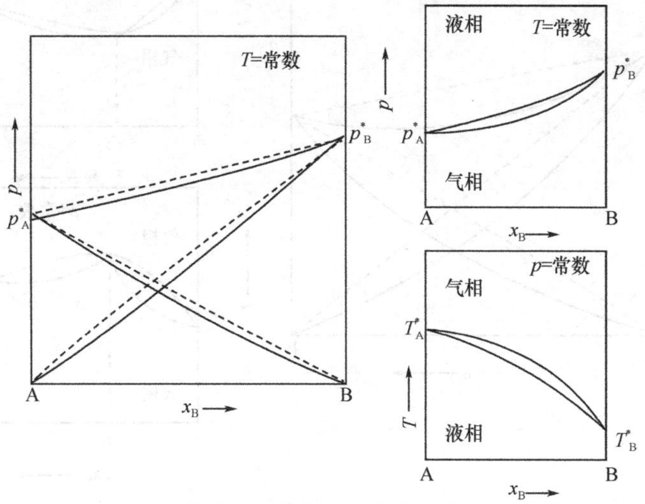

图 5-11 完全互溶的非理想二组分液态混合物一般负偏差的 p–x–y 和 T–x–y 图

（二）正偏差（或负偏差）很大的系统

若偏差很大，液体混合物的蒸气压不再介于纯 A、纯 B 组分的饱和蒸气压之间，则在 *p-x-y* 图上会出现极值点，若在 *p-x-y* 图上出现最高点，该系统为正偏差很大的系统，其 *T-x-y* 图上相应出现极小值，称为最低恒沸点（minimum azeotrope point），见图 5-12。在 *p-x-y* 图上出现最低点，该系统为负偏差很大的系统，其 *T-x-y* 图上相应出现极大值，称为最高恒沸点（maximum azeotrope point），见图 5-13。对应恒沸点组成的溶液称为恒沸物（azeotrope），在一定压力下恒沸物的组成恒定，并且恒沸物的气相组成与液相组成相同。但值得注意的是，虽然气、液相的组成相同，但恒沸物不是化合物而是混合物，因为在压力改变后，恒沸点的温度和恒沸物的组成均会随之变化。具有最低恒沸点的系统有水-乙醇、水-乙酸乙酯、甲醇-苯、乙醇-苯等；具有最高恒沸点的系统有水-硝酸、水-盐酸、盐酸-甲醚、水-硫酸

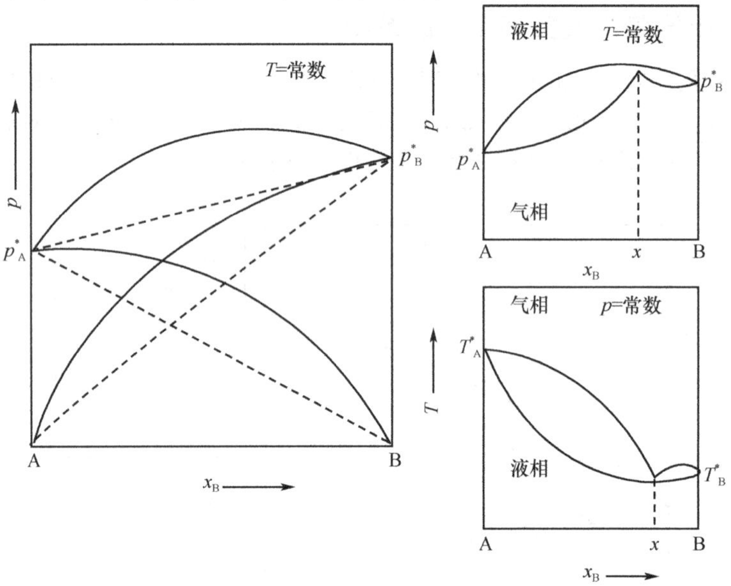

图 5-12　完全互溶的非理想二组分液态混合物正偏差很大的 *p-x-y* 和 *T-x-y* 图

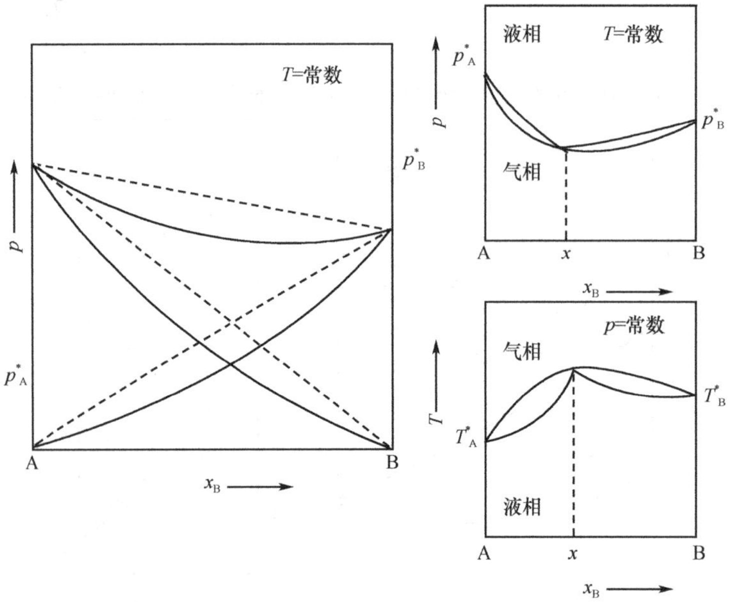

图 5-13　完全互溶的非理想二组分液态混合物负偏差很大的 *p-x-y* 和 *T-x-y* 图

等，标准压力下的水-盐酸系统 w_{HCl} 为 20.24%，分析上常用作标准溶液。表 5-2 列出了部分恒沸物系统的恒沸点及组成，表 5-3 列出了不同压力下水-乙醇系统的恒沸点及恒沸物组成的变化情况。

表 5-2 常见恒沸物的恒沸物温度及组成

系统	压力/kPa	恒沸点/K	恒沸物组成 w/%
$HCl + H_2O$	101.325	382.2（最高）	20.24（HCl）
$HNO_3 + H_2O$	101.325	393.65（最高）	68（HNO_3）
$H_2SO_4 + H_2O$	101.325	611.15（最高）	98.3（H_2SO_4）
$HCl + H_2O$	93.32	379.55（最高）	20.36（HCl）
$CH_3COOC_2H_5 + H_2O$	66.67	332.55（最低）	92.5（$CH_3COOC_2H_5$）
$C_2H_5OH + H_2O$	101.325	351.3（最低）	95.57（C_2H_5OH）
$C_2H_5OH + C_6H_6$	101.325	341.35（最低）	32.4（C_2H_5OH）
$CH_3OH + C_6H_6$	101.325	331.45（最低）	39.6（CH_3OH）

表 5-3 压力对乙醇-水系统最低恒沸点及恒沸物组成的影响

压力/kPa	9.33	12.05	17.29	26.45	53.94	101.33	143.4	193.5
最低恒沸点/K	—	306.5	312.35	320.78	336.19	351.28	360.27	368.5
恒沸物乙醇含量 w/%	100	99.5	98.87	97.73	96.25	95.57	95.35	95.25

由于恒沸物的气、液相组成相同，所以普通精馏的方法不能将其分离，一次性精馏只能得到一种纯组分和恒沸混合物。

案例 5-12

101.325kPa 下，通过精馏的方法如何得到无水乙醇？是否任何浓度的乙醇水溶液都可以通过精馏得到无水乙醇？

案例分析：

101.325kPa 下乙醇-水系统具有最低恒沸点（78.15℃），其恒沸物中含 95.57%乙醇。若初始进料时乙醇含量低于 95.57%，则精馏釜底部将得到纯水，而塔顶蒸气冷凝液体为恒沸混合物；若要得到无水乙醇，精馏时可通过加入 $CaCl_2$ 等吸水剂使乙醇含量高于 95.57%，这样塔釜底部将得到无水乙醇，塔顶依旧得到恒沸物。因此，不是任何浓度的乙醇水溶液都可以通过精馏的方法得到无水乙醇。

第四节 部分互溶和完全不互溶的二组分双液系统

一、二组分液液平衡相图——部分互溶的双液系统

（一）具有最高会溶温度的双液系统

当二组分分子结构差异较大时，将导致二组分在液相中不能够在任意温度下完全互溶，一种组分液体将在另一组分液体中形成饱和溶液，两液相共存则形成液液两相平衡系统。图 5-14 为水（A）-异丁醇（B）的液液平衡相图，在 20℃时，若将异丁醇滴加在一定量的水中，刚开始时异丁醇可以完全溶解于水，得到一清亮液相。继续滴加异丁醇，当异丁醇质量分数达到 8.5%时，出现浑浊如雾的现象，称为雾点，即异丁醇在水中的饱和溶液的组成。再继续加入异丁醇，静置分层后得到共轭两相，下层为异丁醇含量 8.5%的水溶液，上层为水含量 16.4%的异丁醇相，这两个相

互平衡的液相，称为共轭相。进一步滴加异丁醇，只是改变异丁醇相和水相的相对数量，并不改变其溶液组成，异丁醇相中为水的饱和浓度（w_B=83.6%），水相中为异丁醇的饱和浓度（w_B=8.5%）。直至滴加异丁醇总组成为 83.6%时，浑浊溶液变清亮一相，即水在异丁醇中为饱和溶液。若再加入异丁醇，继续保持清亮一相，只是随着异丁醇的滴入变为不饱和溶液且水在异丁醇的含量逐渐降低并逐渐接近纯异丁醇。

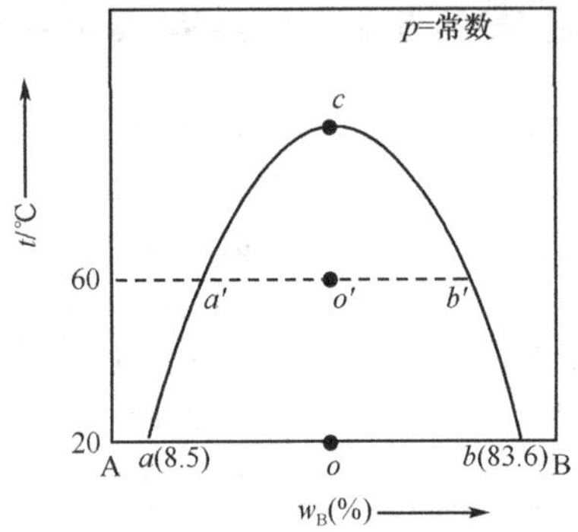

图 5-14 水（A）-异丁醇（B）二组分系统液液平衡的 t-x 图

当温度改变时，共轭层的饱和溶液的溶解度均会发生变化。温度升高，溶解度增大，如温度升到 60℃，异丁醇在水相的溶解度增大到 a'，同时水在异丁醇相的溶解度增大到 b'。当温度升高到 132.8℃时（图中 c 点），两组分就完全互溶，成为单相系统。图 5-14 中 c 点对应的温度称为会溶温度（consolute temperature）。会溶温度的高低反映了一对液体间相互溶解能力的强弱，会溶温度越低则两液体间的互溶性越好，可以利用会溶温度的数据来选择优良的萃取剂。

（二）其他类型的部分互溶双液系统

常压下，水和三乙胺的双液系统具有最低会溶温度（18.5℃），在会溶温度以上出现部分互溶现象，如图 5-15 所示。水和烟碱的双液系统同时具有最高会溶温度 c'（210℃）及最低会溶温度 c（61℃），在两会溶温度之间系统表现为部分互溶，如图 5-16 所示。水和乙醚的双液系统则不具有会溶温度，在其系统存在的温度范围内，不论以何种比例混合，均为部分互溶系统，如图 5-17 所示。

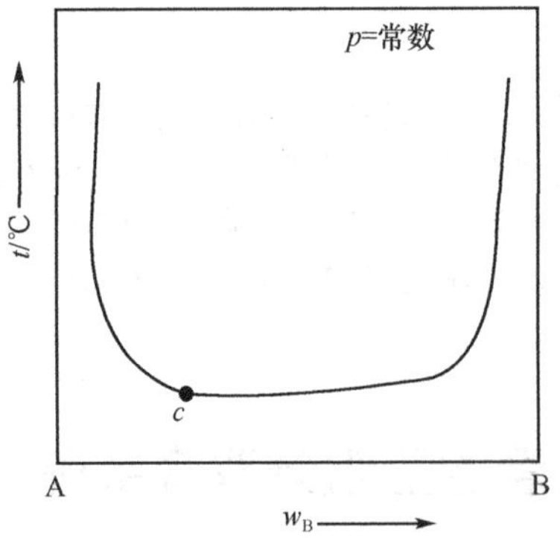

图 5-15 水（A）-三乙胺（B）二组分系统液液平衡的 t-x 图

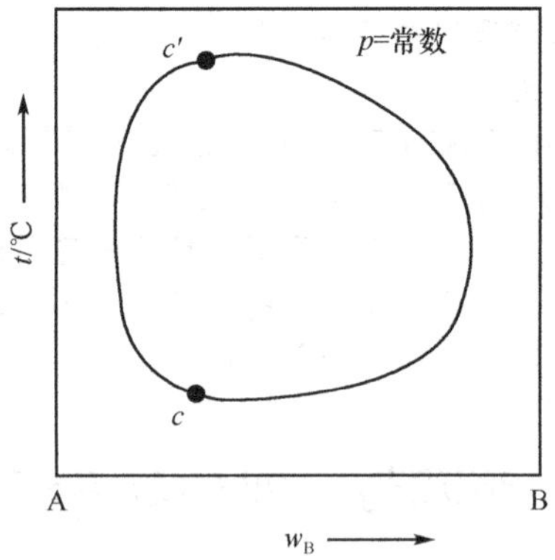

图 5-16 水（A）-烟碱（B）二组分系统液液平衡的 t-x 图

二、二组分气液平衡相图——完全不互溶的双液系统

当两种液体之间相互溶解程度非常小乃至可以忽略不计时，这样的两组分双液系统便形成了完全不互溶双液系统。例如，H_2O 和 Hg 两种液体互溶度极小，当 H_2O 和 Hg 共存时，两种液体分别以纯态存在，系统的总蒸气压等于两种组分的饱和蒸气压之和。鉴于总蒸气压比任何一个组分的蒸气压高，因此任何比例的完全不互溶双液系统的沸点均低于两个纯组分各自的沸点。例如，水和溴苯的完全不互溶双液系统（图 5-18），当系统蒸气压与外压（101.325kPa）相等时，其沸点为 368.15K，低于水和溴苯各自的沸点（373.15K 及 429.15K）。

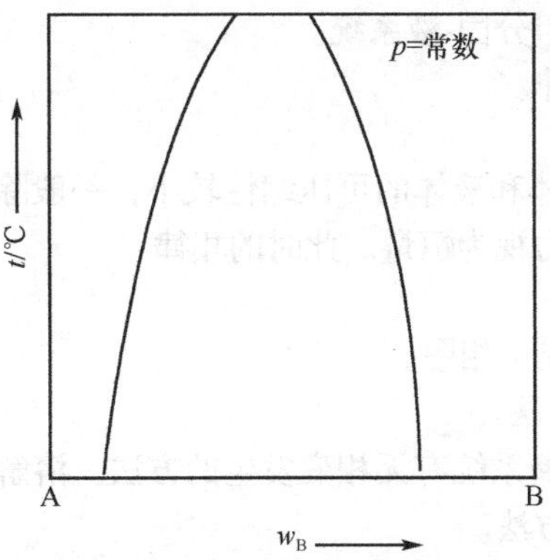

图 5–17 水（A）–乙醚（B）二组分系统液液平衡的 t–x 图

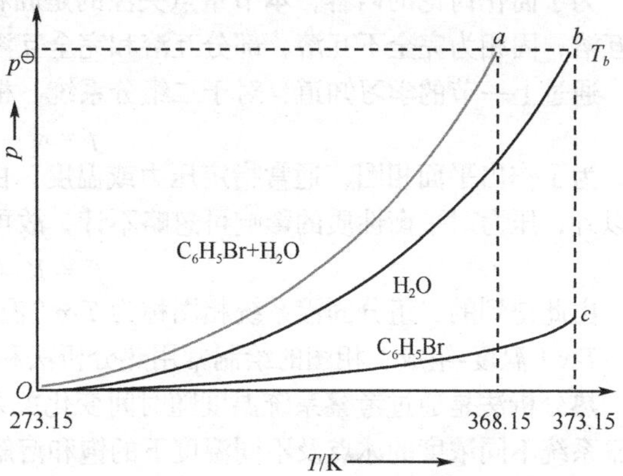

图 5–18 水–溴苯二组分系统的蒸气压曲线

一些有机化合物相对分子质量大、不稳定、难溶于水且具有较高的沸点，在未达到其沸点之前就已经分解了，用一般的蒸馏方法分离提纯这些有机化合物便不适宜。常压下，将 373.15 K 的水蒸气连续通入装有此类高沸点液态有机化合物的容器中，则可以形成完全不互溶的双液系统，两种组分按一定比例蒸出，冷凝后分层可将它们分开。由于共存的一相为水，所以称为水蒸气蒸馏（steam distillation）。

馏出物中 A、B 两组分的质量比可用以下式子求得：

$$p_A^* = py_A = p\frac{n_A}{n_A + n_B}$$

$$p_B^* = py_B = p\frac{n_B}{n_A + n_B}$$

$$\frac{p_A^*}{p_B^*} = \frac{n_A}{n_B} = \frac{m_A}{M_A}\cdot\frac{M_B}{m_B}$$

$$\frac{m_A}{m_B} = \frac{p_A^*}{p_B^*}\cdot\frac{M_A}{M_B} \tag{5-19}$$

式中，p 为总压；p_A^* 和 p_B^* 分别为纯 A 和纯 B 的饱和蒸气压；y_A 和 y_B 分别为两组分在气相中的摩尔分数；n_A 和 n_B 分别为两组分在气相中的物质的量；m_A 和 m_B 分别为馏出物中两组分的质量；M_A 和 M_B 分别为两组分的摩尔质量。假如 A 为水，B 则为相对分子质量的有机化合物。虽然 $p_A^* > p_B^*$，但由于 $M_B > M_A$，因此随水蒸气带出的有机化合物的质量也不会太低。有机化合物 B 的饱和蒸气压越大，摩尔质量越大，则馏出物中水的质量比就越小，表明馏出一定量有机化合物所需的水量越小，效率越高。水蒸气蒸馏由于设备操作简单，目前有着重要的实际的意义。

第五节 二组分系统的固-液平衡

前面我们对二组分双液相平衡系统进行了学习，本节我们对二组分固液相平衡系统进行学习。

固相互溶，就是两种固体组分加热融化后再冷却形成固体时，一种组分能够均匀分散在另一组分中，形成完全均匀的固态混合物，又称“固体溶液”或“固溶体”。根据两种固体组分在固相中的互溶程度，一般分为：①固相完全不互溶系统；②固相部分互溶系统；③固相完全互溶系统。

二组分固-液系统涉及范围相当广泛，原因是这类系统的液相及固相都可以存在完全不互溶、部分互溶、完全互溶的状况，因此特别复杂。

为了简化讨论的内容，本节重点关注的是固相部分的变化，我们的学习将仅限于考虑液相完全互溶，固相为完全不互溶、部分互溶和完全互溶的二组分固-液系统。

通过上一节的学习知道，对于二组分系统，根据相律：

$$f = K - \Phi + 2$$

为了作出平面相图，通常指定压力或温度，由于固体和液体的可压缩性较小，一般除在高压下以外，压力对平衡性质的影响可忽略不计，故可将压力视为恒量。此时的相律：

$$f^* = K - \Phi + 1$$

由此得到的二组分固液系统相图称为 T-x（温度-组成）相图。

T-x（温度-组成）相图的绘制常用热分析法和溶解度法。

热分析法是通过考察系统温度随时间变化关系来判断系统有无相变发生的方法。溶解度法是考察系统不同浓度的冰点及不同温度下的饱和溶解度的方法。

一、简单低共熔体相图

简单低共熔体，指液相部分完全互溶，固相部分完全不互溶的二组分固液系统。

（一）绘制 *T-x* 相图

1. 热分析法绘制二组分固液系统 *T-x* 相图 现以金属 Sb 和金属 Pb 为例绘制二组分固液系统 *T-x* 相图。

首先配制一定组成的混合物，如含 Pb 量 0.0%、30%、50%、88%、95%、100%六组样品（实际应更多组样品），加热使其全部熔融，然后让其缓慢地自行冷却，分别记录每个样品温度随时间变化的数据作出如图 5-19（a）所示的六条步冷曲线。

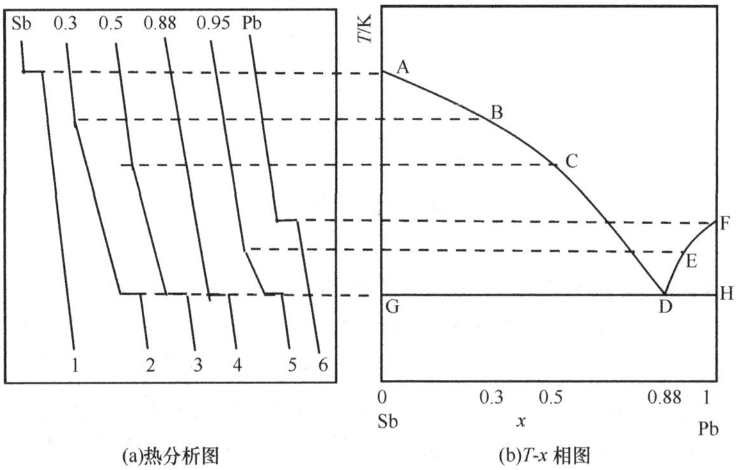

图 5-19 Sb-Pb 二组分固液系统 *T-x* 相图

步冷曲线 1 为纯 Sb 的步冷曲线：在 1063K 以上，只有液相 Sb，冷却过程是温度随时间缓慢下降，当温度降至 1063K 时，开始有 Sb 析出，由于 Sb 析出的凝固热，步冷曲线出现一个平台，直至 Sb 全部析出，随后是 Sb 固体的冷却过程。

步冷曲线 2 为含 Pb 30%的步冷曲线：由于在 Sb 中掺杂有 Pb，该混合物的熔点比纯 Sb 的熔点低，在 *B* 点温度以上，只有液相，冷却过程是温度随时间缓慢下降，当温度降至 *B* 点温度时，开始析出 Sb 固体。由于 Sb 析出的凝固热，步冷曲线出现一个转折点。同时液相组成中 Pb 含量升高，混合物的熔点进一步降低，因此，随着系统温度的不断降低，Sb 不断析出，当温度降至 519K 时，液相的组成为含 Pb 88%，此时，Sb 与 Pb 同时按此比例析出，使步冷曲线出现一个平台，直至液相全部析出，随后是固体的冷却过程。

步冷曲线 3 为含 Pb 50%的步冷曲线：分析方法同步冷曲线 2。

步冷曲线 4 为含 Pb 88%的步冷曲线：在 519K 温度以上，只有液相，冷却过程是温度随时间缓慢下降，当温度降至 519K 时，在相图上，该点为 Sb-Pb 混合物的最低熔点，称为最低共熔点。其熔点比纯物质要低，是固体 Sb、固体 Pb 和熔融物的三相点，Sb 与 Pb 同时按此比例析出，使步冷曲线出现一个平台，直至液相全部析出，随后是固体的冷却过程。

步冷曲线 5 为含 Pb 95%的步冷曲线：分析方法同步冷曲线 2。但要注意，当温度降至 *E* 点温度时，析出的是 Pb 固体。

步冷曲线 6 为纯 Pb 的步冷曲线：在 594K 以上，只有液相，冷却过程是温度随时间缓慢下降，当温度降至 594K 时，由于 Pb 析出的凝固热，步冷曲线出现一个平台，直至 Pb 全部析出，随后是 Pb 固体的冷却过程。

根据步冷曲线，可以得到如图 5-19（b）所示的 Sb-Pb 二组分固液系统 *T-x* 相图。

表 5-4 $(NH_4)_2SO_4$-H_2O 系统的固液平衡数据

温度/K	$(NH_4)_2SO_4$/%	固相	温度/K	$(NH_4)_2SO_4$/%	固相
267.7	16.7	冰	313	44.8	$(NH_4)_2SO_4$
262	28.6	冰	323	45.8	$(NH_4)_2SO_4$
255	37.5	冰	333	46.8	$(NH_4)_2SO_4$
254	38.4	冰+$(NH_4)_2SO_4$	343	47.8	$(NH_4)_2SO_4$
273	41.4	$(NH_4)_2SO_4$	353	48.8	$(NH_4)_2SO_4$
283	42.2	$(NH_4)_2SO_4$	363	49.8	$(NH_4)_2SO_4$
293	43.0	$(NH_4)_2SO_4$	373	508	$(NH_4)_2SO_4$
303	43.8	$(NH_4)_2SO_4$	382	51.8	$(NH_4)_2SO_4$

分析 Sb-Pb 二组分固液系统 *T-x* 相图可知：

根据相律，在 *ABCDEF* 线的上方，系统只有一相，液相。

ABCDG 区域，液相与 Sb 固相。

DEFH 区域，液相与 Pb 固相。

GDH 线以下区域，Sb 固相与 Pb 固相。

D 点，是该系统的最低共熔点，液相、Sb 固相与 Pb 固相三相共存。

当 Pb 含量小于 88%的样品的液相在冷却过程中，开始析出的是纯 Sb，液相的组成从 *A*→*B*→*C*→*D* 方向变化。

当 Pb 含量大于 88%的样品的液相在冷却过程中，开始析出的是纯 Pb，液相的组成从 *F*→*E*→*D* 方向变化。

2. 溶解度法绘制二组分固液系统 *T-x* 相图

现以 $(NH_4)_2SO_4$ 和 H_2O 为例绘制二组分固液系统 *T-x* 相图。

表 5-4 列出了不同浓度的 $(NH_4)_2SO_4$ 水溶液的冰点及不同温度下 $(NH_4)_2SO_4$ 饱和水溶液的浓度关系。将该表的数据通过描点法作图得到图 5-20，这类构成相图的方法称为溶解度法。

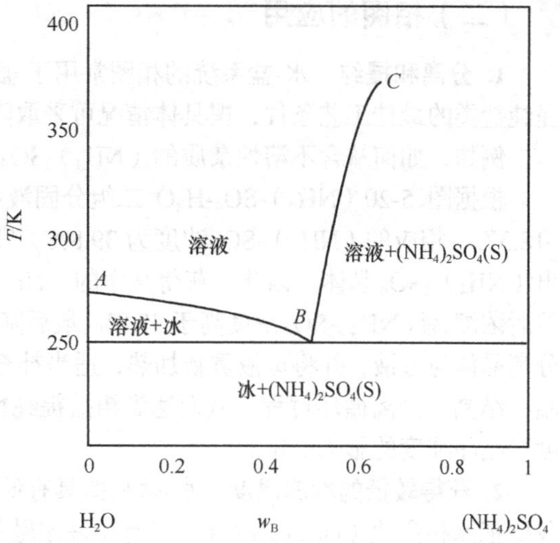

图 5-20 $(NH_4)_2SO_4$-H_2O 二组分固液系统 *T-x* 相图

纵坐标为温度 T（K），横坐标为（NH_4）$_2SO_4$ 质量分数（以 w 表示）。

图 5-20 中 AB 线是冰与盐溶液平衡共存的曲线，它表示水的凝固点随盐的加入而下降的规律，故又称为水的凝固点降低曲线。BC 线是（NH_4）$_2SO_4$ 与其饱和溶液平衡共存的曲线，它表示（NH_4）$_2SO_4$ 的溶解度随温度变化的规律（在此例中盐溶解度随温度升高而增大），其中 C 点是饱和溶液的沸点，所以 BC 线不可向上任意延伸。

AB 线与 BC 线交于 B 点，在此点上必然出现冰、盐和盐溶液三相共存。当 $\Phi = 3$ 时，$f^*=0$，表明系统的状态处于 B 点时，系统的温度和各相的组成均有固定不变的数值；在此例中，温度为 –18.3℃，相应的（NH_4）$_2SO_4$ 浓度为 39.8%。换句话说，不管原先盐水溶液的组成如何，温度一旦降至–18.3℃，系统就出现冰、盐和盐溶液的三相平衡共存，常称为共析点或称为最低共熔点。此时析出的晶体是共晶机械混合物，称为共晶体或简单低共熔物。

不同的水盐系统，其低共熔物的总组成以及最低共熔点各不相同，表 5-5 列举几种常见的水盐系统的有关数据。

表 5-5 某些盐和水的最低共熔点及其组成

盐	最低共熔点/℃	最低共熔物组成 w/%
$FeCl_3$	–55.0	33.1
NaI	–31.5	39.0
NaBr	–28.0	40.3
KI	–23.0	52.3
NaCl	–21.1	23.3
（NH_4）$_2SO_4$	–18.3	39.8
NH_4Cl	–15.4	19.7
KBr	–12.6	31.3
KCl	–10.7	19.7
$CaCl_2$	–5.5	29.9
$MgSO_4$	–3.9	16.5
KNO_3	–3.0	11.2
Na_2SO_4	–1.1	3.84

（二）相图的应用

1. 分离和提纯 水-盐系统的相图常用于盐的分离和提纯，帮助人们有效地选择用结晶法分离提纯盐类的最佳工艺条件，视具体情况可采取降温、蒸发浓缩或加热等各种不同的方法。

例如，如何从含不溶性杂质的（NH_4）$_2SO_4$ 中得到纯净的（NH_4）$_2SO_4$ 晶体？

根据图 5-20（NH_4）$_2SO_4$-H_2O 二组分固液系统 T-x 相图，（NH_4）$_2SO_4$ 的最低共熔点温度为 –18.3℃，相应的（NH_4）$_2SO_4$ 浓度为 39.8%。只有（NH_4）$_2SO_4$ 浓度高于 39.8%，才能通过降温析出（NH_4）$_2SO_4$ 晶体。因此，获得纯净的（NH_4）$_2SO_4$ 晶体的基本思路是：首先溶解，滤去杂质，然后浓缩，使（NH_4）$_2SO_4$ 浓度高于 39.8%，最后降温析出（NH_4）$_2SO_4$ 晶体（注意温度要高于–18.3℃）。分离晶体与母液，并将母液重新加热，适当补充水，再溶入粗（NH_4）$_2SO_4$，重复过滤、浓缩、降温、结晶、分离循环过程，从而达到粗盐提纯精制的目的。循环次数多少，视母液中杂质浓缩程度对结晶纯度的影响而定。

2. 获得较低的冷冻温度 水-盐相图具有低共熔点特征，可用来获得较低的冷冻温度。例如，只要把冰和食盐（NaCl）混合，当有少许冰融化成水，又有盐溶入，则三相共存，溶液的浓度将向最低共熔物的组成 B 逼近，同时系统自发地通过冰的熔化耗热而降低温度直至达到最低共熔点。

此后，只要冰和盐存在，且三相共存，则此系统就保持最低共熔点温度（−21.1℃）恒定不变。

二、形成化合物的固相不互溶系统

在二组分固-液系统中，有些二组分能按一定比例相互反应生成化合物。形成第三个物种，反应如下：

$$aA + bB \!=\!=\!= C$$

此时系统中的物种数 S=3，但同时又有一个独立的化学反应，R=1，因此 K=2，仍属于二组分系统。

根据 A_aB_b 的性质，又将此类系统分为形成稳定化合物二组分固-液系统和不稳定化合物二组分固-液系统。

（一）形成稳定化合物系统

在 C_6H_5OH-$C_6H_5NH_2$ 组成的二组分固-液系统中，苯酚与苯胺有以下反应：

$$C_6H_5OH + C_6H_5NH_2 \!=\!=\!= C_6H_5OH \cdot C_6H_5NH_2$$

生成的化合物 $C_6H_5OH·C_6H_5NH_2$ 较为稳定。为了简便，我们将 C_6H_5OH 设为 A，将 $C_6H_5NH_2$ 设为 B，将 $C_6H_5OH·C_6H_5NH_2$ 设为 C，则上述反应为

$$A + B \!=\!=\!= C$$

根据二组分固液系统相图的做法（此处省略数据）可得图 5-21，C_6H_5OH-$C_6H_5NH_2$ 二组分固液系统 T-x 相图。

C_6H_5OH-$C_6H_5NH_2$ 二组分固液系统 T-x 相图分析，从图 5-21 可以看出，由于 C 是稳定化合物，在图 5-21 的左半部分，相当于是 A-C 的二组分固液系统 T-x 相图，而图 5-21 的右半部分，则相当于是 C-B 的二组分固液系统 T-x 相图。

H_2O-H_5SO_4 二组分固液系统 T-x 相图（图 5-22）的分析类似 C_6H_5OH-$C_6H_5NH_2$ 二组分固液系统 T-x 相图分析，请读者自行分析。

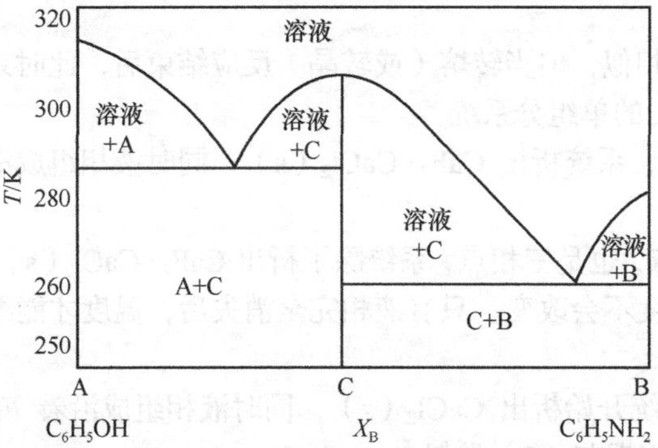

图 5-21 C_6H_5OH-$C_6H_5NH_2$ 二组分固液系统 T-x 相图

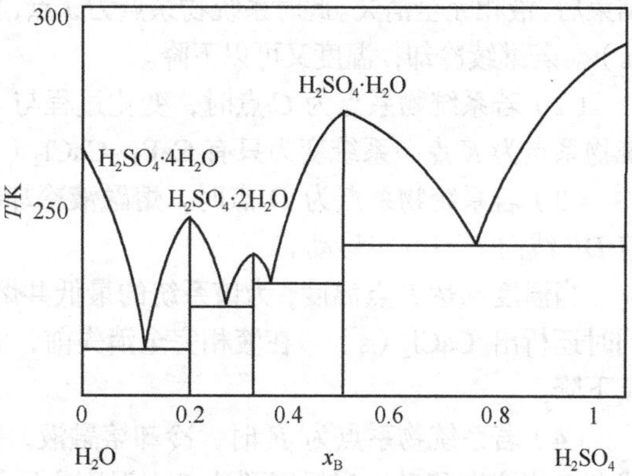

图 5-22 H_2O-H_2SO_4 二组分固液系统 T-x 相图

从图 5-21 和图 5-22 可以看出：对于固相完全不互溶，液相完全互溶的二组分固液系统可形成稳定化合物时：

$$aA + bB \!=\!=\!= C$$

可看成两个简单低共熔体固液系统，其稳定化合物 C 的组成为

$$x_B = b/（a+b）$$

（二）形成不稳定化合物系统

在有的二组分固液系统中形成的化合物在温度未达其熔点时，就已分解成为另一个新的固相和一个组成不同于原化合物的溶液，故称为不相合熔点化合物，而这类分解过程称为转熔（或转

晶）反应，可以用反应式表示如下：

$$aA + bB \rightleftharpoons C$$

在两组分 A 和 B 之间形成的化合物 C 在温度未达其熔点时，就已分解成为另一个新的固相（可以是 A 或 B，也可以是新的化合物）和熔融液。可以用反应式表示如下：

$$C \underset{\text{放热}}{\overset{\text{吸热}}{\rightleftharpoons}} D + \text{熔融液}$$

D 称为不相合熔点化合物，而这类分解反应称为转熔（或转晶）反应。发生转熔（或转晶）反应的温度称为 D 的不相合熔点，此时，系统在平衡时三相共存，依相律 $f^{*}=3-\Phi=3-3=0$，故温度不变，在步冷曲线上出现平台段。由反应式可以看出，对系统加热，则反应右移，固相 C 分解，生成固相 D 和熔融液，直至固相 C 分解完全为止。对系统冷却，则反应左移，固相 D 和熔融液转化为固相 C。具有这类特点的系统有 Na_2SO_4-H_2O、SiO_2-Al_2O_3、CaF_2-$CaCl_2$、Na-K 等。

下面我们以 CaF_2-$CaCl_2$ 二组分固液系统（图 5-23）为例说明此类相图的特点。

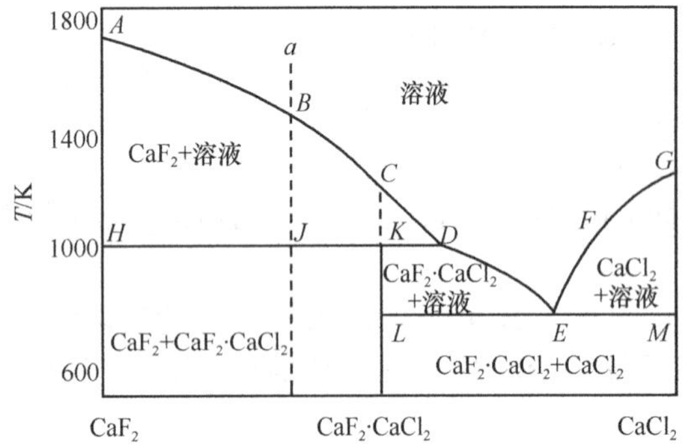

图 5-23　CaF_2-$CaCl_2$ 二组分固液系统 *T*-*x* 相图

（1）若系统物系点为 *a* 点时，只有熔融液一相，将熔融液进行冷却时，系统沿着虚线 *a* 向下移动，当与 *AD* 线相交于 *B* 点后，系统开始析出 CaF_2（s），继续冷却时，同时液相组成沿着 *BD* 线向 *D* 点方向移动。

当温度到达 *D* 点温度（1010K），此时的温度为不稳定化合物 $CaF_2 \cdot CaCl_2$（s）的不相合熔点，若继续冷却时，发生转熔（或转晶）反应，则原已析出的 CaF_2（s）与熔融液中的 $CaCl_2$ 结合，形成 $CaF_2 \cdot CaCl_2$（s）析出，此点为三相点，此时温度不会发生变化。当转熔（或转晶）反应结束后，液相完全消失。此时系统物系点为 *J* 点，根据杠杆规则，系统的组成为 CaF_2(s)和 $CaF_2 \cdot CaCl_2$（s）。若继续冷却，温度又可以下降。

（2）若系统物系点为 *C* 点时，变化过程与 *a* 相似，但当转熔（或转晶）反应结束后，此时系统物系点为 *K* 点，系统变为只有 $CaF_2 \cdot CaCl_2$（s）的单组分系统。

（3）若系统物系点为 *D* 点时，熔融液冷却时，系统析出 $CaF_2 \cdot CaCl_2$（s），同时液相组成沿着 *DE* 线向 *F* 点方向移动。

当温度到达 *E* 点温度，为该系统的最低共熔点，也是三相点，系统除了析出 $CaF_2 \cdot CaCl_2$（s），同时还析出 $CaCl_2$（s），在液相完全消失前，温度不会改变。只有液相完全消失后，温度才能继续下降。

（4）若系统物系点为 *F* 时，冷却熔融液，系统开始析出 $CaCl_2$（s），同时液相组成沿着 *FE* 线向 *E* 点方向移动。当温度到达 *E* 点温度之后的降温与（3）类似。

三、固相完全互溶系统相图

前面我们介绍了固相完全不互溶的二组分固液系统 *T*-*x* 相图，下面我们介绍固相完全互溶的二组分固液系统 *T*-*x* 相图。当然，我们的前提仍然是系统的液相完全互溶。

对于固相完全互溶的二组分固液系统 *T*-*x* 相图，其类似完全互溶双液系统中气-液平衡 *T*-*x* 相图。

图 5-24 是 Bi-Sb 二组分固液系统 *T*-*x* 相图。设系统物系点温度变化为从 *a* 到 *b*。当温度降到 *A* 时，系统开始析出组分为 *B* 的固相，其 Sb 的含量较 *A* 高。若温度继续下降析出固相的组分沿 *BC* 线向 C 移动，液相组分沿 *AD* 线向 *D* 移动，降到 *C* 点温度以下，液相完全消失。

区域提纯法是一种利用杂质在液相和固相中的溶解度不同以制备高纯度金属的方法（图 5-25）。

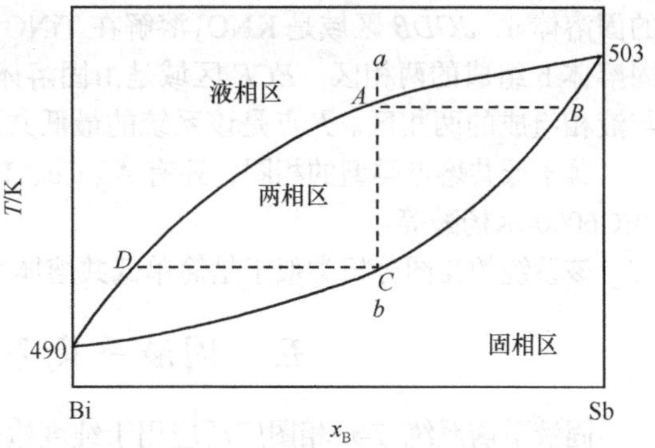

图 5-24　Bi-Sb 二组分固液系统 *T-x* 相图

操作方法可简述如下：将待提纯的金属铸成长锭，放在管式高温炉中。套上一个可以匀速移动的加热环，加热环移到之处，加热区的一小段金属锭就被加热熔融，而环离开之后，又将重新凝固。如把环先放在最左端，使左端金属熔化。当右移时，左端金属凝结，凝出的固相所含杂质浓度比原来的小，而液相中杂质浓度有所提高，随着环的右移，富集了的杂质也右移，加热环移到最右端之后重新送回最左端，再次重复同样的手续，杂质就逐步富集在右端。切去右端，可在左端得到高纯度金属。

如同双液系统中，具有最高恒沸点或最低恒沸点一样，在固相完全互溶系统中也可能出现最高熔点或最低熔点。例如，图 5-26 的 $HgBr_2$-HgI_2 二组分系统就是具有最低熔点型，图 5-27 的 *d*-和 *l*-香芹（$C_{10}H_{14}NOH$）是具有最高熔点型的例子，两个纯组分的熔点都是 72℃，最高熔点是 91.4℃，此点固体和液体有相同的成分。

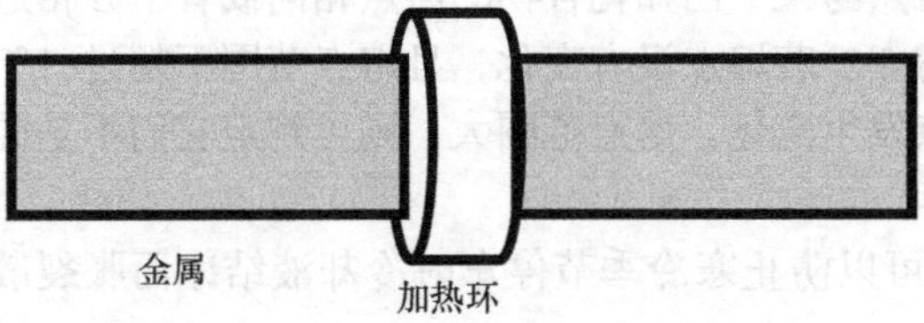

图 5-25　区域提纯法示意图

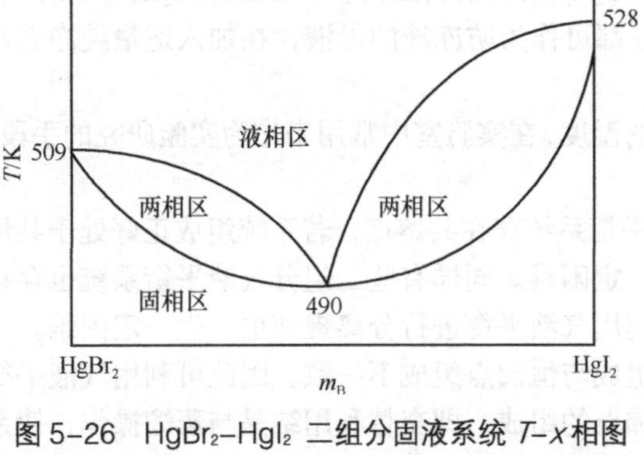

图 5-26　$HgBr_2$-HgI_2 二组分固液系统 *T-x* 相图

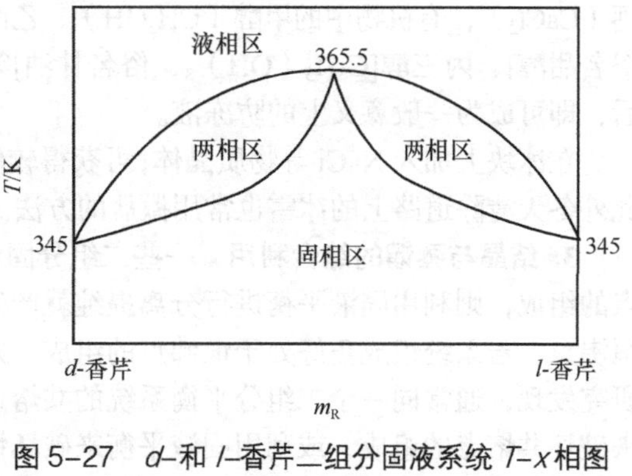

图 5-27　*d*-和 *l*-香芹二组分固液系统 *T-x* 相图

此类型的分析较为简单，在此就略过分析。

四、固相部分互溶系统

固相部分互溶二组分固液系统与液相部分互溶双液系统有些很相似，也有比较复杂的类型。下面我们仅讨论具有最低共熔点类型。

低共熔点类型如图 5-28 所示，是 KNO_3-$TiNO_3$ 二组分固液系统 *T-x* 相图。

在该相图中，*CFD* 线的上方是液相区，注意此液相是完全互熔的。

ACEH 区域是 $TiNO_3$ 溶解在 KNO_3 中形成

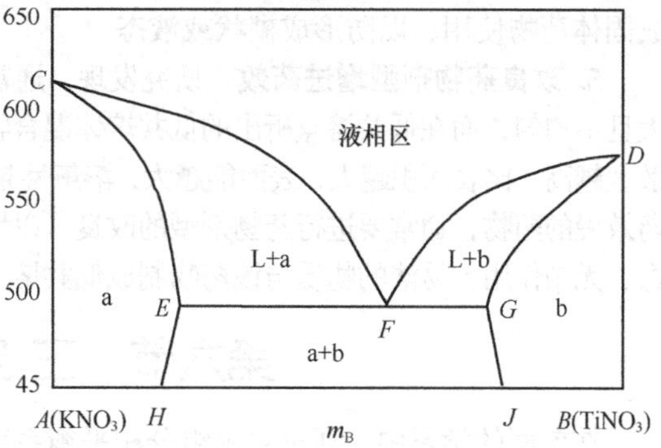

图 5-28　KNO_3-$TiNO_3$ 二组分固液系统 *T-x* 相图

的固溶体 a，*JGDB* 区域是 KNO_3 溶解在 $TiNO_3$ 中形成的固溶体 b，*HEFGJ* 区域是由固溶体 a 与固溶体 b 组成的两相区，*ECF* 区域是由固溶体 a 与液相组成的两相区，*FDG* 区域是由固溶体 b 与液相组成的两相区。*F* 点是该系统的最低共熔点。

属于低共熔点类型的相图，还有 Ag-Cu、Pb-Sb、AgCl-CuCl、尿素-氯霉素、尿素-磺胺噻唑、PEG6000-水杨酸等。

该系统的相图分析类似于是简单低共熔体类型和形成化合物的类型的组合。

五、固液平衡系统 *T-x* 相图的应用

固液平衡系统 *T-x* 相图广泛应用于纯度检验、分离提纯、药物研究和生产中，甚至多种气液与固液相图联用等。

1. 利用熔点变化检查样品纯度 熔点测定是估计样品纯度常用的方法，通常纯净的晶体物质都有固定的熔点，熔点范围（又称熔程或熔距，是指由始熔至全熔的温度间隔）很小，一般不超过 0.5～1℃；若物质不纯时，熔点通常就会下降，且熔点范围就会扩大。

在实际工作中得到一个未知化合物，测得其熔点与某一已知化合物的熔点相同或者十分相近时，可将未知样品与已知样品混合后测定其混合熔点。若熔点没有变化，且熔点范围不超过 1℃时，一般可以认为二者是同一物质，如果混合熔点发生变化，熔点范围大，则可判定它们不是同一物质。这种鉴定方法称为混合熔点法。

2. 防冻液及实验室低温的获得 汽车防冻液可以防止寒冷季节停车时冷却液结冰而胀裂散热器和冻坏发动机气缸体。

通常在水中加入难挥发的物质，可以使混合液的凝固点降低，沸点升高。例如，无机物中的氯化钙（$CaCl_2$），有机物中的甲醇（CH_3OH）、乙醇（C_2H_5OH，俗名酒精）、乙二醇[$C_2H_4(OH)_2$，俗名甜醇]、丙三醇[$C_3H_5(OH)_3$，俗名甘油]等，都可作为防冻液的母液，在加入适量纯净软水后，即可成为一般意义上的防冻液。

在冰块上加入 NaCl 等物质晶体，可获得较低的温度，在实验室中常用来作为实验研究的手段。此外冬天清除道路上的冰雪也常用撒盐的方法。

3. 结晶与蒸馏的综合利用 一些二组分固液平衡系统存在共熔点，若系统组成正好处于共熔点的组成，则利用固液平衡进行分离提纯就产生一定困难。同样有些二组分气液平衡系统也存在恒沸点，若系统组成正好处于恒沸点的组成，则利用气液平衡进行分离提纯也产生一定困难。经研究发现，通常同一个二组分平衡系统的共熔点组成与恒沸点组成不一致，因此可利用气液平衡来破坏共熔点的组成，或利用固液平衡来破坏恒沸点的组成，即交替利用结晶与蒸馏操作，使系统跨过恒沸点及共熔点组成，从而将混合物顺利分离。

4. 药物配伍 当两种固体药物形成的低共熔点接近或低于室温，一般不宜将他们进行配伍制成固体药物使用，以防形成糊状或液态。

5. 改良药物剂型增进药效 研究发现，通常纯物质从熔融态冷却析出结晶时，形成的固体颗粒大且不均匀，而在低共熔点析出的低共熔体混合物的固体颗粒属于细小又均匀的微晶。固体颗粒的分散度越高，比表面积越大，表面能越大，溶解性越好。因此，对于一些溶解速率慢，使药物不易吸收、药效慢的药物，通常要进行药物剂型的改良，以增进药效。其中一个重要的思路就是可以通过加入无毒、无副作用、易溶的物质与该药物制成低共熔体混合物微晶，从而达到增进药效的作用。

第六节　三组分系统相平衡

在前面的学习中，通过对单组分相平衡系统、二组分相平衡系统的相图的绘制及分析，我们知道，二维相图是比较直观、易于分析的系统。

除了单组分系统、二组分系统，三组分系统范围也非常常见。本节我们将学习一些常见的典型三组分相平衡系统相图。

根据相律，三组分系统的自由度与系统相数间关系可表示为

$$f = K - \Phi + 2 = 3 - \Phi + 2 = 5 - \Phi$$

当 f=0，Φ=5，表明三组分相平衡系统最多可有五个相平衡共存。而当 Φ=1，则 f=4，可见为完整地描述系统的状态必须用四个独立变量。为了更好且直观地体现三组分相平衡系统的图像，通常将温度、压力作为常量。

$$f^{**} = K - \Phi + 2 - 2 = 3 - \Phi$$

这样就可以绘制出比较直观、易于分析的二维相图系统。最后再将不同温度下的二维相图按顺序叠加，就可以得到三组分相平衡系统在不同温度下的三维相图。

一、三组分系统组成表示法

在三组分相平衡系统中，各物质的组成存在相互关联，三种物质之间的浓度变量关系中只有两个是独立变量，因此其浓度与二组分相平衡系统不同。由于直角坐标系表现三种物质之间的浓度变量关系不够理想，为了更好地表现三者之间的浓度关系，在此采用“等边三角形坐标系”，可得到较为满意的结果。等边三角形坐标系的绘制方法是：

设以 A、B、C 表示三个组分，则三个浓度变量中，规定使用归一化浓度表达其相关关系，如

$$x_A + x_B + x_C = 1$$

或

$$w_A + w_B + w_C = 1$$

在三角坐标中利用一个等边三角形来表示三组分系统的组成，如图 5-29 所示，三角形的每边长相当于 1。

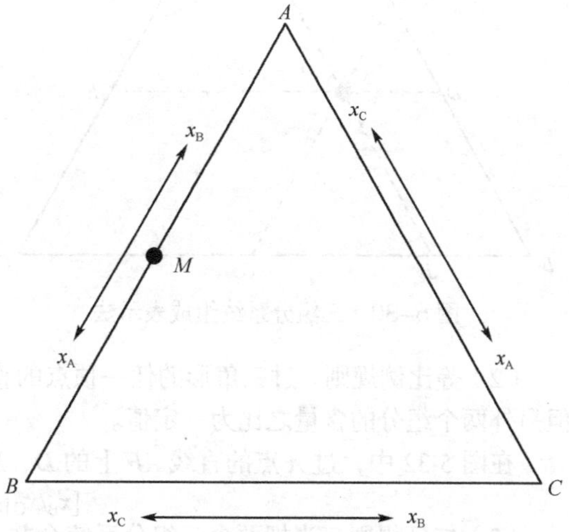

图 5-29 三组分系统组成表示法

（一）三组分系统组成表示法

（1）三角形顶点 A、B、C 分别表示系统的三种纯组分，即

$$x_A = x_B = x_C = 1$$

（2）三角形的每条边分别表示系统的组成由该线段的两种组分的物质组成，另一组分含量为零。在图 5-29 中，AB 线段上的 M 点是由 A 和 B 组成的：

$$x_A + x_B = 1$$

因为浓度使用归一化浓度，因此两组分的相对含量由所在边被该点分成的两线段长度之比决定。

$$x_B = AM/AB$$
$$x_A = MB/AB$$
$$x_B/x_A = AM/MB$$

（3）三角形内部的任何一点都代表一个三组分系统，其某种物质的组成浓度由通过该点向对应的边作平行线所得的浓度表达。

在图 5-30 中，M 点的 A、B、C 各组分组成为：过 M 点作 A 的对应边 BC 的平行线得 DE，则 A 的组成

$$x_A = DB/AB = EC/AC = JG/BC$$

同理得 B、C 的组成：

$$x_B = AF/AB = GC/BC = HE/AC$$

$$x_C = AH/AC = BJ/BC = DF/AB$$

（二）等边三角形坐标系特点

（1）等含量规则。即平行于等边三角形任意一边的直线上任一点，所含由该对顶角所代表对组分的含量应相等。

在图 5-31 中，*BC* 的平行线上的 *D*、*E*、*F*、*G* 点所含的 *A* 含量相等。注意上述各点 *B*、*C* 的组分各不相同。

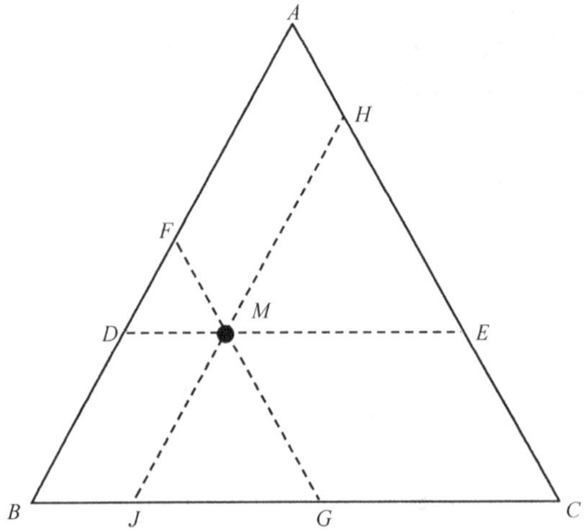

图 5-30 三组分系统组成表示法

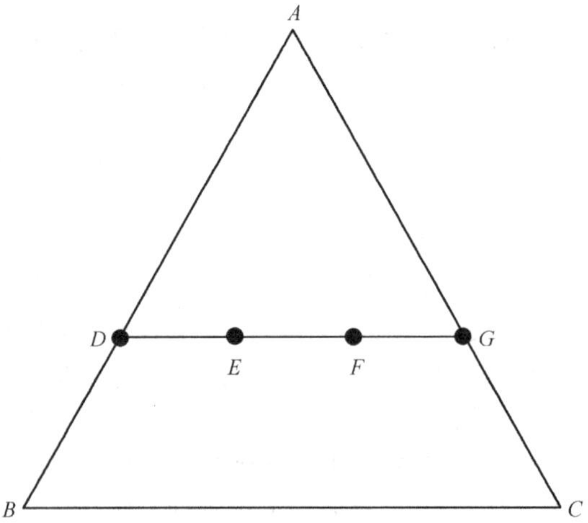

图 5-31 三组分系统组成表示法等含量规则

（2）等比例规则。过三角形的任一顶点的直线上各点的系统，则过该顶点的组分的含量不同，但另外两个组分的含量之比为一定值。

在图 5-32 中，过 *A* 点的直线 *AF* 上的 *D*、*E* 点，有

$$[x_B/x_C]_D = [x_B/x_C]_E$$

（3）杠杆规则。当把两个三组分系统合并成一个新的三组分系统时，新的物系点一定在原来的两个三组分系统物系点的连线上，且新物系点具体位置可由杠杆规则决定。

如图 5-33 所示，当把物系点分别为 *D* 和 *E* 的两个三组分系统合并成一个新的三组分系统时，新的物系点 *F* 一定在 *D*、*E* 的连线上，且有

$$n_D \times DF = n_E \times FE$$

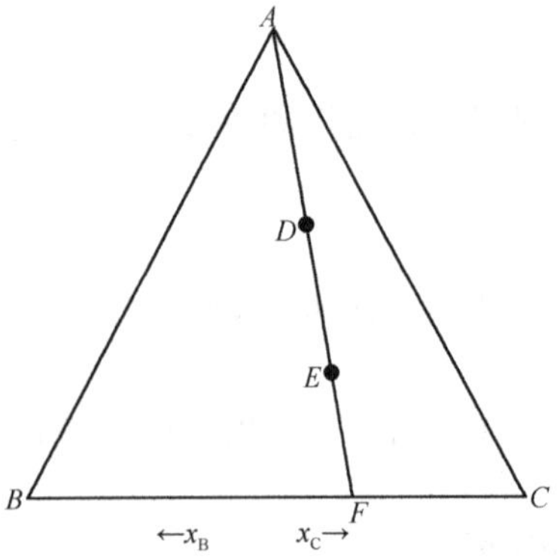

图 5-32 三组分系统组成表示法等比例规则

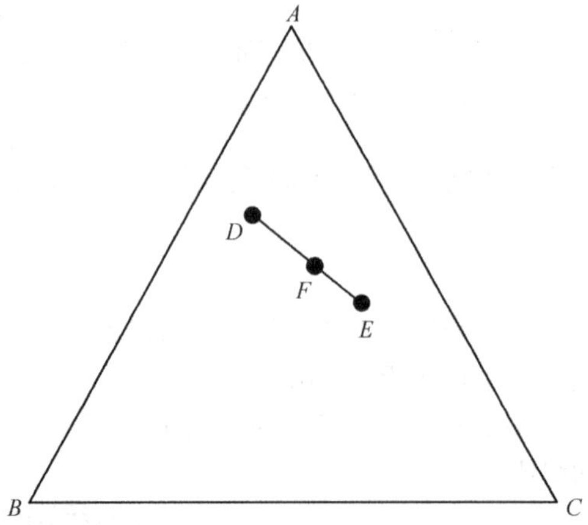

图 5-33 三组分系统组成表示法杠杆规则

（4）重心规则。当把三个或三个以上的三组分系统合并成一个新的三组分系统时，形成一个新系统时，新的物系点一定处在原来的几个三组分系统物系点的连线上的重心位置。

如图 5-34 所示，当把物系点分别为 *D*、*E*、*F* 的三个三组分系统合并成一个新的三组分系统时，新的物系点 *G* 一定在 *DEF* 的重心位置。

上述规则均可以通过数学上的几何原理证明。

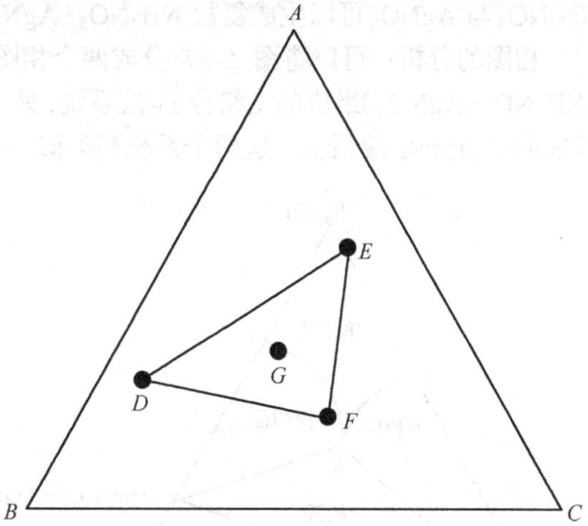

图 5-34　三组分系统组成表示法重心规则

二、三组分固-液平衡系统的相图

由于三组分固-液平衡系统的相图繁多，这里介绍三种典型的三组分固-液平衡系统相图。

（一）固相为纯盐的系统

图 5-35 为 H_2O-NaCl-KCl 系统在 298K 的相图。下面对该相图进行分析。

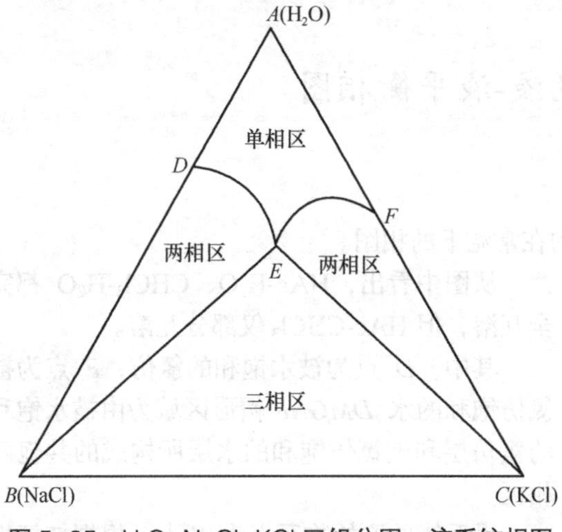

图 5-35　H_2O-NaCl-KCl 三组分固-液系统相图

1. 点

D 点：NaCl 饱和的水溶液。

F 点：KCl 饱和的水溶液。

E 点：NaCl 和 KCl 同时饱和的水溶液。

2. 线

DE 线：含不同浓度 KCl 的 NaCl 饱和水溶液。

EF 线：含不同浓度 NaCl 的 KCl 饱和水溶液。

3. 区域

ADEF 区域：NaCl、KCl 都未饱和的水溶液的单相区。

BDE 区域：NaCl（s）、含不同浓度 KCl 的 NaCl 饱和水溶液的两相区。

CEF 区域：KCl（s）、含不同浓度 NaCl 的 KCl 饱和水溶液的两相区。

BCE 区域：NaCl（s）、KCl（s）及 NaCl 和 KCl 同时饱和的水溶液的三相区。

属于这一类型的相图还有 H_2O-NaCl-$NaNO_3$、H_2O-KNO_3-$NaNO_3$、H_2O-NaBr-KBr、H_2O-NH_4Cl-NH_4NO_3、H_2O-NaCl-Na_2CO_3 等系统。

（二）形成水合物的水盐系统

有些盐可与水生成化合物，如相图 5-36 为 H_2O-NaCl-Na_2SO_4 系统处在低于 17.5℃的某温度时的相图。其中 Na_2SO_4 可形成结晶水合物 $NaSO_4 \cdot 10H_2O$。

相图的分析：可以将图 5-36 分成两个相图进行分析。一个是由 *A*（H_2O）-*B*（NaCl）-*G*（$Na_2SO_4 \cdot 10H_2O$）组成的三组分固-液系统，该系统类似于 NaCl-KCl-H_2O 三组分固-液系统。另一个是由 *B*（NaCl）-*C*（Na_2SO_4）-*G*（$Na_2SO_4 \cdot 10H_2O$）组成的三组分固-固系统，分析也较简单。

（三）生成复盐系统

有些盐之间往往还能形成一种复盐，如图 5-37 为 H_2O-NH_4NO_3-$AgNO_3$ 三组分系统相图。其中

NH_4NO_3与$AgNO_3$可以生成复盐$NH_4NO_3 \cdot AgNO_3$。

相图的分析：可以将图 5-37 分成两个相图进行分析。一个是由 A（H_2O）-B（NH_4NO_3）-G（$NH_4NO_3 \cdot AgNO_3$）组成的三组分固-液系统，另一个是由 A（H_2O）-G（$NH_4NO_3 \cdot AgNO_3$）-C（$AgNO_3$）组成的三组分固-液系统，这两个系统都类似于 NaCl-KCl-H_2O 三组分固-液系统。

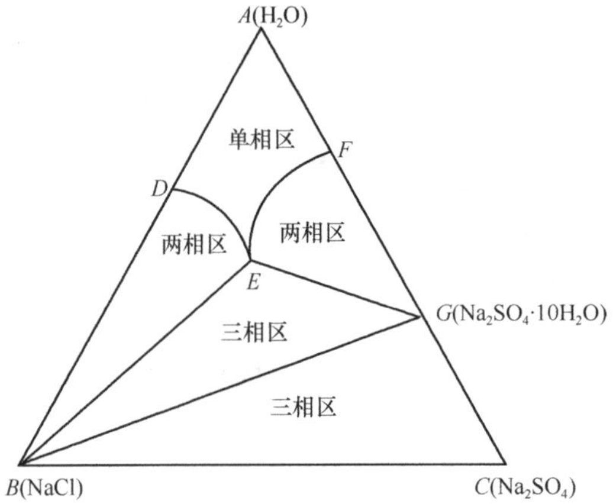

图 5-36 H_2O-NaCl-Na_2SO_4三组分系统

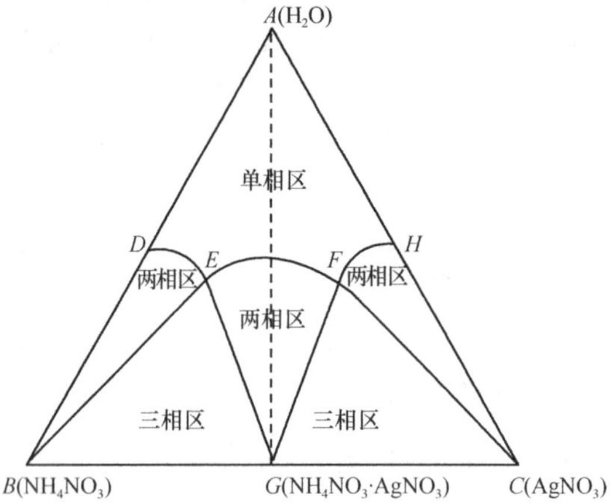

图 5-37 H_2O-NH_4NO_3-$AgNO_3$三组分系统相图

三、三组分系统的液-液平衡相图

（一）一对部分互溶三液系统

图 5-38 是 HAc-$CHCl_3$-H_2O 三组分液-液系统的在常温下的相图。

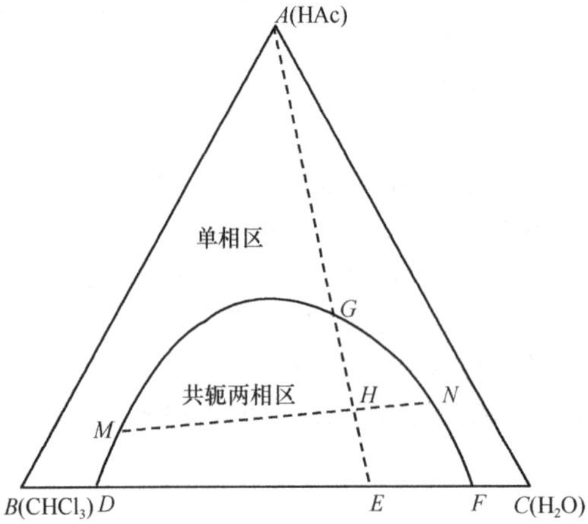

图 5-38 HAc-$CHCl_3$-H_2O 三组分系统相图

从图中看出，HAc-H_2O、$CHCl_3$-H_2O 都完全互溶，但 HAc-$CHCl_3$ 仅部分互溶。

其中，D 点为被水饱和的氯仿，F 点为被氯仿饱和的水。$DMGNF$ 帽形区域为由被水饱和的氯仿层和被氯仿饱和的水层所构成的共轭两相区。

设系统的原始物系点为 E 点，根据杠杆规则，系统组成为 D 点和 F 点的共轭两相。在此系统中加入 HAc，系统的物系点将沿 AE 线向 A 点方向移动进入 $DMGNF$ 帽形区域，设为 H 点，此时系统组成为 M 点和 N 点的共轭两相。若继续加入 HAc，当系统的物系点为 G 点时，两液层浓度相同，分层消失而变成均匀单相系统，此点称为临界点。

注意，帽形区内任一物系点都属于共轭两相，其数量比仍服从杠杆规则。其次，两共轭相点连线彼此间不一定相互平行或平行于底边，这是因为 HAc 的加入对两共轭层溶解度影响存在差异而造成的。再则临界点 G 也不一定是帽形线的最高点，而只是连线收缩至最后所形成的某一点，曲线 DMGNF 上的任何一点都是该系统的临界点。

利用物质在两种互不相溶（或微溶）的溶剂中溶解度或分配系数的不同，使化合物从一种溶剂内转移到另外一种溶剂中的方法称为萃取，是分离提纯物质重要方法。其原理可以用部分互溶液体三组分系统进行解释。

如图 5-39 所示，从图中可以看出，A 可溶于 B、C 中，B 与 C 之间仅微溶。

设在 B 含有 A，通过萃取操作可将 A 转移到 C 中，C 称为萃取剂。

物系点初始物系点为 D。加入适量 C 后，物系点为沿 CD 线向 C 移动，设为 E_1，此时系统分为两层，为 F_1 层和 G_1 层，F_1 层中 A 的含量比 D 小，A 已部分转移到 G_1 层中，分离为 F_1 层和 G_1 层。

在 F_1 层继续加入加入适量 C 后，物系点为沿 CF_1 线向 C 移动，设为 E_2，此时系统也分为两层，为 F_2 层和 G_2 层，F_2 层中 A 的含量又比 F_1 小。

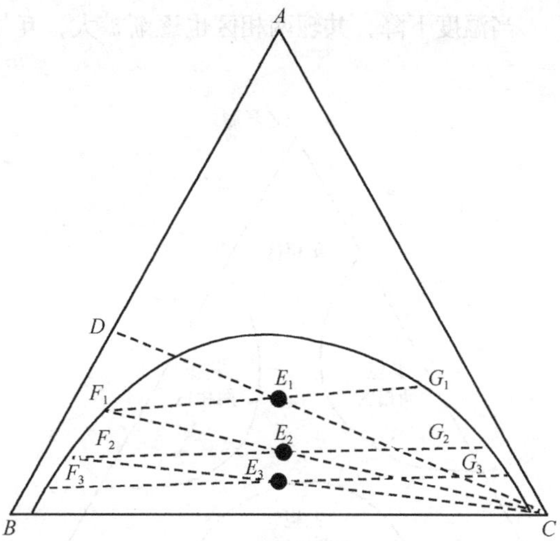

图 5-39　HAc-$CHCl_3$-H_2O 三组分系统相图

经过多次萃取后，初始溶液中的 A 就被转移到 C 中。

从相图上看，萃取时 B 与 C 之间溶解度越小越好，最好是互不相溶。而 A 与 C 之间溶解度越大越好，最好是完全互溶。另外，对于这样总量一定的萃取剂，分次萃取次数越多，萃取效率越高。

（二）两对部分互溶三液系统和三对部分互溶三液系统

除形成一对部分互溶的三液系统以外，还有两对液对的部分互溶系统和三对液对的部分互溶系统。

图 5-40 是乙烯腈-水-乙醇三组分系统相图，从图中可以看到，乙烯腈与水、乙烯腈与乙醇都部分互溶，水与乙醇完全互溶。和乙酸-氯仿-水三组分系统相图比较，多了一个共轭两相区。当温度下降，共轭两相区将逐渐扩大，互相叠合，形成一个共轭两相区，单相区则被拆分为两部分，如图 5-41 所示。

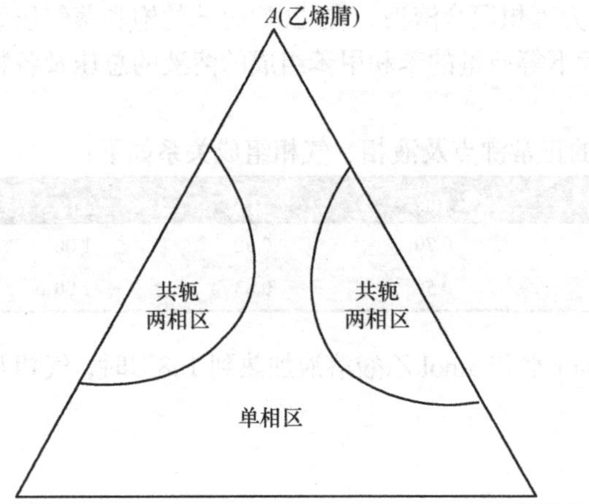

图 5-40　乙烯腈-水-乙醇三组分系统相图

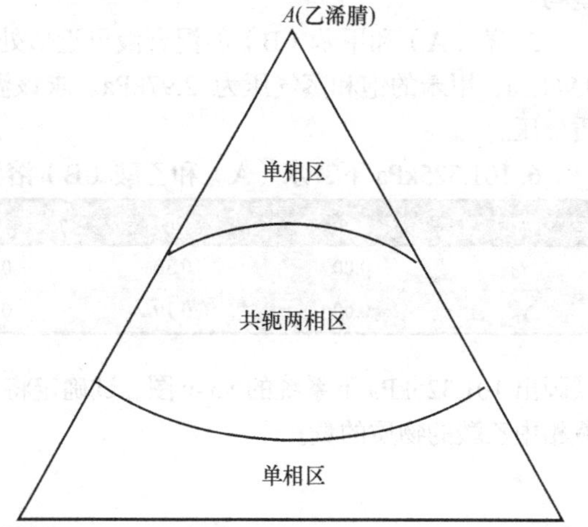

图 5-41　乙烯腈-水-乙醇三组分系统相图共轭两相区叠合

图 5-42 是乙烯腈-水-乙醚三组分系统相图，三种组分都是两两部分互溶，有三个共轭两相区。

当温度下降，共轭两相区也逐渐扩大，互相叠合，产生一个共轭三相区，如图 5-43 所示。

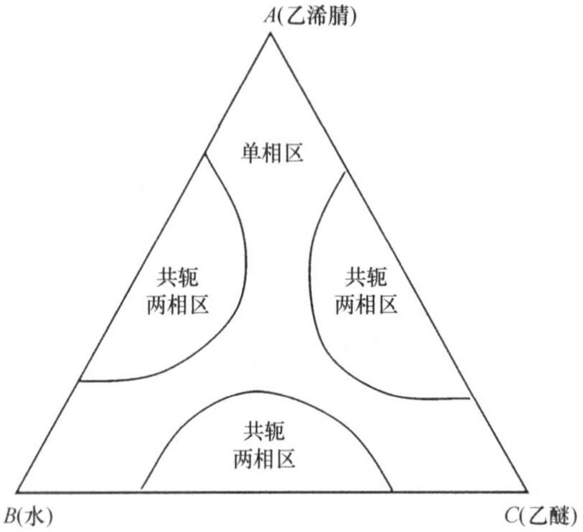

图 5-42　乙烯腈-水-乙醚三组分系统相图

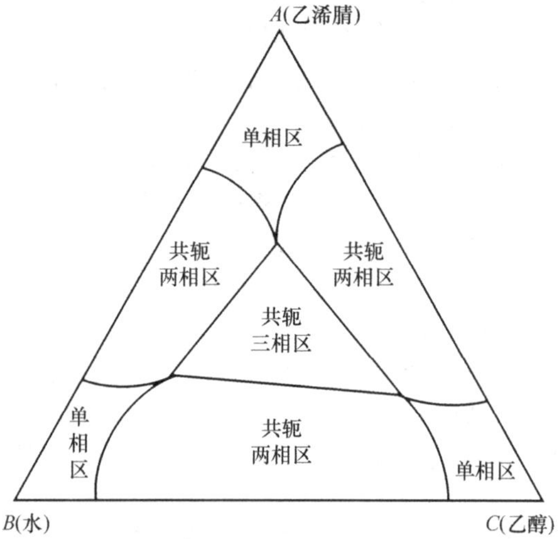

图 5-43　乙烯腈－水－乙醚三组分系统相图共轭两相区叠合

这些相图的分析方法都与一对部分互溶的三液系统相图类似。

习　　题

1. 某两相温度相同，但压力不相等，这两相能否达到平衡?

2. 我们把固体 CO_2 称为干冰，是因为 CO_2（s）受热直接变成 CO_2（g），而没有出现 CO_2（l）。CO_2 有没有液态？在什么条件下能看到?

3. 试论证“1L 中含 0.3mol 乙醇的水溶液，在 298.15 K 时其蒸气压一定。”

4. 一定压力下，某二组分系统的 *t-x-y* 图出现最低恒沸点，则其蒸气压对拉乌尔定律产生负偏差吗?

5. 苯（A）和甲苯（B）的混合液可近似处理为理想混合溶液，在 20℃时苯的饱和蒸气压为 9.96kPa，甲苯的饱和蒸气压为 2.97kPa。求该温度下等质量的苯和甲苯组成的溶液的总压及各物质分压。

6. 101.325kPa 下，水（A）和乙酸（B）溶液的正常沸点及液相、气相组成关系如下：

t/℃	100	102	104	108	114	118
x_B	0.00	0.30	0.50	0.70	0.90	1.00
y_B	0.00	0.19	0.37	0.58	0.83	1.00

试画出 101.325kPa 下系统的 *t-x-y* 图，试确定将 2mol 水和 3mol 乙酸溶液加热到 108℃时，气相及液相中乙酸的物质的量。

（马献力　黄燕军　邓　萍）

第六章 电 化 学

学习目标

1. 掌握 电解质溶液的导电机理及导电性能的表示方法和测定法；电导与离子浓度的关系、离子独立运动定律以及有关计算和应用；德拜-休克尔极限公式；计算所给电池的电极电位和电池电动势。

2. 熟悉 电导测定的应用；电解质溶液的平均活度、平均活度系数、平均浓度和离子强度的定义及计算；强电解质溶液理论的大意、离子氛的概念；可逆电池（原电池）的表示方法，会根据化学反应设计原电池，并能根据电池符号写出电极反应和电池反应；可逆电池电动势和电极电位的测定原理；电极-溶液界面电位差及用盐桥消除液体接界电位的原理；电解过程的有关基本概念和基本原理；电极产生极化的原因。

3. 了解 离子迁移数的概念和意义；标准电极电位的意义、测定方法及其重要的应用；电化学在生物学中的应用。

电化学是研究电和化学反应之间的相互作用，化学能和电能相互转化及转化过程所遵循规律的科学，随着与化学、物理、材料、环境、生命科学等学科的相互促进和相互渗透，出现了生物电化学、纳米电化学、土壤电化学、环境电化学等新领域。

电化学应用范围广泛，其理论和实践在国民经济和军事科学等诸多领域发挥巨大作用。例如，采用电化学方法可以生产很多民用和军用化工产品和原料；化学电源应用在日常生活及汽车、通信、航空航天、医学等方面；电化学分析手段在工农业、环境保护和医药卫生等方面日益发挥着重要作用。

第一节 电化学基本概念

一、导体的分类

导体（conductor）是指能够导电的一类物体。根据物体导电机制的不同，导体又分为电子导体（electronic conductor）和离子导体（ionic conductor）两种。

（一）电子导体

电子导体也称第一类导体，通过自由电子的定向迁移实现其导电目的，包括金属（如 Cu、Zn）、石墨、一些金属氧化物（如 PbO_2）和金属碳化物（如 WC）等。电子导体的特点是导电过程中本身不发生变化，且温度升高，导电能力降低。

（二）离子导体

离子导体也称第二类导体，依靠正、负离子的定向迁移实现其导电目的，包括电解质溶液、固体电解质（如 AgBr、PbI_2）和熔融盐等。离子导体的特点是导电过程中有化学反应发生，且温度升高，导电能力增强。

二、原电池和电解池

实现化学能和电能之间相互转化的装置称为电化学装置，或简称电池。其中，将电能转化为化学能的装置称为电解池（electrolytic cell）[图 6-1（a）]；将化学能转化为电能的装置称为原电池（primary cell）[图 6-1（b）]。电池是由两个电极（electrode）组成的。

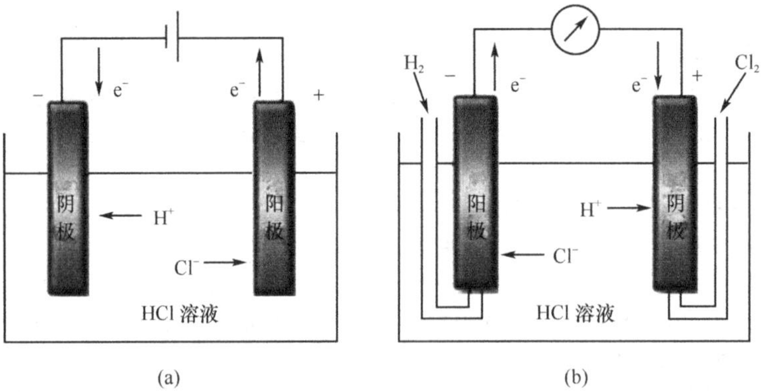

图 6–1 电解池和原电池

电池中的电极可以按电化学惯例命名，即发生氧化反应放出电子的电极称为阳极（anode），而发生还原反应获得电子的电极称为阴极（cathode）。另外，也可按物理学惯例，即电流流动的方向命名。电流由高电位流向低电位，电位高的电极为正极（positive electrode），电位低的电极为负极（negative electrode），电流由正极经过外电路流向负极。因此，原电池中的正极为阴极，负极为阳极；电解池中的阳极为正极，阴极为负极。需注意区别。

下面以图 6-1（a）所示的例子来说明电能和化学能之间的相互转化。

将两个铂电极与外电源连接，并插入 HCl 溶液中。如果外电源电位足够高，接通电源后，电流流入阳极（正极），而电子则由阳极经过外电路流进阴极（负极）。与此同时，溶液中的 H^+ 向阴极迁移，从电板表面夺取电子，发生还原反应；而 Cl^- 向阳极迁移，在电板表面释放电子，发生氧化反应。即

阴极 $2H^+(aq)+2e^- \longrightarrow H_2(g)$

阳极 $2Cl^-(aq) \longrightarrow Cl_2(g)+2e^-$

电极反应的总结果 $2HCl(aq) \longrightarrow H_2(g)+Cl_2(g)$

两电极上发生的氧化或还原反应称为电极反应（reaction of electrode），两电极反应的总结果称为电池反应（reaction of cell）。

以上例子表明，正、负离子向两电极的定向迁移，可以实现电流在溶液内部的传导；而两电极上氧化和还原反应的彼此独立进行，又可以实现电流在电极与溶液界面处的连续。两种过程的同时进行在电解池中构成了闭合回路，从而实现电能和化学能之间的相互转化。原电池实现化学能和电能之间相互转化的机制与此相同。

知识视窗

金属精炼

利用不同元素的阳极溶解或阴极析出难易程度的差异而提取纯金属的技术。通过电解质溶液的电解，由粗金属作阳极，纯金属作阴极，含有该金属离子的溶液作电解液，金属从阳极溶解，在阴极沉淀。粗金属中的杂质、不活泼的杂质不溶解，成为阳极泥沉落于电解槽底部，活泼的杂质虽然在阳极溶解，但不能在阴极沉淀。所以通过电解阴极可以得到纯度很高

的金属，称为金属的电解精炼。

电解精炼常用于有色金属的精炼，如粗铜、粗银、粗金等的精炼。

铜电解精炼（electrorefining of copper） 以火法精炼铜为阳极，金属盐水溶液为电解质，往电解槽通直流电使阳极溶解，在阴极析出更纯金属铜的过程。

银电解精炼（electrorefining of silver） 以粗银为阳极，往盛硝酸银电解液的电解槽中通直流电使粗银阳极溶解，在阴极上析出更纯银的过程，是银精炼方法之一。

金电解精炼（electrorefining of gold） 以粗金为阳极、纯金或钛板作阴极，往含金水溶液中通直流电使粗金阳极溶解，在阴极上析出更纯金的过程，为金精炼方法之一。

三、法拉第电解定律

1834 年，法拉第（Faraday）在总结大量实验结果的基础上，归纳出电解时电极上发生反应的物质的量与通过的电量之间的关系，称为法拉第电解定律（Faraday's law of electrolysis），实验结果表明：

（1）在任一电极上发生化学反应的物质的量与通入的电量成正比。

（2）在几个串联的电解池中通入一定的电量后，各个电极上发生化学反应的物质的量相同。

电化学中，以含有单位元电荷 e（一个质子或一个电子的电荷绝对值）的物质作为物质的量的基本单元，H^+、$\frac{1}{2}\ Mg^{2+}$、$\frac{1}{3}\ PO_4^{3-}$ 等。1 mol 元电荷所具有的电量称为法拉第常量（Faraday’s constant），用 F 表示：

$$F = e \times L$$
$$= 1.6022 \times 10^{-19} \times 6.0221 \times 10^{23}$$
$$= 96486.09\,C \cdot mol^{-1} \approx 96500\ C \cdot mol^{-1}$$

式中，e 为元电荷的电量；L 为阿伏伽德罗常量。因此，当电解时通过的电量为 Q 时，电极上参加反应的物质 B 的物质的量 n 为

$$n = \frac{Q}{zF} \quad 或\ Q = nzF \tag{6-1}$$

案例 6-1

在一含有 $CuSO_4$ 溶液的电解池中通入 3.0A 直流电 480s。

问题：

有多少质量的铜沉积在阴极上？

案例分析：

通入的电量 Q 为

$$Q = tI = 480 \times 3.0 = 1440.0\ (C)$$

阴极的电极反应为 $Cu^{2+} + 2e^- \longrightarrow Cu$，由式（6-1）可求出阴极上析出 Cu 的物质的量为

$$n = \frac{Q}{zF} = \frac{1440.0}{2 \times 96500} = 0.0075(mol)$$

因此，沉积在电极上的铜的质量 m 为

$$m = n \times M = 0.0075 \times 64 = 0.48\ (g)$$

法拉第定律是在大量实验基础上总结得出的，它没有使用的限制条件，在任何温度和压力下都能适用，是自然界中最准确的定律之一。

四、离子的电迁移和迁移数

（一）离子的电迁移现象

当电解质溶液中通入电流以后，溶液中担负导电任务的正、负离子将分别向阴、阳两极做定向迁移，同时在电极上发生还原和氧化反应。离子的这种在外电场作用下的定向运动称为离子的电迁移（electromigration）。由于离子迁移速率的不同，电迁移的结果将造成电解质在两极附近溶液中的浓度变化。这一过程可用图 6-2 来说明。

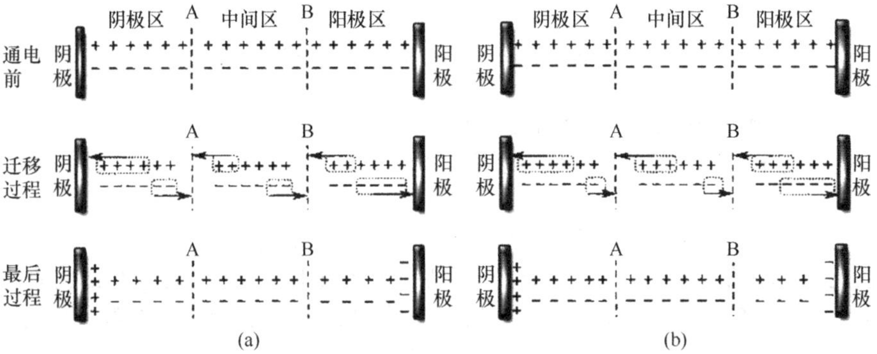

图 6-2 离子电迁移现象示意图

设想图中的电解池被 A、B 两个截面分为阴极区、中间区和阳极区 3 个区域。通电前，各区域均各含有 6mol 的一价正、负离子，分别用"+"、"−"号的数量表示。当接通电源并通入 4mol 电子的电量后，4mol 的正离子在阴极发生还原反应，4mol 的负离子在阳极发生氧化反应。与此同时，溶液中的正、负离子分别做定向移动。由于电解质溶液内部电量的输运是由正、负离子通过电迁移共同担当完成的，若每种离子的迁移速率 r_i 不同，则它们输运的电量也不尽相同。下面分两种情况讨论。

1. 正、负离子的迁移速率相等 由于 $r_+ = r_-$，则正、负离子各自承担一半的电量输运任务，在 A、B 截面上将均有 2mol 的正、负离子相向通过。通电结束后，电极附近的溶液浓度发生了相同的变化，即阴极区和阳极区正、负离子均各减少了 2mol，中间区浓度不变，如图 6-2（a）所示。

2. 正离子的迁移速率是负离子的 3 倍 由于 $r_+ = 3r_-$，正离子输运的电量将是负离子的 3 倍，即在 A、B 截面上每有 3mol 正离子通过的同时，仅有 1mol 负离子相向通过。通电结束后，阴极区和阳极区溶液的浓度发生了不同的变化，阴极区正、负离子各减少了 1mol，阳极区正、负离子则各减少了 3mol，同样中间区浓度不变，如图 6-2（b）所示。

由上述讨论可得出以下结论，即：

（1）离子做电迁移时，正、负离子迁移的电量总和（$Q_+ + Q_-$）应等于通过溶液的总电量 Q。

（2）$\dfrac{\text{阳极区减少的物质的量}}{\text{阴极区减少的物质的量}} = \dfrac{\text{正离子的迁移电量}Q_+}{\text{负离子的迁移电量}Q_-} = \dfrac{\text{正离子的迁移速率}r_+}{\text{负离子的迁移速率}r_-}$

（二）离子迁移数

受离子本性（半径、所带电荷）、介质的性质、温度及电场的电位梯度等因素的影响，离子的电迁移速率（r）各有不同，因而每种离子在溶液中迁移的电量也不相同。迁移速率越快，离子迁移的电量越多。现将某种离子 B 迁移的电量占通过溶液的总电量的分数定义为该离子的迁移数（transference number），用 t_B 表示。若电解质溶液中只含有一种正离子和一种负离子，则正、负离子的迁移数可分别表示为

$$t_+=\frac{Q_+}{Q}=\frac{Q_+}{Q_++Q_-} \qquad t_-=\frac{Q_-}{Q}=\frac{Q_-}{Q_++Q_-} \tag{6-2}$$

或者

$$r_+=\frac{r_+}{r_++r_-} \qquad r_-=\frac{r_-}{r_++r_-} \tag{6-3}$$

可见，$t_++t_-=1$。

表 6-1 列出了 298.15K 时不同浓度电解质水溶液中一些正离子的迁移数 t_+。

表 6-1　298.15K 时，不同浓度电解质水溶液中一些正离子的迁移数

电解质	c/（$mol\cdot L^{-1}$）				
	0.01	0.02	0.05	0.10	0.20
HCl	0.8251	0.8266	0.8292	0.8314	0.8337
LiCl	0.3299	0.3261	0.3211	0.3166	0.3112
NaCl	0.3918	0.3902	0.3876	0.3854	0.3621
KCl	0.4902	0.4901	0.4899	0.4898	0.4894
KBr	0.4833	0.4832	0.4831	0.4833	0.4841
KI	0.5084	0.5087	0.5093	0.5103	0.5120
KNO_3	0.4884	0.4883	0.4882	0.4883	0.4887
$BaCl_2$	0.4403	0.4368	0.4317	0.4253	0.4185
$CaCl_2$	0.4264	0.4220	0.4140	0.4060	0.3953

由表 6-1 可以看出，同一种离子在不同电解质中的迁移速率不同，浓度对离子的迁移速率有不同程度的影响。同价离子在水溶液中，随离子半径的减小，水化离子半径逐渐增大，在溶液中的运动阻力增大，则迁移数随之下降，如 $t(Li^+) < t(Na^+) < t(K^+)$。若价数不同，高价离子受浓度的影响较大。

此外，温度对离子的迁移数也有影响。一般温度升高，正、负离子的迁移数趋于相等。离子的迁移数可由希托夫（Hittort）法、界面移动法和电动势法测得。

第二节　电解质溶液的电导

一、电导和电导率及摩尔电导率

电解质溶液的导电能力用电阻的倒数表示，称为电导（conductance），符号为 G，则有

$$G=\frac{1}{R} \tag{6-4}$$

电导的单位为 S（西门子，siemens）或 Ω^{-1}。

已知均匀导体的电阻与其长度 l 成正比，与导体的截面积 A 成反比，故电导与导体的长度和截面积之间存在如下关系：

$$G=\kappa\frac{A}{l} \tag{6-5}$$

式中，κ 为比例系数，称为电导率（conductivity），单位为 $S\cdot m^{-1}$。电导率是电阻率的倒数。式（6-5）表明，电导率为单位截面积和单位长度导体的电导。对电解质溶液而言，电导率是指相距 1m、截面积为 $1m^2$ 的两平行电极间放置 $1m^3$ 电解质溶液时所具有的电导。

电导率的数值与电解质的种类和溶液的浓度有关。因此，不能用电导率比较电解质的导电能力大小。

表征电解质溶液的电导能力时，更常用的是摩尔电导率（molar conductivity）。当相距为 1m

的两平行电极间放置含有 1mol 电解质的溶液时所具有的电导，用 Λ_m 表示。由图 6-3 可知，摩尔电导率 Λ_m 与电导率 κ 的关系为

$$\Lambda_m = \kappa V_m = \frac{\kappa}{c} \tag{6-6}$$

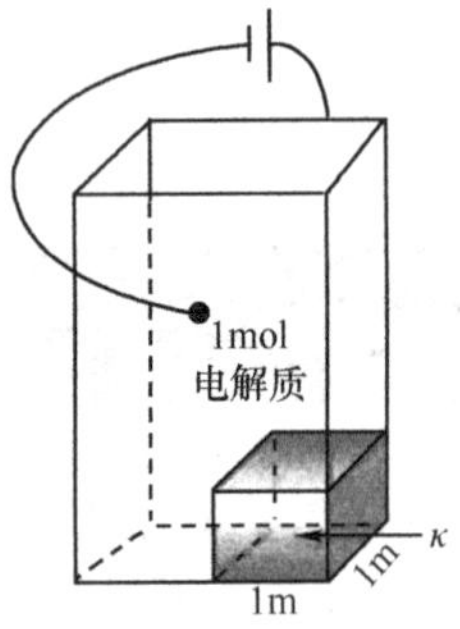

图 6-3 Λ_m与 κ 的关系

式中，c 为电解质溶液的物质的量浓度，单位为 $mol\cdot m^{-3}$。Λ_m 的单位为 $S\cdot m^2\cdot mol^{-1}$。表示电解质溶液的摩尔电导率时，必须标明基本单元，因为所取基本单元不同，摩尔电导率的值也不同。例如，$MgCl_2$ 的摩尔电导率可以用 $\Lambda_m(MgCl_2)$ 或 $\Lambda_m\left(\frac{1}{2}MgCl_2\right)$ 表示，两者之间的关系为 $\Lambda_m(MgCl_2)=2\Lambda_m\left(\frac{1}{2}MgCl_2\right)$。

电解质溶液的电导或电导率可直接用电导仪或电导率仪测得。

二、电导率、摩尔电导率与浓度的关系

电导率和摩尔电导率与电解质溶液的浓度均有关，但是变化规律并不相同。

一般而言，浓度增大，单位体积中可以导电的粒子数增多，电导率也随之增加。但是，对强电解质而言，由于在溶液中完全解离，当浓度增加到一定程度后，溶液中正、负离子间的相互作用增大，离子的运动速率将减慢，电导率反而下降。若以电导率对浓度作图，所作曲线上将出现最高点。而对弱电解质而言，电导率随浓度的变化并不显著。这是因为浓度增大时弱电解质的解离度减小，离子数目变化不大。图 6-4 为 298.15K 时，一些电解质的电导率与电解质溶液浓度间的关系曲线。

电解质溶液的摩尔电导率 Λ_m 随浓度的降低而增加，而且强、弱电解质的变化规律仍有所不同，见图 6-5。浓度降至无限稀释时，强电解质的 Λ_m 很快接近一定值，而弱电解质则无相应的定值。这是因为强电解质在溶液中完全电离，稀释并没有减少溶液中离子的数目，相反削弱了离子间的吸引力及离子对的静电作用，使得离子的电迁移速率增大，Λ_m 也随之增大。而弱电解质溶液的稀释，使得解离度迅速增大，溶液中离子数目急剧增加。因此，Λ_m 迅速上升。而且浓度越低，上升越显著。

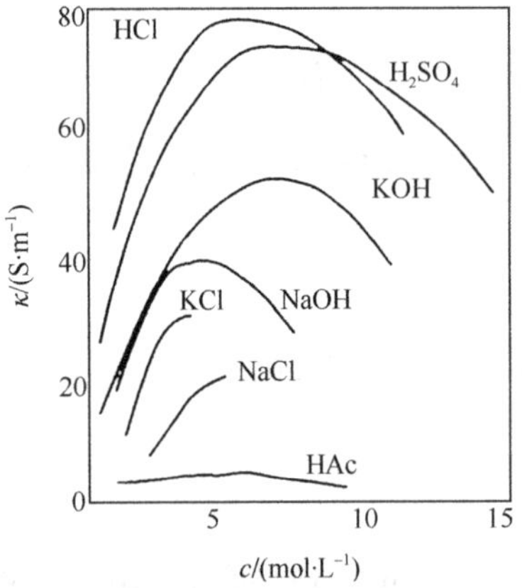

图 6-4 电解质溶液的电导率与浓度的关系

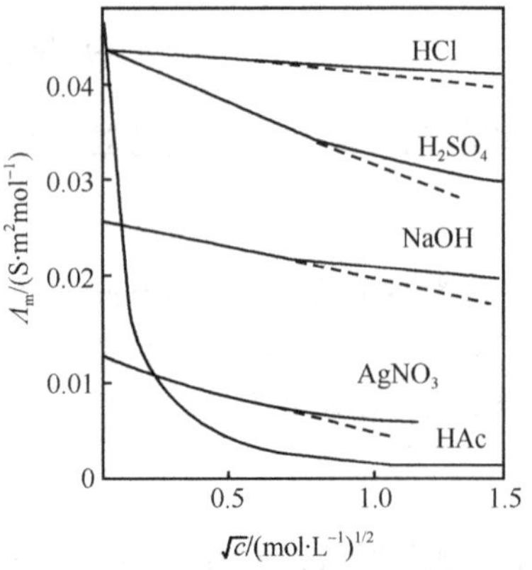

图 6-5 电解质溶液的摩尔电导率与浓度的关系

科尔劳乌施（Kohlrausch）根据大量的实验结果，发现浓度小于 0.001 $mol\cdot L^{-1}$ 的强电解质溶液中，Λ_m 与 $\sqrt{c}$ 之间存在线性关系：

$$\Lambda_m = \Lambda_m^{\infty}(1-\beta\sqrt{c}) \tag{6-7}$$

式中，Λ_m^∞ 为无限稀释时的摩尔电导率，也称极限摩尔电导率（limiting molar conductivity），可以用直线外推法求得；β 为经验常数，与电解质、溶剂的性质及温度有关。

弱电解质的 Λ_m 与 $\sqrt{c}$ 之间不存在式（6-7）的关系，无法用外推法求得其 Λ_m^∞ 。

三、离子独立运动定律

科尔劳乌施在研究了大量电解质的有关实验数据后，发现在相同温度的无限稀释溶液中，具有同一正离子（或负离子）的盐类，它们的摩尔电导率的差值为一定值，而与同存的另一种离子无关。表 6-2 列出了一些强电解质在 298.15K 时的无限稀释摩尔电导率。

表 6-2　一些强电解质在 298.15K 时的无限稀释摩尔电导率 Λ_m^∞

电解质	Λ_m^∞ /（$S\cdot m^2\cdot mol^{-1}$）	差数	电解质	Λ_m^∞ /（$S\cdot m^2\cdot mol^{-1}$）	差数
KCl	0.01499	3.49×10^{-3}	HCl	0.04262	0.49×10^{-3}
LiCl	0.01150		LiCl	0.04213	
KNO_3	0.01450	3.49×10^{-3}	KCl	0.01499	0.49×10^{-3}
$LiNO_3$	0.01101		KNO_3	0.01450	
KOH	0.02715	3.49×10^{-3}	LiCl	0.01150	0.49×10^{-3}
LiOH	0.02367		$LiNO_3$	0.01101	

由表中数据可以看出，具有相同负离子的钾盐和锂盐溶液，如 KCl 与 LiCl、KNO_3 与 $LiNO_3$、KOH 与 LiOH，3 对电解质 Λ_m^∞ 之差均为 3.49×10^{-3} $S\cdot m^2\cdot mol^{-1}$，与负离子的性质无关。同样，具有相同正离子的氯化物和硝酸盐溶液的 Λ_m^∞ 之差也是一恒定值 0.49×10^{-3} $S\cdot m^2\cdot mol^{-1}$，而与正离子的性质无关。由此可知，在无限稀释的溶液中，所有电解质全部电离，离子间彼此独立运动，互不影响，每一种离子对电解质溶液的导电都有恒定的贡献，即无限稀释摩尔电导率 Λ_m^∞ 反映的是离子间没有相互作用力时电解质所具有的导电能力。因此，科尔劳乌施提出了离子独立运动定律（law of independent migration of inos），即

$$\Lambda_m^\infty=\lambda_{m,+}^\infty+\lambda_{m,-}^\infty \tag{6-8}$$

式中，$\lambda_{m,+}^\infty$ 及 $\lambda_{m,-}^\infty$ 分别为无限稀释时正、负离子的摩尔电导率。

显然，若能得知各种离子的无限稀释摩尔电导率，就可利用离子独立运动定律计算任意电解质的无限稀释摩尔电导率，或者由已知强电解质的无限稀释摩尔电导率间接地计算弱电解质的 Λ_m^∞ 。例如，乙酸的 Λ_m^∞ 可以由盐酸、乙酸钠和氯化钠的无限稀释摩尔电导率求得，即

$$\begin{aligned}\Lambda_m^\infty(\text{HAc})&=\lambda_m^\infty(\text{H}^+)+\lambda_m^\infty(\text{Ac}^-)\\&=[\lambda_m^\infty(\text{H}^+)+\lambda_m^\infty(\text{Cl}^-)]+[\lambda_m^\infty(\text{Na}^+)+\lambda_m^\infty(\text{Ac}^-)]-\\&\quad[\lambda_m^\infty(\text{Na}^+)+\lambda_m^\infty(\text{Cl}^-)]\\&=\Lambda_m^\infty(\text{HCl})+\Lambda_m^\infty(\text{NaAc})-\Lambda_m^\infty(\text{NaCl})\end{aligned}$$

案例 6-2

298.15K 时，已知苯巴比妥钠的 Λ_m^∞（NaP）为 $73.5\times10^{-4}S\cdot m^2\cdot mol^{-1}$，盐酸的 Λ_m^∞（HCl）为 $426.2\times10^{-4}S\cdot m^2\cdot mol^{-1}$，氯化钠的 Λ_m^∞（NaCl）为 126.5×10^{-4} $S\cdot m^2\cdot mol^{-1}$。

问题：

苯巴比妥溶液的无限稀释摩尔电导率 Λ_m^∞（HP）为多少？

案例分析：

根据式 $\Lambda_m^\infty=\lambda_{m,+}^\infty+\lambda_{m,-}^\infty$ 及乙酸的 Λ_m^∞（HAc）的计算方法，有

$$\Lambda_m^\infty(HP)=\lambda_m^\infty(H^+)+\lambda_m^\infty(P^-)=\Lambda_m^\infty(HCl)+\Lambda_m^\infty(NaP)-\Lambda_m^\infty(NaCl)$$
$$=426.2\times10^{-4}+73.5\times10^{-4}-126.5\times10^{-4}$$
$$=373.2\times10^{-4}\ (S\cdot m^2\cdot mol^{-1})$$

一些离子在 298.15K 时的无限稀释摩尔电导率见表 6-3。表中数据表明，水溶液中 H^+ 和 OH^- 的离子摩尔电导率特别大。这是因为在电场力的作用下，H^+ 和 OH^- 并不是通过自身的定向移动来传导电流，而是在相邻水分子间通过链式传递实现电荷的转移，其结果如同 H^+ 和 OH^- 以很高的速率向两极迁移，导电效率远高于其他离子，故摩尔电导率也远大于其他离子。

表 6-3 一些离子在 298.15K 时的无限稀释水溶液中的摩尔电导率

正离子	$\lambda_{m,+}^\infty\times10^4/(S\cdot m^2\cdot mol^{-1})$	负离子	$\lambda_{m,-}^\infty\times10^4/(S\cdot m^2\cdot mol^{-1})$
H_3^+O	349.8	OH^-	198.3
Li^+	38.69	F^-	55.4
Na^+	50.11	Cl^-	76.3
K^+	73.50	Br^-	78.4
NH_4^+	73.5	I^-	76.8
Ag^+	61.92	CN^-	82.0
$1/2Mg^{2+}$	53.06	NO_3^-	71.5
$1/2Ca^{2+}$	59.50	CH_3COO^-	40.9
$1/2Sr^{2+}$	69.46	HCO_3^-	44.5
$1/2Ba^{2+}$	63.64	$1/2\ CO_3^{2-}$	83.0
$1/2Cu^{2+}$	54.0	$1/2\ SO_4^{2-}$	80.0
$1/2Zn^{2+}$	54.0	$1/3\ PO_4^{3-}$	92.8
$1/2La^{2+}$	69.6	$1/3[Fe(CN)_6]^{3-}$	99.1

由式（6-2）可知，某离子的迁移数是该离子输运的电量在总电量中所占的分数，即该离子的导电能力占电解质总导电能力的分数。因此，离子的迁移数也可看作是某种离子摩尔电导率占电解质的摩尔电导率的分数。1-1 价型的电解质在无限稀释时，有

$$\Lambda_m^\infty=\lambda_{m,+}^\infty+\lambda_{m,-}^\infty$$

$$t_+^\infty=\frac{\lambda_{m,+}^\infty}{\Lambda_m^\infty}=\frac{\lambda_{m,+}^\infty}{\lambda_{m,+}^\infty+\lambda_{m,-}^\infty}\qquad t_-^\infty=\frac{\lambda_{m,-}^\infty}{\Lambda_m^\infty}=\frac{\lambda_{m,-}^\infty}{\lambda_{m,+}^\infty+\lambda_{m,-}^\infty}\tag{6-9}$$

第三节 电解质溶液电导的测定及其应用

一、电导的测定

电解质溶液的电导或电导率都是通过电导仪或电导率仪直接测定，它们的特点是测量范围广，操作简单，可直接读数，若配接数据采集装置，还可以获得连续的数据。

电导仪和电导率仪的测量原理基本相似，图 6-6 是电导率仪的测量原理图。由图可见，测量

回路由电导电极（R_x）、高频交流电源、分压电阻（R_m）、放大电路和指示器组成，E 为高频交流电源工作时，在电导电极两端产生的电位降；E_m 为分压电阻两端的电位降。这样，电导电极的等效电阻 R_x 可由以下公式求出，即

$$E_m = \frac{ER_m}{R_m + R_x} = \frac{ER_m}{R_m + Q/k} \tag{6-10}$$

式中，Q 为电导池常数（constant of conductivity），$Q = l/A$。当 E、R_m、Q 均为常数时，电解质溶液电导率的变化将引起 E_m 的相应变化。E_m 值经放大器放大后，换算成电导率，直接由指示器表头读出。实际操作时只需按仪器使用要求，将电导电极插入被测溶液中，即可读出溶液的电导或电导率值。常用的电导率仪有笔形、便携式、实验室和工业用 4 种。

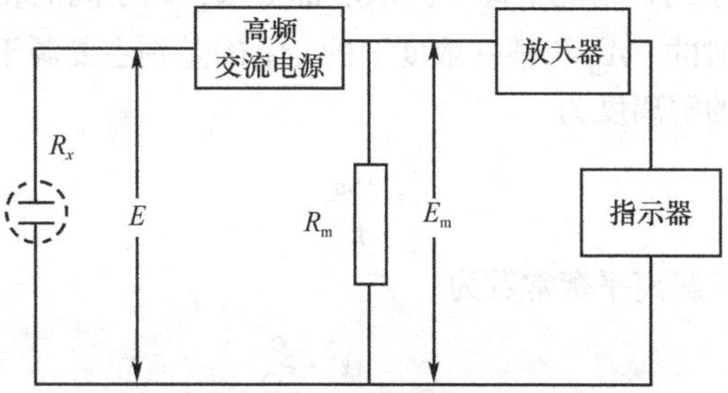

图 6–6　电导率测量原理图

案例 6-3

298.15K 时，用一电导池常数为 23 m^{-1} 的电导电极测得 0.5 $mol \cdot L^{-1}$ 的 $\frac{1}{2}K_2SO_4$ 溶液的电导为 2.66×10^{-3}S。

问题：

计算 0.005 $mol \cdot L^{-1}$ K_2SO_4 溶液的摩尔电导率 $\Lambda_m\left(\frac{1}{2}K_2SO_4\right)$。

案例分析：

0.005 $mol \cdot L^{-1}$ K_2SO_4 溶液的电导 κ 为

$$\kappa = G\frac{l}{A} = 2.66 \times 10^{-3} \times 23 = 6.12 \times 10^{-2}\ (S \cdot m^{-1})$$

然后，再由式 $\Lambda_m = \kappa V_m = \frac{\kappa}{c}$ 计算摩尔电导率 Λ_m，即

$$\Lambda m\left(\frac{1}{2}K_2SO_4\right) = \frac{\kappa}{c} = \frac{6.12 \times 10^{-2}}{0.005 \times 10^3} = 0.012\ (S \cdot m^2 \cdot mol^{-1})$$

二、电导测定的应用

电导测定在生物医药学中应用广泛，如蛋白质的等电点测定，油包水型或水包油型乳状液的判断，临界胶束浓度的测定，肾脏浓缩稀释功能的评价等。下面主要介绍电导测定在化学上的一些应用。

（一）水的纯度检验

医药行业对水的纯度有很高的要求，2010 版的《中华人民共和国药典》增加了对纯化水、注射用水、灭菌注射用水测量电导率的项目，规定了合格制药用水水质的电导率限度值。电导法测

水质纯度还可用于环境监测。

电导率测定是检验水的纯度的一种方便快速而实用的方法。水的电导率与水的纯度密切相关。一般的自来水因含有杂质，电导率在 $1.0\times10^{-1}\ \mathrm{S\cdot m^{-1}}$ 左右，普通蒸馏水的电导率也要在 $1.0\times10^{-3}\ \mathrm{S\cdot m^{-1}}$ 左右，重蒸馏水和去离子水的电导率可小于 $1\times10^{-4}\ \mathrm{S\cdot m^{-1}}$。因此，电导率越小，水中所含离子杂质越少，水的纯度越高。纯水的解离度虽然很小，导电能力很弱，但也具有可测得的电导率——$5.5\times10^{-6}\ \mathrm{S\cdot m^{-1}}$。饮用水的电导率为 $5\times10^{-3}\sim5\times10^{-2}\ \mathrm{S\cdot m^{-1}}$，而海水的电导率则可达 $5\ \mathrm{S\cdot m^{-1}}$。

（二）弱电解质电离度和电离常数的测定

一定浓度的弱电解质溶液中只有已解离的离子参与导电；无限稀释时，弱电解质全部电离，所有离子都参与导电。由于两种情况下离子的浓度都很低，离子间的相互作用均可以忽略不计，这样弱电解质在无限稀释时的 Λ_m^{∞} 和某一浓度下的 Λ_m 的差别主要源于溶液中离子数目的不同。因此，浓度 c 时弱电解质的解离度为

$$\alpha=\frac{\Lambda_m}{\Lambda_m^{\infty}} \tag{6-11}$$

对 AB 型弱电解质，其解离平衡常数为

$$K^{\ominus}=\frac{\alpha^2\cdot\frac{c}{c^{\ominus}}}{1-\alpha} \tag{6-12}$$

将式（6-11）代入式（6-12），得

$$K^{\ominus}=\frac{\Lambda_m^2\cdot\frac{c}{c^{\ominus}}}{\Lambda_m^{\infty}\ (\Lambda_m^{\infty}-\Lambda_m)} \tag{6-13}$$

若测得某一浓度下的 Λ_m，可利用上式计算解离常数 $K^{\ominus}$。另外，上式也可以变换为

$$K^{\ominus}\ \frac{\Lambda_m\cdot\frac{c}{c^{\ominus}}}{K^{\ominus}(\Lambda_m^{\infty})^2}+\frac{1}{\Lambda_m^{\infty}} \tag{6-14}$$

以 $1/\Lambda_m$ 对 $\Lambda_m\cdot\frac{c}{c^{\ominus}}$ 作图，可由直线的截距和斜率分别求得弱电解质的 Λ_m^{∞} 和 $K^{\ominus}$。式（6-13）和式（6-14）均称为奥斯特瓦尔德（Ostwald）稀释定律。

案例 6-4

298.15K 时，测得 $SrSO_4$ 饱和水溶液的电导率 κ 为 $1.482\times10^{-2}\mathrm{S\cdot m^{-1}}$，该温度下水的电导率 $\kappa=1.52\times10^{-4}\mathrm{S\cdot m^{-1}}$。

问题：

（1）$SrSO_4$ 的溶解度是多少？

（2）$SrSO_4$ 的溶度积是多少？

（三）难溶盐溶度积的测定

电导法可以方便地测定难溶盐在水中的溶解度。难溶盐在水中的溶解度很小，不仅已溶解部分的电离对电导率有贡献，水的电离对电导率同样有贡献。因此，在测得的整个电解质溶液的电导率中必须扣除水的电导率，即 κ（盐）$=\kappa$（溶液）$-\kappa$（水）。

由于浓度很稀，难溶盐饱和溶液的摩尔电导率可近似地用无限稀释摩尔电导率代替，即 $\Lambda_m=\Lambda_m^{\infty}$。这样，根据式（6-6），难溶盐的溶解度为

$$c=\frac{\kappa(\text{溶液})-\kappa(\text{水})}{\Lambda_{m}^{\infty}} \tag{6-15}$$

由难溶盐溶解度即可进一步求得其溶度积。

案例 6-4 案例分析：

（1）查表得

λ_{m}^{∞} （Sr^{2+}）= 118.9×10^{-4} S· m^2· mol^{-1}，$\lambda_{m}^{\infty}(SO_4^{2-})$ =160×10^{-4} S· m^2· mol^{-1}

$$\Lambda_m(SrSO_4)=\Lambda_m^{\infty}(SrSO_4)$$
$$=(118.9+160)\times10^{-4}=278.9\times10^{-4}\ (S\cdot m^2\cdot mol^{-1})$$

则

$$c(SrSO_4)=\frac{\kappa(SrSO_4)}{\lambda_m^{\infty}(SrSO_4)}=\frac{\kappa(\text{溶液})-\kappa(H_2O)}{\Lambda_m^{\infty}(SrSO_4)}$$
$$=\frac{1.482\times10^{-2}-1.52\times10^{-4}}{278.9\times10^{-4}}=0.526\ (mol\cdot m^{-3})=5.26\times10^{-4}\ (mol\cdot L^{-1})$$

（2）$SrSO_4$的溶度积为

$$K_{sp}^{\ominus}(SrSO_4)=\left[Sr^{2+}\right]\left[SO_4^{2-}\right]=\frac{c(Sr^{2+})}{c^{\ominus}}\cdot\frac{c(Sr_4^{2-})}{c^{\ominus}}$$
$$=(5.26\times10^{-4})^2=2.77\times10^{-7}$$

（四）电导滴定

电导滴定（conductimetric titration）是根据滴定过程中溶液的电导变化来确定终点，可用于酸碱滴定、氧化还原滴定和沉淀滴定等，尤其适用于酸碱滴定，包括极弱酸或碱的滴定，如滴定硼酸、苯酚等。

电导滴定的原理是：滴定液中的一些离子与被滴定的溶液中的某些离子结合，生成难以解离的分子（如 $H^+ + OH^- \longrightarrow H_2O$）或难溶性物质（如 $Ag^+ + Cl^- \longrightarrow AgCl\downarrow$），使得溶液的某些离子被另一些离子替换。由于这些离子的电导率不同，所以离子的替换将使溶液的电导率也随之发生改变。例如，NaOH 滴定 HCl 时，电导率较小的 Na^+ 取代了溶液中电导率较大的 H^+，溶液的电导率减小。但是，当加入的 NaOH 与 HCl 的物质的量相等时，溶液的电导率降至最低值。以后随着过量 NaOH 的加入，溶液中离子电导率很大的 OH^- 的物质的量不断增加，溶液的电导率又逐渐增加。若以溶液的电导率对滴定液的体积作图，可以得到图 6-6 中的滴定曲线 a。两条不同斜率的直线的交点即为滴定终点。

若用 NaOH 滴定 HAc 时，也有类似关系。但由于 HAc 为弱酸，解离度很小，滴定开始时溶液电导率较低。加入 NaOH 后，随着 NaAc 的不断生成，溶液的电导率逐渐增加。终点后的电导率变化情况与 NaOH 滴定 HCl 时相同。由曲线的拐点可求得滴定终点，见图 6-7 中的曲线 b。

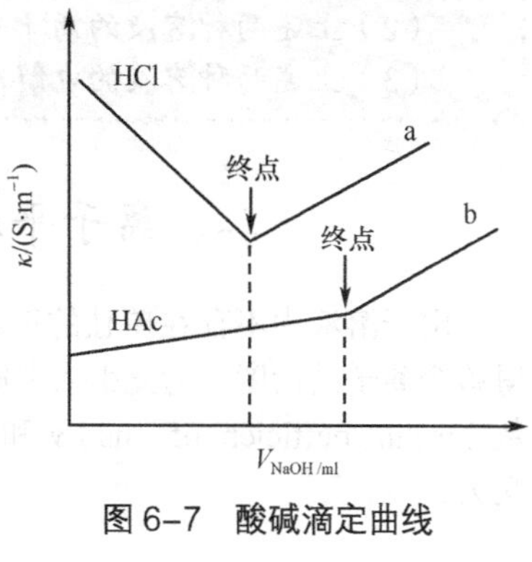

图 6-7 酸碱滴定曲线

第四节 强电解质溶液理论

强电解质在水溶液中几乎全部解离成离子。因此，即使是稀溶液，离子与离子以及离子与溶剂分子之间也存在相互作用，使得电解质溶液的行为偏离理想溶液。

一、溶液中离子活度和活度系数

真实溶液中，物质的化学势表示中需用活度代替浓度（本书第三章）：

$$\mu_B = \mu_B^{\ominus}(T) + RT\ln a_B$$

原则上，该式对强电解质溶液同样适用，即电解质及其解离的正、负离子的化学势可以分别表示为

$$\mu_B = \mu_B^{\ominus}(T) + RT\ln a_B \tag{6-16}$$

$$\mu_+ = \mu_+^{\ominus}(T) + RT\ln a_+ \tag{6-17}$$

$$\mu_- = \mu_-^{\ominus}(T) + RT\ln a_- \tag{6-18}$$

式中，a_+ 和 a_- 分别表示正、负离子的活度，并且

$$a_+ = \gamma_+(m_+/m^{\ominus}) \qquad a_- = \gamma_-(m_-/m^{\ominus}) \tag{6-19}$$

其中，γ_+ 和 γ_-、m_+ 和 m_- 分别表示正、负离子的活度系数以及离子的质量摩尔浓度。

对于任意强电解质 $M_{\nu_+}A_{\nu_-}$，在溶液中按下式完全解离，即

$$M_{\nu_+}A_{\nu_-} = \nu_+ M^{z+} + \nu_- A^{z-}$$

式中，z_+ 和 z_-、ν_+ 和 ν_- 分别为正、负离子电荷数和相应的化学计量数。因此，电解质的化学势与各离子的化学势之间的关系为

$$\mu_B = \nu_+\mu_+ + \nu_-\mu_-$$

对照式（6-16）～式（6-18），则有

$$\begin{aligned}\mu_B &= \mu_B^{\ominus}(T) + RT\ln a_B \\ &= \nu_+\mu_+ + \nu_-\mu_- \\ &= \nu_+[\mu_+^{\ominus}(T) + RT\ln a_+] + \nu_-[\mu_-^{\ominus}(T) + RT\ln a_-] \\ &= [\nu_+\mu_+^{\ominus}(T) + \nu_-\mu_-^{\ominus}(T)] + RT\ln(a_+^{\nu_+}a_-^{\nu_-})\end{aligned}$$

标准态时，$\mu_B^{\ominus} = \nu_+\mu_+^{\ominus} + \nu_-\mu_-^{\ominus}$，故

$$a_B = (a_+^{\nu_+}a_-^{\nu_-}) \tag{6-20}$$

若能知道每种离子的活度，即可按式（6-20）求得任意电解质的活度。

案例 6-5

现有 $m = 0.05\ \text{mol·kg}^{-1}$ 的 KCl（$\gamma_\pm = 0.815$） 和 K_2SO_4（$\gamma_\pm = 0.529$）两种溶液。

问题：

（1）上述两种溶液的离子平均质量摩尔浓度 $m_\pm$ 怎样计算？

（2）上述两种溶液的离子平均活度 $a_\pm$ 怎样计算？

（3）上述两种溶液的电解质活度 a 怎样计算？

二、离子平均活度、平均活度系数及平均浓度

由于溶液中不存在单独的正离子或负离子，而且目前也没有任何严格的实验方法可以直接测得单个离子的活度，为此引入电解质的离子平均活度（mean activity of ions）$a_\pm$、离子平均活度系数（mean coefficient of ions）$\gamma_\pm$和离子平均质量摩尔浓度（mean molality of ions）$m_\pm$ 的概念，并定义为

$$a_\pm = (a_+^{\nu_+}a_-^{\nu_-})^{1/\nu} \tag{6-21}$$

$$\gamma_\pm = (\gamma_+^{\nu_+}\gamma_-^{\nu_-})^{1/\nu} \tag{6-22}$$

$$m_{\pm}=(m_{+}^{\nu_{+}}m_{-}^{\nu_{-}})^{1/\nu} \tag{6-23}$$

以上 3 个式子中，均有 $\nu=\nu_{+}+\nu_{-}$。上述 3 个平均物理量之间的关系为

$$a_{\pm}=\gamma_{\pm}\frac{m_{\pm}}{m^{\ominus}} \tag{6-24}$$

而根据式（6-20）又可以得出

$$a_{B}=a_{\pm}^{\nu}=(\gamma_{\pm}\frac{m_{\pm}}{m^{\ominus}})^{\nu} \tag{6-25}$$

由式（6-25）可知，若知道了电解质溶液的平均活度系数 $\gamma_{\pm}$及平均质量摩尔浓度 $m_{\pm}$，即可求得该电解质的活度 a 及离子平均活度 $a_{\pm}$。$\gamma_{\pm}$可通过依数性、电池电动势和溶解度等方法测得。表 6-4 列出了 298.15K 时水溶液中一些电解质的平均活度系数。任意电解质 $M_{\nu_{+}}A_{\nu_{-}}$的 $m_{\pm}$，可以由电解质的质量摩尔浓度 m 求出，即

$$m_{+}=\nu_{+}m \qquad m_{-}=\nu_{-}m$$

$$m_{\pm}=[(\nu_{+}m)^{\nu_{+}}(\nu_{-}m)^{\nu_{-}}]^{1/\nu}$$

$$m_{\pm}=[\nu_{+}^{\nu_{+}}\nu_{-}^{\nu_{-}}]^{1/\nu}\,m \tag{6-26}$$

表 6-4 298.15K 时一些电解质离子的平均活度系数 $\gamma_{\pm}$

$m/(mol\cdot kg^{-1})$	0.001	0.005	0.01	0.05	0.10	0.50	1.0	4.0
HCl	0.965	0.928	0.904	0.830	0.796	0.757	0.819	1.762
NaCl	0.966	0.929	0.904	0.823	0.778	0.682	0.658	0.783
KCl	0.965	0.927	0.901	0.815	0.769	0.650	0.605	0.582
HNO_3	0.965	0.927	0.902	0.823	0.785	0.715	0.720	0.982
NaOH			0.899	0.818	0.766	0.693	0.679	0.890
$CaCl_2$	0.887	0.783	0.724	0.574	0.518	0.448	0.500	2.934
K_2SO_4		0.781	0.715	0.529	0.441	0.262	0.210	
H_2SO_4	0.830	0.639	0.544	0.340	0.265	0.154	0.130	0.171
$BaCl_2$		0.781	0.725	0.556	0.496	0.396	0.399	
$CuSO_4$		0.560	0.444	0.230	0.164	0.066	0.044	
$ZnSO_4$	0.734	0.477	0.387	0.202	0.148	0.063	0.043	

案例 6-5 案例分析：

（1）KCl 为 1-1 价型，$\nu_{+}=\nu_{-}=1$，$\nu=2$，则

$$m_{\pm}=[m_{+}^{\nu_{+}}m_{-}^{\nu_{-}}]^{1/\nu}=[\nu_{+}^{\nu_{+}}\nu_{-}^{\nu_{-}}]^{1/\nu}m$$

$$=(1\times1)\ 1/2\times0.05=0.05\ (mol\cdot kg^{-1})$$

$$a_{\pm}=\gamma_{\pm}\frac{m_{\pm}}{m^{\ominus}}=0.815\times0.05/1=0.04075$$

$$a=a_{\pm}^{\nu}=(0.04075)^{2}=1.66\times10^{-3}$$

（2）K_2SO_4 为 1-2 价型，$\nu_{+}=2$，$\nu_{-}=1$，$\nu=3$，则

$$m_{\pm}=[\nu_{+}^{\nu_{+}}\nu_{-}^{\nu_{-}}]^{1/\nu}m=(2^{2}\times1)^{1/3}\times0.05=0.0794\ (mol\cdot kg^{-1})$$

$$a_{\pm}=\gamma_{\pm}\frac{m_{\pm}}{m^{\ominus}}=0.529\times0.0794/1=0.04200$$

$$a=a_{\pm}^{\nu}=(0.04200)^{3}=7.41\times10^{-5}$$

三、离子强度

由表 6-4 中所列的数据可以看出：一般情况下，离子的平均活度系数 $\gamma_{\pm}$小于 1，且随着溶液浓度的降低而增大，无限稀释时可达到极限值 1；而当溶液浓度很浓时，$\gamma_{\pm}$又可能随浓度的增加而变大，甚至可以超过 1。在溶液浓度相同的情况下，相同价型的电解质的 $\gamma_{\pm}$ 值近似相等；不同价型的电解质，$\gamma_{\pm}$ 不相等，且价型越高，$\gamma_{\pm}$ 越小。

上述事实表明，一定温度下，在稀溶液范围内，影响离子平均活度系数 $\gamma_{\pm}$ 的主要因素是离子浓度和离子价数。1921 年，路易斯（Lewis）根据大量实验数据，提出了离子强度（ionic strength）I 的概念，它是度量由溶液中的离子电荷形成的静电场强度的物理量，被定义为

$$I=\frac{1}{2}\sum_{B} m_{B} z_{B}^{2} \tag{6-27}$$

案例 6-6

某水溶液中含有 0.01 mol·kg^{-1} 的 KCl、0.02 mol·kg^{-1} 的 K_2SO_4和 0.05 mol·kg^{-1} 的 $ZnSO_4$。

问题：

该溶液的离子强度 I 为多少？

案例分析：

$m(K^{+})=0.01+2\times0.02=0.05\ \text{mol·kg}^{-1}$，$z(K^{+})=1$

$m(Zn^{2+})=0.05\ \text{mol·kg}^{-1}$，$z(Zn^{2+})=2$

$m(Cl^{-})=0.01\text{mol·kg}^{-1}$，$z(Cl^{-})=-1$

$m(SO_4^{2-})=0.02+0.05=0.07\ \text{mol·kg}^{-1}$，$z(SO_4^{2-})=-2$

$$\begin{aligned}I&=\frac{1}{2}\sum_{B} m_{B} z_{B}^{2}\\&=\frac{1}{2}[0.05\times 1^2+0.05\times 2^2+0.01\times(-1)^2+0.07\times(-2)^2]\\&=0.27\ (\text{mol·kg}^{-1})\end{aligned}$$

路易斯根据实验事实进一步总结出：稀溶液范围内活度系数和离子强度之间符合如下经验式，即

$$\ln\gamma_{\pm}=-\text{常数}\sqrt{I} \tag{6-28}$$

该式与德拜-休克尔（Debye-Hückel）的活度系数极限理论的结果相一致。

四、德拜-休克尔极限公式

1923 年，德拜-休克尔提出了在电解质溶液中离子之间的相互静电作用的理论模型，从微观的角度成功地阐明了电解质稀溶液的热力学性质与理想溶液发生偏差的原因。离子浓度和价数越高，即电解质溶液的离子强度越大，离子之间的静电引力越强，导致离子的迁移速率随之下降，溶液的行为偏离理想溶液。而活度系数的数值反映了离子之间相互作用的大小，即用活度系数同样能够反映电解质溶液与理想溶液偏差的程度。基于上述概念，德拜-休克尔导出了活度系数的极限公式，即

$$\ln\gamma_{B}=-Az_{B}^{2}\cdot\sqrt{I} \tag{6-29}$$

式中，A 在温度和溶剂一定时为定值，可由相关数据手册中查得。298.15K 的水溶液中，A=1.172 $(\text{kg}\cdot\text{mol}^{-1})^{1/2}$。由于单个离子的活度系数无法直接测定，可将式（6-29）转换为离子平均活度系数的表达式，得

$$\ln\gamma_{\pm} = -Az_{+}|z_{-}|\sqrt{I} \qquad (6\text{-}30)$$

式（6-29）和式（6-30）均为德拜-休克尔极限定律（Debye-Hückel's limiting law），适用于离子强度小于 0.01 $mol \cdot kg^{-1}$ 的稀溶液。由式（6-30）可知，离子浓度和离子的价数对平均活度系数的影响。离子强度越大，离子的价数越高，平均活度系数就越小。

由德拜-休克尔极限定律可知，$\lg\gamma_{\pm}$ 与 $\sqrt{I}$ 也应有直线关系，直线斜率为$-A' z_{+}|z_{-}|$。298.15K 的水溶液中，$A = 0.509\ (kg \cdot mol^{-1})^{1/2}$。图 6-8 验证了德拜-休克尔极限定律在稀溶液范围内的正确性。图中虚线为理论计算结果，实线为实验测定结果。当溶液浓度趋向于无限稀释时（$\sqrt{I} \to 0$），实验结果趋近于理论曲线。

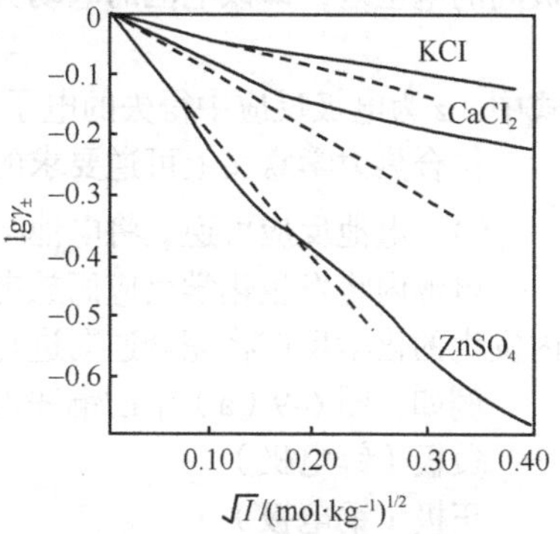

图 6-8 德拜-休克尔极限定律的验证

案例 6-7

298.15K 时，$ZnCl_2$ 水溶液的浓度为 $0.002\ kg \cdot mol^{-1}$，

问题：

用德拜-休克尔极限公式计算 $ZnCl_2$ 溶液中离子的平均活度系数 $\gamma_{\pm}$。

案例分析：

$m(Zn^{2+}) = 0.02\ mol \cdot kg^{-1}$，$z(Zn^{2+}) = 2$

$m(Cl^{-}) = 2 \times 0.002 = 0.004\ mol \cdot kg^{-1}$，$z(Cl^{-}) = -1$

故 $I = \frac{1}{2}\sum_B m_B z_B^2 = \frac{1}{2}[0.002 \times 2^2 + 0.004 \times (-1)^2] = 0.006\ (mol \cdot kg^{-1})$

已知该条件下 $A = 1.172\ (kg \cdot mol^{-1})^{1/2}$，则

$$\ln\gamma_{\pm} = -Az^{+}|z^{-}|\sqrt{I}$$
$$= -1.172 \times 2 \times |-1|\sqrt{0.006} = -0.1816$$
$$\gamma_{\pm} = 0.834$$

第五节 可逆电池

案例 6-8

1991 年，我国首创以铝-空气-海水为能源的新型电池，称为海洋电池。它是一种无污染、长效、稳定可靠的电源。海洋电池是以铝合金为电池负极，金属（Pt、Fe）网为正极，用取之不尽的海水为电解质溶液，它靠海水中的溶解氧与铝反应产生电能。海水中只含有 0.5%的溶解氧，为获得这部分氧，科学家把正极制成仿鱼鳃的网状结构，以增大其表面积，吸收海水中的微量溶解氧。这些氧在海水电解液作用下与铝反应，源源不断地产生电能。海洋电池以海水为电解质溶液，不存在污染，是海洋用电设施的能源新秀。

问题：

（1）写出海洋电池负极、正极电极反应。

（2）试用电池符号表示海洋电池的组成。

一、可逆电池的条件

原电池可实现化学能向电能的转变，如果这种能量转换以热力学可逆的方式进行，这种电池

称为**可逆电池**（reversible cell）。等温等压下，可逆电池对外所能做的电功达最大，此时电池两电极间的电位差，即该电池的电动势与最大功及系统吉布斯能的变化之间符合如下关系，即

$$-(\Delta_r G_m)_{T,p} = -W' = zEF \tag{6-31}$$

式中，z 为电极反应中得失的电子数。

符合热力学意义上可逆要求的可逆电池，必须具备以下三个条件：

（1）电池反应可逆。将电池与一外加电动势 E' 并联。当电池电动势 E 大于 E' 时，

电池内将发生化学反应而放电；当电池电动势 E 小于 E' 时，电池将获得能量而被充电，电池内发生的化学反应将完全逆向进行。即电池的充、放电反应必须互为逆反应。

例如，图 6-9（a）中的铜锌电池，放电时的电极反应和电池反应为

负极（锌电极）　$Zn \longrightarrow Zn^{2+} + 2e^-$

正极（铜电极）　$Cu^{2+} + 2e^- \longrightarrow Cu$

电池反应　$Zn + CuSO_4 \longrightarrow Cu + ZnSO_4$

电池被充电时的电极反应和电池反应为

阴极（锌电极）　$Zn^{2+} + 2e^- \longrightarrow Zn$

阳极（铜电极）　$Cu \longrightarrow Cu^{2+} + 2e^-$

电池反应　$Cu + ZnSO_4 \longrightarrow Zn + CuSO_4$

显然，该电池在充、放电时的反应是可逆的。

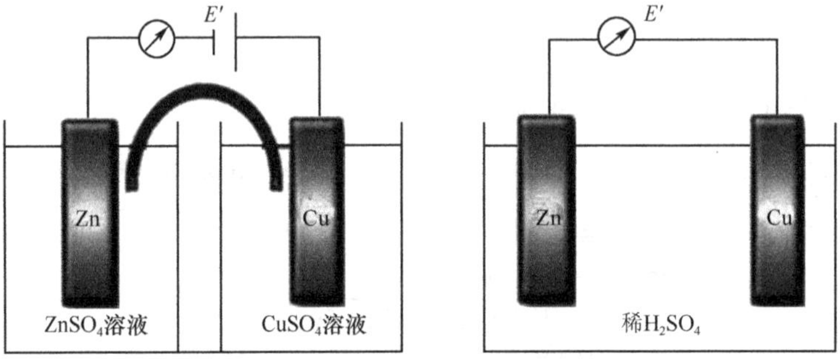

(a)　　(b)

图 6-9　与外加电动势并联的电池示意图

（2）能量转换可逆。无论充电或放电，通过电池的电流必须十分微小，让电池内的化学反应在上限接近平衡态的条件下进行。

（3）电池中所进行的其他过程（如离子的迁移等）也必须可逆。

注意，同时满足上述三个条件的电池才是热力学上的可逆电池，否则均是不可逆电池。例如，图 6-9（a）中的电池，当通过的电流无限小时，能量转化也可逆，则该电池为可逆电池。反之，如图 6-9（b）所示的电池，由于离子迁移的不可逆性，其充、放电时的反应不可逆，即使通过的电流无限小，也不可能成为可逆电池。该电池的充、放电反应分别为

放电反应　$Zn + 2H^+ \longrightarrow Zn^{2+} + H_2$

充电反应　$2H^+ + Cu \longrightarrow H_2 + Cu^{2+}$

二、可逆电极的种类

可逆电极是可逆电池的必要组成部分，主要有以下三类。

（一）第一类电极

这类电极主要包括金属电极和气体电极等。

金属电极是由金属插入含有该金属离子的溶液中构成，一般表示为 M^{n+}（a）| M（s）。例如，Cu（s）插在 $CuSO_4$ 溶液中构成的铜电极为 $CuSO_4$（aq）| Cu（s），电极反应为

$$Cu^{2+}(aq) + 2e^- \longrightarrow Cu(s)$$

一些活泼金属，如 Na、K，不可直接插入这些离子的溶液中，但可以把金属溶于汞，做成汞齐电极 Na^+（a_+）|Na（Hg）（a），电极反应为

$$Na^+(a_+) + Hg(l) + e^- \longrightarrow Na(Hg)(a)$$

将惰性金属片插入含有相应气体元素的离子溶液中，并使气体不断冲击金属片使其吸附达平衡即构成气体电极。惰性金属仅起输送电子的作用，常用的是金属铂。常见的气体电极有氢电极、氧电极和氯电极。例如，酸性介质中的氢电极可表示为 H^+（a_+）|H_2（p）|Pt，电极反应为

$$2H^+(a) + 2e^- \longrightarrow H_2(p)$$

（二）第二类电极

在金属表面覆盖一层该金属的难溶盐，然后浸入含有该难溶盐的负离子溶液中，构成金属-难溶盐电极。这类电极最典型的代表是银-氯化银电极和甘汞电极。由于制备简单，电极电位稳定，它们也是最为常用的参比电极。

银-氯化银电极可表示为 Cl^-（a）|AgCl（s）| Ag（s），电极反应为

$$AgCl(s) + e^- \longrightarrow Ag(s) + Cl^-$$

甘汞电极可表示为 Cl^-（a）|Hg_2Cl_2（s）| Hg（l），电极反应为

$$Hg_2Cl_2(s) + 2e^- \longrightarrow 2Hg(l) + 2Cl^-(a)$$

在金属表面覆盖一层该金属的氧化物，然后浸在含有 H^+ 或 OH^- 的溶液中，构成的金属氧化物电极也属第二类电极。

例如，酸性介质中的汞-氧化汞电极为 H^+（a_+）|HgO（s）| Hg（s），电极反应为

$$HgO(s) + 2H^+(a_+) + 2e^- \longrightarrow Hg(l) + H_2O$$

碱性介质中的汞-氧化汞电极为 OH^-（a_-）| HgO（s）| Hg（l），电极反应为

$$HgO(s) + H_2O + 2e^- \longrightarrow Hg(l) + 2OH^-(a_-)$$

（三）第三类电极

由惰性金属（如 Pt）插入含有某种离子的两种不同氧化态的溶液中即构成第三类电极。由于电极反应只涉及组成电极的溶液中离子间的氧化还原反应，故这类电极又称为氧化还原电极（oxidation reduction electrode）。例如，Sn^{2+} 与 Sn^{4+} 构成的电极为 Sn^{4+}（a_1），Sn^{2+}（a_2）|Pt，电极反应为

$$Sn^{4+}(a_1) + 2e^- \longrightarrow Sn^{2+}(a_2)$$

三、电池的书写方式

为了方便而科学地书面表达电池组成和结构，1953 年，国际纯粹与应用化学联合会（International Union of Pure and Applied Chemistry，IUPAC）作了具体的书写规定：

（1）发生氧化反应的负极写在左边，发生还原反应的正极写在右边。

（2）电极与电极液接触产生的相界面用单垂线“|”表示，可混溶的两种液体之间的接界面用逗号“，”表示。若两种溶液之间的接界电位（junction potential）已经用盐桥降至最低，则用双垂线表示盐桥“||”。

（3）注明电池中各物质所处的状态（气、液、固），气体要标明压力，溶液要标明浓度或活度。

（4）不能直接作为电极的气体和液体，如 H_2（g）、O_2（g）、Br_2（l）等，应标明其依附的不活泼金属（如 Pt、Au）。

（5）应注明电池工作的温度和压力。若不写明，则指 298.15K 和 100kPa。

依照上述规定，可以写出一个电池表示式所对应的化学反应，或将化学反应设计成电池。注意：书写电极和电池反应时必须遵守物量和电量平衡。图 6-9（a）的铜锌电池的书写方式为

$$Zn(s)\,|\,ZnSO_4(a_1)\,||\,CuSO_4(a_2)\,|\,Cu(s)$$

案例 6-8 案例分析：

（1）以铝合金为负极，负极失电子，产生氧化反应；金属（Pt、Fe）网为正极，以海水为电解质溶液，正极得电子，产生还原反应，其电极反应分别为

负极（Al）　$4Al - 12e^- = 4Al^{3+}$

正极（Pt 或 Fe 等）　$3O_2 + 6H_2O + 12e^- = 12OH^-$

总反应式　$4Al + 3O_2 + 6H_2O = 4Al(OH)_3\downarrow$

（2）海洋电池的组成为 $Al(s)\,|\,Al^{3+}(a_1)\,||\,OH^-(a_2)\,|\,O_2(g)\,|\,Pt(s)$

案例 6-9

现有两个电池，其表示如下：

（1）　$Zn(s)\,|\,Zn^{2+}(a_1)\,||\,HCl(a_2)\,|\,Cl_2(p)\,|\,Pt$

（2）　$Pt\,|\,H_2(p)\,|\,HCl(a)\,|\,AgCl(s)\,|\,Ag(s)$

问题：

（1）书写上述两个电池的电极反应。

（2）书写上述两个电池的电池反应。

案例分析：

首先写出负极上发生的氧化反应和正极上发生的还原反应，然后将两个电极反应相加即为总电池反应。

（1）负极　$Zn(s) \longrightarrow Zn^{2+}(a_1) + 2e^-$

正极　$Cl_2(p) + 2e^- \longrightarrow 2Cl^-(a_2)$

电池反应 $Zn(s) + Cl_2(p) \longrightarrow Zn^{2+}(a_1) + 2Cl^-(a_2)$

（2）负极　$H_2(p) \longrightarrow 2H^+(a) + 2e^-$

正极　$2AgCl(s) + 2e^- \longrightarrow 2Ag(s) + 2Cl^-(a)$

电池反应 $H_2(p) + 2AgCl(s) \longrightarrow 2Ag(s) + 2HCl(a)$

案例 6-10

电池反应为

（1）　$Fe^{2+}(a_1) + Ag^+(a_3) \longrightarrow Fe^{3+}(a_2) + Ag(s)$

（2）　$Ag^+(a_1) + Cl^-(a_2) \longrightarrow AgCl(s)$

问题：

（1）将上述反应设计成电池。

（2）分别写出电池的书面表达式。

案例分析：

首先根据氧化、还原反应确定正、负极，由电极反应的性质确定电极组成，按负极在左、正极在右的顺序书写电池，需要时用盐桥将正、负极隔开。

（1）负极　$Fe^{2+}(a_1) \longrightarrow Fe^{3+}(a_2) + e^-$

正极　$Ag^+(a_3) + e^- \longrightarrow Ag(s)$

电池反应 $Fe^{2+}(a_1) + Ag^+(a_3) \longrightarrow Fe^{3+}(a_2) + Ag(s)$

负极为氧化还原电极，电极组成为 Pt（s）| Fe^{2+}（a_1），Fe^{3+}（a_2）；正极为金属银电极，Ag^+（a_3）|Ag（s）。由于两电极的电解质溶液不同，需用盐桥隔开。则设计的电池为

$$Pt(s)|Fe^{2+}(a_1),\ Fe^{3+}(a_2)\|Ag^+(a_3)|Ag(s)$$

电池设计完后，需按案例 6-8 的方法写出对应的电极反应和电池反应，以核对题中所给反应是否一致。

（2）虽然反应中有关元素的氧化态没有变化，但可根据产物及反应物确定其中一个电极的类型，再用总反应减去该电极反应来确定另一个电极。

由于反应物和产物中涉及 Cl^- 和 AgCl，可以判断其中之一为银-氯化银电极，而另一电极的反应由题中所给方法确定为金属银电极。这样，各电极上的反应和电池反应为

负极 $Cl^-(a_2) + Ag(s) \longrightarrow AgCl(s) + e^-$

正极 $Ag^+(a_1) + e^- \longrightarrow Ag(s)$

电池反应 $Ag^+(a_1) + Cl^-(a_2) \longrightarrow AgCl(s)$

设计的电池为

$$Ag(s)|AgCl(s)|Cl^-(a_2)\|Ag^+(a_1)|Ag(s)$$

第六节 电池电动势的产生及其测定

一、电池电动势的产生

电池中主要存在三种电位差，即电极和电解质溶液之间的电位差、两种不同电解质溶液或相同电解质但浓度不同的溶液之间的电位差以及导线和电极之间的电位差。下面分别讨论之。

（一）电极-溶液界面电位差

把金属片插入水中，极性很大的水分子将与金属晶格中的金属离子相互作用使之水化。在水化能足够大的情况下，这些水化金属离子有可能离开金属表面而溶入水相，使金属表面带负电，而液相带正电。如果将金属浸入含有该金属离子的水溶液中，情况类似，只是当溶液中的金属离子更容易获得电子时，这些金属离子将获得电子，沉积在金属表面，使金属带正电而液相带负电。以上两种情况，都将在金属-溶液界面上形成双电层（electric double layer 或 doble layer）结构（图 6-10）。由于离子的静电吸引及离子热运动的结果，带相反电荷的离子一部分吸附在金属表面，形成厚度约为 10^{-10}m 的紧密层（contact layer）；另一部分向溶液中扩散成为扩散层（diffusion layer），扩散层的厚度与溶液中离子的浓度有关，一般在 10^{-10}～10^{-6}m 范围内变动。金属-溶液界面上双电层的存在，阻止了金属离子进一步向溶液中的溶入或向电极表面的沉积，最后达成平衡，形成电位差，称为电极-溶液界面电位差，或称电极电位（electrode potential）。电极-溶液界面电位差是电池电动势的一个重要组成部分。

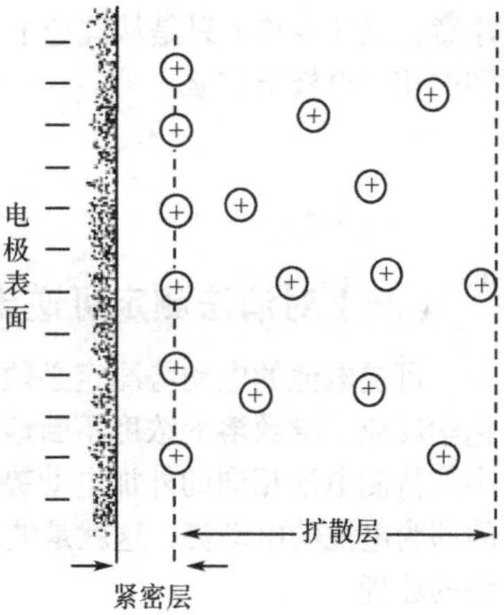

图 6-10 双电层结构示意图

（二）接触电位

金属晶格中的电子可以从金属表面逸出。由于不同金属的电子逸出功不同，两种金属的接触界面上，电子分布将不相等，由此产生的电位差称为接触电位（contact potential）。接触电位的数

值一般比较小，常忽略不计。

（三）液体接界电位和盐桥

两种不同的电解质溶液或是电解质相同但浓度不同的溶液相互接触时，由于离子的迁移速率不同，在接触界面上也会形成双电层，产生微小的电位差，称为液体接界电位（liquid junction potential）。例如，两种不同浓度 HCl 溶液的接界面上，HCl 将由浓的一侧向稀的一侧扩散。由于 H^+ 的扩散速率大于 Cl^-，在浓度小的一侧有过剩 H^+ 而带正电，在浓度大的一侧 Cl^- 过剩而带负电。这样在溶液接界面上形成双电层。双电层的存在使离子扩散通过界面的速率发生改变。速率快者减慢，速率慢者加快，最后达到稳态，离子以相同的速率通过界面，在界面处形成稳定的电位差。

液体接界电位不是很大，一般在 30mV 左右。但是，它的存在将引起电池的不可逆性。所以，在实际工作中常在两种溶液之间连接一个盐桥来尽量减小液体接界电位。盐桥是一 U 形管，内装有用琼脂的高浓度电解质溶液。一般是用饱和 KCl 溶液，但如果组成电池的电解质溶液中含有 Ag^+、Hg_2^{2+} 等，需改用 NH_4NO_3 或 KNO_3 溶液。

（四）电池电动势

原电池的电动势应为电池内各相界面上的电位差的代数和。因此，铜-锌电池中，各相界面上的电位差包括以下几个部分：

$$\text{Cu（导线）}|\text{Zn（s）}|\text{ZnSO}_4（a）||\text{CuSO}_4（a）|\text{Cu（s）}$$

$$\varepsilon_{\text{接触}} \qquad \varepsilon_- \qquad \varepsilon_{\text{液接}} \qquad \varepsilon_+$$

$\varepsilon_{\text{接触}}$ 表示接触电位；$\varepsilon_{\text{液接}}$ 表示液体接界电位；ε_+ 和 ε_- 分别为两电极与溶液界面的电位差。故整个电池的电动势为

$$E=\varepsilon_{\text{接触}}+\varepsilon_-+\varepsilon_{\text{液接}}+\varepsilon_+$$

$\varepsilon_{\text{接触}}$可忽略，$\varepsilon_{\text{液接}}$可用盐桥基本消除，因而电池的电动势可写为

$$E=\varepsilon_-+\varepsilon_+ \tag{6-32}$$

注意，式（6-32）只是从理论上说明电池电动势的组成，要真正计算电池电动势，需要用下面讲到的相对电极电位 φ。

二、可逆电池电动势的测定

（一）对消法测定可逆电池的电动势

可逆电池的电动势测定必须在电路中通过的电流几乎为零的情况下进行，否则电池中会发生化学反应，导致溶液浓度不断地变化。为了满足这一条件，可以在电路上安置一个方向相反而大小与待测电池相同的外加电动势，以对抗原电池的电动势。这时电路中几乎没有电流通过，测得的即为电池的电动势，这就是波根多夫（Poggendoff）补偿法（compensation method）测电池电动势的原理。

电位差计是根据补偿法原理设计的一种测量电池电动势的仪器，其工作原理见图 6-11。图中 E_W 为工作电源，K 为双向开关，E_s 为标准电池，E_x 为被测电池，G 为检流计（用作示零指示），R_W 为调节工作电流的变阻器，R_s 为标准电池的补偿电阻，R_x 为被测电池的补偿电阻。测定时调整标准电阻 R_s 值，接通标准电池 E_s，调整工作电阻 R_W，使检流计 G 指零，即对消 E_s，此时工作电流为定值，即 $I=\dfrac{E_s}{R_s}$=常数。然后接通待测电池 E_x，调整电阻 R_x 使检流计 G 指零，此时待测电池的电动势 E_x 等于电阻 R_x 两端的电压降 $E_x=IR_x=$ 常数×R_x，R_x 在电位差计上直

接表示为电动势值。

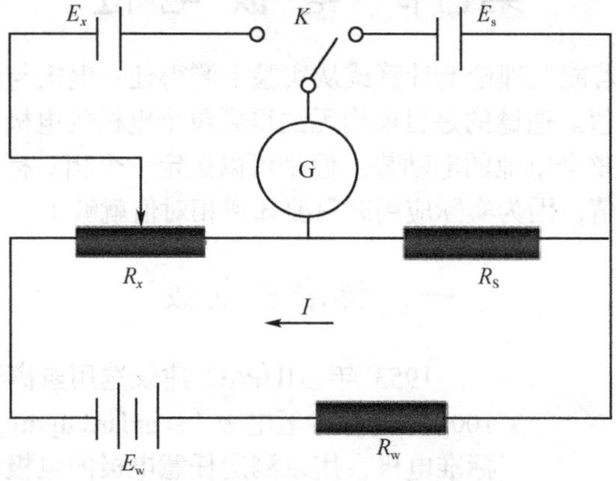

图 6-11　电位差计工作原理示意图

（二）标准电池

用对消法测可逆电池电动势时常用的标准电池是韦斯顿（Weston）标准电池，具有高度可逆、高度稳定、温度系数小的特点。图 6-12 所示为饱和型标准电池示意图。电池的正极为 Hg 和 Hg_2SO_4 的糊状物，负极为含 Cd 质量分数为 12.5%的镉汞齐电极，两电极上方都放有 $CdSO_4\cdot\frac{8}{3}H_2O$ 晶体和其饱和溶液。为了使正极与导线接触紧密，在糊状物下部有少许 Hg。电池中发生的化学反应为

负极　　$Cd(Hg) + SO_4^{2-} + \frac{8}{3}H_2O(l) \longrightarrow CdSO_4\cdot\frac{8}{3}H_2O(s) + 2e^-$

正极　　$Hg_2SO_4(s) + 2e^- \longrightarrow 2Hg(l) + SO_4^{2-}$

电池反应　　$Cd(Hg) + Hg_2SO_4(s) + \frac{8}{3}H_2O(l) \longrightarrow 2Hg(l) + CdSO_4\cdot\frac{8}{3}H_2O(s)$

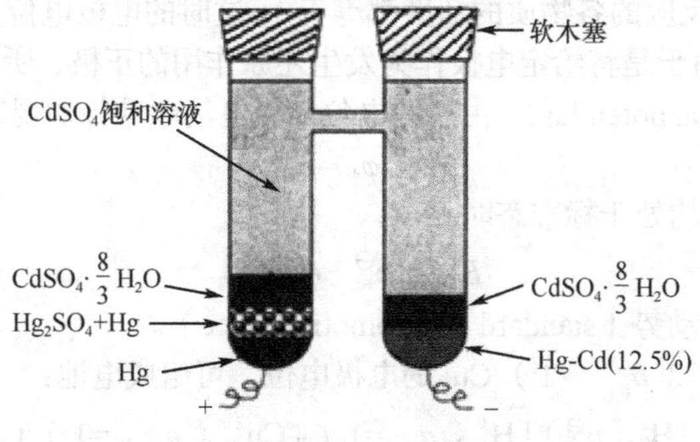

图 6-12　韦斯顿标准电池示意图

在 0～40℃ 范围内，该电池的电动势与摄氏温度的关系为

$$E_s(t) = 1.01845 - 4.05\times10^{-5}(t-293) - 9.5\times10^{-7}(t-293)^2 + 1\times10^{-8}(t-293)^3 \quad (6\text{-}33)$$

由上式可知，该电池的电动势受温度的影响很小。$t = 20$℃时，$E_s = 1.01845$ V；$t = 2$℃ 时，$E_s = 1.01832$ V。

第七节 电极电位

由式（6-32）可知，若能从理论上计算或从实验上测得任一电极与溶液界面上的电位差，便可求得电池电动势的绝对值。遗憾的是目前尚无法得到单个电极的电极电位绝对值，因为实验测得的均为两个电极组成的整个电池的电动势。但是可以选定一个相对标准，通过比较的方法得到单个电极的电极电位相对值，因为实际应用时只要知道相对值就够了。

一、标准氢电极

1953 年，IUPAC 建议选用氢离子活度为 1、氢气压力为 100kPa 的标准氢电极（standard hydrogen electrode，SHE）作为标准电极，用以测定任意电极的电极电位，并规定在任意温度下标准氢电极的电极电位 $\varphi^{\ominus}_{H^+/H_2}$ 为零。

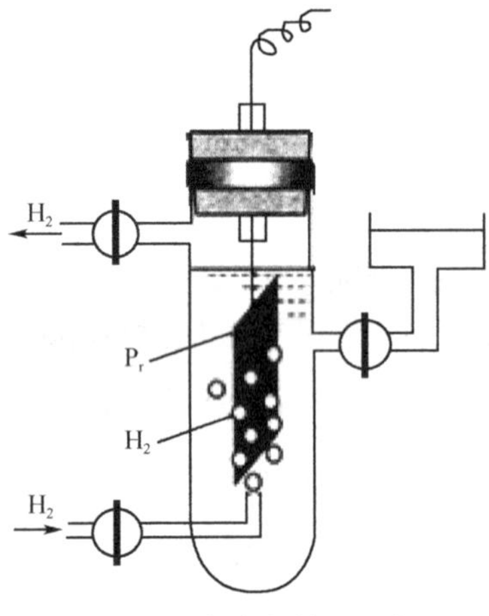

图 6-13 氢电极构造示意图

标准氢电极的制备方法如下：将镀有蓬松铂黑的铂片浸入氢离子活度等于 1 的溶液中，然后通入标准压力 $p^{\ominus}$ 的纯净氢气，使其不断冲击铂片，并被铂黑吸附直到饱和，由此构成标准氢电极（图 6-13）。

二、任意电极的电极电位

任意电极与标准氢电极组成电池时，把标准氢电极作为发生氧化作用的负极，而给定电极作为发生还原作用的正极，用盐桥消除液体接界电位后，所构成的电池表达式为

$$\mathrm{Pt(s)\,|\,H_2}(p^{\ominus})\,|\,\mathrm{H^+}(a_{\mathrm{H^+}}=1)\,\|\ \text{给定电极}$$

该电池电动势的数值和符号，就是给定电极的电极电位的数值和符号，用 φ 表示。当电极处在标准态下，即参加电极反应的各物质的活度都等于 1，这时的电极电位为标准电极电位（standard electrode potential）$\varphi^{\ominus}$。由于是将给定电极作为发生还原作用的正极，所以按此规定所得的电极电位又称还原电位（reduction potential）。由还原电位计算电池电动势的规定为

$$E = \varphi_+ - \varphi_- \tag{6-34}$$

当组成电池的各部分均处于标准态时

$$E^{\ominus} = \varphi_+^{\ominus} - \varphi_-^{\ominus} \tag{6-35}$$

式中，$E^{\ominus}$ 为标准电池电动势（standard electromotive force）。

若要确定铜电极 $\mathrm{Cu^{2+}}(a_{\mathrm{Cu^{2+}}}=1)|\mathrm{Cu}$ 的电极电位，可组成电池：

$$\mathrm{Pt(s)\,|\,H_2}(p^{\ominus})\,|\,\mathrm{H^+}(a_{\mathrm{H^+}}=1)\,\|\,\mathrm{Cu^{2+}}(a_{\mathrm{Cu^{2+}}}=1)\,|\mathrm{Cu(s)}$$

负极 $\mathrm{H_2}(p^{\ominus}) \longrightarrow 2\mathrm{H^+}(a_{\mathrm{H^+}}=1) + 2e^-$

正极 $\mathrm{Cu^{2+}}(a_{\mathrm{Cu^{2+}}}=1) + 2e^- \longrightarrow \mathrm{Cu(s)}$

电池反应 $\mathrm{H_2}(p^{\ominus}) + \mathrm{Cu^{2+}}(a_{\mathrm{Cu^{2+}}}=1) \longrightarrow \mathrm{Cu(s)} + 2\mathrm{H^+}(a_{\mathrm{H^+}}=1)$

由于 $\mathrm{Cu^{2+}}(a_{\mathrm{Cu^{2+}}}=1)$ 比 $\mathrm{H^+}(a_{\mathrm{H^+}}=1)$ 更易获得电子，电池工作时电极上发生的反应与电池表达式一致，则该电池的电动势应为正值。在 298.15K 时，实验测得上述电池的电动势为 0.337V，由式（6-35）可得铜电极的标准电极电位 $\varphi^{\ominus}_{\mathrm{Cu^{2+}/Cu}}=0.337\mathrm{V}$。

用同样的方法可以确定锌电极 $\mathrm{Zn^{2+}}(a_{\mathrm{Zn^{2+}}}=1)|\mathrm{Zn}$ 的电位。将锌电极与氢电极组成电池：

$$Pt(s)|H_2(p^{\ominus})|H^+(a_{H^+}=1)||Zn^{2+}(a_{Zn^{2+}}=1)|Zn(s)$$

负极 $H_2(P^{\ominus}) \longrightarrow 2H^+(a_{H^+}=1)+2e^-$

正极 $Zn^{2+}(a_{Zn^{2+}}=1)+2e^- \longrightarrow Zn(s)$

电池反应 $H_2(p^{\ominus})+Zn^{2+}(a_{Zn^{2+}}=1) \longrightarrow Zn(s)+2H^+(a_{H^+}=1)$

298.15K 时，实验获得上述电池的电动势为 0.763V。由于 Zn 比 $H_2(p^{\ominus})$ 更易失去电子，作为正极的锌电极上实际进行的是氧化反应，即按电池书写方式写出的电池反应是非自发的，则该电池的电动势应为负值。因此，由式（6-35）可得锌电极的标准电极电位为 $\varphi^{\ominus}_{Zn^{2+}/Zn}=-0.763V$。

根据以上讨论可以知道，电极电位的数值大小反映了电极中反应物质得到或失去电子能力的强弱。电极电位越正，表示组成电极的氧化态物质越容易得到电子；反之，电极电位越负，还原态物质越容易失去电子。因此，将任意两个电极组成电池时，电位高者应为正极，电位低者则为负极。标准电极电位有许多重要的应用，如确定电池的标准电动势、判断氧化还原反应的方向、计算平衡常数等。一些常用电极在 298.15K 时的标准电极电位数值可由物理化学数据手册上查得。

三、能斯特方程

（一）电池反应的能斯特方程

在温度 T 时，某可逆电池的电池反应为

$$aA+dD \longrightarrow gG+hH$$

根据化学反应等温式可知

$$\Delta_r G_m = \Delta_r G_m^{\ominus} + RT\ln\frac{a_G^g \cdot a_H^h}{a_A^a \cdot a_D^d} \quad (6\text{-}36)$$

由式（6-31）已知 $(\Delta_r G_m)_{T,p}=-zEF$，而当参加电池反应的各组分均处于标准态时，式（6-31）又可表示为

$$\Delta_r G_m^{\ominus} = -zE^{\ominus}F \quad (6\text{-}37)$$

将式（6-37）和式（6-31）一起代入式（6-36），则有

$$E=E^{\ominus}-\frac{RT}{zF}\ln\frac{a_G^g \cdot a_H^h}{a_A^a \cdot a_D^d} \quad (6\text{-}38)$$

式（6-37）称为电池反应的能斯特方程（Nernst equation），是可逆电池的基本关系式。它表示在恒定温度下，电池电动势与参加反应的各组分活度间的定量关系。由式（6-37）可以推知，电池电动势为一强度性质。

案例 6-11

在 298.15K 时，电池 $Pt(s)|H_2(100kPa)|HCl(0.1\ mol\cdot kg^{-1})|AgCl(s)|Ag(s)$ 的标准电动势 $E^{\ominus}$ 为 0.2224V。

问题：

计算该电池的电动势 E。

案例分析：

电极反应为

正极 $\frac{1}{2}H_2(p) \longrightarrow H^+(a_{H^+})+e^-$

负极 $AgCl(s)+e^- \longrightarrow Ag(s)+Cl^-(a_{Cl^-})$

电池反应　$\frac{1}{2}H_2(p) + AgCl(s) \longrightarrow H^+(a_{H^+}) + Cl^-(a_{Cl^-}) + Ag(s)$

根据式　$E=E^{\ominus}-\frac{RT}{zF}\ln\frac{a_G^g \cdot a_H^h}{a_A^a \cdot a_D^d}$　，可得

$$E=E^{\ominus}-\frac{RT}{zF}\ln\frac{a_{H^+}a_{Cl^-}a_{Ag}}{[p_{H_2}/p^{\ominus}]^{1/2}\cdot a_{AgCl}^{\ominus}}$$

AgCl、Ag 为纯固体，其活度视为 1，$p_{H_2}/p^{\ominus}=1$，$z=1$，故上式可写为

$$E=E^{\ominus}-\frac{RT}{F}\ln(a_{H^+}a_{Cl^-})$$

对 HCl：　$a_{H^+}a_{Cl^-}=a_{\pm}^2=\left(\gamma_{\pm}\frac{m}{m^{\ominus}}\right)^2$

查表可得：298.15K 时，0.1 $mol\cdot kg^{-1}$HCl 的 $\gamma_{\pm}=0.796$，故

$$a_{H^+}a_{Cl^-}=\left(\gamma_{\pm}\frac{m}{m^{\ominus}}\right)^2=\left(0.796\times\frac{0.1}{1}\right)^2=6.336\times10^{-3}$$

$$E=E^{\ominus}-\frac{RT}{zF}\ln(a_{H^+}a_{Cl^-})$$

$$=0.2224-\frac{8.314\times298.15}{96500}\times\ln6.336\times10^{-3}$$

$$=0.3524\ (V)$$

（二）电极反应的能斯特方程

今有电池

$$Pt(s)\,|\,H_2(p)\,|\,HCl(a_{H^+})\,||\,Cu^{2+}(a_{Cu^{2+}})\,|\,Cu(s)$$

正极　$H_2(P) \longrightarrow 2H^+(a_{H^+}) + 2e^-$

负极　$Cu^{2+}(a_{Cu^{2+}}) + 2e^- \longrightarrow Cu(s)$

电池反应　$H_2(p) + Cu^{2+}(a_{Cu^{2+}}) \longrightarrow 2H^+(a_{H^+}) + Cu(s)$

电池电动势的计算公式为

$$E=E^{\ominus}-\frac{RT}{2F}\ln\frac{a_{H^+}^2\cdot a_{Cu}}{a_{H_2}\cdot a_{Cu^{2+}}}$$

根据式（6-34）和式（6-35），上式可以拆成两部分，即

$$E=(\varphi_{Cu^{2+}/Cu}^{\ominus}-\varphi_{H^+/H_2}^{\ominus})-\left(\frac{RT}{2F}\ln\frac{a_{Cu}}{a_{Cu^{2+}}}-\frac{RT}{2F}\ln\frac{a_{H_2}}{a_{H^+}^2}\right)$$

$$=\left(\varphi_{Cu^{2+}/Cu}^{\ominus}-\frac{RT}{2F}\ln\frac{a_{Cu}}{a_{Cu^{2+}}}\right)-\left(\varphi_{H^+/H_2}^{\ominus}-\frac{RT}{2F}\ln\frac{a_{H_2}}{a_{H^+}^2}\right)$$

$$=\varphi_{Cu^{2+}/Cu}-\varphi_{H^+/H_2}$$

因此

$$\varphi_{Cu^{2+}/Cu}=\varphi_{Cu^{2+}/Cu}-\frac{RT}{2F}\ln\frac{a_{Cu}}{a_{Cu^{2+}}}$$

$$\varphi_{H^+/H_2} = \varphi^{\ominus}_{H^+/H_2} - \frac{RT}{2F}\ln\frac{a_{H_2}}{a^2_{H^+}}$$

显然，以上两式分别对应铜电极和氢电极的还原反应。将上述计算公式推广到任意电极的还原反应

$$m\,氧化态 + ze^- \longrightarrow n\,还原态$$

电极电位计算式为

$$\varphi = \varphi^{\ominus} - \frac{RT}{zF}\ln\frac{a^n_{还原态}}{a^m_{氧化态}} \tag{6-39}$$

此（6-39）即为电极反应的能斯特方程。从式中可以看出，电极电位与组成电极的物质、活度及温度有关。同样，电极电位为一强度性质。

案例 6-12

某电池反应为

$$Zn（s）+2Fe^{3+}（a=0.1）\longrightarrow Zn^{2+}（a=0.01）+2Fe^{2+}（a=0.001）$$

问题：

（1）写出电极反应。

（2）求算 298.15K 时该电池的电动势。

案例分析：

设计电池如下

$$Zn（s）|Zn^{2+}（a=0.01）||Fe^{3+}（a=0.1），Fe^{2+}（a=0.001）|Pt（s）$$

电极反应为

负极　$Zn（s）\longrightarrow Zn^{2+}（a=0.01）+2e^-$

正极　$2Fe^{3+}（a=0.1）+2e^- \longrightarrow 2Fe^{2+}（a=0.001）$

查电极电位表得：$\varphi^{\ominus}_{Fe^{3+}/Fe^{2+}}=0.771V$，$\varphi^{\ominus}_{Zn^{2+}/Zn}=-0.7628V$，则

$$\begin{aligned}E&=\varphi_+-\varphi_-\\&=\left[\varphi^{\ominus}_{Fe^{3+}/Fe^{2+}}-\frac{RT}{2F}\ln\left(\frac{a_{Fe^{2+}}}{a_{Fe^{3+}}}\right)^2\right]-\left(\varphi^{\ominus}_{Zn^{2+}/Zn}-\frac{RT}{2F}\ln\frac{a_{Zn}}{a_{Zn^{2+}}}\right)\\&=\left[0.771-\frac{8.314\times298.15}{2\times96500}\ln\left(\frac{0.001}{0.1}\right)^2\right]-\left(-0.7628-\frac{8.314\times298.15}{2\times96500}\ln\frac{1}{0.01}\right)\\&=1.71（V）\end{aligned}$$

也可直接代入电池反应的能斯特方程计算：

$$\begin{aligned}E&=E^{\ominus}-\frac{RT}{zF}\ln\frac{a_{Zn^{2+}}a^2_{Fe^{2+}}}{a_{Zn}a^2_{Fe^{3+}}}\\&=[0.771-（-0.7628）]-\frac{8.314\times298.15}{2\times96500}\ln\frac{0.01\times(0.001)^2}{(0.1)^2}\\&=1.71（V）\end{aligned}$$

第八节　可逆电池热力学

将化学反应设计成电池后，通过电池电动势的测定，不仅可以由式（6-31）求得反应的吉布斯能变化，还可以根据热力学中的一些基本公式，精确地求得相应化学反应的其他热力学函数的变化。

一、电动势 E 及其温度系数计算电池反应的 $\Delta_r S_m$ 和 $\Delta_r H_m$

根据热力学中的吉布斯-亥姆霍兹公式：

$$\left[\frac{\partial(\Delta_r G_m)}{\partial T}\right]_p = -\Delta_r S_m$$

将式（6-31）代入上式，得

$$\Delta_r S_m = zF\left(\frac{\partial E}{\partial T}\right)_p \tag{6-40}$$

式中，$\left(\frac{\partial E}{\partial T}\right)_p$ 称为电池电动势的温度系数，可由实验测定。

已知等温度下，$\Delta_r G_m = \Delta_r H_m - T\Delta_r S_m$，将式（6-31）和式（6-37）代入，则有

$$\Delta_r H_m = -zEF + zFT\left(\frac{\partial E}{\partial T}\right)_p \tag{6-41}$$

电池电动势及温度系数的测量可以做得很精确，故用电化学方法所得到的热力学函数变化量比热力学方法测得的数据更准确。

二、计算电池可逆放电反应过程中的热效应

已知温度一定时，$Q_r = T\Delta_r S_m$，将式（6-40）代入，得

$$Q_r = zFT\left(\frac{\partial E}{\partial T}\right)_p \tag{6-42}$$

Q_r 即为电池可逆放电时反应的热效应，由电池电动势温度系数的正负号，可确定电池恒温可逆放电时是吸热还是放热，即

$\left(\frac{\partial E}{\partial T}\right)_p > 0$，则 $Q_r > 0$，电池工作时从环境吸热。

$\left(\frac{\partial E}{\partial T}\right)_p < 0$，则 $Q_r < 0$，电池工作时向环境放热。

$\left(\frac{\partial E}{\partial T}\right)_p = 0$，则 $Q_r = 0$，电池工作时不吸热也不放热。

必须指出的是，在电池中化学反应做了非体积功（电功），压力一定下电池可逆放电时的热效应不等于体系的 $\Delta_r H_m$. 两者间的关系可由式（6-41）和式（6-42）得出，即

$$\Delta_r H_m = -zEF + Q_r \tag{6-43}$$

或

$$Q_r = \Delta_r H_m + zEF = \Delta_r H_m + W'_{max}$$

即可逆电池的反应热 Q_r 等于其化学反应的焓变和电池所做的最大电功之和。

案例 6-13

298.15K 时，电池 Pt（s）| H_2（$p^\ominus$） | H_2SO_4（0.01mol·kg^{-1}）| O_2（$p^\ominus$）|Pt（s）的电动势 $E = 1.228$V，$\left(\frac{\partial E}{\partial T}\right)_p = -8.49\times10^{-4}$ V· K^{-1}。

问题：

（1）写出该电池的电池反应。

（2）求算该温度下电池反应的 $\Delta_r G_m$、$\Delta_r H_m$、$T\Delta_r S_m$ 及可逆放电时的热效应 Q_r。

案例 6-13 案例分析：

负极 $H_2(p^\ominus) \longrightarrow 2H^+(a_{H^+}) + 2e^-$

正极 $\frac{1}{2}O_2(p^\ominus) + 2H^+(a_{H^+}) + 2e^- \longrightarrow H_2O(l)$

电池反应 $H_2(P^\ominus) + \frac{1}{2}O_2(P^\ominus) \longrightarrow H_2O(l)$

$$\Delta_r G_m = -zEF$$
$$= -2\times 96500\times 1.228 = -237.0\ (\mathrm{kJ\cdot mol^{-1}})$$

$$\Delta_r S_m = zF\left(\frac{\partial E}{\partial T}\right)_p$$
$$= -2\times 96500\times(-8.49\times 10^{-4}) = -163.9\ \mathrm{J\cdot(K^{-1}\cdot mol^{-1})}$$

$$\Delta_r H_m = \Delta_r G_m + T\Delta_r S_m$$
$$= -237.0 + 298.15\times(-163.9)\times 10^{-3} = -285.8\ (\mathrm{kJ\cdot mol^{-1}})$$

$$Q_r = T\Delta_r S_m = 298.15\times(-163.9) = -48.8\ (\mathrm{kJ\cdot mol^{-1}})$$

第九节 浓差电池

前面所讨论的电池中，物质变化涉及的是化学反应，这类电池称为化学电池（chemical cell）。但也有一类电池，物质变化的净作用仅是由高浓度向低浓度的扩散，这类电池则称为浓差电池（concentration cell）。浓差电池又分为两类：单液浓差电池和双液浓差电池。

一、单液浓差电池

单液浓差电池又称电极浓差电池，它是由材料相同而活度不同的两个电极插入相同电解质溶液中构成的。例如电池：

$$\mathrm{Pt(s)|H_2}(p_1)\mathrm{|HCl}(m)\mathrm{|H_2}(p_2)\mathrm{|Pt(s)}$$

电极反应为

负极 $H_2(p_1) \longrightarrow H^+(m) + 2e^-$

正极 $2H^+(m) + 2e^- \longrightarrow H_2(p_2)$

总变化为 $H_2(p_1) \longrightarrow H_2(p_2)$

电池电动势为

$$E = -\frac{RT}{2F}\ln\frac{p_2/p^\ominus}{p_1/p^\ominus} = \frac{RT}{2F}\ln\frac{p_1}{p_2}$$

在温度一定时，这类电池的电动势只与两电极上物质的活度有关。当 $p_1>p_2$ 时，上述电池的电动势为正值，即气体由高压向低压的扩散为自发过程。

二、双液浓差电池

双液浓差电池又称溶液浓差电池，它是由相同的两电极插入两个电解质相同而活度不同的溶液中构成的。例如电池：

$$\mathrm{Ag(s)|AgNO_3}(a_1)\mathrm{||AgNO_3}(a_2)\mathrm{|Ag(s)}$$

电极反应为

负极 $Ag(s) \longrightarrow Ag^+(a_1) + e^-$

正极 $Ag^+(a_2) + e^- \longrightarrow Ag(s)$

总变化为 $Ag^+(a_2) \longrightarrow Ag^+(a_1)$

电池电动势为

$$E=-\frac{RT}{F}\ln\frac{a_1}{a_2}=\frac{RT}{F}\ln\frac{a_2}{a_1}$$

同样，这类电池的电动势在温度一定时也仅与两电极溶液的活度有关。当 $a_2>a_1$ 时，上述电池的电动势也为正值，即物质由高浓度向低浓度的迁移为自发过程。

三、双联浓差电池

双液浓差电池存在液接电位，所以在两个溶液中间插入了盐桥。但是，盐桥只能降低液接电位。若要完全消除液接电位，可用两个相同的电池串接在一起，构成双联浓差电池。例如，有下列双联浓差电池，电池表示式为

$Pt(s)|H_2(p^\ominus)|HCl(a_1)|AgCl(s)|Ag(s) \longrightarrow Ag(s)|AgCl(s)|HCl(a_2)|H_2(p^\ominus)|Pt(s)$

左电池反应为

$$\frac{1}{2}H_2(p^\ominus)+AgCl(s)\longrightarrow Ag(s)+HCl(a_1)$$

$$E_{左}=(\varphi^\ominus_{AgCl/Ag}-\varphi^\ominus_{H^+/H_2})-\frac{RT}{F}\ln a_1$$

右电池反应为

$$Ag(s)+HCl(a_2)\longrightarrow H_2(P^\ominus)+AgCl(s)$$

$$E_{右}=(\varphi^\ominus_{H^+/H_2}-\varphi^\ominus_{AgCl/Ag})-\frac{RT}{F}\ln a_2$$

整个双联电池的反应为

$$HCl(a_2)\longrightarrow HCl(a_1)$$

所以，其实质就是一个浓差电池，总电池电动势为

$$E_{总}=E_{左}-E_{右}=\frac{RT}{F}\ln\frac{a_2}{a_1}$$

四、膜 电 位

膜电位（membrane potential）是在同一电解质、不同浓度的两溶液间放入一层膜，由于膜的界面上发生离子或电子的交换、吸附、扩散、选择性渗透或萃取等作用，形成双电层而引起的。膜电位就是膜的两个界面上的电位差。例如，下面的简单体系为

$$M^+A^-(a_2)|膜|M^+A^-(a_1)$$

如果所用的膜对阳离子有响应，只允许阳离子 M^+通过，而阴离子 A^-不能通过。当扩散达平衡后，M^+在膜两侧的电化学势相等，即

$$\tilde{\mu}_{M^+,1}=\tilde{\mu}_{M^+,2} \tag{6-44}$$

在电化学中，带电物质的化学势定义为其化学势（μ_i）与电功（$zF\varphi_i$）之和，故有

$$\tilde{\mu}_{M^+,1}=\mu_{M^+,1}+zF\varphi_1 \tag{6-45}$$

$$\tilde{\mu}_{M^+,2}=\mu_{M^+,2}+zF\varphi_2 \tag{6-46}$$

而溶液中离子的化学势为

$$\mu_{M^+}=\mu^\ominus_{M^+}+RT\ln a_{M^+} \tag{6-47}$$

将式（6-45）～式（6-47）代入式（6-44），得

$$\varphi_{膜} = \varphi_1 - \varphi_2 = \frac{RT}{zF}\ln\frac{a_{M^+,1}}{a_{M^+,2}} \tag{6-48}$$

若 $a_{M^+,1} > a_{M^+,2}$，则 $\varphi_1 > \varphi_2$，表明阳离子移向 1 相。生物体的细胞膜两侧就有膜电位（见本章第十二节）。如果 2 相为内充溶液，且离子活度（$a_{i,2}$）固定，则

$$\varphi_{膜} = \varphi^{\ominus} + \frac{RT}{zF}\ln a_{i,1} \tag{6-49}$$

式中，$\varphi^{\ominus}$ 为常数，即膜电位与膜外待测溶液中响应离子的活度的对数呈线性关系，这就是离子选择性膜电极测定某组分活度的依据。

第十节 电极电位和电动势的应用

电池电动势和电极电位的应用极其广泛，不仅可以由电池电动势计算化学反应的热力学函数的变化，还可解决许多化学中的实际问题，下面择要进行讨论。

一、判断化学反应的方向

由于电池电动势 E 和化学反应的 $\Delta_r G_m$ 之间存在关系 $\Delta_r G_m = -zEF$，因此，可以根据电池电动势的正负号，判断电池反应的方向。按化学反应方向设计电池，若电池的电动势 $E > 0$，则 $\Delta_r G_m < 0$，表明正方向上的化学反应能自发进行；若电池的电动势 $E < 0$，则 $\Delta_r G_m > 0$，表明逆方向上的化学反应为自发反应。

由于电池电动势为正、负电极的电极电位之差，因此也可根据有关电极电位数值大小判断反应进行的方向。

案例 6-14

现有两电对 Sn（s）| $SnCl_2$（a =1）和 Pb（s）| $PbCl_2$（a =1）组成电池。

问题：

（1）298.15K 时，判断金属铅能否置换出溶液中的锡。

（2）若将 $SnCl_2$ 和 $PbCl_2$ 的活度分别调整为 0.1 和 0.01，结果又如何？

案例分析：

（1）查表得：$\varphi^{\ominus}_{Pb^{2+}/Pb} = -0.126V$，$\varphi^{\ominus}_{Sn^{2+}/Sn} = -0.136V$。根据电对的标准电极电位判断，标准态下发生的氧化还原反应为

$$Pb^{2+}(a=1) + Sn(s) \longrightarrow Pb(s) + Sn^{2+}$$

负极 $Sn(s) \longrightarrow Sn^{2+}(a=1) + 2e^-$

正极 $Pb^{2+}(a=1) + 2e^- \longrightarrow Pb(s)$

设计电池为 Sn（s）| Sn^{2+}（a=1）|| Pb^{2+}（a=1）| Pb（s）

电池的标准电动势为

$$E^{\ominus} = \varphi^{\ominus}_{+} - \varphi^{\ominus}_{-} = -0.126 - (-0.136) = 0.01\ (V)$$

由于 $E > 0$，所设定电池的反应为自发反应，即铅不能从溶液中置换出锡。

（2）当 $SnCl_2$ 和 $PbCl_2$ 的活度分别调整为 0.1 和 0.01 时，两电对的电极电位各为

$$\varphi_{Pb^{2+}/Pb} = \varphi^{\ominus}_{Pb^{2+}-Pb} + \frac{PT}{zF}\ln\frac{a_{Pb^{2+}}}{a_{Pb}}$$

$$= -0.126 + \frac{8.314 \times 298.15}{2 \times 96500}\ln\frac{0.01}{1}$$

$$= -0.185\ (V)$$

$$\varphi_{Sn^{2+}/Sn}=\varphi^{\ominus}_{Sn^{2+}/Sn}+\frac{RT}{zF}\ln\frac{a_{Sn^{2+}}}{a_{Sn}}$$

$$=-0.136+\frac{8.314\times298.15}{2\times96500}\ln\frac{0.1}{1}$$

$$=-0.166V$$

比较两个电极电位，$\varphi_{Pb^{2+}/Pb}<\varphi_{Sn^{2+}/Sn}$，即正极电极电位小于负极电极电位，电池电动势小于零，因此标准态下设定的电池反应不能自发进行。新的条件下设计的电池为

$$Pb（s）|Pb^{2+}（a=0.01）||Sn^{2+}（a=0.1）|Sn（s）$$

电池反应为

$$Pb（s）+Sn^{2+}（a=0.1）\longrightarrow Pb^{2+}（a=0.01）+Sn（s）$$

即铅可以置换出溶液中的锡。

二、求化学反应的平衡常数

已知$\Delta_rG^{\ominus}_m=-zE^{\ominus}F$，而$\Delta_rG^{\ominus}_m$ 与反应标准平衡常数之间的关系为

$$\Delta_rG^{\ominus}_m=-RT\ln K^{\ominus}$$

因此，标准电池电动势$E^{\ominus}$与反应的标准平衡常数$K^{\ominus}$之间有

$$E^{\ominus}=\frac{RT}{zF}\ln K^{\ominus} \tag{6-50}$$

由实验测得各反应物均处于标准态时的电池电动势，或查出标准电极电位数值，就可计算化学反应的平衡常数。

案例 6-15

298K 时，电池反应 $Ce^{4+}+2Fe^{2+}\longrightarrow 2Fe^{3+}+Ce^{3+}$。

问题：

计算该反应的$\Delta_rG^{\ominus}_m$和$K^{\ominus}_a$。

案例分析：

按反应设计的电池为

$$Pb（s）| Fe^{2+}（a=1），Fe^{3+}（a=1）||Ce^{4+}（a=1），Ce^{2+}（a=1）| Pb（s）$$

查表得 298.15K 时，$\varphi^{\ominus}_{Fe^{3+}/Fe^{2+}}=0.771V$，$\varphi^{\ominus}_{Ge^{4+}/Ge^{2+}}=1.61V$，故

$$E^{\ominus}=\varphi^{\ominus}_{Ge^{4+}/Ge^{2+}}-\varphi^{\ominus}_{Fe^{3+}/Fe^{2+}}=1.61-0.771=0.839（V）$$

由式（6-50）可得

$$\ln K^{\ominus}_a=\frac{zE^{\ominus}F}{RT}=\frac{1\times96500\times0.839}{8.314\times298.15}$$

$$K^{\ominus}_a=1.56\times10^{14}$$

$$\Delta_rG^{\ominus}_m=-zE^{\ominus}F=-1\times96500\times0.839=-80964（J）$$

三、求难溶盐的活度积

难溶盐的活度积在科学实验和化工生产上都具有重要的指导价值。难溶盐的溶解过程也可以通过设计电池来实现，并利用两电极的标准电极电位$\varphi^{\ominus}$计算$E^{\ominus}$，进而可求得K_{sp}。这是除电导法之外，测定难溶盐活度积的又一种常用方法。

案例 6-16

用 $\varphi^{\ominus}$数据计算难溶盐 AgCl 在 298.15K 时的活度积 K_{sp}。

问题：

用不同的方法计算 AgCl 的活度积 K_{sp}。

案例分析：

方法一：根据 AgCl 溶解过程 $AgCl(s) \longrightarrow Ag^{+} + Cl^{-}$，设计电池为

$$Ag(s)|AgNO_3(a_1)||KCl(a_2)|AgCl(s)|Ag(s)$$

负极　　$Ag(s) \longrightarrow Ag^{+}(a_1) + e^{-}$

正极　　$AgCl(s) + e^{-} \longrightarrow Cl^{-}(a_2) + Ag(s)$

电池反应　　$AgCl(s) \longrightarrow Ag^{+} + Cl^{-}$

查表得 298.15K 时，$\varphi^{\ominus}_{AgCl/Ag} = 0.2224V$，$\varphi^{\ominus}_{Ag^{+}/Ag} = 0.7991V$，则

$$E^{\ominus} = \varphi^{\ominus}_{AgCl/Ag} - \varphi^{\ominus}_{Ag^{+}/Ag} = 0.2224 - 0.7991 = -0.5767(V)$$

利用式（6-50）可算得 AgCl 的活度积为

$$\ln K_{sp} = \frac{zE^{\ominus}F}{RT} = \frac{1\times 96500\times(-0.5767)}{8.314\times 298.15}$$

$$K_{sp} = 1.76\times 10-10$$

方法二：本例中电池的正极也可以看作是 Ag(s)与 Ag^{+}构成的第一类电极，电极反应可设想为

$$AgCl(s) \longrightarrow Ag^{+} + Cl^{-} \quad (1)$$

$$Ag^{+}(a_1) + e^{-} \longrightarrow Ag(s) \quad (2)$$

总电极反应仍为

$$AgCl(s) + e^{-} \longrightarrow Ag^{+} + Cl^{-} \quad (3)$$

以上 3 个反应的吉布斯能变化之间的关系为

$$\Delta_r G^{\ominus}_{m,1} + \Delta_r G^{\ominus}_{m,2} = \Delta_r G^{\ominus}_{m,3}$$

因此

$$-RT\ln K_{sp} + (-F\varphi^{\ominus}_{Ag^{+}/Ag}) = -F\varphi^{\ominus}_{AgCl/Ag}$$

将相关数据代入上式，同样可算得 AgCl 难溶盐的活度积为 $K_{sp} = 1.76\times 10^{-10}$。

另外，上式经变换后可表示为

$$\varphi^{\ominus}_{AgCl/Ag} = \varphi^{\ominus}_{Ag^{+}/Ag} + \frac{RT}{F}\ln K^{\ominus}_{sp}$$

即金属电极的标准电极电位与其相应的难溶盐电极的标准电极电位之间可通过难溶盐的活度积相互换算。

四、测定溶液的 pH

用电动势法测定溶液的 pH 时，通常选用对氢离子可逆的电极和另一个电极电位已知的参比电极组成电池。最常用的参比电极是甘汞电极，其电极电位与 Cl^{-}的活度有关，见表 6-5。H^{+}指示电极则有氢电极、醌-氢醌电极和玻璃电极。由于氢电极的使用条件十分严格，又极易中毒，因此实际测定时，常用醌-氢醌电极和玻璃电极。而醌-氢醌电极在使用时有一定的 pH 范围限制，故目前使用最普遍的是玻璃电极。

表 6-5 不同浓度甘汞电极的电极电位

KCl 浓度	φ298.15K/V	φ_T/V
0.1 $mol\cdot L^{-1}$	0.3337	$0.3337-7\times10^{-5}$ ($T-298.15$)
1 $mol\cdot L^{-1}$	0.2801	$0.2801-2.4\times10^{-4}$ ($T-298.15$)
饱和	0.2412	$0.22412-7.6\times10^{-4}$ ($T-298.15$)

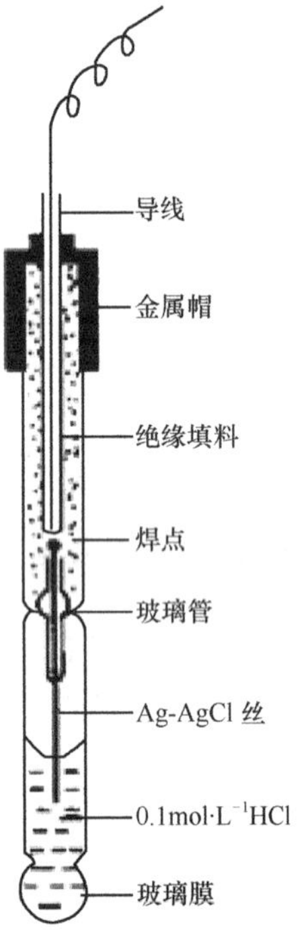

图 6–14 玻璃电极

玻璃电极的主要构成部分（图 6-14）是一个球形的玻璃膜泡，膜的组成一般是 72% SiO_2、22% Na_2O 和 6% CaO，膜泡内装入一定 pH 的缓冲溶液，并插入一根 Ag-AgCl 电极。玻璃电极不受溶液中氧化剂和还原剂的作用，适用于较大的 pH 范围（一般 pH=1～9）。若改变玻璃膜的组成，使用范围可扩大至 pH=1～14，根据膜电位的讨论可知，将玻璃泡浸入待测溶液中，构成的玻璃膜电极的电极电位为

$$\varphi_{膜}=\varphi^{\ominus}+\frac{RT}{zF}\ln a_{i,2}$$

$$\varphi_{玻}=\varphi^{\ominus}_{玻}+\frac{RT}{F}\ln(a_{H^+})_x=\varphi^{\ominus}_{玻}+\quad\frac{2.303RT}{F}\text{pH}$$

式中，$\varphi^{\ominus}_{玻}$ 为玻璃电极的标准电极电位。对于不同的玻璃电极，其膜的组成及制备方法不同，$\varphi^{\ominus}_{玻}$ 也不相同。

将玻璃电极与一甘汞电极组成电池，由电池电动势可求得溶液的 pH 。例如，Ag（s）|AgCl（s）|KCl（0.1$mol\cdot kg^{-1}$）|玻璃膜|待测溶液（ a_{H^+} ）||摩尔甘汞电极 298.15K 时，电池电动势为

$$E=\varphi_{甘汞}-\varphi_{玻璃}=0.2801-(\varphi^{\ominus}_{玻}-0.05916\text{pH})$$

整理后，可得

$$\text{pH}=\frac{E-0.2801+\varphi^{\ominus}_{玻璃}}{0.05916}\qquad(6\text{-}51)$$

实际测量时，通常先用已知 pH 的标准缓冲溶液对玻璃电极标定出 $\varphi^{\ominus}_{玻}$，然后再测定未知溶液的 pH。表 6-6 列出了 IUPAC 规定的五种标准缓冲溶液以及它们在 298.15K 时的 pH。

表 6-6 IUPAC 规定的五种标准缓冲溶液的 pH（298K）

标准缓冲溶液	pH
饱和酒石酸氢钾	3.557
0.05 $mol\cdot kg^{-1}$ 邻苯二甲酸氢钾	4.008
0.025$mol\cdot kg^{-1}$ KH_2PO_4+0.025 $mol\cdot kg^{-1}$ Na_2HPO_4	6.865
0.008695 $mol\cdot kg^{-1}$ KH_2PO_4+0.03043 $mol\cdot kg^{-1}$ Na_2HPO_4	7.413
0.01 $mol\cdot kg^{-1}$ 硼砂	9.180

设 pH_s 和 pH_x 分别为标准缓冲溶液和待测溶液的 pH，则由式（6-51）可知用玻璃电极测定溶液 pH 的计算公式为

$$\text{pH}_x=p\text{H}_s+\frac{(E_x-E_s)F}{2.303RT}\qquad(6\text{-}52)$$

五、测定电池的标准电动势 $E^{\ominus}$ 及离子平均活度系数 $\gamma_{\pm}$

以下列电池为例：

$$\mathrm{Pt|H_2\,(}p^{\ominus}\mathrm{)\,|HCl\,(}m\mathrm{)\,|AgCl\,(s)\,|Ag\,(s)}$$

电池反应为

$$\frac{1}{2}\mathrm{H_2}(P^{\ominus}) + \mathrm{AgCl(s)} \longrightarrow \mathrm{Ag(s)} + \mathrm{H^+}(m) + \mathrm{Cl^-}(m)$$

电池电动势为

$$E = E^{\ominus} - \frac{RT}{F}\ln\frac{a_{\mathrm{H^+}}a_{\mathrm{Cl^-}}a_{\mathrm{Ag}}}{(p_{\mathrm{H_2}}/p^{\ominus})^{1/2}a_{\mathrm{AgCl}}} = E^{\ominus} - \frac{RT}{F}\ln a_{\mathrm{H^+}}a_{\mathrm{Cl^-}}$$

又

$$a_{\mathrm{H^+}}a_{\mathrm{Cl^-}} = a_{\pm}^2 = \gamma_{\pm}^2\left(\frac{m}{m^{\ominus}}\right)^2$$

代入上面的电动势计算公式中，得

$$E = E^{\ominus} - \frac{2RT}{F}\ln\left(\frac{m}{m^{\ominus}}\right) - \frac{2RT}{F}\ln\gamma_{\pm} \tag{6-53}$$

若能测得不同浓度 HCl 溶液的电池电动势，并由标准电池电动势，就可算得相应浓度下 HCl 溶液的离子平均活度系数 $\gamma_{\pm}$。反之，若离子平均活度系数可由德拜-休克尔极限公式计算得到，则可求得 $E^{\ominus}$ 。

对 1-1 型电解质，在稀溶液范围内，德拜-休克尔极限公式可表示为

$$\ln\gamma_{\pm} = -A'|z_+z_-|\sqrt{I} = -A'\sqrt{m}$$

将上式代入式（6-53），经整理后可得

$$E + \frac{2RT}{F}\ln\left(\frac{m}{m^{\ominus}}\right) = E^{\ominus} - \frac{2RTA'}{F}\sqrt{m} \tag{6-54}$$

即 $E + \frac{2RT}{F}\ln\left(\frac{m}{m^{\ominus}}\right)$ 与 $\sqrt{m}$ 在稀溶液范围内呈直线关系（图 6-15），将直线外推至 $m\rightarrow 0$，由截距可以得到 $E^{\ominus}$值。

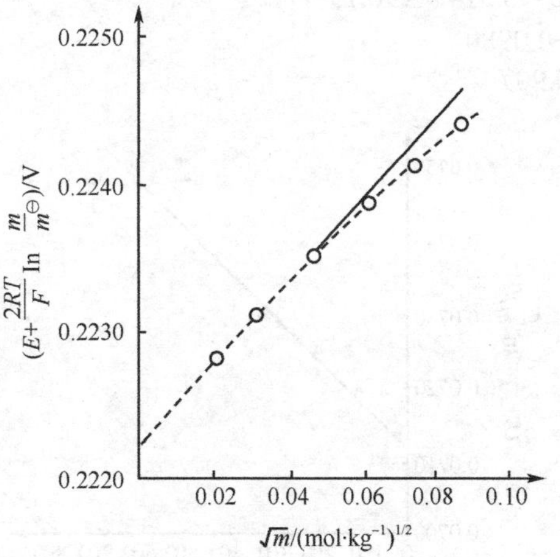

图 6-15　外推法求 $E^{\ominus}$示意图

案例 6-17

298.15K 时，电池为 Pt（s）| H_2（100kPa）| HBr（m）| AgBr（s）| Ag（s），当 HBr 溶液取不同浓度时，该电池电动势有如下数据，即

$m\times10^4$/（mol·kg^{-1}）	1.262	4.172	10.994	37.19
E/V	0.3530	0.4722	0.4228	0.3617

问题：

（1）求该电池的标准电动势 $E^{\ominus}$。

（2）当 HBr 的浓度为 $0.010\text{mol}\cdot\text{kg}^{-1}$ 时，E=0.3126V，求此浓度下 HBr 的 $\gamma_{\pm}$。

案例分析：

该电池的电池反应为

$$\frac{1}{2}H_2(100\text{kPa})+\text{AgBr(s)}\longrightarrow \text{Ag(s)}+H^+(a_+)+Br^-(a_-)$$

根据式 $E=E^{\ominus}-\frac{2RT}{F}\ln(\frac{m}{m^{\ominus}})-\frac{2RT}{F}\ln\gamma_{\pm}$，由题中所给数据分别算出 $E+\frac{2RT}{F}\ln(\frac{m}{m^{\ominus}})$ 和 $\sqrt{m}$ 数值，分别为

$\sqrt{m}\times10^2/(\text{mol}\cdot\text{kg}^{-1})^{1/2}$	1.103	2.043	3.316	6.098
$E+\frac{2RT}{F}\ln(\frac{m}{m^{\ominus}})$/V	0.0720	0.0726	0.0730	0.0744

以 $E-\frac{2RT}{F}\ln(\frac{m}{m^{\ominus}})$ 为纵坐标，$\sqrt{m}$ 为横坐标作图（图 6-16），外推到 $\sqrt{m}\rightarrow0$，则其截距为 $E^{\ominus}$ 值。

由图 6-16 可见：$E^{\ominus}$=0.0711V。再将 m=0.010mol·kg^{-1}，E=0.3126V 代入式（6-52），可以

算得 HBr 的 $\gamma_{\pm}$，即

$$\ln\gamma_{\pm}=\frac{F}{2RT}\left[E^{\ominus}-(E+\frac{2RT}{F}\ln\frac{m}{m^{\ominus}})\right]$$

$$=\frac{96500}{2\times8.314\times298.15}\times\left[0.0711-\left(0.3126+\frac{2\times8.314\times298.15}{96500}\ln\frac{0.01}{1}\right)\right]$$

$$=-0.0980$$

即 $\gamma_{\pm}=0.907$

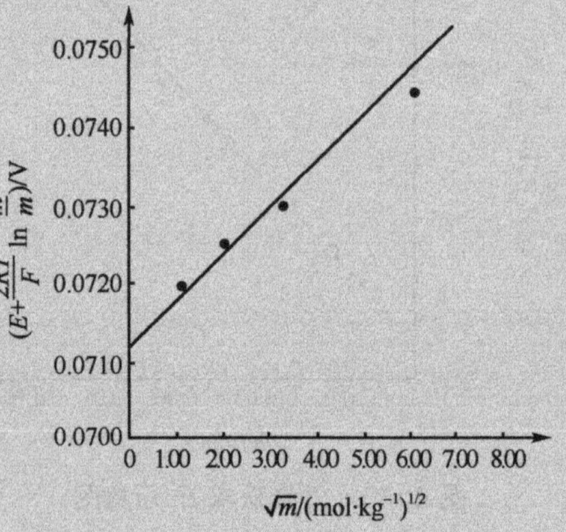

图 6-16 案例 6-17 附图

第十一节 电极的极化和超电位

可逆电池中，电极反应都是在平衡或接近平衡的条件下进行，可用热力学方法处理。但在实际工作中，要使电化学过程以一定的速度进行，无论是原电池还是电解池系统中，总是会有一定

的电流流过。因此，电极上将发生极化作用，导致电极过程偏离热力学平衡态。这一节主要讨论电极的极化作用及一些规律。

一、分 解 电 压

当直流电通过电解质溶液，阳离子向阴极迁移，阴离子向阳极迁移，并分别在电极上发生氧化还原反应，这就是电解（electrolysis）过程。电解过程中使两电极上连续不断发生氧化还原反应所需的最小外加电压，称为分解电压（decomposition voltage）。分解电压可以由实验侧得。下面，以水的电解为例说明。

如图 6-17 所示，在硫酸水溶液中插入两根铂电极，并连接电路。随着外加电压的改变，流经电解池的电流也随之变化，记录电压和电流值，可作出如图 6-18 所示的电流-电压曲线。当外加电压很小时，电解池中几乎没有电流通过。随着外加电压的增大，电流略有增加，但电极上观察不到电解的发生。当电压增大到某一临界值后，电流呈急剧上升趋势，同时两电极上有连续气泡逸出。这一临界电压就是分解电压，用 $E_{分解}$表示。图 6-18 中的直线 *MD* 反向延伸至电流为零处（*Q* 点）所对应的电压就是 $E_{分解}$。

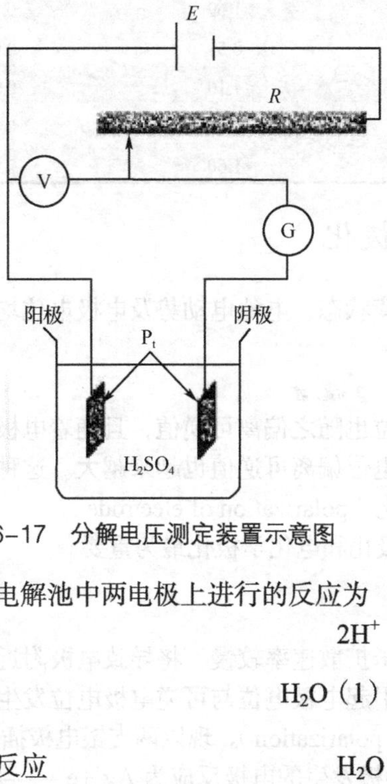

图 6-17　分解电压测定装置示意图

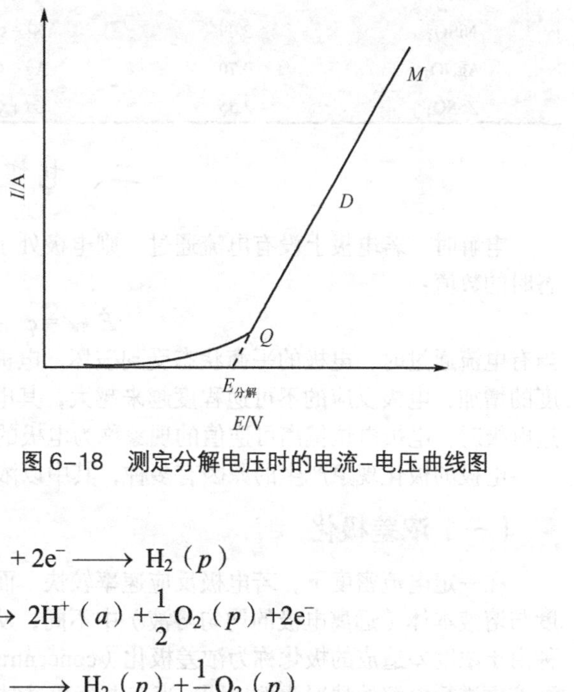

图 6-18　测定分解电压时的电流-电压曲线图

上述电解池中两电极上进行的反应为

阴极　　$2H^+(a) + 2e^- \longrightarrow H_2(p)$

阳极　　$H_2O(l) \longrightarrow 2H^+(a) + \frac{1}{2}O_2(p) + 2e^-$

电解反应　　$H_2O(l) \longrightarrow H_2(p) + \frac{1}{2}O_2(p)$

由于阴极和阳极产生的氢气和氧气吸附在电极表面，与溶液中相应的离子一起分别构成了氢电极和氧电极，组成电池为

$$Pt(s)|H_2(p)|H_2SO_4(m)|O_2(p)|Pt(s)$$

此电池将产生一个与外加电压相抗衡的反电动势，即原电池的可逆电动势 $E_{可逆}$。在 298.15K 时，该电池的电动势为 1.23V。显然，外加电压只要稍大于此电动势值就能使电解顺利进行，故该电动势值又称理论分解电压。但是，实际电解时，由于电极的极化，所测得的分解电压 $E_{分解}$要比 $E_{可逆}$大很多，如上述电解池的实际分解电压约为 1.7V。

表 6-7 给出了一些电解质的 $E_{分解}$、$E_{可逆}$及它们之间的偏差情况。由表中数据可知，分解电压

的大小与电极反应的产物有关。表中所列的一些酸、碱在光亮铂电极上的分解电压与电解质性质无关，均在 1.7V 左右，这是因为这些物质的电解产物均为 H_2 和 O_2。

表 6-7 几种浓度为 $\frac{1}{z}$ mol·L^{-1} 电解质溶液的分解电压（光亮 Pt 电极）

电解质溶液	实际分解电压/V	电解产物	理论分解电压/V	
HNO_3	1.69	H_2+O_2	1.23	0.46
H_2SO_4	1.67	H_2+O_2	1.23	0.44
H_3PO_4	1.70	H_2+O_2	1.23	0.47
NaOH	1.69	H_2+O_2	1.23	0.46
KOH	1.67	H_2+O_2	1.23	0.44
$NH_3·H_2O$	1.74	H_2+O_2	1.23	0.51
HCl	1.31	H_2+Cl_2	1.37	0.06
$CdSO_4$	2.03	$Cd+O_2$	1.26	0.77
$Cd(NO_3)_2$	1.98	$Cd+O_2$	1.25	0.73
$CoCl_2$	1.78	$Co+Cl_2$	1.69	0.09
$CuSO_4$	1.49	$Cu+O_2$	0.51	0.98
$NiSO_4$	2.09	$Ni+O_2$	1.10	0.99
$AgNO_3$	0.70	$Ag+O_2$	0.04	0.66
$ZnSO_4$	2.55	$Zn+O_2$	1.60	0.95

二、电极的极化

电解时，若电极上没有电流通过，则电极处于平衡状态，电池电动势及电极电位均为可逆状态时的数值：

$$E_{可逆}=\varphi_{可逆,阳}-\varphi_{可逆,阴}$$

当有电流通过时，电极的平衡状态受到破坏，电极电位也随之偏离可逆值，且随着电极上电流密度的增加，电极反应的不可逆程度越来越大，其电极电位偏离可逆值也越来越大。这种有电流通过电极时，电极电位偏离可逆值的现象称为电极的极化（polarization of electrode）。

电极的极化现象产生的原因有多种，其中以浓差极化和电化学极化最为重要。

（一）浓差极化

在一定电流密度下，若电极反应速率较快，而离子扩散速率较慢，将导致电极附近溶液的浓度与溶液本体（远离电极的均匀溶液）中不同，从而引起电极电位与可逆电极电位发生偏离。这种由于浓度差造成的极化称为浓差极化（concentration polarization）。现以两支银电极插入 $AgNO_3$ 溶液中进行电解的情况为例说明。当有电流通过时，阴极发生的电极反应为 $Ag^++e^-\longrightarrow Ag$。由于电极附近溶液中的 Ag^+ 很快沉积到电极上，而本体溶液中的 Ag^+来不及扩散到电极附近加以补充，造成阴极附近的溶液中 Ag^+的浓度 m'_{Ag^+} 小于本体溶液中 Ag^+ 的浓度 m_{Ag^+}，其结果如同将银电极插入一浓度较小的溶液中一样。若把浓度近似看成活度，则可以写出电极在有电流及没有电流通过时的电极电位计算式：

$$\varphi_{可逆,阴}=\varphi^{\ominus}_{Ag^+/Ag}-\frac{RT}{F}\ln\frac{1}{m_{Ag^+}}$$

$$\varphi_{不可逆,阴}=\varphi^{\ominus}_{Ag^+/Ag}-\frac{RT}{F}\ln\frac{1}{m'_{Ag^+}}$$

因为 $m'_{Ag^+}<m_{Ag^+}$，所以 $\varphi_{不可逆,阴}<\varphi_{可逆,阴}$。同理可得，阳极极化的结果将使 $\varphi_{不可逆,阳}<\varphi_{可逆,阳}$。即浓差极化的结果，使得阴极的电极电位比可逆值低，阳极的电极电位比可逆值高。

浓差极化是由于离子扩散速率跟不上电极反应速率而产生的，因此可通过提高离子扩散速率的方式减低浓差极化，如搅拌溶液或升高温度。

（二）电化学极化

通常电极反应是由多个连续步骤完成的，整个电极反应的速率取决于最慢的一步，而这一步的进行往往需要比较高的活化能。因此，在电解时，为了使电极上的反应能顺利进行，就必须通过增加外加电压的途径给予反应体系一定的能量。这样，使得阴极电位较其可逆的电极电位更低一些，阳极电位较其可逆的电极电位更高一些。这种由于电极反应动力学的原因而形成的电极电位与可逆电极电位间的偏差现象，称为电化学极化（electrochemical polarization）。

三、超　电　位

由于电极的极化，实际电解时，要使正离子在阴极得到电子析出产物，外加的阴极电位必须比可逆电极电位更负一些；要使负离子在阳极失去电子析出相应产物，则外加的阳极电位必须比可逆电极电位更正一些。电极极化的程度可以用超电位（overpotential）或过电位来度量，其符号为 η。为了保证超电位是一正值，阴极和阳极的超电位分别定义为

$$\eta_{阴}=\varphi_{可逆,阴}-\varphi_{不可逆,阴} \tag{6-55}$$

$$\eta_{阳}=\varphi_{不可逆,阳}-\varphi_{可逆,阳} \tag{6-56}$$

由浓差极化和电化学极化形成的超电位分别称为浓差超电位（concentration overpotential）和电化学超电位（electrochemical overpotential）。

实际电解时，在电流密度不是很大的情况下，分解电压应为

$$\begin{aligned}E_{分解}&=\varphi_{不可逆,阳}-\varphi_{不可逆,阴}\\&=\varphi_{可逆,阳}+\eta_{阳}-\varphi_{可逆,阴}+\eta_{阴}\\&=\varphi_{可逆,阳}-\varphi_{可逆,阴}+\eta_{阳}+\eta_{阴}\end{aligned}$$

即超电位的存在，使得电解时施加于电池上的电压大于理论分解电压。

（一）超电位的影响因素

一般来说，金属析出的超电位较小，而气体析出的超电位较大，而且与电极材料、电流密度、电极表面的状态及电解质的性质和浓度等因素有关。下面只讨论影响气体析出超电位的两种主要因素。

1. 电极材料　实验证明，当同一气体在不同电极上逸出时，其超电位的数值相差很大。例如，H_2 在 Pt 电极上逸出时，超电位很小，但在 Hg、Pb 等电极上逸出时，超电位却相当大。其他气体也有类似现象。表 6-8 列出了当电流密度较小时，H_2 和 O_2 在不同电极上的超电位值。

表 6-8　电流密度较小时，H_2 和 O_2 在一些电极上的超电位值

电极	η_{H_2}/V	η_{O_2}/V	电极	η_{H_2}/V	η_{O_2}/V
铂黑	0.000	0.3	Ni	0.2～0.4	0.05
Pt	0.000	0.4	Cu	0.4～0.6	—
Au	0.02～0.1	0.5	Cd	0.5～0.7	0.4

续表

电极	η_{H_2}/V	η_{O_2}/V	电极	η_{H_2}/V	η_{O_2}/V
Fe	0.1～0.2	0.3	Zn	0.6～0.8	—
光亮铂	0.2～0.4	0.5	Hg	0.8～1.0	—
Ag	0.2～0.4	0.4	Pb	0.9～1.0	0.3

2. 电流密度 实验证明，对任何电极，气体的超电位均随电流密度的增加而增大。1905 年，塔费尔（Tafel）在研究氢的活化过电位时，提出了超电位与电流密度的定量关系：

$$\eta=a+b\ln(j/[j]) \tag{6-57}$$

式中，j 为电流密度；$[j]$为电流密度的单位，$A\cdot m^{-2}$；a、b 为经验常数。a 是单位电流密度时的超电位值，与电极材料、电极表面状态、溶液组成和实验温度等有关。对不同的电极材料，b 的数值则相差不大，室温下约为 0.050V。

（二）超电位的测定

超电位的数值可以由实验测得，装置见图 6-19。B 为待测电极，A 为辅助电极，C 为参比电极，R 为可变电阻，用来调节回路中的电流大小，G 为电流计。具体测定方法为：用对消法先测出待测电极的可逆电极电位，然后由小至大不断改变电流密度，再测定不同电流密度下的电极电位值。若测定时充分搅拌溶液，则超电位值将不包括浓差超电位，而仅为电化学超电位。以电流密度 j 对电极电位作图，可得电极 B 的极化曲线（图 6-20）。由图可见，电解池和原电池中阴极和阳极的极化曲线是各不相同的，下面分别讨论。

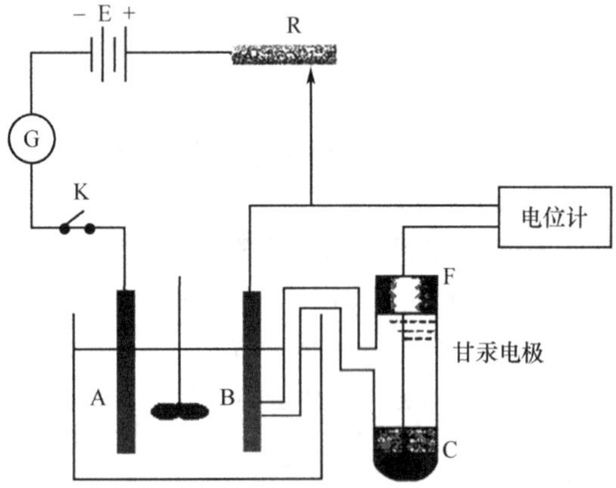

图 6-19　测定电位和极化曲线的装置图

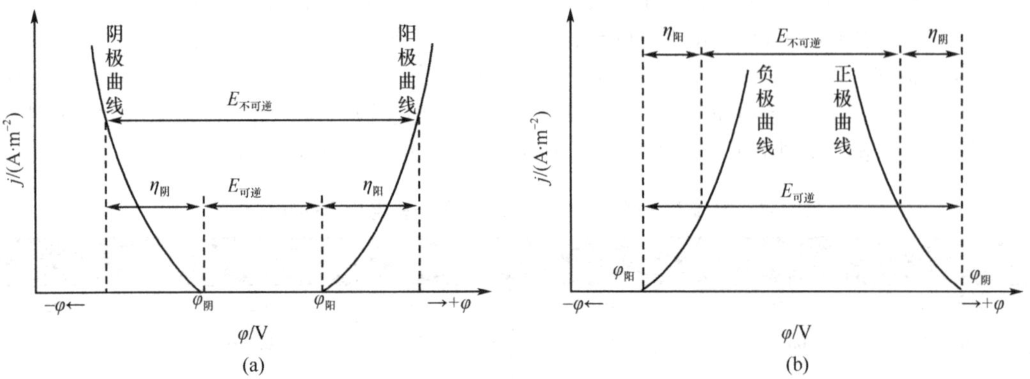

图 6-20　电流密度与电极电位关系

图 6-20（a）为电解池中两电极的极化曲线。由于电解池的阳极为正极，阴极为负极，故阳极极化曲线应位于阴极极化曲线的右方。根据两条极化曲线的变化趋势不难理解，只有当外加端电压（分解电压）$E_{分解}$大于电池的平衡电动势$E_{可逆}$，不可逆电解反应才能得以进行，而且电流密度越大，其不可逆程度也越大，消耗电能也越多。

图 6-20（b）为原电池的电极极化曲线。在原电池中，因负极为阳极，正极为阴极，故阳极极化曲线位于阴极极化曲线的左方。当原电池不可逆放电时，随着电流密度的增加，超电位也随之增大，则正、负两极的极化曲线相互靠近，使原电池两端的电位差逐渐减小。因此，对原电池而言，电流密度的增加，将增加电池的不可逆程度，所能做的电功也逐渐减小。

电极极化，从能量消耗的角度来看是不利的，因为电解时将消耗较多的电能，而作为电源时，所能做的电功也会减少。但人们也可利用电极的极化，如电化学中的极谱分析就是利用浓差极化进行分析的。利用电极极化还可以在电解时有选择地获得所希望的电解产物。例如，氢的超电位很高，可以使很多活泼的金属元素，如 Fe、Zn、Ni 等，在阴极上电解还原，进行电镀或制备金属。

案例 6-18

在 298.15K 和标准压力下，用 Pt 作电极，以一定的电流密度电解含有浓度均为 1.00mol·kg^{-1} 的 Zn^{2+}和 Fe^{2+}的中性溶液。

问题：

若 H_2在 Pt、Zn、Fe 上的超电位分别为 0.29V、0.4V 和 0.7V。设离子的活度系数均等于 1，判断 H^+、Zn^{2+}和 Fe^{2+}三种离子的析出顺序。

案例分析：

三种离子析出时相应的电极反应为 $H^+ + e^- \longrightarrow \frac{1}{2}H_2$，$Zn^{2+} + 2e^- \longrightarrow Zn$，$Fe^{2+} + 2e^- \longrightarrow Fe$。查电极电位表，$\varphi^{\ominus}_{Zn^{2+}/Zn} = -0.763\text{V}$，$\varphi^{\ominus}_{Fe^{2+}/Fe} = -0.440\text{V}$。则电解开始时三种离子的析出电位分别为

$$\begin{aligned}\varphi_{Zn^{2+}/Zn} &= \varphi^{\ominus}_{Zn^{2+}/Zn} + \frac{RT}{2F}\ln a_{Zn^{2+}} \\ &= -0.763 + \frac{8.314\times 298.15}{2\times 96500}\times \ln 1 \\ &= -0.763\ (\text{V})\end{aligned}$$

$$\begin{aligned}\varphi_{Fe^{2+}/Fe} &= \varphi^{\ominus}_{Fe^{2+}/Fe} + \frac{RT}{2F}\ln a_{Fe^{2+}} \\ &= -0.440 + \frac{8.314\times 298.15}{2\times 96500}\times \ln 1 \\ &= -0.440\ (\text{V})\end{aligned}$$

$$\begin{aligned}\varphi_{H^+/H_2} &= \varphi^{\ominus}_{H^+/H_2} + \frac{RT}{F}\ln a_{H^+} - \eta_{H_2-Pt} \\ &= 0 + \frac{2.303\times 8.314\times 298.15}{96500}\times \lg 10^{-7} - 0.29 \\ &= -0.414 - 0.29 \\ &= -0.704\ (\text{V})\end{aligned}$$

还原电位的正值越大，其氧化态越容易还原而析出，所以 Fe 先析出。

当 Fe 析出后，H_2在 Fe 上的析出电位为

$$\varphi_{H^+/H_2}=\varphi^{\ominus}_{H^+/H_2}+\frac{RT}{F}\ln a_{H^+}-\eta_{H_2-Fe}$$

$$=0+\frac{2.303\times8.314\times298.15}{96500}\times\lg10^{-7}-0.4$$

$$=-0.814\text{（V）}$$

Fe 析出后，比较此时 Zn 电极和氢电极的电极电位，可知 Zn 开始析出，而 H_2 在 Zn 的析出电位负值更大。所以，三种离子的析出顺序为 Fe^{2+}、Zn^{2+}、H^+。

第十二节　生物电化学基础

生物电化学（bioelectrochemistry）是一门处于电化学、生物化学和生理学等多学科交叉点上的边缘学科。它应用电化学的原理和实验方法研究生物体系在分子和细胞水平上的电荷和能量传输的运动规律及其对生物体系活性功能的影响。在探讨生命过程的机制和解决医学上的难题中的意义十分重要。这一节中，仅对生物体的电现象、细胞膜电位及生物传感器作一简单介绍，以使大家对生物电化学有一初步的认识。

一、生物电现象

生命过程的实质就是电子传递的过程，自然界中的一切生物体，无论是处于静止状态还是活动状态都存在电现象，即生物电现象（bioelectric phenomenon）。

一般的生物电都很微弱。据计算，人的心脏正常跳动时，产生 1mV 左右的电压；大脑则产生 0.1mV 的电压。但是，生命运动却离不开这些电信号来传递信息。因此，现代医学上广泛地采用心电图、脑电图、肌电图、眼电图的形式，记录人体有关生物电的变化，作为判断各组织活动的生理或病理状态的重要指标。不仅如此，生物电技术和方法在很多科学领域都有广泛的应用。

生物电测量时，需要用电极将微弱的生物电引出，经放大器放大后显示并记录下来，因此测量电极的性能将直接影响测量结果。测量心电、脑电、肌电时，要选用面积比较大的电极，同时电极的电阻和极化都要小，能在生物体表面牢牢固定。在测量单细胞或神经元之内的电信号时，必须采用比细胞尺寸还要小的电极，即微电极（microelectrode）。这种电极的尖端直径在几微米或 1μm 以下。利用微电极，不仅可以在细胞水平上对生物电现象进行观测和研究，还可以借助显微镜观察细胞的形态，进行形态和功能之间的关系研究。

二、细胞膜电位

生物电现象是以细胞为单位产生的，主要基础是细胞膜内外两侧存在的电位差，即膜电位。为了更好地理解细胞膜电位的概念，首先讨论细胞膜的结构。

（一）细胞膜

细胞膜是一种具有特殊结构和功能的半透膜，主要由脂质、蛋白质和糖类组成，对离子的通透性有高度的调节性和选择性。细胞膜结构的特点是：液态脂质双分子层构成了约两个分子厚度的膜基架，蛋白质分子则镶嵌在膜内或膜外，也有的贯穿整个细胞膜，见图 6-21。

细胞膜中的一些蛋白质具有酶的功能，如 Na^+-K^+-ATP 酶，将 Na^+、K^+由化学势高的区域转运到化学势低的区域；有的蛋白质则由于结构排列疏密不同而形成孔穴，成为离子通道。细胞膜在生物体的细胞代谢和信息传递中起着关键的作用，在神经细胞中，细胞膜能传递神经脉冲。

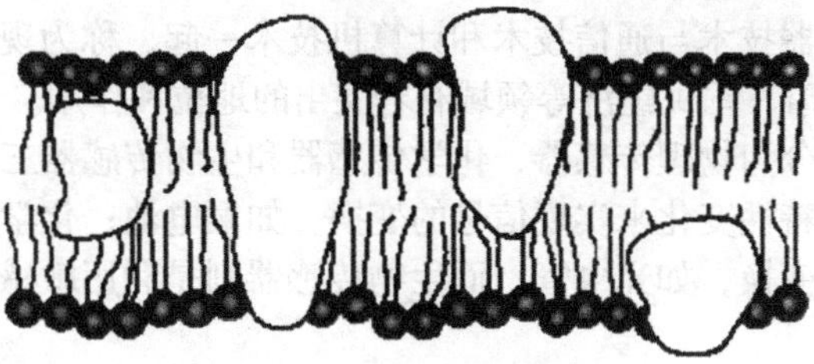

图 6-21 细胞模型示意图

（二）细胞膜电位

正常生物细胞内的 K^+浓度远大于细胞外的 K^+浓度. 而细胞外 Na^+浓度则超过细胞内 Na^+浓度很多。细胞内的负离子主要是大分子蛋白质。在静息状态下，细胞膜主要对 K^+开放，其他离子的通透性很小。在浓度差的驱动下，K^+从细胞内向细胞外扩散，而带负电的蛋白质分子不能移出。于是随着 K^+的外流，在膜内产生净负电荷、膜外产生净正电荷。此种电场的存在将阻止 K^+的进一步向外扩散，但却有利于 K^+由外向内的逆向扩散，最后达到动态平衡，即 K^+在两相中的化学势相等。同时，在膜内外则形成一稳定的电位差即膜电位，生理学上称静息电位（resting potential）。将细胞内、外液体组成电池，可以由能斯特方程计算膜电位的精确数值。

Ag（s）|AgCl（s）|KCl（aq）|内液 ¦ 细胞膜 ¦ 外液|KCl（aq）|AgCl（s）|Ag（s）

（β 相） （α 相）

根据式（6-48），膜电位为

$$\varphi_{膜}=\varphi_{\alpha}-\varphi_{\beta}=\frac{RT}{F}\ln\frac{a_{K^+}(\beta)}{a_{K^+}(\alpha)} \tag{6-58}$$

在生物化学上，常用下式表示膜电位：

$$\Delta\varphi=\varphi_{内}-\varphi_{外}=\frac{RT}{F}\ln\frac{a_{K^+}(外)}{a_{K^+}(内)} \tag{6-59}$$

在静息状态时，神经细胞内液体中 K^+的浓度是细胞外的 35 倍左右，若假定活度系数均为 1，则可用式（6-59）计算膜电位约为–91mV，而实验测得值为–70mV，这主要是因为生命体中溶液并非处于平衡态。膜在静息时都处于负电位，为–100 ～ –10mV。例如，心室肌细胞的膜电位为–90 ～ –85mV，肝细胞的膜电位约为– 40mV，红细胞–10mV。

在静息电位基础上，当刺激神经细胞传递，或当肌肉细胞收缩时，细胞膜电位会发生短暂的波动，由负值改变为正值，并传播到细胞的各个部分。例如，心室肌细胞受外来刺激后，该处的细胞膜对 Na^+的通透性突然升高，而对 K^+的通透性却显著降低。由于大量 Na^+流入膜内，膜内电位急剧上升，使膜电位由–90mV 改变至+30mV 左右，这种电位变化称为动作电位（action potential）。视觉、听觉、触觉等器官感受外界，我们的思维过程等都与细胞膜电位的变化有关，并由此可以研究生物机体的活动情况。例如，心电图就是测量心肌收缩和松弛时心肌膜电位的相应变化，来判断心脏工作是否正常。同样，通过脑电图也可以了解大脑中神经细胞的电活性，通过肌电图可以监测骨架肌肉电活性等。

膜电位的变化规律在医药科学和生命体中的应用很多，并且是当前生物电化学研究中的一个十分活跃的领域。

三、生物传感器

传感器（sensor）是能感受某种物理量、化学量或生物量，并按一定规律转换成电信号的器件或装置，由敏感元件（直接感受被侧信号）、转换元件（将敏感元件感受的信息转换为电信号）和其他辅助部件组成。传感器技术与通信技术和计算机技术一起，称为现代信息产业的三大支柱产业，在工农业、医药、军事、国民经济等领域有着突出的地位和作用。

传感器按基本效应可分为物理传感器、化学传感器和生物传感器三大类。物理传感器是依靠敏感元件材料本身的物理特性变化来实现信号的变换，如硒电池；化学传感器是依靠敏感元件的电化学反应来实现传导的变换，如光电管；而生物传感器则是利用敏感元件材料本身的生物效应来实现信号的变换。

生物传感器的敏感元件（或称分子识别元件）主要是一类具有分子识别功能的生物活性物质，如酶、微生物、组织、细胞、细胞器、细胞膜、抗体、核酸、键合蛋白质等，被固定化制成膜，形成可识别被测物质的敏感膜。根据所用生物活性物质的不同，生物传感器可分为酶传感器、微生物传感器、免疫传感器、组织传感器、细胞传感器、DNA 传感器等。

1. 酶传感器 将固定化的酶膜与电化学电极系统复合即构成酶传感器。当酶膜与特定物质相接触时，能催化该物质的反应，使与反应相关的物质（电极活性物质）的量发生变化，并被电极检测、转换为电信号输出。常用的电化学电极有 Clark 型 O_2 电极、H_2O_2 电极、NH_3 电极、CO_2 电极、pH 电极等。

葡萄糖酶传感器是第一支酶传感器，由葡萄糖氧化酶（GOD）膜和电化学电极组合而成。将此传感器插入葡萄糖溶液中，在酶的作用下，将发生如下反应：

$$\text{葡萄糖}+O_2+H_2O_2 \xrightarrow{\text{GOD}} \text{葡萄糖酸}+H_2O$$

根据反应前后葡萄糖酸、氧和过氧化氢量的变化，可以采用 Pt 电极、O_2 电极或 H_2O_2 电极作为基础电极测定葡萄糖的含量。

酶传感器是发展最早，也最为成功的生物传感器，并已实用化，市售商品已达两百多种，可测定成分包括氨基酸、尿素、青霉素 ATP、胆固醇、肌酸、AMP 等。

2. 微生物电极传感器 由于酶容易失去生物活性，稳定性较差。于是，以微生物细胞为分子识别元件覆盖于相应的电化学电极上组成的生物传感器便得到了发展。微生物传感器的原理是利用微生物的同化作用耗氧，通过测量氧电极上扩散电流的变化来测量氧气的减少量，从而实现对底物的定量检测。

微生物电极传感器的应用十分广泛，在临床医学、食品检验、环境监测、发酵工业等领域都有应用。例如，在生物工程领域中测定酶的活性；在医学领域中进行人白血病白细胞和健康人白细胞的识别工作；对致癌物质的筛选等。目前一批新型的微生物电极已被研制出来，如燃料电池型微生物电极、光微生物电极、酶微生物电极等，为生命科学和生物医学等领域提供了先进的检测手段。

3. 免疫传感器 免疫传感器是利用抗体与相应抗原具有识别和结合功能，将抗体或抗原与电极组合而成的检测装置。当固定化抗体或抗原与相应的抗原或抗体特异性反应后，电极的电极电位将发生变化，从而实现检测目的。

免疫传感器可用于甲胎蛋白、总甲状腺素、癌胚抗原、乙肝表面抗原、肌氨酸酐、梅毒和血型的检测或检验。

4. 细胞传感器 细胞传感器是由固定或未固定的生物活细胞作为分子识别元件，与电极组合而成的一类生物传感器。当细胞感受到外界刺激或环境变化后，经过分子识别会做出响应，通过电极将各种理化信号、生物信号转化为电信号，从而实现测定目的。

细胞传感器在细胞电生理、食品安全检测和药物分析等方面有广泛的应用。例如，细胞传感器可以用来检测正常细胞或病变细胞在各种药物作用下的微环境变化，包括酸性代谢产物和胞外多种离子，估计药物作用对细胞代谢是否有抑制或激动效应，而这正是现代药物筛选和开发的核心问题。

5. 基因传感器 基因传感器，又称 DNA 传感器，是由固定了单链 DNA 的电极和电化学识别物质组成。固定在电极表面的单链 DNA（ssDNA）能够选择性识别特异靶基因，通过杂交形成双链 DNA（dsDNA），从而引起电极表面结构的变化，通过检测电极表面的电活性物质的电信号，可以对靶基因进行识别和含量测定。

DNA 传感器的发展十分迅速，已广泛应用于 DNA 疾病检测、环境监测、药物分析等领域。

生物传感技术属于多学科交叉的高新技术领域，随着生物科学、电子科学、材料科学和信息科学的不断发展和相互结合，生物传感器将向着功能多样化和全面化发展，并更趋微型化和智能化。

习 题

1. 以铂为电极，当强度为 0.10A 的电流通过 $AgNO_3$ 溶液时，在阴极有银析出，同时阳极放出氧气。试计算通电 10min 后：（1）阴极析出银的质量；（2）温度为 298K，压力为 100kPa 时，放出氧气的体积。

2. 298K 时，已知 NaOH、NaCl 和 NH_4Cl 溶液无限稀释时的摩尔电导率分别为 248.41×10^{-4} S·m^2·mol^{-1}、126.4×10^{-4} S·m^2·mol^{-1} 和 149.8×10^{-4} S·m^2·mol^{-1}，试计算该温度下 $NH_3 \cdot H_2O$ 溶液的无限稀释摩尔电导率。

3. 298K 时，测得 $BaSO_4$ 饱和水溶液电导率为 4.58×10^{-4}S·m^{-1}。已知该浓度时所用水的电导率为 1.52×10^{-4}S·m^{-1}，$\Lambda_m^\infty\left(\frac{1}{2}H_2SO_4\right)$为 4.295×10^{-2} S·m^2·mol^{-1}，$\Lambda_m^\infty\left[\frac{1}{2}Ba(NO_3)_2\right]$为 1.351×10^{-2} S·m^2·mol^{-1}，Λ_m^∞（HNO_3）为 4.211×10^{-2} S·m^2·mol^{-1}。

计算该温度下 $BaSO_4$ 的标准溶度积常数和溶解度。

4. 298.15K 时，0.010mol·L^{-1} KCl 水溶液的电导率为 0.14114S·m^{-1}，将此溶液充满电导池，测得其电阻为 112.3Ω。若将该电导池改充以同浓度的某待测溶液，测得其电阻为 2184Ω，试计算：（1）该电导池的电导池常数；（2）待测液的电导率；（3）待测液的摩尔电导率。

5. 分别计算浓度 0.1mol·L^{-1} $CdCl_2$（$\gamma_\pm=0.219$）、0.01mol·L^{-1} $K_3Fe(CN)_6$（$\gamma_\pm=0.571$）和 0.05mol·L^{-1} H_2SO_4（$\gamma_\pm=0.397$）的离子平均摩尔浓度、离子平均活度以及电解质的活度。

6. 已知 25℃时，纯水的电导率为 5.50×10^{-6}S·m^{-1}，无限稀释时 H^+和 OH^-的摩尔电导率分别为 349.82×10^{-4} S·m^2·mol^{-1} 及 198.0×10^{-4} S·m^2·mol^{-1}，纯水的密度为 997.07kg·m^{-3}，试计算水的离子积。

7. 已知 298.15K 时，0.05mol·L^{-1} HAc 溶液的电导率为 0.0368S·m^{-1}，NaAc、HCl 和 NaCl 在无限稀释时的摩尔电导率分别为 0.0091 S·m^2·mo1^{-1}、0.042616 S·m^2·mol^{-1} 和 0.012645 S·m^2·mol^{-1}。求 298.15K 时 HAc 的解离度及解离平衡常数。

8. 298.15K 时，在 0.01mol·kg^{-1} 的水杨酸（HA）溶液中含有 0.01mol·kg^{-1} 的 KCl 和 0. 01mol·kg^{-1} 的 Na_2SO_4。已知水杨酸在此温度下的 $K_c=1.06\times10^{-5}$，求此混合溶液的离子强度。

9. 298.15K 时，根据德拜-休克尔极限定律，分别计算强电解质 AB、AB_2 和 AB_3 在浓度为 0.0001mol·kg^{-1} 时的平均活度系数。

10. 试写出下列各电池的电极反应和电池反应：

（1）Pt（s）|H_2（p_1）|HCl（a）|Cl_2（p_2）|Pt（s）

（2）Zn（s）|$ZnSO_4$（a_1）‖$AgNO_3$（a_2）|Ag（s）

（3）Ag（s）|AgCl（s）|KCl（a）|Hg_2Cl_2（s）|Hg（1）

（4）Pt（s）|H_2（p）|NaOH（a）|HgO（s）|Hg（1）

（5）Na（Hg）（a_1）|Na^+（a_2）‖Cl^-（a_3）|AgCl（s）|Ag（s）

11. 将下列化学反应设计成原电池：

（1）Mg（s）+ $ZnSO_4$（a_1）$\longrightarrow$ $MgSO_4$（a_2）+Zn（s）

（2）Cu^{2+}（a_1）$+H_2$（p）$\longrightarrow$ Cu（s）$+2H^+$（a_2）

（3）H_2（p_1）$+1/2O_2$（p_2）$\longrightarrow$ H_2O（l）

（4）Ni（s）$+Hg_2Cl_2$（s）$\longrightarrow$ $NiCl_2$（a_1）+2Hg（l）

（5）2AgCl（s）$+H_2$（p）$\longrightarrow$2Ag（s）+2HCl（a）

12. 写出下面电池的电极反应和电池反应，并计算 298.15K 时电池的电动势。已知电池的标准电动势为 0.4402V。

Fe（s）Fe^{2+}（$a=0.05$）‖H^+（$a=0.1$）‖Pt（s）

13. 写出下列浓差电池的电池反应，并计算 298.15K 时的电池电动势。

（1）Zn（s）|Zn^{2+}（a_1=0.002）‖Zn^{2+}（a_2=0.01）|Zn（s）

（2）Ag（s）|AgBr（s）|Br^-（a_1=0.01）‖Br^-（a_2=0.004）|AgBr（s）|Ag（s）

（3）Pt（s）|H_2（$p^{\ominus}$）|H^+（a_1=0.0001）‖H^+（a_1=0.001）|H_2（$p^{\ominus}$）|Pt（s）

14. 测得电池 Zn（s）|$ZnCl_2$（$a=0.05$）|AgCl（s）|Ag（s）在 298.15K 时的电动势为 1.015V，温度系数$\left(\frac{\partial E}{\partial T}\right)_p$为$-4.92\times10^{-4}V\cdot K^{-1}$。试写出电池反应并计算当电池有 2mol 电子电量输出时，电池反应的$\Delta_r G_m$、$\Delta_r H_m$、$\Delta_r S_m$及电池的可逆热Q_r。

15. 写出下列电池的电池反应：

Cd（s）|Cd^{2+}（a=0.01）‖Cl^-（a=0.5）|Cl_2（100kPa）|Pt（s）

并计算 298.15K 时，各电极的电极电位及电池电动势，根据计算结果指出此电池反应能否自发进行？

16. 电池 Ag（s）|AgCl（s）|KCl（m）|Hg_2Cl_2（s）|Hg（l）的电池反应为

$$Ag+\frac{1}{2}Hg_2Cl_2(s)\longrightarrow AgCl(s)+Hg(l)$$

已知 298.15K 时，此电池反应的焓变$\Delta_r H_m$=5435J·mol^{-1}，各物质的规定熵数据为

物质	Ag	AgCl（s）	Hg（l）	Hg_2Cl_2（s）
$S_m^{\ominus}$/（J·mol^{-1}·K^{-1}）	42.7	96.2	77.4	195.6

试计算该温度下电池的电动势 E 及电池电动势的温度系数$\left(\frac{\partial E}{\partial T}\right)_p$。

17. 298.15K 时，有反应 $Pb+Cu^{2+}$（a=0.5）$\longrightarrow Pb^{2+}$（a=0.1）+Cu，试为该反应设计电池并计算：（1）电池电动势；（2）电池反应的吉布斯能变化；（3）若将反应写成 $2Pb+2Cu^{2+}$（a=0.5）$\longrightarrow$ $2Pb^{2+}$（a=0.1）+2Cu，（1）、（2）所得结果有何变化？

18. 298.15K 时，已知$\varphi^{\ominus}_{Ag^+/Ag}$=0.799V，$\varphi^{\ominus}_{Ag(NH_3)_2^+/Ag}$=0.373V，试计算

$Ag(NH_3)_2^+$的配位平衡常数$K_s^{\ominus}$。

19. 298.15K 时，测得电池 Pt（s）|H_2（101325Pa）|NaOH（aq）|HgO（s）|Hg（l）的电动势为 0.9265V，已知水的标准生成热$\Delta_f H_m^{\ominus}=-285.8$kJ·mol^{-1}，有关物质的规定熵数据如下：

物质	HgO	O_2（g）	H_2O（l）	Hg（l）	H_2（g）
$S_m^{\ominus}$/（J·mol^{-1}·K^{-1}）	72.22	205.10	70.08	77.4	130.67

试求 HgO 在此温度下的分解压力。

20. 298.15K 时，电池 Pt（s）|H_2（101325Pa）|H_2SO_4（m=0.5）Hg_2SO_4（s）|Hg（l）的电动势为 0.6960V，求 H_2SO_4 在溶液中的离子平均活度系数。已知$\varphi^{\ominus}_{Hg_2SO_4/Hg}$为 0.6158V。

21. 电池 Sb（s）|Sb_2O_3（s）某溶液‖KCl（饱和）|Hg_2Cl_2（s）|Hg（l），在 298.15K 时，当某溶液为 pH3.98 的缓冲溶液时，测得电池的电动势为 0.228V，当它被换成待测 pH 的溶液时，测得电池的电动势为 0.345V，试计算待测液的 pH。

22. 298.15K 时，用镀铂黑的铂电极在电流密度为 $50A·m^{-2}$ 的条件下电解 $a_{H^+}=1$ 的酸性溶液，求分解电压。已知 $\eta_{H_2}=0V$ ，$\eta_{O_2}=0.487V$ 。

23. 298.15K 时，用 Pb（s）电极电解 H_2SO_4 溶液（$0.1mol·kg^{-1}$，$\gamma_{\pm}=0.265$）。

若在电解过程时，把 Pb（s）作为阴极，甘汞电极（$c_{KCl}=1mol·L^{-1}$）作为阳极组成原电池，测得其电动势 E 为 1.0685V。试求 H_2(g, 101329Pa)在铅电极上的超电位(只考虑 H_2SO_4 一级电离)。已知 $\varphi^{\ominus}_{Hg_2Cl_2/Hg}=0.2802V$。

（王登奎　白迎春）

第七章　化学动力学

学习目标

1. 掌握　化学反应速率的定义；掌握元反应、复杂反应、反应级数、反应分子数等基本概念。掌握化学反应速率的定义表达式；掌握简单级数反应的微分、积分速率方程及确定反应级数的方法。掌握温度对反应速率的影响及预测药物有效期的基本方法。

2. 熟悉　催化作用的基本概念，了解酸碱催化和酶催化的基本原理。

3. 了解　典型的复杂反应、链反应、光化反应和溶液中的反应的基本特征。了解碰撞理论和过渡态理论的要点，了解快速反应研究技术的基本原理。

第一节　化学动力学的任务和目的

将化学反应应用于生产实践主要涉及两个基本问题：一是要明确化学反应进行的方向和限度，二是要确定化学反应的速率及反应所经历的途径和中间步骤（即反应机理）。前者属于化学热力学（chemical thermodynamics）的研究内容，后者是化学动力学（chemical kinetics）要解决的问题。二者是综合研究化学反应规律不可缺少的重要组成部分，既有显著的区别又相互联系。

案例 7-1

氨别名氨气，是由气态氢和气态氮在高温高压和催化剂（如氨触酶）的存在下直接合成的。世界上的氨除少量由焦炉气中回收副产物得到外，绝大部分都是合成的。合成氨主要用作化肥、冷冻剂和化工原料等。合成氨的反应为

$$3H_2 + 2N_2 \rightleftharpoons 2\,NH_3$$

这是一个可逆、放热、体积缩小的反应。由热力学和化学平衡知识可知：①降低温度有利于反应向着合成氨的方向进行；②增加压力反应向着合成氨的方向进行，对合成氨是有利的。由反应式可知，合成氨反应消耗的 H_2/N_2 为 3∶1，因此提高氢气、氮气的分压，维持 H_2/N_2 =3∶1 可以提高平衡氨的含量。

问题：

实际生产中，采用的生产工艺是高温、高压、催化剂及氢氮比为 2.2～2.8，这是什么原因呢？

案例解析：

①温度的改变可以在很大程度上影响反应的反应速率。降低温度从热力学和化学平衡看有利于反应向着合成氨的方向进行，但在较低的反应温度下，合成氨反应的速率很慢，没有实际生产意义。升高温度不利于向合成氨的方向移动，但反应速率可以大大增加，实际生产中，反应温度的选择主要取决于氨合成催化剂的性能。②增加压力对合成氨是有利的，既能增大平衡转化率，又能加快反应速率。但压力也不宜过高，否则，不仅增加动力消耗，而且对设备和材料的要求也很高。③根据平衡移动原理，维持 H_2/N_2=3∶1 的比例，可以提高平衡氨的含量。但从反应速率知，在非平衡状态下，适当增加氮的分压对催化剂吸附氮的速率是有利的，且氮的活性吸附是合成氨反应的速控步骤。因此实际生产中，往往会适当提高氮的比例，维持氢氮比在 2.2～2.8 较为适宜。

从上述的例子可以看出，即使一个反应在热力学上是有利的，但如果在动力学上不利，则此

反应是没有实际意义的。因此，研究一个新的化学过程，不仅要从热力学来确定它的可能性，还要从动力学研究其反应速率及反应机理，二者缺一不可。一般地，化学热力学的研究是首要的，若热力学确认不可能的反应，没有必要再进行动力学的研究；如果是已开发的反应过程，则主要进行动力学的研究。由此可见，化学动力学的研究具有重要的现实意义。

化学动力学的基本任务之一就是研究化学反应的反应速率，研究各种因素（如浓度、温度、压强、反应介质、催化剂、辐射、分子结构等）对反应速率的影响；此部分研究可使人们选择最佳的反应条件，以便更为有效地调节化学反应的速率，使反应按人们的意愿合理进行。化学动力学的另一基本任务是揭示化学反应的历程，即反应物究竟按什么途径、经过哪些步骤才转化为最终产物；此项研究可帮助人们找到决定反应速率的关键因素，使主反应按预期的方向加速发生，副反应则以最小的速率进行，从而达到在实际生产上多快好省的目的，提高产率，节约成本。

化学动力学在药物的研制和生产方面也有着广泛的应用，如药物的合理生产工艺流程的选择确定和优化，药物制剂稳定性的研究及药物有效期的预测，药物在体内的吸收、分布、代谢和排泄速率等，要解决这些问题，必须掌握好化学动力学的理论基础。

第二节 化学反应速率

一、化学反应速率的定义和表示方法

对于一个一般化学反应，反应进行后，反应物的浓度不断降低，产物的浓度不断增加，但在大多数的反应中，反应物（或产物）的浓度随时间的变化并不成线性关系，如图 7-1 所示。开始时反应物的浓度较大，反应速率较快，则单位时间内得到的产物的量也较多；而在反应中后期，由于反应物的浓度变小，反应速率减慢，单位时间内得到的产物也变少。因此，在单相反应中，反应速率（reaction rate）可以用单位时间、单位体积中反应物量的减少或产物量的增加来表示。对于在等容系统中进行的反应，反应速率也可用单位时间内反应物或产物的浓度变化率来表示。图 7-1 中，曲线上各点的切线斜率的绝对值即为该反应在此刻的反应速率。浓度随时间的变化曲线，不仅可以反映反应速率随时间的变化，还可反映出反应的类型，如普通反应、链反应、自催化反应等。

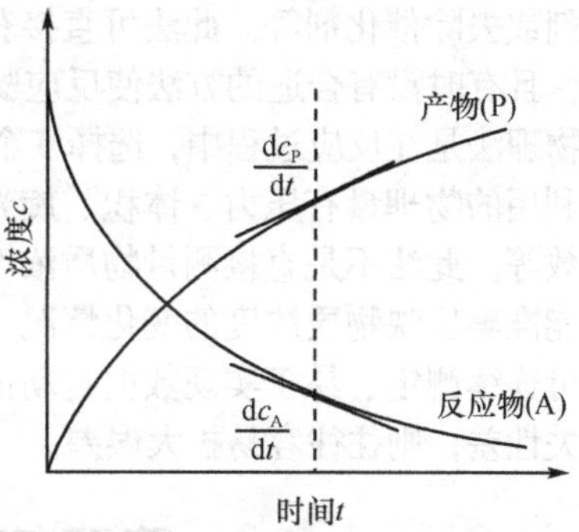

图 7-1 化学反应中各组分的浓度随时间的变化

在化学反应中，如果各反应物的化学计量系数相同，则不论用哪种反应物的浓度变化情况来表达反应的反应速率都是等效的；但若各反应物的化学计量系数不同，当用反应物或生成物的浓度变化率来表示反应速率时，其数值是不等的。例如，一般的恒容反应：

$$aA + eE \longrightarrow gG + hH$$

用浓度的变化率表示的反应速率分别为

$$r_A = -\frac{dc_A}{dt} \qquad r_E = -\frac{dc_E}{dt} \qquad r_G = \frac{dc_G}{dt} \qquad r_H = \frac{dc_H}{dt} \tag{7-1}$$

显然选用不同组分表达反应速率的值是不等的，但它们之间有如下的关系

$$\frac{r_A}{a} = \frac{r_E}{e} = \frac{r_G}{g} = \frac{r_H}{h} \tag{7-2}$$

由此可见，若采用反应进度（ξ）随时间的变化率来表示反应速率，则反应速率的值是等效的，与

选用何种组分无关。根据反应速率的定义，用单位体积内反应进度随时间的变化率来表示的反应速率为

$$r \overset{\text{def}}{=\!=} \frac{1}{V}\frac{d\xi}{dt} = \frac{1}{\nu_B}\frac{dc_B}{dt} \tag{7-3}$$

在上述反应中，对反应物的计量系数取负值，对产物的计量系数取正值，则

$$r = -\frac{1}{V}\frac{dn_A}{adt} = -\frac{1}{V}\frac{dn_E}{edt} = \frac{1}{V}\frac{dn_G}{gdt} = \frac{1}{V}\frac{dn_H}{hdt}$$

$$= -\frac{1}{a}\frac{dc_A}{dt} = -\frac{1}{e}\frac{dc_E}{dt} = \frac{1}{g}\frac{dc_G}{dt} = \frac{1}{h}\frac{dc_H}{dt} \tag{7-4}$$

由此可见，对于同一个化学反应，用反应进度表达的反应速率具有单一的等效数值，与选用哪种反应组分无关，但与反应计量方程式的写法有关。r 的量纲为[浓度]·[时间]$^{-1}$。

对于气相反应，压力比浓度更容易测定，因此常用参加反应各组分的分压来代替浓度，反应速率 $r' = \frac{1}{\nu_B}\frac{dp_B}{dt}$，量纲为[压力]·[时间]$^{-1}$。对于理想气体，$p_B = c_B RT$，所以有 $r' = rRT$。

二、反应速率的测定

由反应速率的定义可知，要测定反应速率，需测出反应物（或产物）在不同反应时刻 t 的浓度 c，一般可采用化学和物理两种方法来测定。

化学法是用化学分析的方法来测定反应物（或产物）在反应不同时刻的浓度。此法的基本步骤为：在反应进行至某一时刻时，取出一小部分反应组分，在取出的同时设法使反应迅速停止，然后进行样品分析，得出反应组分在此时刻的浓度。通常使反应骤停的方法有骤冷、冲稀、加入阻化剂或去除催化剂等。此法可直接获得反应进行至不同时刻时某物质浓度的数值，但实验操作繁琐，且有时没有合适的方法使反应骤停。

物理法是在反应过程中，选择一个与反应物（或产物）浓度有关的物理量进行连续原位测定。通常利用的物理量有压力、体积、旋光度、折射率、吸光度、电导、电动势、导热率、黏度、介电常数等。此法不是直接测量物质浓度，所以需确定选用物理量与浓度之间的依赖关系，此物理量要能准确反映物质浓度的变化情况，且最好与浓度变化呈线性关系。物理法的优点是快速、简便、可连续测定、易于实现数据自动记录。但此法由于引入了中间变量，若选用的物理量与浓度的相关性差，则往往容易扩大误差。

第三节　化学反应速率方程

反应速率与各反应组分的浓度密切相关，表示反应速率与浓度参数之间的关系，或表示浓度参数与时间之间关系的方程称为化学反应的速率方程（rate equation），也称为动力学方程（kinetic equation）。速率方程可用微分式或积分式两种形式表示，具体形式随反应的不同而不同，但都必须由实验来确定。

一、元反应与反应分子数

反应微粒（可以是分子、原子、离子或自由基等）经一次碰撞，在一次化学行为中由反应物一步直接生成产物的反应，称为元反应（elementary reaction）。由多个元反应组成的反应称为总反应（overall reaction）或复杂反应（complex reaction）。例如，H_2 和 I_2 的气相反应（$H_2 + I_2 \longrightarrow 2HI$）就是一个总反应，根据大量的实验结果，现在知道其反应历程由两步元反应构成：

（1）　$I_2 + M_{(高能)} \rightleftharpoons 2I\cdot + M_{(低能)}$

（2）　$H_2 + 2I\cdot \longrightarrow 2HI$

式中，I·为有一个未配对价电子的自由碘原子；M为反应器壁或其他第三体分子，它们是惰性物质，不参与反应，只是传递能量。步骤（1）与步骤（2）都是一个元反应，即H_2和I_2的反应。先是I_2分子与高能量的M分子碰撞，产生I·，M分子失去能量，I·再与H_2分子碰撞，生成HI分子。步骤（1）是可逆的，高能量的I·既可以发生步骤（2）的元反应生成产物HI分子，也可能自身失去能量重新变成反应物I_2分子，所以步骤（2）的元反应是H_2和I_2反应的速率控制步骤。一个总反应一般要由几个元反应经过若干个步骤才能完成，这些元反应代表了反应所经过的途径，在动力学上被称为反应机理或反应历程（reaction mechanism）。

元反应中参与反应的物种分子数目之和称为反应分子数（molecularity）。此处的分子数目应理解为参与元反应的分子、原子、离子、自由原子或自由基的数目之和。分子数目为1的元反应称为单分子反应，分子数目为2的称为双分子反应[如H_2和I_2反应中的步骤（1）]，分子数目为3的称为三分子反应[如H_2和I_2反应中的步骤（2）]。由于多个分子同时碰撞的概率较小，目前已知的反应分子数只有1、2和3，气相中的三分子反应较为少见，液相反应比较多见，但不论液相或气相，一般最为常见的是双分子反应。

二、元反应的速率方程

经验证明，元反应的速率方程具有统一规律，对于任意的元反应

$$aA + bB \longrightarrow dD + eE$$

在一定条件下，其反应的速率方程可表示为

$$r = kc_A^a c_B^b \tag{7-5}$$

式中，k为比例系数，称为反应速率常数。式（7-5）表明，元反应的速率与所有反应物的浓度幂的乘积成正比，各反应物浓度的幂指数等于元反应中各相应物质的化学计量系数。元反应的这个规律称为质量作用定律（law of mass action），是19世纪60年代由Guldberg（古德贝格，1836～1902）和Waage（瓦格，1833～1900）总结前人大量的工作并结合自己的实验结果而提出的。

质量作用定律不适用于复杂反应，只有元反应才服从质量作用定律。对于一个总反应，只有分解为若干个元反应后，才能逐个运用质量作用定律。如H_2和I_2的气相反应（$H_2 + I_2 \longrightarrow 2HI$），由前述已知其反应历程由两步元反应构成：

（1）　$I_2 + M_{(高能)} \rightleftharpoons 2I\cdot + M_{(低能)}$　　快

（2）　$H_2 + 2I\cdot \longrightarrow 2HI$　　慢

其中每一步都可以使用质量作用定律，步骤（1）中的正反应速率为

$$r_1 = k_1 c_{I_2} c_M$$

步骤（1）中的逆反应速率为

$$r_2 = k_2 c_{I\cdot}^2 c_M$$

由于步骤（1）是一个快反应，能快速建立平衡，所以有

$$k_1 c_{I_2} c_M = k_2 c_{I\cdot}^2 c_M$$

可得

$$c_{I\cdot}^2 = \frac{k_1}{k_2} c_{I_2}$$

根据质量作用定律，步骤（2）的反应速率为

$$r_3 = k_3 c_{I\cdot}^2 c_{H_2}$$

由于步骤（2）是一个慢反应，所以实验温度下，总反应的反应速率主要取决于步骤（2）的反应速率，所以总反应速率为

$$r \approx r_3 = k_3 c_{I\cdot}^2 c_{H_2} = \frac{k_1 \cdot k_3}{k_2} c_{I_2} c_{H_2} = k' c_{I_2} c_{H_2}$$

上述各式中，k_1、k_2、k_3 分别为各元反应的速率常数，k'为总反应的速率常数。并且由上式可知总反应的速率方程具有和质量作用定律相同的形式，但 H_2 和 I_2 的气相反应（$H_2 + I_2 \longrightarrow 2HI$）并不是一个元反应，所以元反应的速率方程可以由质量作用定律得出，但速率方程符合质量作用定律的并不能说明其一定为元反应。

三、经验反应速率方程、反应级数与速率常数

对于任意的总反应，它的化学计量方程式往往不能反映其动力学过程，一个化学反应的动力学关系一般可通过实验和设计反应历程来获得。人们通过实验归纳出的速率方程通常反映在恒定的温度下，反应速率与反应物浓度之间的函数关系式也被称为经验速率方程。

不同的化学反应速率方程互不相同、形式各异。例如，三种卤化氢合成反应具有类似的计量方程结果，但反应速率与浓度却有如下不同的关系：

$$H_2 + I_2 \longrightarrow 2HI \qquad r = k_1 c_{H_2} c_{I_2} \tag{7-6}$$

$$H_2 + Cl_2 \longrightarrow 2HCl \qquad r = k_1 c_{H_2} c_{Cl_2}^{\frac{1}{2}} \tag{7-7}$$

$$H_2 + Br_2 \longrightarrow 2HBr \qquad r = \frac{k_1 c_{H_2} c_{Br_2}^{\frac{1}{2}}}{1 + \dfrac{k' c_{HBr}}{c_{Br_2}}} \tag{7-8}$$

在三种卤化氢合成反应的速率方程中，有的具有反应物浓度幂次方乘积的形式[如式（7-6）和式（7-7）]，有的完全没有幂次方乘积形式[如式（7-8）]。在具有反应物浓度幂次方乘积形式的速率方程中，各反应物浓度的幂指数，称为该反应物的反应级数，各反应物的级数之和称为该反应的总级数或反应级数（order of reaction）。

在由实验确定反应级数时，一般测定前先设定速率方程 $r = k c_A^{\alpha} c_B^{\beta} c_C^{\varepsilon} \cdots$，其中，$\alpha$、$\beta$、$\varepsilon$ 为反应物 A、B、C 的反应级数，不同于化学反应的计量系数；k 为比例系数，它等于各反应物浓度为单位浓度时的反应速率，称为反应速率常数(reaction rate constant)或比反应速率(specific reaction rate)，简称速率常数或比速率。k 值与反应物的浓度无关，但与反应条件（如温度、催化剂、溶剂等）有关，有时还与反应容器的材料、表面状态及表面积有关，其量纲为[浓度]$^{1-n}$·[时间]$^{-1}$。

只有反应的速率方程能表示成浓度幂函数形式的反应才有反应级数与速率常数，否则，就无级数和速率常数可言。例如式（7-7），对 H_2 来说是 1 级，对 Cl_2 来说是 0.5 级，总反应级数为 1.5 级；式（7-8）中，对 H_2 是 1 级，但对 Br_2 和 HBr 就不具有简单的级数关系，因此该反应没有简单的总级数。

需要注意的是，反应级数与反应分子数是两个不同的概念。反应分子数是参与元反应的分子数目之和，其值只能是不大于 3 的正整数；而反应级数是由实验确定的反应物浓度的幂指数的代数和，其值可以是正整数、分数、负数或零。对于元反应，反应分子数是一个定值，但其反应级数却可以随反应条件的改变而改变。

第四节　具有简单级数的反应

本节讨论的简单级数反应，是指速率方程具有浓度幂次方乘积形式，且各反应物的级数皆为

正整数或零的反应。主要介绍其速率方程的微分式、积分式及速率常数 k 的单位和半衰期等特征。以微分形式表达的速率方程能明显反映出浓度对反应速率的影响，便于进行理论分析，但实际运用时使用最多的还是浓度随时间的变化情况，即以积分形式表达的速率方程。

一、一级反应

反应速率只与物质浓度的一次方成正比的反应，称为一级反应（first order reaction）。常见的一级反应有放射性元素的衰变反应、一些分子的重排反应及五氧化二氮的分解反应等。

设某简单一级反应

$$\begin{array}{lcc} & A \longrightarrow & P \\ t=0 & c_0 & 0 \\ t=t & c & x \end{array}$$

反应方程的微分式为

$$r=-\frac{dc_A}{dt}=\frac{dc_P}{dt}=kc_A \tag{7-9}$$

$$-\frac{dc}{dt}=kc \quad 或 \quad \frac{dx}{dt}=k(c_0-x) \tag{7-10}$$

将式（7-10）移项并积分

$$\int_{c_0}^{c}-\frac{dc}{c}=\int_0^t k dt \quad 或 \quad \int_0^x \frac{dx}{c_0-x}=\int_0^t k dt$$

得

$$\ln\frac{c_0}{c}=kt \quad 或 \quad \ln\frac{c_0}{c_0-x}=kt \tag{7-11}$$

可以看出，式（7-11）中的两个积分式是等效的，也可以写成指数形式

$$c=c_0\exp(-kt) \tag{7-12}$$

式（7-11）和式（7-12）都是一级反应的动力学方程。

一级反应的特征主要有：

（1）根据式（7-11）可知，若以 $\ln c$ 对 t 作图可得一直线，直线的斜率为$-k$，截距为 $\ln c_0$。

（2）一级反应速率常数 k 的量纲为[时间]$^{-1}$，单位为 s^{-1} 或 min^{-1}、h^{-1}、d^{-1} 等。k 的量值与浓度单位无关。

（3）通常将反应物消耗一半所用的时间称为反应的半衰期（half life），记作 $t_{1/2}$。将 $c=\frac{c_0}{2}$ 代入式（7-11），可得

$$t_{1/2}=\frac{\ln 2}{k} \tag{7-13}$$

可见，一级反应的半衰期为常数，与反应物浓度无关，由反应速率常数决定。这是一级反应非常重要的一个特征，常用作判断一级反应的依据。

若令 y 为时间 t 时反应物消耗的分数，即 $y=\frac{x}{c_0}$，代入式（7-11），可得

$$t=\frac{1}{k}\ln\frac{1}{1-y} \tag{7-14}$$

可见，一级反应的所有分数衰期都为常数，这是一级反应的另一特点。

（4）一级反应的速率常数 k 是常数，由式（7-11）可知，反应在经历相同的时间间隔时，反应物浓度的变化分数相同。且任何与浓度成比例的物理量（如电导、旋光度、分压等）都可代入公式计算，而不影响 k 值。

案例 7-2

蔗糖的水解反应

$$C_{12}H_{22}O_{11}+H_2O \xlongequal{} C_6H_{12}O_6(\text{葡萄糖})+C_6H_{12}O_6(\text{果糖})$$

当溶液的浓度很小时，此反应可作一级反应处理。30 ℃下，初始浓度 $c_0=0.5\ \text{mol}\cdot\text{L}^{-1}$ 的蔗糖溶液在稀盐酸催化下发生水解。已知：此温度下蔗糖水解反应速率常数 $k=5.32\times10^{-3}\ \text{min}^{-1}$。

问题：

（1）此温度下蔗糖水解反应的半衰期是多少？

（2）要使蔗糖溶液的浓度低于 $0.1\ \text{mol}\cdot\text{L}^{-1}$ 需反应多长时间？

案例解析：

（1）一级反应的半衰期为

$$t_{1/2}=\frac{\ln 2}{k}=\frac{\ln 2}{5.32\times10^{-3}}=130\ \text{min}$$

（2）由 $\ln\dfrac{c_0}{c}=kt$，

代入数据得 $$\ln\frac{0.5}{0.1}=5.32\times10^{-3}t$$

计算得时间 $t=303$ min。

要使蔗糖溶液的浓度低于 $0.1\ \text{mol}\cdot\text{L}^{-1}$ 需至少反应 303 min。

二、二级反应

反应速率与浓度的二次方成正比的反应称为二级反应（second order reaction）。二级反应常见的类型有两种，一种是

$$\begin{array}{lccc} & 2\text{A} & \longrightarrow & \text{P} \\ t=0 & c_0 & & 0 \\ t=t & c & & x \end{array}$$

其速率方程的微分式为

$$r=-\frac{\mathrm{d}c}{\mathrm{d}t}=kc^2 \qquad (7\text{-}15)$$

将式（7-15）移项并积分

$$\int_{c_0}^{c}-\frac{\mathrm{d}c}{c^2}=\int_0^t k\mathrm{d}t \qquad (7\text{-}16)$$

得

$$\frac{1}{c}-\frac{1}{c_0}=kt \qquad (7\text{-}17)$$

此式即为最简单的二级反应的积分速率方程。

二级反应常见的另一类型是

$$\begin{array}{lcccc} & \text{A} & + \ \text{B} & \longrightarrow & \text{P} \\ t=0 & c_{\text{A},0} & c_{\text{B},0} & & 0 \\ t=t & c_\text{A} & c_\text{B} & & x \end{array}$$

其速率方程的微分式为

$$r=-\frac{\mathrm{d}c_\text{A}}{\mathrm{d}t}=-\frac{\mathrm{d}c_\text{B}}{\mathrm{d}t}=\frac{\mathrm{d}c_\text{P}}{\mathrm{d}t}=kc_\text{A}c_\text{B} \qquad (7\text{-}18)$$

将此式积分又可分两种情况：

（1）若反应物 A 和反应物 B 的起始浓度相同，即 $c_{A,0}=c_{B,0}$，则反应进行至任意时刻时都有 $c_A=c_B$，则式（7-18）可简化成 $r=-\frac{dc_A}{dt}=kc_A^2$ 或 $r=-\frac{dc_B}{dt}=kc_B^2$，移项并积分后可得如同式（7-17）相同的积分方程。

（2）若反应物 A 和反应物 B 的起始浓度不相同，即 $c_{A,0}\neq c_{B,0}$，则根据式（7-18），其微分方程可表示成

$$\frac{dc_P}{dt}=kc_Ac_B$$

$$\frac{dx}{dt}=k(c_{A,0}-x)(c_{B,0}-x)$$

将上式移项并积分

$$\int_0^x\frac{dx}{(c_{A,0}-x)(c_{B,0}-x)}=\int_0^t kdt \tag{7-19}$$

得

$$\frac{1}{c_{A,0}-c_{B,0}}\ln\frac{c_{B,0}(c_{A,0}-x)}{c_{A,0}(c_{B,0}-x)}=kt \tag{7-20}$$

综上所述，二级反应的特征有：

（1）根据式（7-17）可知，对于最简单的二级反应及起始浓度相同的二级反应，若以 $1/c$ 对 t 作图可得一直线，直线的斜率为 k，截距为 $1/c_0$。根据式（7-20）可知，对于起始浓度不等的二级反应，若以 $\ln\frac{c_{B,0}(c_{A,0}-x)}{c_{A,0}(c_{B,0}-x)}$ 对 t 作图可得一过原点的直线，直线的斜率为 $k(c_{A,0}-c_{B,0})$。

（2）二级反应速率常数 k 的量纲为[浓度]$^{-1}$·[时间]$^{-1}$，单位为 $mol^{-1}\cdot m^3\cdot s^{-1}$ 或 $mol^{-1}\cdot L\cdot s^{-1}$ 等。k 的量值与浓度和时间的单位都相关。

（3）将 $c=\frac{c_0}{2}$ 代入式（7-17），可得

$$t_{1/2}=\frac{1}{kc_0} \tag{7-21}$$

可见，简单（或起始浓度相同）的二级反应，其半衰期与反应物浓度成反比。但当反应物 A 和反应物 B 的起始浓度不同时，即 $c_{A,0}\neq c_{B,0}$，二级反应的半衰期对反应物 A 和 B 而言是不一样的，没有统一的表达式。

对于 $A+B\longrightarrow P$ 形式的二级反应，若反应物的起始浓度不同，则可通过改变 A 或 B 的起始浓度来降低反应级数，当某一反应物的数量保持大量（浓度一般比另外的反应物大 20 倍以上）时，可认为在反应过程中其浓度保持不变，为常数，因而可使反应降为一级反应。这种由于其他与反应速率有关的反应物的浓度在反应过程中保持恒定（或近似恒定），而使反应速率只与某一反应物的浓度成正比的一级反应，称为假一级反应或准一级反应（pseudo first-order reaction）。例如，蔗糖的水解反应就是一个典型的准一级反应，蔗糖水解反应速率方程为 $r=kc_{蔗糖}c_{H_2O}$，但反应过程中水的量往往是远远过量的，可将其浓度视为常数合并在速率常数 k 中，$r=k'c_{蔗糖}$，符合一级反应的规律。准一级反应具有一级反应的特征，但显然 k 与 k' 具有不同的量纲。

案例 7-3

乙酸乙酯的皂化反应

$$CH_3COOC_2H_5+OH^-\longrightarrow CH_3COO^-+C_2H_5OH$$

经研究确定为二级反应。室温下，NaOH 和 $CH_3COOC_2H_5$ 的初始浓度分别为 $c_{A,0}=0.00980\ mol\cdot L^{-1}$

和 $c_{B,0}=0.00486\ mol·L^{-1}$，用酸碱滴定法测得如下数据：

t/s	0	178	273	531	866	1510	1918	2401
10^3c_A/（mol·L^{-1}）	9.80	8.92	8.64	7.92	7.24	6.45	6.03	5.74
10^3c_B/（mol·L^{-1}）	4.86	3.98	3.70	2.97	2.30	1.51	1.09	0.80

问题：

求反应的速率常数 k。

案例解析：

此为起始浓度不等的二级反应，以 $\ln\dfrac{c_{B,0}c_A}{c_{A,0}c_B}$ 对时间 t 作图（图 7-2），得

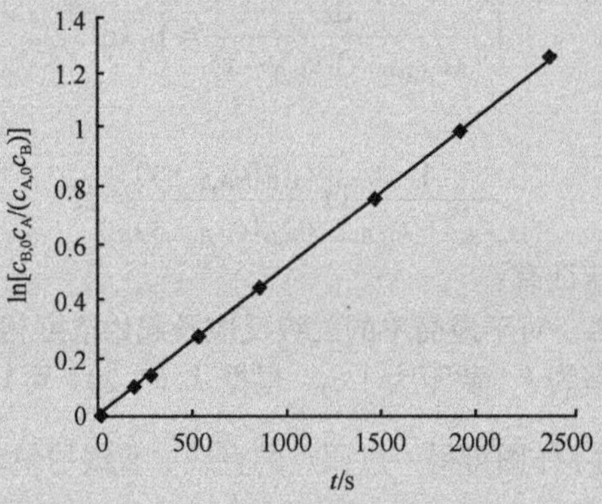

图 7-2　酸碱滴定法测定乙酸乙酯皂化反应速率常数数据图

直线斜率为 $5.35×10^{-4}\ s^{-1}$，

速率常数 k 为　$k=\dfrac{斜率}{c_{A,0}-c_{B,0}}=0.108 mol^{-1}·L·s^{-1}$。

案例 7-4

乙酸乙酯的皂化反应速率常数的求算，除了酸碱滴定法外，常用的还有电导法（或电导率）法。室温下，将浓度都为 0.0200 mol·L^{-1}的 NaOH 和 $CH_3COOC_2H_5$ 溶液以等体积混合，混合后在不同反应时刻测混合溶液的电导值，记录在下表中。

t/min	0	5	9	15	20	25
10^3G/S	2.400	2.024	1.836	1.637	1.530	1.454

问题：

求反应的速率常数 k。

案例解析：

随着反应的进行，乙酸乙酯皂化反应中电导率较大的 OH^- 逐渐被电导率较小的 CH_3COO^- 取代，溶液的电导值逐渐减小。

$$
\begin{array}{lcccc}
 & CH_3COOC_2H_5 & + OH^- & \longrightarrow CH_3COO^- & + C_2H_5OH \\
t=0 & c_0 & c_0 & & \\
t=t & c & c & c_0-c &
\end{array}
$$

令 G_0 为 $t=0$ 时溶液的电导，G_t 为反应进行至 t 时刻混合溶液的电导，令 G_∞ 为 $t=\infty$（反应完全）时溶液的电导。则稀溶液中，电导值的减少量与 CH_3COO^- 的浓度成正比，设 K 为比例常数，有

$$c_0 - c = K(G_0 - G_t)$$
$$c_0 = K(G_0 - G_\infty)$$
$$c = K(G_t - G_\infty)$$

代入简单二级反应积分方程 $\dfrac{1}{c} - \dfrac{1}{c_0} = kt$，整理后得

$$G_t = \frac{1}{c_0 k}\frac{G_0 - G_t}{t} + G_\infty$$

以 G_t 对 $(G_0 - G_t)/t$ 作图，为直线，直线的斜率为 $1/(c_0 k)$。

将表中数据进行 $(G_0 - G_t)/t$ 计算，得

t/min	0	5	9	15	20	25
$10^6[(G_0 - G_t)/t]/(\text{S}\cdot\text{min}^{-1})$	—	75.20	62.67	50.87	43.50	37.84

以 G_t 对 $(G_0 - G_t)/t$ 作图，如图 7-3，得直线的斜率为 15.42min。

速率常数 k 为 $k = \dfrac{1}{c_0 \times 斜率} = 0.108\text{mol}^{-1}\cdot\text{L}\cdot\text{s}^{-1}$。

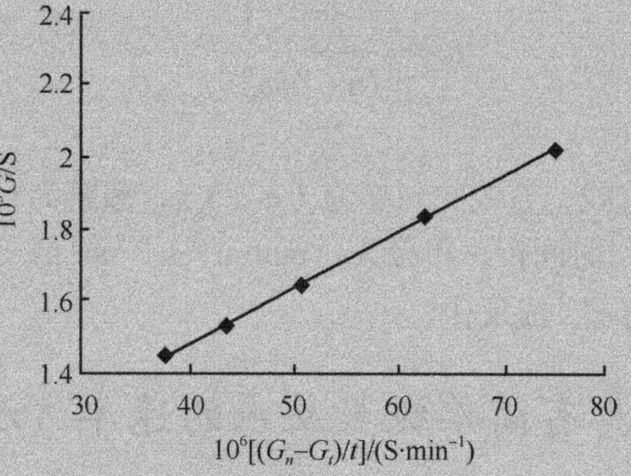

图 7–3 电导法测定乙酸乙酯皂化反应的速率常数数据图

三、零级反应

反应速率与反应物浓度无关的反应，称为零级反应（zero order reaction）。其速率方程可表示为

$$r = -\frac{dc}{dt} = \frac{dx}{dt} = k \tag{7-22}$$

将式（7-22）移项并积分，得

$$c_0 - c = kt \tag{7-23}$$

零级反应的特征有：

（1）根据式（7-23）可知，若以 c 对 t 作图可得一直线，直线的斜率为 $-k$，截距为 c_0。

（2）零级反应速率常数 k 的量纲为[浓度]·[时间]$^{-1}$，单位为 $\text{mol}\cdot\text{m}^{-3}\cdot\text{s}^{-1}$ 或 $\text{mol}\cdot\text{L}^{-1}\cdot\text{s}^{-1}$ 等。零级反应的反应速率为一常数，即速率常数。

（3）将 $c = \dfrac{c_0}{2}$ 代入式（7-23），可得

$$t_{1/2} = \frac{c_0}{2k} \tag{7-24}$$

可见，零级反应的半衰期与反应物的浓度成正比。在反应起始时刻，即 c=0 时，$t = c_0/k$，说明只有零级反应所需的时间才是有限的，这是零级反应的一个重要特征，常用作判断零级反应的依据。

四、n 级反应

对于只有一种反应物的反应：

$$nA \longrightarrow P$$

或速率方程为幂乘积形式的反应：

$$A+B+C+\cdots \longrightarrow P$$

若反应物的起始浓度均相等，则其速率方程均可表示为

$$r=-\frac{dc}{dt}=kc^n \tag{7-25}$$

将式（7-25）移项并积分，得

$$\frac{1}{n-1}\left(\frac{1}{c^{n-1}}-\frac{1}{c_0^{n-1}}\right)=kt \tag{7-26}$$

将 $c=\frac{c_0}{2}$ 代入式（7-26），可得

$$t_{1/2}=\frac{2^{n-1}-1}{(n-1)kc_0^{n-1}} \tag{7-27}$$

可见，n 级反应具有如下特征：

（1）$1/c^{n-1}$ 对 t 作图为直线，直线的斜率为（n–1）k，截距为 $1/c_0^{n-1}$。

（2）k 的量纲为[浓度]$^{1-n}$·[时间]$^{-1}$，单位为（$mol·m^{-3}$）$^{1-n}$·s^{-1} 或（$mol·L^{-1}$）$^{1-n}$·s^{-1} 等。

（3）反应的半衰期 $t_{1/2}$ 与 c_0^{n-1} 成反比。

五、具有简单级数反应的速率方程小结

为了便于查阅，将上述几种具有简单级数反应的速率方程和特征列于表 7-1 中。

表 7-1 具有简单级数反应的速率方程及其特征

级数	微分速率方程	积分速率方程	浓度与时间的线性关系	半衰期 $/t_{1/2}$	k 的量纲
0	$-\frac{dc}{dt}=k$	$c_0-c=kt$	$c \sim t$	$\frac{c_0}{2k}$	[浓度]·[时间]$^{-1}$
1	$-\frac{dc}{dt}=kc$	$\ln\frac{c_0}{c}=kt$	$\ln c \sim t$	$\frac{\ln 2}{k}$	[时间]$^{-1}$
2	$-\frac{dc}{dt}=kc^2$	$\frac{1}{c}-\frac{1}{c_0}=kt$	$1/c \sim t$	$\frac{1}{kc_0}$	[浓度]$^{-1}$·[时间]$^{-1}$
2	$\frac{dc_P}{dt}=kc_Ac_B$	$\frac{1}{c_{A,0}-c_{B,0}}\ln\frac{c_{B,0}c_A}{c_{A,0}c_B}=kt$	$\ln\frac{c_{B,0}(c_{A,0}-x)}{c_{A,0}(c_{B,0}-x)} \sim t$	对 A 和 B 不同	[浓度]$^{-1}$·[时间]$^{-1}$
n（$n\neq1$）	$-\frac{dc}{dt}=kc^n$	$\frac{1}{n-1}\left(\frac{1}{c^{n-1}}-\frac{1}{c_0^{n-1}}\right)=kt$	$1/c^{n-1} \sim t$	$\frac{2^{n-1}-1}{(n-1)kc_0^{n-1}}$	[浓度]$^{1-n}$·[时间]$^{-1}$

第五节 反应级数的确定

案例 7-5

药物在一般的保存条件下，常因发生分解、氧化等化学反应，导致有效成分的含量降低，或者分解产物（杂质）的浓度升高。有效成分的含量降低到一定浓度所需要的时间即是药物

的有效期。我们去药店买药时，除了药效以外，最常关注的即是药物的有效期。通常药品包装上会标注“有效期至××××年××月”或“有效期至××××年××月××日”等字样，有些药物甚至还标注“有效期暂定48个月”的字样。

问题：

药物的有效期到底是怎么确定的呢？

案例解析：

由前面章节“简单级数反应”可知，若药物分解反应的反应级数和室温下药物分解反应的速率常数已知，则很容易求算药物分解10%所用的时间（有效期）。所以，如要确定药物有效期，需要先确定药物分解反应的反应级数及反应在室温下的速率常数。

反应级数是一个重要的动力学参数，它反映了浓度是如何影响反应速率的，可帮助人们探讨反应机理、了解真实反应历程。通常动力学方程都根据大量的实验数据或拟合法来确定的，大多数化学反应的速率方程都可以表达为浓度幂次方乘积的形式：

$$r = -\frac{\mathrm{d}c}{\mathrm{d}t} = kc_{\mathrm{A}}^{\alpha}c_{\mathrm{B}}^{\beta}\cdots \tag{7-28}$$

某些复杂的反应有时也可简化成这种形式。在这类速率方程中，动力学参数只有反应速率常数 k 和反应级数 n（式中 α、β 等值的代数和），只要确定了这两种参数，反应的速率方程也随之确定。一般确定反应级数和速率常数的常用方法有以下几种。

一、积 分 法

积分法（integration method）也称尝试法（trial method），使用此法确定反应级数和速率常数时，需事先假定反应级数，然后根据相应级数速率方程的积分式，利用作图或尝试计算求出反应级数。例如，式（7-28）中，若假设 α=1，β=0，则反应为一级反应，根据一级反应的特征，将反应进行不同时刻测得的反应物浓度数据代入方程 $\ln\frac{c_0}{c} = kt$ 中，若计算所得速率常数基本为一常数，则反应就是一级反应，否则，需尝试代入其他级数反应的方程进行计算。或者以 $\ln c$ 对 t 作图，若得到的是直线，则反应为一级反应。

积分法一般在反应级数是简单的整数时，结果较好。当反应级数为分数时，则很难成功，此时最好使用微分法。

二、微 分 法

在确定反应级数时，采用速率 r（即 $-\frac{\mathrm{d}c}{\mathrm{d}t}$）数据来进行绘图或计算的方法，称为微分法（differential method）。

若反应速率方程具有如下微分形式：

$$r = -\frac{\mathrm{d}c}{\mathrm{d}t} = kc^n$$

等式两端取对数后得

$$\ln r = \ln(-\frac{\mathrm{d}c}{\mathrm{d}t}) = \ln k + n\ln c$$

（1）图解微分法 先由实验数据将反应物浓度 c 对时间 t 作图，然后在不同浓度 c_1，c_2，c_3，…处作曲线的切线，各点上切线的绝对值即为此浓度时反应的反应速率 r_1，r_2，r_3，…再将浓度及其对应的反应速率分别取对数，以 $\ln r$ 对 $\ln c$ 作图。如图 7-4（b）所示，若反应为简单级数反应，则应得一条直线，该直线的斜率即为反应级数 n，直线的截距为 $\ln k$。

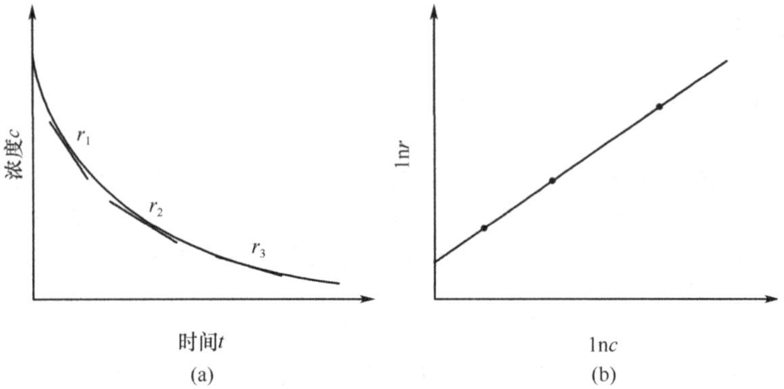

图 7–4　图解微分法确定反应级数

（2）起始速率法 用微分法确定反应级数时，为了避免其他因素如产物等对反应速率的干扰，最好使用起始速率法。即采用不同起始浓度的反应系统，分别作 $c\sim t$ 曲线，求出不同起始浓度 c_0 所对应的起始速率 r_0，如图 7-5（b）所示，然后以 $\ln r_0$ 对 $\ln c_0$ 作图，由图中直线的斜率可确定反应级数 n。

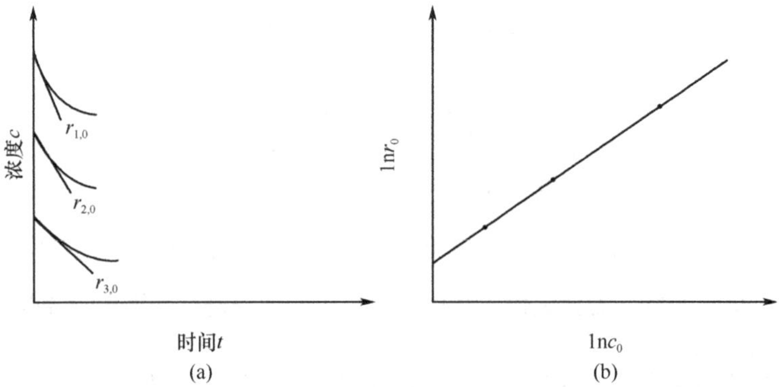

图 7–5　起始速率法确定反应级数

（3）孤立法 当对反应速率有影响的反应物不止一种时，反应速率方程具有如下形式：

$$r=-\frac{\mathrm{d}c}{\mathrm{d}t}=kc_{\mathrm{A}}^{\alpha}c_{\mathrm{B}}^{\beta}c_{\mathrm{C}}^{\varepsilon}\cdots$$

可用孤立法求反应级数。所谓孤立法就是除某一反应物 A 外，设法使其他反应物都远远过量，这样在整个反应过程中，其余反应物的浓度可认为近似不变，视为常数。这样速率方程可看作 $r=k'\,c_{\mathrm{A}}^{\alpha}$，利用前述方法可求出反应级数 α。同理，可依次求出其他反应物的反应级数 β、ε 等。总反应的反应级数 $n=\alpha+\beta+\varepsilon+\cdots$。

三、半衰期法

利用半衰期与起始浓度的函数关系来求反应级数的方法称为半衰期法（half-life method）。由式（7-27）可知，半衰期与起始浓度的关系为

$$t_{1/2}=\frac{2^{n-1}-1}{(n-1)kc_0^{n-1}}=\frac{\mathrm{A}}{c_0^{n-1}}$$

式中，A 为比例常数，$n\neq1$。两边取对数得

$$\ln t_{1/2}=(1-n)\ln c_0+\ln A \tag{7-29}$$

（1）计算法 以两组不同起始浓度 c_0 和 c_0' 做实验，求得 $t_{1/2}$ 和 $t_{1/2}'$，将实验数据代入式（7-29），得

$$n=1+\frac{\ln(t_{1/2}/t_{1/2}')}{\ln(c_0'/c_0)}$$

（2）作图法 若实验数据较多，则用作图法结果更为准确。将 $\ln t_{1/2}$ 对 $\ln c_0$ 作图，由直线斜率可求得反应级数 n。

案例 7-6

试简述确定某种药物发生分解反应的反应级数的一般步骤。

案例解析：

反应级数确定方法有积分法和微分法。

若用积分法，步骤如下：

（1）确定反应温度，并测定此恒温条件下药物分解至不同反应时刻药物的浓度（即 $c\sim t$ 曲线）。

（2）先假定反应级数，并将不同时刻的浓度代入此级数反应方程（或作图）。

（3）求算速率常数 k，若 k 为常数，则为此级数反应；若不是常数，则需尝试其他级数反应。

若用微分法，步骤如下：

（1）确定反应温度，并测定此恒温条件下药物分解过程中浓度随时间的变化（即 $c\sim t$ 曲线）。

（2）在曲线上取几点做切线，确定不同浓度 c 下的反应速率 r。

（3）以 $\ln r\sim\ln c$ 作图，由直线的斜率可知反应的反应级数（此法可同时确定此温度下，反应的速率常数 k）。

思考：

由“案例 7-6”可知，用微分法确定反应级数的同时可获知反应所处温度下的速率常数，结合“案例 7-5”的提示，是否可直接用此法确定室温下某种药物的有效期呢？

分析：

在室温的情况下通过测定药物分解反应的 $c\sim t$ 曲线来确定有效期的方法可行，但一般不可取，原因是药物在室温下保存的有效期一般为 2～3 年，有的药物可达数十年。在室温下测其 $c\sim t$ 曲线不现实。那么，如何快速地对一种药物的有效期进行预测呢？

第六节 温度对反应速率的影响

温度对反应速率有影响是很早就被人们了解的事实，多数情况下，温度升高，反应速率增大。1884 年，van't Hoff 根据大量实验事实总结出一条近似规律，即温度每升高 10 K，反应速率增加 2～4 倍。

案例 7-7

某药物的制备反应 $A\longrightarrow P$，其反应速率随温度的变化近似符合 van't Hoff 规则。现将反应安排在两个不同的温度下进行，但保持反应物的起始浓度相同且使反应达到相同的转化率。已知反应在 125℃下进行时需用时 10 min。

问题：

若使反应在室温 298 K 下进行，则需用时多长时间？（假定反应的速率方程符合 $r=-\frac{\mathrm{d}c}{\mathrm{d}t}=kc^n$）

案例解析：

设在 T_1（398 K）时的速率常数为 k_1，达到一定转化率所需时间为 t_1；在 T_2（298 K）时的速率常数为 k_2，达到一定转化率所需时间为 t_2，则有

$$-\int_{c_0}^{c}\frac{\mathrm{d}c}{c^n}=\int_0^{t_1}k_1\mathrm{d}t \qquad -\int_{c_0}^{c}\frac{\mathrm{d}c}{c^n}=\int_0^{t_2}k_2\mathrm{d}t$$

由于反应的起始浓度和反应转化率均相同，所以两式左边的积分应相等。因此，有

$$k_1t_1=k_2t_2$$

速率的温度系数取其下限值 2（即温度增加 10 K，反应速率变为原来的 2 倍），则当温度增加 100 K 时，反应速率变为原来的 2^{10} 倍，即

$$\frac{k_1}{k_2}=\frac{t_2}{t_1}=2^{10}=1024$$

$$t_2=1024\times10\ \text{min}=10240\ \text{min}\approx7\ \text{d}$$

从结果可知，室温下的反应不是很快的反应，升高温度可以大大加快其反应速率。若在室温下进行得比较快的反应，在高温下会变得更快，有时甚至无法控制。因此，温度的控制对研究反应速率、反应历程及实际生产是极为重要的，应准确控制。

一、Arrhenius 经验方程式

1889 年，Arrhenius 根据大量的实验数据提出了活化能的概念，并揭示了速率常数与温度之间更为准确的经验关系式，即

$$k=A\exp\left(-\frac{E_a}{RT}\right) \tag{7-30}$$

式（7-30）称为 Arrhenius 公式（Arrhenius equation）。式中，k 为温度为 T 时反应的速率常数；A 为指前因子（pre-exponential factor），对不同的反应有不同的数值；E_a 为表观活化能（apparent activation energy），简称活化能。A 和 E_a 都是由实验得到的经验常数，A 的单位与 k 相同，E_a 的单位为 $\text{kJ}\cdot\text{mol}^{-1}$。

将式（7-30）两边取对数，得

$$\ln k=-\frac{E_a}{R}\frac{1}{T}+\ln A \tag{7-31}$$

若以 $\ln k$ 对 $1/T$ 作图，可得一直线，根据直线的斜率可求得活化能 E_a，由直线的截距可求出指前因子 A。

假定 A 与温度无关，可由式（7-31）得其微分形式

$$\frac{\mathrm{d}\ln k}{\mathrm{d}T}=\frac{E_a}{RT^2} \tag{7-32}$$

由式（7-32）可看出，反应的活化能越高，反应速率对温度越敏感。现有活化能分别为 E_{a1} 和 E_{a2} 的两个不同反应，根据式（7-32）有

$$\frac{\mathrm{d}\ln k_1}{\mathrm{d}T}=\frac{E_{a1}}{RT^2} \qquad \frac{\mathrm{d}\ln k_2}{\mathrm{d}T}=\frac{E_{a2}}{RT^2}$$

两式相减得

$$\frac{\mathrm{d}\ln(k_1/k_2)}{\mathrm{d}T}=\frac{E_{a1}-E_{a2}}{RT^2}$$

若 $E_{a1}>E_{a2}$，温度升高，k_1/k_2 的值增加，说明 k_1 随温度增加得快；反之，若 $E_{a1}<E_{a2}$，温度升高，k_1/k_2 的值减小，说明 k_2 随温度增加得快。因此，几个活化能不同的反应同时进行，升高温度对活

化能大的反应有利，反之，降低温度对活化能小的反应有利。

对式（7-32）积分，可得积分式

$$\ln\frac{k_2}{k_1}=\frac{E_a}{R}\left(\frac{1}{T_1}-\frac{1}{T_2}\right) \tag{7-33}$$

利用式（7-33），若已知两个不同温度下的速率常数，可求反应的活化能；或者已知活化能和某一温度下的速率常数，可求另一温度下的速率常数。

案例 7-8

生物化学中常用温度因子 Q_{10}，即 310K 时的速率常数与 300K 时的速率常数的比值，来说明温度对酶催化反应的影响。已知某种酶的 Q_{10} 为 2.50。

问题：

此酶催化反应的活化能是多少？

案例解析：

由式 $\ln\frac{k_2}{k_1}=\frac{E_a}{R}\left(\frac{1}{T_1}-\frac{1}{T_2}\right)$

可得

$$\begin{aligned}E_a&=R\frac{T_1T_2}{T_2-T_1}\ln\frac{k_{310}}{k_{300}}\\&=8.314\times\frac{300\times310}{310-300}\times\ln 2.50\\&=70.85\ \text{kJ·mol}^{-1}\end{aligned}$$

案例 7-9

阿司匹林的水解为一级反应，反应在 373K 下速率常数为 7.92d^{-1}，反应的活化能为 56.48 kJ·mol^{-1}。

问题：

阿司匹林在室温下水解 30%所需的时间是多少？

案例解析：

设 373K 下速率常数为 k_1，298K 下速率常数为 k_2，则

$$\ln\frac{k_2}{k_1}=\frac{E_a}{R}\left(\frac{1}{T_1}-\frac{1}{T_2}\right)$$

$$\ln\frac{k_2}{7.92}=\frac{56.48\times1000}{8.314}\left(\frac{1}{373}-\frac{1}{298}\right)$$

解得 $k_2=8.09\times10^{-2}\ \text{d}^{-1}$。

代入一级反应积分方程得

$$t=\frac{1}{k_2}\ln\frac{c_0}{(1-30\%)c_0}=4.41\ \text{d}.$$

案例 7-10

某酯的皂化反应为二级反应，反应的活化能为 92.05 kJ·mol^{-1}。已知：酯和氢氧化钠的初始浓度均为 1.0 mol·L^{-1}，且在 20 ℃温度下反应半小时后，两者各消耗一半。

问题：

（1）20 ℃温度下反应 1 小时后，两者各剩多少？

（2）40 ℃温度下反应 1 小时后，两者各剩多少？

案例解析：

设 293 K（20 ℃）温度下的速率常数为 k_1，313 K（40 ℃）温度下的速率常数为 k_2。

（1）由 20 ℃温度下反应半小时后，两者各消耗一半，可知反应的半衰期为 0.5 h。代入 $t_{1/2}=\dfrac{1}{kc_0}$，得 $k_1=2.00\ \text{mol}^{-1}\cdot\text{L}\cdot\text{h}^{-1}$

将 $t=1$ h 和 $c_0=1.0\ \text{mol}\cdot\text{L}^{-1}$ 代入 $\dfrac{1}{c}-\dfrac{1}{c_0}=k_1t$

得 $c=0.33\ \text{mol}\cdot\text{L}^{-1}$。

（2）将已知数据代入 $\ln\dfrac{k_2}{k_1}=\dfrac{E_a}{R}(\dfrac{1}{T_1}-\dfrac{1}{T_2})$，

得 313 K 下的速率常数 $k_2=22.37\ \text{mol}^{-1}\cdot\text{L}\cdot\text{h}^{-1}$

将 $t=1$ h 和 $c_0=1.0\ \text{mol}\cdot\text{L}^{-1}$ 代入 $\dfrac{1}{c}-\dfrac{1}{c_0}=k_2t$

得 $c=4.28\times10^{-2}\ \text{mol}\cdot\text{L}^{-1}$。

式（7-30）～式（7-33）是 Arrhenius 方程式的几种不同表述形式，可根据合适条件选用适宜的公式进行灵活运用。Arrhenius 方程式中，E_a 和 A 均被视为与温度无关的常数，这在一定的温度范围内与实验结果吻合较好，但若温度范围较宽或较为复杂的反应，结果则偏离较大，实际运用时应加以注意。

需要指出的是，温度对反应速率的影响并非都是符合或近似符合 Arrhenius 方程式的类型。总反应的反应速率与温度之间的关系，大致有如图 7-6 所示的几种类型。图 7-6 中，(a)是根据 Arrhenius 方程式所得的在一定温度范围内的图形；(b)是总反应中含有爆炸极限的反应，反应开始时速率较慢，基本符合 Arrhenius 方程式，当温度升高到某一临界值时，反应速率迅速增大；(c)是一些酶催化反应或一些受吸附控制的多相催化反应，反应过程中有极大速率点；(d)是某些烃类的氧化反应，当温度升高时副反应增加，使反应复杂化，曲线出现最高和最低点；(e)是一类反应温度升高反应速率反而下降的反常类型，例如，一氧化氮氧化成二氧化氮就属于此种类型。

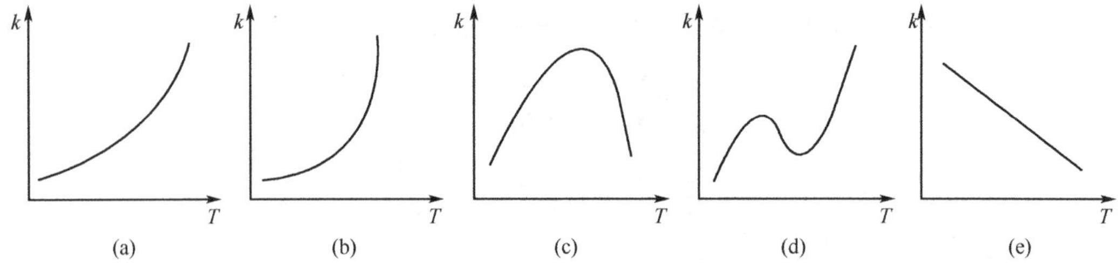

图 7-6 总反应速率与温度之间的关系示意图

二、活 化 能

Arrhenius 在解释他所提出的温度对反应速率影响的公式中，提出了活化能的概念。活化能存在的事实说明，不是所有分子都能参与反应，分子相互作用的首要条件是相互碰撞，但并不是所有的碰撞都是有效碰撞，都能发生化学反应，只有少数能量高的分子碰撞后才能发生反应，这样的分子称为活化分子。活化分子的平均能量与所有反应物分子的平均能量之差，称为活化能。

对于元反应，活化能有明确的物理意义，E_a 表征了反应分子能发生有效碰撞的能量要求，将活化能看作是分子实现反应时需要克服的能峰，这种能峰对正逆反应都存在。如图 7-7 所示，反应物 A 必须获得能量 E_{a1} 变成活化分子，才能越过能峰变成产物 P。同理，对于逆反应，P 必须获得能量 E_{a2}，才能变成 A。E_{a1} 和 E_{a2} 都是近似的与稳定无关的值，二者之差即为反应的反应热 Q。若 $E_{a1}>E_{a2}$，为吸热反应；若 $E_{a1}<E_{a2}$，为放热反应。若是等容反应，此能量为 ΔU；若为等压反应，此能量为 ΔH。例如，在一定温度 T 时等容条件下对峙进行的元反应，设 k_1、k_2 分别为正逆反应的速率常数且 $k_1>k_2$，则根据 Arrhenius 公式有

$$\frac{\mathrm{d}\ln k_1}{\mathrm{d}T}=\frac{E_{a1}}{RT^2} \qquad \frac{\mathrm{d}\ln k_2}{\mathrm{d}T}=\frac{E_{a2}}{RT^2}$$

两式相减得

$$\frac{\mathrm{d}\ln(k_1/k_2)}{\mathrm{d}T}=\frac{E_{a1}-E_{a2}}{RT^2}$$

因为 $k_1/k_2=K$，代入上式，得

$$\frac{\mathrm{d}\ln K}{\mathrm{d}T}=\frac{\Delta U}{RT^2}$$

同理可得

$$\frac{\mathrm{d}\ln K}{\mathrm{d}T}=\frac{\Delta H}{RT^2}$$

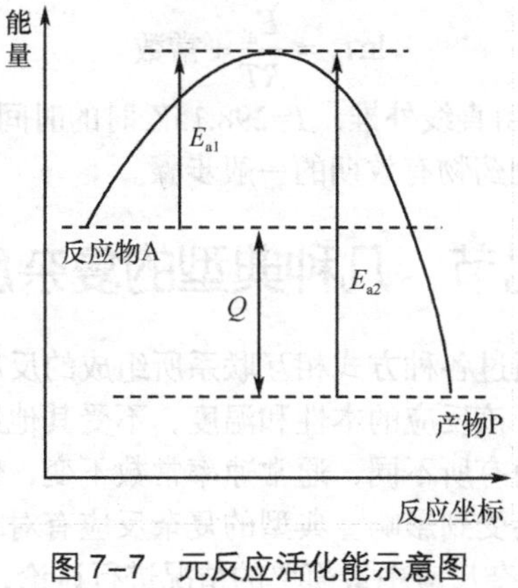

图 7-7 元反应活化能示意图

以上讨论并非严密，因为活化能 E_a 在 Arrhenius 方程式中是与温度无关的常量，而 ΔU 或 ΔH 都与温度有关，所以严格来讲，E_a 也应是温度的函数。所以有人根据 Arrhenius 方程式，提出了其修正式：

$$k=A_0T^m\exp\left(\frac{E_0}{RT}\right)$$

式中，A_0 为与温度无关的常数；m 为绝对值不大于 4 的整数或半整数；A_0、m、E_0 均由实验确定。

对于总反应，活化能没有明确的物理意义，它仅是各元反应活化能的特定组合，称为表观活化能。如果知道各元反应的活化能就能计算总反应的表观活化能，且总反应的活化能仍能看作是阻碍反应进行的一个能量因素。

三、药物有效期的预测

药物在储存过程中，常因水解、氧化、光化等原因而使有效含量逐渐降低，乃至失效。一般地，将某种药物 90%以上的有效成分未发生分解的时间称为药物的有效期（expiration time）或储存期（shelf life），常用 t_{90} 表示。

预测药物有效期的方法通常有留样观察法和加速实验法。留样观察法是将一定剂型的药物在

室温下储存，并在室温下定期测定药物含量来确定有效期。此法得到的数据较为准确，但对于放置几年而含量变化不大的药物而言，此法耗时过长。对于新剂型或新药物，常将加速实验法与留样观察法相结合考察其有效期。加速实验法就是根据化学动力学的原理，选择一些合理的高温，在较高温度下，药物的降解反应加快，然后由数学处理得出药物在室温下的有效期。一般地，加速实验法可分为恒温法和变温法，恒温法又分为经典恒温法、温度系数法和温度指数法等，为了便于理解在此只介绍经典恒温法。

经典恒温法预测药物有效期的步骤主要有：①根据药物的稳定程度，选取几个较高的实验温度，在选定的各温度下测定药物浓度随时间的变化情况；②将所测数据进行适当处理，求算出反应的降解级数 n 及各温度下反应的速率常数 k；③根据 Arrhenius 方程式，以 $\ln k$ 对 $1/T$ 作图得直线，外推可求室温下的速率常数 k_{298}；④将反应级数及速率常数代入相应的积分方程，可求出室温下药物降解至合格限所需用的时间，即有效期。

经典恒温法所需时间短，但实验及数据处理工作量大，且要求药物在降解过程中反应级数不能改变。为了简化经典恒温法的数据处理工作量，可将 Arrhenius 方程式进行适当变形，则无需求算反应级数及各温度下的速率常数也可求出药物的有效期。因为，在各级符合浓度幂次方乘积的反应中，药物分解一定百分数所需的时间 t_a 都与速率常数 k 成反比，即 $t_a k=$ 常数，将式（7-30）代入并取对数，得

$$\ln t_a = \frac{E_a}{RT} + \text{常数}$$

以 $\ln t_a$ 对 $1/T$ 作图，得一直线，由直线外推，T=298.15K 时的时间 t_{90} 即为室温下药物的有效期。

[讨论] 简述经典恒温法预测药物有效期的一般步骤。

第七节　几种典型的复杂反应

由两个或两个以上元反应通过各种方式相互联系所组成的反应称为复杂反应。原则上，任意一个元反应的速率常数仅取决于该反应的本性和温度，不受其他组分的影响，它所遵守的动力学规律也不因其他元反应的存在而有所不同，通常速率常数不变，但是其他组分的同时存在会影响组分的浓度，所以反应的速率会受到影响。典型的复杂反应有对峙反应、平行反应、连续反应、链反应等，本节仅对几种典型复杂反应中最简单的情况进行讨论，着重讨论其动力学规律及特点。

一、对峙反应

正、逆两个方向都能进行的反应称为对峙反应（opposing reaction），也称为可逆反应。这里的“可逆反应”仅指反应可以双向进行，与热力学所述的“可逆”有本质的不同。

最简单的对峙反应为 1-1 级对峙反应，如

$$\mathrm{A} \underset{k_2}{\overset{k_1}{\rightleftharpoons}} \mathrm{P}$$

$t=0$	c_0	0
$t=t$	c_A	$x=c_0-c_A$
$t=t_e$（平衡）	c_e	$x_e=c_0-c_e$

A 消耗的总反应速率为

$$r = -\frac{dc_A}{dt} = k_1 c_A - k_2 c_G = (k_1+k_2)c_A - k_2 c_0 \qquad (7\text{-}34)$$

当反应达平衡时，反应系统中各物质的浓度不再随时间的改变而变化，$\frac{dc}{dt}=0$，有

$$k_1 c_e = k_2(c_0 - c_e) \qquad (7\text{-}35)$$

即

$$\frac{k_1}{k_2}=\frac{x_e}{c_e}=K$$

式中，K 为对峙反应的平衡常数，它等于正逆反应的速率常数之比，这是简单对峙反应的一个重要特征。

将式（7-35）移项处理后代入式（7-34），得

$$-\frac{dc_A}{dt}=(k_1+k_2)(c_A-c_e) \tag{7-36}$$

移项并积分，得

$$\ln\frac{c_0-c_e}{c_A-c_e}=(k_1+k_2)t \tag{7-37}$$

式（7-37）为 1-1 级对峙反应达平衡前的动力学方程，其形式与单向的一级反应相似，不同的是 1-1 级对峙反应达无穷时，反应物浓度具有一定数值，而单向一级反应中反应物的浓度却趋于零。

严格地说，任何反应都不能进行到底，都是对峙反应，当偏离平衡态太远或正反应速率远大于逆反应速率时，逆向反应往往忽略不计，可按一级反应处理。

二、平 行 反 应

当反应物同时进行两个或两个以上不同的反应时称为平行反应（parallel reaction）。这类反应在有机化学中很常见，如苯的硝化反应可同时生成邻、对、间位的硝基甲苯。生物体内的 AMP（腺苷酸）同时转化成 ATP（三磷酸腺苷）和 IMP（肌苷酸）的反应也属于平行反应。平行反应可分为具有相同级数和不同级数的反应，为简便起见，这里只讨论最简单的两个都是一级的平行反应。如

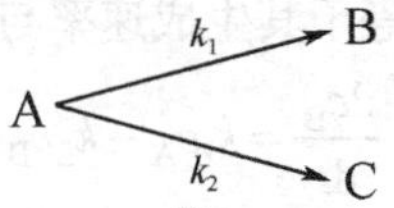

	A	B	C
$t=0$	c_0	0	0
$t=t$	c_A	c_B	c_C

两个分支反应的速率方程分别为

$$\frac{dc_B}{dt}=k_1c_A \qquad \frac{dc_C}{dt}=k_2c_A$$

两分支平行反应的速率之比为

$$\frac{dc_B/dt}{dc_C/dt}=\frac{k_1}{k_2}$$

由于两个分支反应同时进行，若反应开始时并无产物存在，则其分支反应的速率之比等于各产物的生成数量之比，即

$$\frac{c_B}{c_C}=\frac{k_1}{k_2} \tag{7-38}$$

式（7-38）表明，若反应开始前无产物存在，则在反应过程中产物的浓度比值不变，始终等于各分支反应的速率常数之比。这是平行反应最主要的特点。

两个分支反应同时进行，根据反应独立共存原理，反应的总速率等于两个分支反应的速率之和，有

$$-\frac{dc_A}{dt}=(k_1+k_2)c_A$$

移项并积分，得

$$\ln\frac{c_0}{c_A}=(k_1+k_2)t \tag{7-39}$$

从反应总速率看，具有相同级数的平行反应，其反应总速率常数等于各分支平行反应的速率常数之和，所以总反应速率取决于各分支平行反应中反应最快的一支。实际应用中，为了更多地获得某一产品，常采用添加催化剂、改变温度等方法来改变各平行反应中各分支反应的相对速率。例如，若目标产物反应的活化能高于其他分支反应，则可适当提高反应温度；反之，可适当降低反应温度。当然，实际操作温度的选择还需结合其他因素综合考虑。

三、连续反应

若一个复杂反应需要经历几个连续步骤才能完成，且前一步反应的产物为下一步反应的反应物，如此连续进行，此种反应称为连续反应（consecutive reaction）。放射性元素的衰变、多糖的水解反应等都属于连续反应。

最简单的连续反应是两个单向连续进行的一级反应，如

$$
\begin{array}{lccccc}
 & A & \xrightarrow{k_1} & B & \xrightarrow{k_2} & C \\
t=0 & c_0 & & 0 & & 0 \\
t=t & c_A & & c_B & & c_C
\end{array}
$$

对于反应物 A，速率方程为

$$-\frac{dc_A}{dt}=k_1c_A$$

移项并积分，得

$$c_A=c_0\exp(-k_1t) \tag{7-40}$$

对于中间产物 B，生成它的净速率等于其生成速率与消耗速率之差

$$\frac{dc_B}{dt}=k_1c_A-k_2c_B$$

将式（7-40）代入上式，得

$$\frac{dc_B}{dt}=k_1c_0\exp(-k_1t)-k_2c_B$$

即

$$\frac{dc_B}{dt}+k_2c_B=k_1c_0\exp(-k_1t)$$

解此一次线性微分方程，得

$$c_B=\frac{k_1c_0}{k_2-k_1}[\exp(-k_1t)-\exp(-k_2t)] \tag{7-41}$$

对于最终产物 C，其浓度为 $c_C=c_0-c_A-c_B$，将式（7-40）和式（7-41）代入，得

$$c_C=c_0\{1-\frac{1}{k_2-k_1}[k_2\exp(-k_1t)-k_1\exp(-k_2t)]\} \tag{7-42}$$

根据式（7-40）、式（7-41）和式（7-42）作浓度对时间的图，如图 7-8（a）所示。由图可看出，反应物 A 的浓度随反应的进行逐渐降低，很快趋于零；最终产物 C 的浓度随时间的增加而逐渐增大；中间产物 B 的浓度开始时随时间的增加而增大，当达到某一极大值后又随反应的进行而降低。连续反应中，中间产物的量随反应的进行先增加后减小，这是连续反应的一个主要特点。连续反应的另一个主要特征是总反应的反应速率取决于反应过程中最慢的一步，此步骤也被称为速控步骤（rate controlling step）。图 7-8（b）为 $k_1 \ll k_2$ 的情况，图 7-8（c）为 $k_1 \gg k_2$ 的情况。

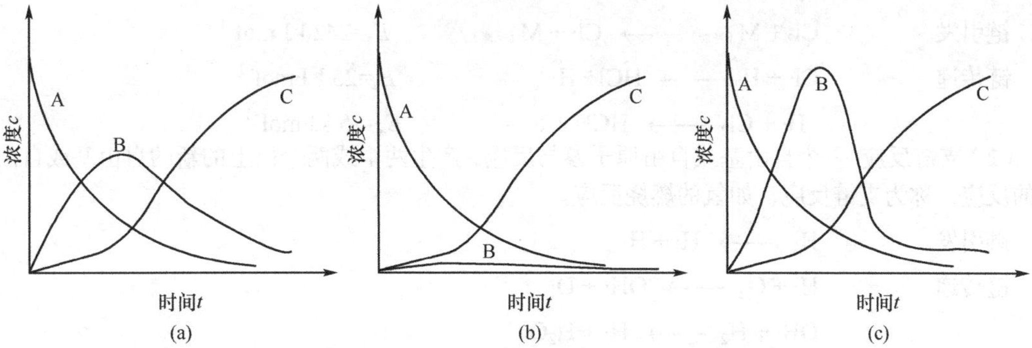

图 7-8　连续反应中浓度随时间的变化关系

在实际生产中，对于一般的反应来说，反应的时间越长，得到的最终产物越多，但如果需要的是中间产物，则需要通过控制反应时间来实现。浓度极大值 $c_{B,m}$ 出现的时间 t_m，可通过动力学方程式（7-41）来求算。将式（7-41）对 t 微分，当浓度有极大值时，$\frac{dc_B}{dt}=0$，解得

$$t_m=\frac{\ln(k_2/k_1)}{k_2-k_1} \tag{7-43}$$

将 t_m 代入式（7-41），得

$$c_{B,m}=c_0\left(\frac{k_1}{k_2}\right)^{\frac{k_2}{k_2-k_1}} \tag{7-44}$$

四、链 反 应

链反应是一类比较特殊的复杂反应，它与一般反应不同，只要用光、热、辐射等方法使反应引发，它便能通过活性组分（自由基或自由原子）的生成和消失，相继发生一系列的连续反应，像链条一样，称为链反应（chain reaction）。链反应由大量的、反复循环的连续反应组成，通常有自由基或自由原子参与反应。链反应是化学反应中普遍且重要的类型，许多重要的化学反应过程都与链反应有关。如有机化合物在空气中的氧化，石油裂解，燃料的燃烧，塑料、大分子化合物的制备，橡胶的合成等。所有的链反应，一般都由下述三个步骤组成：

1. 链引发　链引发是反应分子借助光、热、高能辐射或加入引发剂等方式产生自由基或自由原子等活性分子的过程。链引发是链反应过程中最难进行的步骤，需要断裂分子中的化学键，所以需要的活化能与断裂化学键所需能量是同一个数量级，一般为 200～400kJ·mol^{-1}。自由基或自由原子具有很高的活性，非常不稳定，一经生成就会立刻同其他物质发生反应。

2. 链传递　即自由基或自由原子与饱和分子反应生成新的分子和自由基或自由原子，新的自由基或自由原子又与其他饱和分子反应……如此循环反复进行的过程。若不受阻，反应会一直进行下去直至反应物消耗完。链传递是链反应中最活跃的步骤，是链反应的主体，自由基或自由原子具有较强的反应能力，产生一个自由基或自由原子即可使大量反应物分子发生反应。此过程的活化能很小，一般小于 40kJ·mol^{-1}，所以进行得很快。

根据链的传递方式的不同，链反应可分为直链反应（straight chain reaction）和支链反应（branched chain reaction）两种类型。

（1）直链反应　在链增长过程中，一个自由基或自由原子参与反应后只产生一个新的自由基或自由原子的链反应，称为直链反应。如氯化氢的气相合成反应[Cl_2（g）+ H_2（g）$\longrightarrow$ 2HCl（g）]就是一个直链反应。

链引发 $Cl_2 + M_{(高能)} \longrightarrow Cl\cdot + M_{(低能)}$ $E_a = 242\ kJ\cdot mol^{-1}$

链传递 $Cl\cdot + H_2 \longrightarrow HCl + H\cdot$ $E_a = 25\ kJ\cdot mol^{-1}$

$H\cdot + Cl_2 \longrightarrow HCl + Cl\cdot$ $E_a = 25\ kJ\cdot mol^{-1}$

（2）支链反应 一个自由基或自由原子参与反应，产生两个或两个以上的新的自由基或自由原子的反应，称为支链反应，如氢的燃烧反应。

链引发 $H_2 \longrightarrow H\cdot + H\cdot$

链传递 $H\cdot + O_2 \longrightarrow OH\cdot + O\cdot$

$OH\cdot + H_2 \longrightarrow H\cdot + H_2O$

$O\cdot + H_2 \longrightarrow H\cdot + OH\cdot$

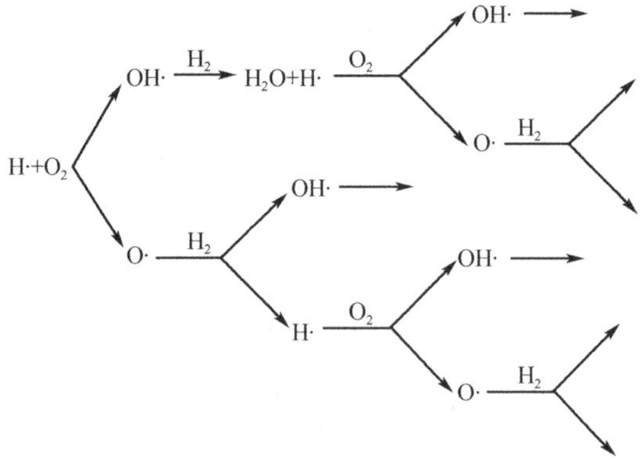

支链反应中由于自由基或自由原子数目的增加而导致反应速率急剧增大，往往会导致爆炸。但并不是所有的支链反应在任何条件下都会爆炸，只要条件控制得当，支链反应也可以平稳进行。例如，原子反应堆中核燃料采用低富铀，用重水或石墨作中子减速剂，并备有中子吸收装置，随时对中子数目进行控制，使核支链反应服务于核电站或其他领域，为人类造福。

3. 链终止 链终止是自由基或自由原子消除的过程，是链反应的最后阶段。自由基消除的过程，可以是自由基相互结合生成稳定分子，也可以是碰到器壁或其他惰性粒子，失去能量变为普通分子。因此改变反应器的形状或表面涂料、增加填充物等都有可能影响链反应的反应速率，这种器壁效应是链反应的特点之一。减小容器体积、改变器壁表面积、加入固体惰性粉末等，都可以使链反应速率减小或使反应终止。

由于链反应较为特殊，含有自由基，自由基具有很高的活性，不能稳定存在，一经生成就会立刻同其他物质发生反应，所以链反应速率方程的建立，常常要用到本章第八节所介绍的复杂反应的一些近似处理方法。

第八节 复杂反应的近似处理方法

对于复杂的连续反应，要从数学上严格求出许多联立微分方程的解，从而求得反应过程中出现的各物质浓度与时间的关系是非常困难的。所以，一般常采用一些近似方法来简化处理，常用的主要有速控步骤近似法、稳态近似法和平衡态近似法等。

一、速控步骤近似法

连续反应中，总反应的反应速率取决于反应过程中最慢的一步，即速控步骤，用速控步骤的反应速率求算总反应的反应速率，此种处理方法称为**速控步骤近似法**（rate controlling process approximation method）。

速控步骤的速率与其他各步的速率相差越大，所得结果越准确。例如，在前述连续反应 $A \xrightarrow{k_1} B \xrightarrow{k_2} C$ 中，最终产物 C 的准确浓度为式(7-42)所计算数值。此连续反应中，若 $k_1 \ll k_2$，式（7-42）可简化成 $c_C = c_0[1-\exp(-k_1 t)]$。此求解过程若用速控步骤近似法处理，则可大大简化计算过程。因为 $k_1 \ll k_2$，说明反应的第一步为速控步骤，所以总反应的速率方程可用 $-\frac{dc_A}{dt} = k_1 c_A$ 表示，积分后得式（7-40），整个反应过程中有 $c_C = c_0 - c_A - c_B$，由于 $k_1 \ll k_2$，所以中间产物在反应过程中的浓度近似为零，有 $c_C = c_0[1-\exp(-k_1 t)]$。可见，用速控步骤近似法可得到和精确简化后相同的结果，但求解过程却更为简单。为简化求解过程，速控步骤近似法在连续反应中会经常用到。

二、稳态近似法

连续反应 $A \xrightarrow{k_1} B \xrightarrow{k_2} C$ 中，若 $k_1 \ll k_2$，则中间产物 B 一经生成就立刻进行下一步的反应，在整个反应过程中 B 的浓度一直处于很小的状态，中间产物的生成与消耗速率几乎相等，B 的浓度近似为常数，反应达稳定状态，B 的浓度不随时间的变化而变化，即

$$\frac{dc_B}{dt} = 0$$

这样的处理方法称为稳态近似法（steady state approximation method）。

只有在流动的敞开系统中，通过控制条件，才有可能使反应系统中各物种的浓度保持一定，不随时间改变。而在封闭系统中，由于反应物浓度不断降低，产物浓度不断升高，要保持中间产物的浓度不随时间改变，严格讲是不大可能的。所以，稳态处理法只是一种近似方法，但此法却能解决很多问题，且能简化求解过程。例如，对于前述连续反应 $A \xrightarrow{k_1} B \xrightarrow{k_2} C$ 中，数学精确求解中间产物 B 的准确浓度为式（7-41）。此连续反应中，若 $k_1 \ll k_2$，式（7-41）可简化成

$$c_B = \frac{k_1}{k_2} c_0 \exp(-k_1 t) = \frac{k_1}{k_2} c_A$$

此求解过程若用稳态近似法处理，则有

$$\frac{dc_B}{dt} = k_1 c_A - k_2 c_B = 0 \text{，即} \quad c_B = \frac{k_1}{k_2} c_A$$

可见，用稳态近似法大大简化了求解过程。

三、平衡态近似法

如果一个连续反应的反应历程中包含一个快速平衡的对峙反应，其后是一个速控步骤，则总反应速率仅取决于速控步骤，即它前面的平衡过程，与速控步骤后面的各快速反应无关。因速控步骤的反应很慢，假定快速平衡反应不受其影响，各正、逆向的反应间的平衡关系仍然存在，所以可以利用快速对峙反应的平衡常数 K 及反应物浓度来求算中间产物的浓度。这种处理方法称为**平衡态近似法**（equilibrium state approximation method）。之所以称其为近似法，是因为在化学反应进行的系统中，完全平衡是达不到的。

设某总反应为 A＋B ⟶ P，反应的催化剂为 K，其反应历程为

$$(1) \qquad A+K \underset{k_2}{\overset{k_1}{\rightleftharpoons}} AK$$

$$(2) \qquad AK+B \xrightarrow{k_3} P+K$$

若上述反应满足 $k_2 \gg k_3$ 且 $k_2 \gg k_1$ 两个条件，则可用平衡态近似法。由于 $k_2 \gg k_3$，所以步骤（2）

为速控步骤，反应的总速率为

$$\frac{\mathrm{d}c_{\mathrm{P}}}{\mathrm{d}t}=k_3c_{\mathrm{AK}}c_{\mathrm{B}}$$

运用平衡态近似法，当步骤（1）处于平衡时，有

$$K=\frac{k_1}{k_2}=\frac{c_{\mathrm{AK}}}{c_{\mathrm{A}}c_{\mathrm{K}}}\text{，即 }c_{\mathrm{AK}}=\frac{k_1}{k_2}c_{\mathrm{A}}c_{\mathrm{K}}$$

代入总速率方程，得

$$\frac{\mathrm{d}c_{\mathrm{P}}}{\mathrm{d}t}=k_3c_{\mathrm{AK}}c_{\mathrm{B}}=\frac{k_1k_3}{k_2}c_{\mathrm{K}}c_{\mathrm{A}}c_{\mathrm{B}}=k'c_{\mathrm{A}}c_{\mathrm{B}}$$

式中，k' 为表观速率常数。

速控步骤近似法、稳态近似法和平衡态近似法都是处理化学动力学过程的近似方法，对于复杂反应，恰当合理地选用上述方法，可以方便地求出与实验结果相吻合的速率方程，极大地简化求算过程。

第九节　反应速率理论简介

一、碰 撞 理 论

当人们发现了一些有关化学反应的规律之后，就希望能从理论上对这些规律加以解释，并利用反应速率理论来预言化学反应的速率。初期的反应速率理论往往与解释和完善阿伦尼乌斯经验公式有关。1818 年，路易斯（W. C. M. Lewis）在 Arrhenius 提出的活化能概念的基础上，结合气体分子运动论，建立了反应速率的碰撞理论（collision theory）。

碰撞理论有如下的基本假定：

（1）分子必须经过碰撞才能发生反应，但并不是每次碰撞都一定发生反应。

（2）相互碰撞的一对分子所具有的平动能必须足够高，并超过某一临界值，才能发生反应。这样的分子称为活化分子，活化分子的碰撞称为有效碰撞。

（3）单位时间单位体积内发生的有效碰撞次数就是化学反应的速率。

以双分子反应为例

$$\mathrm{A+D\longrightarrow G}$$

式中，A、D 代表反应物分子，G 代表产物分子。令单位时间单位体积内分子 A 和 D 的碰撞总次数为 Z_{AD}，称为碰撞频率（collision frequency）。其中有效碰撞次数所占的比例称为有效碰撞分数（effective collision fraction），这一分数等于活化分子数 N_i 在总分子数 N 中所占的比值 N_i/N。则反应速率为

$$-\frac{\mathrm{d}N_{\mathrm{A}}}{\mathrm{d}t}=Z_{\mathrm{AD}}\frac{N_i}{N} \tag{7-45}$$

式中，N 为单位体积中的反应物分子数。碰撞理论就是要由气体分子运动论计算出 Z_{AD} 和 N_i/N，从而求得反应速率和速率常数。

Z_{AD} 和 N_i/N 与分子的形状和分子之间的相互作用情况有关。为简化计算，在简单碰撞理论中作了如下假设：

（1）子为简单的刚性球体（这对结构比较简单的分子来说，可以近似地认为是正确的）。

（2）分子之间除了在碰撞的瞬间外，没有其他相互作用。

（3）在碰撞的瞬间，两个分子的中心距离为它们的半径之和。

这样的分子模型称为**硬球分子模型**（molecular model of hard sphere）。硬球分子毕竟不同于真

实分子，所以简单碰撞理论得到的定量结果往往与实验事实有相当的差距。

根据气体分子运动论，两种硬球分子 A 和 D 在单位时间单位体积内的碰撞次数为

$$Z_{AD} = N_A N_D (r_A + r_D)^2 \sqrt{\frac{8\pi RT}{\mu}} \tag{7-46}$$

式中，N_A、N_D 分别为单位体积内 A、D 分子的个数；r_A、r_D 分别为 A、D 分子的半径；μ 为 A、D 分子的折合摩尔质量，$\mu = M_A M_D / (M_A + M_D)$，$M_A$、$M_D$ 分别为 A、D 分子的摩尔质量；T 为热力学温度。Z_{AD} 的单位为 $m^{-3}\cdot s^{-1}$。

根据 Boltzmann（玻尔兹曼）能量分布定律，气体平动能超过某一临界值 E_c 的分子，即活化分子，在总分子中所占的比例为

$$\frac{N_i}{N} = \exp\frac{-E_c}{RT} \tag{7-47}$$

式中，E_c 为气体分子的临界平动能，其单位为 $J\cdot mol^{-1}$。

将式（7-46）和式（7-47）代入式（7-45），并将式（7-45）中单位体积内气体分子数 N 改用摩尔浓度 c，$c = N/L$，L 为阿伏伽德罗常量，得反应速率方程

$$-\frac{dc_A}{dt} = Lc_A c_D (r_A + r_D)^2 \sqrt{\frac{8\pi RT}{\mu}} \exp\frac{-E_c}{RT} \tag{7-48}$$

与由质量作用定律所得的双分子反应速率方程 $-\frac{dc_A}{dt} = k_A c_A c_D$ 相比较，得双分子反应速率常数

$$k_A = L(r_A + r_D)^2 \sqrt{\frac{8\pi RT}{\mu}} \exp\frac{-E_c}{RT} \tag{7-49}$$

对于特定的反应，r_A、r_D 和 μ 都是常数，恒温下 $L(r_A + r_D)^2 \sqrt{8\pi RT/\mu}$ 也为常数，令其为 Z_{AD}^θ，与式（7-46）比较，得

$$Z_{AD}^\theta = \frac{Z_{AD}}{Lc_A c_D}$$

则式（7-49）可写为

$$k = k_A = Z_{AD}^\theta \exp\frac{-E_c}{RT} \tag{7-50}$$

式中，Z_{AD}^θ 称为频率因子，其物理意义是当反应物为单位浓度时，在单位时间单位体积内以物质的量表示的 A、D 分子相互碰撞的次数，单位为 $m^3\cdot mol^{-1}\cdot s^{-1}$；$E_c$ 为发生反应的最小临界能，即活化分子应具有的最低能量。在碰撞理论中，E_c 也称为活化能。

式（7-50）与 Arrhenius 公式 $k = A\cdot\exp(-E_a/RT)$ 在形式上极为相似。频率因子 Z_{AD}^θ 相当于 Arrhenius 公式中的指前因子 A（A 因此也被称为频率因子），E_c 相当于 Arrhenius 公式中的活化能 E_a。这样，Arrhenius 公式中的经验常数 A 在这里找到了物理意义，即表示当反应物为单位浓度时，在单位时间单位体积内以物质的量表示的 A、D 分子相互碰撞的次数。

应当指出，Z_{AD}^θ 和 E_c 虽然在形式上分别与 A 和 E_a 相当，但其物理意义并非严格一致。在 Arrhenius 经验公式中，A 为与温度无关的常数；而在碰撞理论中，Z_{AD}^θ 正比于温度的平方根，将 Z_{AD}^θ 表达为 $Z_{AD}^\theta = Z'\sqrt{T}$，则式（7-50）可写作

$$k = Z'\sqrt{T}\exp\frac{-E_c}{RT} \tag{7-50a}$$

将等式两端取对数后，对 T 微分，得

$$\frac{d\ln k}{dT} = \frac{RT/2 + E_c}{RT^2}$$

与 Arrhenius 公式的微分形式

$$\frac{\mathrm{d}\ln k}{\mathrm{d}T}=\frac{E_a}{RT^2}$$

相比较，得

$$E_a=E_c+\frac{RT}{2}$$

通常 E_a 或 E_c 都远大于 $RT/2$，因此可以认为 $E_a\approx E_c$。

对大多数反应来说，实验测得的速率常数 k 常小于碰撞理论的计算值，有时要小很多。为纠正这一误差，可在式（7-50）中引入一个校正因子 P，得

$$k=PZ_{AD}^{\theta}\exp\frac{-E_c}{RT} \tag{7-50b}$$

P 为一校正常数，称为概率因子（或空间因子、方位因子），其值一般为 10^{-9}～1。P 的物理意义一般定性地解释为：当两个活化分子相互碰撞时，也并非都能发生反应。只有发生在活化分子中特定部位（一般是反应基团所在部位）的碰撞，才能发生化学反应。这样的碰撞才是真正的有效碰撞，它们在活化分子之间碰撞总数中所占的比例，即为概率因子 P。上述解释在 P 值很低（如 $P=10^{-6}$）时就显得过于勉强，在少数反应中 P 值大于 1，也与上述解释相抵触。

碰撞理论不但解释了 Arrhenius 公式中 $\ln k$ 与 $1/T$ 的线性关系，而且根据式（7-50a），若以 $\ln(k/\sqrt{T})$ 对 $1/T$ 作图，将得到更好的直线，尤其是在温度较高时，实验结果证实了这一点。但是由于碰撞理论没有考虑碰撞时分子内部结构及能量的变化细节，因而存在着一些不可避免的缺陷，如临界能 E_c 不能由理论计算得出，频率因子 Z_{AD}^{θ} 的计算值与实验结果有相当的差距，对概率因子 P 未能作出令人信服的解释。

二、过渡态理论

1935 年以后，Eyring（埃林）、Polanyi（波兰尼）等在统计力学量子力学发展的基础上提出了反应速率的**过渡态理论**（transition state theory，TST）。该理论避免了碰撞理论的某些不足之处，并在原则上提供了一种方法，只需知道分子的某些基本性质，如振动频率、质量、核间距离等，即可计算反应速率常数。故该理论又被称为**绝对反应速率理论**（absolute rate theory，ART）。

过渡态理论的基本假定是：

（1）反应体系的势能是原子间相对位置的函数。

（2）在由反应物生成产物的过程中，分子要经历一个价键重排的过渡阶段。处于这一过渡阶段的分子称为**活化配合物**（activated complex）或**过渡态**（transition state）。

（3）活化配合物的势能高于反应物或产物的势能。此势能是反应进行时必须克服的势垒。

（4）活化配合物与反应物分子处于某种平衡状态。总反应速率取决于活化配合物的分解速率。

设有双分子反应

$$A+BC\longrightarrow AB+C$$

式中，A、B 和 C 都是原子。在单原子分子 A 与双原子分子 BC 碰撞生成产物 AB 和 C 的过程中，A、B、C 三原子间相互作用的势能与它们之间的距离 r_{AB}、r_{BC}、r_{AC}（或与 r_{AB}、r_{BC} 及其夹角 θ）有关。令 E 为这一势能，则

$$E=f(r_{AB},\ r_{BC},\ r_{AC})\ 或\ \ E=f(r_{AB},\ r_{BC},\ \theta)$$

若要用图形表达势能与三个独立变量 r_{AB}、r_{BC}、r_{AC}（或与 r_{AB}、r_{BC}、θ）之间的关系，则需用一个无法在纸面上画出的四维图形。此时可令其中一个变量（如 θ）为常数，则

$$E=f(r_{AB},\ r_{BC})$$

这样势能与 r_{AB}、r_{BC} 之间的关系就可以用一个三维立体图形来表达。

两个原子（或分子）之间既存在着引力，也存在着斥力，两者皆随原子间距离的增大而减弱，但斥力比引力减弱得更快。当两原子相距无穷远时，它们之间的引力和斥力都为零，体系的势能也为零；当它们逐渐靠近时，势能逐渐减小；当两原子间距离 r 为某一特定值时，体系的势能达一极小值；此后若两原子继续靠近，则它们之间斥力迅速增大，势能也随之迅速增大。图 7-9 为两原子间距离与体系势能之间的关系，图中 r_0 为双原子分子中的平均核间距离。

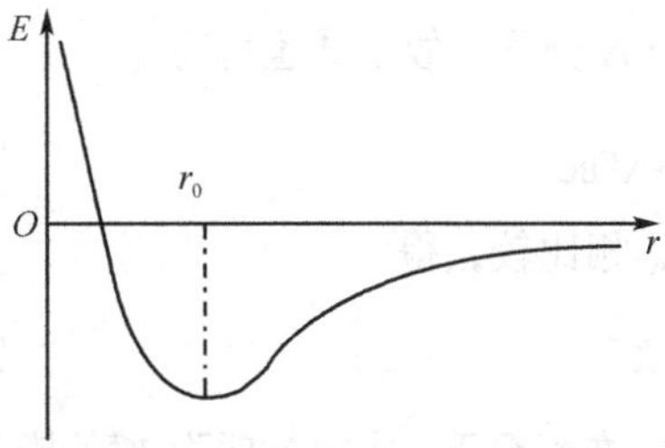

图 7–9 双原子体系的势能曲线

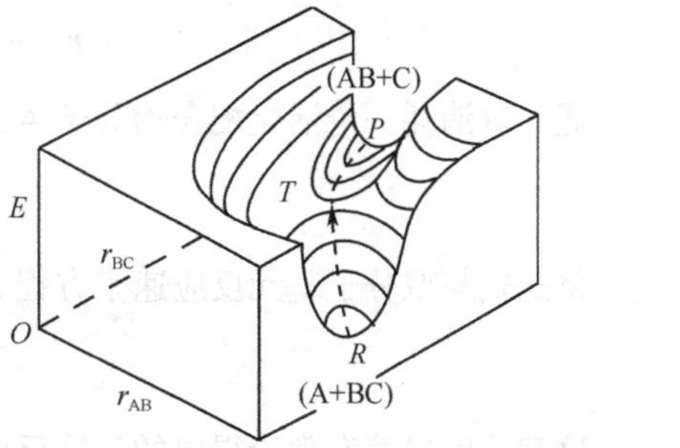

图 7–10 反应 A + BC ⟶ AB + C 的势能面

图 7-10 中的 R 点为反应的始态（A+BC），P 点为反应的终态（AB+C）。R 点和 P 点都处于势能面上的低谷（相当于图 7-9 中的 r_0）。当 A 原子沿 B—C 分子连心线 B 原子侧向 BC 分子逐渐靠近时，r_{AB} 逐渐减小而 r_{BC} 逐渐增大，体系的势能沿 RT 线逐渐升高，到 T 点时体系的势能达一极大值。T 点称为**鞍点**（saddle point）。过 T 点后，体系的势能沿 TP 线下降直到 P 点。此时 A、B 原子结合成分子而 C 原子离去，途径 RTP 称为**反应坐标**（reaction coordination）。与 T 点相应的构型称为**活化配合物或过渡态**。

图 7-10 中 T 点与 R 点的势能之差称为势垒，记为 E_b。E_b 即为过渡态理论中反应的活化能，严格地讲为温度 $T = 0$K 时的活化能 E_0，见图 7-11。

图 7-11 画出了反应物、产物和活化配合物的振动能级。振动能即使在温度为 0K 时也不会消失，此时的振动能称为**零点能**（zero-point energy）。活化配合物的零点能与反应物的零点能之差，就是温度为 0K 时反应的活化能 E_0。由图 7-10 可看出，反应途径 RTP 是反应中所需势能最低的途径，即反应最容易进行的途径，其他任何可能的途径所需克服的势垒，都较这一途径高。

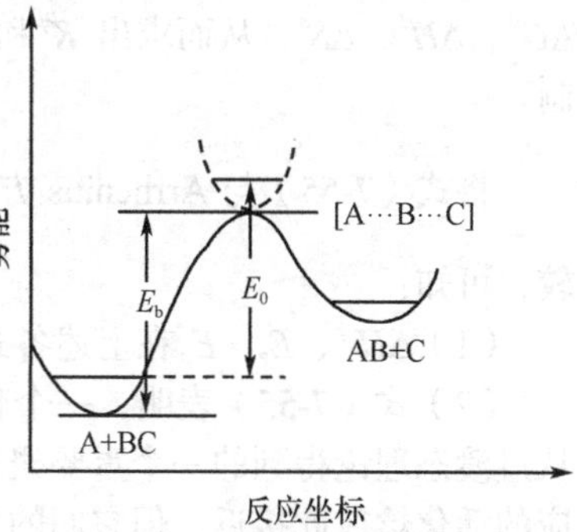

图 7–11 反应历程势能图

过渡态理论也认为反应物分子必须发生有效碰撞才能反应，并且对有效碰撞的过程有较详细的描述。以上述双分子反应为例：

$$\mathrm{A+BC} \rightleftharpoons [\mathrm{A\cdots B\cdots C}] \longrightarrow \mathrm{AB+C}$$

A 和 BC 分子的有效碰撞是通过 A、B、C 三个原子的几何构型（或相对位置）的连续变化来实现的。其中一个势能最高（相应于势能曲面上的鞍点 T）的构型，即活化配合物（或过渡态）$[\mathrm{A\cdots B\cdots C}]^{\neq}$。

过渡态理论还认为，活化配合物很不稳定，它一方面与反应物很快建立热力学平衡

$$K^{\neq} = \frac{c_{\mathrm{ABC}^{\neq}}}{c_{\mathrm{A}}c_{\mathrm{BC}}} \tag{7-51}$$

另一方面活化配合物又由于沿反应途径方向的振动而分解为产物。其分解速率决定了总反应速率。

该理论进一步认为，由于活化配合物很不稳定，通常只需沿反应途径方向振动一次即可使其

分解为产物，若以 $\nu^{\neq}$表示这一振动的频率，则其分解速率为

$$-\frac{\mathrm{d}c_{\mathrm{ABC}^{\neq}}}{\mathrm{d}t}=\nu^{\neq}c_{\mathrm{ABC}^{\neq}} \tag{7-52}$$

根据量子理论，$\nu=\varepsilon/h$，h 为 Planck 常量，ε 为一个振动自由度的能量，ε=动能+势能= $k_{\mathrm{B}}T$；k_{B} 为 Boltzmann 常量。因此，式（7-52）中 $\nu^{\neq}=k_{\mathrm{B}}T/h$。再将式（7-51）代入式（7-52），得

$$r=-\frac{\mathrm{d}c_{\mathrm{ABC}^{\neq}}}{\mathrm{d}t}=\frac{k_{\mathrm{B}}T}{h}K^{\neq}c_{\mathrm{A}}c_{\mathrm{BC}}$$

通常每消耗一个活化配合物分子 ABC，也将消耗一个 A 分子，故上式也可写作

$$r=-\frac{\mathrm{d}c_{\mathrm{A}}}{\mathrm{d}t}=\frac{k_{\mathrm{B}}T}{h}K^{\neq}c_{\mathrm{A}}c_{\mathrm{BC}} \tag{7-53}$$

将此式与双分子基元反应速率方程 $r=-\mathrm{d}c_{\mathrm{A}}/\mathrm{d}t=kc_{\mathrm{A}}c_{\mathrm{BC}}$ 相比较，得

$$k=\frac{k_{\mathrm{B}}T}{h}K^{\neq}=\frac{RT}{Lh}K^{\neq} \tag{7-54}$$

这就是由过渡态理论得出的计算反应速率的基本公式。在恒温下，式中各项除 $K^{\neq}$外皆为常数，与具体的反应无关。只要能计算出 $K^{\neq}$，就能求出速率常数 k。

以 $\Delta G^{\neq}$、$\Delta H^{\neq}$、$\Delta S^{\neq}$分别表示在标准状态下，由反应物生成活化配合物这一过程中体系的状态函数 G、H、S 的增量，分别称为活化吉布斯能、活化焓和活化熵。将化学反应等温式 $-RT\ln K^{\neq}=\Delta G^{\neq}=\Delta H^{\neq}-T\Delta S^{\neq}$ 整理后代入式，得

$$k=\frac{RT}{Lh}\exp\frac{\Delta S^{\neq}}{R}\exp\frac{-\Delta H^{\neq}}{RT} \tag{7-55}$$

原则上只要知道活化配合物的结构，就可以用热力学、量子力学和物质结构的数据计算出 $\Delta G^{\neq}$、$\Delta H^{\neq}$、$\Delta S^{\neq}$，从而求出 $K^{\neq}$和 k。但因活化配合物的结构很难确定，使这一理论的应用受到限制。

将式（7-55）与 Arrhenius 方程 $k=A\exp\left(\frac{-E_{\mathrm{a}}}{RT}\right)$ 及碰撞理论速率公式 $k=PZ_{\mathrm{AD}}^{\theta}\exp\left(\frac{-E_{\mathrm{c}}}{RT}\right)$ 相比较，可知：

（1）$\Delta H^{\neq}$、E_{a}、E_{c} 在上述各式中的地位相似，温度不高时数值相近，但物理意义不同。

（2）式（7-55）表明，一个化学反应的速率是由活化焓和活化熵两个因素共同决定的，这是从过渡态理论得到的一个重要概念。而这两者对速率常数的影响刚好相反。这就是为什么有些反应的活化焓彼此接近，但它们的反应速率却相差很大；而有些反应的活化焓虽然彼此相差很大，但在相同条件下反应速率仍很接近。这主要是由于它们的活化熵不同引起的。

（3）$\frac{RT}{Lh}\exp\frac{\Delta S^{\neq}}{R}$ 与 $PZ_{\mathrm{AD}}^{\theta}$ 在公式中地位相似，且 Z_{AD}^{θ} 的数值与 $\frac{RT}{Lh}$ 相近，$\exp\frac{\Delta S^{\neq}}{R}$ 与 P 相近。因此，概率因子 P 的大小取决于活化熵。除单分子外，形成活化配合物表示系统的混乱度下降，$\Delta S^{\neq}$为负值。从活化熵的概念可以说明为什么不同的反应，它们的概率因子 P 会相差如此悬殊（从 10^{-9} 到 1），这主要是活化熵相差很大造成的。这为碰撞理论中概率因子 P 的合理解释提供了依据。

第十节　溶液中的反应

和气相反应相比，溶液中的化学反应更为常见。由于溶剂的存在，溶液中的反应比气相中的反应要复杂得多。最简单的情况是溶剂仅仅作为介质，对反应物分子是惰性的。在这种情况下，溶液中反应的动力学参数与气相中的相近。表 7-2 列出 N_2O_5 在一些溶剂中的分解反应就是这种情况。

表 7-2　N_2O_5 在不同溶剂中分解的数据（298.15K）

溶剂	$10^5\ k$ / s^{-1}	lnA / s^{-1}	E_a / (kJ / mol)
气相	3.38	31.3	103.3
CCl_4	4.09	31.3	101.3
$CHCl_3$	3.72	31.3	102.5
$C_2H_2Cl_2$	4.79	31.3	102.1
CH_3NO_3	3.13	31.1	102.5
Br_2	4.27	30.6	100.4

但更多的情况是溶剂影响化学反应。同一个反应在气相中进行和在液相进行可有不同的速率、不同的反应机制及生成不同的产物，这些都是溶剂效应引起的。溶剂效应对溶液中化学反应的影响可分为两大类：物理效应和化学效应。物理效应是指由于溶剂化而使反应物具有离解、传能与传质作用以及溶剂的介电性质对离子反应物间的相互作用。化学效应是指溶剂分子的催化作用以及溶剂分子作为反应物或产物直接参与化学反应。因此，研究溶剂效应对化学反应的影响就成为研究溶液反应动力学的主要内容。

一、笼　效　应

溶液中每个分子的运动都受到相邻分子的阻碍。反应物分子都可视为被周围的溶剂分子包围着，发生反应的分子通过扩散穿过周围的溶剂分子之后，才能彼此接近发生反应。反应后生成的产物分子也要穿过周围的溶剂分子扩散后而离开。从微观角度看，可以形象地将周围的溶剂分子看成是一个笼（cage），反应物 A 和 B 处于笼中，如图 7-12 所示。

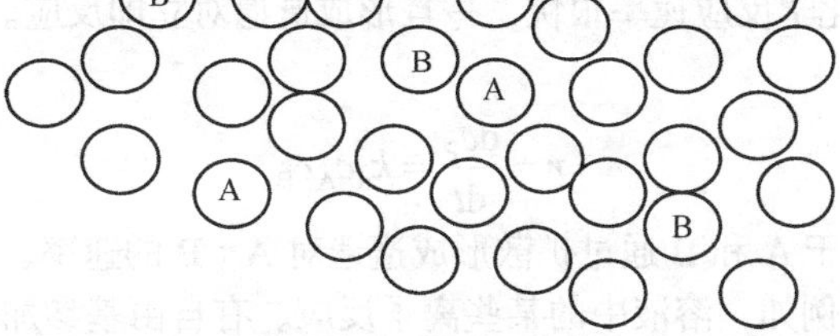

图 7-12　笼效应示意图

A分子和B分子通过扩散进入同一笼中，在同一笼中发生反复碰撞，称为一次遭遇(encounter)。这一对分子 A、B 称为"遭遇对"，记为 A：B。遭遇对在笼中可连续重复碰撞，然后偶有机会产物分子或原来分子"逃"出这个笼子经扩散进入另一个笼子，这种扩散跳动完全是随机的。可见溶液中分子的碰撞与气体中分子的碰撞不同，前者是分批的，后者是连续的。所谓**笼效应**（cage effect）是指反应物分子在溶剂形成的笼中进行多次碰撞（或振动），这种碰撞或振动将一直持续到反应分子从笼中被挤出。由于笼效应的存在，减少了不同笼中反应物分子之间的碰撞机会。然而，当两个反应物偶然进入同一笼中之后，则被关在笼中反复碰撞，即增加了同一个笼中反应物分子相互碰撞的机会。据粗略估算，在水溶液中，一对无相互作用的分子被关在同一笼中的持续时间为 10^{-12}～10^{-11}s，在此期间进行 100～1000 次碰撞。就单位时间单位体积内反应物分子的总碰撞次数而言，溶液中的反应与气相反应大致相同，不会有数量级上的变化。溶剂的存在不会使活化分子数减少。若溶剂与反应物分子间无特殊作用，则一般来说碰撞理论对溶液中的反应也是适用的。并且对于同一反应无论在气相中或在溶液中进行，它的概率因子 p 和活化能 E_a 大体具有同样的数量级，因而化学反应速率也大体相同。上述 N_2O_5 在气相和液相的分解反应恰好说明了这一点。

二、扩散控制和活化控制

一般来说，在溶液中进行的化学反应要经过以下几个步骤：①反应物分子 A、B 扩散到同一溶剂笼中形成遭遇对 A：B；②A：B 发生反应生成产物或不发生反应而重新分离；③产物从笼子挤出。上述过程可描述如下：

$$\mathrm{A+B} \underset{k_{-\mathrm{d}}}{\overset{k_\mathrm{d}}{\rightleftarrows}} \mathrm{A:B}$$

$$\mathrm{A:B} \xrightarrow{k_\mathrm{r}} \mathrm{P}$$

式中，k_d 为 A、B 分子形成遭遇对扩散过程的速率常数；$k_{-\mathrm{d}}$ 为遭遇对分离成 A、B 过程的速率常数；k_r 为遭遇对进行反应生成产物 P 的速率常数。反应过程中，遭遇对的浓度基本不变，可用稳态假设处理，则

$$\frac{\mathrm{d}c_{\mathrm{A:B}}}{\mathrm{d}t} = k_\mathrm{d}c_\mathrm{A}c_\mathrm{B} - k_{-\mathrm{d}}c_{\mathrm{A:B}} - k_\mathrm{r}c_{\mathrm{A:B}} = 0$$

$$c_{\mathrm{A:B}} = \frac{k_\mathrm{d}c_\mathrm{A}c_\mathrm{B}}{k_{-\mathrm{d}} + k_\mathrm{r}}$$

$$\frac{\mathrm{d}c_\mathrm{P}}{\mathrm{d}t} = k_\mathrm{r}c_{\mathrm{A:B}} = \frac{k_\mathrm{r}k_\mathrm{d}}{k_{-\mathrm{d}} + k_\mathrm{r}}c_\mathrm{A}c_\mathrm{B} = kc_\mathrm{A}c_\mathrm{B} \tag{7-56}$$

式（7-56）为二级反应速率方程，k 为表观速率常数：

$$k = \frac{k_\mathrm{r}k_\mathrm{d}}{k_{-\mathrm{d}} + k_\mathrm{r}}$$

对式（7-56）作如下讨论：

（1）当 $k_\mathrm{r} \geqslant k_{-\mathrm{d}}$，即化学反应速率很快，一旦形成遭遇对立即反应。此时 $k \approx k_\mathrm{d}$，式（7-56）简化为

$$r = \frac{\mathrm{d}c_\mathrm{P}}{\mathrm{d}t} = k_\mathrm{d}c_\mathrm{A}c_\mathrm{B}$$

这时，总反应速率等于 A 和 B 通过扩散形成遭遇对 A：B 的速率，反应受扩散控制，这样的反应称为**扩散控制反应**。例如，溶液中的某些离子反应、有自由基参加的反应，其反应速率受扩散控制。扩散速率与温度的关系也符合阿伦尼乌斯公式，由于扩散活化能较小，因此，扩散控制的反应速率对温度不十分敏感。

（2）若遭遇对生成产物的活化能大，此时化学反应较慢，$k_{-\mathrm{d}} \geqslant k_\mathrm{r}$，则

$$k = \frac{k_\mathrm{r}k_\mathrm{d}}{k_{-\mathrm{d}}} = k_\mathrm{r}K_\mathrm{d}$$

式中，K_d 为反应物分子形成遭遇对的平衡常数，遭遇对的平衡基本上不受化学反应的影响。这时总反应速率取决于遭遇对的化学反应速率，反应受活化控制，这样的反应称为**活化控制反应**。活化控制反应的活化能一般大于 $80\mathrm{kJ \cdot mol^{-1}}$，其反应速率对温度比较敏感。

三、影响溶液中化学反应速率的因素

对于大多数溶液中的反应，特别是离子反应，溶剂的物理效应和化学效应对反应速率有明显的影响。溶剂对反应速率的影响极其复杂，以下简述一些定性规律。

1. 溶剂的极性　实验表明，如果产物的极性大于反应物的极性，则在极性溶剂中的反应速率比在非极性溶剂中的大；反之，如果产物的极性小于反应物的极性，则在极性溶剂中的反应速率比在非极性溶剂中的小。表 7-3 列出两个反应在不同溶剂中进行的速率。在前一个反应中，产物的极性小于反应物的极性；而在后一个反应中，产物的极性大于反应物的极性。

表 7-3　溶剂极性对反应速率的影响

溶剂	$K_{323.15K}$ $(CH_3CO)_2+C_2H_5OH \rightarrow CH_3COOC_2H_5+CH_3COOH$	$K_{373.15K}$ $(C_2H_5)_3N+C_2H_5I \rightarrow (C_2H_5)_4NI$
正己烷	0.0119	0.00018
苯	0.0046	0.0058
氯苯	0.0043	0.023
对甲氧基苯	0.0029	0.04
硝基苯	0.0024	70.1

2. 溶剂化的影响　根据反应速率的过渡态理论，在反应物转化为产物之前先形成活化配合物。如果活化配合物的溶剂化程度比反应物大，则该溶剂能降低反应的活化能而使反应速率加快；反之，若反应物的溶剂化程度比活化配合物大，则反应的活化能升高而使反应速率减慢。

3. 溶剂的介电常数　对于离子或极性分子之间的反应，溶剂的介电常数（dielectric constant）将影响到离子或极性分子之间的引力或斥力，从而影响其反应速率。溶剂的介电常数越大，溶液中离子之间的相互作用力就越小。因此，对同种电荷离子之间的反应，溶剂的介电常数越大反应速率也越大；反之，对异种电荷离子之间的反应或对离子与极性分子之间的反应，溶剂的介电常数越大反应速率就越小。

例如，OH-催化巴比妥类药物在水中的水解是同种电荷离子之间的反应。加入介电常数比水小的物质，如甘油、乙醇等，将使反应速率减小。

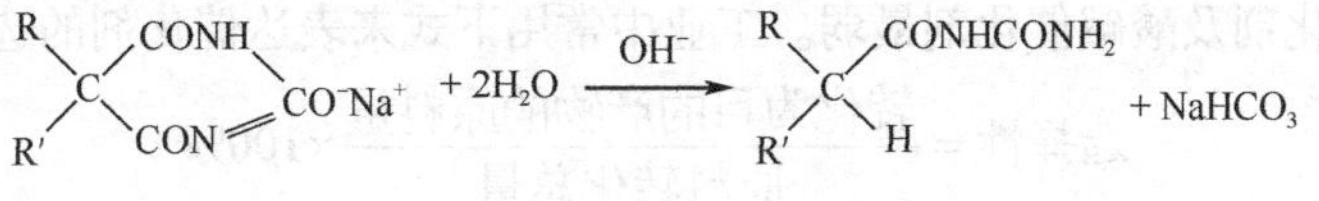

巴比妥钠　　　乙酰脲

4. 离子强度　实验表明，离子之间的反应速率受溶液离子强度的影响。可以证明，在稀溶液中，离子反应的速率与溶液离子强度之间的关系如下：

$$\ln k = \ln k_0 + 2z_A z_B A\sqrt{I} \tag{7-57}$$

式中，z_A、z_B 分别为反应物 A、B 的离子电荷数；I 为离子强度；k_0 为离子强度为零时（无限稀释时）的速率常数；A 为与溶剂和温度有关的常数，对 298.2K 的水溶液而言，A=1.172。

由式（7-57）可知，对同种电荷离子之间的反应，溶液的离子强度越大反应速率也越大；对异种电荷离子之间的反应，溶液的离子强度越大反应速率越小。若反应物之一不带电荷，z_Az_B 等于零，溶液的离子强度与反应速率无关。

第十一节　催化反应动力学简介

一、催化剂和催化作用

一种或多种少量的物质，能使化学反应的速率显著增大，而这些物质本身在反应前后的数量及化学性质都不改变，这种现象称为**催化作用**（catalysis），起催化作用的物质称为**催化剂**（catalyst）。

催化剂可以是有意识地加入反应体系，也可以是在反应过程中自发产生的。后者是一种或几种反应产物或中间产物，称为**自催化剂**（autocatalyst）。这种现象称为**自催化作用**（autocatalysis）。例如，$KMnO_4$ 与草酸反应时生成的 Mn^{2+} 就是该反应的自催化剂。有时反应体系中一些偶然的杂质、尘埃或反应容器壁等，也具有催化作用。例如，473K 在玻璃容器中进行的溴与乙烯的气相加成反应中，玻璃容器壁就具有催化作用。

根据反应物、产物和催化剂相态的异同，催化反应可分为**均相催化**（homogeneous catalysis）和**多相催化**（heterogeneous catalysis）两类。前者指催化剂、反应物和产物都为气相或均匀的液相；后者多见于固相催化剂催化气相或液相反应。酶的大小为 10～100nm，酶催化反应（反应物和产物多为液相）可视为介于单相催化和多相催化之间。

二、催化剂的基本特征

（1.）催化剂参与化学反应，但在反应前后的数量及化学性质不变。催化剂的物理性质在反应前后可以发生变化，如外观、晶形改变等。

（2）催化剂只能缩短到达平衡的时间，不改变平衡状态，即催化剂不改变平衡常数的数值。由此还可得出一个重要的推论，对于一个对峙反应，催化剂在使正反应加速的同时，也使逆反应加速同样的倍数。这就为寻找催化剂的实验提供了很大的方便。

（3）催化剂只能使热力学所允许（$\Delta_r G_m<0$）的反应加速进行，不能使热力学中所不允许（$\Delta_r G_m<0$）的反应发生。

（4）催化剂具有选择性。这里的选择性包括两种情况。一是指不同类型的反应需要选择不同性质的催化剂。例如，氧化反应的催化剂与脱氢反应的催化剂是不同的。二是指对于同样的反应物若选择不同的催化剂，也可能获得不同的产物。例如，250℃下乙烯氧化，如果选用 Ag 作催化剂，主要产物是环氧乙烷，而改用 Pd 时主要产物却是乙醛。

各种催化剂都有选择性，只是强弱不同而已。一般来说，酶催化剂的选择性最强，配合物催化剂次之，金属催化剂及酸碱催化剂最弱。工业中常用下式来表达催化剂的选择性：

$$\text{选择性}=\frac{\text{转化为目的产物的原料量}}{\text{原料转化总量}}\times 100\%$$

（5）许多催化剂对杂质很敏感。有时少量的杂质就能显著影响催化剂的效能。在这些物质中，能使催化剂的活性、选择性、稳定性增强者称为**助催化剂**或**促进剂**（catalytic accelerator, promoter），而能使催化剂的上述性质减弱者称为**阻化剂**或**抑制剂**（inhibitor）。作用很强的阻化剂只要极微的量就能严重阻碍催化反应的进行，这些物质称为催化剂的**毒物**（poison）。例如，在铂催化反应 $H_2+\frac{1}{2}O_2 \longrightarrow H_2O$ 中，极少量的 CO 就可使铂中毒而完全丧失催化活性。

催化剂的中毒可以是永久性的，也可以是暂时性的。后者只要将毒物除去，催化剂的效力仍可恢复。例如，合成氨反应采用铁作催化剂，氧和水蒸气可引起暂时性中毒，而硫化物则可引起永久性中毒。催化剂的中毒也可以是有选择性的，例如，Cu 可催化乙醇的两步连续反应：

$$CH_3CH_2OH \xrightarrow{Cu} CH_3CHO + H_2$$

$$CH_3CHO \xrightarrow{Cu} CH_4 + CO$$

少量的水可抑制第二步催化反应，相对增加 CH_3CHO 的产率。

三、催 化 机 制

催化剂的催化机制随不同的催化剂和催化反应而异。通常是催化剂与反应物分子形成了不稳定的中间化合物或配合物，或发生了物理或化学的吸附作用，从而改变了反应途径，大幅度地降低了反应的活化能 E_a 或增大了指前因子 A，使反应速率显著增大。而在这些不稳定的中间产物继续反应后，催化剂又被重新复原。催化剂生成中间产物的反应机制，可用以下通式表示。设有催化反应

$$A+D \xrightarrow{K} AD$$

式中，K 为催化剂，其催化机制可表达为

（1）$A+K \underset{k_2}{\overset{k_1}{\rightleftharpoons}} AK$

（2）$AK+D \xrightarrow{k_3} AD+K$

式中，AK 为反应物与催化剂生成的中间产物。反应（1）为一个快速平衡反应，反应（2）为速控步骤，总反应速率方程为式为

$$\frac{dc_{AD}}{dt}=\frac{k_1k_3}{k_2}c_K c_A c_D = k'c_A c_D$$

表观速率常数、表观活化能和表观指前因子分别为

$$k'=\frac{k_1k_3}{k_2}$$

$$E'_a = E_{a1}+E_{a3}-E_{a2}$$

$$A'=\frac{A_1A_3}{A_2}c_K$$

图 7-13 为上述反应机制中活化能的示意图。图中 E_a 为非催化反应的活化能，E'_a 为催化反应的活化能，各曲线上的峰代表活化分子的平均能量。

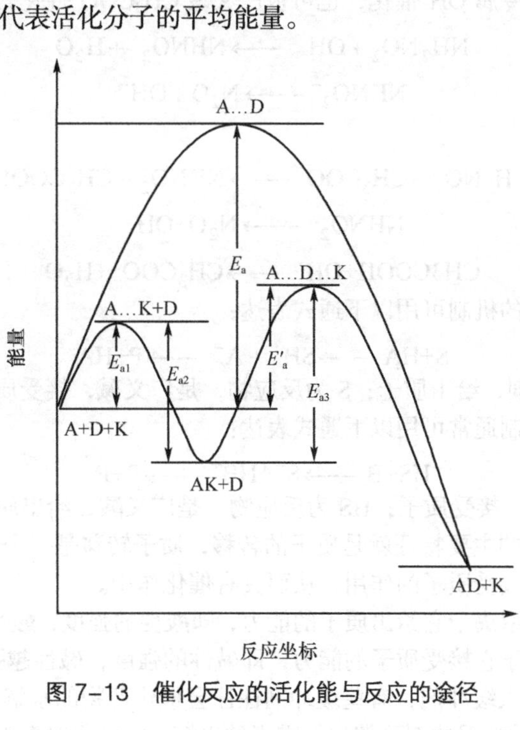

图 7-13　催化反应的活化能与反应的途径

应当指出，并非所有能降低活化能的物质都能使反应显著加速而成为催化剂。催化反应的表观指前因子 A' 中含有催化剂浓度 c_K，而在反应系统中 c_K 通常是很小的。多数催化剂能使反应的活化能降低 80kJ/mol 以上，足以弥补低 c_K 对反应速率的不利影响。表 7-4 比较了一些催化反应和非催化反应的活化能。

表 7-4 催化反应和非催化反应的活化能

反应	E_a/（kJ/mol）非催化反应	E_a/（kJ/mol）催化反应	催化剂
$2HI \longrightarrow H_2 + I_2$	184.1	104.6	Au
$2H_2O \longrightarrow 2H_2 + O_2$	244.8	136.0	Pt
蔗糖在盐酸溶液中的分解反应	107.1	39.3	转化酶
$2SO_2 + O_2 \longrightarrow 2SO_3$	251.0	62.76	Pt
$3H_2 + N_2 \longrightarrow 2NH_3$	334.7	167.4	$Fe\text{-}Al_2O_3\text{-}K_2O$

四、酸碱催化

酸碱催化是液相催化中研究得最多、应用得最广泛的一类催化反应。酸碱催化反应通常是离子型反应，其本质在于质子的转移。许多离子型有机反应，如酯的水解、醇醛缩合、脱水、水合、聚合、烷基化等反应，大多可被酸或碱所催化。

酸碱催化可分为专属酸碱催化（specific acid-base catalysis）和广义酸碱催化（general acid-base catalysis）。前者特指以 H^+（在水溶液中为 H_3O^+，在醇溶液中为 ROH_2^+）或 OH^- 为催化剂的反应；后者是根据 Brönsted 定义的广义酸碱为催化剂的催化反应。

根据 Brönsted 的广义酸碱概念，凡能给出质子的物质称为广义酸，凡能接受质子的物质称为广义碱，它们可以是离子，也可以是中性分子。

硝基胺的水解既可被专属 OH^- 催化，也可被广义碱 CH_3COO^- 催化，两者的结果相同。

$$NH_2NO_2 + OH^- \longrightarrow NHNO_2^- + H_2O$$

$$NHNO_2^- \longrightarrow N_2O + OH^-$$

或

$$NH_2NO_2 + CH_3COO^- \longrightarrow NHNO_2^- + CH_3COOH$$

$$NHNO_2^- \longrightarrow N_2O + OH^-$$

$$CH3COOH + OH^- \longrightarrow CH_3COO^- + H_2O$$

通常广义酸催化反应的机制可用以下通式表达：

$$S + HA \longrightarrow SH^+ + A^- \longrightarrow P + HA$$

式中，HA 为广义酸催化剂，给出质子；S 为反应物，是广义碱，接受质子；P 为产物。

广义碱催化反应的机制通常可用以下通式表达：

$$HS + B \longrightarrow S^- + HB^+ \longrightarrow P + B$$

式中，B 为广义碱催化剂，接受质子；HS 为反应物，是广义酸，给出质子。

由此看出，酸碱催化的主要特征就是质子的转移，质子转移是一个相当快的过程。酸碱催化剂在反应中起到了提供或接受质子的作用，从而具有催化作用。

酸催化剂的催化能力取决于它给出质子的能力，即酸性的强度，酸性越强，催化能力也越强。碱催化剂的催化能力取决于它接受质子的能力，即碱性的强度，碱性越强，催化能力也越强。

许多药物溶液中需加入缓冲剂，有些缓冲剂往往会催化药物的水解，起到广义酸碱的催化作用。例如，乙酸盐、枸橼酸盐缓冲剂可催化氯霉素的水解，HPO_4^{2-} 对青霉素 G 的水解有催化作用。

在处方设计时应选择对药物水解无催化作用的缓冲剂或降低缓冲剂的浓度。

有的反应，如药物水解反应，既可被酸催化，又可被碱催化。其反应速率可表达为

$$-\frac{dc_S}{dt}=k_0c_S+k_{H^+}c_{H^+}c_S+k_{OH^-}c_{OH^-}c_S$$

式中，k_0 为在溶剂参与下反应自身的速率常数；k_{H^+} 和 k_{OH^-} 分别为被酸、碱催化的速率常数，称为酸、碱催化系数；c_S 为反应物浓度；c_{H^+} 和 c_{OH^-} 分别为 H^+（在水溶液中为 H_3O^+）和 OH^- 的浓度。令 k 为上述反应的总速率常数

$$k=k_0+k_{H^+}c_{H^+}+k_{OH^-}c_{OH^-} \tag{7-58}$$

在水溶液中，式（7-58）也可表达为

$$k=k_0+k_{H^+}c_{H^+}+k_{OH^-}\frac{K_W}{c_{H^+}} \tag{7-58a}$$

水溶液中进行的酸碱催化反应，其反应速率常数与溶液的 pH 密切相关。图 6-6 为上述反应的 k～pH 示意图。

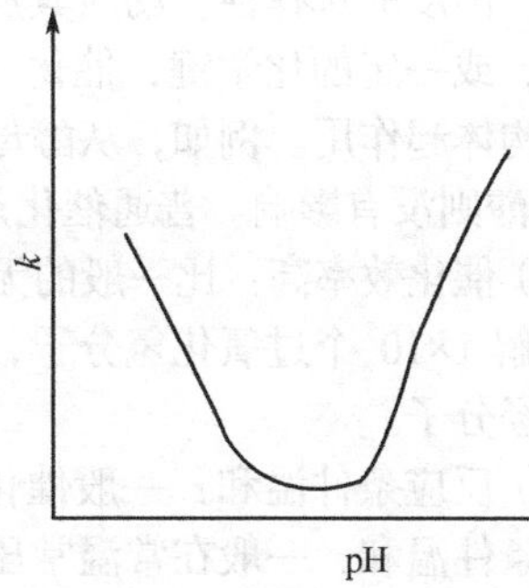

图 7-14 pH 与反应速率常数的关系

当溶液的 pH 较小时，反应以酸催化为主，$k\approx k_{H^+}c_{H^+}$，形成图中曲线的左段；当 pH 较大时，以碱催化为主，$k\approx k_{OH^-}c_{OH^-}$，形成曲线的右段；pH 居中时，酸或碱催化作用都不大，$k\approx k_0$，形成曲线的中段。

将式（7-58a）两端对 c_{H^+} 微分，并令其为零

$$\frac{dk}{dc_{H^+}}=k_{H^+}-\frac{k_{OH^-}K_W}{c_{H^+}^2}=0$$

整理后可得使反应速率最慢的（即药物溶液最稳定的）pH，记为（pH）$_m$

$$(pH)_m=(\lg k_{H^+}-\lg k_{OH^-}-\lg K_W)/2 \tag{7-59}$$

需要说明的是，药物水解反应的速率常数与 pH 的关系并非都与图 6-6 相同，水解反应机制不同，速率常数与 pH 的关系也不同。

一些药物在一定的 pH 下能进行催化水解反应，如维生素 C、阿司匹林、普鲁卡因的水溶液在配制成溶液时，应注意调节 pH，以保持稳定。调整 pH 稳定的同时要考虑到药物的溶解度、药效和人体的生理适应各个方面。

在酸碱催化反应中，酸或碱催化系数 k_{H^+}、k_{OH^-} 代表了催化剂的催化能力，其值与酸或碱的解离常数 K_a 或 K_b 有关。对于酸催化反应，k_{H^+} 与 K_a 有如下关系：

$$k_{H^+}=G_aK_a^{\alpha} \quad 或 \quad \ln k_{H^+}=\ln G_a+\alpha\ln K_a$$

对于碱催化反应，k_{OH^-} 与 K_b 的关系为

$$k_{OH^-}=G_bK_b^{\beta} \quad 或 \quad \ln k_{OH^-}=\ln G_b+\beta\ln K_b$$

式中，G_a、G_b、α、β 都是经验常数，与反应种类、溶剂种类和反应温度有关。α 和 β 的值在 0～1。上述关系式称为 Brönsted 酸碱催化规则，该规则普遍适用于单相酸碱催化反应。对某一酸催化反应，可用不同的酸作催化剂进行实验，得到不同的酸催化时的 k_{H^+}，以 $\ln k_{H^+}$ 对 $\ln K_a$ 作图得一直线，其斜率为 α，截距为 $\ln G_a$。类似的方法用于碱催化，亦可求得 β 和 $\ln G_b$。利用 Brönsted 酸催化规则，可用少数几种催化剂做实验，将其结果推广到其他催化剂，供选择催化剂时作参考。

若催化剂为多元的酸或碱，则 Brönsted 酸碱催化规则应进行修正，修正后的公式为

$$\frac{k_{H^+}}{P}=G_a\left(\frac{q}{P}K_a\right)^{\alpha}$$

$$\frac{k_{OH^-}}{q}=G_b\left(\frac{p}{q}K_b\right)^{\beta}$$

式中，p、q 分别表示一个酸分子能提供的质子数和一个碱分子能接受的质子数如，$H_2C_2O_4$，$p=2$；$C_2O_4^{2-}$，$q=2$。

五、酶 催 化

酶是由生物或微生物产生的一种具有催化能力的特殊蛋白质，其分子量为 10^4～10^6。以酶为催化剂的反应称为**酶催化反应**（enzyme catalysis）。几乎所有在生物体内进行的化学反应都是在酶的催化下完成的。可以认为，没有酶的催化作用就没有生命现象。实验证明，酶催化反应的速率与酶、底物（substrate）、温度、pH 以及其他干扰物质有关。

与一般催化反应相比，酶催化反应具有以下特点：

（1）高度的选择性：酶对其所催化的底物具有较严格的选择性，一种酶仅作用于一种或一类化合物，或一定的化学键，催化一定的化学反应并产生一定的产物。有的酶只对一种物质的某种旋光异构体起作用。例如，从酵母中分离出来的乳酸脱氢酶，只催化 L-乳酸脱氢生成丙酮酸，而对 D-乳酸则没有影响。普通催化剂无如此高的选择性。

（2）催化效率高：比一般的无机或有机催化剂效率高出 10^8～10^{12} 倍。例如，过氧化氢酶能在 1s 内分解 1×10^5 个过氧化氢分子，而石油裂解所使用的硅酸铝催化剂在 773K 条件下，约 4s 才分解一个烃分子。

（3）反应条件温和：一般催化剂常在高温或高压条件、强酸或强碱性介质下使用。而酶催化反应的条件温和，一般在常温常压进行，介质也是中性或是近中性。

酶催化反应的机制很复杂，解释酶催化反应中底物浓度和反应速率关系的最合理学说是中间产物学说。酶（E）首先与底物（S）结合形成酶-底物复合物（ES，中间产物），此复合物再进一步分解得到产物（P），并重新释放出酶。其过程描述如下：

$$E+S \underset{k_2}{\overset{k_1}{\rightleftharpoons}} ES \xrightarrow{k_3} E+P$$

上述机制由 Michaelis-Menten（米恰利-门顿）等先后提出。

中间产物 ES 分解为产物 P 的速率很小，为速控步骤，总反应速率方程为

$$r=\frac{dc_P}{dt}=k_3c_{ES} \tag{7-60}$$

通常在酶催化反应中，酶的浓度比底物浓度小很多：$c_E \ll c_S$，因此 $c_{ES} \ll c_S$。当反应稳定进行时，中间产物 ES 可按稳态近似法处理：

$$\frac{dc_{ES}}{dt}=k_1c_Sc_E-k_2c_{ES}-k_3c_{ES}=0 \tag{7-61}$$

$$c_{ES}=\frac{k_1c_Ec_S}{k_2+k_3}=\frac{c_Ec_S}{K_M} \tag{7-62}$$

$$K_M=\frac{k_2+k_3}{k_1}=\frac{c_Ec_S}{c_{ES}}$$

式（7-62）称为 Michaelis-Menten 公式，式中，K_M 称为 Michaelis 常数，此常数可以看作是配合反应 $E+S \rightleftharpoons ES$ 的不稳定常数。

令酶的初始浓度为 $c_{E,0}$，它是游离酶和中间产物的总浓度：

$$c_{E,0}=c_E+c_{ES} \qquad 或 \qquad c_E=c_{E,0}-c_{ES}$$

代入式（7-62），整理后得

$$c_{ES}=\frac{c_{E,0}c_S}{K_M+c_S}$$

代入式（7-60），得

$$r=\frac{dc_P}{dt}=k_3c_{ES}=\frac{k_3c_{E,0}c_S}{K_M+c_S} \tag{7-63}$$

式（7-63）即为酶催化反应的速率方程。当底物浓度很小时，$c_S \leqslant K_M$，式（7-63）可简化为

$$r=\frac{dc_P}{dt}=\frac{k_3}{K_M}c_{E,0}c_S$$

对底物为一级反应。

当底物浓度很大时，$c_S \geqslant K_M$，则式（7-63）可简化为

$$r=\frac{dc_P}{dt}=k_3c_{E,0}$$

即反应速率与酶的总浓度成正比，与底物浓度无关，对底物为零级反应。

当 $c_S \to \infty$ 时，反应速率趋于最大值 $r_m=k_3c_{E,0}$，此时所有的酶都与底物结合而生成中间产物。将 $r_m=k_3c_{E,0}$ 代入式（7-63），得

$$r=\frac{r_mc_S}{K_M+c_S} \quad 或 \quad \frac{r}{r_m}=\frac{c_S}{K_M+c_S} \tag{7-64}$$

当 $r=r_m/2$ 时，$K_M=c_S$。即当反应速率为最大速率一半时，底物的浓度就等于 Michaelis 常数。图 7-15 为反应速率 r 与底物浓度 c_S 的关系。

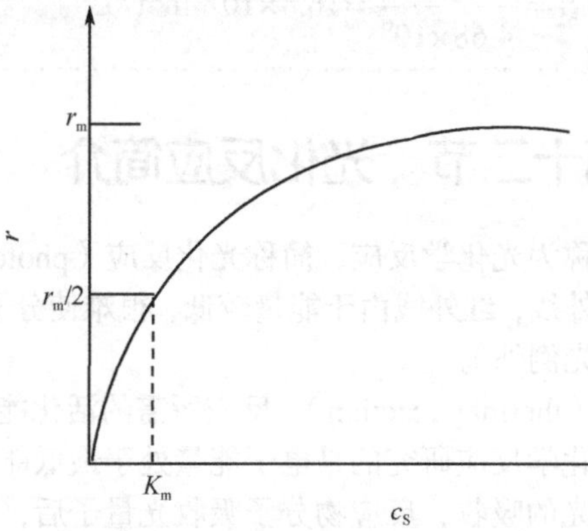

图 7-15 典型的酶催化反应速率曲线

在实验过程中很难准确地测得 K_M 值和 r_m 值。将式（7-64）改写为

$$\frac{1}{r}=\frac{K_M}{r_mc_S}+\frac{1}{r_m} \tag{7-65}$$

式（7-65）称为林纳维佛-伯克（Lineweicer-Burk）方程。以 $1/r$ 对 $1/c_S$ 作图，可得一直线，直线的斜率为 K_M/r_m，截距为 $1/r_m$。由此可得常数 K_M 和 r_m。

K_M 是酶催化反应的特性常数，不同的酶 K_M 不同，同一种酶催化不同的反应时 K_M 也不同。大多数纯酶的 K_M 值在 10^{-4}～10^{-1}mol/L 之间，其大小与酶的浓度无关。

案例 7-11

下表为 25℃和 pH 7.0 时肌球蛋白催化 ATP 水解的实验数据，计算 Michaelis 常数 K_M。

c_{ATP}/（10^{-6}mol·L^{-1}）	7.5	12.5	20.0	43.5	62.5	155.0	320.0
r/（10^{-6}mol·L^{-1}·s^{-1}）	0.067	0.095	0.119	0.149	0.185	0.191	0.195

解：所给数据做如下处理

$1/c_{ATP}$/（10^6mol^{-1}·L）	0.133	0.080	0.050	0.023	0.016	0.006	0.003
$1/r$/（10^6mol^{-1}·L·s）	14.93	10.53	8.40	6.71	5.41	5.24	5.13

以 $1/r$～$1/c_{ATP}$ 作图得一直线，如图 7-16 所示。

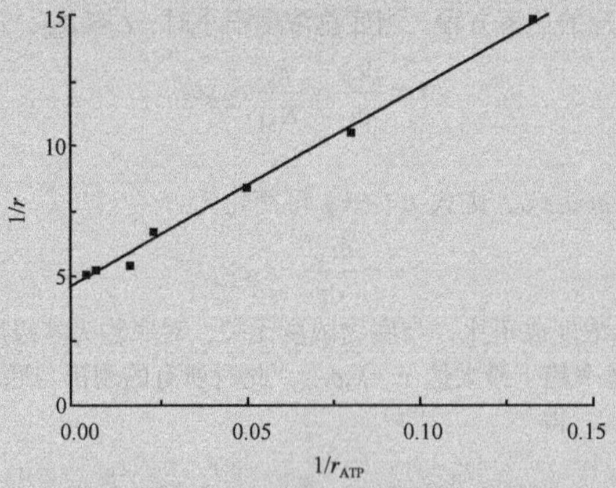

图 7-16　$1/r$～$1/c_{ATP}$ 关系图

其斜率 K_M/r_m=75.89s，截距 $1/r_m$=4.68×10^6 mol^{-1}·L·s，两者联立，得

$$K_M = \frac{75.89}{4.68\times10^6} = 16.8\times10^{-6}\,\text{mol/L}$$

第十二节　光化反应简介

由光照射而引起的化学反应称为光化学反应，简称光化反应（photochemical reaction）。对光化学反应有效的光是可见光和紫外线，红外线由于能量较低，很难使分子中的电子跃迁到激发态，故不足以引发化学反应（红外激光例外）。

一般化学反应又称为热反应（thermal reaction），反应所需的活化能来源于分子间的热运动引起的碰撞。从电子能级来讲，热化学反应研究的是电子能量处于最低能级的基态化学反应。在光化反应中，分子的活化能来自对光的吸收，反应物分子吸收光量子后，一般发生电子能级或分子的振动、转动能级的量子化跃迁而处于较高能量的激发态，因此，光化反应研究的是电子激发态分子进行的化学反应。在高能量激发态下，分子比基态下更容易发生化学反应。

光化反应的现象早已为人们所熟悉。植物在阳光下把 CO_2 和 H_2O 变成糖类化合物和氧气，这一在叶绿素参与下进行的光化反应是人类赖以生存的基础。摄影胶片上卤化银的分解、染料在阳光下的褪色、药物在光照下分解变质等，都是光化反应。

一、光化反应和热反应的区别

（1）在恒温恒压和不做非体积功的条件下，热反应总是向着使系统吉布斯能降低即 $\Delta_r G_m<0$ 的方向进行。而许多光化反应既可以朝着系统吉布斯能降低的方向进行，也可以朝着系统吉布斯能增加即 $\Delta_r G_m>0$ 的方向进行。对于在光作用下发生的 $\Delta_r G_m>0$ 的反应，在切断辐射光源之后，反应总是向吉布斯能降低的方向进行。

（2）在热反应中，反应所需的活化能来源于分子的碰撞，因而反应速率受温度的影响很大。而在光化反应中，活化能来源于光子的能量，反应速率主要取决于光的照度而受温度影响较小。

温度对光化反应速率的影响，发生在继活化过程之后进行的热反应中。

（3）在对峙反应中，正、逆方向只要有一个是在光照下进行，则当反应达到平衡时称为光化平衡或光稳定态。

光化反应的平衡常数与热力学平衡常数不同，光化反应的平衡常数与照射光的强度有关，光的强度改变，平衡常数随之改变。因此，不能用势力学平衡常数衡量光化反应的平衡与组成，也不能用热力学中的 $\Delta_r G_m^\theta$ 数据计算光化反应的平衡常数。

（4）光化反应通常有比热反应更高的选择性。例如，利用单色光可以使混合物某一组分激发成高能量状态，因而可以有选择地引发化学反应，而加热混合物可使其中所有组分的平均动能都增加。激光具有高度的单色性，可以有选择地激发分子中特定的化学键，因而激光化学反应（尤其是红外激光化学反应）具有高度的选择性，为人们实现“分子裁剪”的愿望指出了研究方向。

此外，光化反应还有其自身的特点和规律，以下作一简要介绍。

二、光化学基本定律

1. 光化学第一定律 “只有被系统吸收的光，才有可能引起光化学反应。”该定律是 19 世纪由格罗图斯（Grotthus）和德雷珀（Draper）提出，故该定律亦称格罗图斯和德雷珀定律。

没有被吸收的光固然不能引起化学反应，被吸收的光也并非都会引起化学反应。有时原子、分子吸收光后，不久又以光的形式将能量放出，而不发生化学反应。光可以直接被反应物吸收而引起化学反应，也可以被反应系统中其他物质吸收而间接地引起化学反应。后者称为感光反应（或光敏反应），吸收光而间接引起反应的物质称为感光剂（光敏剂），它们本身在反应前后不发生变化。例如，植物在阳光下进行的光合作用就是一个感光反应，叶绿素为这一反应中的感光剂，它吸收波长为 400～700nm 的可见光。

分子或原子对光的吸收或发射都是量子化的。根据量子学说，光量子的能量 ε 与光的频率 v 成正比：

$$\varepsilon = hv = \frac{hc}{\lambda}$$

式中，h 为普朗克（Planck）常量，$h = 6.626\times10^{-34}$J·s；c 为真空中的光速，$c = 2.298\times10^{8}$m/s；λ 为真空中的波长。分子或原子吸收一个具有特定能量的光量子后，就由低能级跃迁到高能级而成为活化分子。这一过程称为光化反应的初级过程（primary process）。初级过程必须在光的照射下才能进行。

2. 光化学第二定律 “在光化反应的初级过程中，被活化的分子或原子数等于被吸收的光量子数。”该定律是 20 世纪初由斯塔克（Stark）和爱因斯坦（Einstein）总结出来的，故称为斯塔克-爱因斯坦定律，又称为光化学第二定律或光化当量定律（law of photochemical equivalence）。该定律适用的光源强度范围为 10^{14}～10^{18} 光子/秒。应当指出，在激光作用下，由于激光光强度超过了上述范围，有的分子可发生多光子吸收。所以，在光强度更高、激发态分子寿命较长的情况下，该定律不适用。

活化 1mol 分子或原子需要吸收 1mol 光量子，1mol 光量子所具有的能量称为 1 爱因斯坦（E），其值与光的频率或波长有关。

$$1E = Lhv = \frac{Lhc}{\lambda} = \frac{6.022\times10^{23}\times6.626\times10^{-34}\times2.998\times10^{8}}{\lambda} = \frac{0.1196}{\lambda}\text{J}/\text{mol}$$

式中，L 为阿伏伽德罗常量；λ 的单位为 m。表 7-5 列出了不同波长的光的爱因斯坦值。

表 7-5 不同波长的光的爱因斯坦值

光的分类	λ/nm	$10^{19}h\nu$/J	$10^{-4}E$/（J/mol）
红外	1000	1.99	11.96
红	700	2.84	17.08
橙	620	3.20	19.29
黄	580	3.42	20.62
青	530	3.75	22.59
蓝	440	4.23	25.45
紫	420	4.73	28.48
紫外	300	6.63	39.87
紫外	200	9.93	59.80

光化当量定律只适用于光化反应的初级过程。在初级过程中，一个光量子活化一个分子或原子，但并不是意味着使一个分子或原子发生光化反应。分子或原子被光量子活化之后所进行的一系列过程称为光化反应的次级过程（secondary process）。次级过程为一系列的热反应，不再需要受光照射。每个活化分子或原子在次级过程中，可能引起一个或多个分子发生反应，也可能不发生反应而以各种形式释放出能量而重新回到基态。为了衡量光化反应的效率，引入量子效率（quantum yield）的概念。

量子效率的定义为

$$\Phi=\frac{\text{起反应的分子数}}{\text{吸收的光子数}}=\frac{\text{反应物减少的物质的量}}{\text{吸收光子物质的量}} \tag{7-66}$$

初级光化反应过程，$\Phi=1$。有的光化反应，因存在次级反应，$\Phi\neq1$，量子效率的值有很大的差别。如 HI 的光化分解反应，反应机制为

$$HI \xrightarrow{h\nu} H\cdot + I\cdot \qquad \text{初级过程}$$

$$H\cdot + HI \longrightarrow H_2 + I\cdot \qquad \text{次级过程}$$

$$2I\cdot + M_{(\text{低能})} \longrightarrow I_2 + M_{(\text{高能})} \qquad \text{次级过程}$$

一个光子可使两个 HI 分子分解，量子效率 $\Phi=2$。而在 H_2 和 Cl_2 的气相光化反应中，量子效率高达 10^6，这是因为该反应的次级过程是一系列的链反应。如果初级过程分子吸收光子后变为激发态分子，处于激发态的分子有一部分未来得及反应便失去活性，此时 $\Phi<1$。如 GH_3I 的光解反应，$\Phi=0.01$。表 7-6 列出一些光化反应的量子效率。

表 7-6 某些光化反应的量子效率

	反应	λ/nm	Φ	备注
气相	$2NH_3 \longrightarrow N_2+3H_2$	210	0.25	与压力有关
	$SO_2+Cl_2 \longrightarrow SO_2Cl_2$	420	1	
	$2HBr \longrightarrow H_2+Br_2$	207～253	2	
	$CH_3CHO \longrightarrow CH_4+CO$	250～310	1～138	在 373～673K
	$CO+Cl_2 \longrightarrow COCl_2$	400～436	10^3	随温度降低而减小，也与反应物的压力有关
	$H_2+Cl_2 \longrightarrow 2HCl$	400～436	直到 10^6	随 H_2 的压力和杂质而变
液相	蒽的二聚作用	313～365	0.48	溶剂为苯、甲苯或二甲苯
	$2Fe^{2+}+I_2 \longrightarrow 2Fe+2I^-$	579	1	溶剂为水
	$H_2O_2 \longrightarrow H_2O+1/2O_2$	310	7～80	溶剂为水

案例 7-12

肉桂酸在光照下溴化生成二溴肉桂酸。在温度为 303.6K，用波长为 435.8nm，强度为 0.0014J/s 的光照射 1105s 后，有 7.5×10^{-5}mol 的 Br_2 发生了反应。已知溶液吸收了入射光的 80.1%，求量子效率。

解：入射光的爱因斯坦值

$$E=\frac{Lhc}{\lambda}=\frac{0.1196}{4.358\times10^{-7}}=2.744\times10^{5}\,\mathrm{J/mol}$$

吸收的光量子的量为：$0.0014\times0.801\times1105/20744\times10^{5}=4.515\times10^{-6}\mathrm{mol}$

量子效率为：$\Phi=7.5\times10^{-5}/4.515\times10^{-6}=16.6$

三、光化反应机制及速率方程式

光化反应的机制必须由实验确定。根据量子效率的大小，光化学反应有链反应和非链反应两种机制，这里仅介绍前者。

假设有光化反应 $A_2 \xrightarrow{h\nu} 2A$，其机制如下：

（1） $A_2 + h\nu \xrightarrow{k_1} A_2^*$（活化）初级过程

（2） $A_2^* \xrightarrow{k_2} 2A$（解离）次级过程

（3） $A_2^* + A_2 \xrightarrow{k_3} 2A_2$（失活）次级过程

生成产物 A 的速率只有机制（2），则总反应速率为

$$\frac{\mathrm{d}c_A}{\mathrm{d}t}=2k_2c_{A_2^*}$$

光化反应的初级反应速率只与入射光的强度有关，而与反应物浓度无关。根据光化第二定律，其速率等于吸收光子的速率 I_a（即单位时间、单位体积中吸收光子的数目）。所以光化反应的初级过程为零级反应。根据机制（1），A_2^*的生成速率等于 k_1I_a，A^*_2的消耗速率由机制（2）、（3）决定。对 A_2^*作稳态近似处理

$$\frac{\mathrm{d}c_{A_2^*}}{\mathrm{d}t}=I_a-k_2c_{A_2^*}-k_3c_{A_2^*}c_{A_2}=0$$

则 $$c_{A_2^*}=\frac{I_a}{k_2+k_3c_{A_2}}$$

将此式代入总速率方程 $\frac{\mathrm{d}c_A}{\mathrm{d}t}$，得

$$\frac{\mathrm{d}c_A}{\mathrm{d}t}=\frac{2k_2I_a}{k_2+k_3c_{A_2}}$$

案例 7-13

氯仿的光氯化反应：$CHCl_3 + Cl_2 \xrightarrow{h\nu} CCl_4 + HCl$，

实验测得速率方程为 $\frac{\mathrm{d}c_{CCl_4}}{\mathrm{d}t}=kI_a^{1/2}c_{Cl_2}^{1/2}$，为解释此速率方程，曾提出如下机制：

（1） $Cl_2 + h\nu \xrightarrow{I_a} 2Cl\cdot$

（2） $Cl\cdot + CHCl_3 \xrightarrow{k_2} CCl_3\cdot + HCl$

$$(3)\quad CCl_3\cdot + Cl_2 \xrightarrow{k_3} CCl_4 + Cl\cdot$$

$$(4)\quad 2CCl_3\cdot + Cl_2 \xrightarrow{k_4} 2CCl_4$$

按照此机制推导速率方程，验证其与实验所得速率方程的一致性。

解：根据机制，CCl_4的生成速率为 $\frac{dc_{CCl_4}}{dt} = k_3 c_{CCl_3\cdot} c_{Cl_2} + 2k_4 c^2_{CCl_3\cdot} c_{Cl_2}$

由稳态近似法 $\frac{dc_{Cl\cdot}}{dt} = 2I_a - k_2 c_{Cl\cdot} c_{CHCl_3} + k_3 c_{CCl_3\cdot} c_{Cl_2} = 0$

$$\frac{dc_{CCl_3\cdot}}{dt} = k_2 c_{Cl\cdot} c_{CHCl_3} - k_3 c_{CCl_3\cdot} c_{Cl_2} - 2k_4 c^2_{CCl_3\cdot} c_{Cl_2} = 0$$

上两式相加，得 $c_{CCl_3\cdot} = \left\{\frac{2I_a}{2k_4 c_{Cl_2}}\right\}^{\frac{1}{2}}$

将此式代入 $\frac{dc_{CCl_4}}{dt}$ 表示的速率方程，得 $\frac{dc_{CCl_4}}{dt} = k_3 \left\{\frac{2I_a c_{Cl_2}}{2k_4}\right\}^{\frac{1}{2}} + 2I_a$

式中，$k = k_3 \left(\frac{1}{k_4}\right)^{\frac{1}{2}}$，一般在光化反应中，反应物的浓度总是比吸收的光子数大得多，上式右边第二项可忽略，则方程可简化为 $\frac{dc_{CCl_4}}{dt} = kI_a^{\frac{1}{2}} c_{Cl_2}^{\frac{1}{2}}$

此式与实验速率方程一致。

四、光对药物稳定性的影响

有的药物遇光很不稳定，在光作用下分解。这不仅使药效降低，有的甚至产生对人体有剧毒的物质。因此，新原料药和新药制剂要进行光稳定性考察，以确定光解产物对人体是否产生危害，以及危害达到的程度。同时，考察药物的光解速率，以确定药物是否需要避光，并结合其他稳定性研究，最终确定药物的储存期。这里主要讨论在光照射下药物储存期的计算。

在光照射下，药物储存期主要取决于光照量。在光源一定时，药物在光照射下的含量下降的程度与入射光的照度 E 与时间 t 的乘积 Et（累积光量，cumulative illuminance）有关。研究药物在光照射下的稳定性和预测其储存期，就需要在较高的照度下测定药物含量变化，找出药物含量 c 与累积光量 Et 的关系，由此算出在自然储存条件的较低照度下，药物含量下降至合格限所需的时间，即储存期。由于药物在光照射下的降解速率与光的照度有关外，还与光源的波长密切相关，要预测药物在室内自然光照射下的储存期，就应以自然光为光源。但自然光的照度不稳定，累积光量采用照度时间的积分值 $\int_0^t E\mathrm{d}t$ 表示。测定这一积分值的方法目前有化学法和脉冲计数法。前者操作较繁琐且可持续测定的时间很短；后者采用仪器将光转换成频率与照度成正比的电脉冲，再对这些脉冲进行累加计数直接显示出累积光量，避免了前一方法的缺点。

案例 7-14

己酸孕酮注射液对光很不稳定，其储存期主要取决于光照量。在晴天室外遮阴处较强的自然光照射下进行光照试验，定时抽样，用分光光度法和脉冲计数法，分别测得己酸孕酮的相对标示含量 c/c_0 和试验样品放置处的累积光量如下，已知当地室内的平均累积光量

$\left(\int_0^t E\mathrm{d}t\right)_{\text{year}}$ 为 $3.5\times10^5\text{lx}\cdot\text{h}$，求该药物在室内自然光照射下的储存期 $t_{0.9}$。

t/h	0	14.5	24.4	36.6	49.2	55.3	66.2	82.3	94.1	105.1	116.2
$\int_0^t E\mathrm{d}t$ / (klx · h)	0	150	300	463	609	756	910	1053	1210	1354	1507
c/c_0（%）	100	96.6	92.6	88.5	84.0	78.7	74.9	71.4	69.1	65.6	60.8

解：以己酸孕酮的相对标示含量 c/c_0 对放置试验样品处的累积光量 $\int_0^t E\mathrm{d}t$ 作直线回归，得直线方程

$$c/c_0 = -26.2\int_0^t E\mathrm{d}t + 99.99$$

表明己酸孕酮的光解反应为零级反应。把 $c/c_0 = 90\%$代入直线方程得累积光量

$$\left(\int_0^t E\mathrm{d}t\right)_{0.9} = 3.8\times10^5\,\text{lx}\cdot\text{h}$$

则 $$t_{0.9} = \frac{\left(\int_0^t E\mathrm{d}t\right)_{0.9}}{\left(\int_0^t E\mathrm{d}t\right)_{\text{year}}} = \frac{3.8\times10^5}{3.5\times10^5} \approx 1.1\text{年}$$

习 题

1. 室温下，已知 $N_2O_5(g)$的分解反应的速率常数为 $0.12\ \text{h}^{-1}$，试求：

（1）此反应的半衰期；

（2）反应完成 90%所需要的时间。

2. 某种抗菌素在人体中达平衡时，由血液中移出的速率可看作一级反应，现于上午 9 点将此抗生素给需要的病人注射，然后在不同时刻 t 测抗生素在血液中的含量，得到如下数据

t/h	4	8	12	16
c/mg·100mL^{-1}	0.48	0.33	0.22	0.15

（1）试根据以上数据求此分解反应的速率常数和半衰期；

（2）若药物在血液中的浓度降至 $0.37\text{mg}\cdot100\text{mL}^{-1}$ 以下时就需要补打第二针，则应在什么时间补打第二针？

3. 298K 时，NaOH 和 CH_3COOCH_3 的皂化反应的速率常数为 k_1；同温度下，NaOH 和 $CH_3COOC_2H_5$ 的皂化反应的速率常数为 k_2。两个皂化反应的速率常数之间存在下述关系：$k_1=2.8k_2$。试求算在相同实验条件下，当有 $CH_3COOCH_3$90%的被分解时，$CH_3COOC_2H_5$ 的分解分数。（设碱与酯的初浓度均相等，酯的皂化反应为二级反应）

4. 某一级反应的半衰期在 300K 温度下为 5000s，在 310K 温度下为 1000s，则此反应的活化能是多少？（假设反应的活化能受温度影响很小。）

5. 现有相同物质的量浓度的 A,B 溶液，等体积混合后发生反应：A＋B→P。反应 1.0 小时，A 消耗了 75%。则当反应进行 2.0 小时的时候，A 还剩余多少？假设此反应为以下两种情况：

（1）反应对 A 为一级，对 B 为零级；

（2）反应对 A,B 均为一级。

6. 某反应在 300K 的温度下进行，完成 40%需用时 24min。现保持其他条件不变，相同反应

在 340K 温度下进行，则完成 40%需用时 6.4min，试求该反应的活化能。

7. 阿司匹林的水解为一级反应。373K 温度下的速率常数为 7.9 d^{-1}，反应的活化能为 56.49 $kJ \cdot mol^{-1}$。试求反应在 290K 温度下水解 30%所需用的时间。

8. 某二级反应：A+B→产物；反应的活化能为 92.05 $kJ \cdot mol^{-1}$，A 和 B 的初浓度均为 1.0 $mol \cdot L^{-1}$，在 293K，半小时后二者各消耗一半。试求：（1）在 293K，1 小时后二者各剩多少？（2）313K，1 小时后二者各剩多少？

9. 某温度下，反应 $NO_2(g)=NO(g)+O_2(g)$ 可以进行完全，设产物对反应速率没有影响，实验证明此反应为二级反应，速率方程可表示为 $r=kc^2(NO_2)$，且速率常数 k 与反应温度 T 之间的关系为

$$\ln\frac{k}{(mol \cdot L^{-1})^{-1} \cdot s^{-1}}=-\frac{12886.7}{T/K}+20.27$$

试求算：（1）该反应的活化能；（2）若在温度 673K 下，将 NO_2 气体通入反应釜，其初始压力为 26.66kPa，发生上述反应后，经过多长时间反应釜内压力可达 32.0kPa。

10. 某溶液中含有 NaOH 和 $CH_3COOC_2H_5$，初始浓度均为 0.01 $mol \cdot L^{-1}$。在室温下，反应 10min 时有 40%的 $CH_3COOC_2H_5$ 分解；在 308K 时，反应 10min 有 60%的 $CH_3COOC_2H_5$ 分解。试计算：

（1）在 298K 和 308K 温度时的速率常数；

（2）在 288K 时，反应 10min，$CH_3COOC_2H_5$ 分解的分数。

11. 反应 A $\underset{k_2}{\overset{k_1}{\rightleftharpoons}}$ P 为 1-1 型可逆反应，反应物 A 随时间的变化如下

t/s	0	90	360	∞
c	100%	81.1%	50.7%	30%

试求（1）正逆反应的速率常数；（2）反应物和产物的浓度相等时所需要的时间。

12. 某温度下，同级平行反应 $A\begin{cases}\xrightarrow{k_1} B\\ \xrightarrow{k_2} C\end{cases}$ 的速率常数 k_1=0.004 min^{-1}，A 的初始量为 1mol，同温度下反应 10min 后，B 的量为 0.4mol，C 为 0.2mol，则 30min 后 A 剩余多少？

13. 某连续反应 A $\xrightarrow{k_1}$ B $\xrightarrow{k_2}$ C，k_1=0. 1 min^{-1}，k_2=0.2 min^{-1}，反应开始时只有反应物 A，浓度为 1.0 $mol \cdot L^{-1}$，试计算（1）经历多长时间 B 浓度达最大？（2）B 的最大浓度为多少？此时，A 和 C 的浓度又为多少？

14. 在下述反应中，若增加溶液的离子强度，则反应的反应速率如何变化？

（1）$NH_4^+ + CNO^- \longrightarrow CO(NH_2)_2$

（2）$CH_3COOC_2H_5 + OH^- \longrightarrow CH_3COO^- + C_2H_5OH$

（3）$S_2O_8^{2-} + 2I^- \longrightarrow I_2 + 2SO_4^{2-}$

15. 某有机化合物 A 在酸催化下发生水解反应。323K 温度下，在 pH=5 的溶液中进行反应时，半衰期为 69.3min；在 pH=4 的溶液中进行反应时，半衰期为 6.93min；并且已知此反应的半衰期与 A 的起始浓度无关，设反应的速率方程为 $-\frac{dc_A}{dt}=kc_A^{\alpha}c_{H^+}^{\beta}$，则：（1）此反应方程中，$\alpha$、$\beta$ 的值为多少？（2）323K 温度下，反应的速率常数为多少？（3）323K 温度下，反应在 pH=3 的溶液中进行时，A 水解 80%所需要的时间是多少？

16. 有一酶催化反应：$CO_2(aq) + H_2O \xrightarrow{E} H^+ + HCO_3^-$，设反应中 H_2O 远远过量，酶的初始浓度 $c_{E,0}$=2.8×10^{-9} $mol \cdot L^{-1}$。实验测得反应的初始速率随的初始浓度的变化如下表

c_0（CO_2）/($mmol \cdot L^{-1}$)	1.25	2.50	5.00	20.0
r_0/($mmol \cdot L^{-1} \cdot s^{-1}$)	0.028	0.048	0.080	0.155

求反应的 Michaelis 常数 K_M 及最大反应速率 r_m。

17. 在光的影响下，蒽聚合为二蒽。由于二蒽的热分解作用达到光化学平衡。光化学反应的温度系数（及温度每增加 10K，反应速率所增加的倍数）是 1.1，而热分解反应的温度系数是 2.8，则当达到光化学平衡时，温度每升高 10K，二蒽的产量是原来的几倍？

18. 用波长 254nm 的光来分解气体 HI，发生的反应为：$2HI \rightarrow H_2 + I_2$，实验表明，每吸收 307.0 J 的光能可分解 HI 的量为 1.3×10^{-3}mol，求此光化反应的量子效率。

（刘　景　蒲家志）

第八章 表面现象

学习目标

1. 掌握 表面张力和表面吉布斯能的概念及计算；液体铺展和固体润湿的判断；杨-拉普拉斯公式和开尔文公式的应用及计算；吉布斯吸附等温方程；朗缪尔吸附等温式。

2. 熟悉 弯曲液面的性质，并解释弯曲液面的饱和蒸气压、亚稳态平衡；表面活性剂的基本特征及其作用；固体表面的物理吸附和化学吸附概念。

3. 了解 表面膜的概念；表面活性剂的结构特征、主要特性及应用；BET 多层吸附模型；典型的固体表面吸附等温线。

2007 年诺贝尔化学奖授予德国科学家格哈特·埃特尔（Gerhard Ertl），以表彰他在固体表面化学过程研究领域做出的开拓性成就。这是表面物理化学领域继美国朗缪尔（Langmuir Irving）获得 1932 年诺贝尔化学奖之后的第二个诺贝尔奖。自 20 世纪 60 年代以来，埃特尔综合利用多种研究技术，成功地描述了一些表面化学反应的过程并建立了一套表面化学研究的方法，奠定了现代表面化学研究的科学基础。表面化学不仅是胶体化学的理论基础之一，也是医药学、生物学、气象学等其他学科的基础；它的研究方法或技术不仅在药物的生产、保管，疾病的诊断以及治疗上被广泛应用，而且在轻工、食品等许多工业生产行业都有着多方面的实际应用价值。

案例 8-1

在生产实践和日常生活中，我们会接触到许多表面现象。例如，自然界的水珠是球形的，荷叶上的小水珠可以自由滚动，水黾可以在水面上行走，水面上可以漂着绣花针，雨伞可以防水，天安门上飘着的红旗不沾水不沾尘，奥运场馆水立方有自洁功能，纤维可染成五颜六色的材料，肥皂、牙膏可以起泡去污，活性炭能够脱色。在药物的研究、生产、储存和使用过程中，也涉及不同层次的表面现象，如药材的提取、制剂的成型、药物的溶出与吸收等。如何克服和避免对生产、实验不利的表面现象，同时尽可能利用或创造一些对生产、实验有利的条件，这就需要掌握有关表面现象的基本概念和规律。

问题：

（1）什么是表面现象？

（2）在什么情况下必须考虑物质的表面性质？

（3）产生表面现象的根本原因是什么？

表面现象是自然界中普遍存在的现象，是一些发生在多相系统中相界面的物理化学现象。物理化学意义上的相界面是物质的两相之间密切接触的过渡区，其有效厚度为几个分子大小。它的性质由相邻的两个体相物质组成所决定。根据形成界面物质的聚集态可将界面分为气-液、气-固、液-液、液-固、固-固等类型，但是不会有气-气界面，因为两种气体接触很快就会混合均匀。习惯上称一相为气体的相界面为表面，其余称界面，也可统称为表面。凡是在界面或表面上所发生的一切物理和化学现象统称为界面现象（interface phenomena）或表面现象（surface phenomena）。

第一节 表面积与表面吉布斯能

一、表面积

物质表面层的特性对于物质其他方面的性质也会有所影响。随着系统分散程度的增加，其影响更为显著。因此当研究在表面层上发生的行为或者研究多相的高度分散系统的性质时，就必须考虑到表面的特性。

为了便于比较不同物质的表面性质，引入比表面积的概念。单位质量物质所具有的表面积称作比表面积（specific surface area）或分散度（degree of dispersion），即

$$\alpha_s = \frac{A}{m} \tag{8-1}$$

也可用单位体积物质所具有的表面积表示物质的分散程度

$$\alpha_V = \frac{A}{V}$$

式中，α_s为单位质量物质所具有的表面积，m^2/kg 或 m^2/g；α_V为单位体积物质所具有的表面积，m^{-1}；A为物质的总表面积，m^2；V为物质的总体积，m^3；m为物质的总质量，kg。

当把边长为10^{-2}m的立方体分割成不同边长的小立方体时，其比表面积的增长情况列于表8-1。

表 8-1 $10^{-6}m^3$ 的物体分散为小立方体时比表面积的变化

立方体边长 l/m	微粒数/个	微粒的总表面积 A/m^2	比表面积 α_V/m^{-1}
10^{-2}	1	6×10^{-4}	6×10^{2}
10^{-3}	10^{3}	6×10^{-3}	6×10^{3}
10^{-4}	10^{6}	6×10^{-2}	6×10^{4}
10^{-5}	10^{9}	6×10^{-1}	6×10^{5}
10^{-6}	10^{12}	6×10^{0}	6×10^{6}
10^{-7}	10^{15}	6×10^{1}	6×10^{7}
10^{-8}	10^{18}	6×10^{2}	6×10^{8}
10^{-9}	10^{21}	6×10^{3}	6×10^{9}

由此可见，对于一定量的物质，被分割得越细，其比表面积越大，系统的表面效应也就越突出，它对整个系统性质的影响是不容忽略的。实验表明，增加药物的分散度可直接影响制剂质量和治疗效果。例如，将难溶性药物地高辛粉化处理后，将粒径控制在 3.7μm 左右，可增加药物在胃肠液中的溶解速度，改善人体对药物的吸收。又如，一种新型的靶向制剂，它是将某些药物制成粒径在 0.1～1μm 范围的混悬液，经静脉注射可使药物局部浓集在肝、脾等脏器组织，从而提高对某些疾病的疗效。此外利用药物与载体形成低共熔混合物的固体分散法，就是为了尽可能提高药物颗粒的分散度，从而增加药物的溶出速度。

案例 8-2

2013 年 6 月 20 日我国在“天宫一号”进行的太空授课，在全国乃至全世界引起很大轰动。最神奇的实验是制作水膜与水球。

一个金属圈插入饮用水袋并抽出后，形成了一个水膜。这在地面难以实现，因为重力会

将水膜四分五裂。轻晃金属圈，水膜并未破裂，而是甩出了一个小水滴。再往水膜表面贴上一片画有中国结图案的塑料片，水膜依然完好。

在第二个水膜上，用饮水袋不断注水，水膜很快长成一个晶莹剔透的大水球。水球内有连串的气泡，用针筒取出，水球却不受任何破坏。最后，往水球中注入红色液体，红色慢慢扩散，水球变成了一枚美丽的“红宝石”。

问题：

（1）什么是液体表面张力？

（2）液滴在太空与地面产生的表面张力是否相同？

（3）表面张力的方向如何确定?其大小与哪些因素有关？

二、表面吉布斯能与表面张力

（一）表面吉布斯能

表面层具有一些特殊性质，主要是由于表面层分子与系统内部分子所处的环境不同。以液体和其蒸气所形成的界面为例（图 8-1）。在液体内部，每个分子周围布满了与自己相同的分子，它们虽然从不同的方向吸引这个分子，但受力是均等的，因为彼此相互抵消，结果该分子受的合力为零，所以分子在液体内部移动时不消耗能量。但处在液体表面层的分子则不同，它的一侧是液体，另一侧是气体，而气体的密度比液体小得多，液相分子对它的吸引力远大于气相分子的吸引力，因此，表面上的液体分子主要是受到一个垂直于表面并指向液体内部的净拉力，在此力场作用下，表面层分子有脱离表面进入液体内部的趋势，从而使表面积缩为最小。因此，在没有其他作用力存在时，所有的液体都有缩小其表面积而呈球形的趋势，因为体积相同的各种形状以球形的表面积最小。同时，由于表面上不对称力的存在，可使表面层分子与外来分子间发生化学的或物理的结合以补偿这种力场的不对称性。

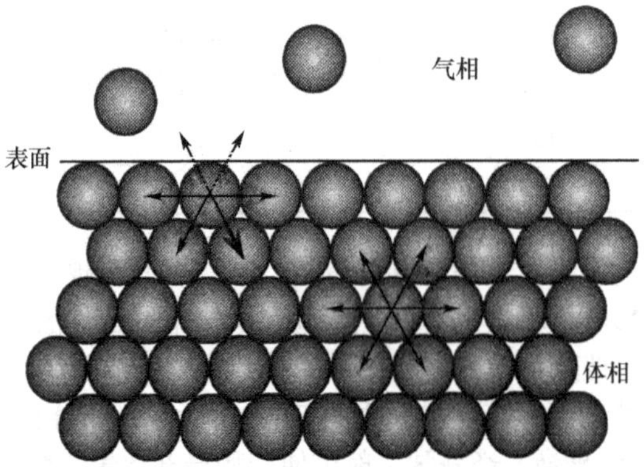

图 8-1　液体表面与体相分子受力情况

由于表面层分子受到指向液体内部的作用力，如果要扩大表面，即把一部分内部分子移到表面上来，则必须克服向内的拉力而做功。在指定温度、压力和组成的条件下，可逆增加表面积 dA 时对系统所做的功称为表面功。表面功的大小与 dA 成正比：

$$\delta W_r' = \gamma dA \tag{8-2}$$

式中，比例常数γ相当于在等温、等压和组成不变的条件下，可逆增加单位表面积对系统所做的表面功。

根据热力学第二定律：

$$(\mathrm{d}G)_{T,p,n_{\mathrm{B}}} = \delta W_{\mathrm{r}}' \tag{8-3}$$

比较式（8-2）和式（8-3），则

$$(\mathrm{d}G)_{T,p,n_{\mathrm{B}}} = \gamma \mathrm{d}A \tag{8-4}$$

$$\gamma = \left(\frac{\partial G}{\partial A}\right)_{T,p,n_{\mathrm{B}}} \tag{8-5}$$

从上式可以看出，γ 的物理意义为：在温度、压力和组成不变的条件下，增加单位表面积所引起的系统吉布斯能的增量。故称 γ 为表面吉布斯能（surface Gibbs energy），简称表面能，单位为 $\mathrm{J \cdot m^{-2}}$。

（二）表面张力

对于表面吉布斯能的物理意义，也可以从另一个角度来解释。根据前面的分析，由于表面层的分子受到液相分子的向内拉力，因此液体都有自动收缩表面积，以使系统趋于稳定状态的趋势，故可以想象液体表面上处处存在着一种张力，称为表面张力。有个简单实验很能说明这种现象。如图 8-2（a）所示，将系有线圈的金属环浸入肥皂液中再取出，环中就形成一层液膜，由于线圈周围都是相同的液体，受力均衡，线圈可在液膜上自由移动。若将线圈内的液膜刺破，线圈两边受力不均匀，立即绷紧成圆形，如图 8-2（b）所示，就好像液面对线圈沿着环的方向有向外的拉力一样。

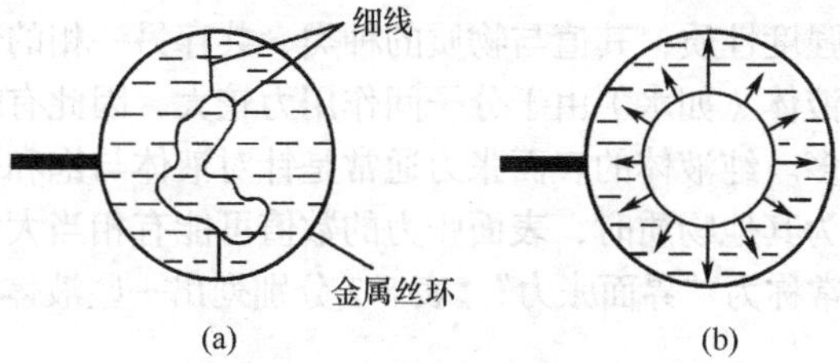

图 8-2 表面张力的作用

另一个例子也能说明表面上确实存在张力，见图 8-3。在一边可移动的金属框架上做肥皂液膜，作用在肥皂液膜边沿的表面张力使可移动的金属丝 AB（长度为 l）向左移动。若要维持液膜大小不变，必须在 AB 上施加一个向右的与表面张力相平衡的力 F，若在等温等压的条件下，使 AB 边可逆地向右移动 $\mathrm{d}x$，因为液膜有正反两个表面，则液膜增加的表面积 $\mathrm{d}A = 2l \cdot \mathrm{d}x$，所以

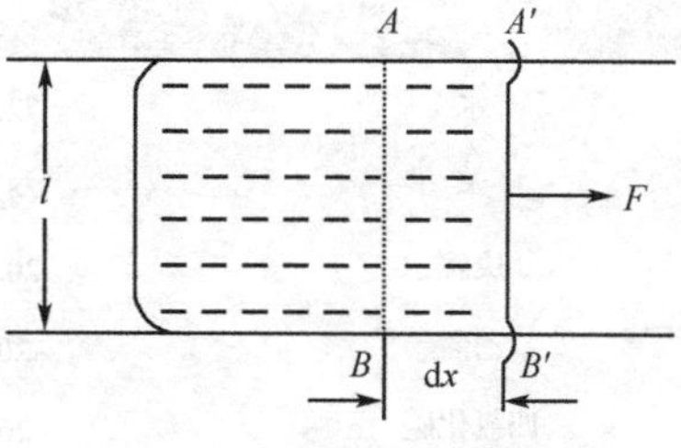

图 8-3 表面张力示意图

$$\mathrm{d}G_{T,p} = \delta W' = F\mathrm{d}x$$

$$\gamma \mathrm{d}A = F\mathrm{d}x$$

$$\gamma \cdot 2l\mathrm{d}x = F\mathrm{d}x$$

$$\gamma = \frac{F}{2l} \tag{8-6}$$

因此，γ 可理解为作用于单位长度线段上的表面收缩力，称为表面张力（surface tension），单位是 $\mathrm{N \cdot m^{-1}}$。表面张力的方向总是与表面相切。

此外，以下几点必须指出：

（1）从宏观上来讲，液体的表面张力是传统“力”的概念的延伸，是人们研究物体受力作用

时所产生的结果。表面能是应用热力学理论来研究表面现象的量，从能量的观点来研究自然界的表面现象。虽然液体表面张力和表面能物理意义不同，但它们是完全等价的，具有等价的量纲和数值，实质上体现了功和能的关系。

（2）式（8-6）的推导只适用于液体，因为许多固体是各向异性的，它们的物理性质与方向有关，如压缩、伸长、传热、导电、透光等性质均与方向有关，表面张力也随方向而不同。因此，固体表面上的比表面能与表面张力也有所不同。

（3）药物溶液的表面张力，直接影响药物溶液的表面吸附及黏膜上的吸附。测定溶液表面张力的方法很多，常用的有最大泡压法、圆环法、滴重法、毛细管上升法等。不论哪一种测定法在测定过程中都需要液体表面发生移动。由于固体表面不能任意移动，所以迄今尚无直接测定固体表面张力的方法。根据间接推算，固体表面张力一般比液体要大得多。

案例 8-2 分析

在太空与地面液滴产生表面张力的原理以及表面张力大小都是一样的。只是，在失重的状态下，表面张力表现更为明显。失重时，水珠之间没有了重力的挤压，液滴在表面张力的作用下，都形成了最完美的球形。当针尖戳入水球时，水的表面张力依然存在，故水球不被破坏。

三、影响表面张力的因素

表面能或表面张力是强度性质，其值与物质的种类、共存另一相的性质以及温度、压力等因素有关。一般说来，极性液体（如水）由于分子间作用力较大，因此有较大的表面张力，而非极性液体的表面张力就小得多。纯液体的表面张力通常是针对液体与饱和了其蒸气的空气接触时而言的。如果共存的另一相为其他物质时，表面张力的数值可能有相当大的变化，因此必须注明共存相，此时的表面张力通常称为“界面张力”。表 8-2 分别列出一些液体在 293.15K 和常压下的表（界）面张力的数据。

表 8-2 293.15K 时某些液体的表面张力及界面张力（$N \cdot m^{-1}$）

液体/气体	表面张力	液体/水	界面张力
水	72.75×10^{-3}		
苯	28.88×10^{-3}	苯	35.0×10^{-3}
庚烷	20.14×10^{-3}	庚烷	50.2×10^{-3}
乙醚	20.1×10^{-3}	乙醚	9.7×10^{-3}
四氯化碳	26.9×10^{-3}	四氯化碳	45.0×10^{-3}
二硫化碳	33.5×10^{-3}	二硫化碳	48.4×10^{-3}
液状石蜡	33.1×10^{-3}	液状石蜡	53.1×10^{-3}
橄榄油	35.8×10^{-3}	橄榄油	22.8×10^{-3}
乙醇	22.27×10^{-3}		
甘油	63.0×10^{-3}		
丙酮	23.7×10^{-3}		

表 8-3 不同温度下液体表面张力 $\sigma\times10^{-3}$（$N\cdot m^{-1}$）

液体	273.15K	293.15K	313.15K	333.15K	353.15K	373.15K
水	75.64	72.75	69.56	66.18	62.61	58.85
乙醇	24.05	22.27	20.60	19.01	—	—
甲醇	24.5	22.6	20.9	—	—	15.7
四氯化碳	—	26.8	24.3	21.9	—	—
丙酮	26.2	23.7	21.2	18.6	16.2	—
甲苯	30.74	28.43	26.13	23.81	21.53	19.39
苯	31.6	28.9	26.3	23.7	21.3	—

由于升高温度时液体分子间引力减弱而共存的蒸气密度加大，所以表面分子的过剩能量减少。因此，大多数物质的表面张力总是随温度的升高而降低。当温度趋近于临界温度时，气液界面消失，任何物质的表面张力皆趋近于零。表 8-3 列出一些液体在常压且不同温度下的表（界）面张力的数据。但是也有例外，例如，Cu、Cd 及其合金和某些硅酸盐等液态物质的表面张力随温度的升高而增加，对此现象目前仍无被广泛接受的合理解释。

压力对表面吉布斯能的影响很小。

四、表面的热力学关系式

考虑到系统做非体积功——表面功时，多组分系统的热力学函数基本关系式可以表示为

$$dU = TdS - pdV + \sum_B \mu_B dn_B + \gamma dA \tag{8-7}$$

$$dH = TdS + Vdp + \sum_B \mu_B dn_B + \gamma dA \tag{8-8}$$

$$dF = -SdT - pdV + \sum_B \mu_B dn_B + \gamma dA \tag{8-9}$$

$$dG = -SdT + Vdp + \sum_B \mu_B dn_B + \gamma dA \tag{8-10}$$

则

$$\gamma = \left(\frac{\partial U}{\partial A}\right)_{S,V,n_B} = \left(\frac{\partial H}{\partial A}\right)_{S,p,n_B} = \left(\frac{\partial F}{\partial A}\right)_{T,V,n_B} = \left(\frac{\partial G}{\partial A}\right)_{T,p,n_B} \tag{8-11}$$

从式（8-11）可以得出，表面能是在指定变量和组成不变的条件下，增加单位表面积时系统内能、焓、亥姆霍兹能和吉布斯能的增量。

知识链接

纳米技术与药物

1959 年，著名物理学家、诺贝尔奖获得者理查德·费曼（Feynman）在一次著名的讲演中提出，如果人类能够在原子或分子的尺度上来加工材料、制备装置，我们将有许多激动人心的新发现。

纳米材料是指几何尺寸至少在一维方向上达到纳米尺度（1～100nm），并具有特殊物理化学性能的材料。由于纳米材料具有巨大的表面积和表面能，所以它具有许多奇异的物理化学性质，表现出一些“反常现象”。而纳米技术是指在纳米尺度下对物质进行制备、研究和工业化，以及利用纳米尺度物质进行交叉学科研究和工业化的一门综合性的技术系统。

用纳米技术开发的纳米药物具有一系列独特的性能和广阔的应用前景。例如，用纳米技术直接将原子、分子排布可能制造成具有特定功能的药品；纳米级粒子将使药物在人体内的

传输更为方便，用数层纳米粒子包裹的智能药物进入人体后可主动搜索并攻击癌细胞或修补损伤组织；医用纳米控释系统作为药物、基因传递和控释的载体，是一种新型的控释系统，它能通过人体最小的毛细血管，还可通过血脑屏障。

第二节　弯曲液面的性质

众所周知，一杯水的液面是平的，而滴定管或毛细管中的水面是弯曲液面。在细管中液面为什么是曲面？弯曲液面有什么性质和现象？或者说，液面弯曲将对系统的性质产生什么影响？这些都是这一节里要讨论的基本问题，也是界面现象中十分重要的问题。

一、曲面的附加压力

（一）弯曲液面的附加压力

由于表面张力的作用，在弯曲表面下的液体或气体与在平面下情况不同，前者受到附加的压力 Δp。

设在液面上取一圆形面积 AB（图 8-4），沿 AB 的四周，AB 以外的表面对 AB 面有表面张力的作用，力的方向是与液面相切并且和圆 AB 的边界线相垂直。当液面水平时，表面张力的作用方向也是水平的，作用在 AB 边界线各方向的表面张力互相抵消，合力为零，即液体表面内外的压力相等，并且等于液面上的外压力 p_g，如图 8-4（a）所示。

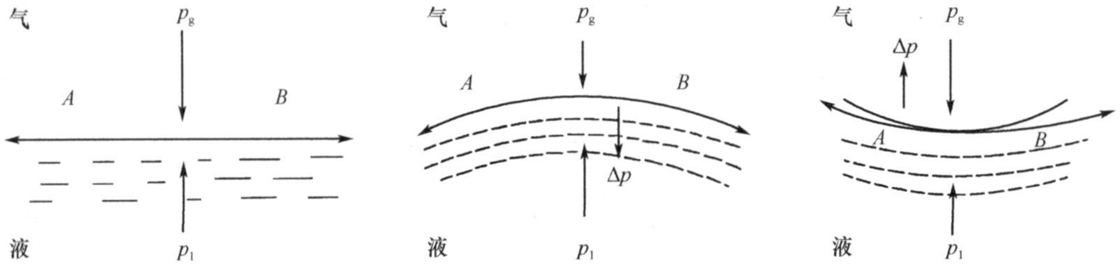

(a) 平液面　(b) 凸液面　(c) 凹液面

图 8–4　弯曲液面的附加压力

当液面是弯曲时，则作用在 AB 周界上的表面张力不在一个水平面上。对于凸液面[图 8-4（b）]，作用于 AB 边界线上的表面张力在水平方向上的分力互相抵消；而在垂直方向上的分力并不为零，对弯面下的液体产生压力的作用，使液体内部分子受到的压力 p_l 大于液面上的外压力 p_g。弯曲液面内外的压力差称为附加压力，用符号 Δp 表示。故凸液面液体内部分子受到的压力为：$p_l=p_g+\Delta p$。对于凹液面，表面张力的合力指向液体外部[图 8-4（c）]，此时液体内部分子受到的压力小于外部压力。凹液面下液体承受的压力为：$p_l=p_g-\Delta p$。

（二）杨-拉普拉斯公式

弯曲液面附加压力的大小与液面的曲率半径和液体的表面张力有关。以凸液面为例，设有一毛细管（图 8-5），管内充满液体，下端有一半径为 r 的球形液滴与之平衡。设外压为 p_g，由于弯曲液面下有附加压力 Δp，所以液滴内的压力为 $p_l= p_g+\Delta p$。在等温可逆条件下，对活塞稍微施加压力，使液滴体积增加 dV，这时液滴的表面积将增加 dA。此过程中，推动活塞对液滴所做的体积功为 $p_l dV=(p_g+\Delta p)dV$，同时液滴膨胀对环境所做的体积功为 $-p_g dV$，因此推动活塞对液滴所做的

净体积功为

$$(p_g+\Delta p-p_g)\,dV=\Delta p dV$$

在可逆过程中，这个体积功应等于使液滴表面积增加而做的表面功，即

$$\Delta p dV=\gamma dA$$

球形液滴的体积 $V=4\pi r^3/3$，表面积 $A=4\pi r^2$，则 $dV=4\pi r^2dr$，$dA=8\pi rdr$。所以

$$\Delta p=\frac{2\gamma}{r} \tag{8-12}$$

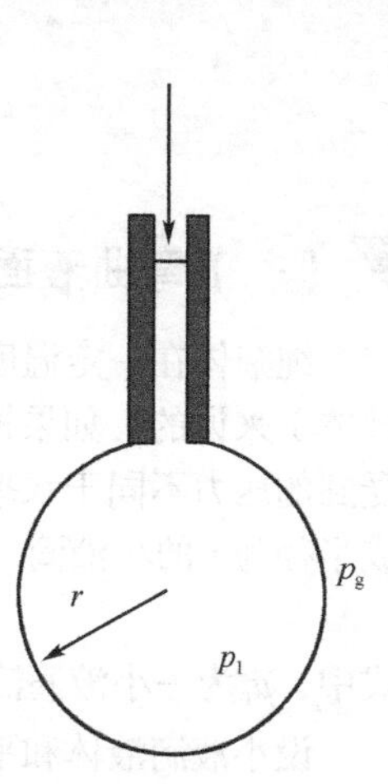

图 8–5 附加压力与曲率半径的关系

式（8-12）仅适用于球形曲面，更多情况下由于重力场的影响等，液面很少呈球形。可通过热力学方法得出任意曲面的附加压力 Δp 与曲率半径及表面张力的关系为

$$\Delta p=\gamma\left(\frac{1}{r_1}+\frac{1}{r_2}\right) \tag{8-13}$$

此式即为杨-拉普拉斯公式（Yong-Laplace equation）。

对于球形液面，$r_1=r_2=r$，$\Delta p=\frac{2\gamma}{r}$，即还原成式（8-12）。对于式（8-13），应当说明如下：

（1）凸液面的曲率半径为正值，Δp 大于零，此时液体的内部压力大于外界压力；凹液面的曲率半径为负值，Δp 小于零，此时液体的内部压力小于外界压力。

（2）对于水平液面，$r_1=r_2=\infty$，$\Delta p=0$，此时液体的内部压力等于外界压力。总之，附加压力的方向总是指向液体曲面的球心。

（3）如果是液泡（如肥皂泡）那样的球形液膜，因有内外两个表面，均产生指向球心的附加压力，所以 $\Delta p=\frac{4\gamma}{r}$。

（4）对于圆柱形曲面，$r_1=\infty$，$\Delta p=\frac{\gamma}{r}$。

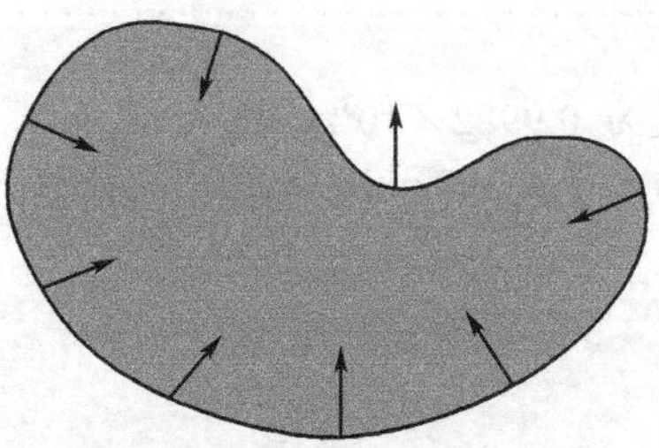
图 8–6 不规则形状液滴上的附加压力

用杨-拉普拉斯公式可以解释为什么自由液滴或气泡都呈球形。这不仅由于在相同体积的前提下，球的表面积最小，而且还因为假若液滴具有不规则的形状，则在液面的不同部位，其弯曲方向和曲率半径都不一样，由此而产生的附加压力也不同（图 8-6），在凸液面处附加压力指向液滴内部；而凹液面处则指向相反的方向。这种不平衡的力，必将迫使液滴呈球形，因为只有球面上各点的曲率相同，各处的附加压力也相同，液滴才会稳定地存在。同理，分散在水中的油滴或气泡也常是如此。

案例 8-3

在注射静脉针时，特别要防止混在注射液中的空气泡进入静脉血管。如果进入血管中的空气较多，在血液中就会出现较多的气泡，这些气泡就能堵塞血液的流动，这种现象称作气体栓塞。血管中的血液流动和栓塞可以用弯曲液面所引起的附加压力解释。

二、曲面的蒸气压

（一）弯曲液面的蒸气压——开尔文公式

纯液体在一定温度下有一定的饱和蒸气压，这是对通常情况下的液体（较大量的水平液面的液体）来说的。如果把液体分散成小液滴，由于弯曲液面受到了附加压力，因此小液滴中的液体受到的压力不同于水平液面下的液体，蒸气压也随之改变。一定温度下，若将 1mol 平面液体分散成半径为 r 的小液滴，液体的压力从 p 到 $p_r=p+\Delta p$，则吉布斯能的变化为

$$\Delta G=\mu_r-\mu=V_m(p_r-p)=V_m\Delta p \tag{8-14}$$

式中，μ_r 为一小液滴液体的化学势；μ 为一平面液体的化学势。

设小液滴液体和平面液体的饱和蒸气压分别为 p_r^* 和 p^*（注意 p_r^* 和 p^* 与 p_r 和 p 是不同的），根据液体化学势与其蒸气压的关系：

$$\mu_r=\mu^\ominus+RT\ln p_r^*,\quad \mu=\mu^\ominus+RT\ln p^*$$

所以

$$\mu_r-\mu=RT\ln\frac{p_r^*}{p^*} \tag{8-15}$$

设液滴为球形，考虑 $V_m=\dfrac{M}{\rho}$，将其代入式（8-14），并联合式（8-15），得

$$\ln\frac{p_r^*}{p^*}=\frac{2\gamma M}{\rho RTr} \tag{8-16}$$

式中，M 为液体的摩尔质量；ρ 为液体的的密度。式（8-16）称为开尔文（Kelvin）公式，它描述了等温下液体的蒸气压与液滴半径之间的关系。

由式（8-16）可知：$r>0$ 时（凸面，如小液滴），$\ln(p_r^*/p^*)>0$，$p_r^*>p^*$；$r<0$ 时（凹面，如气泡），$\ln(p_r^*/p^*)<0$，$p_r^*<p^*$；$r=\infty$ 时（平面），$\ln(p_r^*/p^*)=0$，$p_r^*=p^*$。所以 $p_{凸}>p_{平}>p_{凹}$。可见，液滴半径越小，蒸气压越大；而液体中气泡半径越小，气泡内液体的饱和蒸气压则越低。

案例 8-4

在 298.15K 时，水的饱和蒸气压为 2337.8Pa，密度为 $0.9982\times10^3\text{kg}\cdot\text{m}^{-3}$，表面张力为 $72.75\times10^{-3}\text{N}\cdot\text{m}^{-1}$，试分别计算圆球形小液滴及小气泡的半径在 10^{-5}～10^{-9}m 的不同数值下，饱和蒸气压之比 p_r^*/p^* 各为多少？

案例解析：

根据开尔文公式 $\ln\dfrac{p_r^*}{p^*}=\dfrac{2\gamma M}{\rho RTr}$

对于小液滴，凸液面 $r=10^{-5}$m，代入公式得

$$\ln\frac{p_r^*}{p^*}=\frac{2\times72.75\times10^{-3}\times18.015\times10^{-3}}{0.9982\times10^3\times8.314\times298.15\times10^{-5}}=1.0774\times10^{-4}$$

$$\frac{p_r^*}{p^*}=1.0001$$

对于小气泡，凹液面 $r=-10^{-5}$m

$$\ln\frac{p_r^*}{p^*}=-1.0774\times10^{-4},\quad \frac{p_r^*}{p^*}=0.9999$$

计算结果如表 8-4 所示：

表 8-4　液滴（气泡）半径与蒸气压的关系

r/m	10^{-5}	10^{-6}	10^{-7}	10^{-8}	10^{-9}
小液滴 p_r^*/p^*	1.0001	1.001	1.011	1.114	2.937
小气泡 p_r^*/p^*	0.9999	0.9989	0.9897	0.8977	0.3405

从表 8-4 可见，当液体的曲率半径较大时，蒸气压的改变并不明显，当曲率半径小于 10^{-8}m 时，蒸气压的变化超过 10%；当曲率半径减小至 10^{-9}m 时，蒸气压的变化已有三倍之多，这时相应的蒸发速度也很快。生产中采用的喷雾干燥工艺，就是利用这个道理。借喷雾器将料液喷成雾状，由于颗粒细小，其中水分的饱和蒸气压很大，它与热空气会合时很快（不超过 30s）得到干燥。这种工艺广泛应用于染料、无机盐、洗衣粉、电子陶瓷、药物及仪器等生产过程。

案例 8-5

很多表面现象可以通过开尔文公式得到解释。例如，在一个封闭的系统内，有大小不等的两个球形水滴，问长时间恒温放置后，假设系统体积较小，会出现什么现象？

案例解析：

由于液滴的半径为正值，所以式（8-16）右边为正值，p_r^* 要大于 p^*，而且 p_r^* 与其半径成反比，可见小液滴的饱和蒸气压要明显大于大液滴饱和蒸气压，因此在挥发过程中，大液滴先达到了饱和蒸气压，处于气液两相平衡。

但由于小液滴尚未达到饱和，故小液滴会继续挥发，导致气相中的压力超过了大液滴的饱和蒸气压，使得一部分气体凝结在大液滴上，所以大液滴会变大，其饱和蒸气压反而下降，而小液滴半径的持续减小使得饱和蒸气压逐步变大，该过程反复进行下去，最后小液滴完全消失，大液滴变大了。

（二）微小晶体的溶解度

开尔文公式也可应用于固体。根据亨利（Henry）定律，溶质的蒸气压与其在溶液中的浓度成正比：

$$p_B=k\alpha_B$$

将其代入开尔文公式，得

$$\ln\frac{\alpha_r}{\alpha_{正常}}=\frac{2\gamma_{s-l}M}{\rho RTr}\tag{8-17}$$

式中，α_r 和 $\alpha_{正常}$ 分别为一定温度下微小晶体及普通晶体达到平衡时溶液（饱和溶液）的活度；r 为微小晶体的半径；ρ 为晶体的密度；γ_{s-l} 为固-液界面张力。

由式（8-17）可知，一定温度时，晶体粒子的溶解度与其半径 r 成反比，因而溶液中溶质小颗粒沉淀具有较大的溶解度。

三、亚稳状态与新相形成

当物质处于高分散状态时，则凝固、结晶等各种过程就会变得比较难进行。通常遇到的过饱和蒸气、过饱和溶液及过冷液体等现象就是由新相不容易形成导致的。因为新相刚出现时，必然是高度分散的，这种系统表面能很大，极不稳定，因而物质分子离开该相的趋势很大，新相便难以形成。

（一）过热液体

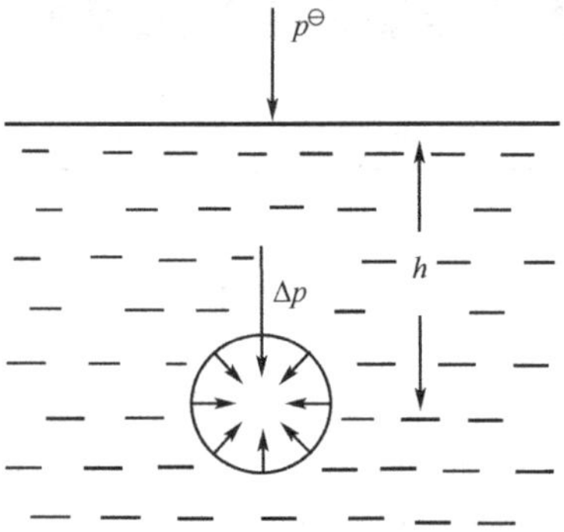

图 8-7　产生过热液体示意图

将容器内洁净的液体进行加热，温度高于该压力下的沸点而不沸腾的液体称为过热液体（superheated liquid）。这是由于液体中没有可提供新相种子（气泡）的物质存在。沸腾时气泡的形成必经过从无到有，从小变大的过程，而最初液体内生成的微小蒸气泡曲率半径很小，泡内的饱和蒸气压远小于外压，因此在外压的压迫下，小气泡难以形成，只有继续加热液体，使其蒸气压大到和外界压力相等时，液体才会沸腾，导致形成过热液体而发生暴沸现象。如图 8-7 所示。

案例 8-6

在 100kPa、293.15K 时，在苯液面下 0.1m 处有一个半径为 5×10^{-8}m 的气泡。已知苯的密度为 879 $kg\cdot m^{-3}$，表面张力为 28.88×10^{-3} $N\cdot m^{-1}$，苯的分子量为 78×10^{-3} $kg\cdot mol^{-1}$，苯液面上大气压力为 100kPa。

问题：

（1）小气泡内苯蒸气的压力 p_r^* 是多少？

（2）小气泡存在时需克服的外压是多少？

（3）判断小气泡能否存在。

案例解析：

（1）根据开尔文公式 $\ln\dfrac{p_r^*}{p^*}=\dfrac{2\gamma M}{\rho RTr}$

$$\ln\frac{p_r^*}{100}=\frac{2\times0.02888\times78\times10^{-3}}{879\times8.314\times293.15\times\left(-5\times10^{-8}\right)}$$

$$p_r^*=97.15\ \text{kPa}$$

凹液面引起苯的蒸气压下降，使其在正常沸点下不能沸腾。

（2）小气泡所受到的压力有大气压 $p^{\ominus}$，液柱静压力 $p_{静}$及凹液面产生的附加压力 Δp：

$$\Delta p=\frac{2\gamma}{r}=\frac{2\times28.88\times10^{-3}}{5\times10^{-8}}=11.55\text{kPa}$$

$$p_{静}=\rho gh=879\times9.81\times0.1=0.8623\ \text{kPa}$$

气泡存在所需克服的压力：

$$p=1155.2+0.8623+100=1257.38\ \text{kPa}$$

由计算可知，苯液面下微小气泡所承受的压力主要来自弯曲液面的附加压力。

（3）因为 293K 时小气泡内的蒸气压为 97.15kPa，远远小于应克服的外压 1257.38kPa，所以，小气泡不可能存在，容易产生过热现象。

在液体加热过程中，防止暴沸的具体措施有：①不断搅拌，同时使液体与空气不断撞击产生微细空气泡沫，这些气泡作为新相种子，可以避免过热发生；②加入沸石或一端封口的毛细管。由于沸石内有很多小孔，吸附大量空气。液体加热后，空气由毛细孔逸出形成气泡，这种气泡作为新相种子，使气泡成长扩大，成为沸腾中心。此法简便，效果较好。但切不可在热液中丢入沸石，否则会因为沸石中气体剧烈膨胀而使液体溅出；沸石也不能反复使用，因为一方面其细孔已经被填，另一方面沸石也已被污染。

（二）过冷液体

温度低于凝固点而不析出晶体的液体称为过冷液体（supercooling liquid）。静止的纯净液体进行冷却，往往会出现过冷现象。过冷现象的产生是由于新生相微粒具有较高的蒸气压，由此导致微小晶体具有较低的熔点。从图 8-8 可见，正常情况下物质的熔点在液体蒸气压曲线 *OC* 和固体的蒸气压曲线 *OA* 的交点 *O* 处，微小晶体的饱和蒸气压恒大于普通晶体的饱和蒸气压，因此其蒸气压曲线 *BD* 在 *OA* 线上方，和液体蒸气曲线的延长线交于 *D* 点，*D* 点是微小晶体的熔点。正常情况下的凝固点 *O*，对于有较高蒸气压的微小晶体来说，仍处于气液平衡区，是不可能有固体析出的。为此，要加强搅拌，同时在液体冷却到凝固点附近时投入少量晶粒作为新相种子，这时液体分子会自动在这些晶核表面上迅速沉积析出。

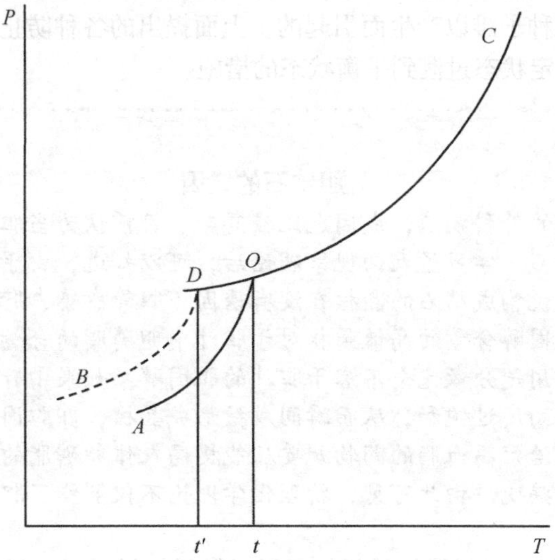

图 8-8　过冷液体相图

（三）过饱和蒸气

在一定的温度下，当某气体的分压大于其在该温度下的饱和蒸气压时仍不能凝聚，形成过饱和蒸气（supersaturated vapor）。过饱和蒸气能够存在，是因为新生成的微小液滴的蒸气压远大于该物质的正常蒸气压。

高空中如果没有灰尘，水的蒸气压可以达到相当高的过饱和程度而不凝聚，因为此时的蒸气压力虽然对平液面的水来说已是过饱和的了，但对于将要形成的小水滴来说尚未饱和，因此小水滴难以形成。如果这时在空中撒入凝结晶核（如 AgI），使凝结水滴的初始曲率半径增大，则其对应的冷凝蒸气压将变小，于是蒸气迅速凝结成水滴，这就是人工降雨的基本原理。

知识拓展

激光或可用于人工降雨

2010 年，据英国《自然·光子学》杂志报道，向空气中发射一种高能量短脉冲激光，会使照射路径上的氮气分子和氧气分子离子化。这些离子化的空气分子就成为天然的凝结核，促使水蒸气凝结为水滴，从而达到人工降雨的目的。这一技术目前还处于初级阶段，因为一束激光只能促使其所照射的路径上形成水滴，虽然不能马上用于人工降雨，但是可用于降雨预测。下一步研究将探索是否能通过用激光扫过天空的方式，促使水滴在更大面积的空气中形成。

（四）过饱和现象

一定温度、压力下的溶液，其溶质浓度超过该条件下的溶解度而不析出，称为过饱和溶液（supersaturated solution）。产生过饱和溶液的原因是：一定条件下，微小晶体较普通晶体有较大的溶解度。

将溶液进行恒温蒸发时，溶质的浓度逐渐加大，当达到普通晶体溶质的饱和浓度时，对微小晶体的溶质却仍未达到饱和状态，不可能有微小晶体析出，于是形成了过饱和溶液。如前所述，加入晶种可以帮助结晶析出。

过冷、过饱和等现象都是偏离平衡而处于较高能量的热力学不稳定状态，但是它们却又能在一定条件下较长时间地稳定存在，这种状态被称为亚稳定状态（metastable state）。亚稳定状态出现在新相形成时由于新相种子难以产生而引起的。上面提出的各种防止方法都是有利于新相种子的形成，促使液体由亚稳定状态过渡到平衡状态的措施。

案例 8-7

胆结石的成因

胆结石是一种常见的外科疾病，成因也比较复杂。目前认为当胆汁中胆固醇含量相对过剩时就会形成胆固醇结石。学习了表面现象理论后，可以知道，由于附加压力的存在，新相种子难以形成。也就是说构成结石的晶核在没有诱因（胆管感染、肝功能异常等）的情况下是难以形成的。其实胆固醇含量的高低是相对于胆汁中卵磷脂的含量而言的，而卵磷脂是一种表面活性剂，它的作用是分散完全不溶于胆汁的胆固醇。如果由肝脏排入胆汁中的卵磷脂的量减少，导致胆固醇高度过饱和，从而瞬间成核形成晶核，即胆固醇结石。因此要避免胆固醇结石，开发溶石或治疗高血脂的药物就要从能提高人体卵磷脂的合成能力或摄入量等方面着手，同时避免胆囊病变。由此可见，物理化学理论不仅解释了胆结石的成因，也为新药的开发提供了理论指导。

第三节　铺展与润湿

一、液体的铺展

一种液体在另一种不相溶的液体表面自动展开成膜的过程，称为铺展（spreading）。认识铺展过程的本质可从表面能着手。如油与水互不相溶，若将一滴油在水面上铺展，则水的表面消失，同时产生一个油膜表面和一个油水界面（图 8-9）。在一定的温度、压力下，可逆铺展单位表面积时，系统表面吉布斯能的变化为

$$\Delta G_{T,p}=\gamma_{油}+\gamma_{油-水}-\gamma_{水} \tag{8-18}$$

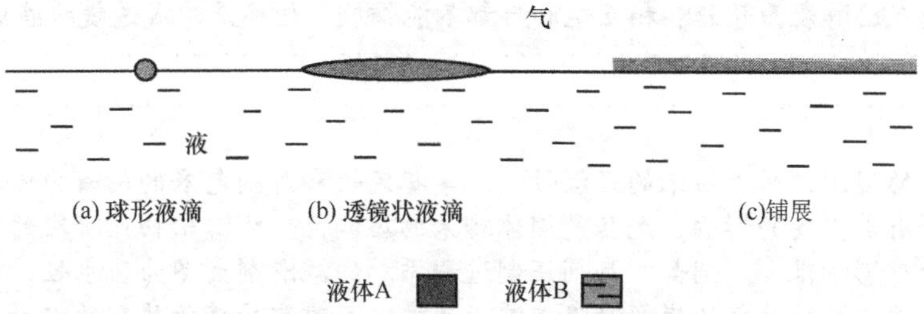

图 8-9　液-液界面状态示意图

根据能量最小原理，当 $\Delta G_{T,p}\leqslant 0$ 时，油滴才能在水面铺展。实际应用时，常用铺展系数（spreading coefficient）S 判断一种液体能否在另一种与其不互溶的液体表面上铺展，令 $S=-\Delta G_{T,p}$，即

$$S=\gamma_{水}-\gamma_{油}-\gamma_{油-水} \tag{8-19}$$

当 $S\geqslant 0$ 时，油能在水面上铺展。上面讨论的是两种液体刚开始接触时的情况，实际上常常是接触后相互溶解而达到饱和。这时 $\gamma_{油}$ 和 $\gamma_{水}$ 应改为溶解了少量水的油的表面张力 $\gamma'_{油}$ 和被油饱和了的水的表面张力 $\gamma'_{水}$。当然铺展系数也就变为终态的铺展系数 $S'_{油-水}$。部分液体的铺展系数见表 8-5。

表 8-5　室温下某些有机物在水面上的铺展系数（$10^{-3}N\cdot m^{-1}$）

化合物	$\sigma_{油}$	$\sigma_{水}$	$\sigma_{油-水}$	S	$\sigma'_{油}$	$\sigma'_{水}$	S'
二硫化碳	32.4	72.1	48.6	–8.9	31.8	70.49	–9.9
正庚醇	26.8	72.5	7.9	37.8	26.4	28.53	–5.8
二碘甲烷	50.6	72.5	45.8	–23.9	50.5	62.2	–34.2
苯	28.88	72.8	35.07	8.84	28.82	62.36	–1.49

液滴在固体表面上铺展的判据，原则上亦可用铺展系数 $S_{液-固}$ 表示，即

$$S_{液-固}=\gamma_{固-气}-\gamma_{液-气}-\gamma_{液-固} \tag{8-20}$$

案例 8-8

293.15K 时，已知水的表面张力 $\gamma_{水}=72.8\times10^{-3}N\cdot m^{-1}$，乙醇的表面张力 $\gamma_{醇}=24.8\times10^{-3}N\cdot m^{-1}$，乙醇与水的界面张力 $\gamma_{醇-水}=6.8\times10^{-3}N\cdot m^{-1}$，乙醇与水相互饱和后，则 $\gamma'_{水}=28.5\times10^{-3}N\cdot m^{-1}$，$\gamma'_{醇}=\gamma_{醇}$，$\gamma'_{醇-水}=\gamma_{醇-水}$。根据上述数据判断，乙醇滴在水面上时开始与终了的形状。相反，如果把水滴在乙醇表面上，其形状如何？

解：乙醇开始滴加在水面上：

$$S_{乙醇-水}=\gamma_{水}-\gamma_{乙醇}-\gamma_{乙醇-水}=(72.8-24.8-6.8)\times10^{-3}=41.2\times10^{-3}\ (N\cdot m^{-1})>0$$

开始时乙醇滴在水面上立即铺展成膜。

当乙醇与水相互饱和之后，

$$S'_{乙醇-水}=\gamma'_{水}-\gamma'_{乙醇}-\gamma'_{乙醇-水}=(28.5-24.8-6.8)\times10^{-3}=-2.9\times10^{-3}\ (N\cdot m^{-1})<0$$

已经在水面上铺展的乙醇又收缩成透镜状液滴。

如果把水滴在己醇表面上，则

$S_{水-己醇}=\gamma_{己醇}-\gamma_{水}-\gamma_{水-己醇}=(24.8-72.8-6.8)\times10^{-3}=-54.8\times10^{-3}\ (N\cdot m^{-1})\ <0$

饱和后

$S'_{水-己醇}=\gamma'_{己醇}-\gamma'_{水}-\gamma'_{水-己醇}=(24.8-28.5-6.8)\times10^{-3}=-10.5\times10^{-3}\ (N\cdot m^{-1})<0$

说明水滴在己醇表面开始和相互饱和后都不能铺展，始终是缩成透镜状液滴。

案例 8-9

固体药物的湿润性对于粉末的吸湿性、化学稳定性和片剂包衣的附着力以及粉末在液体中的分散性等有着重要的影响，尤其是固体粉末的湿润性作为溶出初始阶段的首要条件，对片剂的溶出速度影响很大。例如，片剂压制过程添加的润滑剂大多为疏水性，由此引起颗粒湿润性的改变常常影响片剂的崩解时限与溶出速率，而难溶性药物片剂的水透入速度及崩解后粒子的絮凝或分散等均与粉末的湿润性有关，进而影响片剂的溶出和疗效。润湿现象的研究有极其重要的实际意义。药物固体制剂的湿润性可以用接触角衡量。

问题：

（1）什么是润湿现象？其微观成因是什么？

（2）什么是接触角？

（3）试述液体在固体表面的润湿程度与接触角大小的关系。

二、固体表面的润湿

当固体与液体接触时，原来的固-气表面被固-液界面代替的过程称为润湿（wetting）。润湿是一种常见而重要的现象，生物机体如果对水溶液不能发生润湿作用，那么生命活动将无法进行。

润湿现象可分为沾湿、浸湿和铺展润湿 3 种类型。沾湿是液体黏附在固体表面的过程[图 8-10（a）]，浸湿是固体浸入液体的过程[图 8-10（b）]，铺展是在固体表面形成均匀液体薄膜的过程[图 8-10（c）]。

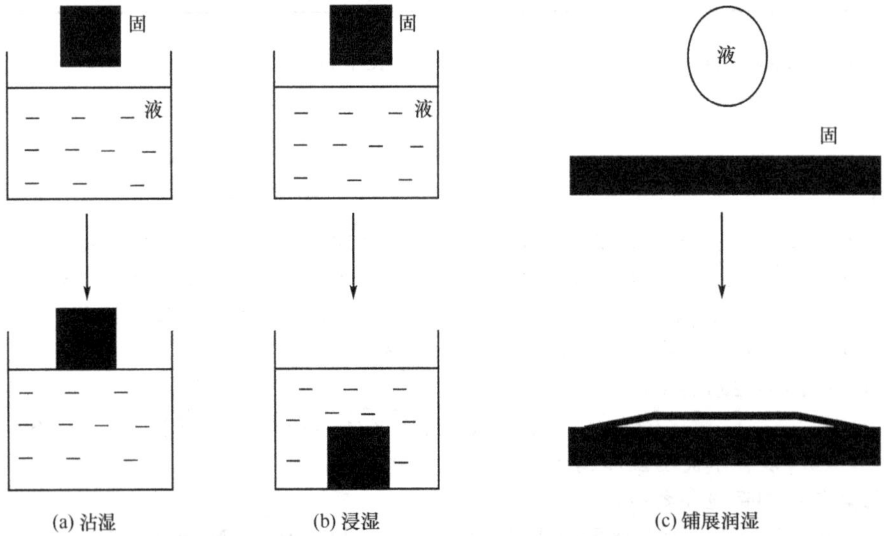

图 8–10　三种润湿类型示意图

当润湿单位表面积的固体表面时，三种润湿过程表面吉布斯能的变化分别为

沾湿 $\Delta G_{表,a}=\gamma_{固-液}-\gamma_{液-气}-\gamma_{固-气}$ (8-21)

浸湿 $\Delta G_{表,i}=\gamma_{固-液}-\gamma_{固-气}$ (8-22)

铺展润湿 $\Delta G_{表,s}=\gamma_{固-液}+\gamma_{液-气}-\gamma_{固-气}=-S$ (8-23)

式中，$\gamma_{固-气}$、$\gamma_{液-气}$和$\gamma_{固-液}$分别为固-气、液-气、固-液界面张力；S为铺展系数。

当$\Delta G\leqslant 0$时，液体可以润湿固体表面。$\Delta G_{表,a}\leqslant 0$，可以沾湿；$\Delta G_{表,i}\leqslant 0$，可以浸湿；$\Delta G_{表,s}\leqslant 0$或$S\geqslant 0$，可以铺展润湿。对于同一系统，$\Delta G_{表,s}>\Delta G_{表,i}>\Delta G_{表,a}$，若$\Delta G_{表,s}\leqslant 0$，必有$\Delta G_{表,i}<\Delta G_{表,a}<0$，显然铺展润湿的标准是润湿的最高标准。

（一）接触角

当液滴在固体表面处于平衡状态时，设气-液界面与固-液界面的夹角为θ（图 8-11），θ即接触角（contact angle）。

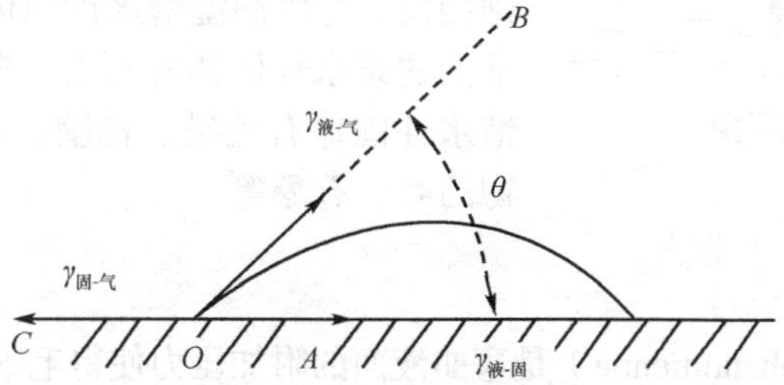

图 8-11 接触角与各界面张力的关系

在气、液、固三相交界处O点，同时有三种表（界）面张力相互作用，$\gamma_{固-气}$力图使液滴沿OC方向展开，而$\gamma_{液-气}$和$\gamma_{固-液}$则力图使液滴收缩。当上述三种力达平衡时有下列关系：

$$\gamma_{固-气}=\gamma_{固-液}+\gamma_{液-气}\cos\theta \quad (8\text{-}24)$$

或

$$\cos\theta=\frac{\gamma_{固-气}-\gamma_{固-液}}{\gamma_{液-气}}$$

式（8-24）称为杨氏公式，它是杨氏（T.Young）在 1805 年提出的。

接触角的大小反映了液体在固体表面的润湿情况。通常是以θ=90°作为润湿与否的分界线。若θ=0°，表示液体在固体表面上完全润湿并铺展成薄膜；若 0°<θ<90°，表示液体能够润湿固体，呈棱镜状；若 90°<θ<180°，表示液体不润湿固体，呈平底球状；若θ=180°，表示液体在固体表面完全不润湿，呈球状。表 8-6 为一些药物及辅料粉末与水的接触角。

表 8-6 一些药物及辅料粉末与水的接触角（水中已饱和了待测物）

物质	接触角/（°）	物质	接触角/（°）
阿司匹林	74	碳酸钙	58
水杨酸	103	硬脂酸镁	121
非那西丁	78	硬脂酸	98
磺胺嘧啶	71	地高辛	49
地西泮	83	氯霉素	59
巴比妥	70	茶碱	48
咖啡因	43	硼酸	74
泼尼松	63	吲哚美辛（消炎痛）	90

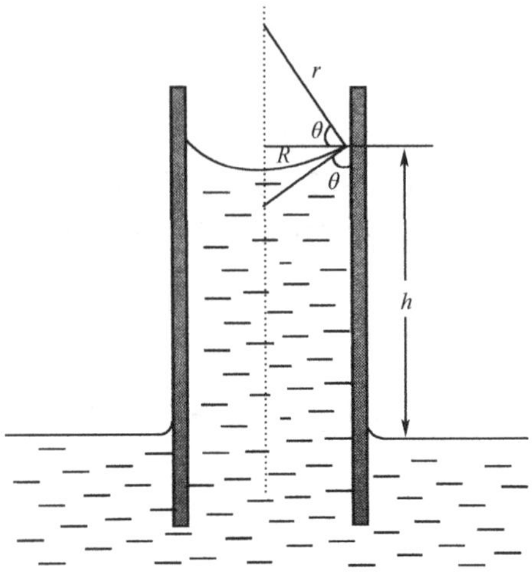

图 8-12 毛细现象

结合热力学原理与杨氏公式，可以对各种润湿条件做出判断。ΔG 是否小于零，关键在于接触角的大小。各种类型接触角判据：沾湿，$\theta \leqslant 180°$；浸湿，$\theta \leqslant 90°$；铺展润湿，$\theta=0°$。

液体对固体的润湿能力不仅与液体本身的性质有关，而且还与固体表面的性质有关。对一定的液体来说，能被液体润湿（$\theta<90°$）的固体称为亲液固体；而不被液体所润湿（$\theta>90°$）的固体称为憎液固体。常见的液体是水，极性固体都是亲水性的，非极性固体大多数是憎水性的。因此，大多数极性液体可以润湿亲水性固体，而不能润湿憎水性固体；非极性液体则相反，可以润湿憎水性固体，而不润湿亲水性固体。常见的亲水性固体有石英、滑石粉、淀粉、硫酸盐等，憎水性固体有硫磺、樟脑、石蜡、硬脂酸镁、某些植物的叶、石墨等。

（二）毛细现象

毛细现象（capillary phenomenon）是弯曲液面的附加压力使得毛细管润湿的液体沿毛细管上升的现象。当把玻璃毛细管插入润湿管壁的液体中时，管中的液面将呈凹形，如图 8-12 所示。由于 Δp 指向大气，而使凹面下的液体所受到的压力小于管外水平液面下液体所受的压力。因而管外的液体将被压入毛细管，直到上升的液柱所产生的静压力与凹面的附加压力相等时为止。因此，

$$\Delta p=\frac{2\gamma}{r}=(\rho_{液}-\rho_{气})gh\approx\rho_{液}gh \qquad (8\text{-}25)$$

因为

$$r\cos\theta=R$$

把此式代入式（8-25）中，得

$$h=\frac{2\gamma\cos\theta}{\rho_{液}gR} \qquad (8\text{-}26)$$

当液体润湿毛细管壁，即形成凹形液面时，$\theta<90°$，$h>0$，毛细管内液体上升，上升高度与毛细管半径成反比。若液体不润湿毛细管壁，即形成凸形液面时，$\theta>90°$，$h<0$，毛细管内液体下降，低于正常液面。汞在玻璃毛细管中，或者水在涂有石蜡、有机硅或其他非极性化合物的玻璃毛细管内就是如此。毛细管法测定液体的表面张力就是根据这个原理而进行的。

在自然界和日常生活中也有许多毛细现象的例子。例如，植物茎内的导管就是植物体内极细的毛细管，它能把土壤里的水分吸上来。砖块吸水、毛巾吸汗、粉笔吸墨水都是常见的毛细现象。在这些物体中有许多细小的孔道，起着毛细管的作用。润滑油通过孔隙进入机器部件中润滑机器，靠的也是毛细现象。“山云蒸，柱础润”、“础润而雨”，础石是多孔性材料，也正是因空气中所含大量水分，出现毛细现象使础石潮湿，从而可以作为空气湿度大，将要下雨的预示。

案例 8-10

锄地保墒的原理

干旱时农民锄地，不但可以铲除杂草，还可以切断土壤表面层的毛细管，防止土壤中的水分沿毛细管上升至地表而被蒸发。同时，由于水在土壤毛细管中呈凹液面，饱和蒸气压小于水平液面，因此，锄地切断的毛细管又易于使在大气中的水汽凝结，增加土壤水分。相反，为把地下水引上来，往往用碾子压紧地面，使土壤中的毛细管更多更紧密。

（三）毛细管凝结

多孔性物质内有很多毛细管，与该固体相润湿的液体能在这些孔隙内形成凹液面。在一定温度下，根据开尔文方程，液体的蒸气虽对平液面未达饱和，但对管内凹面液体来说则已呈过饱和状态，蒸气分子在毛细孔内将凝结成液体，这种现象称为毛细管凝结（capillary condensation）。硅胶是一种多孔性物质，具有很大的内表面积且与水能很好地润湿，可自动吸附空气中的水蒸气并在毛细管内发生凝结达到干燥空气的目的。

三、铺展和润湿原理在药学上的应用

铺展和润湿原理在药学上的应用是非常广泛的。众所周知，皮肤的表面是一层与脂肪酸混合物类似的极性-非极性的水油层，凡是以矿物油为基质的制剂都不能在皮肤上均匀地铺展，所以纯凡士林做基质的眼药膏，在眼结膜上不易涂开，药效不易发挥，需在基质中加入少量的羊毛脂以改善铺展效果，有利于眼药膏与结膜的接触而提高药效。因此，涂在皮肤、黏膜上的软膏，在选择辅助剂时不仅应该考虑它要与主药有良好的润湿，而且与用药部位以及排出的分泌物都应该保持良好的接触。农药喷洒在植物上，不仅要求它在叶片上润湿不脱落，而且希望它能自行铺展成膜以达到良好的杀虫效果，为此常在农药喷洒液中加入少量润湿剂以改善润湿程度。

在制药工业上，原料和辅料的润湿性对制剂工艺及制剂的质量都会产生很大的影响，片剂中的崩解剂可以使药片在口服后迅速崩解，因此要求崩解剂对水有良好的润湿性，才有利于体液渗入片内。在选用片剂、丸剂的液体黏合剂时就应考虑到它们对药物的润湿性能，例如，阿拉伯胶溶液、淀粉溶液能润湿植物性药粉，适用于生药粉末的丸药，不适合于油脂类药物。相反，如蜂蜡、羊毛脂对油脂类药物的润湿能力较强，故常被用作油脂类药物的黏合剂。此外，还应考虑丸剂、片剂对胃液、肠液的润湿性。对于外用药物，则必须考虑到它与皮肤、黏膜良好的润湿性。

在中药有效成分的提取中，可选用适当的提取辅助剂，增加溶剂对药材细胞的润湿、渗透性，提高有效成分的浸出率。例如，聚山梨酯-80 可使薰衣草油的提取率增加 20%，而油的性质不变。

棉花必须进行脱脂处理才可作医用棉，因脱脂棉可更好地被酒精或药液润湿。

在很多情况下需要的是反润湿，如选矿、防水织物等。例如，棉布易被水润湿，但经憎水剂处理后，可使 $\theta>90°$ ，这时水滴不能润湿棉布，在布上呈圆珠状而不易进入布的毛细孔中，稍经振动易于脱落，故可制成防雨设备。在医药中，在安瓿内壁涂上一层不润湿的二氯硅烷可使安瓿内的注射液轻而易举地被完全抽入注射器内。

第四节　溶液的表面吸附

一、表面张力等温线

在前几节中讨论了纯液体的表面张力和纯液体的表面性质。在指定的温度、压力下，纯液体具有确定的表面张力。一旦在液体中加入溶质而成为溶液时，情况就不相同了。溶液是多组分系统，溶液的表面张力不仅与温度有关，而且与溶质种类及浓度有关。这是由于溶质分子进入到溶液表面，使表面层的分子组成发生改变，分子间引力起了变化，因而表面张力也随之改变。

在一定温度下，用溶液的表面张力对浓度作图，所得曲线称为溶液表面张力等温线（surface tension isotherm curve）。在水溶液中，不同溶质水溶液的表面张力等温线大致分为三种类型，如图 8-13 所示。

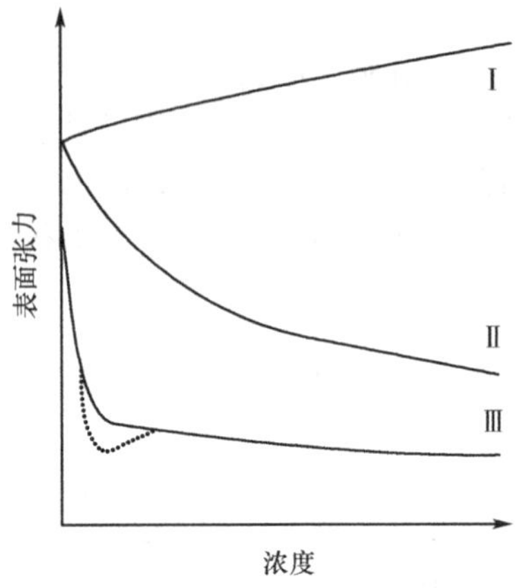

图 8-13 溶液表面张力与浓度的关系

第一类：随着溶液浓度的增加，溶液的表面张力稍有升高。属于这类的溶质有无机盐类（如 NaCl）、不挥发性酸（如 H_2SO_4）、碱（如 KOH）等强电解质以及含有多个—OH 的有机化合物（如甘油、蔗糖）等。此类物质称为表面非活性物质（surface inactive agent）。

第二类：溶液表面张力随着溶质浓度的增加而缓慢下降。大部分为极性有机小分子，如醇、醛、酸、酯、胺及其衍生物的水溶液属于Ⅱ型线。此类物质称为表面活性物质（surface active agent）。

第三类：在水中加入少量的某溶质即能引起溶液表面张力的显著降低，当达到一定浓度后，表面张力值趋于稳定，不再随溶液浓度的增加而改变，该类物质称为表面活性剂(surfactant)。常见的有直链有机酸的金属盐、长碳链磺酸盐（如十二烷基苯磺酸钠）等。当表面活性剂中存在少量杂质时，这类曲线有时会出现如图 8-13 中所示的虚线部分。

一些经验公式可用来描述表面张力和浓度之间的关系，最常用的是希什科夫斯基（Szyszkowski）公式：

$$\frac{\gamma_0-\gamma}{\gamma_0}=b\ln\left(1+\frac{c/c^{\ominus}}{a}\right)_T \tag{8-27}$$

式中，γ_0 和 γ 分别为溶剂和浓度为 c 的溶液的表面张力；a、b 为经验常数，同系物中 b 值相同，a 值的大小和碳链的长度有关。式（8-27）适用于低浓度的表面活性剂溶液。

二、吉布斯吸附等温式

（一）溶液的表面吸附现象

在一定的温度和压力下，表面吉布斯能 $G_{表面}=\gamma A$，取微分后 $dG_{表面}=\gamma dA+Ad\gamma$。根据热力学第二定律，自发过程的方向为 $dG_{T,p}<0$。纯液体的表面张力在指定温度下为定值，即 $d\gamma=0$，则 $dG_{表面}=\gamma dA$，这种情况下 $dG_{T,p}<0$ 的自发方向表现为自动缩小表面积的趋势。溶液的表面张力不仅是温度的函数，还和组成有关。因此，溶液不仅会自发缩小表面积到最小，还会尽可能调节表面层的浓度使表面张力降到最低。

一般说来，如果在表面层中溶质分子比溶剂分子所受到的指向溶液内部的引力还要大，则这种溶质的溶入会使溶液的表面张力升高。由于尽量降低系统表面能的自发趋势，这种溶质趋向于较多地进入溶液内部而较少地留在表面层中，这样就造成了溶质在表面层中比在本体溶液中浓度小的现象。相反，如果在表面层中溶质分子比溶剂分子所受到的指向溶液内部的引力要小，则这种溶质的溶入会使溶液的表面张力减小，而且，溶质分子趋向在表面层相对浓集，造成溶质在表面层中比在本体溶液中浓度大的现象。溶质在表面层中与在本体溶液中浓度不同的现象称为“溶液的表面吸附”，溶质在表面层浓度小于本体溶液浓度，称为“负吸附”；溶质在表面层浓度大于本体溶液浓度，称为“正吸附”。

（二）吉布斯公式

溶液表面吸附理论是由吉布斯（Gibbs）建立的。1878 年，吉布斯用热力学方法推导出，在一定温度下，溶液的浓度、表面张力与吸附量之间的定量关系式，即著名的吉布斯吸附等温式（Gibbs adsorption isotherm equation):

$$\Gamma = -\frac{c/c^{\ominus}}{RT}\left(\frac{\partial \gamma}{\partial (c/c^{\ominus})}\right)_T \tag{8-28}$$

式中，c 为溶质在溶液本体中的平衡浓度，mol·L^{-1}；$\left(\frac{\partial \gamma}{\partial (c/c^{\ominus})}\right)_T$ 为温度一定时，溶液表面张力随浓度的变化率，称为表面活度（surface activity)；Γ 为浓度为 c 时，单位表面积上溶质的超量，称为表面超量（surface excess)，mol·m^{-2}。Γ 的物理意义是，在单位面积的表面层中，所含溶质的物质的量与同量溶剂在溶液本体中所含溶质物质的量的差值。

吉布斯吸附等温式具有普适性，不仅适用于溶液表面，同时也适用于任意两相界面，是一切界面吸附的热力学基础。在应用于其他相界面时，要注意公式中的各物理量要换成相应系统和界面的数据。

根据式（8-28)，因为 $\frac{c/c^{\ominus}}{RT}>0$，所以

当 $\left(\frac{\partial \gamma}{\partial (c/c^{\ominus})}\right)_T>0$ 时，$\Gamma<0$，负吸附，即加入非表面活性物质，溶质的浓度增加，溶液的表面张力随之增大，溶质在表面层的浓度小于溶液本体的浓度。

当 $\left(\frac{\partial \gamma}{\partial (c/c^{\ominus})}\right)_T<0$ 时，$\Gamma>0$，正吸附，即加入表面活性物质，溶质的浓度增加，溶液的表面张力反而下降，溶质在表面层的浓度大于溶液本体的浓度。

当 $\left(\frac{\partial \gamma}{\partial (c/c^{\ominus})}\right)_T=0$ 时，$\Gamma=0$，说明此时无吸附作用。

由于表面活性物质具有“两亲”结构，因而它们在溶液中具有表面吸附、分子定向排列以及形成胶束等基本性质，其结果使表面张力降低，系统趋于稳定。

（三）吉布斯公式的具体意义与应用

运用吉布斯公式可以计算溶质在溶液表面的吸附量，并绘制表面吸附等温线。常用的方法有两种：

（1）数学解析法：利用溶液表面张力 γ 与浓度 c 之间关系的经验公式，将公式对浓度微分，求得 $d\gamma/dc$ 数值。

（2）实验方法：测定不同浓度 c 时溶液的表面张力 γ，作 $\gamma\sim c$ 关系曲线，再求出 $\gamma\sim c$ 曲线上各指定浓度处切线的斜率，即为该浓度下的 $d\gamma/dc$ 数值，将求得的 $d\gamma/dc$ 值及相应的浓度 c 代入吉布斯吸附公式，就可求出各浓度下溶液的表面吸附量，绘制 $\Gamma\sim c$ 曲线。

案例 8-11

反渗透法制备注射用水或者纯化水的分离机理

根据吉布斯吸附等温式，若加入的溶质能够增大水的表面张力，产生负吸附，则溶质在表面层的浓度就会比在溶液内部小，因此，NaCl 等盐类溶液接触空气的界面上就能形成一层纯水层。根据这个原理，选择合适结构的多孔性膜，使得它在与盐水溶液接触时，膜表面会选择性吸附水分子而排斥溶质，这样在膜与溶液界面上就将形成一层纯水层，其厚度视界面性质而定。这层水在外加压力的作用下进入膜表面的毛细孔，并通过毛细孔从另一侧渗出，这样从盐水中就可以分离出纯水。

案例 8-12

根据希什科夫斯基（Szyszkowski）经验式讨论表面吸附量随浓度变化的规律，并绘制表面吸附等温曲线。

解： 希什科夫斯基经验式为 $\gamma=\gamma_0-\gamma_0 b\ln\left(1+\dfrac{c/c^{\ominus}}{a}\right)$

对 c/c^{θ} 微分，得 $\left(\dfrac{\partial\gamma}{\partial(c/c^{\ominus})}\right)_T=-\dfrac{b\gamma_0}{a+c/c^{\ominus}}$

带入吉布斯公式得 $\Gamma=-\dfrac{c/c^{\ominus}}{RT}\cdot\left(\dfrac{\partial\gamma}{\partial(c/c^{\ominus})}\right)_T=\dfrac{b\gamma_0}{RT}\cdot\dfrac{c/c^{\ominus}}{a+c/c^{\ominus}}$

温度一定，$\dfrac{b\gamma_0}{RT}$ 为常数，记为 K，则上式可写作：

$$\Gamma=K\frac{c/c^{\ominus}}{a+c/c^{\ominus}}$$

当浓度很小时，$\dfrac{c}{c^{\ominus}}\leqslant a$，$a+\dfrac{c}{c^{\ominus}}\approx a$，则

$$\Gamma=\frac{b\gamma_0(c/c^{\ominus})}{RTa}=K'\frac{c}{c^{\ominus}}$$

此时表面吸附量 Γ 和浓度 c 之间呈线性关系，Γ 随 c 的增大而增加。

当浓度较大，$\dfrac{c}{c^{\ominus}}\geqslant a$，$a+\dfrac{c}{c^{\ominus}}\approx\dfrac{c}{c^{\ominus}}$，则

$$\Gamma=\frac{b\gamma_0}{RT}=K=\Gamma_m$$

此时溶液的表面吸附趋于饱和，吸附量不再随浓度而改变，Γ_m 为溶液的饱和吸附量。由于 $\gamma\sim c$ 经验式只适用于浓度小于 CMC（临界胶束浓度，见本章第六节）的溶液，溶液本体浓度很小，相对于饱和吸附时的表面层浓度可以忽略，因此可以将 Γ_m 近似看做是饱和吸附时表面层的浓度。$\Gamma\sim c$ 曲线如图 8-14 所示。

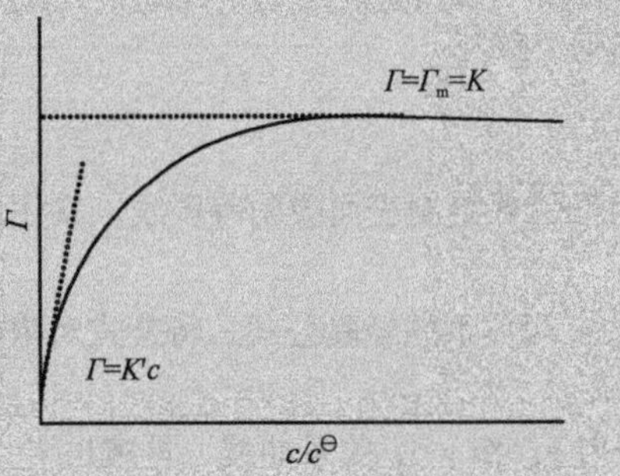

图 8-14 溶液表面吸附量随浓度的变化

三、表面活性剂在溶液表面的定向排列

由于表面活性剂分子具有亲水和亲油的两亲性结构，使其极易吸附在溶液表面。当溶液浓度较低时，这些吸附在溶液表面的分子极性端插入水中，非极性端平躺在溶液表面。随着溶液浓度的增加，表面吸附量逐渐加大，直至达到一个极限值 Γ_m。吸附在溶液表面的分子随着 Γ 的增大而逐渐站立起来，直至形成极性端在溶液中，非极性端伸向空气，定向排列紧密的表面层（图 8-15）。

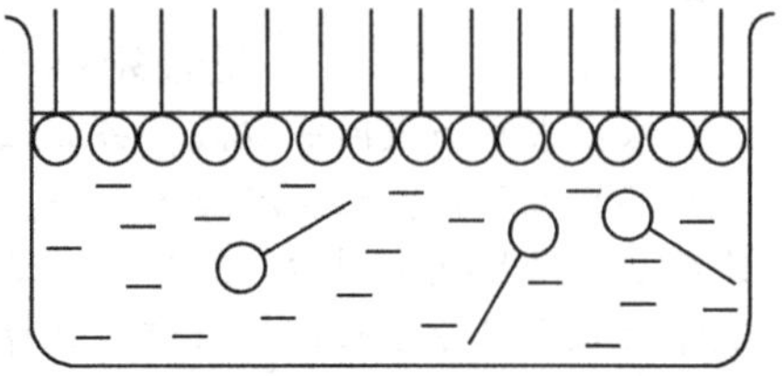
图 8–15 表面活性剂在溶液表面的定向排列示意图

饱和吸附时，表面几乎完全被溶质分子所占据，吸附为单分子层。同系物中不同化合物的差别只是碳链长短不同，而分子横截面积相同，因而它们的饱和吸附量是相同的。所以，可由Γ_m值计算被吸附分子的横截面积A。即

$$A=\frac{1}{\Gamma_m L} \tag{8-29}$$

式中，L 为阿伏伽德罗常数。用溶液表面吸附方法计算得到的分子截面积比用其他方法得到的结果略大，这可从以下几个方面进行解释：①分子做热运动，尤其在温度比较高时，分子并不是绝对整齐排列的；②表面活性剂分子溶在水中的极性基团的溶剂化作用，使表面层中除了被表面活性物质占据，也不可避免地存在一些溶剂分子；③表面层中的分子和水面并不是直立的，而是有一定的角度。

表 8-7 列出一些 $C_nH_{2n+1}X$ 结构化合物的实验结果。由这一结果可以认识表面活性物质的分子模型以及它在表面层的排列方式。表中所示的 $20.5\times10^{-20}m^2$ 即为碳氢链的横截面积，而醇类及酯类的横截面积大于 $20.5\times10^{-20}m^2$，这是由于生成氢键的影响以及极性基间的电性斥力作用的结果。

表 8-7 $C_nH_{2n+1}X$ 化合物在单分子膜中每个分子的截面积

化合物种类	X	$A\times10^{20}/m^2$
脂肪酸	—COOH	20.5
二元酯类	$—COOC_2H_5$	20.5
酰胺类	$—CONH_2$	20.5
甲基酮类	$—COCH_3$	20.5
甘油三酸酯类（每链面积）	$—COOCH_2$	20.5
饱和酸的酯类	—COOR	22.0
醇类	$—CH_2OH$	21.6

当然，在吸附量不大的情况下，表面活性分子在表面上有较大的活动范围，排列方式未必那样整齐，但非极性基团仍然倾向伸出液面。

第五节 不溶性表面膜

一、不溶性表面膜及其性质

案例 8-13

若将一块樟脑放在水面上，它就会不断地跳起舞来。若要制止樟脑跳舞，只需要在水面上展开一层油，而此油膜的厚度只要一分子就够了。在水池的水面上铺一层油可以杀蚊及阻止水的蒸发，因为油层能降低氧气或水汽来往的速度。又如，在水面上放一根浮片，然后用沾有油的玻璃棒在浮片一边的水面上碰一下，结果浮片就会向另一边漂移，说明展开的膜对浮片会施以一种物理力。

问题：

（1）什么是单分子层膜？其有何实际应用？

（2）什么是表面压？如何测量？

水的表面张力较大，很多水不溶性物质（有些需要溶剂的帮助）能在水面上铺展成膜。其中

不溶性表面活性物质，在适当的条件下，可以形成一个分子厚度的稳定的膜，分子的极性基在水中，非极性基向外。这种膜被称为单分子层表面膜（monolayer），在表面压、表面电势和表面黏度等方面都表现出特殊性质。

一种液体能否在水面上自动形成单分子表面膜主要取决于其自身的铺展能力。铺展系数为正的物质才能在水面上铺展，才有可能形成单分子表面膜。一般说来，非极性液体，如石蜡油、煤油等饱和脂肪烃不能在水面上形成表面膜，而极性有机物以及表面活性物质则可以在水面上形成不溶性单分子表面膜。很早以前，人们就知道了不溶性表面膜的存在和作用。在19世纪末，富兰克林（Flanklin）定量测定了平息池塘风浪所需的最少油量，这已经是在研究单分子膜了。直到1917年朗缪尔（Langmuir）设计了膜天平，才开始了对表面膜的系统研究。

（一）表面压

把两根火柴棒平行靠近放在洁净的水面上，然后在它们之间的水面上滴一滴油酸，两根火柴棒会立即被推向相反的方向。这表明展开的膜对火柴棒有推动力。膜对单位长度浮物（火柴棒）所施加的这种推动力称为表面压（surface pressure），用 π 表示。这是表面膜中的分子不断碰撞浮物的结果。

设浮物长 l，被油膜移动了 dx 距离，则表面膜所做的功为 $\pi l\mathrm{d}x$。这个功应当等于纯水表面被表面膜覆盖后系统吉布斯能的改变，即

$$\pi l\mathrm{d}x=(\gamma_0-\gamma)\,\mathrm{d}A$$

因为 $\mathrm{d}A=l\mathrm{d}x$，所以

$$\pi=\gamma_0-\gamma \tag{8-30}$$

式中，γ_0 为纯水的表面张力；γ 为加入不溶物后的表面张力。由此可见，表面压实际上是由表面活性物质降低了水的表面张力引起的。由于水的表面张力较大，浮物受到一不平衡力的作用而被推向纯水一边。

测定表面压的膜天平就是根据这一原理设计的（图8-16）。在一长方形浅槽中盛满干净的水，水面上有一用云母制的浮片与扭力秤相连，水面上另有一可移动的滑尺，用于改变滑尺与浮片间表面膜的面积。通过测量作用在浮片水平方向的力可以直接测定膜的表面压。改变滑尺的位置，可以测得不同膜面积对应的表面压，表面压是研究膜性质的最基本的数据。

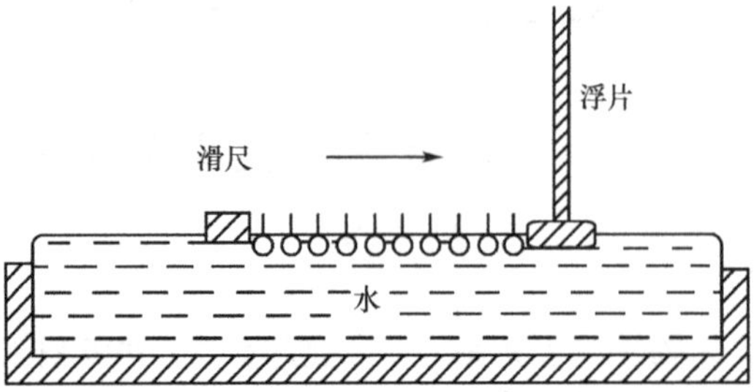

图8-16　膜天平原理图

（二）表面电势

表面电势（surface potential）是洁净水面和空气之间的电势差与膜表面和空气之间的电势差的差值。表面活性物质在成膜时，分子的极性端在水中，非极性端朝外，当表面压较低时，分子斜躺在水面上，此时表面电势较低。随着表面压的增大，分子间距离缩小，成膜物质的分子和水面之间的垂直度逐渐增加，表面电势也越来越大。当所有的成膜物质分子都垂直取向时，分子排列紧密，膜面积不能继续缩小，表面电势趋于定值。因此，通过测定表面电势，可以了解成膜物质

分子在水面上的排列状况以及膜表面是否均匀。

（三）表面黏度

表面黏度（surface viscosity）是液体表面有膜时的黏度与无膜时的黏度之差：

$$\eta_s=\eta_t-\eta_0$$

式中，为 η_s 为表面黏度；η_t 和 η_0 分别为液体表面有膜和无膜时的黏度。表面黏度主要用来研究成膜中的相变和膜中物质分子之间的相互作用，它和膜性质的变化有关。

二、LB 膜

某些表面活性物质可以在水溶液表面形成不溶性单分子膜。1920 年 Langmuir 将水面上的单分子膜转移到固体表面，1935 年 Blodgett 将该工作发展为多分子膜。将一块干板垂直插入表面覆盖单分子膜的水中，单分子膜就转移到板面上。重复操作，则能在固体表面组建起多分子膜。这种多分子膜称为 LB 膜（Langmuir-Blodgett film），也称组建膜。

LB 膜提供了在分子水平控制排列方式的手段，使人们有了根据需要组建分子聚集体的可能，且 LB 膜致密、均匀，膜的厚度可以精确控制，因此在基础研究和应用研究方面都具有广阔的前景。现在，LB 膜已广泛用于半导体器件、发光显示、太阳能电池、生物传感器、仿生功能系统等的研究中。

LB 膜在生物学和医药学中具有许多潜在的用途。生物膜的结构本质上是由长链磷脂和蛋白质构成的一个双层 LB 薄膜。因此，LB 膜也是从分子水平研究生物膜的结构与功能的理想的模型。例如，将生物物质直接制成或嵌入 LB 膜内，可以研究膜的选择输运功能、能量转换功能及信息传递功能，可以研究药物的作用机理。利用生物分子 LB 膜技术还有可能使药物学家找到将一系列活性药物分子定向运送到其作用靶点的有效载体。人工单分子膜与天然生物膜有许多相似之处，而天然生物膜非常复杂，很难进行结构分析，因此，可以用 LB 膜技术将少数纯化膜组分制成重建膜。这种含蛋白质的多层膜经小角 X 光衍射或中子衍射，可以得到蛋白质及脂类分子分布的信息。

此外，还可以用 LB 膜技术将一些简单分子组装成精确设计的仿生模型和人工代用品。将高聚物单体，如双炔类分子，经紫外光照射进行聚合，可以得到有一定分子取向的聚合物 LB 膜。这种膜的化学稳定性和热稳定性很好，具有很好的应用前景。如果可聚合的表面活性分子含有某些极性基团（如有机酸、醇、胺等），则可以形成稳定的极性表面，这就大大拓宽了 LB 膜的应用范围，可以制造生物敏感元件，用于对特定分子的检测。如将抗体和酶植入绝缘的 LB 膜内，可以探测机体的免疫反应和酶的功能。这些敏感元件可做在小型集成电路上，甚至可装入药物中，以检测机体相应物质的变化或了解药物的作用机理。LB 膜技术还可应用于制作亲水和无免疫反应的抗血凝表面。

当然，LB 膜也存在一些弱点：①由于 LB 膜淀积在基片上时的附着力是依靠分子间作用力，属于物理键力，因此膜的机械性能较差；②要获得排列整齐而且有序的 LB 膜，必须使材料含有两性基团，这在一定程度上给 LB 成膜材料的设计带来困难；③制模过程中需要使用氯仿等有毒的有机溶剂，这对人体健康和环境具有很大的危害性；④制模设备昂贵，制模技术要求很高。

现在，膜的研究已经成为一门独立学科。国际上对 LB 膜的研究极为重视，一些发达国家投入巨额财力、人力，以期在此高新技术领域取得突破性进展。经过物理学家、化学家以及生物学家的共同努力，可以相信 LB 膜技术在生物学和医药学领域中将展现光明的应用前景。

三、双分子膜

类脂（lipid）的品种很多，如胆甾醇、磷类脂等，它们都是两亲性化合物，可以形成双层结构。例如，在水溶液中放入一块有小孔的疏水性隔板，类脂分子会自动在小孔中形成一个双分子的隔膜，且形成的双分子膜往往是黑色的，称为类脂双分子膜（bilayer lipid membrane，BLM）。由于生物膜的骨架结构是类脂双分子膜，因此对 BLM 的研究为生物过程的模拟和研究提供了一个重要手段。对 BLM 膜的研究是化学、物理、生物、医药等多学科的交叉结合点，这对药学工作者具有特殊的意义。

脂质体（liposomes）是人工制备的类脂质双分子层膜的小囊，在生物学中作为细胞结构的模拟物用于研究。20 世纪 70 年代开始用作药物载体，目前在药物应用方面取得很大的进展。

四、高分子膜和蛋白质膜

许多高分子化合物，特别是蛋白质可以在液体表面上成膜。由于高分子化合物的分子链很长，分子间相互作用力强，这使一些能溶于某一相的高分子也可以在界面上形成稳定的膜。如水溶性高分子聚丙烯酸、聚乙烯醇都可以在油水界面形成稳定的膜。由于生物系统中的界面一般是水-油型的，因此很多关于蛋白质膜的研究都集中于水-油界面间膜的性质上。对高分子膜的研究可以获得有关分子量、结构、柔性、分子间力等信息。

细胞膜在细胞内部形成的复杂而又庞大的膜系统称为“生物膜”，构成生物膜的主要成分之一就是蛋白质。因此，研究蛋白质和高分子膜对深入了解生物膜在生命过程中所起的作用具有很重要的意义。

第六节　表面活性剂

表面活性剂一词来自英文 surfactant，由 surface active agent 缩合而得。表面活性剂不仅广泛应用于日常生活和工业生产中，而且与生命活动本身密切相关，英国著名界面化学家 Clint 曾幽默地说“冰淇淋是我们最喜爱的食物；有了洗涤剂我们的生活才能如此美好。若没有表面活性剂，这两样东西都不会有。这真是太可悲了。但是如果真的没有了表面活性剂，也不会有人为没有冰淇淋和洗涤剂而哭泣。因为没有表面活性剂人也没有了”。这充分说明了表面活性剂在人类生活及生命活动中的重要性。近年来表面活性剂已成为研究生命现象的奥秘和发展仿生技术极其重要的体系，因而受到广泛重视。

一、表面活性剂结构特点

图 8-17　表面活性剂结构示意图

表面活性剂最显著的结构特点是具有不对称的双亲结构（amphiphilic structure）：一部分为非极性的 8 碳原子以上碳链，称为疏水基（hydrophobic group）或亲油基（hydrophilic group）；另一部分为亲水的强极性基团（$—COO^-$，$—HSO_3^-$），称为亲水基（hydrophilic group）。其结构示意图见图 8-17。

通常将表面活性剂中亲水基称为“头基”，疏水基称为“尾基”。在表面活性剂分子的水溶液中，其疏水尾基要逃离水对它的作用，从而会聚集在表面，形成定向排列的表面层，使水溶液表面的极性分子被非极性的碳氢基团覆盖，因此使其表面张力显著降低。

二、表面活性剂的分类

案例 8-14

人类认识表面活性剂是从洗涤剂开始的，下面几种表面活性剂是洗涤剂中常用成分，请分析其结构特点，然后根据其结构特点进行分类。

最古老的表面活性剂——肥皂的主要成分为高级脂肪酸钠盐（RCOONa，钠皂）；现代洗涤剂中常用的为烷基苯磺酸钠（$R—SO_3Na$）；具有良好硬水耐受能力的甜菜碱 $R_3N^+CH_2COO^-$，常用于清洁类护肤品中；中华民族在魏晋时期即开始使用的洗涤剂——皂角，其主要成分为带有疏水配基的多糖类化合物。

问题：

（1）表面活性剂根据其结构特点是如何进行分类的？

（2）离子型表面活性剂主要分为几类？

上述洗涤中的硬脂酸钠、烷基苯磺酸钠及甜菜碱在溶液中都容易发生电离，这类表面活性剂称为离子型表面活性剂；皂角中的主要成分烷基糖苷类在水溶液中不发生电离，称为非离子型表面活性剂。在肥皂的水溶液中，表面活性成分为高级脂肪酸根离子（$RCOO^-$），烷基苯磺酸盐中的表面活性部分为磺酸根离子（$R^-\ SO_3^-$），像这样表面活性成分为阴离子的称为阴离子型表面活性剂；甜菜碱中的表面活性成分为 $R_3N^+CH_2COO^-$两性离子，称为两性离子型表面活性剂；在离子型表面活性剂中还有一类是像消毒剂新洁尔灭一样，水溶液中的表面活性成分为季铵阳离子，称为阳离子型表面活性剂。

（一）离子型表面活性剂

1. 阴离子型表面活性剂 阴离子型表面活性剂主要包括羧酸盐类、烷基硫酸酯盐、烷基磺酸盐等。

（1）羧酸盐类，结构通式为（$RCOO^-$）$_nM^{n+}$。

羧酸盐类表面活性剂具有乳化、分散、去污能力，在一些药物外用制剂中常用作乳化剂。该类表面活性剂中 R 基团中碳原子数过高和过低都不适于实际应用，当 R 基团低于 10 个碳原子时，该类物质亲水性过强，表面活性较低；而高于 18 个碳原子的 R 基团溶解度太小；R 基团一般为 C_{11}～C_{17}。根据阳离子的不同，羧酸盐类表面活性剂又可分为碱金属皂（一价皂）、碱土金属皂（二价皂）、有机胺皂等。

碱金属皂：HLB 值一般处于 15～18 之间，可溶性强，常见的脂肪酸有月桂酸（12 个碳原子）、棕榈酸（16 个碳原子）和硬脂酸（18 个碳原子），硬脂酸钾为软皂。这类表面活性剂乳化能力和分散油的性能较好，常用作 O/W 型乳化剂。

碱土金属皂：不溶于水，为高级脂肪酸的二价或三价金属盐，常见的金属离子为 Ca^{2+} 、Mg^{2+}、Zn^{2+} 、Al^{3+}，常用作 W/O 型乳化剂。

知识链接：

最早使用的洗涤剂是皂（羧酸的碱金属盐类）。据记载，幼发拉底河流域的苏美尔人早在公元前 2500 年就知道将羊油和草木灰两者混合煮沸的方法制造肥皂。考古学家在罗马的庞贝古城中发现了制肥皂的作坊，说明罗马人早在公元 2 世纪已经开始了原始的肥皂生产，到了 13 世纪开始出现商品肥皂。勤劳智慧的中国人民早在公元前 800 年左右（周代）就知道用草木灰洗涤衣物，到了魏晋时期开发了两种独特的洗涤剂——皂角和猪胰。猪的胰脏中含有多种酶，对脂肪、蛋白质、淀粉等污物具有较强的分解作用。这两种洗涤剂在中华大地上使用了上千年，直到清朝末年，制皂术传入我国，1890 前后，上海出现了第一家生产肥皂的工厂，国人开始改用肥皂（当时称为洋胰子）。

作为近代文明的产物，合成洗涤剂源自有机合成表面活性剂的开发，在第一次世界大战之后，德国因缺乏油脂制皂而不得不走上了有机化学合成的道路，研究开发了多种合成表面活性剂。1917 年，巴斯夫公司开发了烷基萘磺酸盐，想以此代替肥皂，但去污效果并不理想，只好把它用作工业润湿剂。1928 年，波美公司与德国氢化公司合作，成功地在高压下催化加氢将脂肪酸脂转化成脂肪醇，从而为 1932 年以后德国汉高公司（Henkel）及美国 P & G 公司生产首批脂肪醇硫酸盐洗涤剂奠定了基础。1935 年，美国的 National Aniline 公司研制出烷基苯磺酸，真正引起了世人对合成表面活性剂的注意，自此合成表面活性剂和洗涤剂，打破了肥皂一统天下的局面。

（2）烷基硫酸酯盐，结构通式为 R—OSO_3Na。

烷基硫酸酯盐，抗高价盐（Ca^{2+}、Mg^{2+}等），具有较好的润湿、乳化、分散及去污作用，酸性条件下易水解，当碳原子数大于 14 时室温下溶解度很小。该类表面活性剂对黏膜有一定刺激性，在药物制剂领域用作外用软膏剂等的乳化剂，在片剂等固体制剂中用作润湿剂和增溶剂。将蓖麻油硫酸化得到的土耳其红油是最早合成的可用于硬水中的洗涤剂，该产品无刺激性，还可用于挥发油或不溶性杀菌剂的增溶剂。

（3）烷基磺酸盐，结构通式为 R—SO_3Na。

烷基磺酸盐是应用最广泛的工业表面活性剂，是合成洗涤剂的重要成分之一。该类表面活性剂水溶性及抗硬水能力较硫酸化物稍差，不容易水解和氧化，起泡能力强，去污效果好，具有较好的油脂分散性能，在药物制剂中常用作乳化剂和增溶剂。代表性物质为十二烷基苯磺酸钠。

（4）磷酸酯盐，结构通式为 R—OPO_3Na_2。

磷酸酯盐中的自由酸在水和有机溶剂中均可溶解，可在酸性环境中使用，是一类低泡表面活性剂，可用于农药乳状液中的乳化剂、干洗洗涤剂、金属清洗剂、防腐剂（可用于发动机冷却液）；在纺织工业中还可用作抗静电剂。代表性物质为十六醇磷酸酯二钠盐。

2. 阳离子表面活性剂 阳离子型表面活性剂中多为含氮的有机化合物，如伯胺盐、仲胺盐、叔胺盐、季铵盐。其中季铵盐应用最多。季铵盐类表面活性剂在水中溶解度大，在酸性和碱性条件下均较为稳定，具有良好的表面活性和杀菌作用，与阴离子大分子药物作用会失去活性，甚至产生沉淀。该类表面活性剂毒性大，临床上主要用于皮肤、黏膜和手术器材的消毒，如苯扎溴铵、度米芬、新洁儿灭等。

3. 两性离子型表面活性剂 两性离子型表面活性剂带有两个亲水基团，一个带正电、一个带负电。正电基团主要是胺基和季铵基，负电基团主要是羧基、磺酸基。该类表面活性剂具有 pH 敏感性，pH 大于等电点时，呈现阴离子表面活性剂的性质，具有良好的起泡和去污能力；pH 小于等电点时，呈现阳离子表面活性剂性质；pH 在等电点附近时，以两性离子状态存在，在水中溶解度达到最低。

常见的两性离子表面活性剂主要有：①卵磷脂，其结构由磷酸型的阴离子部分和季铵盐型的阳离子部分组成；②氨基酸型（R—$NHCH_2$—CH_2COOH），阴离子部分为羧酸盐、硫酸酯盐、磺酸盐等，阳离子部分为胺盐；③甜菜碱型：阴离子部分为羧酸盐、硫酸酯盐、磺酸盐等，阳离子部分为季铵盐。

（二）非离子型表面活性剂

非离子型表面活性剂的亲水基主要由一定数量的含氧基团构成，一般为聚氧乙烯（POE）、多元醇和酰胺基，在水及有机溶剂中均有较好的溶解度，水中不电离，稳定性高，不易受强电解质、pH 的影响，与其他类型表面活性剂相容性好，可复配使用。非离子表面活性剂毒性和溶血作用小，能与大多数药物配伍，在药物制剂领域广泛应用于外用、内服制剂及注射剂。非离子表面活性剂的品种主要有以下种类。

1. 多元醇型

1）甘油脂肪酸酯类

甘油脂肪酸酯类，是由脂肪酸与甘油酯化得到的，包括单甘油酯和双甘油酯等。随结构中脂肪酸含量不同，可呈现出液态、半固态或蜡状固体，熔点相对较低，处于 30～60℃。代表物质单硬脂酸甘油酯是油脂化工和日用化工行业中应用最广泛、用量最大的一种表面活性剂，该表面活性剂毒副作用小，常用于化妆品、食品和药品中。近年来，在新型药物传递系统纳米结构脂质载体（NLC）的研究中常被选做主要的脂质成分。

2）蔗糖脂肪酸酯类

该类表面活性剂是由蔗糖与脂肪酸反应生成的化合物，蔗糖中的羟基可以有一个或多个与脂肪酸发生酯化反应，从而得到不同性质的表面活性剂，被称为“绿色”表面活性剂，无毒、无臭、无味，对皮肤刺激作用小，可生物降解，可作为乳化剂及低泡洗涤剂使用，是一种具有良好发展前景的表面活性剂。结构式见图 8-18。

该类表面活性剂在室温下稳定，高温下可发生分解或蔗糖的焦化，在酸、碱性条件下易发生水解反应；HLB 值处在 5～13，水溶性差，可溶于丙二醇、乙醇及一些有机溶剂中，但不溶于油；主要用作 O/W 型乳化剂及分散剂。

3）失水山梨醇脂肪酸酯类

脂肪酸山梨坦类是失水山梨醇脂肪酸酯，是由失水山梨醇与脂肪酸反应而得到的产物，为混合物。商品名为司盘（Span），结构通式见图 8-19。

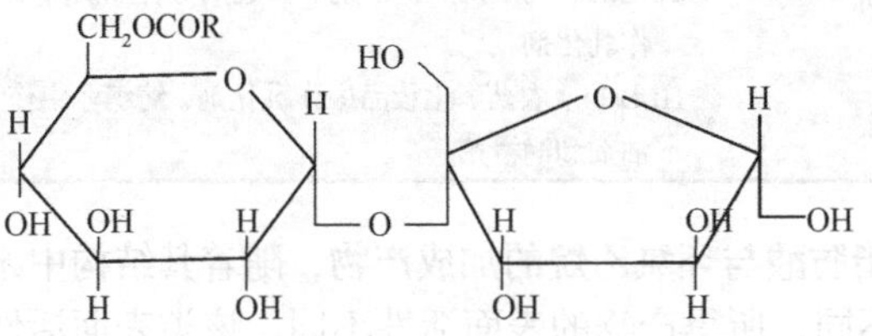

图 8–18 蔗糖脂肪酸酯类表面活性剂结构式

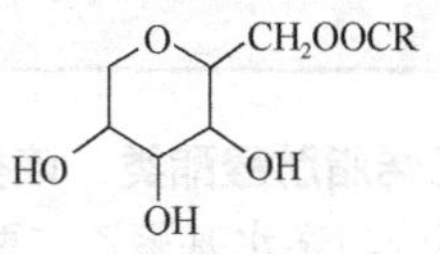

图 8–19 脂肪酸山梨坦类表面活性剂结构通式

该类表面活性剂水溶性差，HLB 值较低，常用作 W/O 型乳化剂，在酸、碱条件下易发生水解。根据脂肪酸的不同分为不同的品种，见表 8-8。

表 8-8 失水山梨坦类表面活性剂种类及主要用途

失水山梨坦种类	商品名	主要用途
脱水山梨醇单月桂酸酯	Span 20	在医药、化妆品中作稳定剂、增塑剂
脱水山梨醇单棕榈酸酯	Span 40	食品、化妆品中作乳化剂、分散剂
脱水山梨醇单硬脂酸酯	Span 60	饮料、冰淇淋、人造奶油等食品中作乳化剂
脱水山梨醇三硬脂酸酯	Span 65	食品、化妆品、纺织等行业中作乳化剂、增稠剂、柔软剂、油剂等
脱水山梨醇单油酸酯	Span 80	食品、化妆品中作乳化剂；油漆、涂料中作分散剂；农药生产中作杀虫剂、润湿剂等
脱水山梨醇三油酸酯	Span 85	医药、化妆品、纺织、油漆等行业中作乳化剂、增稠剂、防锈剂等

4）聚氧乙烯失水山梨醇脂肪酸酯类

由失水山梨醇脂肪酸酯与环氧乙烷加成反应，生成聚氧乙烯失水山梨醇脂肪酸酯类，结构通式见图 8-20。

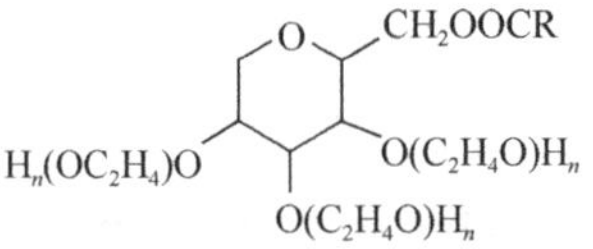

图 8-20 聚氧乙烯失水山梨醇脂肪酸酯类表面活性剂结构通式

氧乙烯可加成在山梨醇的多个羟基上，形成一种复杂的混合物，为黏稠的黄色液体，对热稳定，在酸、碱和酶的作用下易发生水解，易溶于水、乙醇及多种有机溶剂中，但不溶于油，增溶能力强，且增溶作用不受 pH 影响。商品名为 Tween，常用于 O/W 型乳化剂，也可用作增溶剂、分散剂等。与司盘的命名相对应，根据脂肪酸不同，聚山梨酯类有多个品种，见表 8-9。

表 8-9 聚山梨酯类表面活性剂的品种及应用

聚山梨酯类	商品名	主要用途
聚氧乙烯失水山梨醇单月桂酸酯	Tween 20	乳化剂、气相色谱固定剂、免疫分析中可降低非特异性吸附
聚氧乙烯失水山梨醇单棕榈酸酯	Tween 40	气相色谱固定液，稳定剂、扩散剂、乳化剂、抗静电剂
聚氧乙烯失水山梨醇单硬脂酸酯	Tween 60	食品、化妆品中作乳化剂，合成纤维油剂、乳化剂、柔软剂和润滑剂
聚氧乙烯失水山梨醇三硬脂酸酯	Tween 65	食品、化妆品中作乳化剂，纺织业中作乳剂和润滑剂
聚氧乙烯失水山梨醇单油酸酯	Tween 80	乳化剂、润湿剂、扩散剂、渗透剂等，冰淇淋中作乳化剂
聚氧乙烯失水山梨醇三油酸酯	Tween 85	HLB 11，农药、化妆品中作乳化剂，纺织业中作油剂和润滑剂

2. 聚氧乙烯脂肪酸酯类 该类表面活性剂为脂肪酸与环氧乙烷的加成产物，随着其结构中亲油基脂肪酸部分与亲水基聚乙二醇部分结合比例不同，所得产物的表面活性不同。该类表面活性剂商品名为卖泽（Myrj），结构通式为 $R—COO—CH_2—CH_2(C_2H_4O)_n—CH_2OH$。

因其结构中含有酯基，在酸、碱性热溶液中皆易水解。该类表面活性剂水溶性好，乳化能力强，但起泡性差，常用作 O/W 型乳化剂。代表性物质为聚氧乙烯 40 硬脂酸酯，在栓剂、滴丸剂等多种剂型中均有应用，此外还广泛应用于食品添加剂。

3. 聚氧乙烯脂肪醇醚类 脂肪醇与环氧乙烷加成的产物，是非离子表面活性剂中发展最快、用量最大的品种，结构通式为 $R—O(CH_2OCH_2)_n—H$。该类表面活性剂商品名称为苄泽（Brij），易生物降解，对酸、碱、硬水稳定，与洗涤剂中的酶具有良好的相容性，水溶性强。常用作 O/W 型乳化剂，是洗衣液、沐浴露、洗衣粉、洗洁精、金属清洗剂的主要成分；在纺织行业用作匀染剂和剥色剂。代表产品为平平加，是乳白色或米黄色软膏状，为软膏剂基质成分之一。

4. 聚氧乙烯聚氧丙烯嵌段共聚物 聚氧乙烯聚氧丙烯嵌段共聚物又称为泊洛沙姆（poloxamer），结构通式为 $HO(C_2H_4O_2)_a—(C_3H_6O)_b—(C_2H_4O)_c—H$。

其结构中的亲水基是聚氧乙烯基，疏水基为聚氧丙烯基，商品名为普朗尼克（Pluronic）。随着表面活性剂中聚氧乙烯基和聚氧丙烯基质量分数和分子量的不同，所得产物的表面活性也不同，分子量变化范围较大，可从 1000 变化到 30000。分子量较小的品种，润湿性好，但起泡作用差，洗涤效果不佳；随分子量增加，洗涤性能变好，起泡作用渐增；分子量很大时，则润湿性能不好，洗涤性能有所下降，但分散性增强。

该类表面活性剂具有优良的乳化、分散、发泡、消泡性能，但增溶能力较差；无毒、无臭、无味、无刺激性，有些品种可用于静脉注射和作为人造血过程中的乳化、分散剂。

（三）其他新型表面活性剂

1. 氟碳表面活性剂 氟碳表面活性剂的非极性基团为氟碳链，即以氟原子部分或全部取代碳氢链上的氢原子，但二者在极性基团的结构上无明显区别。所以氟碳表面活性剂就是以氟碳链取代碳氢链作为分子中非极性基团的表面活性剂。相对于其他表面活性剂，氟碳表面活性剂最为显著的特点是：高效、稳定，即高表面活性、高热力学和化学稳定性。

2. Bola 型表面活性剂 1951 年，Fuoss 和 Edelson 首次提出把疏水链两端各连结一个离子基团的分子称为“bola 式电解质”，对于其中疏水链较长的 bola 型化合物，德国 Fuhrhop 教授等首先使用了 bola 两亲化合物（bolaamphiphile）这一术语来表述。Bola 两亲化合物是一类新型的表面活性剂，近十多年来引起了科学家们越来越大的兴趣，其重要原因是它在生物膜模拟方面具有良好的应用前景。Bola 化合物形成的囊泡是由封闭的定向排列单分子层组成，其包裹层厚度可以小得多。Bola 型表面活性剂及其所形成的囊泡的结构示意图见图 8-21。若 bola 化合物两端的两个亲水基不同，就可得到不对称的单分子层囊泡，通常较大的极性头处于囊泡的外表面，较小的极性头处于囊泡的内表面，该类囊泡对药物具有较好的包封作用。

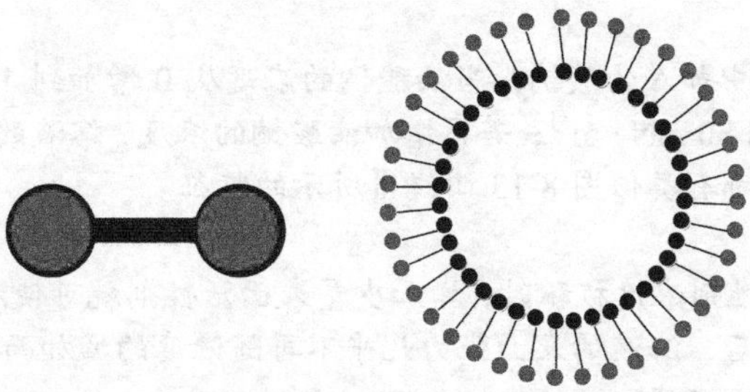

图 8-21 bola 型表面活性剂及其所形成囊泡结构示意图

3. Gemini 表面活性剂 Gemini 在天文学中是“双子星座”的意思，Gemini 表面活性剂是两个传统的表面活性剂分子，通过特殊的连接基团，以化学键方式连接成一种新型表面活性剂。其结构示意图见图 8-22。其结构特点如下：一个分子结构中含有两个亲水基团及两个亲油链，故又称孪型表面活性剂或二聚表面活性剂（ dimeric surfactant）。由于其结构的特殊性，双子表面活性剂表现出了许多常规表面活性剂所不具备的独特性能 ，因而具有很强的应用潜力，现在已成为胶体和界面科学的热门研究领域。Gemini 表面活性剂的出现是激动人心的，它的发展具有无穷的魅力和挑战性。Gemini 表面活性剂因此被誉为“新一代的表面活性剂”，具有高表面活性、极低 CMC 值、较高的生物安全性等基本特征，因此在药学领域有着广阔的应用前景。

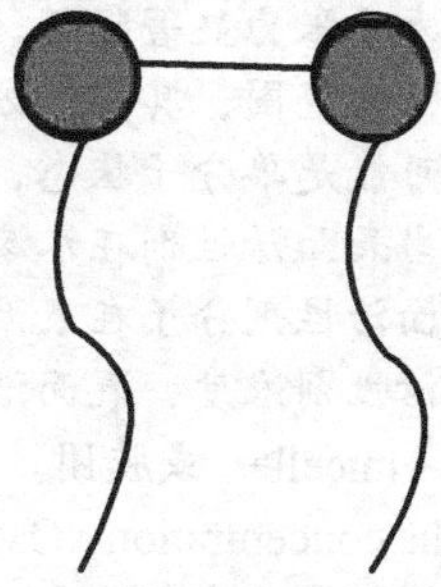

图 8-22 双子表面活性剂结构示意图

4. 高分子表面活性剂 这类表面活性剂的分子量往往在数千以上，有时达数十万；分子内有极性和非极性部分。常用的水溶性高分子化合物，如蛋白质、树脂、海藻酸钠、羧甲基纤维素钠、聚乙二醇等，都是高分子表面活性剂。

树状大分子（dendrimer）是当前正在蓬勃发展的新型合成高分子。近年来，随着对树枝状大

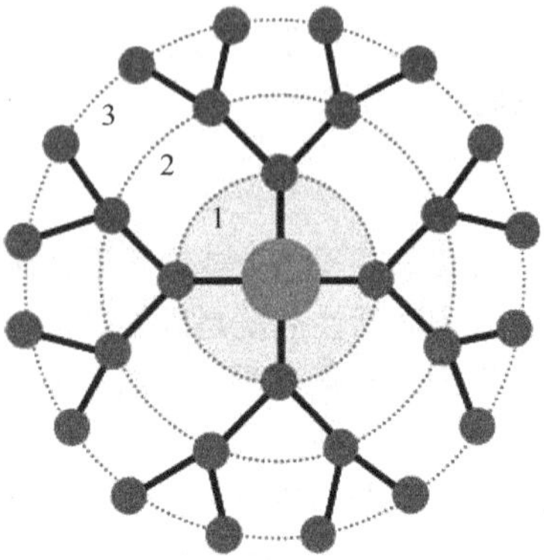

图 8-23　树状大分子结构示意图

分子各方面研究的不断深入，其许多独特性质引起相关领域的普遍关注。由于这类化合物研究的迅猛发展，美国化学文摘从第 116 卷起在普通主题索引中新设专项标题（Dendrimic Polymers）。1993 年，在美国丹佛召开的美国化学会全国会议上和在 2002 年北京召开的国际纯粹和应用化学联合会（IUPAC）世界高分子会议上，树状大分子被列为五大主题之一。

具有亲水性表面基团又具有疏水内层的树状大分子，在性质上与胶团相似，其内层空隙可作为小分子的包容空间，见图 8-23。树状大分子还表现出了椭圆形和球形的几何结构，具有常规药物载体的几何结构。同时，因为其独特的结构，它能包埋和以化学键的形式结合药物。药物被其装载后，就像是挂满了果实的果树，而且，随其代数和末端基的增加，药物的包埋量也会增加。

三、表面活性剂的基本性质

（一）表面活性

案例 8-15

在 293.15K 的纯水中加入油酸钠，当油酸钠的浓度从 0 增加到 $1\text{mmol}\cdot\text{dm}^{-3}$ 时，表面张力从 $72.75\text{mN}\cdot\text{m}^{-1}$ 降到 $30\ \text{mN}\cdot\text{m}^{-1}$；若再增加油酸钠的浓度，溶液的表面张力几乎不再发生变化。许多表面活性剂都有类似图 8-13 曲线Ⅲ所示的特征。

问题：

（1）为什么表面活性剂浓度极稀时，增加少量表面活性剂就可使溶液表面张力迅速降低，而当浓度超过某一数值后，溶液的表面张力几乎不再随浓度的增加而变化？

（2）什么是临界胶束浓度？

（3）表面活性剂溶液达到临界胶束浓度后其溶液性质有何变化？

案例解析：

在表面活性剂的极稀溶液中，其亲水基团受到强极性的水分子的吸引，有竭力钻入水中的趋势，亲油基团则竭力逃离水对它的作用，聚集于水的表面层，使水和空气的接触面积减小，表面张力显著降低。当表面活性剂分子吸附量不太大时，表面活性剂分子在表面上有较大的活动范围，其排列方式不一定都是直立的。也可能有一些表面活性剂分子分散在水中，有的可能是单分子状态，有的可能两分子或三分子表面活性剂的疏水基团相互作用聚集在一起。当表面活性剂在水溶液中的浓度足够大时，表面活性剂分子在表面的吸附达到饱和，此时表面活性剂分子在表面形成定向排列的单分子膜，溶液的表面张力达到最低值，继续增加表面活性剂浓度，表面活性剂分子就会形成疏水基向内、亲水基向外的多分子聚集体，称作胶束（micelle）或胶团。开始形成胶束所需表面活性剂的最低浓度称为临界胶束浓度（critical micelle concentration，CMC）。当表面活性剂浓度达到 CMC 值后，继续增加表面活性剂浓度，只能增加溶液内部胶束的个数或改变胶束的大小。形成的胶束亲水基向外，失去了两亲性，处于溶液内部，不具有表面活性，表面层中表面活性剂分子个数并没有增加，故其表现张力不再进一步降低。

实践证明，CMC 是表面活性剂性质的重要数据，但它不是一个固定的浓度，而是一个比较窄的浓度范围，例如，离子型表面活性剂的 CMC 值一般为 $1\sim10\text{mmol}\cdot\text{dm}^{-3}$。表面活性剂 CMC 值除与结构和组成有关外，还可随外部条件而有所变化，如温度、溶液 pH、电解质等。

知识链接：

在科学发展史上，往往可以看到一个新事物的发展受到阻碍与压抑。胶团概念的提出也不例外。当 McBain 于 1925 年在伦敦的一个学术会议上提出胶团概念时，当时的会议主席（一位权威）竟然以“胡说 McBain”（Nonsense，McBain）的无礼言辞代替了讨论。但是实践是判断真理的唯一标准，真理永远不会屈从于权威，最近几十年的科学实践不仅证实了 McBain 的胶团假说，而且从理论和应用方面大大发展了胶团假说。1988 年，美国密歇根大学的科学家在 *Langmuir* 上发表了 seeing micelle 的论文，利用快速冷冻电子显微镜得到胶团的电子显微镜照片，才使人们直观地看到胶团的存在。

表面活性剂溶液在达到临界胶束浓度范围时，不仅其表面张力出现转折点，而且溶液的其他性质，如溶液的电导率、渗透压、蒸气压、光学性质、去污能力及增溶作用等随浓度变化的关系曲线都出现一个明显的转折点，见图 8-24。

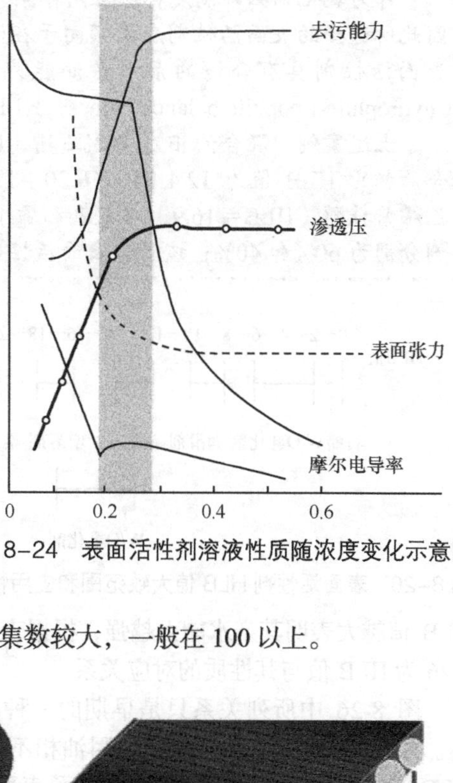

图 8-24　表面活性剂溶液性质随浓度变化示意图

由图 8-24 可见，表面活性剂浓度略大于 CMC 时，溶液的表面张力、渗透压及去污能力几乎不随浓度的增加而改变，但摩尔电导率却随着浓度的增加而急剧降低。

（二）胶束的结构

当表面活性剂浓度超过 CMC 值时，对于常见的表面活性剂，在浓度不是很大时常形成球状胶束，随着浓度的增加，胶束的形状会逐渐变得复杂，呈现椭球状、棒状、肠状或板层状等。在一定温度和浓度范围内，表面活性剂胶束有一定的分子聚集数（aggregation number），离子型表面活性剂形成的胶束聚集数为 40～100；非离子型表面活性剂胶束聚集数较大，一般在 100 以上。

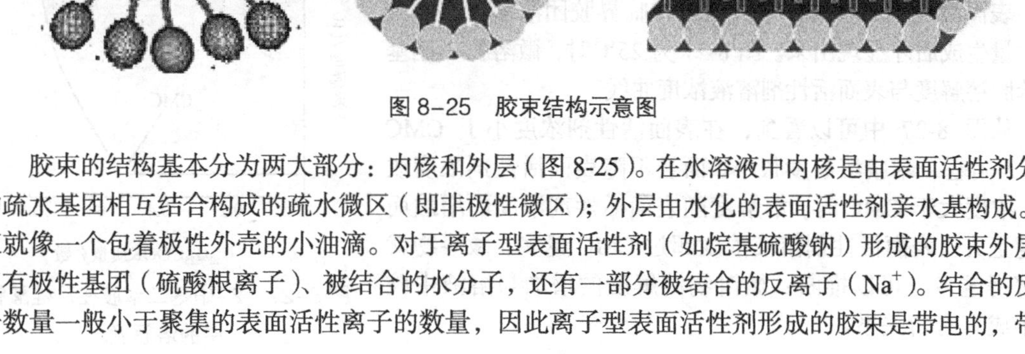
图 8-25　胶束结构示意图

胶束的结构基本分为两大部分：内核和外层（图 8-25）。在水溶液中内核是由表面活性剂分子的疏水基团相互结合构成的疏水微区（即非极性微区）；外层由水化的表面活性剂亲水基构成。胶束就像一个包着极性外壳的小油滴。对于离子型表面活性剂（如烷基硫酸钠）形成的胶束外层不仅有极性基团（硫酸根离子）、被结合的水分子，还有一部分被结合的反离子（Na^+）。结合的反离子数量一般小于聚集的表面活性离子的数量，因此离子型表面活性剂形成的胶束是带电的，带电胶团结合周围的反离子就会形成离子型表面活性剂胶束的扩散双电层结构。非离子型表面活性剂胶束表面层结构与离子型表面活性剂有所不同，如聚氧乙烯胶束，外层为结合了大量水化水的相当厚的外壳，非离子型表面活性剂胶团不带电。

（三）亲水亲油平衡值（HLB 值）

案例 8-16

如若需要乳化含 20% 石蜡和 80% 某种芳族矿物油，则应选择何种乳化剂？选择乳化剂的依据是什么？

案例解析：

作为乳化剂必须满足在所应用体系中具有良好的界面活性，可显著降低体系的界面张力，因此所选择的表面活性剂应该倾向于在两相界面聚集，而不是容易留存在体相中，这就要求表面活性剂具有合适的亲水亲油能力，衡量这种能力大小的数值即为亲水亲油平衡值（hydrophile-lipophile balance values，HLB 值）。

上述案例中混合油相为 20%石蜡（HLB＝10）和 80%的芳族矿物油（HLB＝16.9），混合油相的 HLB 值为 12.4（10×0.20＋13×0.80＝12.4）。为乳化该混合油相，则需要用聚氧乙烯月桂醇（HLB＝16.9）与聚氧乙烯十六醇（HLB＝5.3）的混合表面活性剂，两者所占比例分别为 60%和 40%；该混合表面活性剂的 HLB 值为 12.2（16.9×0.60＋5.3×0.40）。

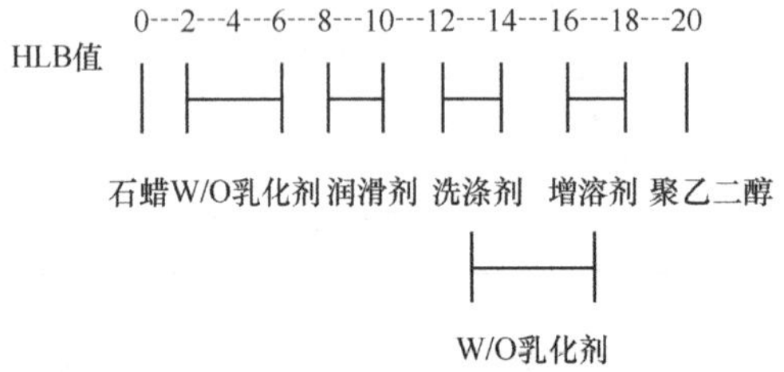

图 8-26 表面活性剂 HLB 值大致范围和应用性质的关系

为找出最佳乳化剂配方，还需经过实验考察具有相近 HLB 值的表面活性剂混合体系，以确定最佳乳化效果。

HLB 值是一个相对值，Griffin 提出：规定石蜡（无亲水基）的 HLB=0，聚乙二醇（全部是亲水基）的 HLB=20，其他非离子型表面活性剂的 HLB 值介于 0～20。离子型表面活性剂的 HLB 值最高可达到 40。HLB 值越大表明其亲水能力越强，根据表面活性剂 HLB 值大小可知表面活性剂合适的用途。图 8-26 为 HLB 值与其性质的对应关系。

图 8-26 中所列关系只是早期的一种比较定性的估计，而在实际应用中可能会有较大的偏离。HLB 数值应用于乳化时，因油相不同而对表面活性剂 HLB 值有不同要求。通常认为非离子表面活性剂的 HLB 值具有加和性。

（四）表面活性剂的增溶

表面活性剂的增溶作用，只有在临界胶团浓度以上，胶团大量生成后才显现出来。图 8-27 为 25℃时，微溶物 2-硝基二苯胺溶解度与表面活性剂溶液浓度曲线。

从图 8-27 中可以看到，在表面活性剂浓度小于 CMC 时，2-硝基二苯胺溶解度很小，而且不随表面活性剂浓度改变；浓度大于 CMC 时，溶解度随表面活性剂浓度的增加而迅速上升。表面活性剂溶液浓度超过 CMC 越多，微溶物就溶解得越多。可以推断：微溶物溶解度的增加与溶液中胶团形成有密切关系。

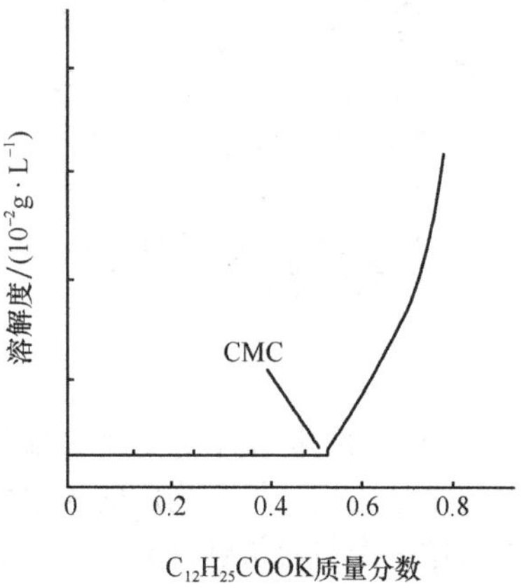

图 8-27 2-硝基二苯胺在月桂酸钾中的溶解度

案例 8-17

药物的溶解度是药物研究开发中必须考虑的重要理化性质之一，在制药领域，由于药物的水难溶性，使其生物利用度大大降低，难以达到临床治疗的需求。加入适当的表面活性剂就可达到治疗所需浓度，如对革兰阳性、阴性菌具有抑制作用的氯霉素，溶解度仅为 0.25%，加入 Tween 80 的量低于其 CMC 值时，氯霉素溶解度并没有明显变化，但当 Tween 80 浓度达到 20%后，溶解度可显著增加到 5%。药物制剂中挥发油、脂溶性维生素、激素类等一些难溶性药物也可用 Tween 增溶。

表面活性剂达到临界胶束浓度后，一些水不溶或微溶于水的有机化合物的溶解度显著增加，并形成透明溶液，这种作用称为增溶（solubilization）。具有增溶能力的表面活性剂称为增溶剂（solubilizers）。

增溶作用不同于溶解作用，增溶后溶剂的性质没有发生明显变化；增溶作用也不同于乳化作用，乳化作用是两种不相溶的液体在表面活性剂作用下，一种液体分散于另一种液体中形成非均相热力学不稳定体系；而增溶作用得到的是均相热力学稳定体系。

增溶作用的产生与胶团的形成密切相关。那么被增溶物质与表面活性剂胶团之间以何种方式相结合？

通过 X 射线衍射、紫外光谱、核磁共振以及其他一些研究方法，认为增溶主要有以下四种方式（图 8-28）。

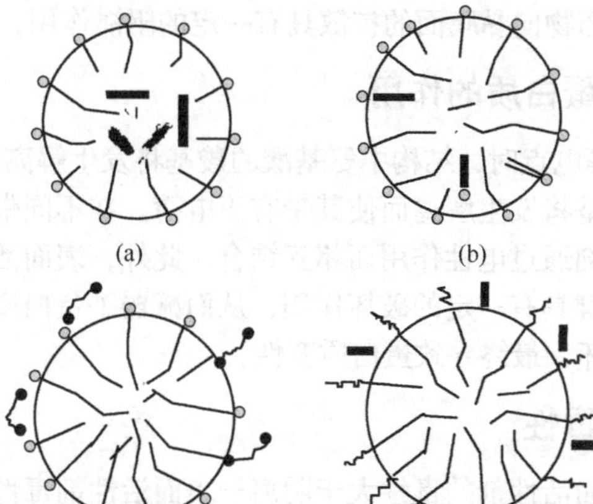

图 8-28 增溶方式示意图

（a）增溶于胶团内部；（b）形成栅栏层；（c）吸附于胶团表面；（d）吸附于胶团的极性基层

（1）不易极化的化合物如饱和脂肪烃、环烷烃等，一般增溶于胶团内核。

（2）较易极化的化合物如苯、乙苯等短链芳烃，量少时被吸附于胶团表面，随增溶量的增加，逐步插入胶束的栅栏层中甚至进入胶团内核。

（3）较小的极性有机小分子既不易溶于水也不易溶于非极性烃中，如苯二甲酸二甲酯增溶于胶团极性基层。

长链醇、胺等一些较长碳链的极性分子，非极性基插入胶团内核，极性头基插入到表面活性剂的极性基之间。

影响增溶能力的因素有很多，主要有表面活性剂结构、用量，被增溶物质的结构、温度、电解质以及添加物的影响等。

（五）表面活性剂的 Krafft 点及昙点

离子型表面活性剂溶解度随温度升高而变化，当温度升高到某一定值时，其溶解度迅速增加，该温度称为 Krafft 点，相对应的溶解度即为该表面活性剂的临界胶束浓度。Krafft 点是离子表面活性剂的特征值，也是表面活性剂使用的温度下线限。

非离子表面活性剂水溶液加热到某一特定温度时，溶液由澄明变为浑浊，这种现象称为“起浊”，开始变浑浊的特征温度称为浊点（turbid point）、昙点（cloud point）。

浊点的高低取决于非离子型表面活性剂分子中亲水基的相对密度，而与其浓度关系不大。亲水基相对密度小，亲水性小，则浊点低；反之浊点升高。

四、表面活性剂的生物学性质

（一）表面活性剂对药物吸收的影响

研究发现表面活性剂的存在对药物的吸收可能起到促进作用，也可能阻碍药物的吸收，但由于受到生物膜的通透性、药物自胶束重点扩散、胃排空速率等多种因素的影响，因此很难做出预测。如果药物可顺利从胶束内扩散或胶束本身迅速与胃肠黏膜融合，则增加吸收，如 Tween 80 可明显促进螺内酯的口服吸收。此外如果表面活性剂溶解生物膜脂质，则可增加上皮细胞的通透性，从而改善吸收，如十二烷基硫酸钠可改进头孢菌素钠、四环素等药物的吸收。聚氧乙烯类表面活性剂因可增加胃液黏度，对药物向黏膜面的扩散具有一定的阻滞作用，则阻碍药物的吸收。

（二）表面活性剂与蛋白质的作用

蛋白质分子在 pH 大于等电点时，结构中氨基酸的羧基将发生解离而带负电荷，pH 小于等电点时，其结构中的氨基或胍基将发生解离而使其带有正电荷。在不同带电情况下，蛋白质将分别与阳离子或阴离子表面活性剂通过电性作用而相互结合。此外，表面活性剂还可能对蛋白质二维结构中的盐键、氢键和疏水键具有一定的破坏作用，从而减弱了蛋白质各残基之间的交联作用，螺旋结构变得无序或受到破坏，最终导致蛋白质变性。

（三）表面活性剂的毒性

通常情况下，阳离子表面活性剂的毒性大于阴离子表面活性剂毒性，阴离子表面活性剂毒性大于非离子表面活性剂毒性。如小鼠口服氯化烷基二甲铵（0.063%）后显示慢性毒性作用，而口服 1%二辛基琥珀酸磺酸钠后有轻微毒性。非离子表面活性剂口服一般认为无毒性，例如，成人每天口服 4.5～6 g Tween 80，连续 28 天未见明显的毒性反应。表面活性剂用于静脉给药的毒性大于口服。

阳离子及阴离子表面活性剂不仅毒性较大，而且还有较强的溶血作用。例如，0.001%十二烷基硫酸钠溶液就有强烈的溶血作用。非离子表面活性剂的溶血作用较轻微，在亲水基为聚氧乙烯基非离子表面活性剂中，以 Tween 类的溶血作用最小，其顺序为：聚氧乙烯烷基醚＞聚氧乙烯烷芳基醚＞聚氧乙烯脂肪酸酯＞Tween 类；Tween 20＞Tween 60＞Tween 40＞Tween 80。目前 Tween 类表面活性剂仍用于某些肌肉注射液中。

（四）表面活性剂的刺激性

虽然各类表面活性剂都可以用于外用制剂，但长期应用或高浓度使用可能出现皮肤或黏膜损害。例如，季铵盐类化合物高于1%即可对皮肤产生损害，十二烷基硫酸钠产生损害浓度为 20%以上。Tween 类对皮肤和黏膜的刺激性很低，但一些聚氧乙烯醚类表面活性剂浓度在 5%以上即产生损害作用。

五、表面活性剂在药学领域的应用

被誉为工业味精的表面活性剂，应用于制药工业已经有 200 多年的历史。但最初应用较少，直到近百年这种应用才得以发展。表面活性剂除了作为增溶剂、乳化剂、助悬剂、抗氧化剂等以外；在新剂型膜剂、脂质体、微球、泵片、滴丸共沉物中的应用也有进一步的发展；在药物分析和药物合成中也有广泛应用。

表面活性剂可以形成多种缔合体系 ，如胶束、囊泡、液晶等。这些缔合体系能增溶药物、保护药物不受外界因素干扰，并且能够控制药物的释放 ，所以其在药物载体中的应用逐渐受到人们关注。

案例 8-18

囊泡首次被报道是在 20 世纪 70 年代的化妆品领域，80 年代后，人们开始关注和研究这一载体技术并将其逐渐应用于药物的靶向传递。近年来，随着新型药物传递系统的研究与开发，发现脂质体和囊泡具有与细胞膜非常相似的双分子层结构（图 8-29），因此具有良好的生物相容性，能够降低体内毒性，起到药物靶向作用，并能调节药物在体内的分布和释放，提高生物利用度。例如，2009 年 Muzzalupo 等报道了 bola 型表面活性剂与 Span 80 及胆固醇按照一定比例混合后形成的囊泡作为水溶性抗肿瘤药物 5-Fu 载体，并在囊泡表面修饰了聚乙二醇。结果表明该囊泡明显增加了药物在体内的循环时间，而且明显延长了药物的释放时间。

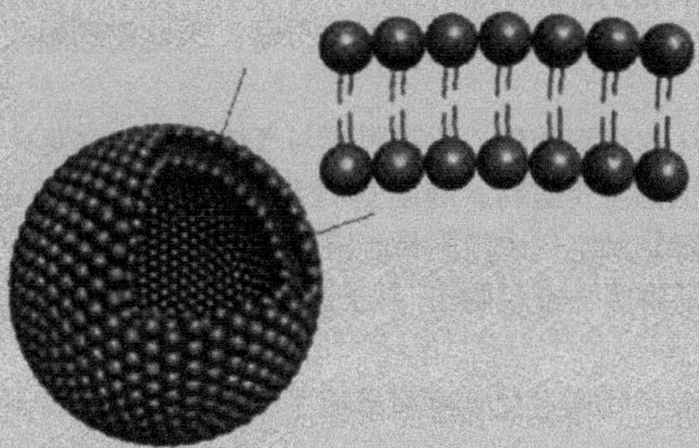

图 8-29 脂质体结构示意图

第七节 气体在固体表面上的吸附

案例 8-19

甲醛是一种挥发性很强的有机化合物，污染程度较高，是室内空气主要污染物之一。对人体健康影响很大，甲醛已经被世界卫生组织确定为致癌和致畸形物质，是公认的变态反应源，也是潜在的强致突变物之一。因此室内甲醛的去除引起人们极大关注，利用活性炭去除室内甲醛已成为业界公认的较为有效的方法之一。

问题：

（1）试分析活性炭在此起到什么作用，为什么可以去除甲醛？

（2）除活性炭以外还有哪些物质具有与活性炭类似的作用？

（3）什么是吸附剂？什么是吸附质？

活性炭是一种多孔结构的物质，具有巨大的比表面积，可以很大程度地接触到周围气体，由于其表面层中的分子受力不均匀，因此存在巨大的剩余力场，为降低自身的表面自由能，活性炭就会自动吸附一些气体分子到孔隙的表面，表面积越大、孔径结构越发达，吸附能力就越强。活性炭去除室内甲醛就是利用自身发达的孔隙结构和巨大的比表面积，将甲醛分子吸附到自身孔隙中。

其他一些固体物质，从原子的角度来看表面都是不均匀的，因此表面层中分子受力也是不对称的，表面存在着剩余力场，具有巨大的表面能，固体表面分子又是不可移动的，因此不能像液体一样通过收缩表面降低体系的表面吉布斯自由能，于是就会自发地吸附一些气体分子到固体表面，以降低其表面吉布斯能。于是把具有吸附能力的固体称为吸附剂（adsorbent），被吸附的物质称为吸附质（adsorbate）。常用的吸附剂除活性炭以外还有分子筛、竹炭、木炭、纳米活矿石、黏土等一些多孔性物质。

一、物理吸附和化学吸附

气体在固体表面的吸附根据其作用力的不同常被分为物理吸附（physisorption，physical adsorption）和化学吸附（chemsorption，chemical adsorption）两大类型。吸附剂与吸附质分子间通过范德华力作用而发生的吸附为物理吸附；当吸附剂与吸附质分子间通过化学反应，以化学键相结合而发生的吸附为化学吸附。由于物理吸附和化学吸附作用力的不同，两种吸附具有明显不同的性质。

1. 物理吸附的基本特点

（1）范德华力是普遍存在于所有分子之间的，所以在物理吸附中，当吸附剂表面吸附了一层气体分子后，被吸附的分子仍然可以继续吸附气体分子，因此物理吸附可以是单分子层或多分子层吸附。

（2）该过程与气体液化的过程相似，故吸附热与气体凝聚的焓变具有相同数量级。

（3）物理吸附常在较低温度下进行，吸附基本无选择性。但对于易于液化的气体具有更强的吸附作用，如活性炭比较容易从空气中吸附易于液化的 Cl_2，故而可作为防毒面具中的吸附剂。

（4）吸附速率快，容易解吸（或脱附），易于达到吸附平衡。

2. 化学吸附的基本特点

（1）吸附剂与吸附质分子间通过化学反应形成了化学键以后，就不会再与其他分子成键，故化学吸附是单分子层的。

（2）化学吸附过程伴随着化学键的断裂与形成，故化学吸附热的数量级比物理吸附大得多，与化学反应焓变额数量级相同。

（3）化学吸附是通过吸附剂与吸附质间发生化学反应而发生的，所以化学吸附选择性强。

（4）化学键的生成和断裂往往伴随着比较大的能量变化，因此该过程的发生相对比较困难，因此化学吸附很难发生脱附反应，故其吸附平衡难以建立，并且化学吸附常为不可逆过程。表 8-10 总结了物理吸附与化学吸附的基本特点。

表 8-10 物理吸附与化学吸附基本特点

项目	物理吸附	化学吸附
吸附力	范德华力	化学键力
吸附热	相当于相变热	反应热
选择性	无	有
吸附速度	快	慢

续表

项目	物理吸附	化学吸附
吸附层	单层或多层	单层
吸附稳定性	易吸附,易达平衡	不易解吸,难平衡
吸附温度	低于吸附质临界温度	远高于吸附质沸点
用途	测试比表面积和孔径分布	进行催化反应

物理吸附与化学吸附常常相伴产生，很难截然分开，一定条件下两者有时可同时发生。例如，H_2在 Ni 表面的吸附，随着 H_2向 Ni 表面靠近，H_2首先以分子状态吸附到 Ni 的表面，发生物理吸附，物理吸附过程中放出能量，供 H_2获得活化能，解离为氢原子，发生化学吸附；又如，CO（g）在 Pd 上的吸附，低温下是物理吸附，高温时则表现为化学吸附。

二、吸附等温线

（一）吸附平衡与吸附量

气体分子在固体表面的吸附是一个动态过程，一方面气体分子被吸附到固体表面，已被吸附的气体分子也会从固体表面脱附（解吸），重新回到气相，随着固体表面吸附气体分子量的增加，脱附速率也逐渐增大，在一定温度和压力下，当脱附速率与吸附速率相等时，即达到吸附平衡。此时吸附到固体表面气体的量与自固体表面脱附的气体的量相等，达到一个动态的平衡过程，固体表面气体的总量不再随时间发生变化。

吸附量是指吸附达到平衡时，单位质量的吸附剂所能吸附气体的物质的量 x 或这些气体在标准状态下所占的体积 V，以 Γ 表示：

$$\Gamma = x/m \qquad \Gamma = V/m \tag{8-31}$$

Γ 的单位为 $mol \cdot kg^{-1}$ 或 $m^3 \cdot kg^{-1}$。

固体制剂的制备过程中粉体比表面积的大小是影响制剂质量的一个重要因素，而在制药工业中粉体比表面积的测定方法常利用气体吸附法，通过测定吸附到粉体表面的气体的物质的量，得到粉体比表面积的信息。

（二）吸附曲线

气体在固体表面的吸附量不仅与吸附剂本身的性质有关，还与吸附达到平衡时的温度、压力有关系。对于一个给定系统，达到吸附平衡时的吸附量是温度和压力的函数，可表示为 $\Gamma = f(T, p)$。

为了便于找出规律性，常在吸附量、温度、压力三个变量中固定一个变量，测定其他两个变量的关系。这种关系可用三种曲线表示。

恒压下，考察吸附量与温度之间的关系曲线，称为吸附等压线；$p=$ 常数，则 $\Gamma=f(T)$；吸附等压线常可用来判断吸附的类型。图 8-30 为 CO 在钯上的吸附等压线。由图可见，当温度较低时，很快达到吸附平衡，吸附量随温度升高而降低，此为物理吸附阶段；随着温度的升高，吸附量又逐渐增加，直至达到平衡，但温度再继续升高，吸附量反而下降，此为化学吸附阶段。

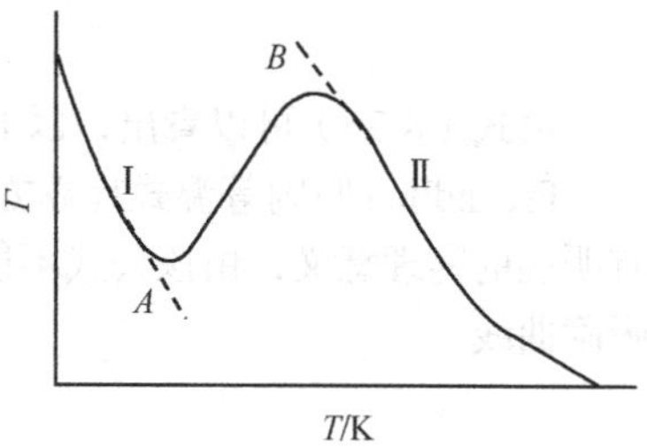

图 8-30　CO 在钯表面的吸附等压线

吸附量恒定条件下，压力与温度间关系曲线为吸附等量线；$\Gamma=$ 常数，则 $p=f(T)$，称为吸附等量线。在吸附等量线中，利用 T 与 P 之间的关系，通过克拉贝龙方程，可计算出吸附热 $\Delta_{ads}H_m$。物理吸附和化学吸附均为放热反应，因此 $\Delta_{ads}H_m$ 一定是负值，吸附热数值的大小常用来衡量吸附作用的强弱。

$$\left(\frac{\partial \ln p}{\partial T}\right)_a=\frac{-\Delta_{ads}H_m}{RT^2} \tag{8-32}$$

$$\ln p=\frac{-\Delta_{ads}H_m}{RT}+C' \tag{8-33}$$

恒温下，考察吸附量与吸附质平衡分压之间的关系曲线，称为吸附等温线（adsorption isotherm curve）；$T=$ 常数，则 $\Gamma=f(p)$，吸附等温线是三种曲线中应用最多的。对于等温吸附线，人们曾提出过多种物理模型，根据大量的实验测定结果，大致可分为 5 种类型。见图 8-31。等温线的形状反映了固体表面性质、孔结构和气-固之间的作用力特性。

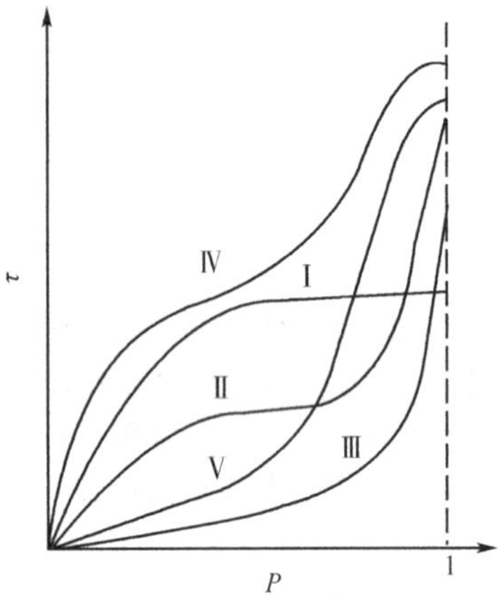

图 8-31　常见的五种吸附等温线

图 8-31 中，纵坐标代表吸附量，横坐标代表相对压力 p/p^*，p 为吸附平衡时的气体压力，p^* 为该温度下被吸附气体饱和蒸气压。

图中曲线Ⅰ为 Langmuir 型，一般为单分子层吸附，如氨在碳上的吸附，曲线的平台表明固体表面单分子层几乎全部被覆盖即吸附达到饱和，表明吸附质和吸附剂之间存在专属性反应，因此该类吸附多为化学吸附。

曲线Ⅱ为常见的物理吸附，低压条件下为单分子吸附，高压条件下吸附为多分子层吸附，如−195℃条件下 N_2 在铁表面的吸附。

曲线Ⅲ为吸附质液化热大于吸附热时常发生的吸附曲线，该类吸附曲线不常见，如在低温下（−137.7～−58.0℃）溴在硅上的吸附。

曲线Ⅳ、Ⅴ在低压下分别与曲线Ⅱ、Ⅲ相似，这种吸附常发生在一些多孔性吸附剂上。随压力增加，吸附气体在吸附剂的孔结构中产生毛细凝结，如干燥剂硅胶对水蒸气的吸附。类型Ⅴ在低压下形成多分子层，高压下发生毛细凝结。

（三）Freundlich 吸附等温式

根据大量实验数据，Freundlich 提出了含有两个常数项的经验公式：

$$\frac{x}{m}=kp^{\frac{1}{n}} \tag{8-34}$$

式中，x/m 为平衡压力 p 时的吸附量；n、k 为经验常数，对于给定的系统，二者为温度的函数，$1/n$ 处在 0～1 之间，n 一般大于 1。式（8-34）可转化为

$$\ln\frac{x}{m}=\ln k+\frac{1}{n}\ln p \tag{8-35}$$

由式（8-35）可以看出，以 $\ln x/m$ 对 $\ln p$ 作图可得一直线，由直线截距和斜率可求 n、k。

Freundlich 吸附等温式计算方便，应用广泛，尤其在中等压力范围内。经验式中的两个常数没有明确的物理意义，由该公式不能推出吸附的机理。CO 在活性炭上的吸附等温线符合 Freundlich 吸附曲线。

（四）Langmuir 吸附等温式

知识链接：

美国物理化学家化学家兼物理学家 Langmuir 朗缪尔，为 1932 年诺贝尔化学奖得主。在表面化学领域做出了巨大贡献：①首先发现氢气吸收大量热后离解为原子的现象，后被应用于原子氢焊接法；②1916 年提出单分子吸附层的理论和著名的等温式（Langmuir 吸附公式），第一次对固-气吸附机理做了形象的表述；③1917 年设计了“表面天平”，计算出吸附于表面层中物质的截面积，建立了表面分子定向说；④在原子结构方面，发展了电子价键的近代理论；⑤首次实现了人工降雨。ACS（美国化学会）的 Langmuir 杂志就是为了纪念他而设名的。

Langmuir 吸附等温式（Langmuir adsorption isotherm）又称单分子吸附理论（monolayer adsorption theory）。在导出该公式过程中 Langmuir 提出了以下假说：

（1）气体在固体表面的吸附是单分子层的。气体分子只有碰撞到空白固体表面才可能被吸附，已经吸附了气体分子的固体表面则不能再吸附其他气体分子。

（2）固体表面是均匀的，各处的吸附能力相同，吸附热是常数，不随表面覆盖程度大小而改变。

（3）被吸附分子间无作用力。气体的吸附、解吸附不受周围被吸附分子的影响。

（4）吸附平衡是动态平衡。

一定温度下，以θ表示任一瞬间固体表面被覆盖的分数，则空白表面的分数为（$1-\theta$），当所有的吸附位都被占据时，$\theta=1$。

根据假设（1），吸附速率应与空白表面成正比，则

$$r_{\mathrm{a}} = k_{\mathrm{a}} p(1-\theta) \tag{8-36}$$

式中，k_{a}为吸附速率系数。

据假设（2）、（3）脱附速率应与表面覆盖度成正比，于是得

$$r_{\mathrm{d}} = k_{\mathrm{d}}\theta \tag{8-37}$$

当吸附达到平衡时，吸附速率与脱附速率相等（$r_{\mathrm{a}} = r_{\mathrm{d}}$），即

$$k_{\mathrm{a}} p(1-\theta) = k_{\mathrm{d}}\theta$$

则

$$\theta = \frac{k_{\mathrm{a}} p}{k_{\mathrm{d}} + k_{\mathrm{a}} p} \tag{8-38}$$

令$b = k_{\mathrm{a}} / k_{\mathrm{d}}$，则

$$\theta = \frac{bp}{1+bp} \tag{8-39}$$

式（8-39）称为 Langmuir 吸附等温式，b 为吸附系数，随吸附热增加而增加，随温度升高而减小，代表了固体表面吸附气体能力的强弱程度，b 值越大表示吸附能力越强。

若以Γ_{m}（或V_{m}）表示$\theta=1$时的吸附量，即饱和吸附量（或饱和吸附体积），Γ（或V）代表压力为p时的实际吸附量（或实际吸附体积），则表面被覆盖的分数为

$$\theta = \frac{\Gamma}{\Gamma_{\mathrm{m}}} \tag{8-40}$$

或

$$\theta = \frac{V}{V_{\mathrm{m}}} \tag{8-41}$$

由式（8-39）及式（8-40）可得

$$\Gamma = \Gamma_m \frac{bp}{1+bp} \tag{8-42}$$

$$V = V_m \frac{bp}{1+bp} \tag{8-43}$$

公式仅适用于单分子层吸附，能较好地反映第 I 类吸附等温式在不同压力范围内的吸附特征。

（五）Langmuir 吸附等温式的物理意义及应用

由 Langmuir 吸附等温式可以看出：

（1）当压力足够低或吸附很弱时，$bp \ll 1$，$\Gamma=\Gamma_m bp$（或 $V=V_m bp$），即 Γ（V）与 p 成直线关系，对应图 8-31 中的低压部分。

（2）当压力足够大或吸附很强时，$bp \gg 1$，$\Gamma=\Gamma_m$（或 $V=V_m$），Γ 与 p 无关。此时单分子吸附达到饱和状态，对应图 8-31 中的高压部分。

（3）当压力适中时，$\Gamma = \Gamma_m \frac{bp}{1+bp}$，$\Gamma$ 与 p 呈曲线关系。对应图 8-30 的中压部分（即图中弯曲部分）。

Langmuir 可用来计算吸附系数和吸附剂的比表面积。吸附等温式在实际应用中常改写成如下形式：

$$\frac{1}{\Gamma} = \frac{1}{\Gamma_m} + \frac{1}{\Gamma_m b} \cdot \frac{1}{p} \tag{8-44}$$

$$V = V_m \frac{bp}{1+bp} \tag{8-45}$$

$$\frac{p}{V} = \frac{1}{bV_m} + \frac{p}{V_m} \tag{8-46}$$

以 p/V 对 p 作图得一直线。由直线的斜率和截距可求得 V_m 和 b 值，由 V_m 值可进一步求得吸附剂的比表面积。

对吸附热变化不大，且覆盖度较小的绝大多数的化学吸附均能较好地服从 Langmuir 假设，从而符合 Langmuir 吸附等温式。对于压力较大的物理吸附，会发生多层吸附，因而不遵循 Langmuir 吸附等温式。

案例 8-20

273.5K，不同平衡压力下，CO 气体在活性炭表面上的吸附量 V 有以下数据（体积为标准状况下体积）：

p/kPa	12.561	24.684	40.635	55.783	69.325	84.687
V/（$dm^{-3} \cdot kg^{-1}$）	7.8	12.3	16.2	18.5	19.9	21.1

根据 Langmuir 吸附等温式，球算 CO 的饱和吸附量 V_m、吸附系数 b。

案例解析：

由上表可得如下数据

p/kPa	12.561	24.684	40.635	56.783	69.325	87.687
p/V/（$kPa \cdot m^{-3} \cdot kg^{-1}$）	1.61	2.01	2.51	3.01	3.48	4.01

以 p/V 对 p 作图，得图 8-32。

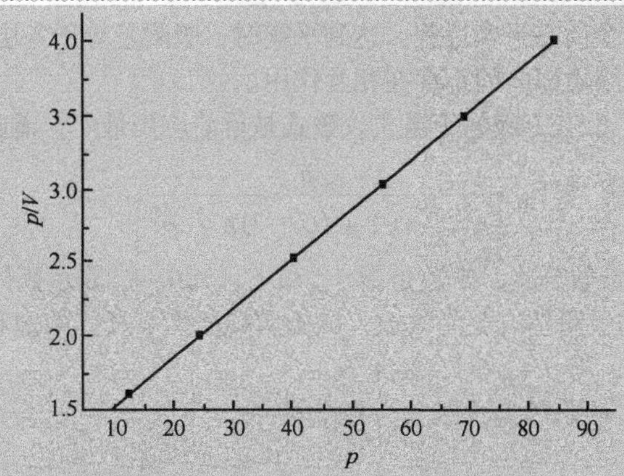

图 8-32 吸附量与压力关系曲线图

由图中斜率可得 $V_m = 33.3\ dm^{-3} \cdot kg^{-1}$；由截距可得吸附系数 b=0.023。

三、多分子层吸附理论——BET 公式

Langmuir 吸附等温式较好地解释了第 I 类型吸附等温线，但由于其基本假设是建立在一种非常理想的状态下，与许多实际情况不符，如对于多分子层吸附或吸附质间存在较强作用力的单分子层吸附都有较大偏离。对图 8-30 中的其他四种类型的吸附曲线则无法解释。

在 Langmuir 吸附理论的基础上，1938 年 Brunauer、Emmett 和 Teller 三人提出了多分子层吸附理论，简称 BET 吸附理论。该理论接受了 Langmuir 吸附理论中关于吸附作用是吸附和解吸两个相反过程达到动态平衡的结果，以及固体表面是均匀的，各处吸附能力相同，被吸附分子横向间没有相互作用的假设。

BET 理论的基本假设：

（1）气体在固体表面的物理吸附是多分子层的。示意图见图 8-33。

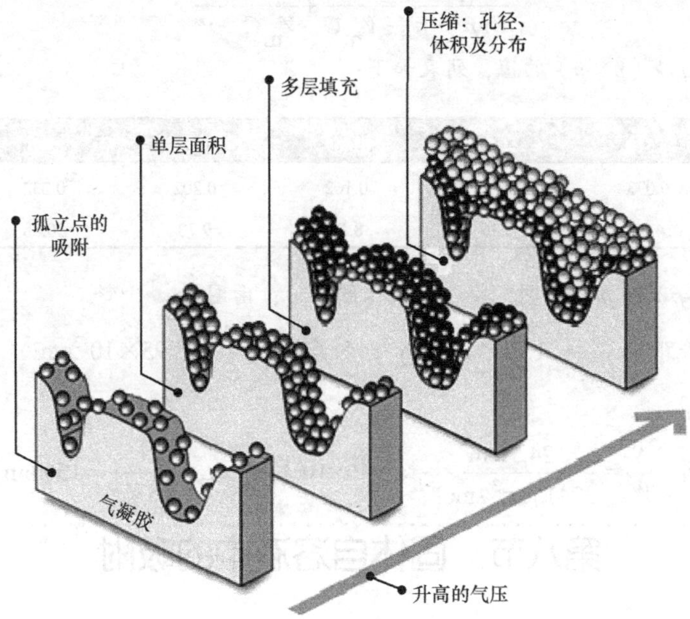

图 8-33 多分子层吸附模型

（2）固体表面是均匀的，除第一层外，其他各层的吸附能都是相同的。

（3）吸附和解吸是一个动态平衡过程，达到平衡时，吸附量等于各层吸附量之和。

（4）在各吸附层中吸附质横向间不存在相互作用。

根据上述假设，推导出 BET 吸附等温式。该式是目前应用最广、最成功的吸附理论。

$$V = V_m \frac{Cp}{(p^* - p)\left[1 + (C-1)p / p^*\right]} \tag{8-47}$$

式（8-47）又称为二常数公式，常数是指 V_m 和 C，其中 V_m 表示固体表面覆盖满单分子层时所需气体的体积，C 为与吸附热有关的常数；p^*为实验温度下气体的饱和蒸气压。由式（8-47）可见，V 的大小不受限制，当 $p = p^*$时，$V \to \infty$.

实际应用中常将 BET 吸附等温式改写为直线式：

$$\frac{p}{V(p^* - p)} = \frac{1}{V_m C} + \frac{C-1}{V_m C} \cdot \frac{p}{p^*} \tag{8-48}$$

以 $p/V(p^*-p)$ 对 p/p^*作图得直线，由直线斜率和截距可求得二常数 V_m 和 C。
BET 公式可成功地解释图 8-31 中的Ⅰ～Ⅲ类吸附等温线。利用 BET 吸附等温式测定固体吸附剂和催化剂的比表面积是目前公认的方法。

案例 8-21

273K 时，丁烷蒸气在镍镁催化剂上的吸附数据如下表所示：

p/kPa	7.518	11.93	16.69	20.88	23.90	24.99
V/cm^3（STP）	17.09	20.62	23.74	26.09	27.77	28.30

已知催化剂 1.876g，该温度下丁烷饱和蒸气压 p_s=103.24kPa，丁烷分子截面积为 $4.46 \times 10^{-19} m^2$，用 BET 法求该催化剂的比表面积。

案例解析：

利用 BET 二常数吸附公式[式（8-48）]

$$\frac{p}{V(p^* - p)} = \frac{1}{V_m C} + \frac{C-1}{V_m C} \cdot \frac{p}{p^*}$$

分别计算 p/p^*及 $p/V(p^*-p)$ 的值，列表如下：

p/kPa	7.518	11.93	16.69	20.88	23.90	24.99
p/p^*	0.073	0.116	0.162	0.202	0.232	0.242
$p/V(p^*-p)$	4.61	6.36	8.14	9.70	10.88	11.28

以 $p/V(p^*-p)$ 对 p/p^*作图，得一直线（图略），由图得

$$截距 = \frac{1}{V_m C} = 1.85 \times 10^{-3} cm^{-3}；斜率 = \frac{C-1}{V_m C} = 38.95 \times 10^{-3} cm^{-3}$$

解得 $V_m = 24.51 cm^3$

$$比表面 = \frac{S}{W} = \frac{24.51 cm^3}{22415 cm^3 \cdot mol^{-1}} \times 4.46 \times 10^{-19} m^2 \times L \times \frac{1}{1.876 g} = 156.6 m^2 \cdot g^{-1}$$

第八节　固体自溶液中的吸附

一、吸附特点

固体自溶液中的吸附（简称固液吸附）广泛应用于工业生产和生活中，如糖液的脱色、纺织

品染色、污水处理等。在制药工业中，原水的处理过程，通常采用石英砂滤器和活性炭滤器组合而成的过滤器，对原水进行过滤。较大的固体杂质通过石英砂滤器滤除，活性炭滤器可自水中吸附有机污染物分子，对水起到净化作用。

在固液吸附中，吸附剂对溶质和溶剂均可能有吸附作用，因此该吸附过程比气固吸附复杂得多。固液吸附中需要考虑三种作用力：①在界面层上固体与溶质之间的作用力；②固体与溶剂之间的作用力；③溶液中溶质与溶剂之间的作用力。溶液中的吸附是溶质与溶剂分子争夺固体表面的净结果。将吸附剂放入溶液中时，则会存在着竞争性吸附或顶替吸附的现象。

一定温度下，将一定量（m）的吸附剂投放入一定量（V）的已知浓度（C_0）的溶液中，充分震摇使其达到吸附平衡，然后再测定上清液的浓度 C，则吸附剂对溶质的吸附量：

$$\Gamma_{表观}=\left(\frac{x}{m}\right)=\frac{V(c_0-c)}{m} \tag{8-49}$$

Γ表观为表观吸附量，所谓表观吸附量是假定溶剂的吸附量为零时溶质的吸附量。

式（8-49）中没有考虑溶剂的吸附，在稀溶液中，由于溶剂被吸附的量对浓度变化的影响很小，表观吸附量则与实际值较为接近；但对于浓溶液来说，由于溶剂量的变化对浓度变化的影响显著增加，故表观吸附量的物理意义难以明确解释。

固体自溶液中的吸附特点：①多为物理吸附，也有的是化学吸附；②吸附速率相对于气体在固体表面的吸附速率要慢得多；这是因为在溶液中的溶质要在固体表面上吸附，须突破固体表面的液膜，因此固体自溶液的吸附需要较长时间才能达到吸附平衡。

二、固体自溶液中的吸附等温线

固体自稀溶液中的吸附等温线，形状大致与固气吸附相似，主要由三种类型，见图 8-34。

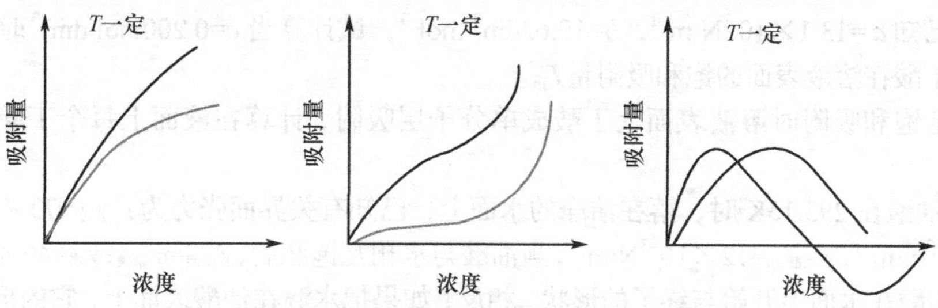

图 8-34 三种类型固体自稀溶液中的吸附等温线

第一种类型等温线的形状与固气吸附中的第Ⅰ类型相似，可用 Langmuir 吸附等温式，吸附为单分子层的，如糖炭自水溶液吸附苯胺的吸附等温线。

第二种类型的吸附等温线为指数形式，可用 Freundlich 吸附等温式[（式 8-34）]描述，如血炭自溶液中吸附溴的等温线。

$$\frac{x}{m}=kp^{\frac{1}{n}} \tag{8-50}$$

第三种类型的吸附等温线为倒 U 型或 S 型，属于多分子层吸附，可借用 BET 公式描述。例如，硅胶自苯-甲苯溶液中对苯的吸附曲线为倒 U 型；活性炭自苯-甲醇溶液中对苯的吸附曲线为 S 型。吸附等温线的特点是随着溶质浓度增加，吸附量经过一最大值后又下降，这是由于在这类多分子层吸附中同时存在着对溶质和溶剂的吸附。

固体自溶液中的吸附较为复杂，还有没有较为完善的理论，但由于其用途广泛，积累了大量的实验数据，从大量实验中总结了一些经验规律。通常情况下，极性吸附剂容易自非极性溶剂的溶液中优先吸附极性组分，非极性吸附剂自非极性溶剂中优先吸附非极性成分；溶质在溶剂中的溶解度越小，越易被吸附。影响固液吸附的因素主要有：温度、溶解度、吸附剂、溶质和溶剂的性质、界面张力、吸附剂孔的大小等。一般随着温度升高，溶质的吸附量下降。

习 题

1. 用毛细管上升法测定某液体表面张力。已知液体密度为 $790kg\cdot m^{-3}$，在半径 $2.46\times10^{-4}m$ 的玻璃毛细管中上升高度 $2.50\times10^{-2}m$，假设该液体能很好地润湿玻璃。求此液体的表面张力。

2. 已知 293.15K 时水的表面张力为 $72.8\times10^{-3}N\cdot m^{-1}$，如果把水分散成小水珠，试计算当水珠半径为 $1.00\times10^{-5}m$、$1.00\times10^{-6}m$、$1.00\times10^{-7}m$ 时，曲面下附加压力为多少？

3. 298.15K 时，平面水面上水的饱和蒸气压为 $3.168\times10^{3}Pa$，已知 298.15K 时水的表面张力为 $0.072N\cdot m^{-1}$，密度为 $1000kg\cdot m^{-3}$，试求该温度下，半径为 $10^{-6}m$ 的小水滴上水的饱和蒸气压。

4. 在 293.15K 时，把半径为 $10^{-3}m$ 的水滴分散成半径为 $10^{-6}m$ 小水滴，问比表面增加了多少倍？表面吉布斯能增加了多少？完成该变化时，环境至少需要做多少功？已知 293.15K 时水的表面张力为 $0.07288N\cdot m^{-1}$。

5. 298.15K 时，乙醇水溶液的表面张力 γ 与其浓度 c 的关系符合下式：$\gamma=72\times10^{-3}-5\times10^{-7}c+2\times10^{-10}c^2$，$\gamma$ 的单位为 $N\cdot m^{-1}$，试计算浓度 $c=0.5\times10^{3}mol\cdot m^{-3}$ 时乙醇溶液的表面吸附量。

6. 常压下，水的表面张力 $\gamma(N\cdot m^{-1})$ 与温度 T(℃)的关系可表示为 $\gamma=7.564\times10^{-2}-1.4\times10^{-4}t$，若 10℃时，保持水的总体积不变，试求可逆地扩大 $1cm^2$ 表面积时，系统的 W、Q、ΔS、ΔG 和 ΔH。

7. 292.15K 时，丁酸水溶液的表面张力可以表示为：$\gamma=\gamma_0-a\ln\left(1+bc/c^{\ominus}\right)$，式中，$\gamma_0$ 为纯水的表面张力，a 和 b 皆为常数。

（1）写出丁酸溶液在浓度极稀时表面吸附量 Γ 与浓度 c 的关系。

（2）若已知 $a=13.1\times10^{-3}N\cdot m^{-1}$，$b=19.62dm^3\cdot mol^{-1}$，试计算当 $c=0.200mol\cdot dm^{-3}$ 时的吸附量。

（3）求丁酸在溶液表面的饱和吸附量 Γ_m。

（4）假定饱和吸附时溶液表面上丁酸成单分子层吸附，计算在液面上每个丁酸分子的横截面积。

8. 一滴油酸在 293.15K 时，落在洁净的水面上，已知有关界面张力为：$\gamma_{水}=73\times10^{-3}N\cdot m^{-1}$，$\gamma_{油酸}=32\times10^{-3}N\cdot m^{-1}$，$\gamma_{油酸-水}=12\times10^{-3}N\cdot m^{-1}$，当油酸与水相互饱和后，$\gamma'_{油酸}=\sigma_{油酸}$，$\gamma'_{水}=40\times10^{-3}N\cdot m^{-1}$。据此推测，油酸在水面上开始与终了的形状。相反，如果把水滴在油酸表面上，它的形状又如何？

9. 298.15K 测得不同浓度下氢化肉桂酸水溶液的表面张力 γ 的数据如下表所示：

$c/(kg\cdot kg^{-1})$	0.0035	0.0040	0.0045
$\gamma\times10^3/(N\cdot m^{-1})$	56.0	54.0	52.0

求浓度为 $0.0041\ kg\cdot kg^{-1}$ 及 $0.0050\ kg\cdot kg^{-1}$ 时溶液的表面吸附量 Γ。

10. 373.15K 纯水中有一直径为 $10^{-6}m$ 的气泡，已知 373.15K 时，水的表面张力为 $51.6\times10^{-3}N\cdot m^{-1}$，密度为 $958.3kg\cdot m^{-3}$，水的蒸发热 $\Delta H=40.6kJ\cdot mol^{-1}$。问：（1）标准大气压 373.15K 时，气泡内水蒸气压为多少？

（2）在沸腾前过热的温度为多少？

11. 用活性炭吸附 $CHCl_3$ 时，0℃时最大吸附量（盖满一层）为 $98.8dm^3\cdot kg^{-1}$。已知该温度下 $CHCl_3$ 的分压为 $1.34\times10^{3}Pa$ 时的平衡吸附量为 $82.5dm^3\cdot kg^{-1}$，试计算：

（1）朗缪尔吸附定温式中的常数 b。

（2）0℃，$CHCl_3$ 分压为 $6.67\times10^{3}Pa$ 下的吸附平衡时每千克吸附剂吸附气体的体积。

12. 在 291K 时，用木炭吸附丙酮水溶液中的丙酮，实验数据如下：

吸附量 x/（mol·kg^{-1}）	0.208	0.618	1.075	1.50	2.08	2.88
浓度 $c\times10^3$/（mol·dm^{-3}）	2.34	14.35	41.03	88.62	177.69	268.97

试用 Freundlich 公式计算公式中的常数 k 和 n。

13. 在液氮温度时，N_2 在 $ZrSiO_4$ 上的吸附符合 BET 公式，今取 1.752×10^{-2}kg 样品进行吸附测定，p^*=101.325kPa，所有吸附体积都已换算成标准状况，数据如下：

p/kPa	1.39	2.77	10.13	11.93	21.01	25.37
$V\times10^3$/dm^3	8.16	8.96	11.04	12.16	13.09	13.73

（1）试计算形成单分子层所需 N_2（g）的体积。

（2）已知每个 N_2 分子的截面积为 1.62×10^{-19}m^2，求每克样品的表面积。

（朱再盛　王慧云）

第九章　胶体分散系统

学习目标

1. 掌握　溶胶的基本特征；动力学性质、光学性质和电学性质；胶团的结构；乳状液的基本性质；电解质的聚沉作用和聚沉规律。

2. 熟悉　沉降现象；乳状液的制备方法和应用；憎液溶胶相对稳定的原因。

3. 了解　胶体分散系统的分类、制备方法；纳米粒子的基本性质；溶胶对光的散射规律；溶胶的物理稳定性；大分子化合物对溶胶的保护。

案例 9-1

将泥土放入水中观察，大颗粒的泥沙很快下沉，浑浊的细小土粒因受重力的影响最后也沉降于容器底部，而土中的盐类则溶解成真溶液。但是，混杂在真溶液中还有一些极为微小的土壤粒子它们既不下沉，也不溶解。

松香易溶于乙醇而难溶于水，把松香的乙醇溶液滴入水中，由于松香在水中的溶解度很低，溶质以胶粒大小析出，即形成松香的水溶胶。

问题：

（1）分散系统如何分类？什么是胶体分散系统？

（2）胶体如何分类？

（3）生活中的胶体有哪些？

分散系统是指一种或几种物质被分散到另一种物质中所形成的系统。系统中以非连续形式存在的被分散的物质称为**分散相**（disperse phase），以连续相形式存在的物质称为**分散介质**（disperse medium）。例如，尘埃或水滴分散在空气中便形成了烟和雾，原油中常含有微量分散的水，牛奶也是奶油分散到水中形成的。上述混合系统都属于分散系统，它们都是由分散相和分散介质组成。

分散系统按其分散后形成的相态分为均相系统和多相系统；按分散相粒径的大小可分为粗分散系统（分散相粒径＞100nm）、胶体分散系统（分散相粒径为 1～100nm）和分子（或离子）分散系统（分散相粒径＜1nm）三大类。见表 9-1。含有胶体颗粒的分散系统称为胶体系统。胶体化学，狭义地说就是研究这些微小颗粒分散系统的科学。

表 9-1　不同分散系统的分散相大小和系统主要特征

<table>
<tr><th colspan="2">分散系统</th><th>分散相半径/nm</th><th>主要特征</th></tr>
<tr><td rowspan="2">均相系统（真溶液）</td><td>小分子溶液</td><td>＜1</td><td>粒子能通过滤纸和半透膜，扩散快，能渗析，在普通显微镜和超显微镜下都看不见</td></tr>
<tr><td>大分子溶液</td><td rowspan="2">1～100</td><td rowspan="2">粒子能通过滤纸，不能通过半透膜。扩散极慢，在普通显微镜下看不见，在超显微镜下可以看见</td></tr>
<tr><td rowspan="2">多相系统</td><td>超微分散系统（溶胶）</td></tr>
<tr><td>粗分散系统</td><td>＞100</td><td>粒子不能通过滤纸和半透膜，不扩散，不能渗析，在普通显微镜下能看见</td></tr>
</table>

案例 9-1 解析：

分散系统按分散相粒子大小不同可分为：粗分散系统、胶体分散系统和分子分散系统。按照分散剂状态的不同可分为：气溶胶、液溶胶、固溶胶。按分散质的不同可分为：粒子胶体、分子胶体。

“胶体”一词的由来：在 1861 年，英国化学家格雷厄姆（Graham）在研究不同物质在水中的扩散速度时，发现有两类物质，他把扩散速度慢的、不易结晶的、易成黏稠状的一类物质称为**胶体**（colloid），而把扩散速度快的、易结晶的、不易成黏稠状的物质称为**晶体**（crystalloid）。后来的研究发现这并非科学的物质分类方法，如 NaCl 可以是晶体，在有机溶剂中也能成胶体。所以，任何一种物质既可以成为晶体形态，也可以成为胶体形态，因此胶体只是物质的一种聚集形态，而不是物质的一个特殊类型。是否成为胶体，关键是分散相的粒径是否在 1～100 nm 的范围内。虽然“胶体”并非物质的分类名称，但分散相的粒径在 1～100 nm 的范围内的分散系统理解为“胶体”这一概念却被沿用至今。

人们研究胶体分散系统，是因为它特定的尺寸所具有的特殊性质。人类对客观世界的认识，从宏观到微观，不断深入。从肉眼可以观察到的微米级物体到上百亿光年的宇宙，都是宏观世界的研究对象，人类相继建立了如经典力学、经典热力学、地球和天体物理学乃至空间科学等。而微观世界研究的是原子、分子及其以下的时空，人类相继建立了量子力学、原子核物理学和粒子物理学等。但是直到 20 世纪 80 年代，纳米材料的出现，使得人们发现在宏观世界与微观世界之间，还有一个被遗忘了的**介观系统**（mesoscopic system）。而胶体化学所涉及的 1～100 nm 的超细微粒，就属于介观系统的研究领域。

胶体分散系统与其他类型分散系统有着显著的不同，表现为它具有特殊动力性质、光学性质、流变性质和电学性质。胶体化学基本原理已得到广泛应用，如在化学工业、医药工业、纺织工业、冶金工业、电子工业、食品工业、塑料工业等领域。它与生物科学和医学科学也密切相关，由于人体各部分的组织是含水的胶体，其生理机能和新陈代谢与胶体性质都有关；因此对其病理机制的研究，药物疗效的探索都需要胶体溶液的知识。另外，中药的提取，乳状液、混悬剂、微乳的制备和稳定性研究也都离不开胶体化学的基本原理。所以，对药学工作者来说，掌握胶体的基本概念、基本理论与技术，是十分必要的。

胶体分散系统可分为三种类型。①在水中不溶[如 Au、$Fe(OH)_3$ 的微小粒子]的超微分散系统称为**憎液胶体**（lyophobic colloid），简称**溶胶**（sol）；②大分子物质（如琼脂、明胶等）能溶解在水中成为均相系统，因而这类大分子溶液称为**亲液胶体**（lyophilic colloid）；③表面活性物质缔合形成胶束，分散于介质中得到的胶束溶液称为**缔合胶体**（association colloid）。溶胶和大分子溶液都有胶体的共性，但性质上也有很大的区别。大分子化合物在近几十年逐步形成了一门独立的学科，在实用上和理论上具有重要的意义。本章胶体化学所阐述的内容主要是超微分散系统，即溶胶。有关大分子溶液的内容将在第十章阐述。

案例 9-2

胶体金是由氯金酸（$HAuCl_4$）在还原剂如白磷、抗坏血酸、枸橼酸钠、鞣酸等作用下，可聚合成一定大小的金颗粒，并由于静电作用成为一种稳定的胶体状态，形成带负电的疏水胶溶液，故称为胶体金。胶体金在弱碱环境下带负电荷，可与蛋白质分子的正电荷基团形成牢固的结合，由于这种结合是静电结合，所以不影响蛋白质的生物特性。1971 年，Faulk 和 Taytor 将胶体金引入免疫化学，此后免疫胶体金技术作为一种新的免疫学方法，在生物医学各领域得到了日益广泛的应用。

胶体金是一种常用的标记技术，是以胶体金作为示踪标志物应用于抗原抗体的一种新型的免疫标记技术，有其独特的优点。近年已在各种生物学研究中广泛使用。在临床使用的免疫印迹技术几乎都使用其标记。同时在流式、电镜、免疫、分子生物学以至生物芯片中都可能利用到。目前在医学检验中的应用主要是免疫层析法（immunochromatogra-phy)和快速免疫金渗滤法（dot-immuogold filtration assay DIGFA)，用于检测 HBsAg、HCG 和抗双链 DNA 抗体等，具有简单、快速、准确和无污染等优点。

问题：

（1）胶体金是什么？胶体金是如何制备的？

（2）什么是胶体？胶体如何分类？

（3）胶体的特性是什么？

第一节 溶胶的分类和基本特性

一、溶胶的分类

由胶体分散系统的定义可知，只要不同聚集态分散相的颗粒大小在 1～100nm 之间则在不同状态的分散介质中均可形成胶体系统。例如，除了分散相与分散介质都是气体而不能形成胶体系统外，其余的 8 种分散系统均可形成胶体系统。习惯上，把分散介质为气体的胶体系统称为气溶胶，如介质为液体的称为液溶胶；介质为固态时，称为固溶胶。见表 9-2。

表 9-2 按分散相聚集状态分类的溶胶实例

分散相	分散介质	名称	实例
固	固	固溶胶	有色玻璃
液	固		珍珠、某些宝石
气	固		浮石、泡沫玻璃
固	液	液溶胶	油漆、泥浆
液	液		牛奶、石油
气	液		灭火泡沫
固	气	气溶胶	烟、尘
液	气		雾

二、溶胶的基本特性

与小分子溶液、大分子溶液及粗分散系统比较，可归纳出胶体与它们显著不同的三点基本特性：特有的分散程度、相不均匀性和热力学不稳定性。

（一）特有的分散程度

溶胶的根本特征，是溶胶的粒子大小在 1～100 nm 之间，溶胶的许多性质与此有关。由于溶胶粒子粒径比小分子的粒径大得多，因此在分散介质中表现出扩散速度慢，不能透过半透膜，渗透压低，乳光亮度强等特性。小分子溶液的上述性质恰好相反，因此根据这些特性可以区分二者。与粗分散系统相比，溶胶粒子粒径较小，所以能在分散介质中保持动力稳定性，不易发生相分离，而粗分散系统却很容易因沉降发生相分离。

（二）多相性

分散相在介质中不溶或溶解度很小（憎液），这是形成溶胶的先决条件。当它以 1～100 nm 粒径分散时，必然形成超细微粒的多相系统，系统内相不连续，分散相与分散介质之间有着明显的相界面。而真溶液是以单个分子形式分散的，属于均相分散系统，故不存在相界面。

（三）热力学不稳定性

由于溶胶的相不均匀性和分散相超细微粒尺度的特性，形成了系统的巨大比表面。例如，粒径为 5 nm 的物质比表面积达到 180 $m^2 \cdot g^{-1}$。比表面越大，界面能越大，体系越不稳定。微粒会通过自发聚结，降低体系的比表面积，从而降低界面能。因此，胶体粒子有自发聚结的趋势，属于热力学不稳定系统。通常为防止溶胶的聚结，在制备溶胶时，常需加入**稳定剂**（stablizing agent），通常是适量的电解质。而小分子和大分子溶液都属于均相系统，为热力学稳定系统。

确定一个分散系统是否为胶体，要从这三个基本特征综合考虑，仅考虑其中个别特征是不够的。溶胶的许多性质可从以上的三个基本特性得到解释，此外，溶胶分散相的结构和形状对溶胶的性质也有很大影响，如溶胶粒子的荷电多少，形状是球状、椭球状、棒状还是线状，直接会影响溶胶的动力性质、光学性质、电学性质和流变性质。

案例 9-2 解析：

胶体金是由氯金酸（$HAuCl_4$)在还原剂如白磷、抗坏血酸、枸橼酸钠、鞣酸等作用下，可聚合成一定大小的金颗粒，并由于静电作用成为一种稳定的胶体状态，形成带负电的疏水胶溶液，故称为胶体金。

胶体金在弱碱环境下带负电荷，可与蛋白质分子的正电荷基团形成牢固的结合，由于这种结合是静电结合，所以不影响蛋白质的生物特性。 胶体金除了与蛋白质结合以外，还可以与许多其他生物大分子结合，如 SPA、PHA、ConA 等。根据胶体金的一些物理性状，如高电子密度、颗粒大小、形状及颜色反应，加上结合物的免疫和生物学特性，因而使胶体金广泛地应用于免疫学、组织学、病理学和细胞生物学等领域。 胶体金标记，实质上是蛋白质等高分子被吸附到胶体金颗粒表面的包被过程。用还原法可以方便地从氯金酸制备各种不同粒径、也就是不同颜色的胶体金颗粒。这种球形的粒子对蛋白质有很强的吸附功能，可以与葡萄球菌 A 蛋白、免疫球蛋白、毒素、糖蛋白、酶、抗生素、激素、牛血清白蛋白多肽缀合物等非共价结合，因而在基础研究和临床实验中成为非常有用的工具。

案例 9-3

实验：用烧杯盛 20ml 蒸馏水，加热至沸腾，然后滴加饱和氯化铁溶液 1～2ml，继续煮沸；直至溶液变成红褐色，停止加热，得到呈红褐色、透明的液体。净化后的胶体可进行电泳实验，实验结果发现负极胶粒上升，正极下降。

（1）上述实验中发生了什么反应？$Fe(OH)_3$为什么没有形成沉淀？

（2）实验中为什么加热到沸腾？能否一直加热？

（3）胶体的制备方法有哪些？氢氧化铁胶体的制备是什么方法？

（4）氢氧化铁胶体带什么电荷？氢氧化铁胶体一定带正电吗？为什么带电？

第二节　溶胶的制备和净化

一、溶胶的制备

制备溶胶可以采取两个途径，一是将粗颗粒进一步分散，二是将溶质分子凝聚，前者为**分散**

法（dispersed method），后者为**凝聚法**（condensed method）。从制备溶胶的手段上分类，又分为物理法和化学法。而实际制备过程可能二者皆有，物理和化学过程同在。制备溶胶直接得到的粒子为原级粒子，而后在一定条件下聚集的较大粒子为次级粒子，所以通常溶胶粒子的大小是不均一的，为多级分散系统。

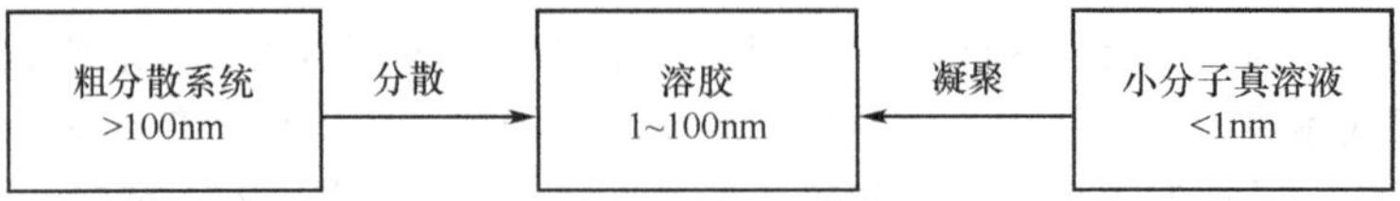

（一）分散法制备溶胶

用适当的手段将大块物质或粗分散的物质在有稳定剂存在的情况下分散成溶胶，这就是分散法。分散的方法基本属于物理法，常用的有以下几种。

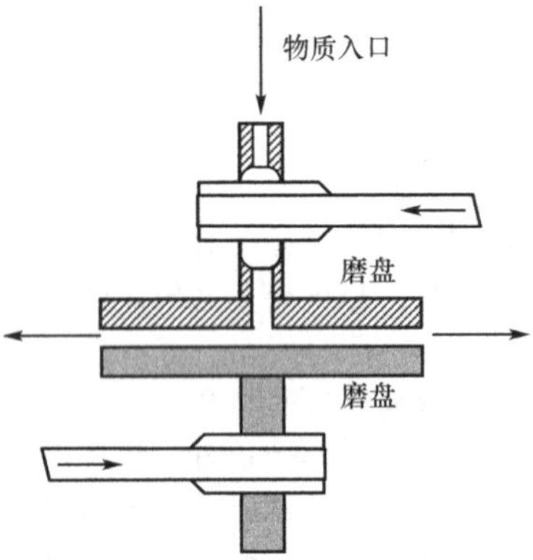

图 9-1　盘式胶体磨示意图

1. 研磨法　一种机械粉碎的方法，采用胶体磨制备溶胶。胶体磨有很多种形式，图 9-1 是盘式胶体磨的示意图。磨盘的转速为 10000～20000 $r\cdot min^{-1}$，一般可将两磨盘的间隙调整到 5 μm 左右，分散相伴随分散介质及稳定剂从空心转轴注入到磨盘间隙，由于强大的切应力，物质被撕裂粉碎，可被磨细到 1 μm 左右。胶体磨适用于脆性物质的粉碎，如对活性炭进行研磨，可得到 100 nm 以下的超细微粒。胶体磨已广泛应用于工业生产。

2. 气流粉碎法　是一种利用高速气流粉碎物料的方法。在每个粉碎室的边缘上，有两个成一定角度的高压喷嘴，分别将高压空气及物料以接近或超过音速的速率喷入粉碎室，这两股高速旋转的气流在粉碎室相遇形成的涡流，迫使粒子间相互碰撞、摩擦及剪切，将物料粉碎。旋转离心的作用，使得较大的粒子被抛向周边继续粉碎，而细小微粒则随气流走向中心，受到挡板的拦截而落入收集袋中，其粉碎程度可达 1 μm 以下。气流粉碎机的结构见图 9-2。

3. 超声波分散法　用超声波所产生的能量来进行分散，频率高于 16000 Hz。高频超声波对分散相产生很大的撕碎力，从而达到分散效果。目前在乳状液的制备中经常使用，见图 9-3。

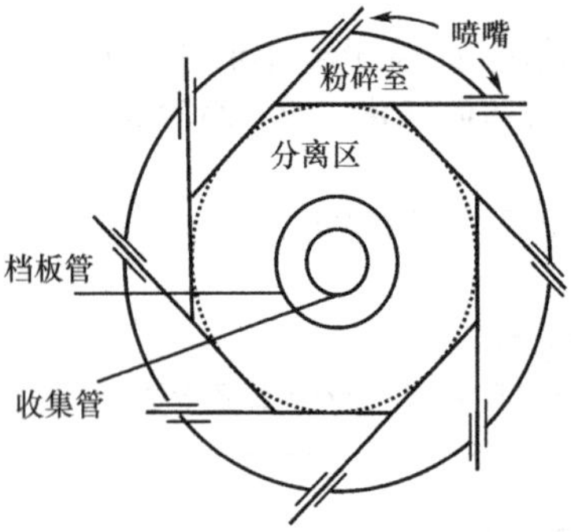

图 9-2　气流粉碎机的结构示意图

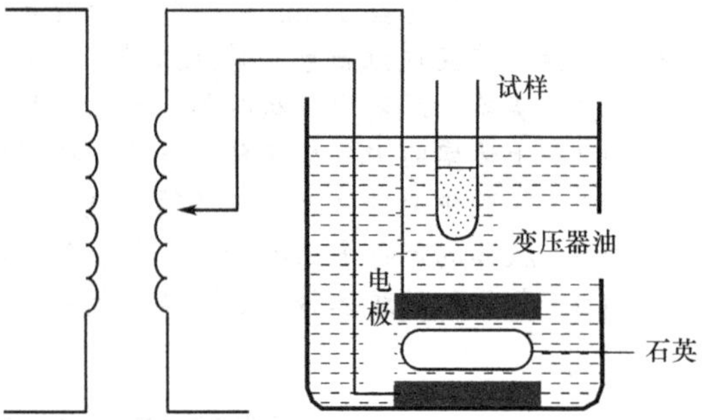

图 9-3　超声波分散法示意图

4. 胶溶法　它并非将粗粒分散成溶胶的方法，而是将暂时集聚起来的分散相又重新分散，因此亦称解胶法。**胶溶作用**（peptizing）就是将许多新鲜的沉淀经洗涤除去过多杂质后，再加少量稳定剂制成溶胶的作用。例如，$Fe(OH)_3$ 的新鲜沉淀加 $FeCl_3$ 溶液可制备 $Fe(OH)_3$ 溶胶。AgI

新鲜沉淀加 $AgNO_3$ 或 KI 可以制备 AgI 溶胶。但如果沉淀放置时间过长，由于沉淀老化反而不能得到溶胶。

（二）凝聚法制备溶胶

凝聚法是一种将分子分散状态凝聚为胶体分散状态的方法。这种方法往往先形成难溶性物质的过饱和溶液，再使之相互聚结形成溶胶，一般可分为物理凝聚法和化学凝聚法。

1. 物理凝聚法 原理是利用适当的物理过程将小分子聚集起来，如利用蒸气骤冷使某些物质凝聚成胶体粒子。例如，将汞的蒸气通入冷水中就可以得到汞溶胶，此时高温下汞蒸气与水接触时生成的少量氧化物起稳定作用。又如钠的苯溶胶制备，将钠和苯在特制的仪器蒸发（图 9-4），两者在冷却管壁共同凝结，将冷却管升温时，形成钠的苯溶胶收集于下方的溶胶接受管中。

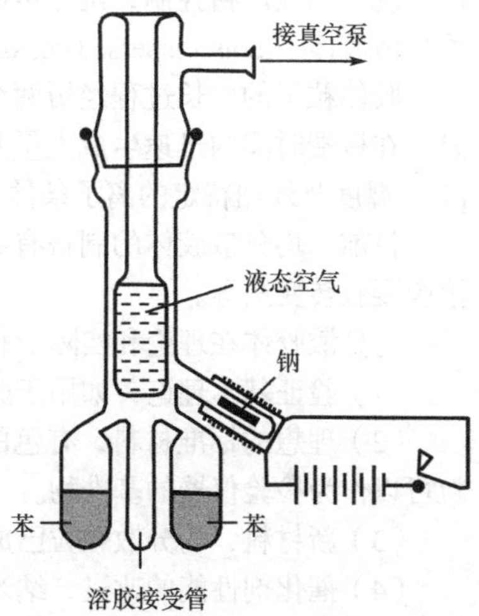

图 9-4 蒸气凝聚的仪器示意图

2. 化学凝聚法 通过可以生成不溶性物质的化学反应，使生成物呈过饱和状态，控制析晶过程的粒子达到胶粒大小，此法称为化学凝聚法。原则上说，凡是能生成新相的化学反应都可以制备溶胶。要得到理想的溶胶，较大的过饱和度、较低的操作温度是有利的条件。

一个典型的化学凝聚法的例子是硫化砷溶胶，将 H_2S 通入足够稀的 As_2O_3 溶液，通过复分解反应，生成高度分散的淡黄色硫化砷溶胶，其化学反应为

$$As_2O_3 + 3H_2S \longrightarrow As_2S_3（溶胶）+ 3H_2O$$

可通过其化合物的还原制备贵金属溶胶，如还原氯金酸制备金溶胶：

$$2HAuCl_4（稀溶液）+ 3HCHO（少量）+ 11KOH$$
$$\xrightarrow{加热} 2Au（溶胶）+3HCOOK + 8KCl + 8H_2O$$

通过其盐类的水解可以制备铁、铝、铬、铜、钒等金属的氢氧化物溶胶。例如在不断搅拌下，将 $FeCl_3$ 稀溶液逐渐滴加到沸腾的蒸馏水中，可产生棕红色的 Fe（OH）$_3$溶胶，水解反应式为

$$FeCl_3 + 3H_2O（热）\longrightarrow Fe（OH）_3（溶胶） + 3HCl$$

案例 9-3 解析：

$FeCl_3$ 溶液属于强酸弱碱盐，在加热时促进其水解，生成胶粒分子的集合体。由于氢氧化铁的浓度小且高度分散，所以并未形成氢氧化铁沉淀。加热一定时间必须停止加热，否则胶体易发生聚沉而形成沉淀物。在制备氢氧化铁胶体的实验中，一般为向沸水中加入 $FeCl_3$ 溶液，由于 Fe^{3+} 的水解，溶液显酸性，溶液中的 OH^- 浓度较小，因此氢氧化铁胶核更容易吸附浓度较大的 Fe^{3+}，带正电，如果在碱性环境下，则可吸附 OH^- 带负电。由此，我们常说的氢氧化铁胶体带正电，是由制备胶体的实验过程的特殊性决定的，而非氢氧化铁胶体一定带正电。

硫溶胶可以将硫的化合物进行氧化还原来制备，反应式为

$$2H_2S + SO_2 \longrightarrow 2H_2O + 3S（溶胶）$$
$$Na_2S_2O_3 + 2HCl \longrightarrow 2NaCl + H_2O + SO_2 + S（溶胶）$$

以上这些溶胶制备的例子中，都没有外加稳定剂。其实胶粒的表面吸附了过量的具有溶剂化层的反应物离子，就是稳定剂，使得溶胶变得稳定。

3. 改变溶剂法 是一种改变溶剂使溶质的溶解度骤降，将溶质从溶液中分离出来凝聚成溶胶

的方法。例如硫溶胶的制备，取少量的硫溶于乙醇中，将该溶液倾入水中，由于溶剂改变，硫的溶解度突然变小而生成。通常制备难溶于水的树脂、脂肪等的水溶胶，以及制备难溶于有机溶剂的物质的有机溶胶，常用改换溶剂法。

（三）均分散胶体制备

制备的溶胶粒子，在通常条件下其形状和大小都是不均一的，尺寸分布范围较广，是多级分散系统。如经严格控制，则有可能制备出粒子形状相同、尺寸相差不大的胶体，这样的胶体称为均分散胶体（monodispersed colloid）。

胶体粒子的生长过程经历两个阶段，即晶核生成和粒子长大。制备均分散胶体需满足的条件是：在极端时间内迅速生成大量晶核，之后确保晶核同步变大。在制备时，需要通过控制浓度、pH、温度及外加特定的离子条件，才能得到理想的均分散胶体。

目前，均分散胶体的制备有金属盐水溶液高温水解法、金属络合物高温水解法、微乳液法和溶胶凝胶转变法等。

均分散胶体在理论和实际上有着重要应用，如在以下方面：

（1）验证基本理论，如用于验证散射公式、扩散定律等。

（2）理想的标准材料，有色的均分散颗粒可以作为标定颜色的基准物，形状和尺寸均匀的颗粒可以作为检验仪器的基准物。

（3）新材料，均分散颗粒已成为理想的磁记录材料、感光材料和激光材料等，应用广泛。

（4）催化剂性能的改进，纳米级均分散颗粒已成为化学反应的高效催化剂。

（5）制造特种陶瓷，利用粒子大小尺寸在胶体范围内、大小分布均匀的化学材料制成的具有特殊物理或化学性质的新型陶瓷。

另外，均分散胶体可以确定生物膜的孔径大小与分布，对研究网状内皮组织系统及血清诊断研究都极为有效。

二、溶胶的净化

溶胶的制备过程中常含有一些电解质，特别是用化学法制备的溶胶。除了形成胶束所需要的电解质以外，过多的电解质反而会破坏溶胶的稳定，因此，溶胶需要净化。净化溶胶常用渗析和超过滤法两种方法。

（一）渗析法

由于溶胶粒子不能通过半透膜，利用溶胶中多余的电解质或其他杂质可以透过半透膜的性质，这种去除杂质的方法称为**渗析法**（dialysis method）。常见的半透膜有羊皮纸、动物膀胱膜，硝酸纤维、醋酸纤维等。渗析时，把溶胶放在半透膜容器内，溶剂放在膜外。因膜内外浓度的差别，膜内的小分子物质如分子和电解质离子向半透膜外迁移。要不断更换膜外溶剂，可逐渐排除溶胶中过多的电解质或其他杂质，溶胶得以净化，见图 9-5。医院中治疗肾衰竭的血透仪（人工肾）就是一种渗透仪，可清除血液中的小分子有害代谢产物。

可以采取增加半透膜的面积、加大膜两边的浓度梯度，提高渗析温度（以不破坏溶胶为宜）等措施加快渗析速率。除了普通渗析外，通过外加电场增大离子迁移速率而提高渗透速率的方法，称为**电渗析**（electro dialysis），见图 9-6。除了净化溶胶，电渗析法还广泛用于污水处理、海水淡化、纯化水等方面。

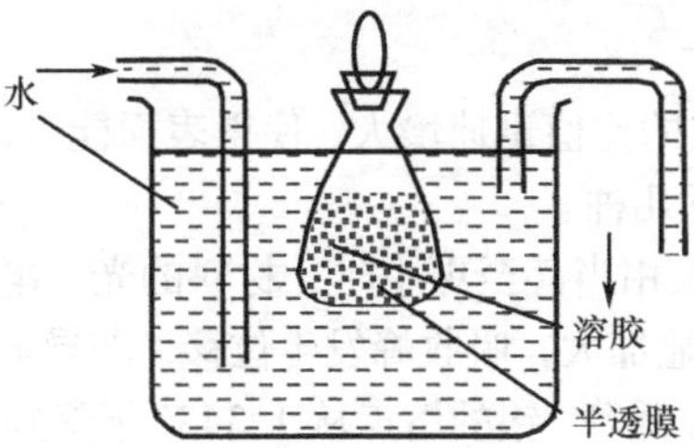

图 9–5　普通渗析

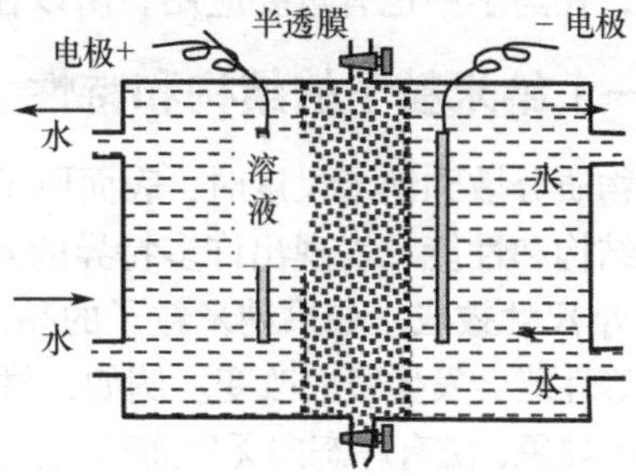

图 9–6　电渗析

（二）超过滤法

用孔径细小的半透膜在加压或吸滤的情况下将胶粒与介质分开，这种方法称为**超过滤法**（ultrafiltration method）。可溶性杂质能透过滤膜而被除去。有时可再将胶粒分散到纯介质中，再次进行超过滤，如此反复进行可达到理想的净化目的。得到的胶粒应立即分散到新的介质中，以防结块。

如果在滤膜的两侧安放电极，加以一定的电压，则成为电超过滤。见图 9-7，电超过滤可提高净化速率，是电渗析和超过滤的联合应用，其优点是降低过滤施加的压力。

超滤技术发展很快，除净化溶胶外，在浓缩、脱盐、除菌等方面有广泛应用，在生物化学中可用于蛋白质、酶、病毒、细菌的大小测定，在中草药针剂生产中，用于去除淀粉、多聚糖等大分子杂质。

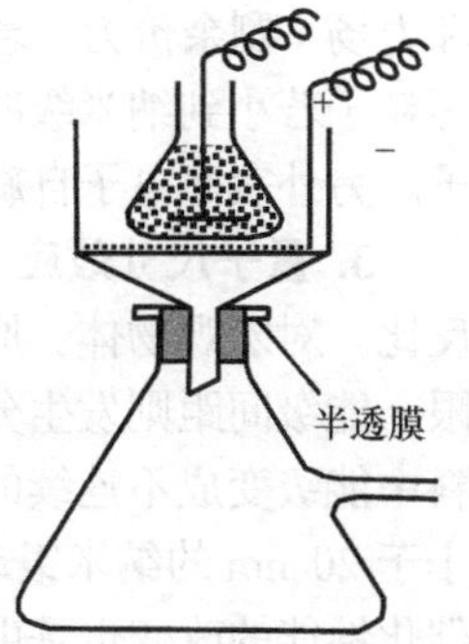

图 9–7　电超过滤装置图

案例 9-4

据报道，澳大利亚新南威尔士大学（UNSW）化学家合成了一种新型氧化铁纳米粒子，不仅能向细胞递送抗癌药物，而且药物的释放能被实时监控。研究人员称，这是纳米诊断与治疗领域的一项重要进步。相关论文发表在最近出版的美国化学协会期刊《ACS 纳米》上。“这种氧化铁纳米粒子能跟踪监控药物递送，为适应不同患者的个体差别提供了可能。”

UNSW 化学工程学院副教授西里尔·博雅说，掌握了纳米粒子所递送的抗癌药是怎样释放的，以及它对细胞和周围组织的影响，医生就能调整剂量以实现药物的最佳疗效。文中提到的新型氧化铁纳米粒子，不仅能向细胞递送抗癌药物，而且药物的释放能被实时监控，这不仅可以实现药物的最佳疗效，同时也能将副作用降到最低限度。而“下一步就要进入活体应用”的消息，对那些饱受病痛折磨的癌症患者来说，无疑是精神上的莫大鼓励。

问题：

（1）什么是纳米粒子？

（2）纳米粒子是如何制备的？

（3）纳米粒子都有哪些应用？

三、纳米粒子和纳米技术

纳米粒子属于介观系统，是指尺度为 1～100 nm 之间的粒子，处于原子簇和宏观物体之间。它具有体相材料所不具有的一系列新颖的物理化学性质。通过对这些奇特性质的研究和开发，逐渐诞生了一个全新的科技——纳米科技。因纳米粒子的大小与胶体分散系统的粒子相同，制备方法相似，在药学中也有重要应用，所以在本节中作一简要介绍。

（一）纳米粒子的结构和特性

当物质分散到纳米尺度时，表面原子数与内部原子数的比值迅速增大，使得表面能迅速增加，对物质结构和性能，表现出许多特异的效应，主要有以下几种。

1. 小尺寸效应 如果纳米粒子的晶体尺寸与光的波长相当甚至更小时，材料的光、电、磁、热力学等性能会发生很大改变。例如，材料的光吸收率明显加大，吸收峰发生位移，非导电材料会出现导电现象，磁有序态向无序态转化，金属的熔点明显降低等。银的熔点从 1234 K 下降到 373 K，纳米铁的抗断裂应力比普通铁高 12 倍，纳米铜没有金属光泽等。粉末冶金的新工艺、电磁波屏蔽、隐形技术诞生。

2. 表面效应 物质达到纳米尺度时，表面原子数所占的比例大大增加，如粒径为 5 nm 的物质，表面原子数已占到 50%；粒径为 1 nm 时，占到 82%。与体相原子不同的是，表面原子有不饱和力场（剩余价力、悬空键），有很高的表面能，故有很大的化学活性。例如，木屑、面粉、纤维等粒子若小到纳米级时，一遇火种极易引起爆炸。如果想提高催化活性，可将催化剂制成纳米粒子。另外表面电子自旋、构象及电子能谱的变化也是纳米粒子的表面效应引起的。

3. 量子尺寸效应 电子是一种费米（Fermion）子，费米子的能级间距与系统中原子的数量成反比。对宏观物体，原子数无穷大，能级间距趋于零，能级是连续的；而对纳米微粒，原子数有限，能级间距则发生分裂，由连续变为不连续，这就是纳米材料的量子尺寸效应。电子在纳米材料中能级变成不连续的，因而电学性质和光学性质发生很大变化。例如，普通银为导体，而粒径小于 20 nm 的纳米银却是绝缘体；金属铂是银白色的（白金），而纳米级铂是黑色的（铂黑）。光催化性能的改变也是由于电子能级的改变。

4. 宏观量子隧道效应 隧道效应是指微观粒子具有贯穿势垒的能力。微观粒子对磁化强度、磁通量等宏观量也具有隧道效应，即可以穿越宏观系统的势垒而产生变化，称为宏观量子隧道效应。金属镍的超细微粒在低温下可继续保持超顺磁性，磁铁达到纳米级时由铁磁性转变为顺磁性，都用此概念可以解释。

（二）纳米粒子的制备方法

纳米材料是指纳米粒子组成的材料，类型有纳米粉体、纳米晶体、纳米膜材料和纳米块、无机-有机杂化纳米材料、纳米微囊、纳米大分子材料及纳米组装材料等。其中按人为意志把原子（或多个分子，或纳米结构单元）组装起来的、具有特定功能的新材料为纳米组装材料，这是纳米领域中的前沿课题、研究热点。

纳米粒子的制备方法与制备憎液溶胶雷同，也有物理的和化学的方法。物理方法有球磨法、超声分散法、真空镀膜法、激光溅射法、共沉法等。化学方法有沉淀法、水热法、溶胶-凝胶法、还原法、电沉淀法、相转移法等。纳米组装材料的制备技术有以下几种。①自组织技术（仿生纳米合成）：这是仿照生物合成蛋白质、DNA 的过程，凭借分子间的弱作用力和协同作用，自动地将分子组装成特定结构。凭借这一技术，目前已经成功地制备了仿人骨和人工皮肤，并可应用于临床。②模板合成法：首先制备一个纳米尺度的笼子，使反应在“纳米笼”中进行，笼作为模板，决定了产物的大小和形状。分子筛、多孔氧化铝等可作为模板，它们的孔道是静止的，称为“硬模板”。表面活性剂形成的胶团也可作模板，其中 O/W 型的内径 5～100 nm，W/O 型的内径 3～6 nm，它们的空间是动态的，称为“软模板”。在医药中环糊精作模板有广泛应用，“纳米试管”就是将碳纳米管作模板制备纳米线。

（三）纳米技术在药学中的应用

在药学研究中纳米技术有广泛的应用。在药物制剂中，利用纳米粒径的药物溶解度大、吸收快的特点，开发大剂量的难溶性药物的口服和注射制剂，如纳米乳酸钙的口服吸收从普通制剂的30%增加到98%；新型的缓控释给药系统是以大分子物质为辅料，将药物溶解、吸附或包裹其中制成的纳米粒，有载药量高、作用时间长的特点，如天门冬酰胺酶纳米粒在体内可持续释放活性酶长达20天；纳米粒作为多肽与蛋白质药物的载体，很容易被吸收，如口服胰岛素纳米囊，降血糖作用可维持20天；载药纳米粒可精确地靶向定位给药，减少不良反应。在药理学研究中，利用纳米传感器可对活细胞进行观测，利用荧光纳米粒可探测DNA分子的序列。在药物化学中，纳米结构的催化剂性能十分优越，催化效率显著提高。在药物分析中，纳米级微乳液滴显示出较大的分离优势，毛细管微乳电泳对疏水性的大环化合物和中药活性成分的分离和含量测定有广阔的发展前景。

纳米技术也为新药的开发提供了新途径，有些没有药理活性的无机物达到纳米级时呈现某些活性，如纳米银、纳米氧化锌具有较强的持久抗菌性能，纳米硒有免疫和抗氧化损伤的保护作用等。

案例 9-4 解析：

纳米粒子是指粒度在1～100nm之间的粒子（纳米粒子又称超细微粒）。属于胶体粒子大小的范畴。它们处于原子簇和宏观物体之间的过渡区，处于微观系统和宏观系统之间，是由数目不多的原子或分子组成的集团，因此它们既非典型的微观系统亦非典型的宏观系统。可以预见，纳米粒子应具有一些新异的物理化学特性。制备纳米粒子的方法与制备憎液溶胶雷同，有物理的和化学的方法。纳米技术在药学研究中有广泛的应用，已成功开发了以纳米磁性材料为药物载体的靶向药物，称为"生物导弹"。在磁性材料方面有许多应用，高纯度纳米粉可作为精细陶瓷材料。可作为红外吸收材料、高温烧结的材料等。

知识链接：

纳米粒子的其他应用

纳米粒子表面活化中心多，这就提供了纳米粒子做催化剂的必要条件。在磁性材料方面有许多应用，如可以用纳米粒子作为永久磁体材料、磁记录材料和磁流体材料。纳米粒子体积效应使得通常在高温烧结的材料如SiC、WC、BC等在纳米状态下在较低温度下可进行烧结，获得高密度的烧结体。高纯度纳米粉可作为精细陶瓷材料。可作为红外吸收材料，如Cr系合金纳米粒子对红外线有良好的吸收作用。纳米材料在医学和生物工程也有许多应用。已成功开发了以纳米磁性材料为药物载体的靶向药物，称为“生物导弹”。即在磁性Fe_2O_3纳米微粒包敷的蛋白质表面携带药物，注射进入人体血管，通过磁场导航输送到病变部位释放药物，可减少肝、脾、肾等由于药物产生的副作用。利用纳米传感器可获取各种生化反应的信息和电化学信息。还可以利用纳米粒子研制成纳米机器人，注入人身的血液，对人体进行全身健康检查，疏通脑血管中血栓，清除心脏动脉脂肪沉积物，甚至还能吞噬病毒，杀死癌细胞等，可以预言，随着制备纳米材料技术的发展和功能开发，会有越来越多的新型纳米材料在众多的高科技领域中得到广泛的应用。

第三节　溶胶的动力性质

溶胶的**动力性质**（dynamic properties）主要讨论由热运动产生的扩散作用和渗透现象，以及在外力场中的沉降行为。溶胶粒子的运动形式可有多种，如无外力场作用时只做热运动，其微观上表现为布朗运动，宏观上表现为扩散。在有外力场作用时做定向运动，如重力场或离心力场中的沉降，电场中的电动行为，速梯场中的流变行为等。这些运动性质与粒子的大小及形状有关，因而可通过测定粒子的运动推测其大小和形状。

一、布朗运动

布朗运动是英国植物学家布朗（Brown）首先观测到的。1827 年，他在显微镜下看到悬浮在液面上的花粉不停地做不规则的折线运动（图 9-8）。以后还发现其他微粒（如矿石、金属和碳等）也有同样的现象，这种现象就称为**布朗运动**（Brownian motion）。周围介质分子的热运动是这些粒子不断运动的原因。粒子不断地受到周围介质小分子的撞击，在每一瞬间粒子在各个方向受到的撞击力不能相互抵消，合力将使粒子向某一方向移动（图 9-9）。而合力的方向随时改变，粒子的运动方向也随之变化，这就是粒子布朗运动的本质。1903 年由于出现了超显微镜，粒子布朗运动的轨迹可被直观地观测到，图 9-8 是超显微镜下每隔相同时间观测到的粒子位置在平面上的投影。

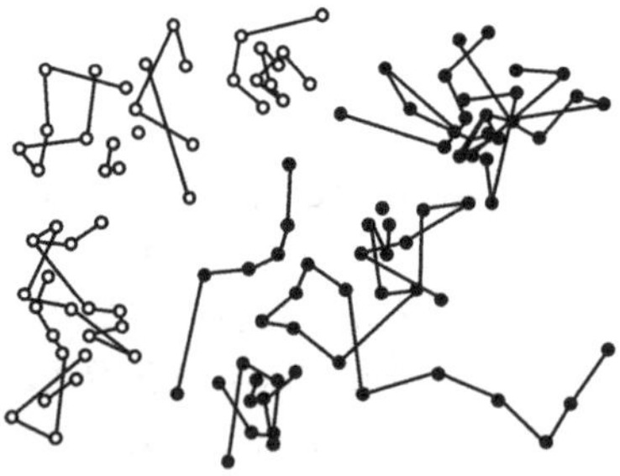

图 9–8　胶粒在超显微镜下的布朗运动

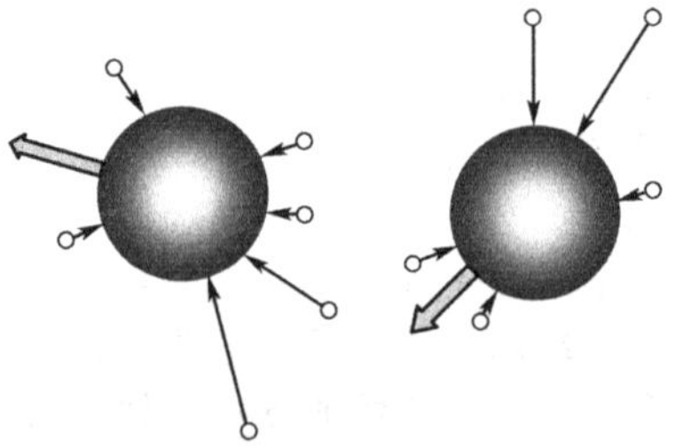

图 9–9　受介质撞击的胶粒示意图

对布朗运动的解释和定量计算作出贡献的是著名物理学家爱因斯坦（Einstein）。他认为溶胶粒子的运动与分子的运动完全相似，其平均动能也为 $\frac{1}{2}kT$ 。布朗运动的实际路径虽然杂乱无章，但在一定时间内的平均位移有一定的数值。按照分子运动理论，并以球形粒子为模型，爱因斯坦推导出布朗运动平均位移的公式：

$$\bar{x}=\sqrt{\frac{RT}{L}\cdot\frac{t}{3\pi\eta r}} \qquad (9\text{-}1)$$

式中，$\bar{x}$ 是在观察时间 t 内粒子沿 x 轴方向的平均位移；r 为微粒的半径；η为介质的黏度；L 为阿伏伽德罗（Avogadro）常量。这就是爱因斯坦-布朗运动公式。

公式把粒子的位移与粒子的大小、介质的黏度、温度以及观察时间等联系起来。这表明平均位移 $\bar{x}^2$ 与粒径 r 成反比，当粒径 r 很大时，$\bar{x}$ 小到观测不到，粒子几乎静止不动，这是因为它被足够多的介质分子撞击，合力约为零；只有胶体尺度的粒子才能肉眼看到布朗运动，并可从 $\bar{x}$ 求粒子的大小；小分子的运动无法用肉眼分辨，从这个意义上说，布朗运动是溶胶的特征。另外可以从已知半径 r 的粒子的平均位移 $\bar{x}$,计算阿伏伽德罗常量。以后的许多实验，特别是珀林(Perrin)、斯威德伯格（Svedberg）等科学家用藤黄、金溶胶进行的实验，计算得到的阿伏伽德罗常量是正确的，这既证实了爱因斯坦公式的正确性，也使分子运动论得到了直接的实验证明。由此分子运动论从假说上升为理论，逐渐被人们接受，这在科学发展史上是具有重大意义的贡献。

二、扩散和渗透

（一）扩散

扩散（diffusion）是指溶胶粒子在介质中由高浓度区向低浓度区迁移的现象。扩散是粒子布朗运动的必然结果和分子热运动的宏观体现。扩散是自发进行的过程，扩散过程中，物质由化学势大的区域向化学势低的区域转移，系统的吉布斯自由能降低；扩散的结果，系统趋于均态，无序度增加，熵值增大。

1885 年，菲克（Fick）根据实验结果发现，如果粒子沿着 x 方向扩散时，其扩散速度 $\frac{\mathrm{d}n}{\mathrm{d}t}$（单位时间内粒子的扩散量）与粒子通过的截面积 A 及浓度梯度 $\frac{\mathrm{d}c}{\mathrm{d}x}$ 成正比（图 9-10），公式为

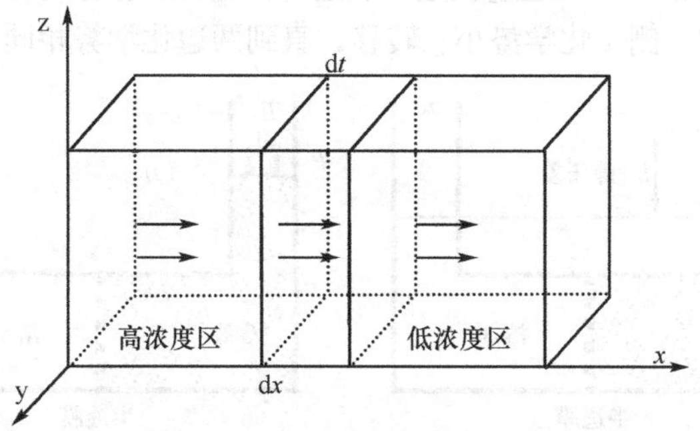

图 9–10 扩散

$$\frac{\mathrm{d}n}{\mathrm{d}t}=-DA\frac{\mathrm{d}c}{\mathrm{d}x} \tag{9-2}$$

这就是**菲克第一定律**（Fick's first law）。$\frac{\mathrm{d}n}{\mathrm{d}t}$ 的单位为 $mol\cdot s^{-1}$ 或 $kg\cdot s^{-1}$；比例系数 D 称为**扩散系数**（diffusion coefficient），它表征粒子在介质中的扩散能力，其物理意义是在单位浓度梯度下、单位时间内通过单位截面积的粒子的量，单位为 $m^2\cdot s^{-1}$。式中负号是因为扩散方向与浓度梯度方向相反，即扩散向着浓度下降的方向进行。菲克第一定律表明，浓度梯度是扩散的驱动力，当浓度梯度为零时，扩散停止。

设在 t 时间内粒子的扩散距离为 $\bar{x}$，则根据菲克第一定律可以导出爱因斯坦-布朗运动位移方程：

$$\bar{x}^2=2Dt \tag{9-3}$$

将式（9-1）代入式（9-3）得

$$D=\frac{RT}{L}\cdot\frac{1}{6\pi\eta r} \tag{9-4}$$

此式表明，粒子的扩散系数随温度上升而增大，在恒温条件下，粒子半径越小，介质黏度越小，扩散系数就越大，粒子越容易扩散。粒子的布朗运动位移值可从实验测得，由式（9-3）可求得溶胶粒子的扩散系数 D，再根据式（9-4）可以算出粒子的半径 r，或从式（9-1）直接求半径 r。如果需要的话，还可以根据粒子的密度 ρ 求出胶团的摩尔质量 M，这是测定扩散的基本用途之一。

$$M=\frac{4}{3}\pi r^3\rho L \tag{9-5}$$

实验测定表明，一般分子或离子的扩散系数 D 的数量级为 $10^{-9}\ m^2\cdot s^{-1}$，而溶胶粒子为 10^{-11}～$10^{-13}\ m^2\cdot s^{-1}$，相差 2～4 个数量级，这是因为溶胶粒子的半径比小分子大 2～4 个数量级，扩散作用比小分子弱得多。

菲克第一定律适用于浓度梯度不变的情况，此时的扩散称为稳态扩散，如某些控释制剂可以很好地维持浓差恒定。通常情况随着扩散进行，浓度梯度不断减小，这是非稳态扩散。处理非稳态扩散要用菲克第二定律。

（二）渗透

如果用半透膜将溶液与纯溶剂分开，溶剂分子会透过半透膜向溶液扩散，这种现象称为**渗透**（osmosis）。渗透的结果，引起溶液一侧液面上升，平衡时两边液面间的静压差称为**渗透压**（osmotic pressure），见图 9-11（a）。如果对溶液一方施加额外压力 p_1 以消除液面差，则 p_1 就是渗透压，用 Π 表示，见图 9-11（b）。渗透的驱动力与扩散一样，都是源于浓度差，只是扩散常用于描述溶质的移动，渗透用于溶剂的移动。渗透过程是自发进行的过程，溶剂分子从溶剂浓度大的一侧（化学势大）向溶剂浓度小的一侧（化学势小）转移，直到两边化学势相同。

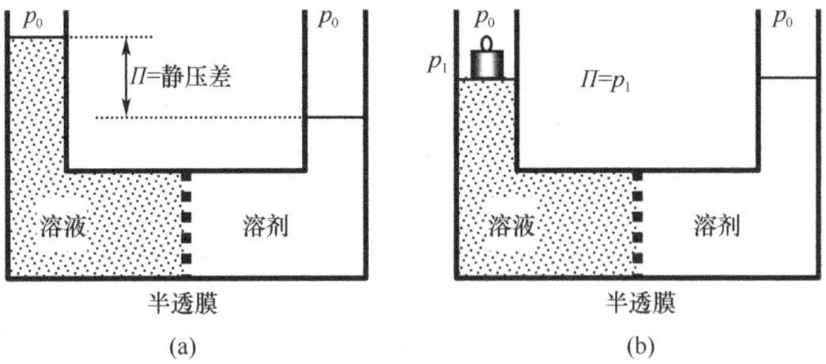

图 9-11　渗透压示意图

溶质的浓度决定了溶液渗透压的大小，其定量关系可从热力学平衡态进行推导。当两边渗透平衡时，左侧溶液中溶剂的化学势 μ_{A} 等于右侧纯溶剂的化学势 $\mu_{\mathrm{A}}^{\$}$，即

$$\mu_{\mathrm{A}}^{\$}(T, p_0+p_1)+RT\ln x_{\mathrm{A}}=\mu_{\mathrm{A}}^{\$}(T, p_0)$$

$$\mu_{\mathrm{A}}^{\$}(T, p_0+p_1)-\mu_{\mathrm{A}}^{\$}(T, p_0)=-RT\ln x_{\mathrm{A}} \tag{9-6}$$

纯物质的化学势就是它的摩尔吉布斯能 G_{m}，式（9-6）左边是纯溶剂在恒温条件下不同压力时化学势差（即 ΔG_{m}），当压力变化不大时，水的摩尔体积 V_{m} 为常数，

$$\Delta G_{\mathrm{m}}=\int_{p_0}^{p_0+p_1} V_{\mathrm{m}}\mathrm{d}p=V_{\mathrm{m}}p_1=\Pi V_{\mathrm{m}}$$

稀溶液中，溶剂的量分数 x_{A} 比溶质的量分数 x_{B} 大得多，式（9-6）右边可作近似，

$$-RT\ln x_{\mathrm{A}}=-RT\ln(1-x_{\mathrm{B}})\approx RTx_{\mathrm{B}}=RT\frac{n_{\mathrm{B}}}{n_{\mathrm{A}}+n_{\mathrm{B}}}\approx RT\frac{n_{\mathrm{B}}}{n_{\mathrm{A}}}$$

因此

$$\Pi V_{\mathrm{m}}=RT\frac{n_{\mathrm{B}}}{n_{\mathrm{A}}}$$

$$\Pi=\frac{n_{\mathrm{B}}}{V_{\mathrm{m}}n_{\mathrm{A}}}RT$$

$$\Pi=cRT \tag{9-7}$$

式（9-7）称为范托夫（van't Hoff）公式，式中 c 是溶质的体积摩尔浓度，单位为 $\mathrm{mol\cdot m^{-3}}$。由于在推导过程中作了一些近似，因而只适用于稀溶液。溶胶系统粒子浓度比通常的稀溶液浓度还要小，范托夫公式完全适用。

案例 9-5

金溶胶浓度为 2 $\mathrm{g\cdot dm^{-3}}$，介质黏度为 0.001 Pa·s。已知胶粒半径为 1.3 nm，金的密度为 19.3×10^3 $\mathrm{kg\cdot m^{-3}}$。计算金溶胶在 298K 时（1）扩散系数，（2）布朗运动移动 0.5 mm 的时间，（3）渗透压。

解析：（1）扩散系数按式（9-4）直接计算

$$D=\frac{RT}{L}\cdot\frac{1}{6\pi\eta r}=\frac{8.314\times 298}{6.023\times 10^{23}\times 6\pi\times 0.001\times 1.3\times 10^{-9}}=1.679\times 10^{-10}\ \mathrm{m^2\cdot s^{-1}}$$

（2）由式（9.3），得 $t=\dfrac{\overline{x}^2}{2D}=\dfrac{(0.5\times 10^{-3})^2}{2\times 1.679\times 10^{-10}}=744\ \mathrm{s}$

（3）将浓度 $2\ \mathrm{g\cdot dm^{-3}}$ 转换为体积摩尔浓度：

$$c=\frac{n}{V}=\frac{W}{VM}=\frac{W}{V\cdot\frac{4}{3}\pi r^3\rho L}$$

$$=\frac{2}{1\times\frac{4}{3}\pi(1.3\times 10^{-9})^3\times 19.3\times 10^3\times 6.023\times 10^{23}}=0.01870\ \mathrm{mol\cdot m^{-3}}$$

渗透压为 $\Pi=cRT=0.01870\times 8.314\times 298.16=46.34\ \mathrm{Pa}$

计算表明，溶胶粒子的浓度不会很大，其渗透压很小。而大分子溶液或胶体电解质溶液浓度可以较大，因此，渗透压的测定主要用途是求大分子的摩尔质量，见第十章。

如果在渗透平衡后继续提高溶液一侧压力，此时溶剂分子将从溶液一侧透过半透膜进入纯溶剂一侧，这称为**反渗透**（reverse osmosis）。在海水淡化、工业污水处理等方面常用反渗透技术。人体中肾就有反渗透功能，可避免血液中的糖分排到尿液中。

在自然界中渗透现象非常广泛，它在生物的生命过程中起着重要的作用。植物吸收水分和养分是通过渗透作用进行的。因为海水与淡水有着不同的渗透压，所以海水鱼与淡水鱼是不能互换生活环境的。动植物的生物膜（如细胞膜、红细胞膜、毛细血管壁）具有半透膜的性质，血液、细胞液、组织液等都有相同的渗透压，在静脉注射或输液时，必须使用等渗溶液（如0.9%生理盐水、5%葡萄糖溶液），高渗溶液将导致红细胞失水萎缩，低渗溶液将使红细胞膨胀，甚至破裂溶血。代谢过程起着极为重要的作用的正是由于在正常人体中，体液能够维持恒定的渗透压。

三、沉降和沉降平衡

沉降（sedimentation）是指分散体系中粒子在外力场作用下的定向移动。沉降是扩散的逆过程，沉降使粒子浓集，扩散使粒子分散。两者相互作用，会呈现三种结果：当粒子较小，或外力场较弱时，主要表现为扩散；当粒子较大，或外力场较强时，主要表现为沉降；两种作用力相当时，构成沉降平衡。

（一）重力沉降

由于重力场是不太强的力场，所以只有粗分散系统（如江河中的泥沙粒子）才有明显的沉降，此时扩散可以忽略。沉降过程中粒子受到两种力的共同作用，即沉降力 $F_{沉}$和阻力 $F_{阻}$。沉降力是粒子重力 $F_{重}$和它在介质的浮力 $F_{浮}$之差，设粒子是半径为 r 的球体，密度为ρ，介质密度为ρ_0，

$$F_{沉}=F_{重}-F_{浮}=\frac{4}{3}\pi r^3(\rho-\rho_0)g$$

式中，g 是重力加速度。粒子在介质中只要移动，就会有阻力，位移速度 v 越快，介质黏度η越大，受到的阻力越大，根据斯托克斯（Stokes）定律，对于球形粒子，

$$F_{阻}=6\pi\eta rv$$

当 $F_{沉}=F_{阻}$，粒子匀速沉降，因此**重力沉降**（gravitational sedimentation）速度为

$$v=\frac{2r^2(\rho-\rho_0)g}{9\eta} \tag{9-8}$$

沉降天平可测定沉降速度。从重力沉降速度公式可知，①v 与 r^2 呈正比，即沉降速度对粒子的大小有显著的依赖关系，用沉降分析法来测定粗分散系统的粒度分布即以此为依据。②v 与（$\rho-\rho_0$）呈正比，可以选择不同的介质来调节密度差，以适当控制沉降速度。③v 与 $1/\eta$ 呈正比，测定已知粒子在未知介质中的沉降速度可求得介质的黏度，这就是落球式黏度计的工作原理。由于斯托克斯定律适用条件的限制，式（9-8）只适用于粒径小于 100 μm 以下的粗分散系统，对于小于 100 nm 分散系统，扩散的影响必须考虑。

（二）重力沉降平衡

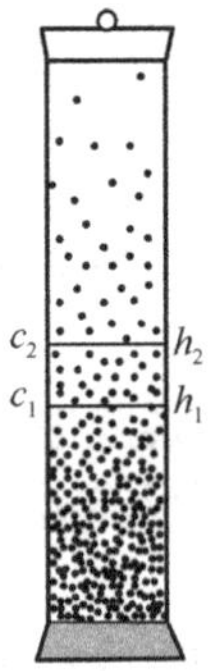

图 9-12 沉降平衡图

对于粒径小于 100 nm 的溶胶，在重力场中，沉降作用已大大减弱，此时扩散作用不可忽略。沉降作用使体系下层粒子的浓度变大，它所产生的浓度梯度成为扩散作用的驱动力，阻止沉降进一步进行。当沉降力与扩散力相等时，粒子的分布达到平衡，形成一定的浓度梯度，这种状态称为**沉降平衡**（sedimentation equilibrium）。从沉降力与扩散力的平衡可以导出沉降平衡时粒子的分布规律。如图 9-12 所示，在容器的高度为 h_1、h_2 处粒子的浓度为 c_1、c_2，根据范托夫公式，产生的渗透压差为 $\mathrm{d}\Pi=RT\mathrm{d}c$。扩散力等于渗透力，只是方向相反。设容器的截面为 $1\mathrm{m}^2$，则扩散力 $=1\times\mathrm{d}\Pi=RT\mathrm{d}c$，在 $\mathrm{d}h$ 区域中含有的粒子数为 $1\times\mathrm{d}h\times cL$，$L$ 为阿伏伽德罗常量。因此，每个粒子的扩散力

$$F_{扩}=-\frac{RT}{cL}\cdot\frac{\mathrm{d}c}{\mathrm{d}h}$$

式中负号是因为浓度随高度而降低。当 $F_{扩}=F_{沉}$ 时，

$$-\frac{RT}{cL}\cdot\frac{\mathrm{d}c}{\mathrm{d}h}=\frac{4}{3}\pi r^3(\rho-\rho_0)g$$

$$RT\cdot\frac{\mathrm{d}c}{c}=-\frac{4}{3}\pi r^3(\rho-\rho_0)gL\cdot\mathrm{d}h$$

对浓度和高度分别作定积分，

$$RT\ln\frac{c_2}{c_1}=-\frac{4}{3}\pi r^3(\rho-\rho_0)gL\cdot(h_2-h_1) \tag{9-9}$$

这就是粒子在重力场中的高度分布公式，与气体随高度分布的公式完全相同。此式表明：①溶胶粒子沿容器高度分布是不均匀的，容器底部的浓度最大，随高度 h_2 增大，浓度 c_2 呈指数逐渐减小。②粒子质量越大（即 r 越大或 ρ 越大），其平衡浓度随高度下降越多。表 9-3 列出了一些分散系统粒子浓度降低一半时需要的高度。表中数据说明，粒径增大，分布高度越低；对于粒径为同一数量级（186 nm 和 230 nm）的金溶胶和藤黄溶胶，分布高度相差可达 150 倍，这是由两者密度相差悬殊所致。此外，应用式（9-9）还可从平衡分布求粒径，进而求胶粒的摩尔质量；或用来验证阿伏伽德罗常量。

表 9-3 一些分散系统的高度分布情况表

分散系统	粒子直径 d/m	粒子浓度下降一半时的高度 h/m
氧气	0.27	5000
高度分散的金溶胶	1.86	2.15
超微金溶胶	8.35	2.5×10^{-2}

续表

分散系统	粒子直径 d/m	粒子浓度下降一半时的高度 h/m
粗分散金溶胶	186	2×10^{-7}
藤黄的悬浮体	230	3×10^{-5}

案例 9-6

试计算 293K 时，粒子半径分别为 $r_1=10^{-4}$ m，$r_2=10^{-7}$ m，$r_3=10^{-9}$ m 的某溶胶粒子下沉 0.1 m 所需的时间和粒子浓度降低一半的高度。已知分散介质的密度 $\rho_0=10^3$ kg·m^{-3}，粒子的密度 $\rho=2\times10^3$ kg·m^{-3}，溶液的黏度为 $\eta=0.001$ Pa·s。

解析：将 $r_1=10^{-4}$ m 代入重力沉降速度公式（9-8）和沉降平衡公式（9-9），

$$\frac{0.1}{t}=\frac{2r^2(\rho-\rho_0)g}{9\eta}=\frac{2\times(10^{-4})^2\times(2-1)\times10^3\times9.8}{9\times0.001}$$ 解得 t=4.59 s

$$RT\ln\frac{c_2}{c_1}=-\frac{4}{3}\pi r^3(\rho-\rho_0)gL(h_2-h_1)$$ 代入数据，

$$8.314\times293\times\ln\frac{1}{2}=-\frac{4}{3}\pi(10^{-4})^3\times(2-1)\times10^3\times9.8\times6.023\times10^{23}\times(h-0)$$

解得 h=6.83×10–14 m

同理可求得 $r_2=10^{-7}$ m，$r_3=10^{-9}$ m 的结果见下表：

r/m	沉降 0.1m 时间	浓度降低一半的高度/m
10^{-4}	4.59 s	6.83×10^{-14}
10^{-7}	4.59×10^{6} s=5.31d	6.83×10^{-5}
10^{-9}	4.59×10^{10} s =1460 y	68.3

通过计算可以看出，粗分散系统是动力不稳定系统，粗分散系统的粒子沉降作用强烈，扩散完全不起作用。对于溶胶系统，粒子的扩散作用可以抗衡沉降，形成一定的平衡分布，当粒度很小时，沉降完全消失，系统是均匀分散的。事实上，高分散的溶胶具有动力稳定性，由于温度变化引起的对流、机械振荡引起的混合等因素干扰，沉降不易发生，许多溶胶可以维持几年都不会沉降。

（三）离心力场中的沉降和沉降平衡

如上面所述，胶体分散系统由于分散相的粒子很小，在重力场中沉降的速度极为缓慢，以致实际上无法测定其沉降速度。1923 年，斯韦德贝里（Svedberg）创制离心机成功，把离心力提高到地心引力的 5000 倍。现在的高速离心机可达到 10^6g 的离心力场，这样就大大扩大了所能测定的范围，在测定溶胶胶团的摩尔质量或大分子物质的摩尔质量方面得到重要的应用。离心机更多地应用于生物大分子的研究，大分子在离心力场中的沉降和沉降平衡规律，所导出的公式也适用于溶胶，详见第十章。

第四节　溶胶的光学性质

溶胶在光学上具有独特的性质和它具有的特定分散度（1～100nm）和相不均匀的分散系统是分不开的，因此，溶胶既不同于小分子真溶液、粗分散系统，也不同于大分子溶液。对溶胶光学性质的研究，不仅可以解释它的光学现象，还可以从它的光学行为了解胶体粒子的大小和形状。

一、溶胶的光散射现象

如果让一束光线通过暗室中的胶体系统，在入射光的侧面可看到一个浑亮的光柱，这种现象由英国物理学家丁铎尔（Tyndall）于 1869 年首先发现的，称为丁铎尔效应或丁达铎现象（Tyndall phenomena）。当入射光为白光时，光柱往往呈现淡蓝色（有时称之 Tyndall blue）。

吸收、反射或折射以及散射是入射光通过分散系统时可能发生 3 种情况。吸收主要取决于系统的化学组成，其颜色表现为被吸收光的补色。反射或折射、散射则与粒子大小有关。我们知道可见光的波长为 400～700nm，如粒子直径大于入射光的波长时，入射光则被反射或折射，所以粗分散系统因反射作用而表现为浑浊。而当粒子的直径小于入射光的波长时，光波则可以绕过粒子而向各方向传播，这就是**光的散射**（light scattering）作用，散射出来的光称为乳光。由于小分子分散系统的粒径太小，散射光不明显。光的散射是溶胶分散系统的最主要光学特征。溶胶的粒径在 1～100nm 之间，有明显的散射光。

二、瑞利散射公式

瑞利（Rayleigh）在 1871 年研究了光的散射作用，得出对于不导电的、不吸收光的球形粒子系统，其散射光的强度 I 为

$$I=\frac{24\pi^2 A^2 \nu V^2}{\lambda^4}\left(\frac{n_1^2-n_2^2}{n_1^2+2n_2^2}\right)^2 \tag{9-10}$$

式中，A 为入射光的振幅；λ是入射光波长；ν是单位体积内粒子数，即粒子浓度；V 是单个粒子的体积；n_1 和 n_2 分别是分散相和分散介质的折射率。这就是瑞利散射定律或瑞利散射公式。这个公式适用于粒子半径远小于 $1/20\lambda$的情况。

从瑞利公式可以得出下列结论：

（1）散射光强度与入射光的波长四次方成反比，所以入射光的波长越短，散射越强烈。白光若为入射光，则其中蓝光与紫光波长为较短，在照射溶胶（如硫溶胶和乳香溶胶）时，侧面的散射光呈现淡蓝色，而透过光呈现其补色——橙红色。因此，如果要观察散射光，应选择短波长光源为宜，如果要观察透射光，则应选用长波光源为好。例如，在旋光仪中的光源用黄色的钠光，警示信号采用红光，是因为它们波长较长，散射作用较弱。天空之所以呈蔚蓝色，就是散射光的贡献，朝霞和落日的余晖呈橙红色，则是观察到透射光的缘故。

（2）分散相与分散介质的折射率相差越大，粒子散射光越强，所以散射光体现的是分散系统光学的不均匀性。溶胶的分散相与分散介质之间存在明显相界面，两者折射率相差很大，因而有很强的散射光。而大分子溶液是均相系统，溶质和溶剂的折射率相差不大，散射光也就很弱，因此可根据散射光强弱来区别溶胶与大分子溶液。产生散射的必要条件是折射率的差异，当均相系统由于浓度的局部涨落而产生折射率的局部变化时，也会产生散射，根据这一原理可以用光散射法测定大分子摩尔质量。天空和海洋都是蔚蓝色的，这也是由此引起的。

（3）散射光强度与粒子体积的平方成正比，即与分散度有关。真溶液的分子体积很小，因而散射光很微弱。粗分散体系的粒径大于可见光波长，不产生散射光，只有反射光。因此，观测丁铎尔效应是鉴别溶胶、小分子真溶液和粗分散系统悬浮液的简便而有效的方法。由于散射光强度与粒子体积有关，因此可以通过测定散射光强度求算粒子半径。

（4）散射光强度与粒子浓度成正比。因此可通过散射光强度求算溶胶的浓度。

乳光计就是用来测定散射光强度的仪器，其原理类似于比色计。两者不同的是乳光计的光源

是从侧向照射过来的，检测的是乳光强度。乳光强度又称**浊度**（turbidity），通过与对照品的浊度比较，可计算待测样品的粒子大小或浓度。

除了粒子浓度和体积外，其他条件相同的情况下，若用$\dfrac{c}{\rho}=\nu V$（c：质量浓度，ρ：粒子密度）代入瑞利公式，令$K=\dfrac{24\pi^2A^2}{\lambda^4\rho}\left(\dfrac{n_1^2-n_2^2}{n_1^2+2n_2^2}\right)^2$，可得$I=KcV$。

若与相同浓度的对照品浊度I_0（粒径r_0已知）比较，可求算粒径r。对球形粒子，$V=\dfrac{4}{3}\pi r^3$，

$$\frac{I}{I_0}=\frac{r^3}{r_0^3} \tag{9-11}$$

若与相同体积的对照品浊度I_0（浓度c_0已知）比较，可以算出粒子的浓度c：

$$\frac{I}{I_0}=\frac{c}{c_0} \tag{9-12}$$

瑞利公式对于非金属溶胶比较适用，而对于金属溶胶，关系要复杂得多，既有散射作用，还有光的吸收作用。

三、溶胶的颜色

溶胶的外观颜色取决于其对光的吸收和散射两个因素。

当溶胶对光有吸收时，微弱的散射光被掩盖，表现出鲜亮的特定颜色，并与观测方向无关。大部分金属溶胶因对特定波长的光吸收而显现颜色，如金溶胶对波长为 500～600nm 的绿光有较强的选择性吸收，所以呈现其补色——红色。其他如As_2S_3溶胶为黄色，Sb_2S_3溶胶为橘色，都是各自吸收了一定波长的光形成的。光的吸收与化学结构有关，当入射光光量子的能量恰好等于粒子中元素电子从基态跃迁到激发态所需的能量时，光即被选择性吸收。

当溶胶对光的吸收很弱时，则显现出散射光形成的颜色，并与观测方向有关，即侧面看呈淡蓝色，对着光源看呈淡橙色。AgCl、$BaSO_4$等溶胶在可见光区吸收很弱，只呈现乳光。

此外，粒子大小也会改变溶胶对光的吸收和散射相对比。金溶胶在高度分散时，以吸收为主，呈红色。放置一段时间后，粒子变大，散射作用增强，颜色由红逐渐变蓝。

四、溶胶粒径的测定

应用超显微镜是溶胶粒径大小的测定的经典方法。科学的进步促使新仪器的出现，使得测定方法也在不断更新，如用电子显微镜法、激光散射法。超显微镜具有设备简单、操作方便的特点，一般普通实验都有配备，下面作一简单介绍。

人们的肉眼分辨率约 0.2mm，普通光学显微镜的分辨率为 200nm，视野扩大了 1000 倍，但对于小于 100nm 的溶胶粒子，普通显微镜仍是无能为力的，但可应用超显微镜来观察。

齐格蒙代（Zsigmondy）于 1903 年发明了超显微镜，其原理是用普通显微镜来观察丁铎尔现象。即在超显微镜中，足够强的光源从侧面照射到溶胶中，面对着黑暗的背景观察溶胶粒子的散射光，则可以清楚地看到一个个闪动的发光点（如同夜空中的满天星斗）在做布朗运动。图 9-13 是超显微镜的光路结构图。

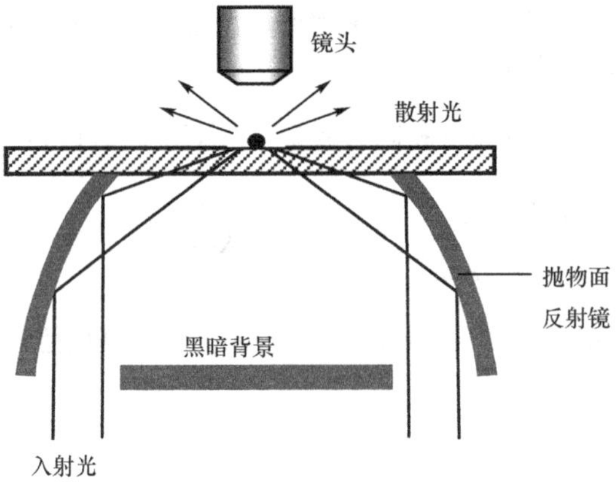

图 9-13 超显微镜的光路结构图

超显微镜虽然扩大了我们的视野，但实质上并没有提高显微镜的分辨率。我们看到的粒径为5～150nm粒子的光点，但这些光点只是粒子散射的影子而不是粒子本身。光点要比粒子大很多倍，虽然它不代表粒子的真实大小和形状，然而对闪光点观测得到的信息，我们是可以估算粒子的大小和形状的。

溶胶粒子大小可以通过对发光点的计数来计算。其方法如同显微镜下的血球计数，得到一定体积中粒子数。设测得的粒子数为 n，粒子的总质量为 m，密度为ρ，对于体积为 V 的球形粒子，很容易通过下式计算出粒子的半径 r：

$$m = V \cdot n \cdot \rho = \frac{4}{3}\pi r^3 n\rho \tag{9-13}$$

通过发光点的不同表现可以来推测溶胶粒子的形状。例如，根据超显微镜视野中光点亮度的差别，来估计溶胶粒子的大小是否均一；根据光点闪烁的特点，可推测粒子的形状：如果粒子的结构是不对称的（如棒状、片状等），当粒子大的一面向光时，光点很亮，而小的一面向光时，光点变暗，由于粒子的布朗运动，光点在不停地明暗交替，这称为闪光现象（flash phenomenon），如果粒子结构是对称的（如球形、正四面体、正八面体等），闪光现象就不明显。

此外，利用超显微镜还可以用来研究溶胶粒子的聚沉、沉降、电泳等行为。

案例 9-7

在医学检验中，利用电泳技术可以诊断肾病的综合征、心绞痛、肝硬化、肝癌等多种疾病。例如，利用血清的纸上电泳所得电泳图谱，可以协助判断患者是否有肝硬化。

问题：

（1）什么是电泳？

（2）利用血清的纸上电泳协助判断患者是否有肝硬化的原理是怎样的？

第五节 溶胶的电学性质

溶胶粒子表面带有电荷是溶胶系统最重要的性质，是保持溶胶稳定性最主要的原因。溶胶粒子表面带有电荷的外在表现就是电动现象。本节将详细讨论胶粒表面电荷的来源、双电层理论、胶团结构及其电学性质的应用。

一、电动现象

电动现象（electrokinetic phenomena）是指溶胶粒子因其表面带有电荷所表现出来的一些行为。

已知的电动现象有以下四种。

（一）电泳

将两根充满水的玻璃管插到饱和了水的泥土团里，然后通电，发现泥土粒子朝着正极方向移动（图 9-14），说明泥土粒子表面带有负电荷。这种在电场作用下分散相粒子做定向移动的现象称为电泳（electrophoresis）。电泳现象说明，溶胶粒子是带电的。除泥土外，其他溶胶系统中的溶胶粒子也有类似现象，如淀粉、微生物、金、银、铝、硫化砷等颗粒在电场中向正极移动，氢氧化铁、氢氧化铝等颗粒在电场中则向负极移动。

（二）电渗

在上面电泳实验中，若固定泥土粒子 （如用半透膜将玻管下部封住），则可观测到水溶液向负极移动。这种在电场作用下，液体分散介质做定向移动的现象称为电渗（electroosmosis）。电渗现象说明，介质一方也是带有电荷的。在同一电场下，电渗与电泳现象往往同时发生。用图 9-15 的仪器（用毛细管或多孔塞阻止胶粒的移动）做实验，也能看到液体介质移动的电渗现象。

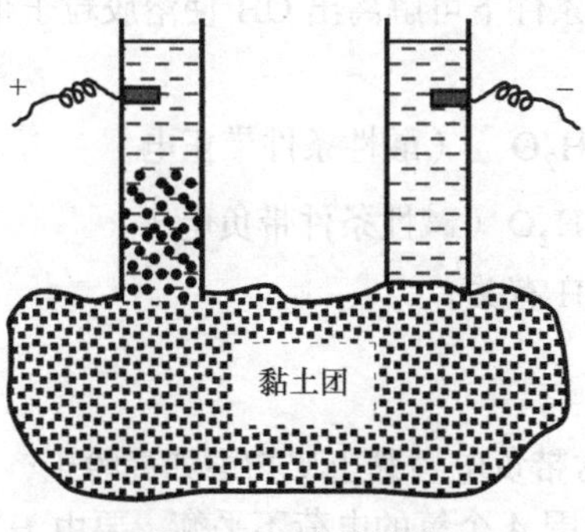

图 9-14　电泳现象

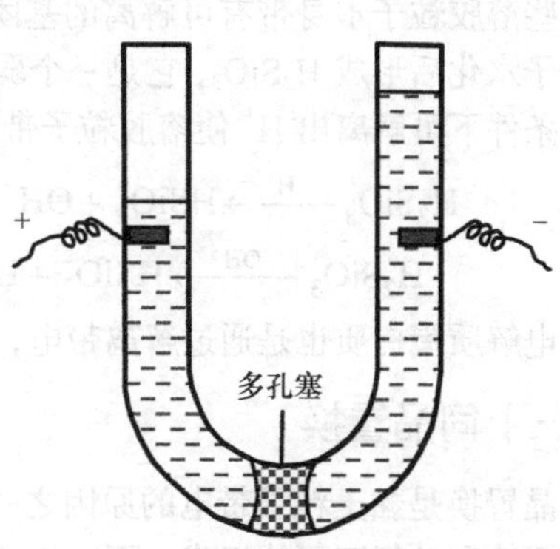

图 9-15　电渗现象

（三）流动电势

对液体介质施加压力，迫使其流经毛细管或多孔塞时，在毛细管或多孔塞两端产生的电势差，称之为流动电势（streaming potential）。流动电势是电渗的逆过程。在生产实际中要考虑到流动电势的存在。例如，当用油箱或输油管道运送液体燃料时，燃料沿管壁流动会产生很大的流动电势，这通常是引起火灾或发生爆炸的原因，必须消除。人们熟悉的运油车接地铁链就是为此目的设置的。另外，加入少量合适的油溶性离子表面活性剂可以增加非极性燃料的电导率，因而也可以达到此目的。

（四）沉降电势

带电粒子在沉降（如重力沉降）时，在沉降方向的两端产生的电势差称为沉降电势（sedimentation potential）。沉降电势是电泳的逆过程。在生产实际中也要考虑沉降电势的存在。储油罐中的油往往含有小水滴，水滴的沉降会产生很高的沉降电势，给安全带来隐患，通常也是加入一些有机电解质，增加其导电性能加以防范。沉降电势也是天空中雷电放电的主要原因。

溶胶的电泳、电渗、流动电势和沉降电势统称电动现象，电动现象证明了溶胶粒子是带电的。带电粒子在电场中会发生定向运动，而带电粒子在外力作用下的定向运动则会产生电场。电动现象中以电泳和电渗最为重要。通过电泳和电渗的研究，可以了解溶胶粒子的结构以及外加电解质对溶胶稳定性的影响。在科学研究和生产实践中，电泳也有着广泛的应用。

二、溶胶粒子表面带电的原因

电动现象证明了溶胶粒子是带有电荷的，有的溶胶离子带有正电荷，有的溶胶离子带有负电荷。溶胶粒子表面带有电荷主要有以下几种原因。

（一）吸附作用

溶胶粒子由于吸附介质中的离子而带电，大多溶胶粒子带电属于这类情况。吸附的机制分为选择性吸附和非选择性吸附。对于选择性吸附，实验证明，溶胶粒子总是优先吸附与其某一组成相同的离子，这一规律称为法扬斯规则（Fajans rule）。根据此规则可以判断溶胶粒子的带电符号。非选择性吸附则与离子的水化能力有关，水化能力弱的离子易被吸附，水化能力强的离子易留在溶液中。通常阳离子的水化能力比阴离子强，因此通过非选择性吸附机制带电的溶胶往往带负电。

（二）电离作用

一些溶胶粒子本身带有可解离的基团，它们通过自身的解离而带电。例如，硅胶粒子表面的 SiO_2 分子水化后形成 H_2SiO_3，它是一个弱电解质，在酸性条件下可解离出 OH^- 使溶胶粒子带正电，在碱性条件下可解离出 H^+ 使溶胶粒子带负电，

$$H_2SiO_3 \xrightarrow{H^+} HSiO_2^+ + OH^- \xrightarrow{H^+} HSiO_2^+ + H_2O \quad \text{（酸性条件带正电）}$$

$$H_2SiO_3 \xrightarrow{OH^-} HSiO_3^- + H^+ \longrightarrow HSiO_3^- + H_2O \quad \text{（碱性条件带负电）}$$

大分子电解质蛋白质也是通过解离带电，且解离过程与 pH 有关。

（三）同晶置换

同晶置换是黏土粒子带电的原因之一。黏土粒子通常带负电。黏土矿物中如高岭土，主要由铝氧四面体和硅氧四面体组成，而 Al^{3+}（或 Si^{4+}）与其周围 4 个氧的电荷不平衡，要由 H^+ 或 Na^+ 等正离子来平衡电荷。这些正离子在介质中会电离并扩散，所以就使黏土微粒带负电。如果再有晶格中的 Al^{3+}（或 Si^{4+}）被低价 Mg^{2+} 或 Ca^{2+} 同晶置换，则黏土微粒带的负电荷会更多。

（四）摩擦带电

在非水介质中，溶胶粒子的电荷来源于它与介质分子的摩擦。一般来说，两种非导体构成的分散系统，介电常数 ε 较大的一相带正电，另一相带负电。例如，玻璃（ε_r=15）在水（ε_r=81）中带负电，而在苯（ε_r=2）中带正电。

三、双电层理论

溶胶粒子通过吸附、电离等作用而带有电荷，具有电动现象。为解释溶胶的电动现象，人们对溶胶粒子表面结构先后提出了几种不同的模型，以下简要介绍双电层结构的三个模型。

（一）亥姆霍兹平板双电层模型

1879 年，亥姆霍兹（Helmholtz）首先提出平板双电层模型。他认为溶胶粒子表面带有的电荷，与介质中带有相反电荷的反离子（counter ions），由于静电吸引，两者分别平行而整齐地排列在相界面上，形成具有简单平板电容器那样的双电层（electric double layer）结构，两层之间的距离 δ 约一个离子大小，见图 9-16。溶胶粒子表面与本体溶液之间的电势差称为表面电势或热力学电势（thermodynamic potentials）φ_0，在双电层内电势从 φ_0 直线下降至零。该模型解释了在电场作用下，

带电粒子与液体介质发生反向移动的电动现象。进一步研究发现，这一模型存在明显不足。考虑到液相介质中离子的流动和热运动，反离子不可能平行整齐地排列在带电粒子表面附近溶液中，而应当具有某种分布。

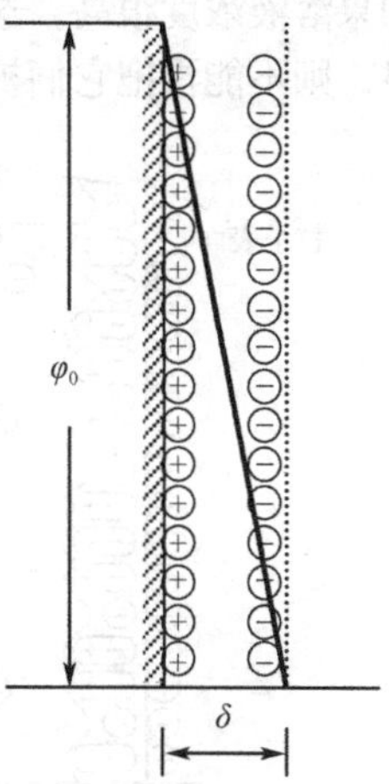

图 9-16　亥姆霍兹平板双电层模型

（二）古依-查普曼扩散双电层模型

为了克服亥姆霍兹平板双电层模型的不足，古依（Gouy，1910）和查普曼（Chapmen，1913）提出了扩散双电层模型。该模型认为，介质中的反离子一方面受带电粒子表面电荷的静电吸引靠近带电粒子，另一方面反离子由于热运动向外扩散而远离带电粒子。当这两种相反作用达平衡时，形成反离子内多外少的扩散状分布，即扩散双电层，见图 9-17。反离子的排布分为两部分，一部分紧密地排列在粒子表面（约为 1 个离子～2 个离子的厚度），称为吸附层（紧密层），另一部分反离子从紧密层一直排布到本体溶液中，称扩散层。当溶胶粒子移动时，近处的反离子跟随胶粒一起移动，远处的反离子则滞留在原处，两者之间存在一个分界面，称为滑动界面，滑动界面处的电势称为电动电势（electrokinetic potential）或 ζ 电势（zeta potential）。

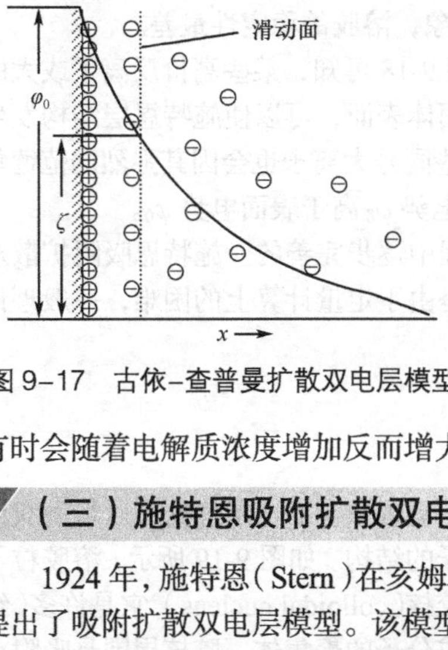

图 9-17　古依-查普曼扩散双电层模型

显然，ζ 电势只是表面电势 φ_0 的一部分。体现胶体粒子有效电荷的是电动电势，而不是表面电势，因为只有胶粒运动时才出现滑动界面，静态的胶粒是不显现滑动面的。电动电势的大小是溶胶稳定性的主要因素。一般情况下，表面电势 φ_0 与介质中的电解质浓度无关，电动电势 ζ 则随电解质浓度增加而减小。

古依-查普曼扩散双电层模型克服了亥姆霍兹平板双电层模型的不足，提出了与实际相符的反离子扩散状分布，区分了表面电势 φ_0 和电动电势 ζ。但该模型的不足之处在于，没有给出电动电势 ζ 明确的物理意义，对电动电势 ζ 有时会随着电解质浓度增加反而增大，甚至超过表面电势或与表面电势反号的现象无法进行解释。

（三）施特恩吸附扩散双电层模型

1924 年，施特恩（Stern）在亥姆霍兹平板双电层模型与古依-查普曼扩散双电层模型的基础上，提出了吸附扩散双电层模型。该模型认为，整个双电层也分为吸附层（紧密层）和扩散层两部分，见图 9-18。吸附层由吸附在胶粒表面上的定位离子（potential determing ions，或称特性离子）和反离子构成。定位离子决定胶粒表面电荷符号和表面电势 φ_0 的大小。反离子靠静电引力紧密地吸附排列在定位离子附近，这些反离子的中心位置称为施特恩平面（此处电势为 φ_δ），从施特恩平面到胶粒表面之间的区域称为施特恩层，在此区域内电势由 φ_0 直线下降至 φ_δ，与亥姆霍兹平板双电层类似。施特恩平面稍外是滑动界面，此处的电势即为电动电势 ζ。扩散层中的反离子的分布符合玻耳兹曼分布（用电势表示 $\varphi = \varphi_0 e^{-kx}$），即反离子的数量随距离 x 呈指数下降。

施特恩吸附扩散双电层模型的优点：

（1）赋予了 ζ 电势明确的物理意义：从粒子表面到本体溶液实际存在着三种电势，即表面电势 φ_0、施特恩电势 φ_δ 和 ζ 电势。施特恩模型赋予 ζ 电势较明确的物理意义，即 ζ 电势是滑动面至本体溶液的电势差。由图 9-18 可知，ζ 电势只是 φ_δ 电势的一部分。对于足够稀的溶液，由于扩散层分布范围较宽，电势随距离的增加变化缓慢，因此可以近似地把 ζ 电势与 φ_δ 电势等同看待。但是，如果溶液浓度很高，这时扩散层范围变小，电势随距离的变化很显著，ζ 电势与 φ_δ 电势的差别明显，则不能再把它们视为等同。

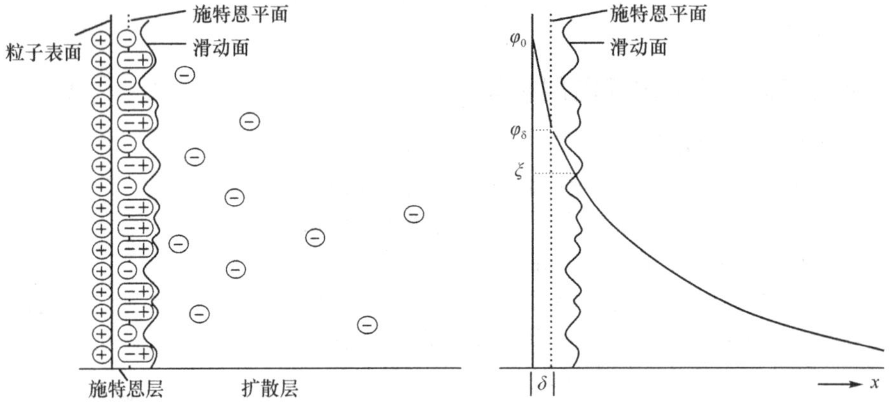

图 9–18　施特恩吸附扩散双电层模型

（2）解释电解质对双电层电势的影响：随着电解质的加入，施特恩层与扩散层中的离子重新移动平衡，有一部分反离子进入施特恩层，从而使 φ_δ 与 ζ 电势发生变化。如果溶液中反离子浓度不断增加，则 ζ 电势就相应下降，扩散层厚度也相应被“压缩”变薄。当电解质增加到某一浓度时，ζ 电势可降为零，这种情况称为等电点。这时观察不到电泳现象，溶胶的稳定性最差。

（3）说明高价反离子或同号大离子对双电层的影响：由图 9-18 可知，某些高价反离子或大的反离子由于吸附性能很强而大量进入吸附层，牢牢地贴近在固体表面，可以使施特恩层结构发生明显改变，甚至导致施特恩电势 φ_δ 与 ζ 电势反号；同样，某些同号大离子也会因其强烈的范德华（van der Waals）引力而进入吸附层，使 φ_δ 增大，导致施特恩电势 φ_δ 高于表面电势 φ_0。

由上述可知，有关双电层的几种模型都是在不断修正过程中逐步完善的。施特恩吸附扩散双电层模型虽然比其他两种模型能更好地解释更多的事实，但是由于定量计算上的困难，一般理论处理时仍然采用古依-查普曼扩散双电层模型。

四、胶团结构

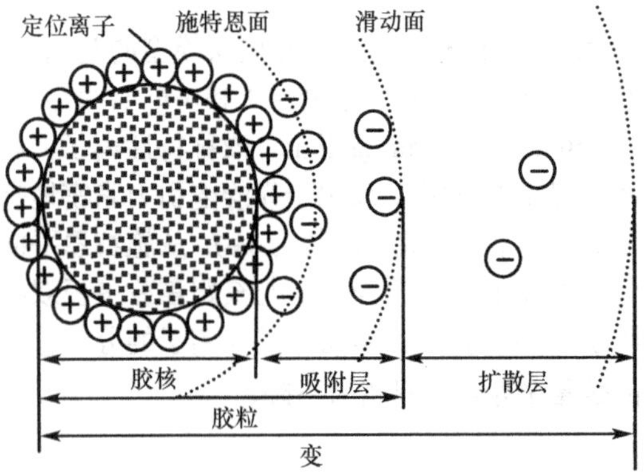

图 9–19　胶团的结构

溶胶的电动现象和双电层理论可以帮助我们了解溶胶粒子的结构。如图 9-19 所示，溶胶粒子的中心称为胶核（colloidal nucleus），它是许多（约数千）原子或分子的聚集体。胶核周围是吸附在核表面上的定位离子、部分反离子及溶剂分子组成的吸附层，吸附层以溶胶的滑动面为界（包含施特恩层）。胶核和吸附层组成胶粒（colloid particle）。吸附层以外的剩余反离子为扩散层，扩散层外缘的电势为零。胶核、吸附层和扩散层总称胶团（micelle）。整个胶团是电中性的。在电场作用下，溶胶粒子向某一电极方向移动，扩散层的反离子则向另一电极方向移动。

胶团的结构可用胶团结构式表示，当定位离子和反离子为同价时，胶团结构式可表示为

$$[(\text{胶核})_m \cdot n\,\text{定位离子} \cdot (n-x)\,\text{内层反离子}]^{\text{电荷}} \cdot x\,\text{外层反离子} \qquad (9\text{-}14)$$

式中，m 为构成胶核的分子或原子数，一般是一个很大的数；n 为定位离子的数量，比 m 小得多；x 为外层反离子的数量。定位离子可按照法扬斯规则确定。例如，用 $AgNO_3$ 和 KI 制备 AgI 溶胶时，校核为 $(AgI)_m$。若 KI 过量，按照法扬斯规则可知 $(AgI)_m$ 胶核会吸附 nI^- 为定位离子，从而使胶核表面带负电荷，由于静电吸引作用，胶核表面的负电荷又会吸引部分反离子 $(n-x)K^+$ 进入吸附层，剩余的 x 个反离子 K^+ 则构成扩散层，见图 9-20。因为胶粒带负电，所以该溶胶的为负溶胶，其胶团结构式为

$$[(AgI)_m \cdot nI^- \cdot (n-x)K^+]^{x-} \cdot xK^+ \qquad (负溶胶)$$

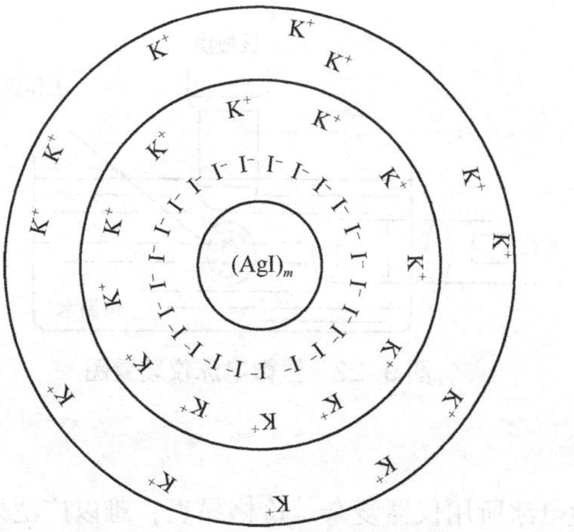

图 9-20　AgI 胶团结构示意图

由胶团结构式可知，通常所说的溶胶带是指胶粒而言，胶粒带正电或负电取决于胶核吸附的定位离子的电性，而带电多少则由定位离子与吸附层中的反离子所带电荷之差决定。显而易见，电动电势 ζ 的大小就取决于胶粒所带的电量。

五、电泳的测定

电泳是研究带电粒子在电场下移动的实验。带电粒子在电场中的运动速度与其所带荷电量有关，也与粒子的大小、形状等自身结构有关，通过对带电粒子的电泳测定，可以得到带电粒子的电荷量，还可以利用不同带电粒子在电场中的不同速度进行分离，用于定性鉴定或定量计算。在科学研究中，电泳已经成为常用的测试手段，各种电泳仪也不断更新，是胶体、大分子化学和生命科学研究的必备工具。

测定电泳的方法大致可归纳为界面移动电泳、显微电泳和区带电泳三类。如果电泳实验在各种支持介质（如各种滤纸、醋酸纤维素薄膜、淀粉凝胶、琼脂糖凝胶和聚丙烯酰胺凝胶等）中进行，称为区带电泳，其中凝胶电泳是分析蛋白质、核酸等生物大分子的重要手段。

（一）界面移动电泳

界面移动电泳是观测溶胶与电泳辅助液间的界面在电场中的移动速度，界面的移动速度即为胶粒的电泳速度，图 9-21 是这类仪器的一种。根据界面移动的距离和持续的时间，可以求出胶粒的电泳速度。

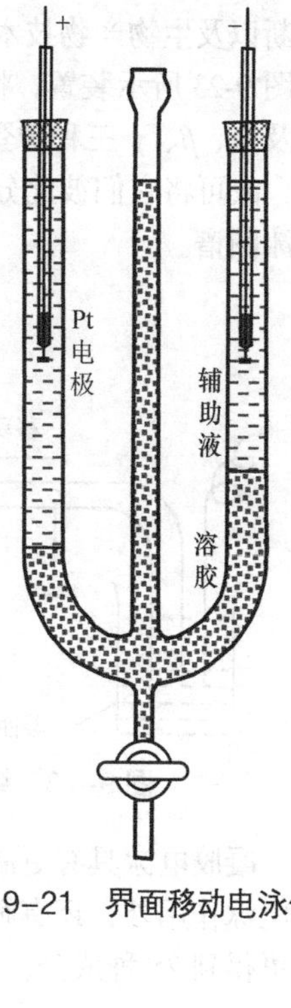

图 9-21　界面移动电泳仪

（二）显微电泳

显微电泳是直接在显微镜下观测单个带电粒子在电场中的电泳速度。显微电泳仪的装置如图9-22所示。它是由显微镜、毛细电泳管、直流电源等部分组成的。测定时把溶胶置于水平毛细电泳管内，管的两端装上可逆电极。接通电源后在显微镜下观测溶胶粒子的运动速度，再根据介质黏度、介电常数、两电极间的直流电压等数据即可求得溶胶的 ζ 电势。显微电泳的优点是实验需要的溶胶量少，而且实验中胶粒所处的介质环境未发生变化，避免了界面带来的麻烦和困难。对于在显微镜下可分辨的粗颗粒悬浮体、乳状液（如细菌、病毒、血细胞）等，则可用显微电泳。

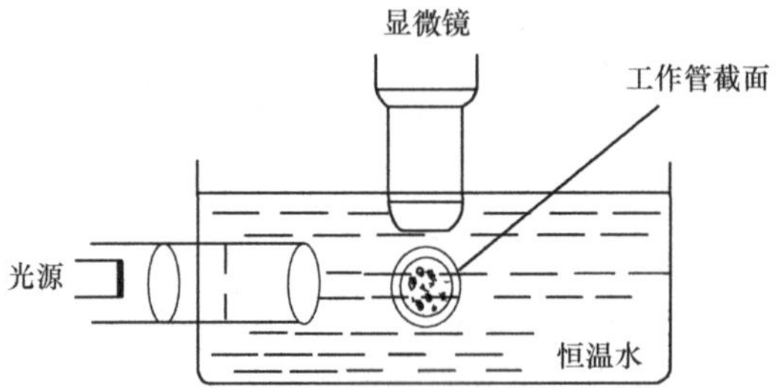

图 9-22 显微电泳仪装置图

（三）区带电泳

界面移动电泳和显微电泳所用仪器复杂、价格昂贵，难以广泛采用。于是人们发明了一种设备简单操作方便性能良好的区带电泳。区带电泳与界面移动电泳、显微电泳的原理是一样的，所不同的只是它需要某些支持介质。即电泳实验在各种支持介质（如各种滤纸、醋酸纤维素薄膜、淀粉凝胶、琼脂凝胶和聚丙烯酰胺凝胶等）中进行，称为区带电泳（regional electrophoresis）。用滤纸作为支持介质的称为纸上电泳，用作为支持介质的称为凝胶电泳。

区带电泳自问世以来受到人们普遍欢迎，获得迅速发展。现已广泛用于基础理论研究、临床诊断以及生物产物技术分离等方面。医学中利用血清的纸上电泳可以协助判断患者是否有肝硬化。按图9-23所示装置，将血清样品点在用缓冲溶液润湿的滤纸条上，通电后血清中荷负电的清蛋白以及 α、β、γ 三种球蛋白，由于它们的分子量和电荷密度各不相同，向正极移动的速率也就各不同，故可将它们彼此分离。各蛋白在滤纸上分离后，再经显色等处理，得到如图9-24所示的带状电泳图谱。

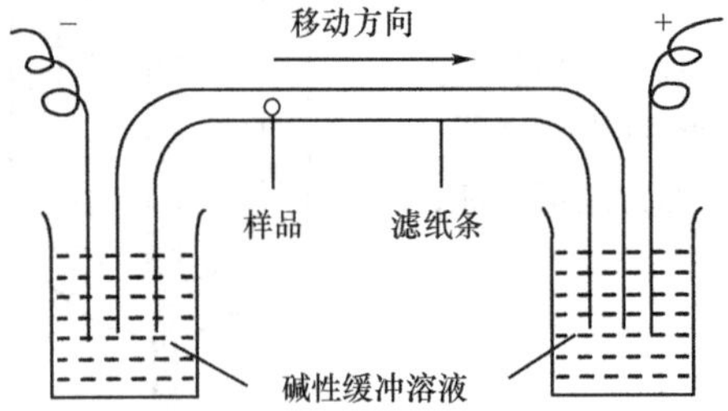

图 9-23 纸上电泳示意图

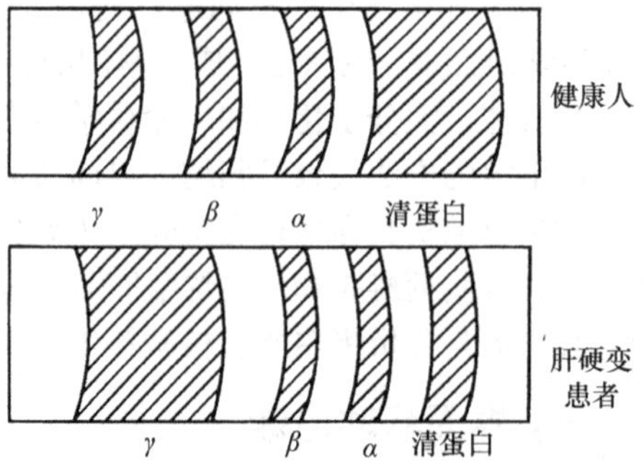

图 9-24 健康人和肝硬化患者的血清蛋白质电泳图

凝胶电泳具有更高的分辨能力。凝胶具有三维空间的多孔性网状结构，使得胶粒被分离时除了电泳作用外，还有筛分的作用，因而具有很高的分辨能力。例如，用聚丙烯酰胺凝胶分离血清时可得到25种成分，而界面移动法只能得到5种。

电泳技术的应用非常广泛，除了测定溶胶的电动电势 ζ 外，工业上用于天然石油乳状液中油水的分离、橡胶电镀、电泳涂漆、高岭土的精炼、静电除尘、泥炭脱水等。目前显微（毛细管）电泳技术在药物分析和中草药的研究有着重要应用，区带电泳在生物化学和医学中更是被广泛应用。

案例 9-8

在日常的生活或工作中，手不慎被玻璃划破，可从急救箱中取氯化铁溶液应急止血。

问题：

（1）氯化铁溶液应急止血的原理是什么？

（2）如果换为氯化钠溶液可以达到止血效果吗？

第六节　溶胶的稳定性和聚沉

溶胶是高度分散的多相系统，具有巨大的表面积和表面能，因而有自发聚结起来降低表面能量的倾向，所以溶胶是易聚结的不稳定系统，即热力学不稳定系统。然而许多溶胶却能在一定条件相对稳定存在，甚至多达数十年之久，而改变条件溶胶则会聚沉，本节将对稳定性原因和溶胶的聚沉条件作一讨论，这对溶胶的实际应用具有重要意义。

一、溶胶的稳定性

（一）动力稳定性

溶胶粒子也具有杂乱无章的布朗运动，布朗运动使溶胶粒子不因重力的作用而下沉，因此溶胶具有动力稳定性。影响溶胶动力稳定性的主要因素是溶胶粒子的分散度，溶胶粒子的分散度越大（r 越小），溶胶的布朗运动就越剧烈，扩散能力越强，溶胶就越稳定。影响溶胶动力稳定性的外界因素是介质的黏度，介质黏度越大，胶粒越难沉降，溶胶的稳定性就越高。

（二）胶粒带电的稳定作用

胶粒带电是溶胶稳定的主要原因。带有同种电荷的胶粒相互靠近到一定程度时，则会产生静电斥力而阻止胶粒间的聚集，保持了溶胶的稳定性。显然，胶粒的 ζ 电势越大越稳定。

（三）溶剂化的稳定作用

胶团中的离子都是溶剂化的，吸附层离子溶剂化的结果是在胶粒周围形成了一层溶剂化膜。当胶粒相互靠近时，溶剂化膜被挤压变形，对胶粒的相互靠近产生一定的机械阻力，使胶粒相互碰撞时不致引起聚沉，保持了溶胶的稳定性。因此，胶粒外溶剂化膜越厚，溶胶的稳定性越高。

由上述可知，溶胶的动力稳定性、静电排斥力及离子的溶剂化是溶胶能稳定存在的原因，其中动力稳定性取决于溶胶粒子的分散度，静电排斥力取决于胶粒的 ζ 电势，离子的溶剂化则取决于水化膜的厚度，其中胶粒带电是溶胶稳定的最主要原因。

二、溶胶的聚沉

溶胶能稳定存在是有原因和条件的。如果改变溶胶稳定的条件，就会引起溶胶稳定性的破坏，胶粒就会相互聚集成更大的颗粒，致使溶胶分散度降低，最后从介质中沉淀下来。溶胶的这种聚结沉降现象称为聚沉（coagulation）。引起溶胶聚沉的因素有很多，如光、电、热、机械作用等外界作用，不同溶胶的相互作用，小分子电解质的作用，大分子化合物的作用等。下面就对溶胶的主要聚沉因素作一讨论。

（一）电解质对溶胶的聚沉作用

电解质对溶胶的聚沉影响最大。电解质中的反离子可以压缩胶粒周围的扩散层，使双电层变薄，ζ电势降低，从而使溶胶稳定性变差。当扩散层中反离子全部被压入吸附层时，ζ电势降为零，胶粒呈电中性，此时溶胶最不稳定。

溶胶对电解质非常敏感，常用聚沉值（coagulation value）衡量不同电解质对溶胶的聚沉能力，聚沉值定义为使一定量溶胶在一定时间内完全聚沉所需电解质的最低浓度，量纲为 $mol \cdot m^{-3}$。电解质的聚沉值越小，表明其对溶胶的聚沉能力越大。表 9-4 列出了不同电解质对某些溶胶的聚沉值。

表 9-4　不同电解质的聚沉值（$mol \cdot m^{-3}$）

As_2S_3（负溶胶）		AgI（负溶胶）		Al_2O_3（正溶胶）	
电解质	聚沉值	电解质	聚沉值	电解质	聚沉值
LiCl	58	$LiNO_3$	165	NaCl	43.5
NaCl	51	$NaNO_3$	140	KCl	46
KCl	49.5	KNO_3	136	KNO_3	60
KNO_3	50	$RbNO_3$	126	K_2SO_4	0.30
KAc	110	$AgNO_3$	0.01	$K_2Cr_2O_7$	0.63
$CaCl_2$	0.65	$Ca(NO_3)_2$	2.4	$K_2C_2O_4$	0.69
$MgCl_2$	0.72	$Mg(NO_3)_2$	2.6	$K_3[Fe(CN)_6]$	0.08
$MgSO_4$	0.81	$Pb(NO_3)_2$	2.43		
$AlCl_3$	0.093	$Al(NO_3)_3$	0.067		
$\frac{1}{2}Al_2(SO_4)_3$	0.096	$La(NO_3)_3$	0.069		
$Al(NO_3)_3$	0.095	$Ce(NO_3)_3$	0.069		

舒尔策（Schulze）和哈代（Hardy）通过电解质对溶胶的聚沉的研究，总结出如下一些规律：

1. 电解质的聚沉能力主要取决于反离子的价数　反离子的价数越高，其聚沉值就越小，聚沉能力越大。对于给定的溶胶，反离子的价数与其聚沉值关系为

$$1\text{价聚沉值}:2\text{价聚沉值}:3\text{价聚沉值}=\left(\frac{1}{1}\right)^6:\left(\frac{1}{2}\right)^6:\left(\frac{1}{3}\right)^6=100:1.6:0.14$$

即聚沉值与反离子价数的六次方成反比，这一结论称为舒尔策-哈代规则（Schulze-Hardy rule）。反离子的价数对溶胶的聚沉影响远大于其他因素的影响，因此在判断电解质聚沉能力时，首先考虑反离子价数。

2. 电解质的聚沉能力与反离子的水化半径有关　同价反离子的聚沉能力虽相近，但也有差别，就是受反离子大小的影响。例如，不同的一价阳离子对负溶胶的聚沉能力由大到小的顺序为

$$H^+ > Cs^+ > Rb^+ > NH^+ > K^+ > Na^+ > Li^+$$

而不同的一价阴离子对正溶胶的聚沉能力由大到小的顺序为：

$$F^- > IO_3^- > H_2PO_4^- > BrO_3^- > Cl^- > ClO_3^- > Br^- > I^- > CNS^-$$

同价反离子聚沉能力的这一顺序称为感胶离子序（lyotropic series）。它与离子的水化半径从小到大的顺序大致相同，即可能是水化半径越小，越容易靠近胶体粒子的缘故。

3. 有机化合物的离子都具有很强的聚沉能力　这是由于有机化合物离子具有很强的吸附能力。例如，对 As_2S_3（负溶胶）的聚沉值，KCl 为 49.5mol · m^{-3}，氯化苯胺只有 2.5mol · m^{-3}，氯化吗啡则更小，为 0.4mol · m^{-3}。就是因为有机化合物离子比无机离子具有更强的吸附能力。对无机离子也有类似情况，如表 9-4 所示，$AgNO_3$ 对 AgI（负溶胶）的聚沉值只有 0.01mol · m^{-3}，就是由于 AgI（负溶胶）吸附 Ag^+ 使胶粒表面电荷急剧下降所致。

4. 不规则聚沉　在溶胶中逐渐增加电解质的过程中，溶胶发生聚沉、分散、再聚沉的现象称为不规则聚沉（irregular coagulation）。不规则聚沉是溶胶粒子对高价反离子强烈吸附的结果。少量电解质使溶胶聚沉，但吸附过多高价反离子后，胶粒改变电荷符号，形成电性相反的新双电层，溶胶又重新分散，稳定存在，但这时胶粒所带电荷符号与原胶粒相反。若继续加入电解质，高价离子压缩新的双电层，溶胶又变得不稳定，重新发生聚沉。此时体系中电解质的浓度已经很高，即使继续加入电解质也不能使沉淀再度分散成溶胶。

5. 电解质的聚沉能力还受同号离子的影响　同号离子是指电解质中与胶粒所带电荷符号相同的离子。同号离子对溶胶的聚沉也是由于同号离子的吸附作用。同号离子进入吸附层，有利于增加 ζ 电位，从而增加溶胶的稳定性，即对溶胶的聚沉能力减弱。同号离子价数越高，则该电解质的聚沉能力越低。例如，对亚铁氰化铜（负溶胶），KBr（1 价）的聚沉值为 27.5mol·m^{-3}，K_2SO_4（2 价）为 47.5mol · m^{-3}，$K_4[Fe(CN)_6]$（4 价）增大到 260mol · m^{-3}。而有机化合物离子比无机离子具有更强的吸附能力，所以有机化合物的同号离子对溶胶的稳定作用更强。如表 9-4 所示，对 As_2S_3（负溶胶）的聚沉值，KCl 为 49.5mol·m^{-3}，而 KAc 增大至 110mol · m^{-3}，这是因其有较强的吸附作用。电解质的聚沉作用是正负离子作用的总和，当电解质中反离子相同时，应考虑同号离子的影响。只有在同号离子吸附作用极弱的情况下，才能近似地认为溶胶的聚沉作用是反离子单独作用的结果。

（二）溶胶的相互聚沉作用

将带有相反电荷的溶胶互相混合，则会发生聚沉。与电解质聚沉的不同之处在于，它要求的浓度条件比较严格，只有当两种溶胶粒子所带电荷恰好能够全部中和时才会完全聚沉，否则可能部分聚沉，甚至不聚沉。溶胶的相互聚沉作用在日常生活中应用广泛，明矾净水即为一例，水中的悬浮物通常带负电，而明矾的水解产物 $Al(OH)_3$ 溶胶则带正电，两种电性相反的溶胶相互吸附而聚沉，水得以净化。

（三）大分子化合物对溶胶的作用

大分子化合物对溶胶的稳定性的影响与加入的大分子化合物是否足量有很大的关系，加入的大分子化合物的量不同，产生的结果就会有很大不同。

1. 大分子化合物对溶胶的保护作用　若在溶胶中加入足量的大分子化合物，大分子吸附在溶粒的表面，环绕在胶粒的周围，形成水化外壳，对胶体起保护作用，见图 9-25（a）。例如，用白明胶保护的金溶胶浓度可以达到很高也不聚沉，而且烘干后仍然可以重新分散到介质中。具有保护作用的大分子化合物自身结构上应具有两种基团，与胶粒有较强亲和力的吸附基团和与介质有良好亲和力的稳定基团，而且两者的比例要适当。

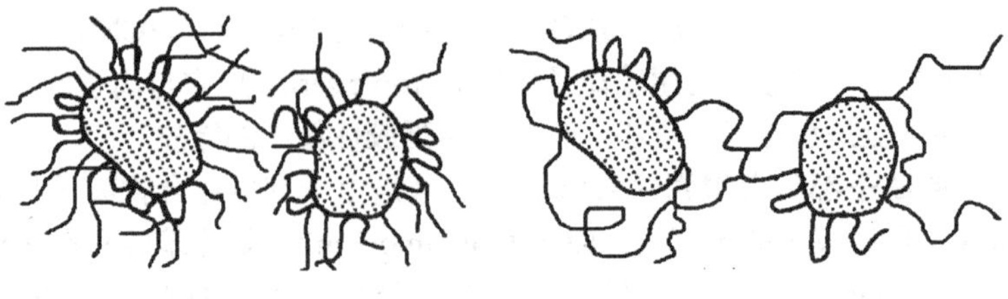

(a) (b)

图 9-25 大分子化合物的保护作用（a）和絮凝作用（b）

大分子化合物对溶胶的保护作用在实际生活中和生命科学上有着重要的应用，如墨汁用动物胶保护，颜料用酪素保护，照相乳剂用明胶保护，杀菌药物蛋白银（银溶胶）用蛋白质保护等。血液中所含微溶性盐（如磷酸钙等），就是靠血液中蛋白质的保护而能分散在血液中。人体内的微溶性盐如果失去大分子的保护作用，就会聚结沉淀，形成肾、肝、膀胱等结石。

2. 大分子化合物对溶胶的絮凝作用 若在胶粒中加入大分子化合物的量很少，不足以环绕在胶粒的周围形成水化外壳，对胶体起不到保护作用，反而可导致溶胶迅速发生聚沉，沉淀呈疏松的棉絮状，这类沉淀称为絮凝物（floccule），这种现象称为絮凝作用（flocculation）。能产生絮凝作用的大分子化合物称为絮凝剂（flocculating agent）。絮凝作用是由于一个长链大分子化合物同时吸附了许多个胶粒，通过它的“搭桥”把许多个胶粒连接起来，再通过本身的链段旋转和运动（相当于本身的“痉挛”作用）将固体粒子聚集在一起而产生沉淀，见图 9-25（b）。

絮凝作用比聚沉作用有更大的实用价值。因为电解质的聚沉作用是由电解质压缩了溶胶粒子的扩散双电层引起的。其聚沉过程比较缓慢，所得到的沉淀颗粒紧密、体积小。而絮凝作用则具有迅速、彻底、沉淀疏松、过滤快、絮凝剂用量少（用量一般仅为无机聚沉剂的 1/200～1/30）等优点，特别对于颗粒较大的悬浮体尤为有效。这对于污水处理、钻井泥浆、选择性选矿以及化工生产流程的沉淀、过滤、洗涤等操作都有极重要的作用。

三、溶胶稳定性理论

胶体稳定性现代理论的基本概念是苏联学者捷亚金（Deitjaguin）和兰道（Landau）于 1937 年提出的，后来荷兰学者维韦（Verwey）和欧弗比克（Overbeek）也独立地得出了类似的结论，于是称之为 DLVO 理论。它是目前对胶体稳定性及电解质的聚沉作用解释得比较完善的理论。该理论从胶体粒子间的相互吸引力和相互排斥力出发，认为当粒子相互靠近时，这两种相反作用力的总结果决定了溶胶的稳定性。DLVO 理论中的定量计算很复杂，这里仅将 DLVO 理论的大意和定性结果作简单介绍。

（一）胶粒间的作用力和势能曲线

胶粒之间同时存在吸引力和排斥力两种对抗的作用力。溶胶粒子间的吸引力在本质上和分子间的范德华引力相同，只是溶胶粒子间的吸引力是其组成分子间范德华引力的总和。引力势能 V_a 与粒子之间的距 H 成反比，粒子相互靠近时，势能降低。

$$V_a \propto -\frac{1}{H} \tag{9-15}$$

溶胶粒子之间的排斥力起源于胶粒表面双电层的结构。由扩散双电层模型可知，胶粒周围存在着反离子扩散层，使每个胶粒周围形成离子氛。当胶粒相互靠近到一定程度时，离子氛发生重叠，在重叠部分中离子的浓度比正常分布时大，这些过剩的离子所具有的渗透压力将阻碍粒子的靠近，因而产生排斥作用，见图 9-26。

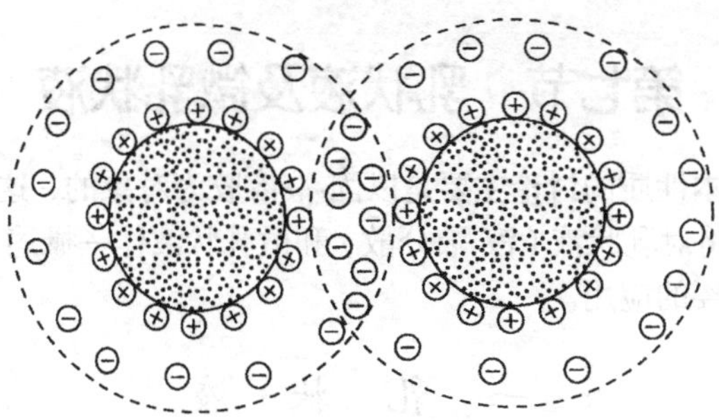

图 9-26　两个胶粒的离子氛重叠

排斥作用形成的势能 V_r 与粒子的表面电势 φ_0、相互间距离 H 及其他因素有关，若不考虑其他因素，

$$V_r \propto \varphi_0^2 e^{-\kappa H} \tag{9-16}$$

式中，κ 是双电层厚度的倒数。斥力势能随表面电势增大而呈平方增加，随距离增大而呈指数降低。

粒子之间总势能为引力势能和斥力势能之和：$V=(V_a+V_r)$。总势能与距离 H 的关系如图 9-27 所示。当胶粒间距离较大时，没有排斥力，吸引力起作用，因此总势能为负值。当胶粒靠近到双电层发生重叠时，则排斥力起主要作用，势能显著增加，但与此同时，粒子之间的吸引力也随距离的缩短而增大。当距离缩短到一定程度后，吸引力又占优势，势能又随之下降，整个势能曲线有一个势能垒。

（二）DLVO 理论对溶胶稳定性的解释

1. 溶胶稳定性原因　由图 9-27 可知，粒子要互相聚集在一起，必须克服一定的势垒，一般情况下其值在 15～20kJ · mol^{-1}之间，这是溶胶稳定程度的标志。由胶粒布朗运动的平均动能为 $\frac{3}{2}kT$，可知胶粒常温下的动能只有 3.7kJ · mol^{-1}，不足以跨越势垒而聚集，这就是溶胶能稳定存在的原因。要使聚沉发生，需要降低势垒高度。

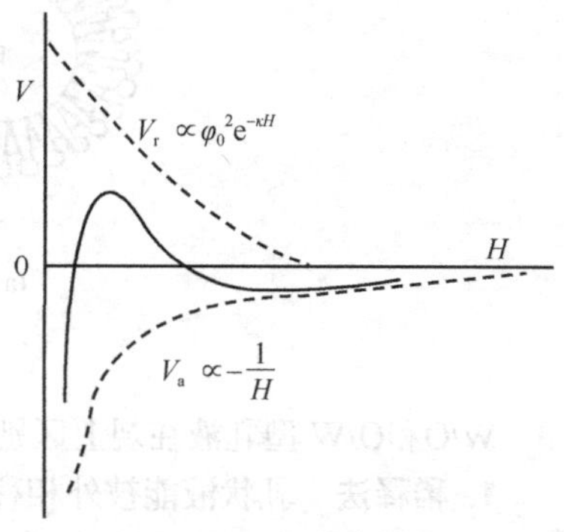

图 9-27　粒子之间总势能与距离的关系（示意图）

2. 表面电势对稳定性影响　由式（9-16）可知，增加表面电势，会增加斥力势能的贡献，提高势垒的高度，有利于溶胶的稳定。反之，减少表面电势，会降低势垒高度，甚至不形成势垒，此时溶胶必然聚沉。

3. 电解质对稳定性影响　溶胶中过量的电解质会压缩双电层厚度，使式（9-16）中的 κ 值增大，斥力势能降低。当电解质的浓度增加到势垒降为零时，即为电解质的聚沉值。

4. 反离子价数对稳定性影响　DLVO 理论推导了当总势能 $V=0$ 时电解质的浓度 c 与其价数 z 的关系式，得到了 $c \propto \frac{1}{z^6}$ 的结果，因而舒尔策-哈代规则得到理论验证。同时 DLVO 理论也获得实验证实。

DLVO 理论不能解释大分子化合物对溶胶的稳定性作用，可以用“空间稳定理论”来解释，关于这一理论可参阅相关书籍。

第七节 乳状液及微乳状液

前面几节关于溶胶基本性质的讨论主要是以固-液溶胶为对象的，这些性质的基本原则对于其他分散系统也适用。本节将对乳状液（液-液分散）和微乳状液作一概述，它们在药物制剂、轻工、食品、环保等方面有着重要的应用。

一、乳 状 液

（一）乳状液的类型

一种或几种液体分散在另一种与之不相溶的液体中形成的分散系统称乳状液（emulsion），其中分散相称为内相（inner phase），分散介质称为外相（outer phase）。

乳状液一相为水，另一相为不溶于水的有机液体，统称"油"。水与油可以形成两种不同类型的乳状液。一种是分散介质为水，分散相为油时，构成的水包油型（oil in water）乳状液，用O/W表示，见图 9-28（a）。另一种是分散介质为油，分散相为水时，构成的油包水型（water in oil）乳状液，用 W/O表示，见图 9-28（b）。例如，牛奶、杀虫乳剂等是O/W 型的，原油是 W/O型的。另外，若将 W/O型乳状液再分散在水中，形成 W/O/W 型的多重乳液，称为复乳。反之若将O/W 型乳状液再分散在油中，则形成O/W /O型复乳。

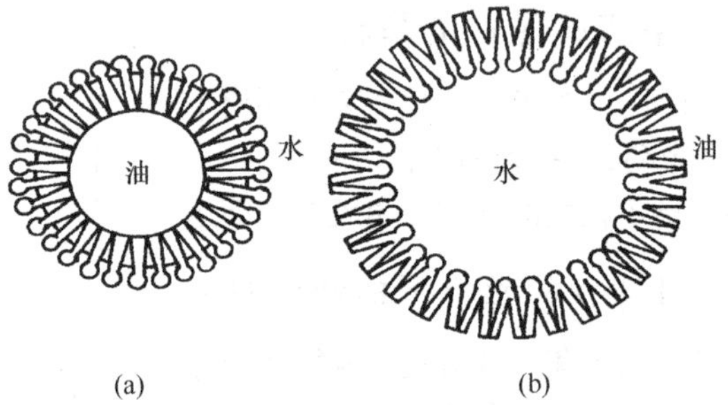

图 9-28 乳状液的类型

W/O和O/W 型乳液在观上区别不大，所以鉴别乳状液类型还需其他简单方法：

1. 稀释法 乳状液能被外相稀释，因此若能被水相稀释，它为 O/W 型，若能被油相稀释，它为 W/O型。

2. 染色法 用微量油溶性染料（如苏丹红）加到乳状液中，若整个乳状液显色，说明外相为油相，即 W/O型；若只有小液珠染色，则是O/W 型。用水溶性染料（如亚甲基蓝）加到乳状液中，情况恰好相反。

3. 电导法 以水为外相的O/W 型乳状液有较好的导电性能，W/O型乳状液的导电性能则很差。

（二）乳化剂的作用

乳状液具有很大的油-水界面，是热力学不稳定系统。乳状液静置不久就会聚集分层。必须加入起稳定作用的第三组分才能形成稳定的乳状液，这第三组分称为乳化剂（emulsifying agent）。现在绝大多数乳化剂都是人工合成的表面活性剂，包括离子型和非离子型的各种表面活性剂。

乳化剂对乳状液稳定作用的主要机制有：

1. 降低界面张力 乳状液具有很大的比表面，它能定向吸附在油-水界面上，大大降低了系统的表面能，使体系处于较低能量的稳定状态。

2. 形成界面膜　乳化剂分子在界面上可形成具有一定机械强度的界面膜。界面膜包围着液滴，阻止它们合并变大，从而保持乳状液的稳定。

3. 形成双电层　包围在乳状液的表面的乳化剂若为离子型的表面活性剂，则在乳状液的表面也会形成类似溶胶粒子的双电层结构，只是情况复杂一些。分散相液滴相互靠近时因双电层产生排斥作用而不易聚集。

4. 固体粉末的稳定作用　有些固体粉末吸附在乳状液界面上，可形成稳定坚固的使乳状液稳定存在。研究表明，对固体粉末润湿性好的液体将形成乳状液的外相，因此，氢氧化铁、硫化砷、二氧化硅等亲水性固体粉末易形成O/W 型乳状液；而炭黑、石墨等亲油性固体粉末可以形成 W/O型乳状液。

（三）乳状液的破坏

有时我们需要稳定的乳状液，有时则需要将乳状液破坏掉，这称之为破乳（breaking of emulsion）。例如，药物生产中往往会形成不必要的乳状液，需要将其破除。乳状液的破坏一般要经过分层、转相和破乳等不同阶段。原油脱水、污水中除油珠、牛奶中提炼奶油等都是破乳过程。破乳原理归根结底是破坏乳化剂的保护作用，最终使油、水分离。常用的破乳方法有：

1. 电解质破乳　以双电层起稳定作用的稀乳状液可以用电解质破坏，这是工业上常采用的方法。电解质的破乳作用也符合舒尔策-哈代规则，即与液滴电性相反的离子的价数越高，其破乳能力越强。

2. 改变乳化剂的类型破乳　由于一价金属皂可以稳定O/W 型乳状液，高价金属皂可以稳定W/O型乳状液，若把足量的钙盐加到O/W 型乳状液中，生成的钙盐可以使乳状液转相，从O/W 型向 W/O型转变过程中的不稳定性使之破坏。

3. 破坏保护膜破乳　由坚韧保护膜稳定的乳状液可以选用的表面活性更强，但碳氢链较短，不能形成坚韧保护膜的表面活性剂取代原乳化剂，以破坏保护膜而使乳状液破坏。这是当前重要的破乳方法，常用的表面活性剂是低级醇或醚，如异戊醇等。

4. 破坏乳化剂破乳　加入能与乳化剂发生反应的试剂，使乳化剂破坏或沉淀。例如，向皂类稳定的乳状液中加入无机酸，使之变成脂肪酸析出，从而破坏乳状液。

常用的其他破乳方法还有加热破乳，高压电破乳，离心破乳，过滤破乳等。

（四）药物乳状液

将杀虫剂、灭菌药制成乳剂使用，不但药物用量少，而且能均匀地在植物叶上铺展，提高杀虫、灭菌效率。也有将农药与乳化剂溶在一起制成乳油，使用时配入水中即成乳状液。

牛乳和豆浆是天然O/W 型乳状液，其中的脂肪以细滴分散在水中，乳化剂均是蛋白质，故它们易被人体消化吸收。根据这一道理，人们制造了乳白鱼肝油，它是鱼肝油分散在水中的一种O/W型乳状液。药房中许多用作搽剂的药膏，以往多以凡士林为基质，使用时易污染衣物，目前常制成霜剂，味浓的O/W 型乳状液，极易被水清洗。

二、微乳状液

一般乳状液液滴粒径为 0.1～10μm，属于粗分散系统，是热力学不稳定系统。若液滴粒径小于 100nm 时，称为微乳状液（microemulsion），简称微乳。微乳状液在制备、外观和稳定性等方面与乳状液有着明显的不同。

1. 通常微乳状液是透明或半透明液体，而乳状液则是乳白色不透明液体。乳状液主要是对光的反射而呈乳白色。若液滴逐步变小，散射光增强，呈现蓝色和半透明，因此微乳状液是均匀透明的。

2. 微乳状液是热力学稳定系统，微乳的乳滴粒径很小，即使离心也不能使之分层。而乳状液具有很大的油-水界面，是热力学不稳定系统，静置不久就会聚集分层，需加入适量乳化剂方可稳定在。

3. 微乳状液在制备时必须加入大量的乳化剂，占总体积的 20%～30%，同时还必须加极性有机物作辅助剂。因此，微乳状液是由水、油、表面活性剂和辅助剂四种成分组成。而乳状液则不需辅助剂，乳化剂的用量也较少，通常只占总体积的 1%～10%。微乳状液既可通过加入大量的乳化剂和合适的辅助剂由普通乳状液制得，也可在浓的胶束溶液中加入一定量的油和辅助剂，使之转变为微乳状液。因此，微乳状液是介于胶束溶液和乳状液之间的一种分散系统，所以微乳状液又称胶束乳状液。

由于微乳状液粒径很小，而且是透明或半透明的分散系统，所以人们对它的兴趣不断增加，特别近年来在 3 次采油中的应用研究发展很快，它可以使采油率提高 10%以上。微乳作为新出现的给药系统之一，近年来被用于多种药物制剂的开发，其突出优点有增溶、促进吸收，提高生物利用度、减少过敏反应等。如抗肿瘤药喜树碱在微乳中的溶解度提高 23 倍，环孢素 A 的口服微乳生物利用度增加 2～3 倍，胰岛素微乳透皮给药的皮肤透过量明显提高，氟比洛芬微乳注射剂在病变部位的浓度提高 7 倍，微乳作为给药载体具有热力学稳定性，易于制备和保存；黏度低，注射时不会引起疼痛；对于易降解的药物制成油包水型微乳可起到保护作用等特性。可以预见，微乳有着很好的开发前景。

习　题

1. 某溶胶胶粒的平均直径为 4.2×10^{-9}m，设介质黏度 $\eta=1.0\times10^{-3}$Pa·s，试计算：

（1）298K 时胶粒的扩散系数。

（2）在 1s 内由于布朗运动，粒子沿 x 轴方向的平均位移。

2. 将过量 H_2S 通入足够稀的 As_2O_3。溶液中制备硫化砷（As_2S_3）溶胶。请写出该胶团的结构式，指明胶粒的电泳方向，比较电解质 KCl、$MgSO_4$、$MgCl_2$ 对该溶胶聚沉能力的大小。

3. 在三个烧杯中分别盛有 0.02dm^3 Fe（OH）$_3$溶胶，分别加入 NaCl、Na_2SO_4、Na_3PO_4 溶液使其聚沉，至少加入电解质的量为：1mol·dm^{-3} 的 NaCl 溶液 0.21 dm^3，0.005mol · dm^{-3} 的 Na_2SO_4 溶液 0.125 dm^3，0.0033mol · dm^{-3} 的 Na_3PO_4 溶液 7.4×10^{-3}dm^3，试计算各电解质的聚沉值和聚沉能力的大小，并指出溶胶带点的符号。

4. Perrin 实验观测藤黄混悬液的布朗运动，实验测得时间 t 与平均位移 $\bar{x}$ 数据如下：

时间/s	30	60	90	120
$\bar{x}\times10^6$/m	6.9	9.3	11.8	13.9

已知藤黄粒子的半径为 2.2×10^{-7}m，实验温度为 290K，混悬液的黏度 $\eta=1.0\times10^{-3}$Pa·s，试计算阿伏伽德罗常量 L。

5. 将等体积的 0.008 mol · dm^{-3} 的 KI 溶液与 0.01mol · dm^{-3}$AgNO_3$，溶液混合制备 AgI 溶胶。试比较三种电解质 $MgSO_4$、$K_3[Fe(CN)_6]$、$A1C1_3$ 的聚沉能力。若将等体积的 0.01mol · dm^{-3} KI 溶液与 0.008 mol · dm^{-3} $AgNO_3$ 溶液混合制备 AgI 溶胶，上述三种电解质的聚沉能力又将如何?

6. 试计算 293K 时，在地心力场中使粒子半径分别为：①r_1=l0m；②r_2=100nm；③r_3=1.5nm 金溶胶粒子下降 0.1m，分别所需的时间。已知分散介质的密度为 $\rho_{油}$=1000kg · m^{-3}，金的密度 $\rho_{金}=1.3\times10^{-4}$kg · m^{-3}，溶液的黏度近似等于水的黏度，为 η=0.01Pa·s。

7. 密度为 $\rho_{粒}=2.152\times10^3$kg · m^{-3} 的球形 $CaCl_2$（s）粒子，在密度为 $\rho_{介}=1.595\times10^3$kg · m^{-3}、黏度为 $\eta=9.75\times10^{-4}$Pa · s 的 CCl_4（1）中沉降，在 100s 的时间里下降了 0.0498m，计算此球形 $CaCl_2$（s）粒子的半径。

8. 某汞水溶胶，在 293K 时实验测得溶胶粒子分布高度差 $\Delta h=1\times10^{-4}$m 时，每升溶胶中汞粒子数由 3.86×10^5 个下降为 1.93×10^5 个。已知 $\rho_{水}=1\times10^3$kg · m^{-3}，$\rho_{汞}=13.6\times10^3$kg · m^{-3}，设汞粒子

为球形，试计算汞粒的平均直径。

9. 在实验室中，用相同的方法制备两份浓度不同的硫溶胶，测得两份硫溶胶的散射光强度之比为$I_1/I_2=10$。已知第一份溶胶的浓度 $c_1=0.10\text{mol}\cdot\text{dm}^{-3}$，设入射光的频率和强度等实验条件都相同，试求第二份溶胶的浓度 c_2。

10. 混合等体积 $0.08\text{mol}\cdot\text{dm}^{-3}$ 的 KCl 和 $0.1\text{mol}\cdot\text{dm}^{-3}$ 的 $AgNO_3$，溶液制备 AgCl 溶胶，试比较电解质 $CaCl_2$、Na_2SO_4、$MgSO_4$ 的聚沉能力。

（石茂健　宁军霞）

第十章 大分子溶液

学习目标

1. 掌握 大分子溶液与溶胶、溶液在性质上的异同。
2. 掌握 大分子的溶解特性，理解大分子溶液溶剂选择的原则。
3. 熟悉 大分子的链结构与平均摩尔质量的几种表示方法。
4. 熟悉 几种不同流型流体的流变特性，理解如何用黏度法测定大分子平均摩尔质量。
5. 熟悉 大分子电解质的电学性质、电泳现象，掌握唐南平衡的实质和消除唐南效应的方法。
6. 理解 大分子溶液产生光散射的原因和光散射法测定大分子平均摩尔质量的方法。
7. 了解 沉降速率法和沉降平衡法测定大分子平均摩尔质量的方法。
8. 了解 凝胶的分类，熟悉凝胶形成的方法，掌握凝胶的结构与性质。

大分子化合物（macromolecules）又称聚合物或高聚物，是指分子量在 10^4 以上的一类化合物。根据来源不同，大分子化合物可分为天然的，如蛋白质、淀粉、毛发和纤维素等；人工合成的，如塑料、人造毛、黏合剂等。大分子化合物在适当的溶剂中可自动形成溶液，称为大分子溶液（macromolecular solution）。

大分子溶液中，由于大分子化合物分子的大小恰好在胶体范围内，形成的溶液具有许多与胶体类似的特性，如扩散速度慢、不能透过半透膜、在超速离心力的作用下可沉降分离等，因此也称其为亲液溶胶。又由于大分子化合物是以分子或离子的形态均匀地分布在溶剂中，分散介质与分散相之间有较强的亲和力，它们之间没有相界面，属热力学稳定系统，因此表现出一些与憎液溶胶不同的性质，如黏度大、渗透压大、丁铎尔效应弱、对外加电解质不敏感等。

大分子化合物在工农业生产以及日常生活中的应用非常广泛，甚至渗透到人们生活的各个角落。如人体中的一些生命重要物质——蛋白质、核酸、糖原等都是天然大分子化合物，血浆代用液、脏器制剂疫苗、胶浆等都属于大分子溶液。在药学中，从药物到药用辅料、从药品包装到复杂的药物传递系统都离不开大分子材料。因此，作为药学工作者，必须对大分子化合物的结构和性质有一定的了解，掌握大分子溶液的一些重要的物理化学性质非常必要。

第一节 大分子的结构及平均摩尔质量

一、大分子的结构

大分子化合物是由一种或几种简单化合物也即单体（monomer），通过共价键连接而成，或者说是由成千上百个结构单元（structural unit）重复连接而成。如淀粉（$C_6H_{10}O_5$）$_n$ 是由许多葡萄糖根（—$C_6H_{10}O_5$—）彼此以氧原子相结合而成，蛋白质是由二十几种氨基酸分子（$RCHNH_2COOH$）彼此之间通过“肽键”（—CONH—）结合而成的。这种重复的结构单元是大分子链的基本组成单位，称为链节，其中的链节数称为聚合度（degree of polymerization）。

大分子的结构是指组成大分子的结构单元、原子或基团在空间的排布状态，包括大分子的链结构和聚集态结构。下面主要介绍大分子的链结构。

大分子的链结构包括近程结构和远程结构。近程结构是指单个大分子内与结构单元有关的结构，也称一次结构，主要研究大分子的组成与构型。组成包括大分子链结构单元的化学成分、键接顺序、链的交联和支化等；构型主要研究取代基围绕特定原子在空间的排列规律，构型只有在发生键的断裂并进行重排时才会发生变化。近程结构是构成大分子的最微观的结构，是反映大分子各种特性的最主要层次，能直接影响大分子的某些性能，如熔点、密度、黏度、溶解性、黏附性等。

远程结构是指涉及单个大分子构象的结构，包括大分子的大小和形态，也称二次结构。在大分子溶液中，大分子长链很难保持直线形状，远程结构最主要的一种形态就是无规线团。在线形大分子化合物的内部，各原子间存在着吸引力，通常使分子链呈卷曲状态。大分子链以不同程度卷曲的特性称为柔顺性（flexibility）。分子链越柔顺，分子卷曲得越厉害，并形成无规则线团；反之，分子链刚性越大，分子越难卷曲。大分子链的柔顺性与单键可以绕固定键角不停地内旋转有关。大分子中的 C—C 单键是由 σ 电子组成的 σ 键，其电子云为圆柱形，轴向对称分布，键角为109°28′。如图 10-1 所示，由 3 个 σ 键相连的 4 个碳原子，当 C_2 以 σ_1 键为旋转轴旋转时，C_3 将沿圆锥底边做圆周运动，这种转动称为内旋转。同样，C_3 以 σ_2 键为旋转轴旋转时，C_4 也沿圆锥底边做圆周运动。这种 σ 键的内旋转导致大分子产生各种不同的构象，如伸展链、无规线团、折叠链、螺旋链等。

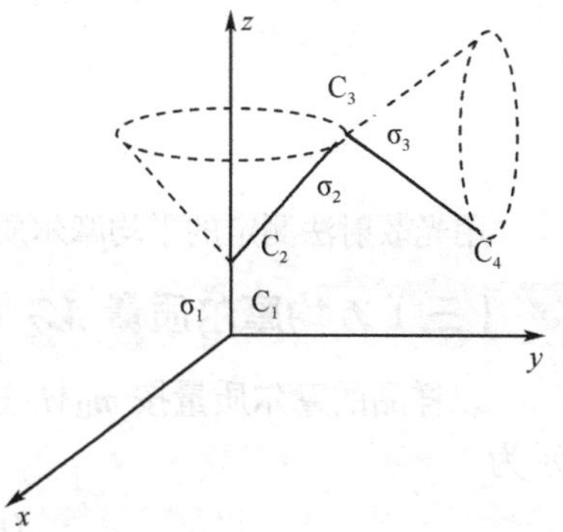

图 10-1　大分子链节中 σ 键的内旋转

大分子主链上一个链节的单键发生内旋转时，会影响相邻的链节，这些受到相互影响的链节的集合体可以作为主链上能独立运动的单元，称为键段（segment）。所以说，链段是由一定数量的链节所组成的活动单元，大分子化合物是由许多链段组成的活动整体。

链节上单键的内旋转和链段的热运动，使大分子长链具有较强的柔顺性。链段越短、链段数目越多，柔顺性越好；单键内旋转越容易，大分子的柔顺性也越好。当主链上有极性取代基时，相互作用力大，分子的内旋转受阻，柔顺性下降；当主链上含有芳杂环结构时，由于芳杂环不能内旋转，大分子的柔顺性就会很差。若大分子间形成交联，当交联度较低时，交联点间的分子链长远大于链段长，交联点之间允许链段内旋转，则大分子能保持较好的柔顺性；当交联度高时，交联点间的距离小于链段长，分子的柔顺性就差。

影响大分子柔顺性的因素除分子本身结构外，还有温度和溶剂。温度升高时，热运动增强，大分子表现出更好的柔顺性。如果大分子主链结构与溶剂结构相似，溶剂和大分子间的吸引力大于链间的内聚力，则大分子线团充分松弛柔顺，这样的溶剂称为良溶剂（good solvent）；反之，二者结构差异较大时，链段间的内聚力大于溶剂与高分子之间的黏附力，大分子就紧缩成线团，这种溶剂称为不良溶剂。

二、大分子的平均摩尔质量

大分子化合物是具有不同聚合度的同系物的混合物，与低分子化合物不同，其摩尔质量（molar weight）是多分散的，具有统计意义，是统计平均值。测定方法不同、统计方式不同，获得的平均值也就不同，常用以下几种方式来表示。

（一）数均摩尔质量（number average molar weight）M_n

设大分子化合物样品中含有摩尔质量为 M_1、M_2、M_3、…、M_B 的分子数分别为 n_1、n_2、n_3、…、

n_B，则按分子数进行统计平均的样品的平均摩尔质量为

$$M_n = \frac{n_1M_1 + n_2M_2 + \cdots + n_BM_B}{n_1 + n_2 + \cdots + n_B} = \frac{\sum n_BM_B}{\sum n_B} \quad (10\text{-}1)$$

用冰点降低法、沸点升高法、渗透压法、端基滴定法测得的平均摩尔质量为数均摩尔质量。

（二）质均摩尔质量 M_m（weight average molar weight）

设大分子化合物样品中含有摩尔质量为 M_1、M_2、M_3、…、M_B 的分子总质量分别为 m_1、m_2、m_3、…、m_B，则按质量进行统计平均的样品的平均摩尔质量为

$$M_m = \frac{m_1M_1 + m_2M_2 + \cdots + m_BM_B}{m_1 + m_2 + \cdots + m_B} = \frac{\sum m_BM_B}{\sum m_B} = \frac{\sum n_BM_B^2}{\sum n_BM_B} \quad (10\text{-}2)$$

用光散射法测定的平均摩尔质量为质均摩尔质量。

（三）Z 均摩尔质量 M_Z（Z average molar weight）

以样品的摩尔质量按 m_BM_B 进行统计平均得 Z 均摩尔质量，一般用超离心沉降法测得。表示为

$$M_Z = \frac{(m_1M_1)M_1 + (m_2M_2)M_2 + \cdots + (m_BM_B)M_B}{m_1M_1 + m_2M_2 + \cdots + m_BM_B} = \frac{\sum (m_BM_B)M_B}{\sum m_BM_B} = \frac{\sum n_BM_B^3}{\sum n_BM_B^2} \quad (10\text{-}3)$$

（四）黏均摩尔质量 M_η

大分子化合物溶液的特性黏度$[\eta]$与摩尔质量 M 之间的关系可用$[\eta]=KM^\alpha$表示，则黏均摩尔质量可表示为

$$M_\eta = \left[\frac{\sum m_BM_B^\alpha}{\sum m_B}\right]^{\frac{1}{\alpha}} = \left[\frac{\sum n_BM_B^{(\alpha+1)}}{\sum n_BM_B}\right]^{\frac{1}{\alpha}} \quad (10\text{-}4)$$

通常 $0<\alpha<1$，则 $M_n<M_\eta<M_m$，当 $\alpha=1$ 时，$M_\eta=M_m$。用黏度法测定大分子化合物的平均摩尔质量，测量范围广，方法简便，但需用其他实验方法确定特性黏度与平均摩尔质量之间的关系式。

用不同方法确定的平均摩尔质量的大小顺序为 $M_Z> M_m> M_n$，一般用 M_m/M_n 的大小估计大分子化合物摩尔质量的分布情况，比值越大，表示摩尔质量分布范围越宽，比值为 1 时，表示大分子化合物为单分散系统。

案例 10-1

右旋糖酐样品含有摩尔质量为 M_1=10000 的分子数为 5mol，M_2=25000 为 7mol，M_3=60000 为 70mol，M_4=70000 为 10mol，M_5=75000 为 8mol，计算并比较各种平均摩尔质量 M_n、M_m、M_Z、M_η 的大小。（设 α=0.6）

解析：

$$M_n = \frac{\sum n_B M_B}{\sum n_B}$$

$$= \frac{5\times10000 + 7\times25000 + 70\times60000 + 10\times70000 + 8\times75000}{5+7+70+10+8}$$

$$= 57250$$

$$M_m = \frac{\sum n_B M_B^2}{\sum n_B M_B}$$

$$= \frac{5\times10000^2 + 7\times25000^2 + 70\times60000^2 + 10\times70000^2 + 8\times75000^2}{5\times10000 + 7\times25000 + 70\times60000 + 10\times70000 + 8\times75000}$$

$$= 61288$$

$$M_Z = \frac{\sum n_B M_B^3}{\sum n_B M_B^2}$$

$$= \frac{5\times10000^3 + 7\times25000^3 + 70\times60000^3 + 10\times70000^3 + 8\times75000^3}{5\times10000^2 + 7\times25000^2 + 70\times60000^2 + 10\times70000^2 + 8\times75000^2}$$

$$= 62781$$

$$M_\eta = \left[\frac{\sum n_B M_B^{(\alpha+1)}}{\sum n_B M_B}\right]^{\frac{1}{\alpha}}$$

$$= \left[\frac{5\times10000^{1.6} + 7\times25000^{1.6} + 70\times60000^{1.6} + 10\times70000^{1.6} + 8\times75000^{1.6}}{5\times10000 + 7\times25000 + 70\times60000 + 10\times70000 + 8\times75000}\right]^{\frac{1}{0.6}} = 60811$$

可见，$M_Z > M_m > M_\eta > M_n$

第二节　大分子的溶解特性

溶解过程是溶质和溶剂相互渗透的过程。但大分子物质的分子大小与溶剂分子相差悬殊，溶剂分子渗透到大分子化合物中的速率远大于大分子扩散到溶剂中的速率，因此大分子化合物表现出其独特的溶解性质。

一、大分子的溶解特性

大分子溶于溶剂后，表面上的分子链段最先被溶剂化。同时，溶剂分子由于大分子链段的运动，向大分子内部渗透、扩散，使内部的链段逐步溶剂化，大分子体积随之胀大，这种现象称为溶胀（swelling）。溶胀后的大分子链间作用力减弱，能在溶剂中自由运动并充分伸展，这个过程为大分子化合物的溶解。由此可见，大分子化合物溶解与小分子化合物的溶解过程不同，它要经历先溶胀再溶解两个过程。

大分子化合物的溶胀速率和程度不仅取决于大分子的结构，还与溶剂的性质和用量有关。若是线形大分子，在良溶剂中能无限吸收溶剂直到完全溶解成均相溶液，这种溶胀称为无限溶胀（unlimited swelling）。若是具有三维网状结构的体形大分子，在良溶剂中只能达到溶胀状态，不能完全溶解。溶胀到一定程度后，吸入的溶剂量不再增加而达平衡，系统始终保持两相，这种现象称为有限溶胀（limited swelling）。大分子的交联程度越大，有限溶胀的程度越小。

二、溶剂的选择

1. 极性相近原则 在小分子物质溶解过程中，人们发现：极性大的溶质易溶于极性大的溶剂；极性小的溶质易溶于极性小的溶剂；溶质和溶剂的极性越接近，彼此越容易互溶。这种规律在一定程度上也适合于大分子的溶解过程。例如，极性的聚乙烯醇可溶于极性的水和乙醇；聚丙烯腈能溶于二甲基甲酰胺等极性溶剂。非极性的聚苯乙烯可溶于非极性的苯或乙苯，也可溶于弱极性的丁酮等。

2. 溶解度参数近似原则 溶解度参数是以热力学为基础选择溶剂的理论。溶解过程能否自发进行取决于系统的混合熵变 ΔS_m 和混合焓变 ΔH_m 。固体状态中的大分子只能做链段的局部布朗运动，当它溶解后，大分子彼此相距较远，分子链获得较大的自由度，分子的构象数增加，故熵变为正值。结合热力学原理，$\Delta G_m = \Delta H_m - T\Delta S_m$ ，对于大分子化合物，混合焓越小，其自发溶解的倾向就越大。Hildebrand 从理论上导出，非极性分子混合时，如不发生体积的变化，则混合焓可用下式计算：

$$\Delta H_m = \varphi_s \varphi_p \left[\left(\frac{\Delta E_s}{V_s} \right)^{1/2} - \left(\frac{\Delta E_p}{V_p} \right)^{1/2} \right]^2 V_m \tag{10-5}$$

式中，V_m 为混合物的总体积；ΔE_s 、ΔE_p 分别为溶剂和大分子的摩尔蒸发能；V_s、V_p 分别为溶剂和大分子的摩尔体积；ϕ_s 、ϕ_p 分别为溶剂和大分子在混合物中的体积分数；$\Delta E/V$ 为单位体积的蒸发能，也称内聚能密度。定义内聚能密度的平方根为溶解度参数 δ，则根据式（10-5），溶剂和大分子的溶解度参数相差越小，溶解越易进行；相差越大，越难溶解。

3. 溶剂化原则 当溶质与溶剂混合时，若它们之间产生的相互作用力大于溶质分子之间的内聚力时，溶质分子将彼此分离，并与溶剂分子相结合，这种作用称为溶剂化作用。溶剂化作用的本质是溶质-溶剂体系中广义酸碱之间的相互作用。大分子化合物中若含有大量的亲核基团，则易溶于含亲电子基团的溶剂中；若含有亲电基团，则易溶于含亲核基团的溶剂。按溶剂化原则选择溶剂时，大分子与溶剂分子亲电、亲核强度要相当，即强对强、弱对弱。

第三节 大分子溶液的渗透压

测定大分子的渗透压在医学和生物学中有很重要的作用。例如，血、尿渗透压是反映机体水、电解质代谢的重要指标，医学上常用渗透浓度表示渗透压的大小，正常血清渗透浓度为 280～300mmol·L^{-1}，尿渗透浓度为 500～800mmol·L^{-1}。血浆渗透压高，多见于高钠血症、高血糖症、尿毒症等；减低多见于低钠血症。所以，测定血、尿的渗透压有助于对一些疾病的诊断。渗透压是稀溶液的依数性之一，通过大分子渗透压的测定还可以确定大分子的相对分子量。由于大分子化合物与溶剂之间存在相互作用力，大分子溶液的渗透压与低分子稀溶液之间有一定的差别，这里给大家简单介绍。

一、大分子溶液的渗透压

渗透压的大小只与质点的多少有关，而与溶质的性质无关。对于低分子稀溶液，其渗透压与浓度的关系是一条通过原点的直线，符合范托夫公式，而大分子溶液的渗透压与浓度的关系是一条向上凹的曲线，如图 10-2 所示。原因是，大分子中的许多链段起着活动单元的作用；另外，溶剂分子进入大分子线团的缝隙，相当于减少了“自由”溶剂分子数，表现为大分子溶液浓度的增大。

由于大分子溶液对理想溶液的偏差很大，其渗透压与浓度的关系式用浓度的幂级数展开式来表示。

$$\Pi = RT(A_1c + A_2c^2 + A_3c^3 + \cdots) \qquad (10\text{-}6)$$

式中，A_1、A_2、A_3 称为维利系数。与计算理想溶液渗透压的范托夫公式进行比较 $A_1=1/M_n$，A_2、A_3 代表非理想程度，反映大分子之间、大分子与溶剂分子之间作用力的大小。c^3 项后往往可以忽略不计，因此式（10-6）可简化为

$$\Pi / c = RT / M_n + RTA_2c \qquad (10\text{-}7)$$

在良溶剂中，大分子与溶剂分子之间的作用力大，大分子线团舒展，链段间的相互作用力主要表现为斥力，此时 $A_2>0$；当 $A_2<0$ 时，表明链段间的引力占主导地位，一定条件下大分子会沉淀出来；当 $A_2=0$ 时，大分子溶液接近于理想溶液，表明链段间的引力、斥力作用平衡。

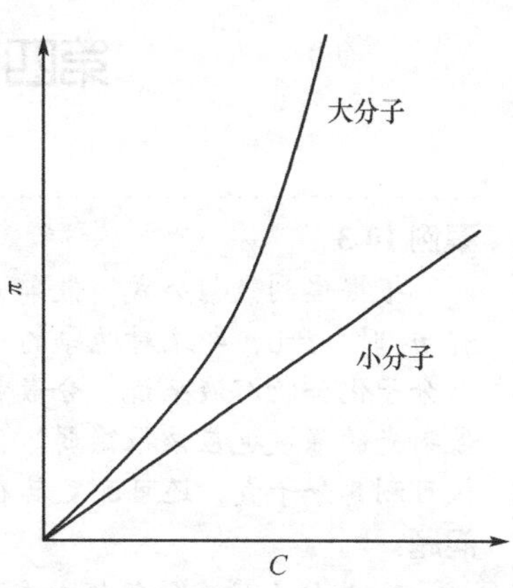

图 10-2 渗透压与浓度关系曲线

二、渗透压法测大分子化合物的平均摩尔质量

对于大分子化合物，沸点升高、凝固点下降等依数性效应太小，若用依数性的变化确定大分子的分子量，只能用渗透压法。根据式（10-7），以 Π / c 对 c 作图，在浓度很小时应为一条直线，将直线外推至 $c \to 0$ 处，得直线的截距 RT / M_n，可求得 M_n；从直线的斜率 RTA_2，可求得 A_2。用渗透压法测得的是大分子的数均摩尔质量，采用不同溶剂时，Π / c-c 图得到的截距应该相等，以此可判断测定结果的准确性。

案例 10-2

298.2K 下，牛血清蛋白在不同浓度时的渗透压数据为

c/（$kg \cdot m^{-3}$）	18	30	40	50	56
Π / kPa	0.75	1.36	1.93	2.54	2.96

求牛血清蛋白的数均摩尔质量 M_n 和维利系数 A_2。

解析：以 Π / c 对 c 作图，将直线外推至 $c \to 0$ 处，求得直线的截距为 36.5，斜率为 0.295，则

$$M_n = \frac{RT}{36.5} = \frac{8.314 \times 298.2}{36.5} = 67.92 \text{kg} \cdot \text{mol}^{-1}$$

$$A_2 = \frac{0.295}{RT} = \frac{0.295}{8.314 \times 298.2} = 1.19 \times 10^{-4}$$

渗透压的测定方法是，将大分子溶液与纯溶剂分置半透膜两边，由于膜两边物质化学势的差异，溶剂分子将透过半透膜向溶液侧渗透，而大分子不能透过，这样就造成溶液侧液面升高，这升高的液柱压强即为渗透压。因此，测定渗透压的关键在于选择理想的半透膜，要求物理化学性质稳定、不被溶解、仅允许溶剂分子透过且在短时间内能达到平衡。常用的半透膜有玻璃纸膜、火棉胶膜、细菌纤维膜、醋酸纤维膜等。通常测量的分子量范围在 10～1000kg · mol^{-1}。太大时，液柱高度变化不明显，测量结果准确度差；太小时，会产生漏膜问题，也会影响结果的准确度，需预先做分级处理。

第四节 大分子溶液的光散射

案例 10-3

根据瑞利散射公式，散射光强度与分散相和分散介质之间的折光率之差有关。显然，当 $n_1=n_2$ 时，$I=0$，即绝对纯净的气体或液体似乎不应该有丁铎尔现象，但实际并非如此。对于大分子化合物溶液来说，分散相与分散介质之间没有相界面，它们之间的折光率相差很小，散射光的强度也应该很微弱。但实际中，随着激光技术的发展，利用大分子溶液的光散射不仅可测其分子量，还可测定其在溶液中的活动顺序。

问题：

1. 为什么纯净的气体或液体也有微弱的丁铎尔现象？
2. 激光在光散射技术中起什么作用？

1871 年，瑞利从计算个别质点的散射出发，应用电磁波理论推导出了溶胶的光散射公式，但该理论不适合于液体。对液体分子来说，分子相距很近，因此从不同中心发射的波会出现干涉。如果液体分子是无序排列而且位置固定不变，则所发射的散射光因干涉会全部抵消。事实上，即使是很纯的液体也存在着散射光。原因是液体分子具有热运动，在分子水平上总是存在着密度涨落。这时的散射中心不再是单个分子而是由涨落现象所产生的局部压缩或稀疏的区域。20 世纪初，斯莫卢霍夫斯基（Smoluchowski）和爱因斯坦提出了光散射的涨落理论，为光散射技术在大分子溶液中的应用奠定了基础。

一、大分子溶液的光散射

对于大分子溶液来说，溶质和溶剂的折射率相差不大，产生光散射的原因是系统内浓度的局部涨落所产生的折射率的局部变化，包括溶剂的密度涨落与溶质的密度涨落。因此，需要将溶液的散射光强度值减去溶剂的“空白”校正值，才可得到溶质浓度涨落所引起的散射光强度值。

德拜（Debye）将涨落理论应用于瑞利散射公式，得出适合于大分子溶液散射光强度 $I_{\theta,r}$ 的计算公式为

$$I_{\theta,r}=\frac{2\pi^2 n_0^2}{L\lambda^4 r^2}\left(\frac{\partial n}{\partial c}\right)^2 \frac{cRT(1+\cos^2\theta)}{\left(\frac{\partial \Pi}{\partial c}\right)} I_0 \tag{10-8}$$

式中，L 为阿伏伽德罗常量；n_0 为溶剂折射率；c 为溶液浓度；$\partial n/\partial c$ 为折射率随浓度的变化率；λ 为入射光的波长；r 为观测散射光的距离；θ 为观察散射光与入射光的夹角；$\partial \Pi/\partial c$ 为渗透压随浓度的变化率；I_0 为入射光的强度。此式适用于入射光的波长大于大分子的情况。

将式（10-8）进行整理，得

$$\frac{I_{\theta,r}}{I_0(1+\cos^2\theta)}r^2=\frac{2\pi^2 n_0^2}{L\lambda^4}\left(\frac{\partial n}{\partial c}\right)^2 \frac{cRT}{\left(\frac{\partial \Pi}{\partial c}\right)} \tag{10-9}$$

令 $R_\theta=\dfrac{I_{\theta,r}}{I_0(1+\cos^2\theta)}r^2$，$K=\dfrac{2\pi^2 n_0^2}{L\lambda^4}\left(\dfrac{\partial n}{\partial c}\right)^2$，则

$$R_\theta = \frac{Kc}{\frac{1}{RT}\left(\frac{\partial \Pi}{\partial c}\right)} \tag{10-10}$$

式中，R_θ 称为瑞利比，代表散射光对入射光的相对强度，是光散射实验测量的重点，K 为光学参数与数字常数结合在一起的参数，实验条件确定后，仅 $\partial n / \partial c$ 需用实验方法测定，通常用差示折光计法。

二、光散射法测定大分子的平均摩尔质量

式（10-8）表明，散射光强度与入射光强度成正比，加强入射光可使大分子溶液的光散射现象更明显。20 世纪 70 年代，华裔美籍科学家朱鹏年根据加强入射光的设想，将激光技术应于用大分子的光散射，可以观察到运动质点散射光频率相对于入射光频率的微小变化以及散射光强度随时间的涨落，称为动态光散射。用此项技术可以测大分子化合物的平均摩尔质量。

根据式（10-10），取决于浓度局部涨落产生的散射光的强度因素为 $\partial \Pi / \partial c$。根据大分子溶液的渗透压公式（10-6）可得

$$\frac{\partial \Pi}{\partial c} = RT\left(\frac{1}{M} + 2A_2c + \cdots\right) \tag{10-11}$$

代入式（10-10），并略去 c^2 以上项，可得

$$\frac{Kc}{R_\theta} = \frac{1}{M} + 2A_2c \tag{10-12}$$

用此公式可通过测光散射参数来求算大分子的平均摩尔质量。以 Kc / R_θ 对 c 作图，回归成一条直线，将直线外推至 $c \to 0$，求其截距，截距的倒数即为平均摩尔质量。用该法测得的是大分子的质均摩尔质量。

第五节　大分子溶液的流变性

案例 10-4

图 10-3 为乌氏黏度计，可用于测定大分子的平均摩尔质量。

实验中只要测出不同浓度大分子溶液和溶剂流经刻度 a 到 b 的时间，就可计算出大分子的平均摩尔质量。

问题：

（1）怎样根据液体流经 a, b 的时间确定其黏度？

（2）如何确定大分子溶液的特性黏度？

（3）如何用特性黏度来计算大分子的平均摩尔质量？

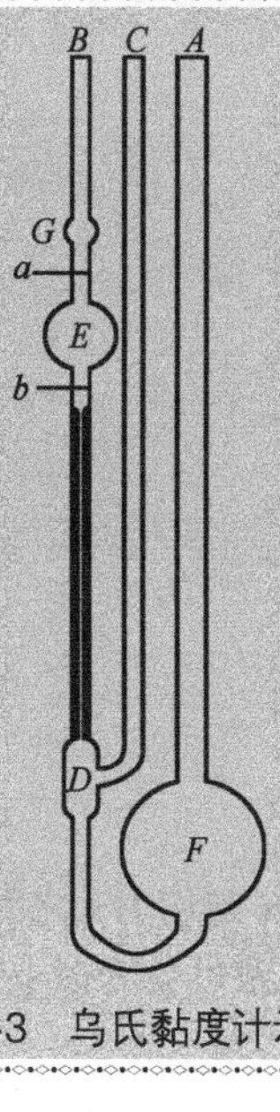

图 10–3　乌氏黏度计示意图

流变性（rheological property）是指在外力作用下物质发生形变与流动的特性。流变性的研究和应用非常广泛，在生命科学、材料学以及药学中有重要的作用。例如，人体内正常的血液循环要求血液黏度维持一定的水平，若血液黏度异常，很可能导致微循环障碍，引发诸如冠心病、血栓、白血病等。因此，临床上对血液黏度及流变性质的测定有助于对疾病的诊断与预后。药剂学中，一些剂型如乳膏剂、糊剂、凝胶剂、乳剂、混悬剂等，在处方设计、质量评价以及工艺条件的确定中，均涉及制剂流变性的研究。作为药学工作者，研究大分子溶液的流变性行为、掌握其流变规律是很必要的。

一、牛顿流体与黏度

黏度（viscosity）又称内摩擦力或黏滞性，是流体内部阻碍其相对流动的一种特性。流体在管内流动时，各液层的流速是不同的。

图 10-4 示意了在两块面积很大、平行放置且相距很近的平板间盛满某种液体时流体流动的情况。当下板固定，上板施加外力 F（称为切力）时，流体将沿作用力的方向移动，各液层的移动速度不同，速度慢的液层阻滞速度快的液层运动，形成速度梯度。相邻液层之间由于速度不同，产生相互作用力，称为内摩擦力。如果液体处于层流状态，则切力 F、两液层之间的接触面积 A 以及速度梯度 $\mathrm{d}v/\mathrm{d}x$ 之间的关系由下式所示。

$$F=\eta A\frac{\mathrm{d}v}{\mathrm{d}x} \tag{10-13}$$

如果用 τ 表示单位面积上的切力，D 表示速度梯度也称切速率，则

$$\tau=\frac{F}{A}=\eta\frac{\mathrm{d}v}{\mathrm{d}x}=\eta D \tag{10-14}$$

式中的比例系数 η 即黏度，它表示单位面积的液层，保持速度梯度为 1 时，所施加的切力，是流体流动时内摩擦力的一种度量，单位为 $\mathrm{Pa\cdot s}$ 或 $\mathrm{N\cdot m^{-2}\cdot s}$。式（10-13）、式（10-14）称为牛顿黏度公式。

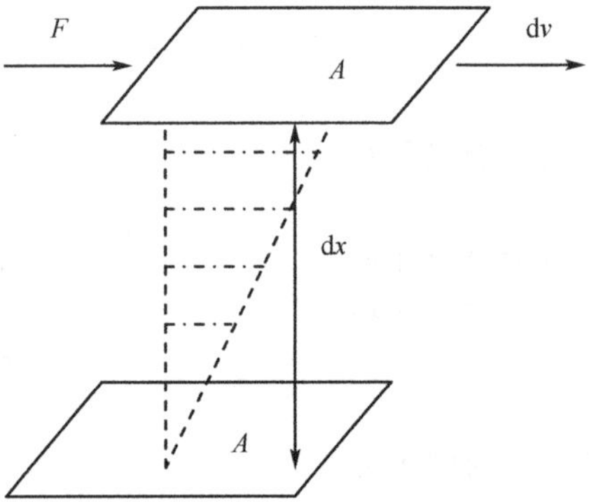

图 10-4　流体流动示意图

二、流变曲线与流型

切速率 $\mathrm{d}v/\mathrm{d}x$ 与切力 τ 之间的关系曲线称为流变曲线，用以描述流体的流变性。根据流变曲线的不同，流体大致可分为以下几种类型，见图 10-5。

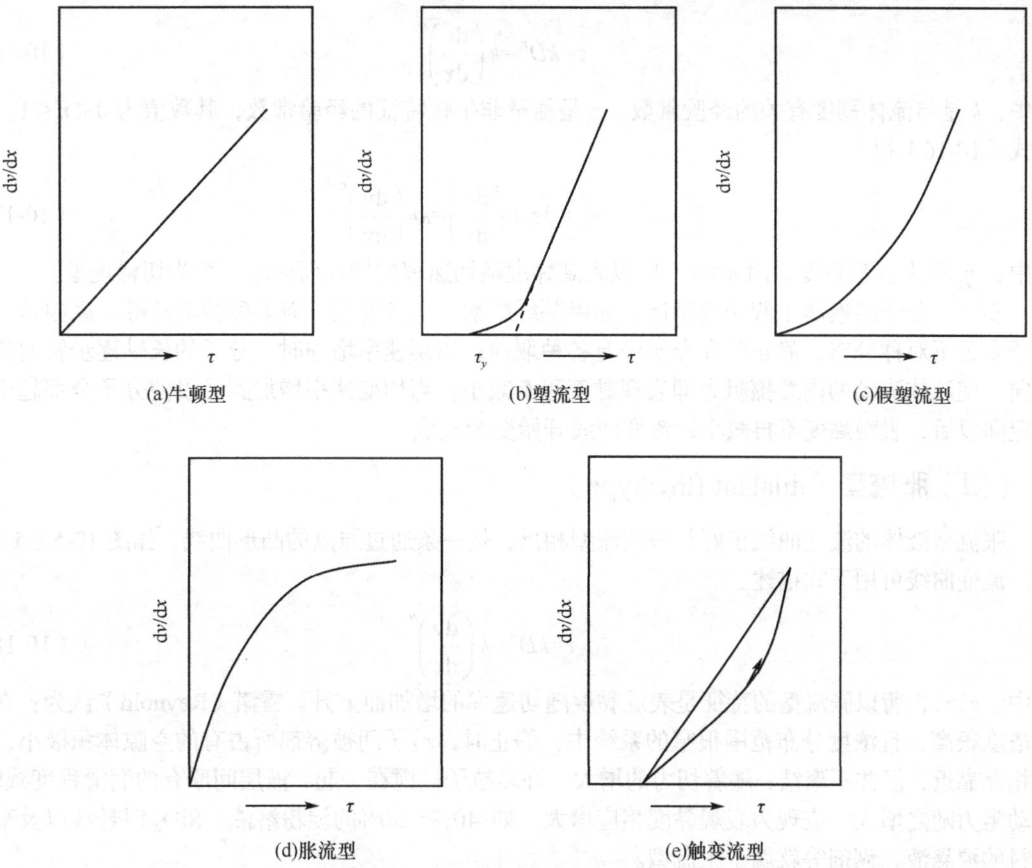

图 10–5　不同流型的流变曲线

（一）牛顿型（Newtonian type）

牛顿型流体的切速率和切力之间的关系是一条通过原点的直线，如图 10-5（a）所示。直线的斜率的倒数为黏度，所以只用黏度就可以表征该流体的特征，如血清和血浆。

（二）塑流型（plastic flow type）

当所施加的切力较小时，系统只发生弹性形变；当切力超过某一临界值时，系统开始流动，发生永久变形，表现出可塑性。这种流体称为塑流型，如图 10-5（b）所示。切速率与切力之间的关系可用下式表示：

$$\tau - \tau_y = \eta_P D \tag{10-15}$$

式中，τ_y 是塑性流体开始流动时所需的临界切力，称为塑变值或屈服值；η_P 称为塑性黏度，等于流变曲线直线部分斜率的倒数。某些粗分散系统或高分子溶液达一定浓度后，溶质粒子之间非常接近。在静止状态时，由于受范德华力或氢键作用，容易形成立体空间网状结构。当切力较小时，只发生弹性形变；当切力大到一定程度时，系统的网状结构被全部破坏，开始流动。如药用硫酸钡胶浆、油漆、油墨、牙膏等就具有这种流变特性，属于塑流型流体。

（三）假塑流型（pseudoplastic flow type）

假塑流型液体的流变曲线是一条通过原点向下凹的曲线，如图 10-5（c）所示。流变曲线可用下式描述。

$$\tau=kD^n=k\left(\frac{dv}{dx}\right)^n \qquad (10\text{-}16)$$

式中，k 是与流体稠度有关的经验常数，n 是衡量非牛顿特征的经验常数，其数值为 $0<n<1$。由式（10-16）得

$$\eta_a=d\tau/d\left(\frac{dv}{dx}\right)=kn\left(\frac{dv}{dx}\right)^{n-1} \qquad (10\text{-}17)$$

式中，η_a 称为表观黏度，因 $n<1$，所以表观黏度随切速率的增加而减小，称为切稀现象。

多数大分子溶液属于假塑流型体，如甲基纤维素、西黄蓍胶、海藻酸钠溶液等。原因是：大分子多为不对称分布，静止时在介质中有各种取向；当切速率增加时，分子的长轴逐步转向流动方向，使流体流动的内摩擦阻力即表观黏度逐渐减小；当切变速率增加到足以使分子全部趋于顺流定向以后，表观黏度不再减小，流变曲线开始变为直线。

（四）胀流型（dilatant flow type）

胀流型液体的流变曲线正好与假塑流型相反，是一条通过原点的凸形曲线，如图 10-5（d）所示。流变曲线可用下式描述。

$$\tau=kD^n=k\left(\frac{dv}{dx}\right)^n \qquad (10\text{-}18)$$

式中，$n>1$，所以胀流型的特征是表观黏度随切速率的增加而上升。雷诺（Reynold）认为：在粒子浓度很高，且浓度分布范围很窄的系统中，静止时，粒子间被溶剂所占有的空隙体积极小，粒子相互靠近，但并不聚结；随着切力的增大，许多粒子被搅在一起，液层间原有的润滑程度减弱，流动阻力随之增大，表现为表观黏度相应增大。如 40%～50%的淀粉溶液、SiO_2 混悬液以及某些颜料的混悬液、糊剂等就属于胀流型。

（五）触变流型（thixotropic flow type）

触变流型的特征是系统在静置时，呈半固体状态；振摇或搅动时呈流体状态。流变曲线由增加切速率的上行线和降低切速率时的下行线形成不重合的弓形曲线[图 10-5（e）]，称为滞后圈（hysteresis loop），其面积可判断流体触变性的大小。触变现象发生的原因有人认为是：流体中的片状或针状粒子，在静置时相互吸引搭成疏松的立体网架；施加切力，网状结构被破坏，开始流动；撤去切力时，被拆散的网状结构通过布朗运动，各粒子相互碰撞接触，又重新搭起，但需要一定的时间，因此出现滞后圈。如 V_2O_5 的水溶液、铝皂苯溶液、某些凡士林软膏等属于触变流型。

三、大分子溶液的黏度与分子平均摩尔质量的测定

一定温度下，大分子溶液的黏度仅与分子大小和浓度有关，为此可利用大分子溶液的黏度和相对分子质量间的某种经验方程，测大分子的平均摩尔质量。该方法设备简单，测定技术容易掌握，实验结果也有相当高的精确度。

（一）黏度的几种表示方法

大分子溶液的黏度 η，一般都比纯溶剂的黏度 η_0 大得多，黏度增加的分数称为增比黏度（specific viscosity），即 η_{sp}，用公式表示为

$$\eta_{sp}=\frac{\eta-\eta_0}{\eta_0}=\eta_r-1 \qquad (10\text{-}19)$$

式中，$\eta_r = \dfrac{\eta}{\eta_0}$，称为相对黏度（relative viscosity）。

增比黏度随溶液中大分子浓度的增加而增大，常采用单位浓度时溶液的增比黏度作为大分子相对分子质量的量度，称为比浓黏度（reduced viscosity），其值为 η_{sp}/c。

比浓黏度随溶液的浓度 c 而改变，如图 10-6 所示。当 c 趋近于 0 时，比浓黏度趋近于一固定的极限值 $[\eta]$，$[\eta]$ 称为特性黏度（intrinsic viscosity），即

$$\lim_{c\to 0}\frac{\eta_{sp}}{c} = [\eta] \qquad (10\text{-}20)$$

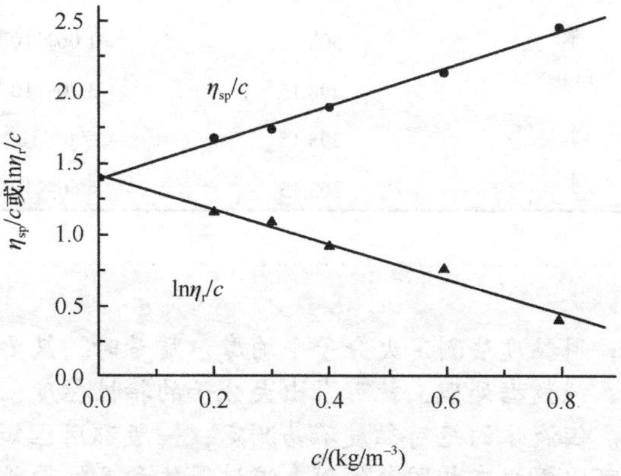

图 10-6 比浓黏度和浓度关系

（二）黏度法测定大分子的平均摩尔质量

实验表明，η_{sp}/c 和 $[\eta]$ 的关系可以用下述经验公式表示：

$$\frac{\eta_{sp}}{c} = [\eta] + K'[\eta]^2 c \qquad (10\text{-}21)$$

因此，$[\eta]$ 值可利用 (η_{sp}/c)-c 图由外推法求得。作 (η_{sp}/c)-c 图，其截距即为 $[\eta]$ 。当 c 趋近于 0 时，$\ln\eta_r/c$ 的极限值也是 $[\eta]$（图 10-6），因为

$$\frac{\ln\eta_r}{c} = \frac{\ln(1+\eta_{sp})}{c} = \frac{\eta_{sp}}{c}\left(1-\frac{1}{2}\eta_{sp}+\frac{1}{3}\eta_{sp}^2-\cdots\right)$$

当浓度不大时，忽略其高次项，则得

$$\lim_{c\to 0}\frac{\ln\eta_r}{c} = \lim_{c\to 0}\frac{\eta_{sp}}{c} = [\eta] \qquad (10\text{-}22)$$

因此，可以将经验公式表示为

$$\frac{\ln\eta_r}{c} = [\eta] + \beta[\eta]^2 c \qquad (10\text{-}23)$$

这样以 $\dfrac{\eta_{sp}}{c}$ 和 $\dfrac{\ln\eta_r}{c}$ 分别对 c 作图（图 10-6），可得两条直线，它们在纵坐标轴上相交于同一点，其值为 $[\eta]$，可求出 $[\eta]$ 的数值。

$[\eta]$ 和大分子的平均摩尔质量的关系可用下面的经验方程式表示：

$$[\eta] = KM^{\alpha} \qquad (10\text{-}24)$$

式中，M 为黏均摩尔质量；K 和 α 是经验方程的两个参数。对一定的大分子，在一定的溶剂和温度下，K 和 α 是常数，其中指数 α 是溶液中高分子形态的函数，一般在 0.5～1.7 之间：如分子在良

性溶剂中，舒展松懈，α 较大；反之，分子团聚紧密，则α较小。所以根据高分子在不同溶剂中$[\eta]$的数值，也可以相互比较分子的形态。K 和α的数值要由其他实验方法（如渗透压法）测出，但大多数大分子在不同溶剂中的K 和α数值均可从手册中查到。表 10-1 为两种常用大分子化合物在不同温度和溶剂中的K 和α数值。所以只要测得大分子的特性黏度，就可用式（10-24）求得大分子的黏均摩尔质量。

表 10-1　不同温度和溶剂下的 K和α 的数值

高聚物	溶剂	温度/K	K	α
聚苯乙烯	苯	293.15	1.23×10^{-4}	0.72
	苯	303.15	1.06×10^{-4}	0.74
	甲苯	298.15	3.70×10^{-4}	0.62
聚乙烯醇	水	298.15	2.0×10^{-4}	0.76
	水	303.15	6.66×10^{-4}	0.64

案例 10-4 解析

根据以上内容介绍，用黏度法测定大分子平均摩尔质量时，只要测定出不同浓度大分子溶液和溶剂的绝对黏度，经数据处理，就可求出大分子的特性黏度，进而通过查表，计算出大分子的平均摩尔质量。但液体的绝对黏度不易测定，一般都用已知黏度的液体测毛细管常数，未知液体的黏度就可以根据在相同条件下，流过等体积毛细管所需的时间求出来。因为在同一支毛细管中，毛细管常数一定，液体在毛细管中的流动单纯受重力影响，则对未知黏度液体可得

$$\eta=\frac{\rho t}{\rho_0 t_0}\eta_0 \tag{10-25}$$

式中，η_0、ρ_0、t_0 分别为已知黏度的液体（如纯水、纯苯等）的黏度、密度和流经毛细管的时间；η、ρ、t 分别为待测液体的黏度、密度和流经毛细管的时间。液体的密度很容易用实验方法获得，这样，只要确定未知液体流经一定刻度毛细管所需时间，就可根据式（10-25）计算其绝对黏度。

第六节　大分子溶液的超离心场沉降

在超离心力场下，每个大分子质点的沉降速率取决于其质量。利用超离心技术不仅可以测定大分子的沉降速率、摩尔质量，而且可对其进行分离、提纯，这在医学和生物学中有很重要的作用。如红细胞的沉降率（ESR）是临床诊断的重要指标之一，在某些炎症情况下，患者的 ESR 值明显升高；而患镰刀形贫血症的患者和高血糖患者的 ESR 值低于正常人。

离心力场中的沉降速率处理方法与重力场相似，只是用离心力替换重力，采用沉降速率法（sedimentation speed）和沉降平衡法（sedimentation equilibrium）进行研究。

一、沉降速率法

在超离心力场中，沉降作用占绝对优势，由沉降引起的浓度差所产生的扩散力相对于离心力可以忽略不计。这样，一个球形大分子质点运动时同时受到三种作用力，即离心力 F_c、浮力 F_b

和黏滞力 F_d。当质点进行匀速沉降时，它所受的合力为零，则

$$F_e - F_b = F_d \tag{10-26}$$

$$\omega^2 x(M - M_0) = Lf\frac{dx}{dt} \tag{10-27}$$

式中，M 为大分子摩尔质量；M_0 为被 1mol 大分子质点排开的介质的质量；ω 和 x 分别为离心机的角速度及样品离旋转轴的距离；f 为质点沉降时的阻力系数；dx/dt 为沉降速率。

将溶液中溶质的偏比容 $V_B=1/\rho$ 和阻力系数 $f=RT/DL$ 代入式（10-27），整理后可得

$$M\omega^2 x(1-\rho_0 V_B) = \frac{RT}{D}\frac{dx}{dt} \tag{10-28}$$

对上式进行积分，得

$$M = \frac{RT\ln\frac{x_2}{x_1}}{D(1-\rho_0 V_B)(t_2 - t_1)\omega^2} \tag{10-29}$$

令

$$S = \frac{\ln\frac{x_2}{x_1}}{(t_2 - t_1)\omega^2} \tag{10-30}$$

则

$$M = \frac{RTS}{D(1-\rho_0 V_B)} \tag{10-31}$$

式中，S 为沉降系数，表示单位离心力作用下质点的沉降速率，单位为 s。蛋白质的沉降系数大多在 10^{-13}～200×10^{-13} 之间，因此取 10^{-13}s 为一个单位 S，称为斯韦德贝里（Svedberg）数。它与大分子的大小、形状和伸展程度有关。

实验中，只要从超离心机的光学系统测出 t_1 和 t_2 时质点离轴的距离 x_1 和 x_2 以及 ω，便可求出 S。再测得扩散系数 D 以及介质密度 ρ_0 后，根据式（10-31）可求出大分子的平均摩尔质量。大分子的浓度、分子间作用力等对 S 和 D 均有影响，为了消除因浓度因素引起的偏差，可测一系列不同浓度下的 S 和 D，作图，用外推法求出 $c\to0$ 时的沉降系数 S_0 和扩散系数 D_0。根据式（10-31），可得

$$\frac{S_0}{D_0} = \frac{M(1-\rho_0 V_B)}{RT} \tag{10-32}$$

S_0、D_0 代入式（10-32），即可求得消除了大分子浓度、分子间相互作用力以及摩擦阻力等影响的 M。

二、沉降平衡法

当离心力场较弱时，由沉降引起的浓度差所产生的扩散力相对于离心力不再可以忽略。沉降平衡时，沿转轴不同距离处的浓度按一定值分布，根据其分布规律可计算大分子的平均摩尔质量，这种方法称为沉降平衡法。

当沉降速率与扩散速率相等时，达沉降平衡。假设离心池中，大分子通过截面积 A 的浓度为 c，当大分子的沉降速率为 dx/dt 时，在 A 处的浓度梯度为 dc/dx，则

$$cA\frac{dx}{dt} = DA\frac{dc}{dx} \tag{10-33}$$

将式（10-28）代入式（10-33）可得

$$\frac{dc}{c} = \frac{M\omega^2 x(1-\rho_0 V_B)}{RT}dx \tag{10-34}$$

积分，整理后可得

$$M=\frac{2RT\ln\dfrac{c_2}{c_1}}{(1-\rho_0V_B)\omega^2(x_2^2-x_1^2)} \tag{10-35}$$

可见，只要求出距旋转轴 x_1、x_2 处大分子的浓度 c_1、c_2，就可根据式（10-35）求出大分子平均摩尔质量 M。用沉降平衡法可避免扩散系数 D 的求取，理论上要比沉降速率法精确，但沉降平衡法所需时间较长，不太适合相对分子较大的大分子平均摩尔质量的测定。

案例 10-5

某蛋白质水溶液在 298K 和 $183r\cdot s^{-1}$ 的转速下离心，当沉降平衡时，测得离转轴中心 $x_1=4.9\times10^{-2}$m 和 $x_2=5.15\times10^{-2}$m 处，蛋白质浓度 c_1 和 c_2 之比为 1.79。已知该蛋白质的偏比容 $V_B=0.75\times10^{-3}m^3\cdot kg^{-1}$，分散介质的密度 $\rho_0=0.99\times10^3kg\cdot m^{-3}$，试求该蛋白质的平均摩尔质量。

解析：将上述数据代入式（10-35），得

$$\begin{aligned}M&=\frac{2RT\ln\dfrac{c_2}{c_1}}{(1-\rho_0V_B)\omega^2(x_2^2-x_1^2)}\\&=\frac{2\times8.314\times298\times\ln1.79}{(1-0.99\times10^3\times0.75\times10^{-3})(183\times2\times3.14)^2[(5.15\times10^{-2})^2-(4.9\times10^{-2})^2]}\\&=34kg\cdot mol^{-1}\end{aligned}$$

第七节　大分子电解质溶液

案例 10-6

卡波姆是由丙烯酸与丙烯基蔗糖交联而成的一类丙烯酸大分子聚合物。它无毒、无刺激性且与皮肤有良好黏合性，是制备凝胶剂的十分理想的基质材料。卡波姆含有 56%～68%的羧酸基，水溶液的 pH 为 3.0，因此，制备过程中要用三乙醇胺、氢氧化钠等来调节其 pH。

问题：

（1）以卡波姆为基质制备凝胶时，调节 pH 的原因仅为了使制剂具有人体所能接受的 pH 吗?

（2）为什么卡波姆在 pH 为 8 时黏度最大。

凡带有可电离基团的大分子化合物称为大分子电解质（macromolecular electrolyte）。根据其在水溶液中电离后所带电荷的不同分为阳离子型、阴离子型和两性型，表 10-2 列出了一些常见的大分子电解质。大分子电解质溶液具有高的电荷密度，表现出一些有别于一般大分子溶液通性的物理化学性能，下面简单介绍。

表 10-2　不同类型常见大分子电解质

阳离子型	阴离子型	两性型
聚乙烯胺	西黄蓍胶	明胶
血红素	海藻酸钠	卵清蛋白
聚氨烷基丙烯酸甲酯	羧甲基纤维素钠	乳清蛋白

续表

阳离子型	阴离子型	两性型
聚乙烯-N-溴丁基吡啶	阿拉伯胶	γ-球蛋白
聚乙烯吡咯	肝素	胃蛋白酶

一、大分子电解质溶液特性

大分子电解质分子长链带有相同电荷，且电荷密度大，在静电作用下，水分子紧密排列在带电基团周围，形成特殊的"电缩"水化层，且部分疏水链也能结合一部分水，使大分子电解质溶液高度水化而稳定。此外，带电基团之间的静电作用，使大分子链之间相互排斥，而易于伸展，溶液的黏度迅速增大，这种现象称为电黏性效应。电黏性效应使大分子电解质溶液的 η_{sp}/c 与 c 的关系不成直线，而是一条向下弯曲的曲线。图 10-7a 为果胶酸钠水溶液的 η_{sp}/c-c 关系曲线，在溶液浓度较稀时，果胶酸钠的电离度大，链段之间斥力大；随着浓度的增加，电离度减小，链段间斥力减小，分子链卷曲，黏度下降。

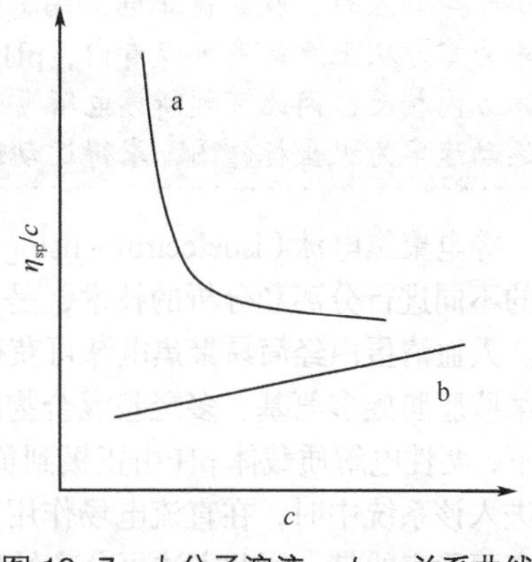

图 10-7 大分子溶液 η_{sp}/c-c 关系曲线

a. 果胶酸钠水溶液；b. 果胶酸钠与 NaCl 溶液

小分子电解质可对大分子电荷起屏蔽作用，原因是小分子电解质的存在，增加了溶液的离子强度，减弱了大分子链上净电荷之间的相互作用，从而消除了电黏性效应。如图 10-7b 所示，当果胶酸钠溶液中加入一定量的 NaCl 后，电黏性效应消除，η_{sp}/c 与 c 呈线性关系。

对于两性型大分子电解质溶液，其黏度受 pH 影响很大。例如，朊蛋白溶液，当 pH 在 3 和 11 附近时，黏度出现两个峰值，pH 为 4.8 时黏度最小，如图 10-8 所示。在 pH 为 3 时朊蛋白分子链上正电荷密度最大，pH 为 11 时负电荷密度最大，高电荷密度使分子链伸展，黏度出现两个极大值。pH 4.8 是朊蛋白的等电点，在该 pH 处，大分子链上的电性会相互抵消，静电作用消失，分子链卷曲程度最大，黏度出现最小值。当 pH＞11 或＜3 时，溶液离子强度大大增强，大分子链上电场被抵消，黏度随之减小。

案例 10-6 解析

对于卡波姆来说，当 pH＜3 或 pH>12 时，溶液离子强度大，黏度很低；调 pH 在 6～12 时，较为黏稠，pH 为 8 时，电荷密度最大，黏度也增到最大，因此以卡波姆为基质制备凝胶时一般将其 pH 调在 8 左右。也正因为其在人体可接受的 6～12 的 pH 范围内黏度最大，而被广泛用作药物、化妆品凝胶的基质。

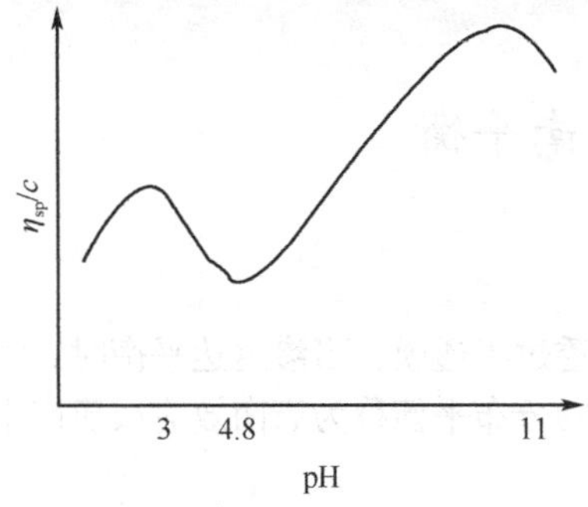

图 10-8 pH 对朊蛋白溶液黏度的影响

二、大分子电解质溶液的电泳现象

大分子电解质溶液在电场作用下，和溶胶粒子一样会产生电泳现象。电泳的速率取决于分子所带电荷、分子的大小和形状，因此常用电泳技术分离多肽、蛋白质、核酸等一些大分子电解质。毛细管电泳和等电聚焦电泳技术是近年发展起来的分离和分析生物大分子的新技术。

案例 10-7

蛋白质和其他两性大分子化合物的电泳速度依赖于介质 pH 的大小。有人在不同 pH 条件下，测定出牛的血清蛋白在水溶液中的电泳速率如下：

pH	4.2	4.56	5.2	5.65	6.3	7.0
电泳速率/（$\mu m^2 \cdot s^{-1} \cdot V^{-1}$）	0.5	0.18	−0.25	−0.65	−0.9	−1.25

问题：

（1）试判断该蛋白的等电点。

（2）理解等电聚焦电泳技术的制作原理。

案例解析：

对于蛋白质等两性大分子化合物，当介质的 pH 大于等电点时，胶粒荷负电，向正极移动；小于等电点时，胶粒荷正电，向负极移动；等于等电点时，胶粒所带电荷为 0，此时电泳速率为零。从上表结果可以看出，pH＜4.56 和>5.2 时，牛血清蛋白的电泳速率逐渐增大，但电泳方向相反，因此可判断该电解质的等电点在 4.56～5.2 范围内。以 pH 为横坐标，蛋白质的运动速率为纵坐标作图，求得运动速率为零时的 pH，即为该蛋白质的等电点。

等电聚焦电泳（isoelectrofocusing electrophoresis）就是利用蛋白质分子或其他两性大分子等电点的不同进行分离和分析的技术，是目前分辨率最高、最灵敏和可靠的微量级蛋白质电泳分析方法。人血清蛋白经简易聚焦电泳可获得 40～50 条带间无拖尾、狭窄而清晰的谱带。基本原理是：用某些脂肪族多氨基、多羟基混合物的两性电解质作为载体，放入支持介质中，在直流电场的作用下，两性电解质载体 pH 由正极到负极渐次增加，形成稳定、连续的线性梯度。当混合蛋白质样品进入该系统中时，在直流电场作用下，各蛋白质迁移并聚焦于相应的等电点位置，被聚焦成一条窄而稳定的带，用此方法可分离纯化混合蛋白质，并估算各蛋白质的等电点。

高效毛细管电泳（high performance capillary electrophoresis）是近年发展起来的生物分子分离分析新技术，具有高效、快速、微量和自动化分析等特点。毛细管电泳的基本原理是：在高压（10～30kV）直流电场作用下，缓冲液中的不同带电离子，以毛细管为分离通道，依据样品中组分之间淌度和分配行为上的差异而达到分离的目的。所用的毛细管是由石英玻璃拉制而成，在水溶液中由于硅烷醇基团离子化作用，其内表面带有负电荷，这样管壁和电解质界面上形成双电层，在外加电场作用下，双电层中的水合阳离子引起液体整体地向阴极流动，形成电渗流（electroosmotic flow）。毛细管中带正电荷的离子所受的电场力与电渗流方向一致，最先流出毛细管；中性分子不受电场作用，随电渗流一起流出毛细管；带负电的离子由于电场力与电渗流方向相反，当电渗速率大于电泳速率时，向阴极移动，最后流出毛细管。不同带电分子就这样被分开。高效毛细管电泳是经典电泳技术与现代微柱分离技术相结合的产物，广泛用于蛋白质、多肽、氨基酸、DNA 的分离和临床蛋白质分析、病理研究等。

三、大分子电解质溶液的唐南平衡

（一）唐南平衡

大分子电解质在溶液中能解离为聚离子和小离子，后者能透过半透膜，当渗透达平衡时，大离子的存在使小离子在膜两边溶液中浓度不相等，这种不均匀的分布平衡称为唐南效应或唐南平衡（Donnan equilibrium）。

用 NaR 表示能完全电离的大分子电解质。设 NaR 在膜内浓度为 c_1，膜外 NaCl 浓度为 c_2。Na^+ 和 Cl^-都能透过半透膜。因膜内没有 Cl^-，当有 x 的 Cl^-渗透进入膜内时，为了保持溶液电中性，必须要有相同数量的 Na^+随同 Cl^-一起进入，当 NaCl 在膜两边的化学势相等时，渗透达平衡，平衡浓度分布如图 10-9 所示。

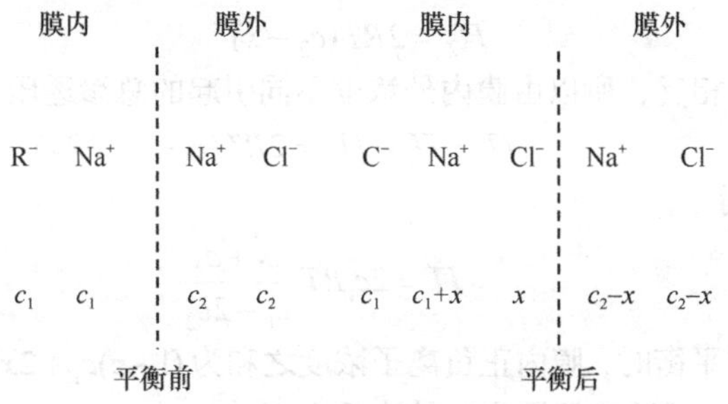

图 10–9　唐南平衡示意图

根据化学势定义式，一定温度和压力下，当渗透平衡时存在下列关系式：

$$RT\ln\alpha_{\text{NaCl},内} = RT\ln\alpha_{\text{NaCl},外} \tag{10-36}$$

$$(\alpha_{\text{Na}^+}\cdot\alpha_{\text{Cl}^-})_{内} = (\alpha_{\text{Na}^+}\cdot\alpha_{\text{Cl}^-})_{外} \tag{10-37}$$

因在稀溶液中，可用浓度代替活度，则式（10-37）可写成

$$(x+c_1)x = (c_2-x)^2 \tag{10-38}$$

解之得

$$x = \frac{c_2^2}{c_1+2c_2} \tag{10-39}$$

平衡时膜两侧 NaCl 浓度比为

$$\frac{c_{\text{NaCl},外}}{c_{\text{NaCl},内}} = \frac{c_2-x}{x} = 1+\frac{c_1}{c_2} \tag{10-40}$$

可见，平衡时 NaCl 在膜两边的浓度是不相等的，小分子的这种不均匀分布会产生额外的渗透压，所以有唐南效应存在时，测得的大分子电解质的渗透压是不相等的。

假设大分子电解质为 Na_zP，根据图 10-9，唐南平衡时，渗透进入膜内的小分子浓度 x 可表示为

$$x = \frac{c_2^2}{zc_1+2c_2} \tag{10-41}$$

则式（10-40）可表示为

$$\frac{c_{\text{NaCl},外}}{c_{\text{NaCl},内}} = \frac{zc_1+c_2}{c_2} \tag{10-42}$$

据式（10-40）可知，当 $c_1 \gg c_2$ 时，平衡时，小分子电解质几乎全部分布在膜外；当 $c_1 \ll c_2$ 时，平衡时，小分子电解质在膜内外的浓度近似相等，因此，减小大分子电解质的浓度或增加小分子电解质的浓度都可使小分子电解质在膜内外的分布趋于平衡，用此方法可消除唐南效应。

唐南平衡是大分子电解质电荷效应的一种表现，是生物体内常见的一种生理现象。生物的膜结构具有两侧不对称性，细胞内外存在大分子电解质和含有各种小离子的体液，唐南效应保证了一些具有重要生理功能的金属离子在细胞内外保持一定的比例，还能使细胞在改变周围环境的低分子成分时，确保内部组成的相对恒定，从而维持机体的正常的生理功能。

（二）大分子电解质溶液的渗透压

渗透压是由于半透膜两侧质点数不同而产生的。如图 10-9 所示，平衡时，膜内正负离子浓度之和为 $2(c_1+x)$，膜外正负离子浓度之和为 $2(c_2-x)$，则膜内外渗透压 Π_1、Π_2 分别为

$$\Pi_1 = 2RT(c_1+x) \tag{10-43}$$

$$\Pi_2 = 2RT(c_2-x) \tag{10-44}$$

因膜两侧渗透压作用方向相反，所以由膜内外浓度不同引起的总渗透压 Π 为

$$\Pi = \Pi_1 - \Pi_2 = 2RT(c_1-c_2+2x) \tag{10-45}$$

将式（10-39）代入，可得

$$\Pi = 2c_1RT\frac{c_1+c_2}{c_1+2c_2} \tag{10-46}$$

若大分子电解质为 Na_zP，平衡时，膜内正负离子浓度之和为 $(1+z)c_1+2x$，膜外正负离子浓度之和为 $2(c_2-x)$，则因膜内外离子浓度不同产生的渗透压 Π 为

$$\Pi = RT[(1+z)c_1-2c_2+4x] \tag{10-47}$$

将式（10-41）代入，可得

$$\Pi = RT\frac{(1+z)zc_1^2+2c_1c_2}{zc_1+2c_2} \tag{10-48}$$

以大分子电解质分子结构为 Na_zP 为例进行讨论，当 $c_1 \gg c_2$ 时，式（10-46）可简化为 $\Pi = 2RTc_1$，此时测得的渗透压是大离子和小离子共同作用的结果；若 $c_1 \ll c_2$，则式（10-46）可简化为 $\Pi = RTc_1$，此时测得的是大分子电解质的真实渗透压，由此计算的大分子的数均摩尔质量才比较准确。

由于唐南平衡的存在，用渗透压法测定大分子电解质的平均摩尔质量时，应尽可能地测定稀溶液或加入大量的小分子电解质，以使唐南效应引起的额外渗透压降低在实验误差允许范围内。对于两性型大分子，可调节溶液 pH 在其等电点附近，以降低大分子电解质的电离度。但若 pH 调节到正好等于其等电点时，大分子电解质溶解度降低，容易析出，因此，一般应偏离等电点一个单位。

案例 10-8

在 298.2K 时，半透膜内放置浓度为 $c_1 = 0.01\text{mol}\cdot\text{dm}^{-3}$ 的大分子电解质 NaR 水溶液，膜外放置浓度为 $c_2 = 0.02\text{mol}\cdot\text{dm}^{-3}$ 的 NaCl 水溶液。试计算平衡时膜两侧各离子的浓度和溶液的渗透压。

解析：

设达到平衡时，通过半透膜的 NaCl 的浓度为 $x\text{mol}\cdot\text{dm}^{-3}$，根据式（10-39），得：

$$x = \frac{c_2^2}{c_1+2c_2} = \frac{0.02^2}{0.01+2\times0.02} = 0.008\text{mol}\cdot\text{dm}^{-3}$$

因此膜内：$[R^+]$为 $0.01\text{mol}\cdot\text{dm}^{-3}$，$[Na^+]$为 $0.018\text{mol}\cdot\text{dm}^{-3}$，$[Cl^-]$为 $0.008\text{mol}\cdot\text{dm}^{-3}$

膜外：$[Na^+]=[Cl^-]=0.012\text{mol}\cdot\text{dm}^{-3}$

根据式（10-46）得

$$\begin{aligned}\Pi &= 2c_1RT\frac{c_1+c_2}{c_1+2c_2}\\ &= 2\times0.01\times8.314\times298.2\times\frac{0.01+0.02}{0.01+2\times0.02}\\ &= 2.98\times10^4(\text{Pa})\end{aligned}$$

第八节　凝　　胶

案例 10-9

经皮给药时，药物以及其他活性物质必须先从载体中释放出来然后扩散至皮肤表面进而渗透进入皮肤才能被吸收。凝胶呈半固体状，是一种优良的经皮给药载体。药剂学中常以卡波姆、海藻酸钠等大分子化合物为凝胶骨架，制备凝胶，最适宜的浓度一般是1%～3%。

问题：

（1）为什么凝胶可作为药物经皮给药的载体？

（2）凝胶所具有的固体特性会阻碍药物的扩散吗？

（3）药剂学中进行凝胶骨架浓度的筛选的目的是什么？

凝胶是由固-液或固-气两相组成的分散系统，它是由溶胶粒子或大分子在一定条件下互相连接，形成的空间网状结构，结构空隙中充满了作为分散介质的液体（在干凝胶中也可以是气体）。构成凝胶的分散相与分散介质都是连续相，是一种贯穿型网络。它具有一定的几何形状，具有弹性、屈服应力等固体的特性，同时又具有一些液体的特性，如凝胶的网状结构弹性较弱，在温度、介质组成、pH及外力等条件变化时，其网状结构会发生变形，甚至破坏而可以流动；离子在水凝胶中的扩散速率与在水溶液中的相近等。

凝胶是一种特殊的分散系统，是胶体存在的一种形式。如豆浆是流体，加电解质（卤水、$CaSO_4$等）后变成豆腐，后者即是凝胶。又如，水玻璃是硅酸盐水溶液，加适量的酸后即胶凝成硅胶。物质的凝胶状态相当普遍，生活中常见的豆腐、肉冻、果冻，实验和生产中使用的硅胶、渗滤膜等都是凝胶。在生物学和生理学中，细胞膜、血管壁、红细胞膜和肌肉组织的纤维等都是凝胶状物质。不少生理过程，如血液的凝结、人体的衰老等也都与凝胶的性质有关。

一、凝胶的分类

根据分散相质点是刚性或柔性，凝胶可分为刚性凝胶和弹性凝胶两类。大多数无机凝胶如SiO_2、TiO_2、V_2O_5、Fe_2O_3等是刚性凝胶，因质点本身和骨架具有刚性，活动性小，故凝胶吸收或释放出液体时自身体积变化很小，属于非膨胀型。通常此类凝胶具有多孔性，液体只要润湿，均能被其吸收，吸收时无选择性。柔性的线形大分子所形成的凝胶，如橡胶、明胶、琼脂等属于弹性凝胶。因分散相质点本身具有柔性，故此类凝胶具有弹性，变形后能恢复原状。它在吸收或释放出液体时体积会发生改变，表现出膨胀性质。此类凝胶对液体的吸收有明显的选择性，如橡胶能吸收苯而膨胀，但在水中则不膨胀；明胶则恰恰相反。

根据凝胶中含液量的多少，可将其分为冻胶和干凝胶（简称干胶）。在冻胶中，液体的含量常在 90%以上，如琼脂冻胶含水量为 99.8%。冻胶多数由柔性的大分子构成，具有弹性。液体含量少的凝胶称为干胶，如市售明胶，其含水量约为 15%，半透膜也属于干胶。由大分子构成的干胶吸收合适的液体后可变成冻胶。

凝胶还可分为可逆凝胶和不可逆凝胶。例如，亲液凝胶在胶凝（或聚沉）后加热或加溶剂后，能再恢复成原来的分散状态，为可逆凝胶；憎液溶胶一经聚沉，再加溶剂也不可能恢复原状，为不可逆凝胶。

二、凝胶的形成与结构

形成凝胶有两种途径：一种是干凝胶，如干琼脂、干明胶等，吸收亲和性液体膨胀成凝胶，也称分散法，此法仅限于高分子物质；另一种是溶胶或溶液在适当条件下释去介质转变成凝胶，此过程称为胶凝，该法称为凝聚法。

分散法制备凝胶比较简单，干胶吸收液体膨胀即成，通常为弹性凝胶。凝聚法制备凝胶需满足两个基本条件：第一，降低溶解度，使固体物质在溶液中形成胶体分散体系；第二，析出的固体质点既不沉降也不能自由移动，而是形成连续的网状骨架结构。具体的制备方法可以有：

（1）改变温度：冷却胶体溶液使之成为过饱和溶液，如 0.5%的琼脂溶液冷却到 308K 时就形成冻胶；2%的甲基纤维素水溶液升温至 323～333K 时，分散相发生交联而形成凝胶。

（2）改换溶剂：将大分子溶液或溶胶中的分散介质用分散相溶解度小的溶剂替换可以形成凝胶，如在果胶水溶液中加入适量乙醇后就形成凝胶。

（3）加入电解质：在大分子溶液中加入高浓度的盐类可以形成凝胶。电解质对胶凝作用的影响主要表现在阴离子上，其能力大小与感胶离子序大致相同。

（4）化学反应：通过化学反应使分子链相互连接是大分子溶液形成凝胶的主要手段。例如，血液凝结是血纤维蛋白质在酶的作用下发生的胶凝过程。另有一些化学反应在生成不溶物的同时，产生大量且形状不对称的小晶粒，易于构架网状结构而形成凝胶，如硅胶的制备。

凝胶内部具有三维网状结构，大致可分为以下四种类型，如图 10-10 所示：

（a） 球形粒子相互链状连接，如 SiO_2 等形成的凝胶。

（b）棒状或片状粒子相互支撑构成骨架，如 V_2O_5 等凝胶。

（c）柔性线形高分子构成骨架，一部分长链有序地排列成微晶区，如明胶。

（d）线形高分子靠化学键形成交联的网状结构，如硫化橡胶。

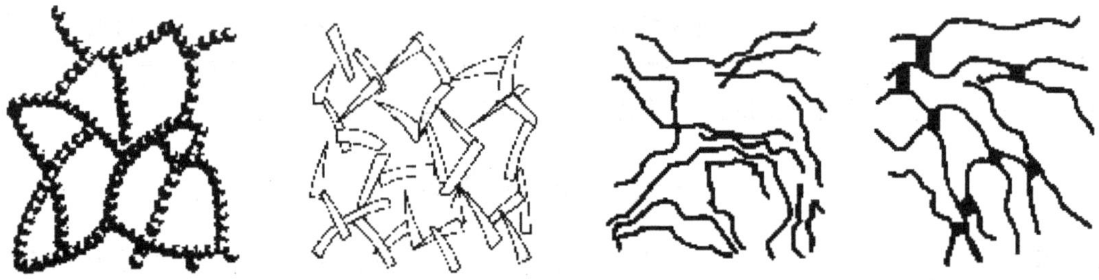

(a) (b) (c) (d)

图 10-10 凝胶结构示意图

三、凝胶的性质

（一）膨胀作用

弹性凝胶在吸附可释出液体时很容易改变自身的体积，这种现象称为膨胀作用。凝胶膨胀可以是有限的，即凝胶只吸收有限量的分散介质，网状结构只被撑大而不解体；也可以是无限的，即膨胀的结果使凝胶完全溶解，形成均相溶液。膨胀过程可分为两个阶段：第一阶段是溶剂分子钻入凝胶中与大分子相互作用形成溶剂化层，此过程时间很短，速度快，并伴有热效应，原因是溶剂分子与大分子结合紧密，凝胶膨胀后的总体积小于凝胶与吸收的溶剂的体积之和，溶剂熵值降低，系统放出膨胀热；第二阶段是液体的渗透作用，此时凝胶吸收大量液体，体积大大增加。

溶剂进入凝胶网状结构的速率比大分子扩散到分散介质中的速率要快得多，使凝胶内外溶液浓度相差悬殊，而产生很大的膨胀压。例如，明胶的浓度为 46%时，膨胀压是 2.06×10^2kPa；浓度增加到 66%时，膨胀压增大到 4.40×10^3kPa。膨胀压很早就被人类认识并加以利用，如古代埃及人开采建金字塔石料时采用的“湿木裂石”法，就是借助塞入岩石裂缝的木头遇水后产生很大膨胀压来裂石的。

（二）离浆与触变

离浆与触变是凝胶不稳定的两种表现。凝胶放置时，开始会出现微小的液滴，之后这些液滴合并成一个液相，与此同时，凝胶本身的体积缩小，但仍保持最初的几何形状，这种现象称为离浆或脱水收缩。发生离浆的原因是：凝胶在刚形成时，质点之间的距离尚未达到最小，质点间继续相互作用并靠近，促使网孔收缩，挤出部分液体。弹性凝胶的离浆相当于膨胀过程的逆过程，是可逆的。刚性凝胶的离浆则是不可逆的。离浆现象在自然界中很普遍，如细胞的老化失水、老人皮肤变皱等都属于离浆。

凝胶在机械力的作用下，可变成流动性大的溶液状态，当外力解除时又恢复成凝胶状态，这种现象称为触变。发生触变现象的原因是，凝胶振动时网状结构受到破坏，线状粒子互相离散，系统出现流动性；静置时线状粒子又重新交联形成网状结构。

（三）扩散作用

凝胶和液体一样，构成网状结构的分散相和分散介质均是连续相，因此，当凝胶浓度低时，扩散分子在其中的扩散速率和在液体介质中几乎没有区别；随着凝胶浓度的增加，扩散速率降低。原因是扩散分子需经过弯曲的网状结构途径，凝胶浓度越大，网架空间越小，扩散速率也就越慢。所以，以凝胶为药物载体时，必须进行凝胶骨架浓度的筛选，浓度太小，凝胶黏度低；太大又不宜于药物的扩散。

凝胶骨架有许多空隙，它类似于分子筛，可以分离大小不同的分子，凝胶电泳和凝胶色谱法，就是利用凝胶的这种性质。凝胶色谱采用凝胶颗粒填充色谱柱，被分离样品中，尺寸小于凝胶孔径的分子容易进入凝胶孔隙，尺寸大的不容易进去。当用溶剂淋洗时，尺寸大的分子首先被淋洗出去，小分子则最后出来。据此凝胶色谱按分子由大到小的顺序将样品分离出来，还可得到分子量的分布曲线。由于凝胶的网状结构有相当的柔性和活动度，大于凝胶孔径的分子在电场作用下，可硬挤过去，凝胶电泳就是基于该原理来分离样品的。

（四）化学反应

在凝胶中的物质通过扩散可以发生化学反应。由于没有对流与混合作用存在，化学反应中所生成的不溶物在凝胶中具有周期性分布的特点。最早研究此现象的是里根（Liesegang，1896 年），故凝胶中所得层状或环状沉淀称为里根环。一个典型的例子是：在盛有明胶凝胶的浅盘中央，先滴上 $AgNO_3$ 溶液，明胶凝胶中含有事先溶解的 $K_2Cr_2O_7$。$AgNO_3$ 向四周扩散，与 $K_2Cr_2O_7$ 相遇后生成橙红色的 $Ag_2Cr_2O_7$ 沉淀。沉淀在凝胶中呈同心圆环分布。该反应若在试管中进行，则沉淀会出现层状分布，如图 10-11 所示。上述里根环的成因可以认为是扩散作用和过饱和的结果。高浓度的 $AgNO_3$ 由中央向四周扩散，遇到 $K_2Cr_2O_7$ 则生成 $Ag_2Cr_2O_7$ 沉淀。第一层沉淀生成后，附近地区的 $K_2Cr_2O_7$ 浓度降低，于是出现空白，过此地带后又能满足过饱和的条件，因此又出现第二个环，以此类推。里根环的形成并不限于凝胶中，在毛细管中、多孔介质中或其他无对流的环境中都可以形成里根环。自然界中有许多类似的现象，如天然矿石中的玛瑙和宝石上的花纹、树木上的年轮、动物体内的胆石等都具有这种周期性的结构。

图 10-11 里根环示意图

习　题

1. 有几种不同大小单分散的某大分子样品，它们的平均摩尔质量分别为 40kg · mol^{-1}、30 kg · mol^{-1}、20 kg · mol^{-1}、10 kg · mol^{-1}，将它们按 1∶1.2∶0.8∶1 的物质的量比例混合，试计算混合后大分子样品的数均、质均和 Z 均摩尔质量。

M_n= 25.5kg · mol^{-1}；M_m=30.4 kg · mol^{-1}；M_Z =33.5kg · mol^{-1}

2. Sato 于 1976 年发表的论文中有如下报道：氯丁橡胶（ρ=1.25g · cm^{-3}）的甲苯（ρ=0.858g · cm^{-3}）溶液中，浓度与渗透压的关系如下表所示：

c/（mg · cm^{-3}）	1.33	2.10	4.52	7.18	9.87
π/（N · m^{-2}）	0.030	0.051	0.132	0.246	0.390

求氯丁橡胶的平均摩尔质量和第二渗透维利系数。

M_n=1.26×10^{5}g · mol^{-1}，B=1.23×10^{4}dm^3 · mol^{-1}

3. 301K 时某蛋白质溶液的超速离心沉降实验中，超速离心机转速为 50400 r · min^{-1}，界面距离超速离心机轴心为 0.06m，70min 后为 0.07m，求此蛋白质的 S 值。

S=5.2×10^{-11}s

4. 293K 时，一种蛋白质在水中的扩散系数和沉降系数分别为 3.84×10^{-11}m^2 · s^{-1} 和 14.7×10^{-13}s。蛋白质的密度为 1.350×10^{3}kg · m^{-3}，水的密度为 998.0kg · m^{-3}。试计算此蛋白质的平均摩尔质量。

M= 357.647kg · mol^{-1}

5. 298K 时，具有不同平均摩尔质量的同一聚合物，溶解在有机溶剂中的特性黏度如表所示：

M/（kg·mol^{-1}）	34	61	130
[η]/（m^3·kg^{-1}）	1.02	1.60	2.75

求该系统的经验常数 K 和 α。

K=0.076；α=0.74

6. 试证明渗透压法求得的是数均摩尔质量，光散射法求得的是质均摩尔质量。

7. 实验测得聚苯乙烯的苯溶液浓度与相对黏度之间的关系数据如下表所示，已知特性常数 K=1.03×10^{-5}dm^3·g^{-1}，α=0.74，试求聚苯乙烯的平均摩尔质量。

c/（g·dm^{-3}）	0.78	1.12	1.50	2.00
η_r	1.206	1.307	1.423	1.592

M=8.2×10^{5}g · mol^{-1}

8. 血清蛋白质溶解在缓冲溶液中，改变 pH，并通以一定电压，测定电泳距离如下：

pH	3.76	4.20	4.82	5.58
Δx/cm	0.936	0.238	0.234	0.700
移动方向	向阴极移动		向阳极移动	

试确定蛋白质分子的等电点，并说明蛋白质分子带电性质与 pH 的关系。

9. 某一大分子化合物溶在水中，300K 时进行沉降平衡实验，作 $\ln(c/c^{\ominus})$ 对 $(r/\text{cm})^2$ 图有较好的线性关系，斜率为 729cm^2，离心机转速为 50000r · min^{-1}，溶质的比容为 0.61cm^3 · g^{-1}，计算溶质的摩尔质量。（3.4×10^3kg · mol^{-1}）

10. 303K 时，0.100dm^3 羰基血红朊溶液中含溶质 0.96g，溶液密度为 0.9469 kg · dm^{-3}，溶质的比体积为 0.755 dm^3 · kg^{-1}，在高速离心机中沉降测得如下数据：

	t/h	Δx/m	x/m	转速 r/min^{-1}
（1）	0.5	0.00074	0.04525	39300
（2）	0.5	0.00078	0.04601	39400

Δx 为界面移动距离，x 是在规定时间内溶液界面离轴心的平均距离。已知扩散系数为 7.00×10^{-11}m^2 · s^{-1}，求羰基血红朊的平均摩尔质量。

11 在半透膜内放置大分子电解质 Na_zR，其浓度为 c_1，膜外放置浓度为 c_2 的 NaCl 水溶液。由于唐南效应，大分子电解质溶液的渗透压发生变化，试证明：

（1）$\Pi_{测} = c_1RT\dfrac{zc_1+z^2c_1+2c_2}{zc_1+2c_2}$

（2）当 $c_1 >> c_2$ 时，$\Pi_{测} = (z+1)c_1RT$；$c_1 << c_2$ 时，$\Pi_{测} = c_1RT$ 。

12. 某大分子可表示为 Na_3P，若在膜两侧分别放入等体积的 0.1mol · m^{-3} 和 1.0mol · m^{-3} 的 Na_3P 和 NaCl 溶液，设在该条件下 Na_3P 完全电离。试计算：

（1）平衡后膜两侧各种离子的浓度。

（2）298K 时所产生的渗透压。

（3）若用该渗透压计算大分子的平均摩尔质量，会产生多大误差？如何消除该误差？

（1）膜内：c_{Na^+} = 0.735 mol·m^{-3}；c_{Cl^-}=0.435 mol · m^{-3}；$c_{P^{3-}}$=0.1mol · m^{-3}

膜外：c_{Na^+} = 0.565 mol·m^{-3}；c_{Cl^-}=0.565 mol · m^{-3}

（2）Π=347.0Pa

（3）−28.6%

13. 298K 时，0.1dm^3 水溶液中含 0.5g 核糖核酸酶和 0.2mol · dm^{-3} 的 NaCl，产生 983Pa 的渗透压，该半透膜除核糖核酸酶外其他物质均能通过。

（1）求核糖核酸酶的摩尔质量。

（2）如果在 NaCl 的量很少条件下进行，将会产生什么偏差，为什么？

M=12.6kg · mol^{-1}，当 NaCl 的量很少时，唐南平衡效应将导致小离子在膜两侧不均等分布，所得摩尔质量误差太大。

（田青平　彭　茵）

参 考 文 献

陈六平，童叶翔. 2011. 物理化学.北京：科学出版社.

崔黎丽. 2014. 物理化学. 北京：科学出版社.

傅献彩，沈文霞，姚天扬，等. 2006. 物理化学.5 版.北京：高等教育出版社.

傅献彩. 2002. 物理化学. 第 4 版. 北京：高等教育出版社.

郭林，王凯平.2006.物理化学习与解题指导. 武汉：华中科技大学出版社.

侯新朴. 2007. 物理化学. 第 6 版. 北京：人民卫生出版社.

侯新朴.2008.物理化学. 第 6 版. 北京：人民卫生出版社.

李三鸣. 2011. 物理化学. 第 7 版. 北京：人民卫生出版社.

李三鸣. 2011. 物理化学学习指导和习题集. 第 3 版. 北京：科学出版社.

李三鸣. 2012. 物理化学. 第 7 版. 北京：人民卫生出版社.

李三鸣.2008. 物理化学习指导与习题集. 第 2 版.北京：人民卫生出版社.

李文斌.2013.物理化学习题解析. 天津：天津大学出版社，120-140.

濮良忠. 2009. 物理化学. 第 3 版. 北京：科学出版社.

沈文霞. 2009. 物理化学核心教程，第 2 版. 北京：科学出版社.

沈雪松. 2009. 物理化学，第 2 版. 北京：中国医药科技出版社.

沈雪松.2009.物理化学. 北京：中国医药科技出版社，106-126.

沈钟，赵振国，王果庭. 2004. 胶体与表面化学（第 3 版）. 北京：化学工业出版社.

石朝周. 2002. 物理化学. 北京：中国医药科技出版社.

王中平，孙振平，金明. 2015. 表面物理化学. 上海：同济大学出版社.

印永嘉. 2007. 物理化学简明教程，第 4 版. 北京：高等教育出版社.

詹先成. 2008. 物理化学. 北京：高等教育出版社.

张业. 2004. 物理化学学习指导. 北京：化学工业出版社：244-258.

张玉军. 2014. 物理化学. 第 2 版. 北京：化学工业出版社:276-291.

赵国玺，朱埗瑶. 2003. 表面活性剂作用原理. 北京：国轻工业出版社.

朱文涛. 2011. 基础物理化学（上册）. 北京：清华大学出版社.

Atkins P，de Paula J. 2006. Atkins'Physical Chemistry. 7th ed. 北京：高等教育出版社.

Milton J R，Joy T K. 2012. Surfactants And Interfacial Phenomena，New Jersey：John Wiley & Sons.

Ottewill R H. 1984. Surfactants. Tadros Th F，ed. London：Academic Press.

Zhou XT，Zhang XW，Ye YH，et al. 2015. Nanostructured lipid carriers used for oral delivery of oridonin：An effect of ligand modification on absorption. International Journal of Pharmaceutics，479：391-398.

附　　录

附录 I　某些物质的热力学参数（$p^{\ominus}$ = 100 kPa，298.15 K）

物质	$\Delta_f H_m^{\ominus}$ / (kJ · mol^{-1})	$S_m^{\ominus}$ / (J · mol^{-1} · K^{-1})	$\Delta_f G_m^{\ominus}$ / (kJ · mol^{-1})	$C_{p,m}^{\ominus}$ / (J · mol^{-1} · K^{-1})
Ag（s）	0	42.55	0	25.351
AgBr（s）	−100.37	107.1	−96.90	52.38
AgCl（s）	−127.068	96.2	−109.789	50.79
AgI（s）	−61.84	115.5	−66.19	56.82
Al_2O_3（s，刚玉）	−1675.7	50.92	−1582.3	79.04
Br_2（l）	0	152.231	0	75.689
Br_2（g）	30.907	245.463	3.110	36.02
C（s，石墨）	0	5.740	0	8.527
C（s，金刚石）	1.895	2.377	2.900	6.113
CO（g）	−110.525	197.674	−137.168	29.142
CO_2（g）	−393.509	213.74	−394.359	37.11
CS_2（g）	117.36	237.84	67.12	45.40
CaC_2（s）	−59.8	69.96	−64.9	62.72
$CaCO_3$（s，方解石）	−1206.92	92.9	−1128.79	81.88
$CaCl_2$（s）	−795.8	104.6	−748.1	72.59
CaO（s）	−635.09	39.75	−604.03	42.80
Cl_2（g）	0	223.066	0	33.907
CuO（s）	−157.3	42.63	−129.7	42.30
F_2（g）	0	202.78	0	31.30
H_2（g）	0	130.684	0	28.824
HBr（g）	−36.40	198.695	−53.45	29.142
HCl（g）	−92.307	186.908	−95.299	29.12
HF（g）	−271.1	173.779	−273.2	29.12
HI（g）	26.48	206.594	1.70	29.158
HCN（g）	135.1	201.78	124.7	35.86
HNO_3（l）	−174.10	155.60	−80.71	109.87
HNO_3（g）	−135.06	266.38	−74.72	53.35
H_2O（l）	−285.830	69.91	−237.129	75.291
H_2O（g）	−241.818	188.825	−228.572	33.577
H_2O_2（l）	−187.78	109.6	−120.35	89.1
H_2O_2（g）	−136.31	232.7	−105.57	43.1
H_2S（g）	−20.63	205.79	−33.56	34.33
H_2SO_4（l）	−813.989	156.904	−690.003	138.91
$HgCl_2$（s）	−224.3	146.0	−178.6	

续表

物质	$\Delta_f H_m^\ominus$ / (kJ · mol^{-1})	$S_m^\ominus$ / (J · mol^{-1} · K^{-1})	$\Delta_f G_m^\ominus$ / (kJ · mol^{-1})	$C_{p,m}^\ominus$ / (J · mol^{-1} · K^{-1})
Hg_2Cl_2 (s)	−265.22	192.5	−210.745	
I_2 (s)	0	116.135	0	54.438
I_2 (g)	62.438	260.69	19.327	36.90
KCl (s)	−436.747	82.59	−409.14	51.30
KI (s)	−327.900	106.32	−324.892	52.93
N_2 (g)	0	191.61	0	29.12
NH_3 (g)	−46.11	192.45	−16.45	35.06
NH_4Cl (s)	−314.43	94.6	−202.87	84.1
$(NH_4)_2SO_4$ (s)	−1180.85	220.1	−901.67	187.49
NaCl (s)	−411.153	72.13	−384.138	50.50
$NaNO_3$ (s)	−467.85	116.52	−367.00	92.88
NaOH (s)	−425.609	64.455	−379.494	59.54
O_2 (g)	0	205.138	0	29.355
O_3 (g)	142.7	238.93	163.2	39.20
PCl_3 (g)	−287.0	311.78	−267.8	71.84
PCl_5 (g)	−374.9	364.58	−305.0	112.80
S (s，正交)	0	31.80	0	22.64
SO_2 (g)	−296.830	248.22	−300.194	39.87
SO_3 (g)	−395.72	256.76	−371.06	50.67
ZnO (s)	−348.28	43.64	−318.30	40.25
CH_4 (g) 甲	−74.81	186.264	−50.72	35.309
C_2H_6 (g) 乙烷	−84.68	229.60	−32.82	52.63
C_3H_8 (g) 丙烷	−103.85	270.02	−23.37	73.51
C_4H_{10} (g) 正丁烷	−126.15	310.23	−17.02	97.45
C_4H_{10} (g) 异丁烷	−134.52	294.75	−20.75	96.82
C_5H_{12} (g) 正戊烷	−146.44	349.06	−8.21	120.21
C_5H_{12} (g) 异戊烷	−154.47	343.20	−14.65	118.78
C_6H_{14} (g) 正己烷	−167.19	388.51	−0.05	143.09
C_7H_{16} (g) 庚烷	−187.78	428.01	8.22	165.98
C_8H_{18} (g) 辛烷	−208.45	466.84	16.66	188.87
C_2H_4 (g) 乙烯	52.26	219.56	68.15	43.56
C_3H_6 (g) 丙烯	20.42	267.05	62.79	63.89
C_4H_8 (g) 1–丁烯	−0.13	305.71	71.40	85.65
C_4H_6 (g) 1，3–丁二烯	110.16	278.85	150.74	79.54
C_2H_2 (g) 乙炔	226.73	200.94	209.20	43.93
C_3H_4 (g) 丙炔	185.43	248.22	194.46	60.67
C_3H_6 (g) 环丙烷	53.30	237.55	104.46	55.94
C_6H_{12} (g) 环己烷	−123.14	298.35	31.92	106.27

续表

物质	$\Delta_f H_m^\ominus$ / (kJ · mol^{-1})	$S_m^\ominus$ / (J · mol^{-1} · K^{-1})	$\Delta_f G_m^\ominus$ / (kJ · mol^{-1})	$C_{p,m}^\ominus$ / (J · mol^{-1} · K^{-1})
C_6H_{10} (g) 环己烯	−5.36	310.86	106.99	105.02
C_6H_6 (l) 苯	49.04	173.26	124.45	135.77
C_6H_6 (g) 苯	82.93	269.31	129.73	81.67
C_7H_8 (l) 甲苯	12.01	220.96	113.89	157.11
C_7H_8 (g) 甲苯	50.00	320.77	122.11	103.64
C_2H_6O (g) 甲醚	−184.05	266.38	−112.59	64.39
C_3H_8O (g) 甲乙醚	−216.44	310.73	−117.54	89.75
$C_4H_{10}O$ (l) 乙醚	−279.5	253.1	−122.75	
$C_4H_{10}O$ (g) 乙醚	−252.21	342.78	−112.19	122.51
C_2H_4O (g) 环氧乙烷	−52.63	242.53	−13.01	47.91
C_3H_6O (g) 环氧丙烷	−92.76	286.84	−25.69	72.34
CH_4O (l) 甲醇	−238.66	126.8	−166.27	81.6
CH_4O (g) 甲醇	−200.66	239.81	−161.96	43.89
C_2H_6O (l) 乙醇	−277.69	160.7	−174.78	111.46
C_2H_6O (g) 乙醇	−235.10	282.70	−168.49	65.44
C_3H_8O (l) 丙醇	−304.55	192.9	−170.52	
C_3H_8O (g) 丙醇	−257.53	324.91	−162.86	87.11
C_3H_8O (l) 异丙醇	−318.0	180.58	−180.26	
C_3H_8O (g) 异丙醇	−272.59	310.02	−173.48	88.74
$C_4H_{10}O$ (l) 丁醇	−325.81	225.73	−160.00	
$C_4H_{10}O$ (g) 丁醇	−274.42	363.28	−150.52	110.50
$C_2H_5O_2$ (l) 乙二醇	−454.80	166.9	−323.08	149.8
CH_2O (g) 甲醛	−108.57	218.77	−102.53	35.40
C_2H_4O (l) 乙醛	−192.30	160.2	−128.12	
C_2H_4O (g) 乙醛	−166.19	250.3	−128.86	54.64
C_3H_6O (l) 丙酮	−248.1	200.4	−133.28	124.73
C_3H_6O (g) 丙酮	−217.57	295.04	−152.97	74.89
CH_2O_2 (l) 甲酸	−424.72	128.95	−361.35	99.04
$C_2H_4O_2$ (l) 乙酸	−484.5	159.8	−389.9	124.3
$C_2H_4O_2$ (g) 乙酸	−432.25	282.5	−374.0	66.53
$C_4H_6O_3$ (l) 乙酐	−624.00	268.61	−488.67	
$C_4H_6O_3$ (g) 乙酐	−575.72	390.06	−476.57	99.50
$C_3H_4O_2$ (g) 丙烯酸	−336.23	315.12	−285.99	77.78
$C_7H_6O_2$ (s) 苯甲酸	−385.14	167.57	−245.14	155.2
$C_7H_6O_2$ (g) 苯甲酸	−290.20	369.10	−210.31	103.47
$C_4H_8O_2$ (l) 乙酸乙酯	−479.03	259.4	−332.55	
$C_4H_8O_2$ (g) 乙酸乙酯	−442.92	362.86	−327.27	113.64
C_6H_6O (s) 苯酚	−165.02	144.01	−50.31	

续表

物质	$\Delta_f H_m^\ominus$ / (kJ · mol^{-1})	$S_m^\ominus$ / (J · mol^{-1} · K^{-1})	$\Delta_f G_m^\ominus$ / (kJ · mol^{-1})	$C_{p,m}^\ominus$ / (J · mol^{-1} · K^{-1})
C_6H_6O (g) 苯酚	−96.36	315.71	−32.81	103.55
C_5H_5N (l) 吡啶	100.0	177.90	181.43	
C_5H_5N (g) 吡啶	140.16	282.91	190.27	78.12
C_6H_7N (l) 苯胺	31.09	191.29	149.21	199.6
C_6H_7N (g) 苯胺	86.86	319.27	166.79	108.41
C_2H_3N (l) 乙腈	31.38	149.62	77.22	91.46
C_2H_3N (g) 乙腈	65.23	245.12	82.58	52.22
C_3H_3N (g) 丙烯腈	184.93	274.04	195.34	63.76
CF_4 (g) 四氟化碳	−925	261.61	−879	61.09
C_2F_6 (g) 六氟乙烷	−1297	332.3	−1213	106.7
CH_3Cl (g) 一氯甲烷	−80.83	234.58	−57.37	40.75
CH_2Cl_2 (l) 二氯甲烷	−121.46	177.8	−67.26	100.0
CH_2Cl_2 (g) 二氯甲烷	−92.47	270.23	−65.87	50.96
$CHCl_3$ (l) 氯仿	−134.47	201.7	−73.66	113.8
$CHCl_3$ (g) 氯仿	−103.14	295.71	−70.34	65.69
CCl_4 (l) 四氯化碳	−135.44	216.40	−65.21	131.75
CCl_4 (g) 四氯化碳	−102.9	309.85	−60.59	83.30
C_6H_5Cl (l) 氯苯	10.79	209.2	89.30	
C_6H_5Cl (g) 氯苯	51.84	313.58	99.23	98.03

附录Ⅱ 某些气体的等压摩尔热容与温度关系（$C_{p,m}=a+bT+cT^2$）

物质		a/(J · mol^{-1} · K^{-1})	10^3b/(J · mol^{-1} · K^{-2})	10^6c/(J · mol^{-1} · K^{-3})	温度范围/K
H_2	氢	29.09	0.836	−0.3265	273~3800
Cl_2	氯	31.696	10.144	−4.038	300~1500
Br_2	溴	35.241	4.075	−1.487	300~1500
O_2	氧	36.16	0.845	−0.7494	273~3800
N_2	氮	27.32	6.226	−0.9502	273~3800
HCl	氯化氢	28.17	1.810	1.547	300~1500
H_2O	水	30.00	10.7	−2.022	273~3800
CO	一氧化碳	26.537	7.6831	−1.172	300~1500
CO_2	二氧化碳	26.75	42.258	−14.25	300~1500
CH_4	甲烷	14.15	75.496	−17.99	298~1500
C_2H_6	乙烷	9.401	159.83	−46.229	298~1500
C_2H_4	乙烯	11.84	119.67	−36.51	298~1500
C_3H_6	丙烯	9.427	188.77	−57.488	298~1500
C_2H_2	乙炔	30.67	52.810	−16.27	298~1500
C_3H_4	丙炔	26.50	120.66	−39.57	298~1500
C_6H_6	苯	−1.71	324.77	−110.58	298~1500

续表

物质		$a/(J\cdot mol^{-1}\cdot K^{-1})$	$10^3b/(J\cdot mol^{-1}\cdot K^{-2})$	$10^6c/(J\cdot mol^{-1}\cdot K^{-3})$	温度范围/K
$C_6H_5CH_3$	甲苯	2.41	391.17	–130.65	298~1500
CH_3OH	甲醇	18.40	101.56	–28.68	273~1000
C_2H_5OH	乙醇	29.25	166.28	–48.898	298~1500
$(C_2H_5)_2O$	二乙醚	–103.9	1417	–248	300~400
HCHO	甲醛	18.82	58.379	–15.61	291~1500
CH_3CHO	乙醛	31.05	121.46	–36.58	298~1500
$(CH_3)_2CO$	丙酮	22.47	205.97	–63.521	298~1500
HCOOH	甲酸	30.7	89.20	–34.54	300~700
$CHCl_3$	氯仿	29.51	148.94	–90.734	273~773

附录Ⅲ　某些有机化合物的标准摩尔燃烧焓（标准压力 $p^{\ominus}=100\ kPa$，298.15 K）

物质		$-\Delta_cH_m^{\ominus}/(kJ\cdot mol^{-1})$	物质		$-\Delta_cH_m^{\ominus}/(kJ\cdot mol^{-1})$
$C_{10}H_8$ (s)	萘	5 153.9	C_5H_{12} (l)	正戊烷	3 509.5
$C_{12}H_{22}O_{11}$ (s)	蔗糖	5 640.9	C_5H_5N (l)	吡啶	2 782.4
C_2H_2 (g)	乙炔	1 299.6	C_6H_{12} (l)	环己烷	3 919.9
C_2H_4 (g)	乙烯	1 411.0	C_6H_{14} (l)	正己烷	4 163.1
C_2H_5CHO (l)	丙醛	1 816.3	$C_6H_4(COOH)_2$ (s)	邻苯二甲酸	3 223.5
C_2H_5COOH (l)	丙酸	1 527.3	C_6H_5CHO (l)	苯甲醛	3 527.9
C_6H_5COOH (s)	苯甲酸	3 226.9	$C_6H_5COCH_3$ (l)	苯乙酮	4 148.9
$C_2H_5NH_2$ (l)	乙胺	1 713.3	$C_6H_5COOCH_3$ (l)	苯甲酸甲酯	3 957.6
C_2H_5OH (l)	乙醇	1 366.8	C_6H_5OH (s)	苯酚	3 053.5
C_2H_6 (g)	乙烷	1 559.8	C_6H_6 (l)	苯	3 267.5
C_3H_6 (g)	环丙烷	2 091.5	$CH_2(COOH)_2$ (s)	丙二酸	861.15
C_3H_7COOH (l)	正丁酸	2 183.5	CH_3CHO (l)	乙醛	1 166.4
C_3H_7OH (l)	正丙醇	2 019.8	$CH_3COC_2H_5$ (l)	甲乙酮	2 444.2
C_3H_8 (g)	丙烷	2 219.9	CH_3COOH (l)	乙酸	874.54
C_4H_8 (l)	环丁烷	2 720.5	CH_3NH_2 (l)	甲胺	1 060.6
C_4H_9OH (l)	正丁醇	2 675.8	$CH_3OC_2H_5$ (g)	甲乙醚	2 107.4
C_5H_{10} (l)	环戊烷	3 290.9	CH_3OH (l)	甲醇	726.51
C_5H_{12} (g)	正戊烷	3 536.1	CH_4 (g)	甲烷	890.31
$(C_2H_5)O$ (l)	二乙醚	2 751.1	HCHO (g)	甲醛	570.78
$(CH_3)_2CO$ (l)	丙酮	1 790.4	$HCOOCH_3$ (l)	甲酸甲酯	979.5
$(CH_3CO)_2O$ (l)	乙酸酐	1 806.2	HCOOH (l)	甲酸	254.6
$(CH_2COOH)_2$ (s)	丁二酸	1 491.0	$(NH_2)_2CO$ (s)	尿素	631.66